suhrkamp taschenbuch
wissenschaft 1058

Den auf einer Tübinger Soziologentagung 1961 begonnenen »Positivismusstreit« zwischen Popper/Albert auf der einen und Adorno/Habermas auf der anderen Seite kennt fast jeder, der in den sechziger Jahren an einer Hochschule der Bundesrepublik in einem sozial- oder geisteswissenschaftlichen Fach gelehrt oder studiert hat, weil seine zwischen Wissenschaftstheorie und Sozialphilosophie oszillierende Thematik damals die Gemüter bewegte und die Beiträge zu dieser Kontroverse seit 1969 in einem vielfach nachgedruckten Sammelband die Textgrundlage für viele Seminare bildeten.

Die Vorgeschichte dieses Streits in den dreißiger und vierziger Jahren, die sich zwischen der Frankfurter Schule und den logischen Positivisten des Wiener Kreises an verschiedenen Orten des gemeinsamen Exils (Den Haag, New York, Paris, Los Angeles) abgespielt hat, kennt so gut wie niemand, weil deren Beiträge nicht gedruckt vorliegen, sondern aufwendig aus Archivmaterialien rekonstruiert werden müssen.

Die vorliegende Arbeit bringt im ersten Teil eine Rekonstruktion der Vorgeschichte und versucht im zweiten Teil, diesen Vorlauf für das Verständnis des Positivismusstreits der sechziger Jahre fruchtbar zu machen. Dabei wird zeitgeschichtlich bedingtes Beiwerk von Themen und Thesen getrennt, die nach wie vor von aktuellem soziologischen und philosophischen Interesse sind.

Hans-Joachim Dahms
Positivismusstreit

Die Auseinandersetzungen
der Frankfurter Schule
mit dem logischen Positivismus,
dem amerikanischen Pragmatismus und
dem kritischen Rationalismus

Suhrkamp

Bibliografische Information der Deutschen Nationalbibliothek
Die Deutsche Nationalbibliothek verzeichnet diese Publikation
in der Deutschen Nationalbibliografie;
detaillierte bibliografische Daten sind im Internet über
http://dnb.d-nb.de abrufbar.

4. Auflage 2016

Erste Auflage 1994
suhrkamp taschenbuch wissenschaft 1058

Printed in Germany
Umschlag nach Entwürfen von
Willy Fleckhaus und Rolf Staudt
ISBN 978-3-518-28658-6

Inhalt

ZWEITER TEIL

NACH DER RÜCKKEHR: DIE WIEDERAUFNAHME DER KONTROVERSE

Vorwort

Karl Popper hat den »Positivismusstreit« der sechziger Jahre einmal einen »Eiertanz sondergleichen« genannt und ihn in seiner Autobiographie – sozusagen zur Strafe – stillschweigend übergangen. Würde ich so pessimistisch über das Thema dieses Buchs gedacht haben, hätte ich die Arbeit an ihm gar nicht erst angefangen. Zwar gibt es an der Kontroverse der sechziger Jahre vielleicht auch einige Aspekte zu entdecken, die man mit fortgeschrittenen Darbietungen aus dem Bereich des Tanzes vergleichen kann, und an der Auseinandersetzung der Frankfurter Schule mit den logischen Positivisten und amerikanischen Pragmatisten in den dreißiger und vierziger Jahren mag es sogar Seiten geben, die man als weniger artistische »Machenschaften« bezeichnen könnte. Aber von diesen Begleiterscheinungen abgesehen, scheint mir der Streit sowohl in den dreißiger und vierziger als auch in den sechziger Jahren einen sachlichen Kern gehabt zu haben und nach wie vor eine Diskussion zu lohnen. Die Kontroverse bietet nämlich reichlich Anschauungs- und geradezu Lehrmaterial für das Problem der Wahl zwischen wissenschaftstheoretischen Programmen. Und vor dies Problem sehen sich ja nicht nur Anfänger, sondern auch Fortgeschrittene der Philosophie gestellt, die einen, sofern sie an bewußt getroffenen ersten groben Orientierungsentscheidungen, und die anderen, sofern sie an Nachjustierungen ihres theoretischen Koordinatenkreuzes interessiert sind.

Das vorliegende Buch ist aus einer Arbeit hervorgegangen, die im November 1990 an der Universität Bremen als Dissertation angenommen wurde. Teile davon sind bereits in den *Jahrbüchern für Soziologiegeschichte* von 1990 und 1991 erschienen. Die vorliegende Fassung bringt nun außer den bisher unveröffentlichten Teilen der Dissertation (nämlich dem über die Auseinandersetzung der Frankfurter Schule mit dem amerikanischen Pragmatismus und der empirischen Soziologie in den USA während der dreißiger und vierziger Jahre im ersten Teil und der »zweiten Runde« des »Positivismusstreits« der sechziger Jahre im zweiten Teil) einige recht umfangreiche Erweiterungen, die hauptsächlich dem ersten Teil zugute gekommen sind. Sie haben sich durch neuere Aktenfunde ergeben und sollen dazu dienen, das überraschende Faktum der ursprünglich vorhandenen gegenseitigen Interesses von Positivisten und kritischen Theoretikern aneinander und die demgegenüber um so erklärungsbedürftigere Wendung von der Kooperation zur Konfrontation in der zweiten Hälfte der dreißiger Jahre lückenloser zu dokumentieren und besser zu erklären. Im zweiten Teil ist nach zwei längeren Gesprächen mit Karl Popper, die erst nach Abgabe der Dissertation stattfanden, im wesentlichen nur der ihn betreffende Teil umgeschrieben worden (ohne daß ich freilich hoffen kann, daß er diese Darstellung nun als treffender ansehen wird).

Die Arbeit beruht in ihren historischen Teilen weitgehend auf Zeitzeugenberichten- bzw. Befragungen und auf der Auswertung bislang unbekannter archivalischer Quellen. Als Zeitzeugen für den die dreißiger Jahre betreffenden Teil der Arbeit haben sich freundlicherweise Marie Jahoda und Joseph Maier zur Verfügung gestellt. Dafür danke ich ihnen sehr. Gern hätte ich auch Leo Löwenthal für eine Antwort auf die Frage gedankt, wie man verstehen soll, was er gegenüber Helmut Dubiel in seinem autobiographischen Gespräch über andere deutschsprachige Intellektuelle in der Emigration ausgeführt hat: »Gewiß gab es Schulen, aber diese wissenschaftlichen Schulen hatten doch keine politischen Absichten. Die logischen Positivisten haben sich nur mit ihresgleichen unterhalten. Die hatten keine anderen Interessen.« Leider hat er aber meine Anfrage nicht beantwortet. Sein inzwischen in Frankfurt am Main angekommener Nachlaß ist noch nicht katalogisiert und der Forschung deshalb noch nicht zugänglich.

Die Teilnehmer des »Positivismusstreits« der sechziger Jahre zeigten sich vergleichsweise zugänglicher. Dem Organisator der Tübinger Tagung der Deutschen Gesellschaft für Soziologie, auf dem er begann, Ralf Dahrendorf, und den lebenden Teilnehmern des »Positivismusstreits« der sechziger Jahre, Hans Albert, Jürgen Habermas und Karl Popper, danke ich herzlich für briefliche Auskünfte und/oder ausführliche Gespräche.

Sodann habe ich den im Quellenverzeichnis genannten Archiven (bzw. ihren Leitern) für die Erlaubnis zur Akteneinsicht und zum Abdruck von Passagen aus den von ihnen verwalteten Quellen zu danken. Von allen diesen möchte ich Gunzelin Schmid Noerr, den Leiter des Max-Horkheimer-Archivs in Frankfurt am Main, besonders dankend erwähnen, weil er mich nicht nur vor einer Reihe von Fehlern bewahrt, sondern aus seiner umfassenden Kenntnis der Bestände des Archivs auch auf einige weitere Quellen hingewiesen hat, und weil er auch sonst mit Anregungen und Kritik behilflich war.

Die Entstehung der Dissertation und ihre Überarbeitung selber haben durch viele gute Ratschläge, allerlei Durchhalteparolen und am Schluß auch (symbolische) freundliche Tritte ins verlängerte Rückgrat Christian Fleck (Graz), Rainer Hegselmann (mein Doktorvater in Bremen), Michael Neumann (der Leiter des Projekts in Göttingen) und Friedrich Stadler (Wien) begleitet. Mit Hegselmann und Stadler stand ich schon viele Jahre vor Beginn des Dissertationsunternehmens im lebhaften Austausch in Sachen Positivismus. Ihre historischen Studien über die »wissenschaftliche Weltanschauung« des Wiener Kreises und seinen Organisator Otto Neurath haben mich animiert, die nicht zuletzt durch den Positivismusstreit der sechziger Jahre verbreiteten Vorurteile über die angebliche politische und historische Rolle »des Positivismus« einmal etwas ausführlicher kritisch zu hinterfragen. Fleck und Neumann verdanke ich einen genaueren Einblick in die Zeitgeschichte der Soziologie in Österreich und in Deutschland, ohne den wichtige Seiten sowohl der Entstehung als auch des Verlaufs des Positivismus-Disputs unverständlich geblieben wären. Die Bekanntschaft mit diesem Kleeblatt hat sich für meine Dissertation (und weit darüber hinaus) als ausgesprochener Glücksfall erwiesen.

Die Deutsche Forschungs-Gemeinschaft (DFG) hat das Projekt »Positivismusstreit« in ihrem Schwerpunktprogramm »Wissenschaftsemigration« über zwei Jahre hinweg gefördert. Die jetzt laufende Fortsetzung des Projekts befaßt sich mit einem Vorgang, den man als historisches Gegenstück zum Zerfall der Beziehungen zwischen den Positivisten und den kritischen Theoretikern in ihrem gemeinsamen Exilland USA ansehen könnte. Dabei geht es um die in den dreißiger Jahren immer enger werdende Kooperation zwischen den emigrierten Mitgliedern des Wiener Kreises mit (einigen der) amerikanischen Pragmatisten.

Göttingen, Dezember 1993 Hans-Joachim Dahms

Erster Teil
Im Exil: Von der Kooperation zur Konfrontation

Einleitung

Die im berühmten Positivismusstreit der deutschen Soziologie während der sechziger Jahre diskutierten Themen sind heute kaum noch Gegenstand akademischer oder gar die weitere Öffentlichkeit beschäftigender Kontroversen. In der akademischen Diskussion ist der Streit – zumindest in der Bundesrepublik – als Thema völlig in den Hintergrund getreten[1], nach dem Eindruck kompetenter Beobachter allerdings nicht etwa deswegen, weil man zu einer genauen Definition der Problembereiche oder gar zur einvernehmlichen Lösung einzelner Fragen gelangt wäre, sondern mehr weil die begonnene Diskussion im Alltagsbetrieb der Massenuniversität ins Stocken geraten und dann gänzlich versandet ist.[2] Im weiteren öffentlichen Bewußtsein spielt der Streit vielleicht noch untergründig eine Rolle, weil nicht nur das Positivismusbild einer ganzen Generation von Akademikern, sondern damit auch ihr Verständnis des Verhältnisses zwischen Wissenschaft und Politik sowie der Rolle, die dabei die Intellektuellen einnehmen können und sollen, von der Auseinandersetzung jener sechziger Jahre geprägt bleibt.

Das Motiv, jene verlassenen Stufen der Reflexion wieder zu betreten, ist zunächst vor allem ein historiographisches. Es ergibt sich daraus, daß seit dem Ende der siebziger Jahre eine ganze Reihe von Publikationen erschienen ist[3], die zeigen, daß die Bewegung des logischen Positivismus[4] und insbesondere der Wiener Kreis

1 Siehe dazu die Literaturangaben zu den Stichworten Wissenschaft, Wissenschaftssoziologie, Positivismusstreit im Anhang zu von Friedeburg/Habermas 1983, S. 469 ff.

2 Siehe etwa Kern 1982, S. 228.

3 Ich nenne nur – in zeitlicher Reihenfolge – Neurath 1973, Mohn 1978, Stadler 1979, Hegselmann 1979, Dvorak 1981, Nemeth 1981, Stadler 1982a und 1982b, Dahms 1985.

4 Ich unterscheide terminologisch den Positivismus Comtes und J. St. Mills vom Neopositivismus Machs und Avenarius' und vom logischen Positivismus des Wiener Kreises. Der Kürze halber rede ich überall dort von »Positivismus«, wo keine Verwechslung zu befürchten ist. Für die Entwicklung des logischen Positivismus im amerikanischen Exil benutze ich auch die Bezeichnung »logischer Empirismus«.

ähnliche politische Perspektiven verfolgt hat wie die Frankfurter Schule[5] – und dies, wie ich im Vorgriff hinzufügen möchte, häufig praktisch weitaus aktiver als letztere. Das macht es erklärungsbedürftig, wieso der »Positivismus« im Streit der sechziger Jahre in politischer Hinsicht als kaum verhüllte »Apologie des Bestehenden« – und das meinte in jener Zeit: des Konservatismus des CDU-Staats – hingestellt werden konnte. Es wäre vielleicht naheliegend, sich die Erklärung so zurechtzulegen, daß ja der Positivismus selbst seit den dreißiger bis hinein in die sechziger Jahre eine Entwicklung genommen hat, die die spätere Kritik sachlich rechtfertigt. So hat etwa Karl Müller argumentiert[6], und für eine derartige Sicht spricht in der Tat mehr, als bisher bekannt ist und in dieser Arbeit ausgebreitet werden kann. Grob gesagt, hat sich der in den politischen Kontext des »Roten Wien«[7] gehörende logische Positivismus im – zumeist amerikanischen – Exil immer weiter vom sozialreformerischen Impetus seiner »wissenschaftlichen Weltauffassung« entfernt, und erst recht haben die den »positivistischen« Part im Streit der sechziger Jahre vertretenden Karl Popper und Hans Albert gerade in ihren sozialphilosophischen und politischen Vorstellungen nicht viel mit ihren historischen »Vorläufern« wie Otto Neurath und Edgar Zilsel gemein.
Dieser Erklärungsansatz wird aber durch die Tatsache gestört, daß Max Horkheimer stellvertretend für die Frankfurter Schule schon 1937 in seinem berühmten Aufsatz »Der neueste Angriff auf die Metaphysik« in der *Zeitschrift für Sozialforschung* den authentischen logischen Positivismus des Wiener Kreises angegriffen hat (und nicht etwa den damals außerhalb spezieller wissenschaftstheoretisch interessierter Kreise noch unbekannten Karl Popper). Dies geschah zudem mit polemischen Beimengungen, die in der damaligen Situation des Faschismus an der Macht die Positivisten als tendenzielle Helfershelfer des Nationalsozialismus erscheinen ließ und insofern die Polemiken der sechziger Jahre über die soziale Rolle des Positivismus bei weitem an Schärfe übertraf. Selbst die griffige Formel vom Positivismus als »Akzeptieren des Gege-

5 Für den Kreis um Max Horkheimer benutze ich die Bezeichnung »Frankfurter Schule«, für seine Lehre die Selbstcharakterisierungen »Materialismus« und (etwa seit 1937) »kritische Theorie«.

6 Müller 1985, S. 301, insbesondere Anmerkung 26.

7 Siehe dazu Glaser 1981 und den monumentalen Band Stadler 1988a.

benen« (im Sinne des Einverständnisses mit den jeweils herrschenden gesellschaftlichen Zuständen) hätte ja schon in den dreißiger Jahren etwas anderes bedeutet als in den Sechzigern.
Bevor aber Vergleiche zwischen den Auseinandersetzungen der Frankfurter Schule mit dem Positivismus in den dreißiger Jahren und dem »Positivismus« der sechziger Jahre angestellt werden können und Betrachtungen über Kontinuität und Bruch am Platze sind, müssen im ersten Teil der Arbeit die bisher weitgehend unbekannten Auseinandersetzungen der dreißiger Jahre erschlossen, rekonstruiert und bewertet werden. Den besten Zugang zu diesen Abläufen gewinnt man vielleicht, wenn man die bekannte Tatsache der Horkheimerschen Polemik zum Ausgangspunkt nimmt und sich dann fragt, wie es dazu gekommen ist und wie die so Kritisierten darauf reagiert haben (sofern sie darauf reagiert haben). Diese Frage stellt sich um so mehr, als Untersuchungen über die Frühphase der kritischen Theorie und insbesondere über den frühen Horkheimer ergeben haben, daß die sachlichen und auch politischen Berührungspunkte zwischen Wiener Kreis und Frankfurter Schule größer waren, als man nach der späteren Entwicklung für möglich halten würde.[8] Nach den Veröffentlichungen aus dem Nachlaß Horkheimers hat sich dieser Eindruck nur noch verstärkt. Erst recht muß der Umstand zu denken geben, daß es zwischen Horkheimer und mehreren logischen Positivisten ziemlich ausführliche Kontakte gegeben hat, die bis zur Planung von Kooperationen gingen.

Der erste Teil der Arbeit – eine Übersicht über den Gedankengang des zweiten Teils findet sich direkt an dessen Anfang – versucht sich nun im *ersten Abschnitt* an einer Bestandsaufnahme der Gemeinsamkeiten und Divergenzen von kritischer Theorie und logischem Positivismus bis etwa 1936. Dieser Überblick bezieht nicht nur Gesichtspunkte der jeweiligen akademischen Tradition, Institutionalisierungsform und wissenschaftlichen »Lehre« dieser Gruppen in die Betrachtung ein, sondern auch solche ihrer gesellschaftlichen und politischen Aktivität, vor allem auch der Situation nach 1933 und der jeweiligen Haltung gegenüber dem herrschenden Faschismus.
Hier wird auch analysiert, in welchem Umfang die beiden Rich-

8 Siehe exemplarisch Korthals 1985.

tungen vor 1936 Kenntnis voneinander hatten. Die Beantwortung dieser Frage reduziert sich angesichts der weitgehenden Unbekanntheit der kritischen Theorie bei den Positivisten auf eine Sichtung ihrer Äußerungen über historische Vorläufer und Vorbilder der »kritischen Theorie« einerseits und von Stellungnahmen von philosophisch interessierten »Frankfurtern«, wie insbesondere Adorno, Horkheimer und Walter Benjamin[9], über den Positivismus im allgemeinen und den Wiener Kreis und einzelne seiner Mitglieder andererseits.

Das Jahr 1936 ist für diese Bemerkungen als zeitliche Grenze gewählt, weil sich seit seinem Beginn eine Intensivierung der Kommunikation zwischen den beiden Gruppen konstatieren läßt, die besonders in gegenseitigen Besuchen und weiteren brieflichen Kontakten zwischen den beiden Exponenten Horkheimer (als Direktor des Institus für Sozialforschung) und Neurath (als organisatorischem Motor des logischen Positivismus) zum Ausdruck kommt. Dieser Austausch hat sich äußerlich noch in dem merkwürdigen Nebeneinander von Horkheimers polemischer Attacke auf den Positivismus und einem Neurath-Aufsatz (sowie einer ausführlichen Rezension einer Arbeit der logischen Empiristen Hempel und Oppenheim durch den Institutsmitarbeiter Lazarsfeld) im Frühjahrsheft der *Zeitschrift für Sozialforschung* von 1937 niedergeschlagen. Im *zweiten Abschnitt* geht es dann also um die Dokumentation und Beschreibung dieser Kontakte, der unterschiedlichen Erwartungen, von denen diese begleitet waren, und dann vor allem um die äußerlich als recht unvermittelt erscheinende Wendung von beginnender Kooperation zu offener Konfrontation. Für die Schilderung dieser Entwicklung wird außer dem recht umfangreichen Briefwechsel Horkheimer/Neurath die ebenfalls noch unveröffentlichte Korrespondenz der Hauptbeteiligten mit ihren jeweiligen wissenschaftlichen Freunden, also einerseits der Austausch Neuraths mit Rudolf Carnap, Philipp Frank und Kurt Grelling und andererseits der – jedenfalls hinsichtlich dieses frühen Positivismusstreits – wesentlich umfangreichere Briefwechsel Horkheimers mit Theodor Adorno, Walter Benjamin, Henryk Grossmann, Herbert Marcuse, Friedrich Pol-

9 Marcuse hatte zu diesem Zeitpunkt noch keine Stellungnahmen zum Positivismus oder zu einzelnen Positivisten publiziert.

lock und Andries Sternheim herangezogen.[10] Da diese Zeugnisse natürlich nicht für eine spätere Publikation geschrieben wurden und gelegentlich auch später von ihren Autoren bemerkte Irrtümer enthalten, sind sie nur mit der gebotenen Vorsicht zu interpretieren. Auf der anderen Seite bieten sie aber noch mehr als die aus dem Nachlaß publizierten Arbeiten Horkheimers die Möglichkeit zum besseren Verständnis jener Phase in der Entwicklung der kritischen Theorie und der deutschen Exilphilosophie im ganzen.

Im *dritten Abschnitt* wird dann Horkheimers Artikel »Der neueste Angriff auf die Metaphysik« im Kontext der in den vorhergehenden Abschnitten präsentierten Tatsachen und Materialien interpretiert und einer kritischen Würdigung unterzogen. Die methodischen Mittel dieser Kritik sind absichtlich möglichst voraussetzungsarm gewählt: sie bestehen vor allem in der Überprüfung der Frage, ob Horkheimer die Ansichten des Positivisten richtig wiedergibt, und in einer Art Gegenprobe auf seine kritischen Bemerkungen, bei der jeweils gefragt wird, was er denn selbst zu den Problemen mitzuteilen hat, bei denen er den Positivisten eine Verkürzung der Vernunft vorwirft. Nur bei den ideologiekritischen Passagen seines Aufsatzes, die ja selbst von der faktischen Geltung bestimmter Diagnosen, etwa des zeitgenössischen Liberalismus, Kapitalismus und Faschismus, ausgehen, mache ich meinerseits bescheidenen Gebrauch von gewissen empirischen Feststellungen, welche die Triftigkeit dieser Diagnosen zweifelhaft erscheinen lassen.

Der folgende *vierte Abschnitt* ist den Folgen des Horkheimer-Artikels gewidmet, die jedenfalls für Neurath zumal nach der Weigerung, in der *Zeitschrift* eine Erwiderung abgedruckt zu bekommen, sozusagen zum Abbruch der diplomatischen Beziehungen geführt haben. Erstaunlich bleibt dabei, daß das Institut bis in die Kriegsjahre hinein weiterhin Kontakte zu anderen logischen Positivisten gehalten hat, wie etwa zu Philipp Frank, Hans Reichenbach und – sogar über einen Zeitraum von zwei Jahren mit einem Projektauftrag – Edgar Zilsel. Das wird im *fünften Abschnitt* beschrieben.

Wichtig für die weitere Entwicklung der Wissenschafts- und auch der Positivismuskritik der Frankfurter Schule ist dann geworden,

10 Die Korrespondenz mit Leo Löwenthal enthält keine einschlägigen Briefe.

daß sie die Motive dieser Kritik noch im US-amerikanischen Exil an zwei weiteren Gegenständen hat erproben und erweitern können, nämlich am amerikanischen Pragmatismus und an der empirischen Sozialforschung. Bei der Erweiterung der Auseinandersetzung auf den Pragmatismus haben sich einige übergreifende Gesichtspunkte herausgeschält, die dann auch die Übertragbarkeit der Positivismuskritik auf den kritischen Rationalismus Poppers und Alberts in den sechziger Jahren zu ermöglichen schienen, wie die miteinander zusammenhängenden Vorwürfe an den Positivismus, er verabsolutiere die jeweils vorhandenen empirischen Wissenschaften als Rationalitätsmodell (»Szientismus«) und rede deswegen einer reduzierten bzw. halbierten Rationalität das Wort.

Die Ausdehnung der Kritik auf die Soziologie hat dann dazu geführt, daß die ursprünglich stärker philosophisch geprägte Auseinandersetzung auch auf einem Nebengeleise in Fahrt kam (und dann dort in der Bundesrepublik nach anfänglichem Zögern weiterrollte). Diese Erweiterungen der ursprünglichen Positivismuskritik auf den Pragmatismus und die empirische Soziologie werden dann im *sechsten und siebten Abschnitt* dargestellt. Der erste Teil schließt mit einer etwas melancholischen Zwischenbilanz über die verpaßten Chancen einer Kooperation zwischen Positivismus und kritischer Theorie im gemeinsamen Exil.

Der Duktus der Arbeit ist im großen und ganzen historisierend, wenngleich vielleicht in einem etwas anderen Sinne, als es in der Philosophie- und Soziologiegeschichtsschreibung mit der lange vorherrschenden Beschränkung auf die Exegese gedruckter Texte die Regel war. Daß die historische Darstellung gelegentlich durch kritische Bemerkungen zu den Gegenständen der Kontroverse – und zwar in Richtung beider beteiligter Gruppen – ergänzt wird, verfolgt unter anderem auch das Ziel, die Lagermentalität aufzubrechen, die sich zwischen den Anhängern der kritischen Theorie und des logischen Positivismus seit vielen Jahren aufgebaut hat. Sie steht sowohl dem Verständnis der Position des Gegenübers im akademischen Kontext als auch, soweit ihre Ausläufer noch das Politikverständnis einer mit dem Positivismusstreit aufgewachsenen Generation prägen, einer vernünftigen Diskussion darüber im Wege, ob praxisfernes kritisches Kommentatorentum die einzige politische Alternative zu einem theoriefernen und perspektivenlosen politischen Pragmatismus ist.

1. Logischer Positivismus und kritische Theorie vor 1936: Gemeinsamkeiten und Divergenzen

Vor einigen Jahren hat Michiel Korthals mit Recht hervorgehoben[11], daß der Abstand zwischen Horkheimer als zweitem Direktor des Instituts für Sozialforschung und dem logischen Positivismus noch zu Anfang der dreißiger Jahre nicht so groß gewesen ist, wie er sich dann im letzten Drittel des Jahrzehnts darstellt. Im Gegenteil zeigen sich sogar einige überraschende Ähnlichkeiten zwischen den späteren Gegnern. Ihr Auftreten macht es in der Tat, wie Gunzelin Schmid Noerr gegenüber Korthals eingewandt hat, erklärungsbedürftig, daß es dann 1937 im amerikanischen Exil zur Konfrontation kommen konnte.[12]

Gemeinsamkeiten und Unterschiede zwischen Wiener Kreis und Frankfurter Schule sollen im folgenden anhand der Komplexe (1) akademische Tradition, (2) Institutionalisierungsformen, (3) wissenschaftliche »Lehre« und (4) politische Haltung thematisiert werden. Diese Untersuchung sieht noch davon ab, ob diese Gemeinsamkeiten den Beteiligten auch bekannt und bewußt waren. Sie soll damit eine Basis für die Beantwortung der Frage bilden, ob die durch diese gemeinsame Basis gegebenen Chancen bei der Kenntnisnahme der beiden Gruppen voneinander und ihren späteren Kontakten auch realisiert wurden.

11 Korthals 1985.

12 Schmid Noerr 1987a hat, offenbar in der Meinung, Korthals habe diese Gemeinsamkeiten stark übertrieben, kritisiert, daß er »denn auch nicht (erklärt), warum Horkheimer in seinem Aufsatz ›Der neueste Angriff auf die Metaphysik‹ (1937) die Philosophie des Wiener Kreises in scharfer Form kritisiert«. Das Folgende ist unter anderem ein Versuch, einerseits die These Korthals' zu verstärken und andererseits die von Schmid Noerr zu Recht geforderte Erklärung zu liefern.

1.1 Akademische Tradition

Hinsichtlich des logischen Positivismus ist durch die Arbeiten vor allem Friedrich Stadlers[13] gezeigt worden, daß die Berufung auf den Physiker-Philosophen Ernst Mach als den Gründervater der neopositivistischen Bewegung für den Wiener Kreis sowohl eine wissenschaftliche als auch eine politische Bedeutung hatte. Mach verkörperte nämlich die Verbindung des Fortschrittsideals positiver Wissenschaft und der damit einhergehenden Frontstellung gegen Irrationalismus und Metaphysik mit einer sozialreformerischen politischen Haltung.[14]

Mach hatte in Deutschland – zumal in der akademischen Philosophie – nur relativ wenige Anhänger wie Joseph Petzoldt und Hans Cornelius, mit denen er auch in brieflichem Austausch stand.[15] Insbesondere Cornelius wurde in Deutschland so sehr mit ihm identifiziert, daß er gelegentlich sozusagen als sein »offizieller Repräsentant« verstanden und auch stellvertretend für die ganze Richtung angegriffen wurde. Man denke etwa an die Kritik Husserls am Ökonomieprinzip oder an andere zentrale positivismuskritische Stellen der *Logischen Untersuchungen*.[16]

Es war nun just Cornelius, bei dem sowohl Horkheimer als auch Adorno in Frankfurt promoviert wurden. Auch Horkheimers Habilitationsschrift steht ebenso wie der auf Anraten Cornelius' zurückgezogene erste Habilitationsversuch Adornos noch stark unter dem Einfluß ihres akademischen Lehrers.[17] Einen weiteren,

13 Stadler 1982a.

14 Das ist übrigens auch bereits in den letzten Jahren der untergegangenen DDR anerkannt worden; siehe Hoffmann/Laitko 1988. Vgl. damit den noch zu DDR-Zeiten entstandenen, aber erst nach der »Wende« publizierten hochinteressanten Sammelband Hoffmann/Laitko 1991.

15 Vgl. Blackmore/Hentschel 1985 zu Pätzoldt passim, zu Cornelius ebd., S. 50, 61 f., 103 f., 189 sowie das Verzeichnis der Briefe Machs in Stadler 1982a.

16 Husserl 1913, S. 192 ff., insbesondere S. 203.

17 Siehe zu Horkheimers Verhältnis zu Cornelius die frühe Äußerung Horkheimer 1923, später Horkheimer 1931, S. 31 und zu Adornos Beziehung zu Cornelius das Vorwort zu Adorno 1927, wo es heißt: »Der erkenntnistheoretische Standpunkt, den wir ... voraussetzen, ist der von Hans Cornelius in seinen Büchern ... vertretene. Wir setzen

bei Cornelius ebenfalls gescheiterten (und zwar nicht nur an einem negativen Gutachten Cornelius', sondern auch einer negativen Stellungnahme Horkheimers[18]) hatte übrigens auch Walter Benjamin unternommen; offenbar existiert auch ein als Habilitationsschrift geplantes Manuskript Löwenthals mit einem Gutachten Cornelius' dazu.[19]

Es wäre nun – schon wegen des Verlaufs der gescheiterten Habilitationsversuche Adornos, Benjamins und Löwenthals – sicherlich weit übertrieben, die frühe Frankfurter Schule geradezu die Cornelius-Schule zu nennen. Aber weil heute unterschätzt wird, wie weit die Prägung durch (und im übrigen auch die enge Freundschaft[20] mit) Cornelius bei zwei zentralen Gestalten der Frankfurter Schule, nämlich beim Direktor des Instituts für Sozialforschung Horkheimer und seinem Stellvertreter Pollock ging, muß hier etwas näher darauf eingegangen werden. Während beide Anfang der zwanziger Jahre in Frankfurt bei Cornelius studierten, publizierte dieser in der Reihe »Philosophie in Selbstdarstellungen« eine intellektuelle Autobiographie. In dieser bemüht er sich nun, seine früher noch ausgeprägtere – vor dem Hintergrund seines naturwissenschaftlichen Studiums vielleicht verständliche – Beziehung zum Positivismus, insbesondere zu Mach und Avenarius, zu relativieren. Inbesondere versucht er Husserls Kritik abzuwehren, er habe wie diese Gründerväter des Neopositivismus einer biologischen oder psychologistischen Interpretation des erkenntnistheoretischen Ökonomieprinzips angehangen.[21]

Wegen der partiellen Distanzierung Cornelius' vom Positivismus in den frühen zwanziger Jahren ergibt es auch einen guten Sinn, daß Cornelius seinen Lieblingsschüler Horkheimer 1920 und 1921 für zwei Semester nach Freiburg empfahl.[22] Dort lernte Horkheimer auch Heidegger kennen, der später übrigens einmal im Institut für Sozialforschung vorgetragen haben soll.[23]

diesen Standpunkt überall voraus und verzichten darauf, uns überall ausdrücklich auf ihn zu berufen.«

18 Siehe Lindner 1984 und Tiedemann/Schweppenhäuser 1985, S. 771 ff.

19 Siehe dazu Löwenthal 1980, S. 233.

20 Besonders aufschlußreich dafür ist Horkheimer 1972/76, S. 448 f.

21 Cornelius 1921, S. 85 f.

22 Schmid Noerr 1987a, H. 2, S. 457.

23 So berichtet Hammerstein 1989, S. 65 mit Berufung auf mündliche Äußerungen Horkheimers und Adornos. Während Heidegger (unter

Trotzdem kann kein Zweifel bestehen, daß Horkheimer Cornelius stets ganz überwiegend als Positivisten angesehen hat. So schreibt er über ihn etwa in seiner »Vorlesung über die Philosophie der Gegenwart« aus dem Sommersemester 1926 im Abschnitt »Machs Lehre von den Weltelementen« folgendes über das Verhältnis der beiden:

> Er [Mach, Verf.] hat einmal ... erklärt, daß – soweit es sich um systematisch-philosophische Arbeiten handle – in Beziehung auf die in Rede stehende Frage [das Problem des »Ich«, Verf.] ihm eine Darstellung entsprochen haben würde, »wie sie etwa H. Cornelius« gegeben hätte. Nicht nur soweit der von mir soeben erwähnte Mangel in der Lehre Machs vom Ich in Betracht kommt, sondern ebensosehr im Hinblick auf viele andere Punkte kann die Philosophie von Hans Cornelius als dasjenige philosophische System angesehen werden, das in derselben Richtung liegt, in die Machs fragmentarische Äußerungen als philosophische Gedanken eines bedeutenden Naturforschers weisen. Die Intentionen sind sicher einander ähnlich, und auch die Corneliussche Philosophie trägt überall den Stempel der Herkunft aus den erkenntnistheoretischen Problemen, die bei konkreter naturwissenschaftlicher Arbeit erwachsen.[24]

An der Hochschätzung Horkheimers (und auch Pollocks) für ihren akademischen Lehrer hat sich übrigens – trotz einer wahrscheinlichen zwischenzeitlichen Irritation in der Zeit des Nationalsozialismus[25] – zeitlebens nichts geändert.[26]

anderem durch die beharrliche Anrede Horkheimers als »Horschheimer«) bei dieser Gelegenheit sein »erhabenes Desinteresse« an den Frankfurtern bekundet hatte, scheint umgekehrt das Erscheinen von *Sein und Zeit* auf Horkheimer einen gewissen Eindruck gemacht zu haben (siehe Horkheimer 1928, S. 391, Anmerkung).

24 Horkheimer 1926, S. 264.

25 Ich meine einen in der Horkheimer-Korrespondenz mit Cornelius abgelegten Ausschnitt aus dem *Völkischen Beobachter* vom 15. Mai 1935. Darin heißt es unter der Überschrift »Ein Leser schreibt«: »Nach vier im Ausland verbrachten Jahren in die Heimat zurückgekehrt, bin ich sehr verwundert zu erfahren, daß es für die Angehörigen des neuen Reiches noch nicht eine Selbstverständlichkeit geworden ist, die NS-Presse zu halten und zu lesen. Ich habe mir nach meiner Heimkehr sogleich den *Völkischen Beobachter* bestellt und finde, daß er vor allen Zeitungen, die ich früher in Deutschland gehalten und gelesen habe, weitaus den Vorzug verdient. Das gilt ganz besonders auch für seine außenpolitischen Nachrichten und Sonderartikel, die ich täglich mit größtem Interesse verfolge. Ich möchte wünschen, daß sein Leserkreis

Wenn Cornelius seinem »vielgeliebten Max« noch am 15.6.1947 schrieb:

Es freut mich sehr, aus Deinem Brief zu entnehmen, was ich ohnehin voraussetzte, daß Du nach wie vor begeisterter Anhänger der Philosophie bist, und ich möchte sehr hoffen und wünschen, daß Du auch »drüben« *meine* Philosophie zur Geltung bringst oder schon gebracht hast,

war das natürlich schon angesichts der philosophischen Wandlungen Horkheimers und der Frankfurter Schule noch vor der Zeit ihres Exils eine ziemlich unrealistische Vorstellung.
Einige Vorlesungen von Cornelius aus dem Ende der zwanziger Jahre zeigen, daß er versucht hatte, den Anschluß an die Weiter-

sich noch weiter und immer weiter ausbreite. Heil Hitler! Dr. Hans Cornelius, ehem. o. Professor an der Universität Frankfurt a. M.«
Vielleicht erklärt das als nächstes Schriftstück in dieser Korrespondenz abgelegte Schreiben des nationalsozialistischen Frankfurter Universitätsrektors Platzhoff an Cornelius vom 27.10.1937 dieses Verhalten teilweise. Darin teilt Platzhoff nämlich Cornelius ohne Anrede und Grußformel mit, daß »die Namen derjenigen entpflichteten Professoren, die jüdisch versippt sind, nicht mehr in das Personal- und Vorlesungsverzeichnis aufzunehmen« seien.
Man vergleiche mit diesen Schriftstücken Cornelius' Brief an Horkheimer vom 15.6.1947, in dem sich die folgende Passage findet: »Ich selbst bin nie Nazi gewesen, war vielmehr nach meiner Heimkehr aus Schweden nach München manchen Schikanen von Seiten der Naziregierung ausgesetzt ... Der Rektor der Univ. Ffm. hat mich ... noch nachträglich wegen meiner lange vor der Hitlerzeit erfolgten Verfehlung gegen die Nürnberger Gesetze aus dem Vorlesungsverzeichnis der Univ. Ffm. gestrichen.«
Ich berichte diese Geschichte etwas ausführlicher, weil der Kniefall des Positivisten Cornelius vor den Nationalsozialisten sehr viel besser zu Horkheimers Positivismuskritik von 1937 paßt als das Verhalten sämtlicher in dieser Kritik erwähnten Positivisten des Wiener Kreises zum Faschismus. Eine Bestätigung für die Vermutung, Cornelius' Erklärung im *Völkischen Beobachter* könnte einer der Auslöser für die Polemik gewesen sein, habe ich nicht finden können.

26 Das zeigt sich daran, daß der Briefwechsel nach dem Zweiten Weltkrieg wieder aufgenommen wurde, als sei in der Zwischenzeit nichts geschehen. Horkheimer hat nach dem Tod Cornelius' im Jahre 1947 auch einmal eine Ausstellung seiner künstlerischen Arbeiten organisiert und noch in den sechziger Jahren einen Preis für eine Schrift über ihn ausgesetzt.

entwicklung seiner Schüler durch die Behandlung und Diskussion marxistischer Positionen aufrechtzuerhalten.[27] Aber das wurde von diesen offenbar nicht mehr ganz ernst genommen.[28] Sowohl auf Horkheimer und Pollock als auch erst recht auf Adorno hat die von Georg Lukács und Karl Korsch ausgegangene Marxrenaissance der zwanziger Jahre bald einen stärkeren Einfluß ausgeübt und die frühere Formung durch Cornelius (wie auch Husserl) allmählich in den Hintergrund gedrängt. Wie sich diese Entwicklung vollzogen hat, ist bislang kaum untersucht worden und auch recht schwierig nachzuvollziehen, da einschlägige publizierte Texte vom Ende der zwanziger und Anfang der dreißiger Jahre kaum vorliegen bzw. nur Andeutungen enthalten und die vorhandenen Korrespondenzen unvollständig sind. Wie die Umorientierung angefangen haben könnte, kann man sich leicht vorstellen. Die wichtigsten Texte von Korsch und Lukács, in denen der Auffassung entgegengetreten wurde, die Marxsche Theorie sei nur eine empirische Theorie wie andere auch (und müsse entsprechend behandelt werden), und in denen statt dessen ihr philosophischer Gehalt unterstrichen und als ihre spezifische Methode die Dialektik hervorgehoben wurde, sind in Grünbergs *Archiv* (dem Vorläufer der *Zeitschrift für Sozialforschung*) veröffentlicht bzw. ausführlich besprochen worden, also in der unmittelbaren Umgebung der späteren Frankfurter Schule (Pollock war ja einer

27 Siehe etwa seine Vorlesungen »Probleme des historischen Materialismus« aus dem Sommersemester 1928 und seinen Vortrag »Klassenphilosophie und reine Philosophie« vom 26. 1. 1929, von denen es im Horkheimer-Archiv jeweils Notizen aus der Hand Pollocks gibt (Notizbücher VII 10 und VIII 17).

28 Das zeigt der offenbar im Vortrag »Klassenphilosophie und reine Philosophie« zwischen Horkheimer und Pollock hin- und hergereichte und zu Tarnungsgründen auf französisch geschriebene Zettel: »Mais dis donc; est-ce que tu crois qu'il soit nécessaire que je parle?« und die Antwort »oui: dogmatische Voraussetzungen des M.mus« (gemeint: Marxismus, Verf.).
Diese Bemerkungen beziehen sich offensichtlich auf im Vortrag verkündete Diskussionsthesen Cornelius', die unter anderem gelautet hatten: »12) Alle Klassenphilosophie muß Dogmatismus sein« und »13) Wie ist aber reine Philosophie möglich?« Am Rande der ersten Seite des Notizbuchs findet sich nun die – offenbar auf den Vortragenden gemünzte – Bemerkung: »die profitgierige Absicht zu hören, ob die Grundlage eines geplanten Buches dauerhaft«.

von Grünbergs Assistenten). Eine spezifische Wendung erhielt die philosophische Marxdeutung am Ende der zwanziger Jahre. 1926 begann unter dem Titel *Unter dem Banner des Marxismus* eine deutschsprachige theoretische kommunistische Zeitschrift ihr Erscheinen. Sie verstand die Publikation theoretischer Arbeiten als Beiträge im »ideologischen Kampf« gegen den Revisionismus. Neben Abrechnungen mit Theoretikern der – auch in diesem Organ bald als »Sozialfaschismus« betitelten – deutschen Sozialdemokratie fallen dort Beiträge gegen den Austromarxismus ins Auge, die schon dessen »Auflösung« verkünden und sich immer wieder mit wuchtigen Hieben sowohl gegen den »Machismus« als auch gegen die Psychoanalyse wenden, die als Verbündete des Austromarxismus wahrgenommen werden.[29] Gleichzeitig begann der dem deutschen Publikum bislang nur als Revolutionär und kommunistischer Theoretiker bekannte W. I. Lenin auch als *Philosoph* zu wirken. Entscheidend dafür war natürlich die Übersetzung seiner schon 1909 auf russisch veröffentlichten, aber wegen der Sprachbarriere nur wenigen Spezialisten im deutschen Sprachbereich bekannten antipositivistischen Streitschrift *Materialismus und Empiriokritizismus*. Diese Vorgänge spielten sich zufälligerweise ungefähr zur gleichen Zeit ab, als sich der Wiener Kreis des logischen Positivismus und auch die spätere Frankfurter Schule formierten.

Es liegt nahe, sich Horkheimers – positiv auf Lenins Schrift Bezug nehmende – spätere Polemik gegen den Positivismus aus dem Jahre 1937 als eine geradlinige Fortsetzung von *Materialismus und Empiriokritizismus* vorzustellen. Das ist aber historisch gesehen falsch. Denn seine ungedruckt gebliebene[30] Rezension des Leninbuchs aus dem Winter 1928/29 gestattet nicht nur für die sich über fast ein Jahrzehnt hinziehende Entwicklung vom Machismus Corneliusscher Prägung zum Marxismus eine Momentaufnahme, sondern zeigt noch eine ungefähre Äquidistanz des Autors gegenüber Positivismus und Materialismus. Insbesondere finde ich es bemerkenswert, daß Horkheimer einerseits zwar Lenin attestiert, »die Propaganda Bogdanows, Basarows, Lunatscharskis und an-

29 Siehe beispielhaft für diese Tendenz Thalheimer 1926/27, S. 517ff.

30 Es wäre interessant zu erfahren, wo die Besprechung (Horkheimer 1928/29) erscheinen sollte, warum dafür ein Pseudonym gewählt wurde und warum sie dann schließlich doch nicht gedruckt wurde.

derer für den Empiriokritizismus als ein Moment der politischen Resignation und des schlechten Kompromisses« erkannt zu haben[31], andererseits aber Mach – und mittelbar auch Cornelius[32] – noch gegen die Leninschen Vorwürfe des subjektiven Idealismus, Solipsismus und Fideismus in Schutz nimmt, die er 1937 dann selbst – sozusagen mit Lenin – gegen Mach und die Positivisten wendet.

1.2 Institutionalisierungsformen und interne Strukturen

Karl Müller hat als eine weitere wichtige Gemeinsamkeit von Frankfurter Schule und Wiener Kreis »die Form ihrer alternativen Institutionalisierung, die sich im wesentlichen jenseits der staatlich konzessionierten Bildungskanäle vollzieht«, genannt.[33] Daran ist soviel richtig, daß das Frankfurter Institut durch die Personalunion von Institutsdirektion und Stiftungsprofessur zwar der Universität Frankfurt verbunden, aber in seinen internen Personal- und Sachentscheidungen autonom blieb. Gerade darüber hatte es in der Grünberg-Nachfolge eine Auseinandersetzung zwischen dem Stifter des Instituts und den Universitätsbehörden gegeben. Aber dieser war zugunsten einer weitgehenden Erhaltung der Institutsautonomie ausgegangen.

Der Wiener Kreis, der in seiner »nichtöffentlichen Phase« als das erweiterte Oberseminar Moritz Schlicks begonnen hatte, fand sein organisatorisches Rückgrat außer in den fortgesetzten Schlickschen »Donnerstagabenden« in seiner »öffentlichen Phase« seit 1929 hauptsächlich außerhalb der Wiener Universität.

31 Ebd., S. 175.

32 Über Cornelius gibt es in Lenin 1949, S. 218 übrigens folgendes zu lesen: »Wenn Cornelius ein agnostizistischer Halbsolipsist ist, dann ist Petzoldt ein solipsistischer Halbagnostiker. Flohknackerei, meine Herren!« Und im Zusammenhang von Bemerkungen über die Religion, in denen in einer längeren Aufzählung schon Machs Bezeichnung der religiösen Ansichten als »Privatsache« angegriffen wurden, heißt es: »... endend mit dem *offenen Fideismus*, mit dem unverhüllten *Schwarzhundertertum* sowohl eines Cornelius, der Mach überschwenglich lobt und von Mach ebenso gelobt wird, als auch eines Carus und aller Immanenzphilosophen« (ebd., S. 348).

33 Müller 1985, S. 294 und ähnlich S. 295.

Dabei handelte es sich um sein Popularisierungsorgan, den »Verein Ernst Mach«, einerseits und die Serien von wissenschaftlichen Konferenzen andererseits, die 1929 und 1930 noch in Prag und Königsberg stattgefunden hatten und dann nach einer längeren Unterbrechung ab 1935 als jährliche »Internationale Kongresse für Einheit der Wissenschaft« fortgesetzt wurden. Dabei spielte Otto Neurath für den »Verein Ernst Mach« vom Gesellschafts- und Wirtschaftsmuseum in Wien aus (und später, nach seiner Emigration, für die internationalen Konferenzen von seinem »Mundaneum Institut« in Den Haag aus) jeweils die Rolle des organisatorischen Motors.

Wenn man aber nicht nur das Außenverhältnis der beiden Gruppen, sondern auch ihre Binnenstruktur betrachtet, stößt man auf einige wichtige Unterschiede. In Frankfurt handelte es sich um eine »dauernde Arbeitsgemeinschaft«[34] unter der »Diktatur des Direktors«.[35] Wie Leo Löwenthal mit Recht betont hat, gehörten die Mitglieder dieser Arbeitsgemeinschaft zudem »ungefähr, nicht ganz genau, derselben Generation an: ungefähr um 1900 geboren, einige etwas später, andere etwas früher«.[36]

Die Wiener Positivisten dagegen waren ein vergleichsweise heterogener, lockerer Zirkel. Sie kamen, wenn man einmal davon absieht, daß Schlick weiterhin das Einladungsrecht zu den »Donnerstagabenden« ausübte, ohne ausgeprägte Hierarchie aus. Dieser Kreis bestand ferner aus Mitgliedern, die nach Alter und beruflicher Stellung sehr viel weiter auseinander lagen.[37] Vor allem

34 So Horkheimer 1931, S. 29.

35 Diese Selbstcharakterisierung Grünbergs hat sich Horkheimer bei seiner Institutsübernahme – etwas ironisch abgeschwächt – programmatisch zu eigen gemacht. Aus seinen späteren Korrespondenzen geht hervor, daß in der Praxis nur in sachlichen Fragen der Wissenschaft das Kollegialitätsprinzip galt, aber in sämtlichen anderen wie Standort-, Finanz- und Personalentscheidungen tatsächlich die einsamen Entschlüsse des Institutsdirektors Horkheimer (meist allerdings im Einvernehmen mit seinem Kodirektor Pollock) maßgeblich waren.

36 Löwenthal 1980, S. 195.

37 Man kann eine ältere Generation von um 1880 Geborenen (der die gegen Ende der zwanziger Jahre mittlerweile als Ordinarien Etablierten Phillipp Frank, Hans Hahn und Moritz Schlick sowie Otto Neurath angehörten), eine mittlere Generation von um 1890 Geborenen (zu denen Rudolf Carnap, Hans Reichenbach und Edgar Zilsel gehörten, die damals noch vor dem Ziel ihrer akademischen Laufbahn

der scheinbar nebensächliche Unterschied im Durchschnittsalter der beiden Gruppen darf nicht unterschätzt werden. Denn er entschied darüber, in welcher Lebensphase und mit welchen praktischen Eingriffsmöglichkeiten wichtige politisch prägende Ereignisse wie der Erste Weltkrieg und die anschließende Revolution von 1918/19 erlebt wurden.[38]

Die genannten Unterschiede im Verhältnis zur Universität und in der organisatorischen Binnenstruktur bilden sich recht gut in den programmatischen Erklärungen der beiden Kollektive ab. So wurde das neue Programm des Frankfurter Instituts »Die gegenwärtige Lage der Sozialphilosophie und die Aufgaben eines Instituts für Sozialforschung« von Horkheimer als seine Antrittsrede verkündet. In ihm zeigt sich zudem eine größere akademische Rücksichtnahme, die dafür maßgeblich gewesen sein dürfte, daß die für das neue Konzept eines interdisziplinären Materialismus entscheidenden Namen Marx und Freud entweder nur in einer distanzierenden Bemerkung[39] oder gar nicht erwähnt werden. Der Verzicht auf eine explizite Bezugnahme auf Marx fällt besonders auf, wenn man Horkheimers Antrittsrede mit der seines Vorgängers Carl Grünberg vergleicht. Dieser hatte etwa geschrieben:

> Viele, deren Zahl und Gewicht ständig zunimmt, glauben, wünschen und hoffen nicht nur, sondern sind wissenschaftlich fest überzeugt, daß die entstehende neue Ordnung die sozialistische sein wird, daß wir uns mitten im Übergang vom Kapitalismus zum Sozialismus befinden und diesem mit wachsender Schnelligkeit zutreiben. Wie ich wohl als bekannt voraussetzen darf, huldige auch ich dieser Anschauung. Auch ich gehöre zu den Gegnern der geschichtlich überkommenen Wirtschafts-, Gesellschafts- und Rechtsordnung und zu den Anhängern des Marxismus.[40]

standen) und schließlich eine jüngere Generation unterscheiden (zu der etwa Herbert Feigl, Carl-Gustav Hempel und Friedrich Waismann zu zählen sind, die noch Studenten, Doktoranden oder frische Postdoktoranden waren).

38 Etwas überspitzt könnte man nämlich sagen, daß die aktivsten Positivisten ihre politisch engagierteste Phase in den dreißiger Jahren schon fast zwei Jahrzehnte hinter sich, die politisch aktivsten Frankfurter sie noch mehr als zwei Jahrzehnte vor sich hatten.

39 Nämlich dort, wo Horkheimer sich von einem »abstrakte(n) und daher ... schlecht verstandene(n) Marx« distanziert (Horkheimer 1931, S. 32; siehe Schmid Noerr 1987a, S. 460 zu weiteren Belegen für Horkheimers Angewohnheit, den Namen »Marx« möglichst zu vermeiden.

40 Grünberg 1924.

Von derartigen politischen oder auch nur weltanschaulichen Verpflichtungen distanziert sich Horkheimer ausdrücklich, wenn er am Schluß schreibt:

Carl Grünberg hat bei der Einweihung des Instituts davon gesprochen, daß jeder bei seiner wissenschaftlichen Arbeit von weltanschaulichen Impulsen geleitet sei. Möge der leitende weltanschauliche Impuls in diesem Institut der unwandelbare Wille sein, ohne jede Rücksicht der Wahrheit zu dienen![41]

Das 1929 verkündete Credo der Positivisten *Wissenschaftliche Weltauffassung. Der Wiener Kreis* wurde zwar von Neurath konzipiert, aber von anderen überarbeitet und schließlich von einem Autorenkollektiv (Carnap, Hahn, Neurath) publiziert und in einer tumultuarischen Sonderveranstaltung am Rande der Jahrestagung der Gesellschaft deutscher Naturforscher und Ärzte 1929 in Prag der Öffentlichkeit präsentiert. Diese Programmschrift nahm vergleichsweise weniger akademische und politische Rücksichten. In dem – von logischen und wissenschaftstheoretischen Fragen dominierten – Programm werden kompromittierende Namen wie Freud und Marx ohne weiteres positiv genannt.[42] Im Abschnitt »Rückblick und Ausblick« wird der Kampf zwischen der propagierten »wissenschaftlichen Weltauffassung« und der abgelehnten Metaphysik auch explizit in den Kontext der »heftigen sozialen und wirtschaftlichen Kämpfe der Gegenwart« gestellt. Dabei wird die Metaphysik jenen Kräften zugeordnet, die »auf sozialem Gebiet das Vergangene festhalten«, während die wissenschaftliche Weltauffassung als die Geisteshaltung jener Massen gesehen wird, die »im Zusammenhang mit ihrer sozialistischen Einstellung einer erdnahen, empiristischen Auffassung zuneigen«.[43] Am Schluß stellen die Autoren einen direkten Bezug zur Praxis in den verschiedensten Bereichen des gesellschaftlichen Lebens her (in denen sie selbst politisch aktiv waren):

Wir erleben, wie der Geist wissenschaftlicher Weltauffassung in steigendem Maße die Formen persönlichen und öffentlichen Lebens, des Unterrichts, der Erziehung, der Baukunst durchdringt, die Gestaltung des wirtschaftlichen und sozialen Lebens nach rationalen Grundsätzen leiten

41 Diese Passage in Horkheimer 1931, S. 35 bezieht sich auf Grünberg 1924, S. 12.

42 Wissenschaftliche Weltauffassung 1929, S. 306 zu Freud und S. 313 zu Marx.

43 Ebd., S. 315.

hilft. Die wissenschaftliche Weltauffassung dient dem Leben, und das Leben nimmt sie auf.

1.3 Wissenschaftliche Lehren

Einen Überblick über die Gemeinsamkeiten in den »Lehren« des logischen Positivismus und der Frankfurter Schule zu bekommen, die in den beiden Programmschriften ja nur angedeutet werden, fällt angesichts des Umfangs der Publikationen und der Vielzahl der jeweiligen Mitglieder vergleichsweise schwer. Ich möchte deshalb hier nur einen Kernpunkt herausstellen, der in beiden Konstellationen überraschende Ähnlichkeiten wie denn auch im Detail weitreichende Differenzen herstellt. Ich meine das von beiden Gruppen de facto verfolgte Projekt eines interdisziplinären Materialismus. Denn in beiden Gruppen wurde die Notwendigkeit einer Überwindung des überholten naturwissenschaftlichen Materialismus des 19. Jahrhunderts sowie des sich immer mehr ideologisch verfestigenden dialektischen Materialismus sowjetischer Prägung gespürt. Daraus ergab sich jeweils die Notwendigkeit einer Reformulierung eines materialistischen Programms auf interdisziplinärer Grundlage.[44]

Aber die Ausarbeitung eines solchen Programms hatte dann im Detail und vor allem in der Schwerpunktsetzung der dabei zu beteiligenden Disziplinen erhebliche Unterschiede. Denn zwar sah die Frankfurter Schule die in der traditionellen deutschen Philosophie mindestens seit der Jahrhundertwende populäre Entgegensetzung von Geistes- und Naturwissenschaften immer als problematisch an.[45] So schreibt Horkheimer in seinem Aufsatz »Hegel und das Problem der Metaphysik« von 1932:

> Die empirische Erforschung geschichtlicher Vorgänge ist auf möglichst treffende Beschreibung und letzten Endes auf die Erkenntnis von Gesetzen und Tendenzen gerichtet, ganz ebenso wie die Forschung auf dem

44 Siehe für den Wiener Kreis Neurath 1931b, S. 465 ff., für die Frankfurter Schule Horkheimer 1931.

45 Siehe etwa Horkheimer 1944/45, S. 212 und später im Positivismusstreit der sechziger Jahre auch Adorno 1962, S. 126, wo es heißt, daß Popper »die herkömmlichen Unterscheidungen zwischen Natur- und Geisteswissenschaften, wie die Rickertsche zwischen nomothetischer und idiographischer Methode ... positiver sieht als ich«.

Gebiete der außermenschlichen Natur: der Gedanke an ein zugrundeliegendes geistiges Prinzip, das notwendig höchst abstrakt sein müßte, ist ihr ganz fremd. Von den Wissenschaften der toten und der lebendigen Natur zielt nicht die eine Gattung auf bloße »Richtigkeit«, die andere dagegen auf reine »Wahrheit«, die Physik auf die bloße Praxis, die Geschichte, Anthropologie, Soziologie hingegen auf den Einblick in eine höhere Wirklichkeit. Weder die logische Struktur der erstrebten Begriffe noch der Anspruch auf Gültigkeit begründet einen grundsätzlichen Unterschied der beiden Wissenschaftsgruppen, es sei denn, daß man die Geschichte als bloße auswählende Beschreibung jeder »Theorie« entgegensetze, wie es in der südwestdeutschen Schule geschieht.[46]

Eine solche Entgegensetzung lehnt Horkheimer dort ausdrücklich ab. Von daher gesehen scheint es nicht ganz konsequent, wenn in der Frankfurter Schule die an der Rekonstruktion des Materialismus zu beteiligenden Disziplinen von vornherein auf die Sozialwissenschaften (im weiteren Sinne) beschränkt wurden. Dafür hat Horkheimer verschiedentlich spezielle aktuelle Gründe genannt. So schreibt er etwa in seinem Aufsatz »Materialismus und Metaphysik«:

> Der Materialismus des frühen Bürgertums zielte ... auf die Vermehrung der Naturerkenntnis und die Gewinnung neuer Kräfte zur Beherrschung von Natur und Menschen. Das Elend der Gegenwart aber ist an die gesellschaftliche Struktur geknüpft. Darum bildet die Theorie der Gesellschaft den Inhalt des heutigen Materialismus.[47]

Folgerichtig erscheinen die Naturwissenschaften in einem solchen Programm nur indirekt, nämlich insofern und auch nur insoweit, als das Aufkommen ihrer Theorien soziale Voraussetzungen hat und die Ergebnisse ihrer Anwendung soziale Auswirkungen zeitigen. Das hatte die Folge, daß die Frankfurter Schule kein großes Interesse für die revolutionären Umwälzungen aufbrachte, die mit der modernen Physik für ein wissenschaftliches Weltbild und auch für nötige Revisionen am traditionellen Bestand philosophi-

46 Horkheimer 1932a. S. 307f. – Die von Schmidt Noerr 1987a, S. 466 vertretene These, es handele sich bei dieser der Metaphysik Hegels ausdrücklich entgegengesetzten »empirischen Ansicht« um »keine andere als die des Marx-Engelsschen Historischen Materialismus«, trifft nur dann zu, wenn hinzugefügt wird, daß dieser an der zitierten Stelle empiristisch und einheitswissenschaftlich verstanden und eben von Hegelschen Einflüssen getrennt wird.

47 Horkheimer 1933a, S. 84; ähnlich Horkheimer 1934, S. 217.

scher Doktrinen einhergingen (wie etwa an den traditionellen Kategorien von Raum, Zeit und Kausalität). Auch die schon in die Anfänge der Weimarer Zeit zurückreichenden weltanschaulichen und politischen Begleiterscheinungen des physikalischen Paradigmenwechsels wurden von diesen Zeitzeugen weitgehend ignoriert. Während man in Publikationen der Frankfurter Schule vergeblich nach entsprechenden Kommentaren Ausschau hält, beschreibt wenigstens eine – offensichtlich im Zusammenhang mit der Positivismus-Kontroverse der dreißiger Jahre entstandene – Notiz Horkheimers diese Haltung. Denn auf einen hypothetischen Einwurf »Einstein etc. haben so viel für die Menschheit geleistet« antwortet er dort: »aber es ist unwichtig davon zu wissen – nicht so bei Galilei, wegen des Verhältnisses von Wissenschaft und herrschender Macht«, und stichwortartig heißt es dann weiter zur Begründung:

trennen: Wissenschaft – Beherrschung der Natur; hier: Einstein groß.
Wissenschaft – Gesellschaft. Fortschritt; hier: heutige Physik wenig.[48]

Im Unterschied zur Frankfurter Schule war der Wiener Kreis – zumindest von einer gewissen Entwicklungsphase an – nicht nur *interdisziplinär*, sondern – zumindest von seinem Programm her – sogar *enzyklopädisch* ausgerichtet.[49] Dabei stand nun eindeutig die Physik als Vorbild empirischer Wissenschaften und die Logik als Modell für die analytischen Wissenschaften vor Augen, während umgekehrt die Sozialwissenschaften nur am Rande beteiligt waren. Da dieser Enzyklopädismus auf physikalistischer Grundlage einen Dissenspunkt bei den späteren Diskussionen mit dem »Institut« bildete, müssen hier kurz seine Entstehung und Bedeutung beleuchtet werden. Es ist bekannt[50], daß der Übergang zum Physikalismus eine ganz neue Etappe im programmatischen Selbstverständnis des Wiener Kreises einleitete. Denn bis dahin war er, hierin an Mach anknüpfend, phänomenalistisch orientiert gewesen. Nach den Grundsätzen dieses Phänomenalismus sollten

48 Nachlaß Horkheimer, Notizen XI, 57.

49 Siehe zu einer auf diesen Merkmalen aufbauenden Klassifikation von Wissenschaftlerkollektiven Dahms 1985a, S. 3-8.

50 Dies betonen etwa Hegselmann 1979 und – ausführlicher auch auf die Gründe für den Wandel eingehend – Haller 1992 und besonders Uebel 1992; siehe zu diesem Wechsel aus autobiographischer Sicht auch die Bemerkungen von Carnap 1963, S. 24 und S. 50ff.

nicht erst die Gesetze der Wissenschaften, sondern schon die Gegenstände der Außenwelt in einer komplizierten Abfolge von Schritten aus Sinnesdaten konstituiert werden. Dieses Programm war von Russell als logifizierte Form des Machschen Positivismus formuliert und von Carnap dann im *Logischen Aufbau der Welt* in Ansätzen auch durchgeführt worden. Aber offenbar hatten führende Wiener-Kreis-Mitglieder in diesem Programm doch so viel solipsistische Metaphysik entdeckt, daß sie nun – gerade auch im Sinne der Leninschen Positivsmuskritik – einen Aufbau der wissenschaftlichen Enzyklopädie auf physikalistischer Basis vorzogen. Zwar blieb in der Folge der Begriff des Physikalismus schillernd. Aber klar ist doch, daß er von seinen Begründern als zeitgemäße, das heißt: im Einklang mit der Entwicklung der fortgeschrittensten Naturwissenschaft stehende Form des Materialismus verstanden wurde, der seinerseits einen wesentlichen Grundstein für eine noch aufzubauende neue »Volksphilosophie« liefern sollte. So schreibt Neurath 1928:

> Spitzfindige Klugheit hebt mit weit größerem Behagen die Unzulänglichkeiten des Materialismus hervor als die Lächerlichkeiten und Unzulänglichkeiten des Idealismus. Sich zum Materialismus bekennen heißt heute, der bürgerlichen Geistigkeit entgegentreten und eine neue Denkweise mit heraufführen, eine neue Volksphilosophie, die durchaus antitheologisch geartet sein wird und am ehesten an gewisse exakte Denker unter den modernen Logikern und Philosophen anknüpft.[51]

Die Konsequenzen des physikalistischen Programms waren nun schon für der Physik fernerstehende Naturwissenschaften wie die Biologie erheblich und erst recht für die Geisteswissenschaften (wie etwa Psychologie und Soziologie) gewaltig. Denn getreu der physikalistischen Devise, daß nur die Beschreibungen raum-zeitlich ausweisbarer Vorgänge im Aufbau der Wissenschaft ihren Platz haben könnten, wurde von Neurath und Carnap die Psychologie im Sinne des Behaviorismus und die Soziologie entsprechend als Sozialbehaviorismus konzipiert (inklusive eines Teilbereichs einer »Gelehrtenbehavioristik«, welche die gerade erst entstehende Wissens- bzw. Wissenschaftssoziologie substituieren sollte).[52] Während nun für den Bereich der Psychologie mit dem

51 Neurath 1928, S. 284.
52 Siehe Neurath 1931c, S. 545.

Behaviorismus Watsons und Pawlows eine – freilich sehr umstrittene – Realisierung solcher Programmatik bereits vorlag, ist das Konzept des Sozialbehaviorismus ganz im Programmatischen steckengelieben.
Beide Ansätze haben von Anfang Anlaß zu der Kritik geboten, sie schütteten beim Versuch der Säuberung der Geisteswissenschaften von metaphysischen Restbeständen das Kind mit dem Bade aus. Bezeichnend für die pluralistische Haltung innerhalb des Wiener Kreises ist, daß solche Kritik auch von innen kam. So schreibt Edgar Zilsel etwa in einer Rezension von Neuraths 1931 erschienenem Buch *Empirische Soziologie* im theoretischen Organ des Austromarxismus *Der Kampf*:

> An der Art, wie bei den interessantesten soziologischen Streitfragen – Verhältnis von Überbau und Unterbau, Verhältnis der Generationen zueinander und anderes – einer Entscheidung geradezu ausgewichen wird, gewinnt man sogar den Eindruck, daß das Buch an dem lebendigen Inhalt der Soziologie gar nicht innerlich interessiert ist – jedenfalls viel weniger als an der Propagierung der logischen Grundgedanken der Wiener Philosophenschule.[53]

Insbesondere sei es für eine physikalische Auffassung der Soziologie inkonsequent, wenn man in der Physik zwar theoretische Terme, also nur sehr indirekt mit der Erfahrung verbundene Begriffe zulasse, während man dem physikalistisch arbeitenden Soziologen traditionelles psychologisches Vokabular wie den »Willen« oder auch »die Ziele des Proletariats« austreiben wolle.
Zilsel hat sich im *Kampf* auch allgemeiner mit den Defiziten der neuen Philosophie im Bereich der Sozialwissenschaften befaßt:

> Jenes wirkliche Leben ... das sich heute in der Philosophie zu regen beginnt, wurzelt doch nur in der Mathematik und Naturwissenschaft unserer Zeit, vor allem in der mathematischen Physik; es fehlt dieser Philosophie, so jung und kühn sie ist, sehr zu ihrem Schaden das Verständnis und das Interesse für Geschichte und Gesellschaft.[54]

Es ist interessant zu sehen, daß Neurath selbst noch in der Eröffnungssitzung des Internationalen Kongresses für Einheit der Wissenschaft in Kopenhagen am 21. Juni 1936 – wenige Wochen vor seiner ersten Diskussion im Horkheimer-Institut – die unveränderte Gültigkeit dieser Thesen bestätigte:

53 Zilsel 1932, S. 93.
54 Zilsel 1929, S. 186.

Manche, die durch die Leistungen der Physik entzückt werden, neigen entweder zu einer allgemeinen Überschätzung wissenschaftlichen Denkens, zu dem aber das soziologische ebenso gehört wie das astronomische, oder dazu, nur in der Physik Wissenschaft zu sehen, soziologische Untersuchungen aber nicht ganz voll zu nehmen.[55]

Die Programme und Lehren der beiden Gruppen enthalten alles in allem also zunächst eine ganze Reihe von Gemeinsamkeiten und dann sozusagen komplementäre Defizite. Bei der Frankfurter Schule war der Bereich der Naturwissenschaften und Mathematik faktisch ausgeblendet, beim Wiener Kreis der sozialwissenschaftliche und historische Bereich unterentwickelt. Eine solche Konstellation ist, von ihren Entwicklungschancen her betrachtet, ambivalent. Von der Entscheidung darüber, als wie groß die Gemeinsamkeiten angesehen und wie stark die jeweiligen Defizite auf beiden Seiten empfunden wurden, hing letztlich ab, ob Kontakte oder ob sogar Zusammenarbeit mit der anderen Seite gesucht oder gemieden wurde.

1.4 Politische Einstellungen

Nach dem Eindruck des Positivismusstreits der sechziger Jahre und auch schon angesichts des Horkheimer-Aufsatzes von 1937 könnte man nun vermuten, daß Gedanken an etwaige Kontakte und gar Kooperation leere Spekulationen hätten bleiben müssen, weil die beiden Gruppen politisch durch Welten getrennt gewesen waren. Daß dem jedoch nicht so ist und sich gerade in dieser Dimension Anknüpfungspunkte ergeben konnten, scheint mir auf der Hand zu liegen.

Zwar lernte Adorno, der sich seit Mitte der zwanziger Jahre öfter in Wien aufhielt, dort nach den Worten Martin Jays »weniger die Stadt von Otto Bauer und Karl Renner, von Rudolf Hilferding und Max Adler« kennen als vielmehr »das apolitische, dafür aber kulturell radikale Wien von Karl Kraus und dem Schönberg-Kreis«.[56] Es war aber das erstere, in das der Wiener Kreis in seiner öffentlichen Phase seit 1929 einzuordnen ist. Viele seiner

55 Neurath 1936, S. 769 f.
56 Jay 1976, S. 41.

Mitglieder waren aktiv in der austromarxistischen SDAPÖ[57], einige (Neurath und Zilsel) schrieben regelmäßig in ihrem theoretischen Organ, dem *Kampf*[58], einige (Neurath, Zilsel, Feigl und Waismann) waren in der Volkshochschule und Arbeiterbildung aktiv[59], andere in führender Rolle in der Wiener Schulreformbewegung oder in der sozialistischen Hochschullehrerschaft (Hahn).[60] Der politisch Aktivste war sicherlich Otto Neurath. Er war nach einer Verurteilung durch ein Standgericht und die teilweise Verbüßung seiner Haftstrafe wegen Beteiligung an der Münchnener Räterepublik von 1919, in der er die Funktion des Sozialisierungsbeauftragten innegehabt hatte, aus dem Deutschen Reich ausgewiesen worden.[61] Danach war er in Wien am Aufbau der Siedlungsbewegung beteiligt und hatte 1925 das »Gesellschafts- und Wirtschaftsmuseum« mit der Absicht gegründet, den Wiener Arbeitern die für eine zukünftige sozialistische Wirtschaftsplanung wichtigen statistischen Sachverhalte in einer eigens entwickelten Bildmethode nahezubringen.[62]

Popularisierung wissenschaftlicher Arbeit war auch das Ziel der Gründung des »Vereins Ernst Mach«, mit dem der Wiener Kreis seine Lehren breiteren Kreisen der Bevölkerung hatte vermitteln wollen.[63] Da in ihm auch bekannte Austromarxisten wie Otto Bauer vorgetragen hatten, ist es kein Zufall, daß er infolge der »Februarereignisse« von 1934 als sozialdemokratischer Verein verboten wurde.

Eins ist sicher richtig: In der wissenschaftlichen Zeitschrift des logischen Empirismus, der *Erkenntnis*, hat sich nur ein sehr kleiner Anteil dieser Aktivitäten niedergeschlagen. Das hat offenbar daran gelegen, daß Schlick seinen Einfluß geltend gemacht hat, um explizit politische Gegenstände aus dieser Zeitschrift herauszuhalten. Dafür ist der linke aufklärerische Geist um so mehr in der von Neurath herausgegebenen Reihe *Einheitswissenschaft* und auch in einigen Nummern der von Phillipp Frank und Schlick

57 Stadler 1979, S. 41.

58 Dahms 1985c.

59 Dvorak 1987 und 1988.

60 Stadler 1979, S. 52 f.

61 Mohn 1985 und Dahms/Neumann 1994.

62 Siehe dazu das Ausstellungsbegleitbuch Stadler 1982b und aus autobiographischer Sicht Arntz 1988, S. 23 ff.

63 Stadler 1985.

herausgegebenen *Schriften zur wissenschaftlichen Weltauffassung* zu spüren. Zudem darf man in einer zeitgeschichtlichen Kontexte einbeziehenden Wissenschaftsgeschichtsschreibung eben nicht nur publizierte Programme und offizielle Stellungnahmen zu Wort kommen lassen, sondern muß auch untersuchen, ob überhaupt und in welchem Umfang solchen Verlautbarungen tatsächlich Aktivitäten entsprachen.

Die politische Seite der Aktivitäten des Frankfurter Instituts war – jedenfalls in der durch Horkheimer geprägten Phase seit 1931[64] – vorzugsweise eine Sache der Theorie gewesen, die sich mehr in ihren Publikationen als in einer Beteiligung an unmittelbar praktischer Politik zeigte. Bis auf Franz Borkenau, Julian Gumperz und August Wittfogel, die Mitglieder der KPD waren, scheint keines der Institutsmitglieder damals einer politischen Partei angehört zu haben.[65] Dies wäre angesichts der Spaltung der deutschen Arbeiterbewegung und des Kampfes ihrer verfeindeten Teile vor 1933 sicherlich auch eine schwierigere Parteinahme gewesen als im »Roten Wien«. Zusätzlich ist die damalige Berufsverbotspraxis für Staatsbeamte, die der KPD (oder der NSDAP) angehörten, in Betracht zu ziehen.

Aber auch nicht-parteigebundene politische Aktivitäten von Institutsangehörigen innerhalb und außerhalb des Hochschulbereichs sind kaum zu vermelden, wenn man von gelegentlichen Unterschriften unter Solidaritätsadressen wie im Fall des pazifistischen Heidelberger Statistikers Emil Gumbel im Jahre 1931 einmal absieht.[66] Horkheimer hat für diese Zurückhaltung auch Gründe angeführt. In der *Dämmerung* schreibt er unter dem Stichwort »Die Ohnmacht der deutschen Arbeiterklasse«:

> Die einen [gemeint: die Kommunisten, Verf.] erkennen zwar die bestehende Gesellschaft als schlecht, aber es fehlen ihnen die Kenntnisse, um die Revolution praktisch und theoretisch vorzubereiten. Die anderen [gemeint: die Sozialdemokraten, Verf.] könnten vielleicht diese Kenntnisse produzieren, aber sie ermangeln der fundamentalen Erfahrung von der dringenden Notwendigkeit der Änderung ... Die Überwindung dieses Zustands in der Theorie hängt ebensowenig vom bloßen guten Willen ab wie die Aufhebung der sie bedingenden Spaltung der Arbeiterklasse in der

64 Das fällt besonders im Vergleich mit der von Buckmiller 1988 geschilderten Gründungsphase auf.

65 Jay 1976, S. 31, 33.

66 Gumbel 1979, Dokumentenanhang.

Praxis. Beide werden in letzter Linie durch den Gang des ökonomischen Prozesses, der einen großen Teil der Bevölkerung seit der Geburt von den Arbeitsstätten fernhält und zu aussichtsloser Existenz verdammt, notwendig erzeugt und wiedererzeugt. Es hat keinen Sinn, sich bei der Feststellung der geistigen Symptome zu überheben und so zu tun, als ob der, welcher den Zustand konstatiert, sich den Folgen entziehen könnte.«[67]

Schließlich ist das völlige Fehlen eines Popularisierungskonzepts zu konstatieren, das es gestattet hätte, die eigentlich angezielten Adressaten der »kritischen Theorie«, nämlich die arbeitende Bevölkerung, tatsächlich auch zu erreichen. Im Gegenteil wurde über solche Versuche meist nur die Nase gerümpft, wenn sie von anderen unternommen wurden.[68]

Im ganzen ergibt der Vergleich von politischer Haltung und Aktivität der Frankfurter Schule mit dem Wiener Kreis vor 1933, grob gesagt, folgende Bilanz: hier (in Frankfurt) eine ausgebautere sozialwissenschaftliche Theorie, dort (in Wien) eine intensivere Beteiligung an praktischer sozialistischer Politik bei den meisten Mitgliedern des Wiener Kreises.

Eine – zumal im Vergleich mit anderen deutschsprachigen philosophischen Strömungen ins Auge fallende – Gemeinsamkeit zwischen Frankfurter Schule und Wiener Kreis ist schließlich das beiden gemeinsame Schicksal der politisch und »rassisch« motivierten Emigration, in die sie vom Nationalsozialismus bzw. vom Austrofaschismus gezwungen wurden, und dies – im Unterschied zu allen anderen deutschsprachigen philosophischen Schulen (wie dem Neukantianismus, der Phänomenologie und der Lebensphilosophie) – fast ohne Ausnahme.[69] Dies halte ich für keine zu unterschätzende Gemeinsamkeit, zumal den Nationalsozialisten bzw. den Austrofaschisten die Lehren der beiden Gruppen jeweils als zersetzend und kulturbolschewistisch galten.[70]

Auf Emigrationswege und -umstände einzelner Gruppenmitglieder kann hier nicht eingegangen werden. Ich erwähne im folgenden nur einige Fakten, die die späteren Hauptgesprächspartner im

67 Horkheimer 1931/34, S. 373-378; das Zitat auf S. 378.

68 In Horkheimer 1967, S. 155 wird – hinsichtlich der Philosophie Ortega y Gassets – sogar argumentiert: »Die bloße Tatsache, daß seine Philosophie populärer Verwendbarkeit zugänglich ist, d. h. ihr pädagogischer Charakter, vernichtet sie als Philosophie.«

69 Siehe einige Thesen zu diesem Vergleich bei Dahms 1985b, S. 310.

70 Ebd.

Disput zwischen Wiener Kreis (und seinen Ablegern) und Frankfurter Schule betreffen.

Obwohl sich Max Horkheimer in der Weimarer Zeit persönlich kaum politisch exponiert hatte, konnte es ihm nicht gelingen, sein Institut aus den politischen Auseinandersetzungen der Zeit herauszuhalten. So verwundert es nicht, daß er zu den ersten Hochschullehrern gehörte, die im Zusammenhang mit der Verkündigung des »Gesetzes zur Wiederherstellung des Berufsbeamtentums« vom 7. April 1933 knapp eine Woche später »beurlaubt« wurden. Horkheimer hat dann in klarer Einschätzung der kommenden Entwicklung nicht den von vornherein aussichtslosen Versuch gemacht, gegen seine Entlassung vorzugehen, sondern Nazi-Deutschland erhobenen Hauptes den Rücken gekehrt.[71] Da das Stiftungsvermögen des Instituts durch geschickte Transaktionen schon vor 1933 ins Ausland gebracht worden war, konnte es seine Aktivitäten zuerst in Genf und dann ab 1934 in New York fortsetzen.

Fast alle Institutsmitarbeiter schlossen sich Horkheimer an.[72] Adorno dagegen, der dem Institut zwar nicht als Mitarbeiter angehört, aber in Horkheimers Seminaren und Arbeitsgruppen konstant mitgearbeitet und auch bereits einen Aufsatz »Über die gesellschaftliche Lage der neuen Musik« und verschiedenen Rezensionen in der *Zeitschrift für Sozialforschung* veröffentlicht hatte, war offenbar zum »Überwintern« in Deutschland entschlossen. Er hat an keinerlei Aktivitäten gegen das Naziregime teilgenommen.[73] Im Gegenteil versuchte er sich den neuen Machthabern durch einige Musikkritiken zu empfehlen.[74] Im Lichte der späteren Entwicklung zu seinem Glück wurde sein Antrag auf Aufnahme in Goebbels Reichsschrifttumskammer abgelehnt, da er als »Nichtarier« nicht für die »Verwaltung des deutschen Kul-

71 Siehe als Beleg für diese Haltung die Auszüge aus seinem an das Berliner Kultusministerium gerichteten Antrag in Wiggershaus 1986, S. 151 f.

72 Eine wichtige Ausnahme ist Wittfogel. Er wurde von den Nationalsozialisten von März bis Dezember 1933 in die KZs Esterwegen und Lichtenburg geworfen. Siehe dazu Radkau 1991 und den autobiographischen Roman Wittfogel 1991.

73 von Haselberg 1983, S. 18 ff.

74 Siehe dazu Wiggershaus 1986, S. 180.

turgutes« in Frage komme.[75] Ich erwähne diese Umstände hier nur, da mir derartige Anbiederungsversuche gegenüber dem Nationalsozialismus von keinem einzigen Mitglied des »Wiener Kreises« oder auch der mit diesem kooperierenden Berliner »Gesellschaft für wissenschaftliche Philosophie« bekannt sind.

Die Emigration des »Wiener Kreises« geschah nicht auf einen Schlag bereits 1933, sondern in mehreren Schüben im wesentlichen zwischen 1934 und 1938. Im Gefolge der »Februarereignisse« 1934 wurde nicht nur das Popularisierungsorgan des Wiener Kreises, der »Verein Ernst Mach«, wegen seiner angeblich sozialdemokratischen Ausrichtung verboten, sondern auch Otto Neuraths Gesellschafts- und Wirtschaftsmuseum geschlossen.[76] Neurath, der gerade Arbeiten im Rahmen eines Werkvertrags in der Sowjetunion zu erledigen hatte, entzog sich seiner in Wien drohenden Verhaftung durch die Emigration in die Niederlande, wo er sein Institut nun von neuem aufbauen mußte. Edgar Zilsel verlor seine Dozentenstelle an der Wiener Volkshochschule.[77]

Sämtliche Mitglieder der mit dem Wiener Kreis eng verbundenen »Berliner Gesellschaft« emigrierten ebenfalls, darunter auch einige Gesprächspartner Horkheimers aus den frühen dreißiger Jahren wie Hans Reichenbach, Karl Korsch und Walter Dubislav. Der berühmte Gestaltpsychologe Wolfgang Köhler, der ebenfalls der Berliner »Gesellschaft« angehörte, scheint der einzige deutsche Hochschullehrer gewesen zu sein, der öffentlich die spektakuläre Lehrstuhlniederlegung des Physiknobelpreisträgers James Franck als Protest gegen den »Arierparagraphen« des Berufsbeamtengesetzes unterstützt hat.[78]

Aus Prag, wo sich der aus Berlin emigrierte Walter Dubislav 1937

75 Wiggershaus 1986, S. 199.

76 Stadler 1982b und Dahms 1985b.

77 Dahms 1985b, S. 313. Diese Entlassung ist übrigens nicht im Zusammenhang mit dem Umstand zu sehen, das sein Pseudonym Rudolf Richter aufgedeckt worden war, unter dem er im *Kampf* nach dem Dollfußputsch seine Faschismusanalysen publiziert hatte, sondern ist offenbar Teil einer Ende 1933 ausgelösten »routinemäßigen Säuberung« des Wiener Volkshochschulwesens von sozialistisch engagierten Dozenten durch die Austrofaschisten gewesen (Information von Friedrich Stadler).

78 Siehe Köhler 1933 sowie zur Diskussion des Kontexts dieser Stellungnahme Ash 1985, S. 120ff.

– unter anderem wegen gegen ihn geführter nationalsozialistischer Kampagnen – das Leben genommen hatte[79], emigrierten auch die Mitglieder der dortigen »Filiale« des Wiener Kreises, Rudolf Carnap und Philipp Frank. Frank, seit 1913 dort Nachfolger Einsteins auf dem Lehrstuhl für theoretische Physik, hatte sich nach 1933 in der Tschechoslowakei als Vorstandsmitglied der »Liga für Menschenrechte« tatkräftig für deutsche Asylanten eingesetzt und auch zur Nominierung von Carl von Ossietzky für den Friedensnobelpreis beigetragen.[80]

Angesichts der – gemessen am Gesamtspektrum politischer Haltungen von deutschsprachigen Akademikern von der Machtübernahme des Nationalsozialismus – relativ großen politischen Nähe von Frankfurter Schule und Wiener Kreis vor 1933 und der Gemeinsamkeit des anschließenden Emigrantenschicksals wird zu untersuchen sein, ob – wie eigentlich zu vermuten – Kooperation und Solidarität das Verhältnis der beiden exilierten Gruppen zueinander bestimmt hat oder – wie bei vielen anderen Exilgruppen die Regel – Konkurrenz und Streit. Horkheimers ehemaliger Frankfurter Kollege Adolf Löwe hat diese beiden Entwicklungsmöglichkeiten, die *mutatis mutandis* auch für das Verhältnis von Frankfurter Schule und Wiener Kreis bestanden, im Brief an Horkheimer einmal treffend so ausgedrückt:

> Ich selbst halte es auch für dringend erwünscht, daß wir miteinander im Gespräch bleiben, gerade dort, wo ernsthafte Meinungsverschiedenheiten bestehen. Es entsteht ja sonst leicht die Gefahr, daß wir über unseren Hausstreitigkeiten die trotzdem gemeinsame Front vergessen, in die wir durch Neigung und Schicksal gestellt worden sind.[81]

1.5 Kenntnisse voneinander vor 1936

»Objektive« Gemeinsamkeiten (oder auch Divergenzen) zwischen verschiedenen Gruppen bestimmen allerdings nur dann die Handlungsweise der Beteiligten, wenn sie ihnen als solche auch »subjektiv« bewußt sind. Dies gilt auch für das Verhältnis von

79 Information von Friedrich Stadler (Wien).

80 Vesela-Duchackova 1981, S. 102 und Beck/Vesely 1981, S. 232.

81 Löwe an Horkheimer, 9. 2. 1938.

Frankfurter Schule und Wiener Kreis. Deshalb muß nun dargestellt werden, was den beiden Gruppen bzw. ihren Mitgliedern von diesen Gemeinsamkeiten bekannt war bzw. in welchem Umfang sie überhaupt schon voneinander Notiz genommen hatten. Diese Frage hat eine mehr äußere und eine innere Komponente, die im folgenden getrennt voneinander besprochen werden sollen, nämlich einerseits die Frage nach der Bekanntschaft mit der »Lehre« des jeweiligen Gegenübers und andererseits die Frage nach etwa vorhandenen direkten Kontakten.

Es ist offensichtlich, daß die Hauptgegner der späteren Kontroverse anfänglich nicht sehr viel voneinander gewußt haben. Dies gilt auch für ihre Repräsentanten Horkheimer und Neurath. Letzterer hatte – als alter Theoretiker und zeitweise auch Praktiker der Planwirtschaft – etwa Pollocks Arbeit über *Die planwirtschaftlichen Versuche in der Sowjetunion* studiert und darüber in einem der Periodika seines Gesellschafts- und Wirtschaftsmuseums berichten lassen.[82] Später hat er auch die *Studien über Autorität und Familie* gelesen und sich Horkheimer gegenüber positiv darüber geäußert.[83] Aber von der philosophischen Ausrichtung des Frankfurter Instituts hatte auch er offensichtlich so gut wie keine Kenntnis. So schreibt Neurath noch am 15. 11. 1936, zwei Tage nach seiner zweiten Diskussion mit Mitgliedern des »Instituts« in New York an Horkheimer:

> Ich wäre Ihnen aufrichtig verbunden, wenn Sie mir mitteilten, was ich von Ihren Sachen lesen soll, um Ihren Standpunkt besser würdigen zu können? Ich möchte mich von Ihnen nicht beschämen lassen.

Andere Positivisten hatten zu dieser Zeit mit Sicherheit noch weniger Kenntnis von der kritischen Theorie als Neurath. Dies ist vielleicht weniger verwunderlich, als es uns heute scheinen mag, weil die – im Vergleich mit den »Wienern« ja wesentlich jüngeren – Philosophen des Frankfurter Instituts (außer Horkheimer noch Marcuse und Adorno) bislang nicht viel und insbesondere noch keine ihrer späteren bekannten Arbeiten publiziert hatten. Die Veröffentlichung der *Studien über Autorität und Familie*, die die Institutsarbeit in den USA allererst bekannt machte, betraf dage-

82 So Stadler 1984, S. 237 und 247, Anmerkung 30. Die genannte Rezension erschien in: *Das Bild im Dienste der Schule und Volksbildung* 7 (1930) Heft 1, S. 17-20.

83 Siehe dazu den Text zu Anmerkung 424, S. 178.

gen einen empirischen sozialen Sachverhalt und ist vielleicht deswegen bei den Positivisten, die sich außer Neurath und Zilsel nicht sonderlich für Sozialwissenschaften interessierten, nicht entsprechend gewürdigt worden.[84]

Besser als mit den dürftigen Kenntnissen der logischen Positivisten von der Frankfurter Schule sah es mit der Kenntnis (und Wertschätzung) von historischen Vorläufern der »kritischen Theorie« aus. Nun ist die Lehre des Frankfurter Instituts gewiß nicht mit wenigen Sätzen zu beschreiben und deshalb auch nicht ohne weiteres auf Vorgänger zu beziehen.[85] Aber die nähere Charakterisierung des in Horkheimers Antrittsrede faktisch, wenn auch nicht unter diesem Etikett, propagierten »interdisziplinären Materialismus« als eines »Freudomarxismus« scheint mir nicht falsch. Diese Form von Materialismus unterscheidet sich von orthodoxeren Varianten des Marxismus ganz erheblich. Zwischen die von Marx her bekannten beiden Stockwerke des historischen Materialismus, also die materielle Basis einerseits und den ideellen Überbau der Gesellschaft andererseits, wird die Zwischenetage einer nach Freudschen Prinzipien zu untersuchenden »psychischen Entwicklung der Individuen«[86] geschoben. Dies geschieht unter anderem, um besser erklären zu können, warum diese Individuen und die sozialen Klassen, denen sie zugehören, oftmals ganz gegen ihre objektiven Interessen handeln.

Es ist nun nicht uninteressant zu sehen, daß nicht nur die speziell sozialwissenschaftlich orientierten Mitglieder des Wiener Kreises von Freud und Marx eine Menge hielten. Würde man etwa die Haltung Karl Poppers als Maßstab nehmen, der ja im »Positivismusstreit« der sechziger Jahre den »positivistischen« Part vertrat, müßte man das genaue Gegenteil erwarten. Denn Popper hat sich in autobiographischen Äußerungen aus dieser Zeit scharf gegen

84 Reichenbach etwa bekam *Autorität und Familie* erst Anfang der vierziger Jahre zu Gesicht. Siehe dazu Dahms 1994.

85 Die Antwort Löwenthals auf die wiederholten Fragen Dubiels nach »symptomatischen Charakteristika dessen, was man kritische Theorie nennt« bzw. nach dem »Kern der kritischen Theorie« (in: Löwenthal 1980, S. 78 und 81), es handle sich um »eine Perspektive, eine gemeinsame kritische Grundgesinnung in bezug auf die kulturellen Phänomene, ohne jemals den Anspruch auf ein System zu erheben«, scheint mir ziemlich unspezifisch.

86 So Horkheimer 1931, S. 32.

Psychoanalyse und Marxismus gewandt und sie geradezu als Musterbeispiele von Pseudowissenschaft hingestellt.[87]
Freud selbst hatte sich lange als Naturwissenschaftler betrachtet, und insofern überrascht es vielleicht auch nicht, daß er sogar dem »Verein Ernst Mach« beigetreten ist, dem Popularisierungsorgan des Wiener Kreises.[88] In dessen Programmschrift erhofften sich deren Autoren von Freudscher Psychoanalyse einen Beitrag zur Antwort auf die Frage, wie die »Irrwege der Metaphysik«, nachdem sie durch logische Analyse im einzelnen aufgedeckt wären, dann auch kausal zu erklären seien.[89] Allerdings hielt Neurath wegen der »sehr vielen metaphysischen Wendungen«[90] Freuds eine empiristische Rekonstruktion seiner Lehre für erforderlich. Marie Jahoda berichtet, daß sich zu diesem Zwecke in Neuraths Gesellschafts- und Wirtschaftsmuseum regelmäßig eine hauptsächlich aus jüngeren Mitarbeitern dieses Instituts zusammengesetzte Arbeitsgruppe getroffen habe. Man habe zunächst versucht, die Begriffe der Freudschen »Massenpsychologie« nach Neurathscher Manier in physikalistische Ausdrücke zu übersetzen. Im Dezember 1932 kam Carnap dazu, der sich übrigens auch noch später sehr für Freud interessierte[91] und sich in den USA selbst einer Analyse unterzog. Er schlug vor, statt einzelner Ausdrücke größere Sinneinheiten zu analysieren und dann insbesondere die tiefliegenden Begriffe der Psychoanalyse wie »Ich«, »Es« und »Überich« als theoretische Begriffe – vergleichbar den Feldbegriffen in der Physik – zu behandeln.[92] Aber auch dieser Versuch wurde nach einer Weile ergebnislos abgebrochen.[93]
Die Zustimmung zu Marxens Materialismus war im Wiener Kreis ungeteilter. Neurath schreibt etwa:

87 Popper 1963a, S. 34-38.
88 So berichtet Marie Jahoda.
89 Wissenschaftliche Weltauffassung 1929, S. 306.
90 Neurath 1931c, S. 553.
91 Carnap 1963, S. 8.
92 Ebd., S. 58.
93 Irgend etwas Publiziertes ist aus diesen Sitzungen nach meiner Kenntnis nicht entstanden. Maria Jahoda behielt seitdem einen lebenslangen Konflikt zwischen einer empiristischen Haltung und einer damit nicht bruchlos zu vereinbarenden Überzeugung von der Triftigkeit der Freudschen Theorie zurück (Jahoda 1982).

Von den vorhandenen soziologischen Lehren ist es die des Marxismus, die am meisten empirische Soziologie enthält.[94]

Oder, stärker auf seine eigene Theoriebildung bezogen:

Von allen Versuchen, eine streng wissenschaftliche unmetaphysische physikalistische Soziologie zu schaffen, ist der Marxismus der geschlossenste.

Das ist insofern wichtig, weil Neurath also gerade nicht jenen Soziologen favorisiert, den die kritischen Theoretiker häufig als den positivistischen Soziologen par excellence hingestellt haben, nämlich Max Weber. Die inhaltliche Distanz Neuraths zu Weber ist um so bemerkenswerter, als er eine Reihe wichtiger biographisch belegbarer Berührungspunkte mit ihm hatte.[95] Wenn Neurath dem Marxschen historischen Materialismus als »physikalistischer Speziallehre«, wie er sich ausdrückt, den Vorzug gegenüber dem historischen Gegenentwurf Webers gibt, liegt das geradezu daran, daß er sich der marxistischen Kritik an Webers »gewaltigem Versuch, die Entstehung des Kapitalismus aus dem Geist des Calvinismus nachzuweisen«[96], anschließen und durch eigene methodologische Reflektionen erweitern will. Daß Weber diese These vertreten konnte, wird von Neurath nämlich mit einem Mangel an empiristischer Einstellung in Zusammenhang gebracht:

Webers metaphysischer Ausgangspunkt hemmte seine wissenschaftliche Arbeit, bestimmte ungünstig die Auswahl der Beobachtungsaussagen.

Neurath hat Marx auch allen positivistischen Gründervätern der Soziologie vorgezogen. So schreibt er in seiner *Empirischen Soziologie*:

Mit Marx verglichen stehen Buckle, Comte, Spencer und andere an Konsequenz, Bedeutung und Wirksamkeit zurück, obgleich sie viele wichtige Beiträge zur modernen Soziologie geliefert haben, die ihren Namen von Comte erhalten hat.[97]

Allerdings scheint auch Neurath einiges an Marx kritisiert zu haben. Das drückt er in seinen publizierten Schriften allerdings noch recht undeutlich aus, wenn er etwa schreibt, daß »manche Versuche, den Marxismus idealistisch begründen zu wollen«, von vornherein als »sinnleer« wegfielen, wenn man alle Begriffe des

94 Neurath 1931c, S. 556.
95 Siehe dazu Dahms/Neumann 1994.
96 Neurath 1931c, S. 556
97 Neurath 1931b, S. 452.

Marxismus von vornherein »auf materialistischer Basis aufbaut und in der physikalistischen Sprache (Carnap) formulierte« und dem hinzufügt, daß dieses Verfahren wohl nicht bei allen Marxschen Begriffsbildungen erfolgversprechend sein werde.[98] Offenbar hat er dabei vor allem an einige Hegelsche Relikte in Marxens Werk gedacht.[99] Neurath hat sich dazu nicht schriftlich geäußert. Carnap teilt darüber aber in seiner Autobiographie folgendes mit:

> ... most of us could not accept certain points, in particular the dialectic in its Marxist form, which we rejected no less than the Hegelian dialectic when it claimed to fulfill the function of logic. Dialectical logic seemed to us, including Neurath, incompatible with modern symbolic logic, which we regarded as the best developed form of logic so far.[100]

Dies schreibt Carnap in einem Abschnitt über den Wiener Kreis zwischen 1929 und 1935. Es ist gut denkbar, daß sich die ablehnende Haltung gegenüber jedweder Dialektik als Konkurrenz zur neuen Logik aber erst in der konkreten Auseinandersetzung mit der Frankfurter Schule herausgebildet hat, an der außer Neurath, wie wir sehen werden, auch Carnap teilnahm.

Mit der Kenntnis der Frankfurter Schule und insbesondere Horkheimers vom Wiener Kreis und seinem logischen Positivismus war es etwas besser bestellt als umgekehrt. Einzelne spätere Mitglieder des Wiener Kreises waren den Frankfurtern schon aus der Literatur zu Zeiten bekannt, als es den Kreis überhaupt noch nicht gab. Das trifft insbesondere auf die beiden exponiertesten Mitglieder seines späteren linken Flügels Otto Neurath und Edgar Zilsel zu. Neuraths Sozialisierungsschriften sind schon in der Doktorarbeit von Felix Weil, dem Sohn des Frankfurter Instituts-Stifters, aus dem Jahre 1921 diskutiert worden.[101] Im zweiten, »Die Durchführung der Sozialisierung: Kritik der Sozialisierungspläne« überschriebenen Teil der Arbeit werden vorgebliche von echten derartigen Plänen unterschieden (und unter diesen wiederum sol-

98 Ebd., S. 455.

99 Hegel wurde übrigens – wiederum im Gegensatz zu Popper – von Neurath und auch Zilsel überwiegend positiv gesehen. So stellt ihn Neurath trotz Hegels konservativer politischer Grundhaltung in wissenschaftlicher Hinsicht als »Wegbereiter für Marx und Engels und damit für die moderne empiristische Weltauffassung, deren Kind die wissenschaftliche Soziologie ist«, hin (Neurath 1931b, S. 451).

100 Carnap 1963, S. 24.

101 Weil 1921; siehe zu dieser Arbeit ausführlicher Migdal 1981, S. 31 ff.

che, die Sozialisierung als Ziel verfolgen, von denen, die sie nur als Übergangsmaßnahme ins Auge fassen). Zur Kategorie der echten Sozialisierungspläne rechnet Weil die Konzeptionen von Rudolf Wissell, Walther Rathenau, Otto Bauer und eben Otto Neurath, wobei die Pläne der beiden österreichischen Sozialisten denen der deutschen Autoren vorgezogen werden.[102] Kritik übt Weil bei diesen beiden hauptsächlich an ihren sozusagen komplementären Defiziten: Während Neurath einen »übergroßen Glauben an die Leitung von oben« habe und deshalb zu starkes Gewicht auf die Gründung eines Zentralwirtschaftsamtes und den von diesem auszuarbeitenden Wirtschaftsplan lege, sage Bauer »gar nichts darüber ..., wie er sich die künftige Leitung der Wirtschaft denkt, von einem Wirtschaftsplan z. B. ist bei ihm überhaupt nicht die Rede«.[103]

Angesichts der Tatsache, daß Neuraths Sozialisierungsplan in Weils kritischer Diskussion am besten davonkommt, wundert es auch nicht, wenn er später in einer Rezension von Neuraths 1925 erschienenem Buch *Wirtschaftsplan und Naturalrechnung* in Grünbergs *Archiv*, dem Vorgänger der *Zeitschrift für Sozialforschung*, zu Beginn schreibt:

> Aus dem Wust der Literatur der letzten Jahre über das Problem der Sozialisierung der Organisation der sozialistischen Wirtschaft ragten die Schriften Neuraths immerhin einigermaßen hervor: Er war der einzige, der wenigstens das Problem richtig gesehen hatte ... N. hatte stets anerkannt, daß die sozialistische Wirtschaft schon begrifflich nur eine geldlose, zentrale Verwaltungswirtschaft sein kann ...[104]

Kritik übt Weil, der sich selbst in seiner Dissertation ausdrücklich jeden Werturteils enthalten hatte[105], dann unter anderem an den Passagen, in denen Neurath sich an einer ethischen Grundlegung des Sozialismus und an begrifflichen Grundlagen für den Vergleich von Wirtschaftsplänen (und zwar nach dem Kriterium des von ihnen bewirkten »Glücksgefühls«) versucht hatte:

102 Weil 1921, S. 87.
103 Ebd., S. 93.
104 Weil 1926, S. 456.
105 Weil 1921, S. 5 und besonders hübsch S. 83: »Zurück zur freien Wirtschaft oder vorwärts zum Sozialismus? Das ist die Frage. Sie zu entscheiden ist nicht Aufgabe dieser Abhandlung.«

War es auch notwendig, lange philosophistelnde Abhandlungen über Glücksgefühl im Sozialismus zu schreiben, die für den Sozialisten eine unerträgliche Banalität, für den Gegner des Sozialismus aber abstrakte lyrische Deklamationen, durch nichts belegbare Prophezeiungen darstellen?[106]

Wenn man diese Kritik mit der späteren Horkheimers am Positivismus vergleicht, zeigt sich an dieser Stelle eine bemerkenswerte Vertauschung: Greift Weil Neurath noch wegen seiner »ebenso *überflüssigen* wie langweiligen Exkurse« in die Gefilde einer »sozialepikureischen« Philosophie« an, kritisiert Horkheimer den Positivismus gerade deswegen, weil sein *Verzicht* auf Werturteile ihn gegenüber Faschismus und Barbarei hilflos mache.

Edgar Zilsels 1925 in Wien abgelehnte Habilitationsschrift über den Geniebegriff, die 1926 in Tübingen als Buch erschien, wurde noch im gleichen Jahr in Grünbergs *Archiv* von Georg Lukács positiv besprochen, so daß Pollock 1939 in einem Brief an eine amerikanische Stiftung zu Recht schreiben konnte, daß Zilsels – von Pollock nun als »outstanding contribution« bezeichnete – Arbeit dem Institut schon »for a long time« ein Begriff gewesen sei.[107]

Auch als sich der Wiener Kreis als solcher konstituiert und mit der Publikation seiner Programmschrift seine öffentliche Phase eingeleitet hatte, war das Interesse des Frankfurter Instituts erhalten geblieben. Gleich im ersten Jahrgang der *Zeitschrift für Sozialforschung* wurden Neuraths Schriften zur Sozialisierung und Planwirtschaft verschiedentlich erwähnt.[108] Nun kam aber hinzu, daß auch die Schriften von Wiener-Kreis-Autoren zu philosophischen Themen mit Interesse zur Kenntnis genommen wurden. Erste Spuren solcher Rezeption und einer ersten grundsätzlichen Auseinandersetzung zeigen sich schon in Adornos akademischer Antrittsrede vom Mai 1931 mit dem Titel »Die Aktualität der

106 Weil 1926, S. 457.

107 Siehe Näheres dazu in Dahms 1993.

108 In Pollock 1932, S. 23 wird zur Widerlegung des Einwands gegen die Einführung sozialistischer Planwirtschaft, sie sei voraussichtlich weniger produktiv als die Marktwirtschaft, »da sie den Markt zerstöre, ohne seine Funktionen ersetzen zu können«, unter anderem auf Neuraths Naturalrechnung verwiesen. Auch im Literaturüberblick von Gerhard Meyer zur Planwirtschaft wird Neurath erwähnt (Meyer 1932, S. 385 und S. 397).

Philosophie«. In ihr wird in einer längeren Passage ein Bedenken gegen diese Aktualität erörtert, das sich durch die jüngste Entwicklung der Disziplin erst ergeben habe, nämlich das der »Liquidation der Philosophie selber«:

Die Liquidation der Philosophie ist mit kaum je dagewesenem Ernst von der Wissenschaft, zumal der logischen und mathematischen, in Angriff genommen; einem Ernst, der sein eigentliches Gewicht darum hat, weil längst die Einzelwissenschaften, auch die mathematischen Naturwissenschaften, der naturalistischen Begriffsapparatur sich entledigt haben, die sie im neunzehnten Jahrhundert gegenüber den idealistischen Erkenntnistheorien unterlegen machte, und den Sachgehalt der Erkenntniskritik sich vollständig einverleibten. Mit Hilfe geschärfter erkenntniskritischer Methoden unternimmt es die fortgeschrittenste Logik – ich denke an die neue Wiener Schule, wie sie von Schlick ausging, heute von Carnap und Dubislav weitergeführt wird und in engem Zusammenhang mit den Logistikern und mit Russell operiert –, alle eigentliche weiterführende Erkenntnis der Erfahrung ausschließlich vorzubehalten und alle Sätze, die irgend über den Umkreis der Erfahrung und deren Relativität hinausgreifen, allein in Tautologien, in analytischen Sätzen zu suchen. Danach wäre die Kantische Frage nach der Konstitution synthetischer Urteile a priori schlechterdings gegenstandslos, weil es solche Urteile überhaupt nicht gibt; jedes Hinausgehen über das kraft der Erfahrung Verifizierbare wird verwehrt; Philosophie wird allein zur Ordnungs- und Kontrollinstanz der Einzelwissenschaften, ohne aus eigenem den einzelwissenschaftlichen Befunden Wesentliches hinzufügen zu dürfen.[109]

Daran kritisiert Adorno, daß »die Auflösbarkeit aller philosophischen Fragestellungen in einzelwissenschaftliche auch heute keineswegs zweifelsfrei sichergestellt« sei. Auch habe der Empirismus weder eine Vorstellung vom Subjekt der Erfahrung entwickelt noch das Problem fremden Bewußtseins befriedigend gelöst. Solche Einwände schmälerten jedoch nicht »die außerordentliche Wichtigkeit dieser Schule«.

So wundert es nicht, daß auch einzelne Werke von Mitgliedern der Wiener Schule im ersten Jahrgang der *Zeitschrift* prompt rezensiert wurden.[110] Dazu gehört Neuraths 1931 erschienene *Empirische Soziologie* ebenso wie Philipp Franks Buch *Das Kausalgesetz*

109 Adorno 1931, S. 331 f.

110 Siehe von Aster 1932 und Korsch 1932. Die schnelle Rezension des Neurath-Buchs ist um so bezeichnender, als dieser auf eine Besprechung in der Zeitschrift der Positivisten, der *Erkenntnis*, jahrelang warten mußte.

und seine Grenzen.[111] Der Rezensent des Neurath-Buchs war Ernst von Aster, der philosophisch den Positivisten nahestand, aber ganz anders als diese seinen Arbeitsschwerpunkt in der Philosophiegeschichte hatte. Politisch gehörte von Aster übrigens zu den wenigen linksgerichteten Philosophieordinarien in der Weimarer Republik.[112]

Von Asters Besprechung[113] der *Empirischen Soziologie*, die er zutreffend charakterisierte als »Programmschrift, eine Schrift über Wesen und Methode der Soziologie mit scharf polemischer antitheologischer und antimetaphysischer Spitze«, fiel freundlich, aber nicht unkritisch aus. Einerseits lobte er die »erfreuliche Klarheit und Entschiedenheit« des Buchs und stimmte insbesondere Neuraths »Forderung, daß die Soziologie nur klare und erfahrungsmäßig definierte Begriffe verwenden dürfe, ... nachdrücklich« zu. Es sei geradezu »ein Verdienst, das ich auf alle Fälle Neurath und seiner Richtung zuerkennen möchte«, der »Gefahr des Einbruchs« lebensphilosophischer Verschwommenheiten in die Soziologie vorzubeugen.

Andererseits konnte von Aster Neurath doch »im einzelnen nicht überall folgen«. Besonders den Physikalismus mit seiner Konsequenz, für die Psychologie den Behaviorismus als Leitlinie zu proklamieren, lehnte von Aster ab:

> Nie wäre man z. B. auf seinen Wegen zu der bedeutendsten und durchaus empirischen Schöpfung der modernen Psychologie, zur Psychoanalyse Freuds gekommen.[114]

111 Die Besprechung des Frank-Buchs (von Karl Korsch) fiel recht positiv aus. Am Schluß schreibt Korsch zusammenfassend, Frank sei bemüht, »die gemeinsame fortschrittliche Grundtendenz des positivistisch-machistischen und des dialektisch-marxistischen Materialismus herauszuarbeiten«.

112 Er hatte nämlich – wie Horkheimer und andere aus seinem Umkreis – schon 1931 den Appell republikanischer und sozialistischer Hochschullehrer für den pazifistischen Heidelberger Statistikprofessor Gumbel unterzeichnet. Im April 1933 gehörte er dann – ebenfalls wie Horkheimer – zu den ersten Universitätsangehörigen, die von den Nationalsozialisten nach der Verkündigung des »Gesetzes zur Wiederherstellung des Berufsbeamtentums« »beurlaubt« wurden.

113 Von Aster 1932, S. 159f.

114 Das Beispiel ist nicht zufällig so gewählt: Von Aster war einer der ersten professionellen Philosophen gewesen, die der Psychoanalyse eine Monographie gewidmet hatten (von Aster 1930).

Diese Kritik am bloß – und dabei noch vielfach vorschnell – Programmatischen in Neuraths Buch verallgemeinernd, schloß von Aster mit den Worten:

> Es wäre, scheint mir, günstig für die Soziologie, wenn die Erörterung der Programme und Methoden (einer Wissenschaft, die selbst erst in ihren Anfängen steht!) hinter der praktischen Arbeit mehr zurückträte. In der Naturwissenschaft ist die erkenntnistheoretische Reflexion der Wissenschaft gefolgt, nicht ihr vorangegangen.

Im ganzen – und das ist für das Verständnis des folgenden nicht uninteressant – hebt von Aster damit genau dieselben Nachteile an Neuraths Buch hervor wie etwa gleichzeitig das Wiener-Kreis-Mitglied Edgar Zilsel in seiner oben zitierten Besprechung. Das ist ein Zeichen dafür, daß die in den ersten Jahrgängen der *Zeitschrift für Sozialforschung* geübte Positivismuskritik sich noch in der Bandbreite der innerpositivistischen Selbstkritik bewegte.
Im zweiten Jahrgang der *Zeitschrift* finden wir in Horkheimers Aufsatz »Materialismus und Metaphysik« einen Namen erwähnt, dessen Träger dem Wiener Kreis wenigstens eine Zeitlang nahestand, ohne ihm jemals angehört zu haben, nämlich Ludwig Wittgenstein. Dort schreibt Horkheimer im Anschluß an Zitate der sporadischen Äußerungen Wittgensteins über den Sinn des Lebens am Ende des »übrigens hervorragenden Tractatus logico-philosophicus«:

> Auch der Materialismus glaubt ... keineswegs, daß die Lebensprobleme rein theoretisch lösbar seien, aber es ist nach ihm auch undenkbar, daß auf andere Weise »der Sinn des Lebens nach langen Zweifeln klar« werden könnte. Es gibt weder »das Mystische« noch »den Sinn des Lebens«.[115]

Dies ist eine Kritik an Wittgenstein, wie sie von Neurath und vom linken Flügel des Wiener Kreises voll geteilt wurde.
Schließlich muß Walter Benjamins Referat von Carnaps *Logischer Syntax der Sprache* in seiner Sammelbesprechung von Arbeiten zur Sprachsoziologie erwähnt werden.[116] In dieser 1935 erschienenen Arbeit ist von irgendwelcher Positivismuskritik noch nichts zu bemerken, es sei denn, man verstünde die mehr kommentierenden Sätze

115 Horkheimer 1933a, S. 101.
116 Benjamin 1935.

Die Logistik hat es mit der Darstellungsform der Sprache als einem Kalkül zu tun. Das Eigentümliche ist, daß sie trotzdem beansprucht, ihren Namen – Logik – zu Recht zu tragen[117]

im Sinne einer Kritik. Von den zwei Jahre später einsetzenden scharfen polemischen Tönen Horkheimers ist Benjamin hier jedenfalls weit entfernt.

Die Mitglieder der Frankfurter Schule hatten sich nun auch sowohl mit den eher entlegenen historischen als auch mit den zeitgenössischen Vorläufern des neuen Positivismus wie auch mit einigen seiner aktuellen Kritiker mehr oder weniger ausführlich beschäftigt. Dies gilt für die Vorgeschichte des Positivismus bei den englischen Empiristen wie Bacon, Locke, Hume und Berkeley sowie für die französischen Enzyklopädisten, dann weiter für die eigentlichen Gründerväter des Positivismus Comte und J. St. Mill und schließlich für die Neopositivisten Mach und Avenarius. Die bei weitem ausführlichste Würdigung hat dabei zweifellos Mach erfahren. Denn wie schon erwähnt, hat Horkheimer sowohl Machs Lehren in seiner Überblicksvorlesung ausführlich dargestellt und partiell kritisiert als auch an anderer Stelle Lenins Machkritik einer Rezension unterzogen. Wie Alfred Schmidt mit Recht hervorgehoben hat[118], wird Mach dabei gegen eine ganze Reihe von ungerechtfertigten Angriffen in Schutz genommen, wie etwa denen des Idealismus, des Solipsismus und Fideismus, die zum Standardrepertoire der marxistisch-leninistischen Positivismuskritik gehören.

Es ist auch auffällig, daß Horkheimer noch in den frühen dreißiger Jahren die wichtigsten positivistischen Dogmen teilt und gegen Kritik von anderen Mitgliedern der Frankfurter Schule verteidigt. Ich meine insbesondere das Postulat, daß jede Theorie an Erfahrung überprüfbar sein muß, und dessen Konsequenz, daß Theorien, die diese Maxime nicht erfüllen, sinnlos seien. In seinen

117 Ebd., S. 258. Lediglich eine kurze Diskussion behavioristischer Sprachtheorien, an denen die Tendenz kritisiert wird, »das Denken als eine ›innere Rede‹ zu konstruieren« (ebd., S. 265) könnte man vielleicht als implizite Kritik gewisser Neurathscher Ideen auffassen. Des weiteren geht eine zustimmende Bemerkung Benjamins zu einer Kritik Kurt Goldsteins an einer nur instrumentellen Deutung der Sprache (ebd., S. 267 f.) in die Richtung der späteren Horkheimerschen Kritik am Pragmatismus.

118 Schmidt 1987.

Schriften aus dieser Periode finden sich wiederholt Formulierungen, die man als etwas gröbere Fassungen empiristischer Sinntheorien auffassen könnte. So heißt es ausdrücklich in »Materialismus und Metaphysik«:

Der Materialismus hat mit der positivistischen Lehre gemein, daß er als wirklich nur anerkennt, was sich in sinnlicher Erfahrung ausweist.[119]

Diese Überzeugung zieht sich als Konstante durch die Horkheimersche Lehre in fast allen ihren Entwicklungsphasen. So formuliert er schon 1931 ausdrücklich in Diskussionen zum Thema »Wissenschaft und Krise«:

Wir müssen festhalten an dem positivistischen Standpunkt, daß das Wissenschaft treibende und erkennende Individuum sich an die Gegebenheit zu halten hat

und nennt als These:

Vom Positivismus ist dies festzuhalten, daß nichts als existierend zu gelten hat als das, was sich an der sinnlichen Gegebenheit ausweist.[120]

Auf Vorhaltungen seiner Diskussionspartner, er komme damit »aus der positivistischen Terminologie nicht heraus« oder er befürworte »ein Stehenbleiben beim beschreibenden Empirismus«, hat er geantwortet, daß »ja anders eine gute von einer schlechten Theorie gar nicht unterschieden werden kann« und »sonst Rückfall zum Glauben an Geister und Gespenster« drohe.
Auch nach seiner Abrechnung mit dem Positivismus aus dem Jahre 1937 hat er am empiristischen Sinnkriterium festgehalten. Denn er sagt 1939 in Diskussionen mit Adorno zum Beispiel:

Es ist immer sinnlos, gegen die Behauptung der Positivisten zu polemisieren, wenn sie sagen, das, was man sagt, muß einmal kontrollierbar sein

und:

auch wir haben mit Sachgehalten zu arbeiten, die sich kontrollieren lassen, sonst haben wir kein Kriterium mehr zwischen Sinn und Unsinn.[121]

Auch die metaphysikkritischen Konsequenzen des empiristischen Sinnkriteriums hat Horkheimer formuliert und häufig in Auseinandersetzungen mit dem zeitgenössischen Irrationalismus ange-

119 Horkheimer 1933a.
120 Horkheimer 1931b, S. 368.
121 Ebd., S. 476.

wendet. So schreibt er z. B. im Anschluß an eine Kritik an einem solchen Zeitgenossen ganz allgemein:

Die Wahrheit oder Unwahrheit vieler allgemeiner Glaubenssätze entzieht sich prinzipiell der Nachprüfung: insoweit entbehren sie aber auch des Sinnes ...[122]

Gelegentlich finden sich auch überraschende Parallelen in der *Anwendung* des Sinnkriteriums beim Wiener Kreis und Horkheimer, wenn auch letzterer mit seiner Hilfe die verschiedenen zeitgenössischen Ganzheitslehren als unüberprüfbar und sinnlos erklärt[123] oder einem ihrer Verfechter, Othmar Spann, Folgerungen attestiert, die »in ihrer metaphysischen Primitivität kaum zu überbieten« seien.[124]
Man könnte nun vielleicht denken, daß ein Unterschied der Horkheimerschen und der »Wiener« Sinnkritik darin läge, daß sich die Mitglieder des Wiener Kreises mit dieser begnügten, Horkheimer sie aber durch eine Ideologiekritik ergänzte, die die sozialen Wurzeln irrationalistischer Anschauungen nachweist. Das ist aber nicht der Fall. Denn in der Programmschrift des Wiener Kreises von 1929 heißt es ausdrücklich:

Von der wissenschaftlichen Weltauffassung wird die metaphysische Philosophie abgelehnt. Wie sind aber die Irrwege der Metaphysik zu erklären? Diese Frage kann von verschiedenen Gesichtspunkten aus gestellt werden: in psychologischer, in soziologischer und in logischer Hinsicht. Die Untersuchungen in psychologischer Richtung befinden sich noch im Anfangsstadium; Ansätze zu tiefergreifender Erklärung liegen vielleicht in Untersuchungen der Freudschen Psychoanalyse vor. Ebenso steht es mit soziologischen Untersuchungen; erwähnt sei die Theorie vom »ideologischen Überbau«. Hier ist noch offenes Feld für lohnende weitere Forschung.[125]

Angesichts des Fundus an inhaltlichen Gemeinsamkeiten – zumal wenn man an die vielen philosophischen Richtungen und einzelnen Philosophen denkt, die durch auf empirischen Kriterien beruhende Sinnkritik ausgeschlossen werden – ergibt sich die Frage, worin denn überhaupt Positivismus und »Materialismus« sich unterschieden (bzw. was Horkheimer als ihre Differenz ansah).

122 Horkheimer 1934, S. 180.
123 Ebd., S. 205.
124 Ebd.
125 Wissenschaftliche Weltauffassung 1929, S. 306.

Als erstes hat man sich zu vergegenwärtigen, daß die beiden Richtungen zum Teil an etwas anderes dachten, wenn sie jeweils die Kontrollierbarkeit jeder Theorie durch Erfahrung forderten. Zwar schloß der materialistische Begriff der Erfahrung jene speziellen Arten empirischer Überprüfung wie das naturwissenschaftliche Experiment oder auch für die Sozialwissenschaften standardisierte Verfahren wie Fragebogentechniken ausdrücklich ein. Darüber hinaus wurde aber auch an politische Praxis als ein Moment empirischer Erfolgskontrolle soziologischer Theorie gedacht, so daß der Erfahrungsbegriff von der kritischen Theorie von vornherein weiter gefaßt wurde. Zudem sah Horkheimer einen Unterschied im Erfahrungsbegriff darin, daß die Materialisten ihn als historisch veränderlich ansahen und die »Positivisten« als statisch. Man muß bezweifeln, daß er diese These nach der Lektüre von Zilsels Arbeiten zur Genesis des Experiments in der neuzeitlichen Naturwissenschaft noch aufrechterhalten hätte.[126]

Auch das Gegenstück zur Erfahrung in der Arbeit des Wissenschaftlers, die Theorie, wurde von Horkheimer als ein historisch wandelbares Gebilde gesehen, und auch dies in Gegensatz zum »Positivismus«. Dieser habe nämlich »das Dogma von der Unwandelbarkeit der Naturgesetze« und den »Glauben an die Möglichkeit eines abschließenden Systems« geradezu zu einer »metaphysischen These« erhoben.[127] Demgegenüber habe sich aber, wie er im »Rationalismusstreit in der gegenwärtigen Philosophie« betont, »seit Hegels Dialektik die Ansicht durchgesetzt ..., daß der Fortschritt der Erkenntnis sich nicht mehr durch Summation von Daten vollzieht«.[128] Im Anschluß an diese Bemerkung folgt, ohne daß freilich diese Ideen irgendwo näher ausgeführt werden, eine sehr modern klingende positive Bestimmung des Wissenschaftsfortschritts, die an Kuhns Unterscheidung zwischen normalem und revolutionärem Wissenschaftswandel erinnert:

> Nicht der Zuwachs von Tatsache und Theorie, sondern die sprunghafte Umgestaltung tragender Kategorien kennzeichnet die Etappen der Wissenschaft. Ihr geht freilich jeweils die fortschreitende Revision des Einzelwissens voraus ... Die Revolutionierung der fundamentalen Kategorien,

126 Zilsel 1976.
127 Horkheimer 1933a, S. 99.
128 Horkheimer 1934, S. 218.

die solcherart nur vorbereitet wird, hebt dann die Erkenntnis überhaupt auf eine höhere Ebene und betrifft ihre ganze Struktur.[129]

Auch die heute gängige These von der Theoriegeladenheit der Erfahrung findet sich schon bei Horkheimer, so daß man insoweit sagen kann, daß er einige Punkte in Andeutungen vorweggenommen hat, die in der Selbstreflexion des Empirismus und insbesondere im Übergang zum »neuen Empirismus« bzw. »Postempirismus« der Toulmin, Hanson, Kuhn und Feyerabend seit den fünfziger Jahren eine wichtige Rolle gespielt haben.
Horkheimer selbst hat freilich die Hauptunterschiede zum Positivismus anders akzentuiert. Ich erwähne sie hier nur summarisch, weil sie im unten zu diskutierenden Aufsatz von 1937 noch eine wesentliche Rolle spielen werden. Da ist zunächst der Unterschied von Wesen und Erscheinung. Darüber heißt es etwa in »Materialismus und Metaphysik«:

Die Nachfolger Comtes, besonders die Empiriokritizisten und die logistische Schule, haben ihre Terminologie so verfeinert, daß der Unterschied zwischen den bloßen Erscheinungen, mit denen sich die Wissenschaft zu beschäftigen hat, und dem Wesentlichen nicht mehr in ihr vorkommt.[130]

Diese Differenz wird verschiedentlich als entscheidender Unterschied »zwischen allen materialistischen und positivistischen Richtungen« hervorgehoben.[131] Der Verzicht auf diese Unterscheidung habe die Konsequenz, daß »der Positivismus grundsätzlich seinen Frieden mit jeder Art von Aberglauben«[132] schließe. Er komme in der

Wehrlosigkeit [dieser Philosophie] vor allem supranaturalistischen Strömungen, besonders kraß in ihrer Ohnmacht vor Spiritismus und Okkultismus, diesen kruden Formen des Aberglaubens[133]

zum Ausdruck. Dies vermutlich von Lenin übernommene Verdikt gegen den Positivismus, gegen das Horkheimer Mach noch verteidigt hatte, ist prima facie nicht besonders plausibel, da sich Supranaturalismus und Okkultismus ja gerade nicht mit der bloßen Oberfläche der Erscheinungen begnügen. Um so mehr würde

129 Ebd.
130 Horkheimer 1933a, S. 101.
131 Ebd., S. 96.
132 Ebd., S. 100.
133 Ebd.

man einen detaillierten Nachweis der These begrüßen. Bedauerlicherweise wird der Vorwurf bei Horkheimer aber stets an Autoren exemplifiziert, die wie William James[134] oder Hans Driesch[135] weder logische Positivisten waren noch historisch hätten sein können – und deren Lehren gerade auch in diesen Punkten von den Positivisten kritisiert worden waren.[136] James war schon 1910 gestorben. Er hat zwar in lebhaftem Gedankenaustausch mit Ernst Mach gestanden, aber auf den logischen Positivismus kaum eingewirkt.[137]

Bei Driesch lohnt es sich, einmal genauer der Frage nachzugehen, worin denn dessen angeblicher Positivismus eigentlich bestehen soll. Denn er hat offenbar einen Anlaß für Horkheimers spätere antipositivistische Polemik geboten. Driesch war bekanntlich durch seine biologischen Experimente an Seeigeleiern zu dem Schluß gekommen, daß es eine nichtmechanische Kausalität des Organischen geben müsse, die er mit dem – von Aristoteles entlehnten – Begriff der Entelechie belegte. Sowohl sein Entelechiebegriff als auch seine These, Biologie sei nicht auf Chemie und in letzter Instanz auf Physik zurückzuführen, war nun im Laufe der Jahre von mehreren logischen Positivisten angegriffen worden. Reichenbach etwa hatte die Entelechie ein »metaphysisches Gebilde« genannt, und Carnap hatte sie deswegen zu den »sinnlosen« Begriffen gezählt. Auf diese Angriffe hatte nun Driesch in seinem 1933 erschienenen – und im gleichen Jahr von Adorno in der *Zeitschrift für Sozialforschung* rezensierten[138] – Buch *Philoso-*

134 Horkheimer 1935, S. 281.

135 Horkheimer 1933a, S. 100.

136 Siehe zur Kritik an supranaturalistischen Tendenzen bei James schon die Briefe Ernst Machs in Blackmore/Hentschel 1985, S. 62 f., 86, 112; zur Kritik des Wiener Kreises an irrationalistischen Zügen bei Driesch: Zilsel 1933 und Schlick 1934a.

137 Siehe dazu Dahms 1992.

138 Adorno 1933a. Adornos zusammenfassendes Urteil fällt dort übrigens noch überraschend freundlich aus: »Das Buch bietet mehr Exkurse als neue Theorien, verdient aber besonderen Respekt als moralische und philosophie-politische Leistung. Ein Denker, dem es die Zeitstimmung sehr bequem mache könnte, distanziert sich von den Folgerungen, die sie aus seiner Arbeit zieht, um der Sachen willen; auf die Gefahr hin, von ihr als überholt beiseitegeschoben zu werden. Sehr weit gehen die Übereinstimmungen mit Cornelius; auch mit Husserl, dessen späte Entwicklung zu Driesch recht parallel ver-

phische Gegenwartsfragen reagiert, in dem er sich gegen die positivistische Kritik zur Wehr setzt, aber doch gewisse Gemeinsamkeiten betont und schließlich als Alternative einen »rationalen Positivismus« als zeitgemäße Form der Aufklärung anbietet.[139] Den Gegensatz zum Positivismus faßt er dort schließlich so zusammen:

Gewiß gehört mechanistisches Erfassen da, wo die Gegenständlichkeit es aufzwingt, mit zur Aufklärung; aber ganz ebenso gehören zu ihr andere durch die Gegenständlichkeit den Wissenden aufgezwungene Ordnungstypen, zum Beispiel alles, was Vitalismus, Tiefenpsychologie (kritisch betrieben, selbstverständlicherweise) lehren.[140]

Vitalismus und – auch kritisch betriebener – Spiritismus wurde aber von den logischen Positivisten weiterhin kompromißlos abgelehnt. Driesch ist insofern also nur in jenem schwachen, im Gebrauch der Frankfurter Schule aber häufiger auftretenden Sinne für »den Positivismus« repräsentativ, als er ursprünglich von positiver Einzelforschung ausgegangen war.

Später hat Horkheimer noch einen zweiten Hauptunterschied zum Positivismus in der Problematik einer Unterscheidung von Tatsachen und Werten gesehen. Diese nach seiner Meinung nicht zu haltende Unterscheidung wird von ihm auf Max Weber zurückgeführt. Aber die angebliche Konsequenz dieser Unterscheidung, nämlich Wertrelativismus und -neutralismus, wird auch den Positivisten der dreißiger Jahre zum Vorwurf gemacht, während »selbst die Schöpfer des Positivismus ... sich im Gegensatz zu machen späteren Schülern gegen die neutralistische Entartung der Wissenschaft gewehrt« hätten.[141] Auf die Berechtigung dieser Kritik,« und die Frage, ob Horkheimers eigene Andeutung einer politischen Ethik dem Relativismusvorwurf entgehen kann, komme ich noch zurück.

Nun hat der »Positivismus« im Übergang zu seiner zeitgenössi-

läuft.« Nur der letzte Satz der Rezension läßt ahnen, woran die Kritik des Frankfurter Instituts an Driesch dann später ansetzte: »Was freilich Driesch zur Kritik des ›Soziologismus‹ und historischen Materialismus beibringt, hat, als Randprodukt seines Denkens, nicht eben große Überzeugungskraft«.

139 Driesch 1933, 69.

140 Ebd., S. 70.

141 Horkheimer 1933b, S. 147.

schen Gestalt eine ganze Reihe von tiefgreifenden Wandlungen durchlaufen, von denen die oben genannte vom Phänomenalismus zum Physikalismus, die sich zu Beginn der dreißiger Jahre vollzog, wohl die wichtigste gewesen ist. Auf diese Entwicklung geht keine der positivismuskritischen Arbeiten oder Bemerkungen von Angehörigen der Frankfurter Schule bis 1936 ein. Es wird zu untersuchen sein, in welchem Umfang dies in Horkheimers Angriff auf den Positivismus von 1937 geschieht.

1.6 Kontakte vor 1936

Sowohl objektive Gemeinsamkeiten als auch noch so intensive Kenntnisnahmen voneinander bewirken häufig noch keine direkten Kontakte zwischen wissenschaftlichen Gruppen. Wie steht es damit im Verhältnis von logischen Positivisten und Frankfurter Schule?

Wie man den Beginn der Beziehungen zwischen den späteren Positivisten und den Mitgliedern der späteren Frankfurter Schule datiert, hängt davon ab, ob man zu den Positivisten auch die Mitglieder der mit dem Wiener Kreis vielfältig verbundenen und kooperierenden Berliner »Gesellschaft für wissenschaftliche Philosophie« zählt oder nicht – und ob man bei der Frankfurter Schule nur deren inneren Kreis meint oder auch ihre Peripherie in die Betrachtung einbezieht. Wählt man jeweils die weitere Alternative, fällt die erste Bekanntschaft von späteren Positivisten mit späteren kritischen Theoretikern schon in die Zeit vor dem Ersten Weltkrieg. Ich meine die gemeinsame Tätigkeit Hans Reichenbachs (und im übrigen auch seines Bruders Bernhard) und Walter Benjamins in der Berliner Ortsgruppe der Freistudentenschaft, jenem kurz vor der Jahrhundertwende gegründeten linksliberal und später zunehmend auch sozialdemokratisch eingestellten Zusammenschluß der nichtkorporierten Studenten.[142]

Momme Brodersen hat in seiner Benjamin-Biographie die Gemeinsamkeiten Benjamins und Reichenbachs beschrieben, die besonders im gemeinsamen Protest gegen den Ersten Weltkrieg zum Ausdruck kamen. Er zitiert auch jene Philippika Reichen-

142 Bislang steht eine Monographie zu dieser wichtigen Studentenbewegung der wilhelminischen Zeit noch aus.

bachs aus dem Jahre 1915 gegen den Ziehvater der Jugendbewegung Ernst Wyneken in der Frage eines »gerechten Krieges«, die nach den Worten Brodersens »eines der nicht allzu zahlreichen Zeugnisse einer völlig kompromißlosen Kriegsgegnerschaft von Anbeginn darstellt«.[143] Dort zieht Reichenbach zunächst gegen »die Parteien des Großgrundbesitzes und des Kapitalismus« und den »Geist der bürgerlichen Familie und allen kleinbürgerlichen Begleitern« in einer Weise vom Leder, wie man sie an deutschen Universitäten erst fünfzig Jahre später wieder deutlicher vernehmen konnte. Der offene Brief an Wyneken gipfelt in einer Passage, die sowohl für Reichenbachs eigenen philosophischen Werdegang aufschlußreich ist als auch für die Behandlung ethischer Probleme bei vielen Anhängern des logischen Empirismus repräsentativ sein dürfte:

> Ihr Alten, die ihr uns diese erbärmliche Katastrophe eingebrockt habt, ihr wagt es überhaupt noch, uns von Ethik zu sprechen und unserem Leben Ziele zu geben? Ihr, die ihr noch nicht einmal jedem in eurer Kulturgemeinschaft Lebenden das Recht auf persönliche Sicherheit vor dem Raubtieranwandlungen seiner Mitmenschen sichergestellt habt, ihr habt das Recht verwirkt, unsere Führer zu sein. Wir verachten euch und eure große Zeit.[144]

Wie der Briefwechsel Benjamins mit Wyneken zeigt, wurde Reichenbachs Standpunkt in der Kriegsfrage von Benjamin voll geteilt. Denn er nahm Wynekens Haltung zum Anlaß, sich »gänzlich und ohne Vorbehalt« von diesem loszusagen, und begründete diesen Schritt Reichenbach gegenüber damit, daß Wynekens Haltung »eine Entwürdigung und Schmach ohne gleichen«[145] bedeute.

Reichenbachs und Benjamins Wege sind dann bald nicht nur räumlich, sondern auch politisch und philosophisch auseinander-

143 So Brodersen 1990, S. 84.

144 Ebd. Diese Stelle zeigt wie ähnliche Äußerungen aus der unmittelbaren Vorkriegszeit, daß Reichenbach Ethik ursprünglich nur aus einem antiautoritären Impuls abgelehnt hat: er verwarf sie wegen der moralischen Unwahrhaftigkeit ihrer »alten« Proponenten. Ich halte es aber für wahrscheinlich, daß sich auch schon in dieser Zeit, also weit vor seiner Hinwendung zum logischen Empirismus, seine Ansicht herausgebildet hat, eine wissenschaftliche Ethik sei im Prinzip unmöglich. Siehe dazu auch Kamlah 1977, S. 480ff.

145 Zitiert nach Brodersen 1990, S. 85.

gegangen.[146] Immerhin ist bemerkenswert, daß Reichenbach in einem Brief an Horkheimer vom 17. 10. 1940 auch auf die Nachricht von Benjamins Freitod – nach dem Scheitern seines Fluchtversuchs über die spanische Grenze – eingeht, und zwar mit folgenden Worten:

Herr Döblin, der aus Frankreich hierherkam, erzählte mir von dem tragischen Schicksal Walter Benjamins. Es ist erschütternd, daß dieser begabte und feinfühlige Mensch, der die deutsche Sprache mehr liebte, und besser sprach, als die meisten sogenannten Arier, nun auch unter die Räder der europäischen Katastrophe gekommen ist. Ich hoffe, daß es Ihnen und Ihrem Institut gelingen wird, noch viele Menschen vor ähnlichem Geschick zu bewahren.

Einer der von Reichenbach gemeinten Menschen, denen Horkheimer (in diesem Fall durch die Ausstellung eines »moralischen Affidavit« für die Einreise in die USA) geholfen hatte[147], war übrigens Hans Reichenbachs Bruder Bernhard gewesen. Merkwürdigerweise ist es anscheinend auch dieser Bruder gewesen, der im Zusammenhang mit dem Frankfurter Institut zum ersten Mal auftaucht. Im Frühjahrsheft 1928 des *Archivs für die Geschichte des Sozialismus und der Arbeiterbewegung*, das vom Vorgänger Horkheimers als Institutsdirektor, Carl Grünberg, herausgegeben wurde, erhielt *Bernhard* Reichenbach nämlich Gelegenheit, als »persönlich führend beteiligter Parteipolitiker« einen Bericht »Zur Geschichte der K(ommunistischen) A(rbeiter)-P(artei) D(eutschlands)«, einer der zahlreichen linken Splittergruppen der Weimarer Republik, zu erstatten.[148]

Die ersten belegbaren Kontakte zwischen seinem Bruder Hans Reichenbach (der sich nach der Revolution von 1918 übrigens auch als linker Parteigründer betätigt hatte[149]) und Horkheimer datieren dann aus dem Herbst desselben Jahres.[150] Im Oktober

146 Im Brief an Scholem vom 5. 8. 1937 (in: Benjamin 1978, S. 735) äußert sich Benjamin, als ob er Reichenbach nie gekannt hätte.

147 Siehe zum Beginn dieser Geschichte (Hans) Reichenbach an Horkheimer, 17. 10. 1940, und zum Abschluß den Dank Reichenbachs im Brief an Horkheimer vom 10. 12. 1940.

148 B. Reichenbach 1928.

149 Siehe dazu Linse 1974.

150 Wie der Kontakt zwischen Horkheimer und Hans Reichenbach zustande kam, weiß ich nicht. Genausogut wie über Bernhard Reichenbach kann er auch über Cornelius vermittelt worden sein. Denn

1928 lud Horkheimer Hans Reichenbach nämlich zu einem Vortrag nach Frankfurt ein. Obwohl der Rahmen dieser Veranstaltung aus dem Einladungsschreiben an Reichenbach nicht hervorgeht, ist es doch wahrscheinlich, daß es sich dabei um eine Vorlesung innerhalb eines Vortragszyklus über Naturphilosophie handelte, mit der Horkheimer seinen Amtsantritt als Vorsitzender der Frankfurter Ortsgruppe der »Kantgesellschaft« markierte.[151] Reichenbachs Vortrag fand dort am 14. 11. 1918 unter dem Titel »Gegenwärtige Probleme der Naturphilosophie«[152] statt. Aus dem erhaltenen Manuskript ergibt sich, daß es sich dabei um eine Vorarbeit zur ersten populären Darstellung der Philosophie Reichenbachs handelt, den *Zielen und Wegen der heutigen Naturphilosophie*, die 1931 bei Meiner erschien. Ob er vor 1933 noch weitere Kontakte mit den Frankfurtern hatte, weiß ich nicht. Dafür, daß die Kontakte jedenfalls nicht gleich nach seinem Vortrag abgerissen waren, spricht jedenfalls, daß sich nach der nationalsozialistischen Machtübernahme Adorno mit der Bitte an ihn wandte, an der Universität Istanbul, an der Reichenbach nach seiner Vertreibung aus Berlin einen Ruf angenommen hatte, dafür zu sorgen, daß ihm der Titel »außerordentlicher Professor ohne ma-

dieser war nicht nur Horkheimers akademischer Lehrer, sondern auch einer der Professoren gewesen, bei denen Reichenbach während seiner Münchener Zeit vor dem Ersten Weltkrieg studiert hatte.

151 Diese Ortsgruppe war am 16. 5. 1928 begründet worden. In der Gründungsversammlung wurde Hans Cornelius zum Vorsitzenden und Max Scheler zum stellvertretenden Vorsitzenden gewählt. Wegen Schelers Tod und einer Krankheit Cornelius' hatte die Gruppe im Sommersemester 1928 aber noch keine Aktivitäten entfaltet. Das geschah erst im folgenden Wintersemester unter der Leitung Horkheimers; siehe dazu seinen Bericht in den *Kantstudien* 33 (1928), S. 467 und die Liste der Ortsgruppen der Kantgesellschaft (ebd., S. 468). Den anscheinend ersten Vortrag in dieser Reihe hatte Ernst Cassirer am 3. 10. 1928 unter dem Titel »Der Gegensatz von ›Geist‹ und ›Leben‹ in der gegenwärtigen Naturphilosophie« gehalten (siehe die Kopie der Einladung in Pollocks Notizbuch VIII 11 im Horkheimer-Nachlaß). Während die Vorsitzenden der Frankfurter Gruppe der Kantgesellschaft häufiger wechselten, behielt Horkheimer die Geschäftsführung bis 1933. Danach gibt es keine Erwähnungen der Frankfurter Gruppe mehr in den *Kantstudien*.

152 Der Text befindet sich im Reichenbach-Nachlaß in Pittsburgh.

terielle Verpflichtung gegen mich« verliehen werde.[153] Daraus ist aber anscheinend nichts geworden.

Auch andere Mitglieder der Berliner »Gesellschaft für wissenschaftliche Philosophie«, in der Reichenbach eine führende Rolle spielte, wurden von den »Frankfurtern« zum Vortrag eingeladen. Dazu gehören Karl Korsch und Walter Dubislav.[154] Korsch war beiden Seiten des späteren Positivismusstreits der dreißiger Jahre schon lange verbunden. So kannte er einerseits Rudolf Carnap und Kurt Lewin schon aus seiner Zeit als Studentenpolitiker in der »Freistudentenschaft« in Jena vor dem Ersten Weltkrieg. Auch in den zwanziger Jahren blieben diese Kontakte erhalten. Deshalb überrascht es auch nicht, wenn er Anfang der dreißiger Jahre auch der Berliner »Gesellschaft für wissenschaftliche Philosophie« beitrat.[155] Andererseits hatte er aber auch eine wichtige Rolle im Vorfeld der Gründung des Frankfurter Instituts Anfang der zwanziger Jahre[156] gespielt. Nach Berichten, für die ich allerdings keinen Beleg finden konnte, soll Korsch später dann zeitweise sogar als Alternativkandidat zu Horkheimer für die Direktion des Instituts zur Debatte gestanden haben.[157] Wann und was Korsch Anfang der dreißiger Jahre in Frankfurt vorgetragen hat, ist mir nicht bekannt.

Besser sind wir über einen Vortrag – wenigstens über seinen Inhalt – unterrichtet, den Walter Dubislav als Mitglied der Berliner »Ge-

153 Adorno an Reichenbach, 13.12.1933 (Information von Michael Buckmiller, Hannover).

154 Daher rührt wahrscheinlich auch die Nennung Dubislavs in Adornos akademischer Antrittsrede (siehe oben, S. 51).

155 Siehe dazu Kamlah 1985, S. 222 und Hoffmann 1993, S. 396

156 Buckmiller 1988, passim.

157 Feuer 1980, S. 167 und Buckmiller 1988, S. 150. Das wäre damals angesichts der politischen Vergangenheit Korschs als Justizminister einer sozialdemokratisch-kommunistischen Koalition 1923 in Thüringen und seiner bald danach verfügten Amtsenthebung sowohl als Minister wie auch als Juraprofessor gewiß eine politisch brisantere Besetzung geworden als mit dem noch weitgehend unbekannten Horkheimer. Horkheimer spricht (in Horkheimer 1931, S. 30) von sich als »dem jungen und unbekannten Mann, der sein [Grünbergs, der Verf.] Nachfolger werden soll«.

sellschaft« in Frankfurt hielt.[158] Willy Strzelewicz hat seine Erinnerungen daran so beschrieben:

Das Referat von Dubislav hat für mich deswegen einen besonderen Stellenwert, weil ich in ihm – abgesehen von flüchtigen Berührungen mit dem sogenannten Wiener Kreis im Sommersemester 1927 in Wien – zum ersten Mal mit einem scharfsinnigen Vertreter des sogenannten »Positivismus« direkt konfrontiert worden bin. Er spielte als Mathematiker und Naturwissenschaftler seine Überlegenheit gegenüber den Geistes- und Sozialwissenschaftlern voll aus, die ihm auf seinem Gebiet kaum kompetent begegnen konnten.[159]

Strzelewicz macht anschließend einen Unterschied in der Bewertung des Positivismus durch die Frankfurter Schule »nach außen« und »unter uns«, die vielleicht auch in der Folgezeit bestanden haben mag:

In den öfter nach den offiziellen Veranstaltungen im Café Laumer zusammenkommenden geselligen Runden wurde dann sozusagen »entre nous« die Unzulänglichkeit in der Konfrontation mit den viel gelästerten Positivsten zugestanden, wenn das auch die etwas von oben herablassende Ablehnung dieser wissenschaftstheoretischen Richtung zunächst bei den meisten von uns nicht beeinträchtigte. Ich habe Dubislav, auch Philipp Frank (flüchtig auch Carnap) erst später in Prag persönlich näher kennen und achten gelernt und die oberflächlich herablassende Ablehnung gründlich zu revidieren begonnen. Das merke ich nur an, weil die spätere Entwicklung der sogenannten Frankfurter Schule in der Ausbildung der Kritischen Theorie in eine grundlegend andere Richtung gegangen ist und weil das zu meinem Bruch mit ihren Ansichten beigetragen hat. Aber damals befand sich die Entwicklung erst noch in Ansätzen, und von einer voll entwickelten kritischen Theorie konnte in den hier erinnerten Jahren noch keine Rede sein.

Wann und aus welchem Anlaß die Beziehungen zwischen der Frankfurter Schule und den Positivisten sich auch auf den Wiener Kreis ausgedehnt haben, ist kaum zu ermitteln. Es ist sehr wahrscheinlich, daß die ersten Kontakte zwischen Horkheimer und

158 Dubislav war sowohl seinem akademischen Werdegang als auch seiner politischen Haltung nach stark von dem 1927 gestorbenen Göttinger Philosophen Leonard Nelson beeinflußt, der versucht hatte, einen philosophischen Neufriesianismus zu propagieren und der als politische Konsequenz seiner philosophischen Haltung 1925 den »Internationalen Sozialistischen Kampfbund« gründete.

159 Strzelewicz 1986, S. 160 f.

seinem Kreis und den österreichischen logischen Positivisten und ihrem organisatorischen Motor Otto Neurath unabhängig von den bereits bestehenden Berliner Verbindungen zustande kamen. Als erster möglicher Zeitraum für eine solche Bekanntschaft käme die Revolution von 1918/19 in Bayern in Frage. Damals nämlich holten Horkheimer und Pollock in München das Abitur nach[160] und begannen ihr Studium, während der dreizehn Jahre ältere Neurath in der bayerischen Republik (sowie in beiden Räterepubliken) das Zentralwirtschaftsamt leitete.[161] Dafür, daß er diese Funktion während der kurzen Phase der Räterepubliken nicht aufgab und währenddessen sogar die Sozialisierung der Banken und der Presse vorantrieb, wurde ihm nach der Niederschlagung der bayrischen Revolution der Prozeß gemacht.[162]

Pollock und Horkheimer, der damals »eine neue gewaltige Kraft: den Marxismus« kennenlernte[163], hatten übrigens selbst direkte Erlebnisse mit der Revolution bzw. mit deren Ausgang. So wurden bei der Verhaftung des Mitglieds der Räteregierung Towia Axelrod die Ausweispapiere Pollocks gefunden, mit denen der steckbrieflich gesuchte Revolutionär nach Österreich geflohen war.[164] Horkheimer berichtete Jahrzehnte später, er sei mit dem ebenfalls steckbrieflich gesuchten Mitglied der Räteregierung Ernst Toller verwechselt und deshalb sogar irrtümlich verhaftet worden.[165]

So sicher es also ist, daß Horkheimer und Pollock das Schicksal der Räterepublik mit Sympathie verfolgt und deswegen sicherlich auch den Namen Neurath mitbekommen haben, so unwahrscheinlich scheint es doch andererseits, daß sie damals schon einen ersten Kontakt zu ihm gehabt hatten. Spätere direkte Kontakte in der Weimarer Zeit sind wenig wahrscheinlich, da Neurath nach seiner Verurteilung zu eineinhalb Jahren Festungshaft nach Wien abgeschoben und in der Folge für fünf Jahre mit einem Einreise-

160 Gumnior/Ringguth 1973, S. 22.
161 Siehe dazu kritisch Mohn 1985, S. 53 und – in größerem Zusammenhang – Dahms/Neumann 1994.
162 Dahms/Neumann 1994.
163 Gumnior/Ringguth 1973, S. 20.
164 Siehe dazu Herz/Halfbrodt 1988, S. 71.
165 Siehe dazu Horkheimer 1972/1976, S. 446 f. – Mit Toller verwechselt zu werden war in jenen Zeiten lebensgefährlich. Deshalb hat Horkheimer auch bald München in Richtung Frankfurt verlassen.

verbot ins Deutsche Reich belegt worden war. Deshalb dürften sich der Wiener Positivist und die späteren Direktoren des Frankfurter Instituts vorerst wohl nur aus ihren wissenschaftlichen Publikationen bekannt gewesen sein.
Irgendwelche brieflichen oder persönlichen Kontakte scheinen sich aus diesen wechselseitigen Lektüren (und Besprechungen) aber nicht ergeben zu haben. Folglich nehme ich an, daß erst im Exil, in das sowohl das Frankfurter Institut als auch Neurath und sein Institut von den Nationalsozialisten (bzw. Austrofaschisten) getrieben wurden, die ersten direkten Verbindungen hergestellt wurden. Wie es dazu kam, ist eine ziemlich verwickelte Geschichte. Sie zeigt, daß dabei von vornherein – anders als bei den Kontakten mit den »Berlinern« um Reichenbach – außer philosophischen und wissenschaftstheoretischen Themen auch das konkrete Interesse an empirischer Sozialforschung im Spiel war. Diese komplizierte Geschichte muß hier etwas ausführlicher erzählt werden, weil sie nicht nur den Beginn, sondern gleichzeitig auch schon den Höhepunkt der Beziehungen zwischen der Frankfurter Schule und dem Wiener Kreis bildete, von dem aus es dann im weiteren Verlauf – mit unterschiedlichem Tempo – nur noch bergab ging.

2. Von Fusionsplänen zur Konfrontation (1936/37)

Um den folgenden Ablauf zu verstehen, muß man sich die Situation des emigrierten Frankfurter Instituts nach dem Beschluß seiner Direktoren Horkheimer und Pollock im Sommer 1934 vergegenwärtigen, seine Zentrale nach New York zu verlegen. Offenbar sahen die beiden am neuen Sitz Kostensteigerungen für die Aufrechterhaltung des Institutsbetriebs voraus.[166] Dieser Kostendruck in der Zentrale verursachte nun einen Einsparungszwang an anderer Stelle, nämlich bei den europäischen Niederlassungen des Instituts in Genf, Paris und London.[167] Nachdem die New Yorker Zentrale eingerichtet und die Institutsmitarbeiter Marcuse und Löwenthal nachgeholt worden waren, wurden die »ziemlich brutalen Maßnahmen« der nötigen »Rationalisierung« in Europa konkreter diskutiert und anschließend bei einer langen Europareise Horkheimers am Jahreswechsel 1935/36 in die Tat umgesetzt. Die Rationalisierungen richteten sich sowohl nach innen als auch nach außen. Die wichtigste »interne« Maßnahme bestand dabei in der völligen personellen Umkrempelung der Pariser Zweigstelle. Während deren Leiter Honigsheim fürderhin nur noch für gewisse repräsentative Zwecke eingesetzt werden sollte

166 Worauf sich diese Prognose gründete, ist mir nicht ganz klar. Denn auch in Frankfurt waren die Kosten des Personals von der Institutsstiftung getragen worden waren, und die Räume in New York wurden von der Columbia Universität mietfrei überlassen. Auch Sach- und Forschungsmittel dürften sich nicht wesentlich unterschieden haben. – Wie dem auch sei: eine Studie über die Finanzen des Instituts wäre im Hinblick auf die Neigung seiner Direktoren, wichtige Entscheidungen (wie zum Beispiel später die Entlassung Erich Fromms oder den Umzug an die amerikanische Westküste) mit finanziellen Engpässen zu begründen, sehr aufschlußreich.

167 In diesem Sinne schrieb Horkheimer am 3. 8. 1934 an Pollock: »Selbstverständlich darf der Betrieb der New Yorker Zweigstelle uns nicht über den Kopf wachsen. Die Mehrkosten für die hiesige Zweigstelle können auch meiner Ansicht nach nur durch ziemlich brutale Maßnahmen in den europäischen Büros einigermaßen wieder eingebracht werden.«

und bald von Paris in die USA übersiedelte, wurde als neuer Leiter Raymond Aron eingestellt. Aron war offenbar schon bei seinem Deutschlandaufenthalt Anfang der dreißiger Jahre im Frankfurter Institut eingeladen worden.[168] Inzwischen hatte er sich unter anderem auch durch ein Buch über die deutsche Soziologie bekanntgemacht, das in der *Zeitschrift für Sozialforschung* positiv rezensiert wurde.[169] Für die ausscheidende Sekretärin Dr. Anna Weil kam ab Frühjahr des Jahres 1936 Dr. Hans-Klaus Brill.[170]
Die zweite angepeilte Maßnahme war sozusagen eine externe, bei der sich Horkheimer Rationalisierungseffekte durch eine Zusammenarbeit mit anderen Institutionen erhoffte. Sie konnte in der Folge nicht voll umgesetzt werden.

2.1 Vereinigungspläne und ihr Scheitern

Was da beabsichtigt wurde, ist im Brief Horkheimers an Pollock vom 26. 12. 1935 nur umrißhaft erkennbar:

> Es schwebt uns der bereits in NY aufgetauchte Plan einer Vereinigung unserer europäischen Forschungsstellen mit den Instituten Jahodas und Neuraths vor,

also mit der von Marie Jahoda geleiteten »Wirtschaftspsychologischen Forschungsstelle« in Wien und Otto Neuraths »Mundaneum Institut« in Den Haag, das die Arbeit seines in Wien mittlerweile von den Austrofaschisten geschlossenen »Gesellschafts- und Wirtschaftsmuseums« fortsetzen sollte.
Was hatte nun Horkheimer konkret im Sinn, wenn er von »Vereinigung« schrieb? Wie weit sollte die Zusammenarbeit der Frankfurter mit den Wiener Positivisten gehen? Einen Zipfel der Antwort bekommt man zu fassen, wenn man einen Blick in ein

168 So Löwenthal 1980, S. 69. In seiner Autobiographie (Aron 1986), die auch ausführlicher auf die Frankfurter Schule eingeht, hat Aron zwar seinen Deutschlandaufenthalt ausführlich geschildert, aber seine Einladung in Frankfurt nicht erwähnt.
169 Schwarz 1936. Daß die Frankfurter Aron zum Leiter ihrer Pariser Zweigstelle bestellten, ist nicht uninteressant, weil dieser, wie sein Rezensent zutreffend feststellte, Max Weber für den größten deutschen Soziologen der Gegenwart hielt.
170 Siehe dazu Brill an Horkheimer, 6. 1. 1936.

zwölfseitiges Heft »Wissenswertes zur Europareise 35/36«[171] wirft, in das Pollock für Horkheimers bevorstehende Rundreise durch Westeuropa diesem als Gedächtnisstütze zahlreiche Adressen, Treffen etc. eingetragen hatte. Daraus ergibt sich auch, daß über Verbindungen zu Jahoda und Neurath in der Tat bereits in New York nachgedacht worden war. Denn auf einem Blatt steht dort: »Frau Dr. Jahoda: Zusammenkunft in Brüssel vereinbaren« sowie die Wiener Adresse Jahodas, auf einem anderen, »Holland« überschriebenen Blatt: »Dr. Otto Neurath, Den Haag, 267 Obrechtsstraat (vgl. beiliegende Aktennotiz)«.

Diese »Aktennotiz betreffend Lazarsfeld« vom 13.11.1935 zeigt an einem Beispiel, wie diese Zusammenarbeit zunächst einmal funktionieren und welchen Stellenwert dabei die Verbindungen zu Jahoda und Neurath haben sollten:

1. Lazarsfelds Vorschlag der Zusammenarbeit in Europa: Unsere Leistung besteht hauptsächlich darin, einem seiner Mitarbeiter die Spesen für gelegentliche Reisen von Wien nach Westeuropa zu ersetzen und außerdem für die Untersuchungen der Wiener Forschungsstelle in Westeuropa eine westeuropäische Adresse zur Verfügung zu stellen. (Letzteres geschieht derzeit durch das Neurathsche Institut in Amsterdam).

L.'s Gegenleistung wäre die Mitarbeit eines »Erhebungskommissars«, der die Untersuchungen des Instituts in Westeuropa überwacht und regelmäßige Vorschläge macht.

[...]

4. Schulbeispiel für Zusammenarbeit mit Lazarsfeld: Institut wünscht Untersuchungen in Belgien, Frau Jahoda fährt dorthin und organisiert sie. Einen Teil ihres Aufenthaltes benutzt sie dazu, um in Belgien und angrenzenden Ländern für die [Wiener Wirtschaftspsychologische, Verf.] Forschungsstelle Arbeiten einzuleiten. Aufenthaltskosten gehen zu Lasten des Instituts nur soweit, als sie tatsächlich für uns tätig ist.

Den schon einige Jahre zurückliegenden Ausgangspunkt dieser Pläne hatte – außer der Bekanntschaft mit den oben schon besprochenen Arbeiten Neuraths – offenbar die Veröffentlichung von Lazarsfeld-Jahoda/Zeisels *Die Arbeitslosen von Marienthal* gebildet, die sofort nach Erscheinen in der *Zeitschrift für Sozialforschung* in einer Sammelrezension vom zweiten stellvertretenden Direktor des emigrierten Frankfurter Instituts und Leiter der Genfer Zweigstelle Andries Sternheim uneingeschränkt positiv

171 In den Briefwechsel Horkheimer/Pollock eingeordnet.

besprochen worden war.[172] Aus der Rezension ergibt sich, weshalb das Institut Interesse an einer Zusammenarbeit mit den Autoren der Studie haben konnte. Das war einmal ihr methodischer Aspekt. Gleich zu Anfang der Besprechung rühmte Sternheim die Arbeit wegen ihrer »unübertrefflichen Genauigkeit«. Das war aber auch die inhaltliche Seite, insbesondere eine Typologie von Familien nach ihren Reaktionen auf die Arbeitslosigkeit. Denn hier ergeben sich Berührungspunkte zu den gerade in Gang befindlichen Studien des Frankfurter Instituts über *Autorität und Familie*.[173]

Als einer der Anreger der Studie (und gleichzeitig als Gründer der Wiener Wirtschaftspsychologischen Forschungsstelle) hatte Paul Lazarsfeld nun mit einem Rockefeller-Stipendium in den Jahren 1933 und 1934 die USA bereist. Dabei scheint er in New York auch die – nach der Erinnerung Jahodas schon vor 1933 entstandene[174] – Bekanntschaft mit Horkheimer aufgefrischt und vertieft zu haben. Lazarsfeld hinterließ dabei einen so ausgezeichneten Eindruck, daß er und sein Wiener Institut sofort in die laufenden Arbeiten am Sammelband *Autorität und Familie* eingebunden wurden.[175] Lazarsfeld selbst betätigte sich daran als Auswerter und Mitautor der von Käthe Leichter begonnenen »Erhebung bei Jugendlichen über Autorität und Familie« in der Schweiz[176],

172 Sternheim 1933.

173 Die entscheidende, sozusagen revolutionstheoretische Streitfrage, ob Massenarbeitslosigkeit eher zur Lähmung der Arbeiterklasse als zu ihrer Revolutionierung führt, zu deren empirischer Entscheidung die ganze Untersuchung angestrengt worden war und die von Jahoda im Sinne der ersteren Alternative beantwortet wurde, wird in der Besprechung Sternheims übrigens interessanterweise nicht erwähnt. Weiter unten in seiner Sammelrezension schreibt Sternheim über eine Schrift von Ernest R. Groves dann allerdings: »Wichtig ist die Feststellung, daß die emotionellen Folgen der Arbeitslosigkeit mehr Gefühle der Furcht für die Zukunft als irgendeine Art Radikalismus sind« (ebd., S. 419).

174 Lazarsfeld sei auf der Suche nach Geldquellen für die notorisch notleidende »Wirtschaftspsychologische Forschungsstelle« viel umhergefahren und habe dabei auch das Frankfurter Institut besucht. Ob er dabei einen Forschungsauftrag hat einwerben können, ist ihr nicht erinnerlich.

175 Siehe dazu auch Fleck 1989, S. LIII.

176 Leichter/Lazarsfeld 1936, S. 353-456.

Marie Jahoda trug einen Aufsatz »Autorität und Erziehung in der Familie, Schule und Jugendbewegung Österreichs« bei.[177]

Diese Arbeiten scheinen Horkheimer sehr beeindruckt zu haben. So schrieb er Lazarsfeld danach:

Sie haben dem Institut nicht nur durch Ihre sorgfältige und interessante Bearbeitung, sondern auch noch durch das wahrhaft siegreiche Tempo, in dem sie die Sache durchgeführt haben, eine große Hilfe erwiesen.[178]

Worin Horkheimer den Wert der Lazarsfeldschen Bearbeitung des Leichterschen Materials des näheren sah, ist für das Verständnis der späteren Auseinandersetzung aufschlußreich:

Die Arbeiten, die sie [Käthe Leichter, Verf.] bisher gemacht hat, waren recht interessant. Einzuwenden hatten wir freilich, daß die Auswertung nicht immer mit der notwendigen Genauigkeit und Verantwortlichkeit geschah. Die interessanten Resultate sind zum Teil auf Kosten der Exaktheit gewonnen. Im Bewußtsein, daß wir dem wissenschaftlichen Publikum, das besonders in Amerika in solchen Dingen äußerst empfindlich ist, die größte Strenge der empirischen Untersuchungen schulden, haben wir die Auswertung der Jugendlichen-Enquête hier nochmals überarbeitet, wodurch die Ergebnisse freilich dürftiger, aber dafür auch sicherer geworden sind.[179]

So verwundert vielleicht auch nicht mehr, daß »die besondere Bedeutung, welche [Lazarsfelds, Verf.] einzigartige Erfahrung für das Arbeitsgebiet des Instituts besitzt«, sich darin niederschlug, daß Horkheimer sich sogar für seine endgültige Übersiedlung in die USA einsetzte, als das Besuchervisum abgelaufen war.[180] Er

177 Jahoda 1936.

178 Horkheimer an Lazarsfeld, 16. 5. 1935 (Dies ist gleichzeitig der erste Brief der im Horkheimer-Archiv erhaltenen Korrespondenz). Lazarsfeld besuchte zudem als Repräsentant der Frankfurter den von Neurath organisierten »Ersten Internationalen Kongress für Einheit der Wissenschaft« im Sommer 1935 in Paris und gab darüber eine umfängliche »lecture« im Institut. Siehe dazu unten, S. 227.

179 Horkheimer an Sternheim, 22. 5. 1935.

180 Morrison 1976, S. 151 berichtet nur von einem anderen Empfehlungsschreiben für Lazarsfeld in der Visum-Angelegenheit, das der damalige Direktor des »University of Pittsburgh Research Bureau of Retail Training« David Craig ausgestellt hatte, bei dem Lazarsfeld kurzzeitig angestellt gewesen war. Morrisons Darstellung, das schließlich erteilte Visum sei wegen eines kurze Zeit später eingetretenen Direk-

schrieb dem US-amerikanischen Generalkonsulat in Wien, Lazarsfeld sei für die Jahre 1935/36 »technical adviser« für die Feldstudien des Instituts, und fuhr fort:

Mr. Lazarsfeld's service is valuable for us because he combines a theoretical background with statistical training which is rather rare in social research. We, therefore, hope that it will be possible for you to grant him a quota visa.[181]

Damit dürfte klar sein, wie die Verbindung des Horkheimer-Instituts zu Jahoda und Lazarsfeld zustande kam und was mit ihrer Vertiefung bezweckt wurde.

Nicht ganz klar ist demgegenüber, was Neurath in den genannten »Vereinigungs«plänen zu suchen hatte. Gewiß war er mit den anderen ins Auge gefaßten Kooperationspartnern, also sowohl mit Lazarsfeld als auch mit Jahoda als dem Gründer und einem führenden Mitglied der sozialistischen Mittelschülerorganisation und später der sozialistischen Studentengruppe in Wien seit Anfang der zwanziger Jahre bekannt.[182] Jahoda hatte nach ihrer Promotion und dem Abschluß der Marienthal-Studie auch engen Kontakt mit Neurath gehabt, weil sie in seinem Gesellschaftsmuseum vorübergehend angestellt worden war, um die Wartezeit bis zur Einstellung als Mittelschullehrerin abzukürzen.[183] Vielleicht erklärt sich durch diese Kontakte auch der – in der oben genannten »Aktennotiz betr. Lazarsfeld« – erwähnte Umstand, daß Neuraths Mundaneum-Institut später die westeuropäische Kontaktadresse der Wiener Forschungsstelle war. Durch diese Verbindung mag auch bei Außenstehenden der Eindruck vermittelt worden sein, Neuraths Institut in Den Haag habe ebenfalls mit empirischer Sozialforschung zu tun. Aber falls bei Horkheimer dieser Eindruck bestanden haben sollte: er war jedenfalls falsch. Denn Neurath hatte zwar lebhaftes Interesse an empirischer Soziologie.

torenwechsels in Pittsburg, der Lazarsfeld stellungslos machte, »of doubtful validitiy« gewesen, ist wegen der bereits begonnenen engen Zusammenarbeit mit dem Horkheimer-Institut korrekturbedürftig.

181 Horkheimer an Amerikanisches Generalkonsulat Wien, 2.7.1935 (Kopie im Briefwechsel Horkheimer/Lazarsfeld).

182 Siehe dazu autobiographisch Jahoda 1982 und P. Neurath 1990 sowie zu den Aktivitäten dieser Organisationen und Lazarsfelds Rolle dabei Fleck 1990.

183 Jahoda 1982.

Aber seine eigene Beteiligung daran war stets rein theoretisch geblieben.[184] Vielleicht war es auch wegen solcher Bedenken, daß es im dritten Punkt der erwähnten »Aktennotiz« geheißen hatte:

Büro im Haag oder Amsterdam hätte den Vorteil, daß Niederlassungsschwierigkeiten wegfallen. Gratis Büroräume im Haag mit Neurath leicht-möglich, fraglich ob wünschenswert.[185]

Die Besprechungen in Dingen der geplanten Vereinigung bzw. Zusammenarbeit der europäischen Zweigstellen des Frankfurter Instituts mit den Instituten Jahodas und Neuraths fanden zum Jahreswechsel 1935/36 statt. Augenscheinlich hatte Horkheimer diese Treffen jeweils brieflich vorbereitet. So schrieb er Jahoda am 7. 12. 1935 nach Wien, daß er sie gern einmal selbst kennenlernen würde, und schlug einen Termin in Paris vor. Nach diesem Treffen äußerte sich Horkheimer am 26. 12. 1935 gegenüber Pollock überaus positiv über seine Gesprächspartnerin:

Frau Jahoda ist von mir ganz genau über die gesamten organisatorischen Probleme des Instituts unterrichtet worden. Sie ist eine tüchtige und gescheite Frau.

Marie Jahoda kann sich nicht daran erinnern, daß Horkheimer ein konkretes Vereinigungs- oder Kooperationsangebot hinsichtlich ihrer Institute unterbreitet habe.[186] Immerhin brachte das Gespräch mit Horkheimer offenbar auch eine Reihe von konkreten Absprachen, die leider weder im Briefwechsel Horkheimer/Pollock noch in der Korrespondenz Horkheimers mit Jahoda enthalten sind, sondern aus späteren Wiener Akten erschlossen werden müssen. Danach hatte Horkheimer offenbar Jahodas Institut an einer bereits unter Käthe Leichters Leitung angelaufenen Jugendlichen-Erhebung in Österreich nach dem Schweizer Vorbild beteiligen wollen, die in einen geplanten zweiten Band von *Autorität*

184 Dies läßt sich gerade an Neuraths wichtigsten Veröffentlichungen zum Thema (Neurath 1931b und 1944) sowie den Reaktionen von Zilsel und Carnap darauf ablesen.

185 Eine als Alternative zur Verbindung mit Neurath erwähnte »Zusammenarbeit« mit dem Amsterdamer Professor Postumus kam in der Folge ebenfalls nicht zu Stande.

186 Das einzige, was sie zum Thema »Fusion« zu berichten weiß, ist, daß Pollock, der von ihrer Scheidung von Lazarsfeld erfahren hatte, ihr wenig später einen Heiratsantrag machte. Den habe sie aber abgelehnt.

und Familie aufgenommen werden sollte. Besonders interessant fand man an dieser Erhebung die Aussicht, Aussagen über familiäre Autoritätsverhältnisse in einem totalitären Staat zu gewinnen. Außerdem unterstützte Horkheimer eine von Jahoda konzipierte Studie über »Denkgewohnheiten« zu den Fragen »Was ist Soz[ialismus], was bringt dieser Zustand. Wie Soz. geworden«.[187] Dabei ging es um das Problem, ob und in welchem Maße Menschen von politischen Einstellungen, die sie früher (zum Beispiel in ihrer Jugend) erworben haben, später unter dem Eindruck politischer Ereignisse wieder abweichen oder nicht. Wie Jahoda heute hinzufügt, wurden die erforderlichen Umfragen und Recherchen auch zu illegaler Parteiarbeit für die verbotene SDAPÖ genutzt.

Die vereinbarte Zusammenarbeit zwischen Jahoda und dem Horkheimer-Institut wurde auch sogleich in Gang gesetzt. Im Briefwechsel mit der Genfer Zweigstelle, die für die Werbung für den umfangreichen Band *Autorität und Familie* zuständig war, ist bereits zu Beginn des Jahres 1936 davon die Rede, daß Jahoda diese Aufgabe in Österreich übernehmen sollte.

Nach dem Treffen mit Jahoda in Paris fuhr Horkheimer nach Holland, unter anderem, um den zweiten Teil der Vereinigungspläne, also den mit Neurath, zu besprechen. Anders als im Fall Jahoda gibt es über die Vorbereitung dieses Treffens keinen Brief von Horkheimer mehr.[188] Statt dessen beginnt die erhaltene Korrespondenz mit einem Brief Neuraths vom 6. 1. 1936 an Horkheimer:

> Wie mir Dr. Jahoda erzählte, werden wir Sie in den nächsten Tagen hier begrüßen können. Schöne Literatur liegt ja, wie Sie wissen, für Sie bereit ...

In einem – nicht erhaltenen – Brief vom 12. 1. 1937 hatte Neurath dann bereits das Ergebnis der Unterredungen mit Horkheimer festgehalten.[189] Was alles besprochen und vereinbart wurde, ist wohl nicht mehr zu rekonstruieren. Auf jeden Fall endete die

187 Siehe dazu Fleck 1988b, S. 355.

188 Ein früherer Kontakt muß aber existiert haben, weil Neurath im ersten erhaltenen Brief der Korrespondenz mit Horkheimer von einem »Artikel für Ihre Zeitschrift« spricht. Dieser dürfte schon vorher brieflich abgesprochen worden sein. Es handelt sich bei diesem Aufsatz um Neurath 1937.

189 Dieses Protokoll bestätigte Horkheimer am 19. 1. 1937.

Unterredung mit zwei konkreten Ergebnissen. Erstens nämlich erklärte sich Horkheimer bereit, Neuraths Lebenslagenforschung im folgenden Jahr mit 500 Dollar aus Mitteln des Frankfurter Instituts zu unterstützen.[190] Zweitens empfahl er Neurath die in Paris ausgeschiedene Sekretärin der dortigen Zweigstelle des Instituts, Dr. Weil, mit einer abschließenden Zahlung von zwei Monatsgehältern, damit Neurath mit ihrer Hilfe einen Projektantrag für die Weltausstellung 1937 in Paris erstellen konnte.

Ob Horkheimer Neurath dagegen überhaupt seine Fusionspläne vorgetragen hat, ist aus den erhaltenen Unterlagen nicht zu ermitteln. Vielleicht hat er überhaupt darauf verzichtet, weil ihm in der Unterhaltung mit Neurath recht bald klargeworden sein wird, daß er bei ihm für eine Kooperation im Bereich der empirischen Sozialforschung nicht an der richtigen Adresse war. Auf jeden Fall wollte man offenbar auch weiterhin in Verbindung bleiben und nun auch verstärkt die Diskussion mehr theoretischer Probleme angehen. Als jedenfalls Neurath im Brief vom 20. 1. 1936 schrieb: »Ich hoffe, daß wir über unsere grundsätzlichen Fragen uns noch öfter unterhalten werden«, scheint das bei Horkheimer, wie die weitere Entwicklung zeigte, auf fruchtbaren Boden gefallen zu sein.

Sowohl für die Arbeit des Frankfurter Institut auf dem Gebiet der empirischen Sozialforschung wie für sein wissenschaftstheoretisches Programm ist nun bedeutsam geworden, daß all diese Planungen – sei es nun eine Fusion, eine engere oder lockere Zusammenarbeit mit den Instituten Jahodas und Neuraths – letztlich nicht realisiert werden konnten. Das lag im Fall Neuraths, der für die Vorgeschichte des Positivismusstreits entscheidend geworden ist, hauptsächlich an inhaltlichen Gründen, aber auch an mehr äußeren Motiven, mit denen wir uns noch ausführlich beschäftigen werden.

190 Siehe als erste Erwähnung dieser »Arbeit, über die wir sprachen«, den Brief Neuraths an Horkheimer vom 20. 1. 1936 und für Spuren der Bewilligung das private Dankschreiben Neuraths an Horkheimer vom 5. 11. 1936 und das offizielle seines Instituts vom 5. 12. 1936. Es bestand für Neurath offenbar eine Verlängerungsmöglichkeit für ein Jahr unter denselben Konditionen und die Aussicht, über das Horkheimer-Institut später Forschungsmittel bei Stiftungen für sein eigenes Institut einzuwerben.

Im Fall Jahoda dagegen setzten äußere Ereignisse der hoffnungsvoll begonnenen Kooperation schnell ein jähes Ende. Sie wurde nämlich am 27. November 1936 mit einer Anzahl ihrer Mitarbeiter in den Räumen ihres Instituts in Wien verhaftet.[191] Man warf ihr staatsfeindliche Tätigkeit für die »Revolutionären Sozialisten«

191 Fleck 1989, S. LIV. Sowohl für die Vervollständigung dieser Darstellung als auch für die Beleuchtung der politischen Haltung des Horkheimer-Instituts in dieser Zeit ist es interessant, wie das Institut auf die Verhaftung seiner Kooperationspartnerin reagierte. Als erstes schrieb Horkheimer am 15. 12. 1936 einen Brief an den Sekretär der Pariser Zweigstelle Brill und bat ihn sogleich »um Ihre Mitwirkung in einer Angelegenheit, die mir sehr am Herzen liegt«. Nach einigen Mitteilungen über die Geschichte der Beziehungen des Instituts zu Jahoda fuhr Horkheimer fort: »Soeben vernehme ich nun, daß Frau Jahoda zusammen mit vielen anderen Freunden, die unter der sozialdemokratischen Wiener Stadtverwaltung irgendeine Rolle gespielt haben, verhaftet worden ist. Ich möchte nun alles tun, was in meinen Kräften steht, damit diese hervorragende Kraft so rasch wie möglich der sozialwissenschaftlichen Arbeit wieder zurückgegeben wird.«
Ganz in diesem Sinn wollte Horkheimer Jahoda eine Stellung an seiner Pariser Zweigstelle für ein Jahr, eventuell mit einer Verlängerungsoption für ein weiteres Jahr, anbieten. Diese Anstellung war, wie Horkheimer unterstrich, »nicht etwa bloß formell, sondern in allem Ernst gemeint«. Um Einzelheiten der Vertragsausfertigung sollte Brill sich kümmern. Dies per Schiff über den Atlantik geschickte freundliche Angebot nahm Horkheimer, ehe es noch in Paris zur weiteren Veranlassung eingetroffen und an Jahoda abgegangen war, telegraphisch am 23. Dezember mit den Worten »Anstellung Maria Horkheimerbrief fuenfzehnten inopportun« wieder zurück. Den Sinneswandel hatten offenbar Wiener Presseberichte bewirkt, in denen die Pariser Zweigstelle des Frankfurter Instituts wegen der Verbindung zu Jahoda als »kommunistische Nachrichtenstelle« verdächtigt worden war. Bei einer Hausdurchsuchung im Wiener Institut waren nämlich Fragebögen (man denke: auch in englischer und französischer Sprache!) des Horkheimer-Instituts »entdeckt« worden. (Siehe dazu den Briefwechsel Horkheimers mit Aron in dieser Zeit, besonders Aron an Horkheimer vom 17. 12. 1936 und Horkheimer an Aron vom 5. 1. 1937). Von nun an verfolgte Horkheimer und mit ihm die Genfer und Pariser Zweigstellen eine Doppelstrategie in Sachen Jahoda. Sie bestand einerseits darin, Kontakte mit ihr möglichst herunterzuspielen, um nicht weiterhin Vorwände zu liefern, als »kom-

vor, die illegale Untergrundorganisation der verbotenen SDAPÖ. Nach mehrmonatiger Haft wurde ihr und drei weiteren Mitarbeitern ihres Instituts der Prozeß gemacht. Sie wurde schließlich wegen des Betriebs einer konspirativen Poststelle in ihrem Institut und wegen der Anmietung eines Bankschließfachs für einen – von ihr im Verhör nicht preisgegebenen – hohen Funktionär der Partei[192] zu drei Monaten Haft verurteilt. Wegen der wesentlich längeren Untersuchungshaft galt die Strafe mit ihrer Verhängung schon als abgebüßt. Danach wurde Marie Jahoda sogleich nach England abgeschoben.

Horkheimer hatte dafür gesorgt, daß sie beim Gastgeber der Londoner Zweigstelle seines Instituts Prof. Farquharson für kurze Zeit übergangsweise beschäftigt werden konnte. Später nahm sie

munistische Poststelle« verdächtigt werden zu können, andererseits aber darin, sie »der wissenschaftlichen Arbeit zurückzugewinnen« und ihr dabei auf indirekte Weise zu helfen. So scheint Horkheimer einen Brief von Prof. C. Bouglé, dem Gastgeber der Pariser Zweigstelle, an die französische Botschaft in Österreich angeregt zu haben. Aber dies fruchtete schließlich ebensowenig wie eine Unterschriftensammlung von Genfer Professoren, mit der Andries Sternheim als Leiter der Genfer Zweigstelle des Instituts – allerdings nur ziemlich indirekt – zu tun hatte. Er hatte sich nämlich »durch Beeinflussung wissenschaftlicher Kreise (ohne daß ich mich jedoch direkt mit ihnen in Verbindung gesetzt habe)« am Zustandekommen einer Erklärung von Genfer Professoren an den Österreichischen Innenminister beteiligt, in der die ganze Affäre als ein »malentendu« qualifiziert und die Wiedereröffnung der Wiener Forschungsstelle gefordert wurde (siehe den Brief Sternheims an Horkheimer vom 12. 2. 1937 und die Kopie der Professoren-Eingabe ebd., Blatt 279).

Im Fall Sternheims nahm die Indirektheit der Institutsbemühungen um Jahoda zeitweise Züge unfreiwilliger Komik an, wenn er etwa Horkheimer nach sonstigen Aktivitäten in der Angelegenheit Jahoda fragte und in diesem Sinne schrieb: »Die damals von Frau J. verfaßte Soziographie ›Die Arbeitslosen von Marienthal‹ wurde gleichzeitig von Soziographen, Soziologen und Sozialpolitikern gerühmt, so daß es doch möglich sein muß, Wissenschaftler für diesen Fall zu interessieren. Wird eigentlich in Amerika oder in England, soweit Ihnen bekannt, etwas unternommen?« Dabei scheint Sternheim schon vergessen zu haben, daß er selbst einer dieser Wissenschaftler gewesen war, die solche rühmende Besprechung geschrieben hatten.

192 Es handelte sich um Joseph Buttinger, den späteren Obmann der revolutionären Sozialisten.

dann in Wales eine Art Nachfolgestudie zu »Marienthal« auf.[193] Adorno, der einer ersten Präsentation von Arbeitsergebnissen bei einem Vortrag Jahodas in London zugehört hatte, schrieb Horkheimer über seine Eindrücke am 10. 11. 1937 folgendes:

Geistig scheint sie mir in der Situation jener anständigeren Sozialdemokraten, die sich der Stagnation der marxistischen Theorie nicht entziehen können, mangels einer wirklich eindringenden theoretischen Anschauung die Mängel der gegenwärtigen marxistischen Wissenschaft jedoch nicht eben jener theoretischen Insuffizienz zuschreiben, die sie gerade mit ihr teilen, sondern ihrer unzulänglichen »Tatsachenforschung«, die, sobald sie sie selber in Angriff nehmen, zu nicht mehr führt als Tautologien von der Art, daß Arbeitslose, wenn sie sich in einer hoffnungslosen Situation befinden, hoffnungslos werden, usw. Im Grunde lassen diese Art ethische Sozialisten sich maßlos von dem fetischistischen bürgerlichen Wissenschaftsbetrieb imponieren. Und es ist wahrhaft eine List der Unvernunft, wenn sie, in der Meinung, das wissenschaftlich vom Marxismus Versäumte nachzuholen, eben damit der bürgerlichen Ideologie zu Hilfe eilen. Die soziologisch verarbeitete These, daß die Arbeitslosigkeit eine Struktur hat, daß die Arbeitslosen in einer bestimmten typischen Weise sich mit ihrem Los abfinden, daß dabei die spezifisch weiblichen Eigenschaften in der Familie sich besonders entfalten und Ähnliches mehr vermag eine ungemein beruhigende Wirkung auszuüben.[194]

Adorno schloß seinen Brief mit der Empfehlung, Jahoda allenfalls Besprechungen über Arbeitslosenfragen schreiben zu lassen – was auch in einem Fall tatsächlich geschehen ist[195] –,

ansonsten aber sie nicht zu eng an uns [zu, Verf.] binden, schon damit die *positivistische Belastung unserer Gruppe* nicht noch mehr anwächst.[196]

Während die Kooperation des Instituts mit Lazarsfeld in den USA fortgesetzt wurde, kam es so vor 1945 zu keiner weiteren Zusammenarbeit Jahodas mit dem Frankfurter Institut. Nach ihrer

193 Bei der Studie handelt es sich um Jahoda 1989.

194 Die Untersuchung, auf die Adorno hier anspielt, ist übrigens damals nicht gedruckt worden, weil Jahoda befürchtet hatte, mit den beunruhigenden Ergebnissen das Lebenswerk ihrer Auftraggeber zu zerstören (so Jahoda 1979, S. 123). Sie wurde erst fünfzig Jahre später von Christian Fleck publik gemacht.

195 Jahoda 1939.

196 Hervorhebung von mir. Es wäre interessant zu wissen, ob Adorno damit außer Lazarsfeld auch noch andere Mitarbeiter des Instituts gemeint hat.

Übersiedlung in die USA nach Kriegsende hat Horkheimer sie aber sofort an der Arbeit an den berühmten *Studies in Prejudice* beteiligt.[197]

2.2 Diskussionen zwischen Frankfurtern und Wienern in New York und ihre Folgen

Als Horkheimer von der Verhaftung Jahodas erfuhr, hatte er gerade begonnen, für das »Jubiläumsheft« (zum fünften Jahrgang) der *Zeitschrift für Sozialforschung* eine Polemik gegen den Positivismus zu schreiben. Den Plan zu einer grundsätzlichen Auseinandersetzung mit dieser Geistesrichtung hatte er schon seit einiger Zeit erwogen. So bedankte er sich etwa in einem Brief vom 21. 12. 1934 bei Sternheim für dessen Schilderung eines Vortrags, den Hans Driesch in Genf gehalten hatte, und bemerkte im Anschluß:

> Es wäre sehr lohnend, am Fall D. gelegentlich einmal den Sinn des Positivismus in der Gegenwart auseinanderzulegen. Die Leute dieser Richtung, die fortwährend betonen, man habe sich an die Tatsachen zu halten, und reine Wissenschaft zu treiben, scheinen sich vor allem deshalb auf ein enges Fachgebiet einzugrenzen, damit sie über alle wichtigen Dinge kruden Blödsinn reden können. In einem meiner Aufsätze habe ich ja bereits auf Dr. und den Zusammenhang zwischen Positivismus und Okkultismus hingewiesen.[198]

Der Entschluß, diesen Plan in die Tat umzusetzen und dies nun aber nicht am Beispiel des »Positivisten« Driesch, sondern der Wiener Positivisten zu tun, ist offenbar vom Studium jener »schönen Literatur«, die Neurath Horkheimer Anfang 1936 überreicht hatte, sowie von der Lektüre verschiedener Veröffentlichungen ausgegangen, die Neurath Horkheimer am 19. 5. 1936 auf einer »Allgemeinen Übersicht über Wiener Kreis, LOGISCHER EMPIRISMUS« nachreichte.[199] Eine Reihe dieser Arbeiten ist im emi-

197 Dabei ist dann Jahoda/Ackerman 1950 entstanden.

198 Siehe zu Driesch auch oben, S. 59.

199 Mit dieser Liste verfolgte Neurath seine übliche Tendenz, den Einzugsbereich des »logischen Empirismus« möglichst weit zu ziehen. Denn dort werden nicht nur Autoren des Wiener Kreises genannt, sondern etwa auch andere Wiener wie Karl Popper (allerdings mit

grierten Frankfurter Institut im Sommer 1936 auch eifrig studiert und diskutiert worden.
Besonders dringlich erschien Horkheimer eine polemische Auseinandersetzung mit dem Positivismus aber erst nach Diskussionen mit Neurath in New York, die im Oktober und November 1936 stattfanden. Neurath war nicht ausschließlich des Gegenbesuchs bei Horkheimer wegen nach New York gefahren. Vielmehr kam er hauptsächlich zu Vorträgen über seine Bildstatistik und ihre Anwendungen sowie zur Absprache mit Rudolf Carnap und Charles Morris über das 1935 beim Ersten Internationalen Kongreß für Einheit der Wissenschaft in Paris beschlossene Projekt einer *International Encyclopedia of Unified Science*.[200] Wie es seinem unternehmungslustigen Wesen entsprach, hat er in den USA selbst noch einen Auftrag in Mexico übernommen, zu dem er im Januar 1937 für zwei Monate aufbrach. Wie wir sehen werden, maß er aber doch dem Treffen in Horkheimers Institut erhebliche Bedeutung bei.
Die erste Diskussion dort unter Neuraths Beteiligung fand Anfang Oktober 1936 statt.[201] Über dieses Treffen gibt es keine Niederschrift oder einen späteren Bericht eines Beteiligten, so daß genaue Angaben über den Termin, die Teilnehmer, die Themen und den Diskussionsverlauf nicht ermittelt werden konnten. Aus einem Brief Neuraths an Horkheimer vom 15. 11. 1936 ist aber zu schließen, daß jedenfalls auch Paul Tillich, Horkheimers Kollege schon aus gemeinsamen Frankfurter Tagen, und Paul Lazarsfeld anwesend waren. Der Brief enthält eine interessante Passage über Diskussionsbemerkungen Lazarsfelds, die zeigt, daß dieser damals dem Frankfurter Institut offenbar in wichtigen wissenschaftsphilosophischen Fragen näher stand als den Positivisten:

> Darüber, daß ich die wissenschaftlich unverwendbaren Erörterungen als eine wissenschaftliche Störung ansehe, habe ich mich ja genügend entschieden geäußert. Aber Sie und Bühler – die Sie beide von Lazarsfeld angeführt wurden – beweisen, daß man trotz »isolierter« Betrachtungen,

einem Hinweis auf eine »Auseinandersetzung über seine ›Logik der Forschung‹ in der ›Erkenntnis‹«, also Neurath 1935, eine heftige Kritik an Popper) oder US-Amerikaner wie John Dewey, C. I. Lewis und Ernest Nagel.

200 Siehe dazu Dahms 1992.

201 Neurath schreibt Carnap am 26. 9. 1936 nämlich, daß er New York schon am 15. 10. wieder verlassen müsse.

die nur schwach in die wissenschaftliche Deduktion sich einmengen, wissenschaftlich arbeiten kann. Es wäre nur die Frage Lazarsfelds zu untersuchen, wie weit nicht heute noch die isolierten Sätze und dgl. als »Stimulus« wirken wie einst die Theologie und der Platonismus im Fall Kepler. Ich bezweifle das sehr. Wohl aber kann man in vielen Fällen so entstandene Hemmungen aufzeigen, so daß ich Lazarsfelds Angst, daß ihm vielleicht ein bedeutsamer Stimulus entgeht, nicht teilen kann.[202]

Es scheint, als habe Lazarsfeld, der hier noch mit Berufung auf seinen akademischen Lehrer Karl Bühler und auf Horkheimer die Notwendigkeit betont, auch metaphysische Ideen[203] für die empirische Forschung fruchtbar zu machen, erst im Verlauf des anschließenden Positivismusstreits der dreißiger Jahre sozusagen »die Seite gewechselt«.

Im Anschluß gab es am 13. November eine weitere Diskussionsveranstaltung mit Neurath im Institut[204], über die wir durch die Erinnerungen eines Teilnehmers, nämlich Sidney Hook, unterrichtet sind.[205] Danach nahmen an dieser Sitzung für das emigrierte Frankfurter Institut außer Horkheimer noch Pollock, Marcuse und Leo Löwenthal teil, während die positivistische Seite außer durch Neurath eben durch Hook sowie Ernest Nagel und Meyer Shapiro vertreten wurde. Die beiden Philosophen Hook und Nagel in Neuraths Begleitung waren den Mitgliedern des Instituts keine Unbekannten. Denn gerade hatte Robert Marshak in einer Besprechung des Sammelbandes *American Philosophy Today and Tomorrow* in der *Zeitschrift für Sozialforschung* eine Gruppe junger aufstrebender amerikanischer Philosophen vorgestellt, die den Frankfurtern sehr angenehm hätten sein müssen:

In the book edited by Kallen and Hook, we are confronted on the whole with a group of men whose disgust with the social irrelevancy, and the transdendental concerns of American philosophy prior to the War, and with the pessimistic outpourings immediately after, is quite genuine, and who state their faith in the natural possibility and in our own capacity to create a new society, with caution but with expectation and hope.

202 Neurath an Horkheimer, 15. 11. 1936.

203 Darum handelt es sich nämlich, wenn Neurath etwas dunkel von »wissenschaftlich unverwendbaren Erörterungen« und »isolierten Sätzen« spricht.

204 Dieser Termin wird im Brief Horkheimers an Neurath vom 7. 11. 1936 genannt.

205 Hook 1980.

Beide werden im folgenden als Schüler Deweys und Anhänger seines pragmatistischen »Naturalismus« vorgestellt, Hook wird zusätzlich als Anhänger einer Gesellschaftsordnung charakterisiert, »where the productive forces are socially controlled«.[206] Während Neurath beim ersten Treffen hauptsächlich aus der Defensive argumentiert zu haben scheint, ging er nach der Darstellung Hooks nun offenbar zum Gegenangriff über und nahm sich insbesondere eines der Lieblingsobjekte in der Theoriebildung des Instituts, die Dialektik, vor. Hook hatte kurz vorher im *Marxist Quarterly* bereits einen kritischen Artikel »Nature and Dialectics« veröffentlicht. Im Einklang mit dieser Kritik versuchte Neurath nun, die Dialektik entweder als »synonymous with what passed ordinarily as scientific methods« zu explizieren oder andernfalls das Eingeständnis zu erhalten »that it was a kind of hocus pocus«.[207] Hooks Schilderung fährt fort:

Neurath was very exuberant and claimed that the so-called dialectic elements in Marxist thought were vestiges of Hegelian metaphysics compatible, to the extent meaning could be given them, with the empirical discoveries of scientific sociology.

Nach Neuraths Abreise nach Mexico hat es dann offenbar noch ein weiteres Treffen mit – bis auf die zusätzliche Anwesenheit Lazarsfelds – gleichem Teilnehmerkreis und Thema gegeben. Über seinen Verlauf ist mir nichts bekannt.

Aus den Briefen, die die Hauptbeteiligten Neurath und Horkheimer an andere Mitglieder ihrer jeweiligen Gruppen nach diesen Diskussionen richteten, ergeben sich nun vollkommen divergente Einschätzungen und Pläne. Neurath, der hocherfreut Horkheimers Mitteilung aufgenommen hatte:

Sie haben nicht bloß bei mir, sondern auch bei den übrigen Teilnehmern den Wunsch verstärkt, uns auch fernerhin mit dem logischen Empirismus zu beschäftigen[208],

206 Marshak 1936. Siehe auch die Besprechung von Hook 1933 durch Paul Mattick 1934 in der *Zeitschrift für Sozialforschung*. Im selben Heft der ZfS, in dem Horkheimers Attacke gegen den Positivismus erschien, findet sich übrigens – wohl als Zeichen des fortdauernden Interesses an Hook als seltenem Beispiel eines marxistisch orientierten und politisch aktiven amerikanischen Philosophen – eine Besprechung von Hook 1936 durch E. M. David 1937.

207 Hook 1980.

208 Siehe Horkheimer an Neurath, 24. 11. 1936.

war auf eine Intensivierung der Diskussionen und eine längerfristige Zusammenarbeit eingestimmt. In diesem Sinne schrieb er am 22.12.1936 an Carnap:

Diskussion in Horkheimer-Seminar ergab großes Interesse an unserer Sache. Es liegen unsere Artikel und Bücher geradezu in Haufen herum... Leider ist Horkheimer der Anschauung, daß Husserl viel klarer ist als Mach.

Das erklärte sich Neurath damit, daß Horkheimer bei Cornelius Machismus »in orthodoxer Form gelernt« haben müsse, und das sei ja immer schlimm, weil Machs Bedeutung viel weniger in seinen allgemeinen programmatischen Formulierungen als in seinen konkreten Analysen zum Ausdruck komme. Immerhin wolle Horkheimer »unsere ganze Bewegung« in seiner Zeitschrift abhandeln und ein mehrtägiges Symposium zum Thema im Januar veranstalten, zu dem auch Nagel und Hook, vielleicht auch Shapiro »und andere uns nahestehende Leute« kommen sollten. Carnap bekomme von Horkheimers Institut die Reise bezahlt. Sinn dieses größeren Rahmens, der auf einen Vorschlag Neuraths zurückging, sollte es sein, daß »wir nicht isoliert auf dem elektrischen Stuhl sitzen, wenn uns Horkheimer mit seinen Freunden liebevoll kritisiert«.

Carnaps Antwort vom 28.12. des Jahres ist charakteristisch für die Verbreitung der Arbeiten des Instituts bei sicherlich den meisten Mitgliedern des Wiener Kreises:

Wer ist Horkheimer? Ich vermute, jemand von der New School for Social Research. Stimmt das? Und welches ist seine Zeitschrift, in der er unsere ganze Bewegung abhanden will?

Carnap, der ursprünglich an dem geplanten Symposium hatte teilnehmen wollen, mußte darauf dann aber – offenbar wegen eines Rückenleidens, das ihn zum Tragen eines Stützkorsetts zwang – verzichten. Auch eine für den Herbst 1937 geplante Runde bei Horkheimer in New York, zu der Neurath außer Carnap noch Philipp Frank aus Prag aufbieten wollte, ist nicht mehr zustande gekommen.[209]

Dagegen hatte schon die erste Diskussion im Oktober bei Horkheimer ganz andere Reaktionen ausgelöst. So schrieb er am 22.10.1936 an Adorno:

209 Spuren dieser Pläne finden sich in dem Briefwechsel Neurath/Frank.

Die Auseinandersetzung mit der »Wissenschaftlichen Philosophie« soll dafür [als] nächstes daher um so entschiedener erfolgen. Wir haben hier im Institut in letzter Zeit bereits einige ausgedehntere Seminardiskussionen zum Zwecke unserer Orientierung geführt. Das letzte Mal hat Otto Neurath, der es ja wissen muß, über die jüngsten Schicksale der Schule referiert.

Ausführlicher beschrieb Horkheimer einen Monat später, also nach der zweiten Diskussionsrunde mit Neurath, in einem Brief an Henryk Grossmann Anlaß und Ziel der inzwischen geplanten Polemik:

Im Institut selbst haben wir, wie im letzten Semester, einige Diskussionsnachmittage oder -abende. Sie beziehen sich zum Teil auf ökonomische, zum Teil auf philosophische Probleme. Unter den letzteren spielt vor allem der sogenannte logische Empirismus eine Rolle. Dies ist bekanntlich die in akademischen Kreisen gegenwärtig beliebteste philosophische Modeströmung, die sich einerseits von der mathematischen Philosophie Russells und Whiteheads, andererseits vom Empiriokritizismus Machs und dem sogenannten Wiener Kreis herleitet. Über den Siegeszug dieser Richtung in den gesamten wissenschaftlich interessierten Kreisen vor allem der anglo-amerikanischen Welt kann man sich kaum übertriebene Vorstellungen machen. Es ist an der Zeit, daß von unserer Seite eine zureichende Kritik gegeben wird. Wahrscheinlich werde ich dazu in der nächsten Zeit einen einleitenden Aufsatz über den Positivismus ausarbeiten. Dann sollen gegebenenfalls noch Spezialanalysen einzelner Theorien der Schule folgen.[210]

Gegenüber Adorno schlug Horkheimer (im oben zitierten Brief) dann schon Töne an, die die Schärfe der später veröffentlichten Polemik vorwegnehmen und die Annahme plausibel machen, daß die folgenden Diskussionen mit den Positivisten hauptsächlich unter dem Gesichtspunkt geführt wurden, von ihnen selbst ihre schwachen Stellen vorgeführt zu bekommen. Denn Horkheimer fährt fort:

Im Grunde ist das ganze nur ein elendes Rückzugsgefecht der formalistischen Erkenntnistheorie des Liberalismus, der bereits auch auf diesem Gebiet in offene Liebedienerei gegen den Faschismus übergeht.

In der Folge war es dann Adorno (der sich ja schon in seiner Antrittsvorlesung als Kenner des Wiener Kreises profiliert hatte), der in einer Reihe von langen Briefen[211] eine Fülle von Anregun-

210 Horkheimer an Grossmann, 27. 11. 1936.

211 Die im Horkheimer-Archiv aufbewahrten Adorno-Briefe befassen sich zwischen dem Oktober 1936 und dem Sommer 1937 etwa zu

gen zu Horkheimers geplantem Aufsatz beisteuerte. Man kann insofern schon ohne weiteres davon sprechen, daß dieser von seiner Konzeption und vielen seiner Argumente, wenn auch nicht von der Ausführung im Detail her, schon das erste Gemeinschaftswerk von Horkheimer und Adorno ist. Das allmählich immer stärkere Zusammenrücken der beiden weit vor der gemeinsamen Autorschaft an der *Dialektik der Aufklärung* wäre im übrigen auch bereits viel früher öffentlich geworden, wenn – wie geplant, aber dann doch nicht durchgeführt – gleichzeitig mit Horkheimers Attacke auf den Positivismus Adornos auf den gleichen inhaltlichen Ideen und methodischen Prinzipien basierende Abrechnung mit Karl Mannheims Wissenssoziologie publiziert worden wäre.[212] Horkheimer, der diese Arbeit für »besten dialektischen Materialismus« hielt[213], wollte ihrer – zunächst in ein späteres Heft verschobenen – Veröffentlichung eine entsprechende Bemerkung voranstellen:

> Ich werde ungefähr sagen, daß Ihre Kritik sinngemäß zur Polemik gegen den Positivismus gehört und daß die beiden Aufsätze nur aus technischen Gründen nicht im gleichen Heft erschienen sind. Der Aufsatz sei die Durchführung einer besonderen Seite unserer Polemik. Die Intentionen seien dieselben.[214]

Adornos Anregungen zu Horkheimers Artikel betreffen folgende Punkte:

(1) die inhaltliche Kritik am logischen Positivismus, insbesondere
   (a) die Unvereinbarkeit der in seinem Begriff gegebenen Hauptelemente, nämlich des Logischen mit dem Empirischen,
   (b) seine Konzeption einer formalen Logik,
   (c) seinen Begriff der Erfahrung,
(2) das bei dieser Kritik einzuschlagende Verfahren,

gleichen Teilen mit Horkheimers geplanter Positivismuskritik, einer von Adorno geplanten Polemik gegen Karl Mannheim, Adornos noch ungeklärter beruflicher Perspektive sowie diversen personalpolitischen Fragen im Umkreis des Instituts.

212 Diese Absicht konnte 1937 nicht realisiert werden, weil Adorno Mitte Dezember 1936 wegen Paßangelegenheiten nach Deutschland ging (Adorno an Horkheimer, 28. 11. 1936) und deshalb die Arbeit nicht mehr rechtzeitig fertigstellen konnte.

213 Horkheimer an Adorno, 22. 2. 1937.

214 Horkheimer an Adorno, 6. 4. 1937.

(3) die politische Funktion des Positivismus in der Gegenwart, und schließlich

(4) die zur Illustration der Kritik hautsächlich heranzuziehenden positivistischen Autoren.

Zur Undurchführbarkeit des positivistischen Programms wegen der angeblichen Widersprüchlichkeit seiner Hauptbestandteile führt Adorno unter anderem aus:

> Die prinzipielle Unmöglichkeit, ihre beiden Grundoperationen, Experiment und Kalkül, in Übereinstimmung zu bringen, ist die Ausgangsantinomie der Logistik d. h. der Beweis, daß es ihr nicht gelingt, eben jene einheitliche Interpretation zu geben, die sie beansprucht; weil nämlich die Wirklichkeit ihr widerspricht, und weil sie selber brüchig ist.[215]

Hier ist nun in der Tat zunächst festzustellen, daß für den logischen Positivismus, anders als noch etwa für den Empirismus J. St. Mills oder des frühen Russell, ein Dualismus konstitutiv ist, nämlich der von analytischen und synthetischen Sätzen, und dieser Dualismus betrifft sowohl den Gehalt dieser Sätze als auch die bei ihrer Kontrolle jeweils einzuhaltenden Verfahren. Während nämlich über die Wahrheit synthetischer Sätze nur die Erfahrung (und vorzugsweise: die wiederholbare und kontrollierbare Erfahrung im Experiment) entscheiden kann, werden die analytischen Sätze der Logik und Mathematik unabhängig von aller Erfahrung aus anderen vorausgesetzten analytischen Sätzen nach logischen Regeln erschlossen. Zu diesem Dualismus gibt es sachlich auch nur die Alternativen, entweder mehr als zwei solcher Satzklassen anzuerkennen (etwa zusätzlich noch die kantischen synthetischen Urteile a priori) oder, wie Mill und der frühe Russell (oder später Quine), mit nur einer Satzklasse auszukommen. Auf solche Alternativen hat sich Adorno freilich nicht festgelegt.

Woher Adorno nun die Auffassung als positivistische bezogen hat, die »Logistik« beanspruche, eine einheitliche Interpretation der Wirklichkeit zu geben, muß unklar bleiben, weil die Logistik als moderne Version der Logik nach Auffassung des logischen Positivismus lediglich in die Lage versetzt, aus gewissen Sätzen andere zu erschließen. Über die Wahrheit solcher Sätze oder gar den Anspruch, eine Interpretation der gesamten Wirklichkeit zu geben, ist nach dieser Ansicht aus logischen Mitteln *allein* ausdrücklich nichts zu ermitteln.

215 Adorno an Horkheimer, 28. 11. 1936, S. 3.

Dagegen gilt für den logischen Positivismus im ganzen schon in gewissem Sinne, daß er eine einheitliche Weltauffassung anstrebte. Dieser Anspruch sollte aber so eingelöst werden, daß die aus synthetischen Sätzen bestehenden empirischen Theorien verschiedener Wissenschaftsbereiche mit den Mitteln der Logik zueinander in Beziehung gesetzt werden (indem man sie etwa auf Widerspruch, Reduzierbarkeit, Äquivalenz etc. untersucht). Inwiefern dieses Programm selbst bereits eine Antinomie enthält bzw. zu ihr führt, wäre freilich noch zu zeigen.

Im einzelnen stellte sich Adorno die Widerlegung des Positivismus allerdings so vor, daß auch jeder seiner beiden Bestandteile, also sowohl seine Konzeption der Logik – eben die Logistik – als auch sein Begriff der Erfahrung jeweils »auf ihre eigene Antinomie« gebracht werden sollten.

Was die Logistik betrifft, ging er dabei von dem aus, was er für das Russellsche Paradoxon »in seiner elementaren Form« hielt, nämlich: »Dieser Satz ist falsch«.[216] Da sich der Ausdruck »dieser Satz« darin auf den angeführten Satz selbst bezieht, führe seine weitere Analyse in der Folge auf einen unendlichen Regreß. Damit zeige sich, daß »Dieser Satz ist falsch« überhaupt keine Bedeutung habe, sondern »eine bloße Komplexion von Worten« sei. Russells Typentheorie, die zur Vermeidung von derlei Komplikationen erdacht sei, stelle sich bei näherem Hinsehen und insbesondere bei einem Rekurs auf die Bedeutung der in einem Satz verwendeten Termini als überflüssig heraus. Also:

> Es gehört zum Sinn einer wie immer gearteten logischen Aussage, etwas zu meinen, andernfalls führt sie auf Antinomien. Genau damit ist aber die gesamte Auffassung der Logik als einer Komplexion von Spielmarken prinzipiell widerlegt.[217]

Was ist von diesen ja nun wirklich ziemlich differenzierten Überlegungen zu halten?

Zunächst einmal handelt es sich bei dem von Adorno zitierten Satz nicht um die Russellsche Paradoxie oder eine Formulierung (etwa eine »Normalform«, wie Adorno sich fachmännisch ausdrückt) davon, wie man mit einem Blick in die Einleitung der *Principia Mathematica* leicht feststellen kann.[218] Die Russellsche

216 Ebd.
217 Ebd.
218 Daß es Adorno offensichtlich nicht für notwendig gehalten hatte,

Paradoxie ist nämlich jene mengentheoretische, die entsteht, wenn man sich fragt, ob die Menge aller Mengen, die sich nicht selbst enthalten, sich selbst enthält oder nicht.[219] Sodann ist in der Tat die Typentheorie von Russell zum Zweck der Vermeidung einer Klasse von Antinomien ausgearbeitet worden, zu denen auch die von Adorno zitierte gehört, größtenteils aber wesentlich kompliziertere. Mit der Typentheorie steht und fällt nun aber weder die Logistik als solche noch das Russell-Fregesche Programm der Reduktion eines Teils der Mathematik auf Logik. Denn gerade derjenige Teil der Typentheorie, der für die Lösung der von Adorno angeführten Paradoxie benötigt wird, ist für beide Zwecke entbehrlich, wie Ramsey 1925 gezeigt hat.[220] Damit ist auch die Adornosche »Widerlegung« der Logistik hinfällig.
Horkheimer, der zunächst geschrieben hatte: »Ihre Polemik gegen die Russellsche Theorie des Paradoxons trifft so genau die Sachlage«[221], daß er Adornos Überlegungen mit Hinweis auf dessen im Entstehen begriffenes Husserlbuch zitieren wollte, hat doch später davon Abstand genommen. Denn er hatte »eine Stelle bei Russell gefunden, in der er selbst die Urteile, die er durch die Typenlehre unmöglich zu machen sucht, als sinnlos bezeichnet«.[222] Da Horkheimer selbst nur wenige eigene Überlegungen

einmal einen Blick in dieses Werk zu werfen, bevor er sich zur Russellschen Paradoxie äußerte und die Typentheorie als Lösungsvorschlag für eine Reihe von Paradoxien verwarf, ist nicht nur von psychologischem Interesse (z. B. für die Beurteilung seines Selbstbewußtseins). Denn hier stellt sich auch die Frage, woher er jene Informationen bezog, auf die er sich dann in seinem Brief an Horkheimer stützte. Man könnte einerseits daran denken, daß er Dinge wiedergegeben hat, die er aus dem akademischen *small talk* seines neuen Forschungsstandorts Oxford mitbekommen hat. Andererseits könnte es auch sein, daß er die Anregung von Walter Benjamin bezogen hat, mit dem er in jener Zeit nicht nur korrespondierte, sondern den er in Paris auch häufiger traf. Benjamin hat sich nämlich schon während seiner Studienzeit mit logischen Paradoxien beschäftigt und dies Interesse offenbar im Rahmen seiner sprachsoziologischen und philosophischen Studien in der Mitte der dreißiger Jahre wiederbelebt.

219 Whitehead/Russell 1910, S. 60 ff.

220 Ramsey 1978, S. 171 ff., besonders, S. 175.

221 Horkheimer an Adorno, 8. 12. 1936.

222 Horkheimer an Adorno, 22. 2. 1937, S. 3.

zur Logistik ausgearbeitet hatte, nimmt es dann nicht wunder, wenn er im gleichen Brief schreibt:

Wenngleich zu den Einzelheiten der Logistik, mit denen ich mich recht weitgehend vertraut gemacht habe, sehr viel zu sagen wäre, habe ich es doch vermieden, darauf einzugehen.

So finden sich in seinem »Neuesten Angriff auf die Metaphysik« in den der Logik gewidmeten Teilen im wesentlichen nur einige Bemerkungen über die Unmöglichkeit einer formalen Logik und jene abstrakte Entgegensetzung von Logistik und Dialektik, die noch in den sechziger Jahren Verwirrung erzeugt hat. Von der Absicht einer »immanenten Widerlegung« der Logistik haben Horkheimer und Adorno jedenfalls Abschied genommen, und der von Adorno aufgebrachte Gedanke, zur »expliziten Auseinandersetzung mit der Logistik« dann »vielleicht gelegentlich einen zweiten Aufsatz (zu) bringen«[223], ist dann später von beiden nicht weiter verfolgt worden.
Wie sieht es nun mit der Kritik am zweiten Standbein des logischen Positivismus, seiner Auffassung von Erfahrung, Wahrnehmung und Experiment aus? Adornos Argument beginnt zunächst historisch: Während nämlich das Pochen auf Erfahrung noch zu Zeiten Bacons durchaus »progressiv geplant« gewesen sei, sei es mit dem Fortschreiten der empiristischen Tradition schon etwa bei Mill einer »weltanschaulichen Neutralität« gewichen, und für den heutigen Zustand gelte: »Die resignierende Tendenz des Erfahrungsbegriffs setzt nun bei den Neopositivisten endgültig sich durch.«[224] Zum Beweis der letzten Teilthese führt Adorno an, daß die Positivisten versuchten, »den Begriff der Erfahrung vollends von dem ihm inhärierenden subjektiven Moment« zu trennen und damit »von jeder Art menschlicher Aktivität zu isolieren«, insbesondere auch von der politischen Praxis.
Den naheliegenden Einwand, daß jedenfalls eine Seite des positivistischen Pochens auf Erfahrung der auch in praktische Dimensionen führende Kampf gegen Irrationalismus und zeitgenössische Metaphysik war, die in Österreich und auch im Deutschland der Zwischenkriegszeit an den Universitäten in voller Blüte standen, nimmt Adorno vorweg und begegnet ihm mit folgenden etwas schwierigen Überlegungen:

223 Adorno an Horkheimer, 23. 3. 1937.
224 Adorno an Horkheimer, 28. 11. 1936, S. 4.

Man könnte dann schließen mit einer kurzen Betrachtung der Dialektik des Begriffs des »Wissenschaftlichen« selber, ... der, in seiner eigenen Konsequenz, auf Praxis als seine Bedingung führen muß, während das willkürliche Abbrechen der neuen Positivisten an allen entscheidenden Stellen nicht sowohl Ausdruck ihres Kampfes gegen die Metaphysik ist, (mit welcher sie sich im Ernstfall bekanntlich allemal sehr gut verständigen können, wäre es auch nur durch angebliche »Arbeitsteilung«, – es wäre an Jaspers zu erinnern, bei dem die Haltung eines kritischen Positivismus à la Max Weber selber als Metaphysik des heroischen Geistes und ähnlicher Unfug hypostasiert wird) als vielmehr Ausdruck ihres Wunsches, von allen wesentlichen gesellschaftlichen Fragen, und gar aller Praxis, unbehelligt zu bleiben.

Was dabei Max Weber mit den »neuen Positivisten« zu tun haben könnte und Jaspers etwaige metaphysische Interpretation Webers mit innerpositivistischer Arbeitsteilung, ist historisch und auch systematisch kaum nachzuvollziehen. Vielleicht hat Adorno Jaspers' 1932 erschienenes und im folgenden Jahr in der *Zeitschrift für Sozialforschung* rezensiertes Buch *Max Weber. Deutsches Wesen im politischen Denken, im Forschen und Philosophieren* im Auge gehabt. Darin wird allerdings gerade die von Adorno »referierte« Weberdeutung explizit abgelehnt. Dort, wo von Weber im Zusammenhang mit Heroismus die Rede ist, heißt es nämlich:

Die ihn einen Outsider, einen anmaßenden Subjektivisten, die ihn einen Liberalen, Nationalisten, Demokraten genannt haben, ... oder die bei ihm einen Asketismus, eine herrische Skepsis im Vordergrund sahen, schließlich gar ehrfurchtslos vor wahrem Schicksal und Größe von Flucht in den Heroismus redeten, die die sublimste Form der Drückebergerei sei, sie irren alle.[225]

Daß auch Jaspers von Adorno als »Positivist« gesehen werden konnte und insofern als Partner innerpositivistischer Arbeitsteilung, ist noch erstaunlicher als die entsprechende Einordnung Webers.[226] Das Etikett »Positivist« wurde von den Mitgliedern des Frankfurter Instituts damals offenbar recht locker gebraucht.

225 Jaspers 1932, S. 77.

226 Vielleicht macht eine Äußerung Leo Löwenthals diese Kategorisierung etwas verständlicher: »Der Jaspers von damals war genau das Gegenteil von dem, wofür er heute berühmt ist. Heute überlebt Jaspers als metaphysischer Philosoph. Mein Jaspers von damals war ja ein Philosoph gewordener Psychiater, sozusagen ein fachwissenschaftlich positivistisch orientierter Mann.«

Es meinte häufig nichts weiter als einen Wissenschaftler, der sich (jedenfalls unter anderem) ernsthaft einzelwissenschaftlicher Forschung widmete oder einmal gewidmet hatte.

Da Adornos Überlegungen zum positivistischen Erfahrungsbegriff hauptsächlich an Autoren – und dort zudem zum Teil noch falsch – exemplifiziert wurden, die mit dem logischen Positivismus nichts zu tun hatten, scheint mir seine Absicht einer immanenten Widerlegung auch in diesem Punkt nicht eingelöst worden zu sein.

Nichtsdestotrotz rät Adorno dringend zur Methode immenanter Widerlegung an den strategisch wichtigen Stellen der »Spielmarkenlogik« und der »subjekt-, d. h. menschenlosen Erfahrung« sowie dem »Bruch der Gesamtkonzeption« als der eigentlich »tötlichen Stelle«.[227] Denn alles andere bliebe gegenüber dem »Sekuritätsanspruch für die Herren unverbindlich«. Weil Horkheimer sich nach dem zutreffenden Eindruck Adornos in seinem Artikel vom Ideal immanenter Widerlegung ein gehöriges Stück entfernt hatte, kündigte letzterer nach der Publikation mit Blick auf seine bevorstehende Amerikareise an: »Über die immanente Liquidierung des Positivismus werden wir eingehend zu sprechen haben.«[228]

Da die Intention der »immanenten Liquidierung« sich nicht ohne weiteres realisieren ließ, wundert es nicht, daß sich im Briefwechsel (und erst recht in Horkheimers Artikel) Betrachtungen über die politische Funktion des Positivismus nach vorne drängen. Dabei muß man im Auge behalten, daß es Horkheimer gewesen ist, der von vornherein einen offensiven Ton anschlägt. Adorno ist dagegen mit Vorwürfen wegen angeblicher Affinitäten des Positivismus zum Faschismus vorsichtiger:

Das Ideal der wissenschaftlichen Sekurität, das die Herren vertreten, scheint mir der genaue Ausdruck der gegenwärtigen Stellung zum Privateigentum, das gegen das »bolschewistische Chaos« aufrecht erhalten wird, obwohl die Folgen seiner Aufrechterhaltung selber zur Suspension des Privateigentums unter den Formen des Protektionismus und schließlich zu seiner Zerstörung durch den Krieg führen.[229]

227 Adorno an Horkheimer, 28. 11. 1936; siehe zu dieser Stelle und ihrem historischen Kontext auch die ironische Schilderung bei Wiggershaus 1986, S. 213.

228 Adorno an Horkheimer, 23. 4. 1937.

229 Adorno an Horkheimer, 28. 11. 1936, S. 3.

Hier wäre zu fragen, wessen »gegenwärtige Stellung zum Privateigentum« gemeint ist, ob die der Privateigentümer selbst, ihrer Garanten oder Gegner, der faschistischen staatlichen Instanzen etc., denn davon hängt es ersichtlich ab, ob das »positivistische Sekuritätsideal« als sein Ausdruck in Frage kommt oder nicht. Daß Protektionismus und Krieg das Privateigentum an Produktionsmitteln aufheben, scheint mir schon nach damaligem Erkenntnisstand, der ja die Erfahrungen des Ersten Weltkriegs berücksichtigen konnte, im übrigen eine ziemlich fragwürdige These zu sein.

Schließlich macht Adorno noch einige aufschlußreiche Bemerkungen zu der Frage, welche Positivisten man für den geplanten Artikel exemplifizierend heranziehen sollte. Die Tendenz dabei ist eine Präferenz für die englischen Autoren in der Tradition der analytischen Philosophie gegenüber den eigentlichen Positivisten:

> ... wobei ich die besseren, wie Russell und Wittgenstein und auch Moore, der als Sprachtheoretiker gewisse Verdienste hat, den Trotteln à la Karnap und Schlick vorziehen würde.[230]

Dies Vorgehen schien Horkheimer jedoch taktisch falsch. Zwar seien Russell, Wittgenstein und Moore »von anderem Kaliber als die Carnaps, Reichenbachs und Neuraths«. Aber es gelte zu berücksichtigen:

> ... der Einfluß dieser letzteren [ist] in Amerika so sehr im Steigen begriffen, sie sind so aktiv, daß es schon zweckmäßig ist, ihre Formulierungen vorzunehmen. Dazu kommt, daß sie die »Erkenntnis« herausgeben, viele andere Zeitschriften inspirieren und der Sache vor allem den eigentlich philosophischen Aspekt geben.[231]

Das überzeugte Adorno schließlich:

> Was die Frage Russell oder Carnap anlangt, so haben Sie vielleicht recht. Bei R. ist übrigens nur an die früheren Arbeiten zu denken; das Spätere ist alles mehr oder minder Geschwätz.[232]

Viel Zeit kann Horkheimer nicht auf die Ausarbeitung des Artikels verwandt haben. Im November 1936 scheint er noch nicht angefangen zu haben. Denn er bat Adorno am 14. 11. 1936, ihm

230 Ebd., S. 4. Der Schreibfehler (Karnap statt Carnap) steht so im – sonst sorgfältig handschriftlich durchkorrigierten – Typoskript.
231 Horkheimer an Adorno, 8. 12. 1936.
232 Adorno an Horkheimer, 25. 1. 1937, S. 2.

bezüglich der Logistik alles mitzuteilen, was ihm zu diesem Gegenstand irgend wichtig erscheine, da er die Absicht habe, »die Kritik recht bald zu schreiben«. Auch am Ende des Monats schrieb er in Briefen an Grossmann und Sternheim von der geplanten Arbeit noch im Futur.[233] Aber schon am 22. 2. 1937 teilte er Adorno mit: »Ich habe die Arbeit nun sehr rasch fertiggemacht, weil es sich im Grunde nicht lohnt, allzuviel Zeit darauf zu verwenden.« Weiter unten heißt es: »Auch bei diesem Aufsatz werden Sie die Spuren der Hast des hiesigen Lebens entdecken.« Weitere Spuren solcher Eile zeigten sich darin, daß Pollock am 1. März 1937, als das Frühjahrsheft schon längst hätte erscheinen sollen, ein drei Seiten langes Telegramm mit vielen kleinen, den Gesamtinhalt des Textes aber kaum verändernden Korrekturen an den Pariser Sekretär Brill schickte.[234]

Der Gedankenaustausch zwischen Horkheimer und Adorno über den Artikel hielt auch nach der Fertigstellung des Satzes – zum Teil offenbar auf den Rändern der Druckfahnen – noch an. Nachdem Adorno sie erhalten hatte, reagierte er am 23. 3. 1937 »mit der größten Freude und der vollsten Zustimmung«. Wie angedeutet, hatte er lediglich beim Verzicht auf immanente Widerlegung Kritik anzumelden. Außerdem wünschte er einen »freundlichen Satz über Heidegger« und auch »einige Komplimente an die Respektabilität der Wissenschaftlichen« zu streichen. Auf diesen Wunsch erwiderte Horkheimer, er habe den entsprechenden Abschnitt so geändert, daß »der Gegensatz zwischen dem Wissenschaftsoptimismus der Logistiker und dem sozialen Pessimismus Heideggers als ein bloß scheinbarer bezeichnet« werde.[235] Eine Passage über

233 Horkheimer an Grossmann, 27. 11. 1936, und Horkheimer an Sternheim, 25. 11. 1936.

234 Abgelegt in der Korrespondenz Horkheimer/Brill.

235 Horkheimer an Adorno, 6. 4. 1937. Der Name Heidegger fällt im gedruckten Artikel dann allerdings kein einziges Mal. Auf S. 48 gibt es in folgender Passage dann aber eine Anspielung auf Heidegger: »In diesen gegenwärtigen Jahren will uns eine Sprache, die in der Angst das Nicht sich offenbaren sieht und nach der das »Nichts selbst nichtet«, trotz ihrer Verwandtschaft mit den entfesselten Urmächten jedenfalls nicht sinnloser erscheinen als die zuversichtliche Exaktheit, die noch in dem Urteil, daß ein Mensch qualvoll gestorben ist, eine Prognose entdeckt, die es mit jener Metaphysik gemeint hat, vom qualitativen Sprung in die Geschichte abzusehen, und in ihrem grad-

»gewisse politisch anständige Züge und einzelne Leistungen der Gruppe« habe er dagegen schlecht ganz wegfallen lassen können, »weil wir einzelne politisch anständige Akte und manche fachlichen Bestrebungen dieser Leute ja wirklich anerkennen«.

linigen Fortschrittsglauben das Bestehende ebensowenig in Frage stellt wie der ausweglose Pessimismus einer vor-autoritären Metaphysik.«
Zu diesem Zitat sind einige Bemerkungen angebracht. (1) Die Passage spielt offensichtlich auf Carnap (1932) an, wo gerade das obige Heidegger-Zitat als Beispiel für durch Sprachanalyse zu überwindenden metaphysischen Unsinn genannt wird. (2) Welcher Positivist je in dem genannten Urteil eine Prognose entdeckt haben könnte, ist mir unklar. (3) Es ist erstaunlich, daß Horkheimer hier vermutlich den Nationalsozialismus meint, wenn er reichlich unklar und metaphorisch von »entfesselten Urmächten« spricht. (4) Siehe zur Diskussion von Horkheimers These einer angeblichen politischen Konvergenz von Heidegger und dem Positivismus unten, S. 122 ff. und auch S. 319.

3. Diskussion des Horkheimer-Artikels »Der neueste Angriff auf die Metaphysik«

Wenn man den im Frühjahrsheft 1937 der *Zeitschrift* erschienenen Aufsatz Horkheimers »Der neueste Angriff auf die Metaphysik« mit dem Material und den Gedankengängen vergleicht, die zwischen Horkheimer und Adorno seit Ende Oktober 1936 ausgetauscht worden waren, fällt zweierlei auf. Zum einen entspricht die Struktur des publizierten Artikels sehr weitgehend dem Adornoschen Exposé-Vorschlag aus dem Brief vom 28. 11. 1936. Denn nach einer längeren allgemeinen Einleitung und einer kürzeren Vorstellung des positivistischen Programms befaßt sich Horkheimer zuerst mit dessen Erfahrungsbegriff (S. 12-30), dann seiner Konzeption der Logik (S. 34-39) sowie der (angeblichen) Unmöglichkeit, diese beiden Elemente zu einem einheitlichen Programm zu verknüpfen (S. 39 ff.).[236]

Zum andern fällt auf, daß hierbei gegenüber Adornos Vorschlag die Reihenfolge der Gesichtspunkte und auch der Umfang der einzelnen Teile so geändert wurde, daß der Besprechung der Logistik nun erheblich weniger Gewicht beigemessen wird. Das ist nach dem Mißgeschick mit der beabsichtigten Kritik der Russellschen Typentheorie, die nun nur noch in einem Halbsatz erwähnt wird[237], vielleicht auch kein Wunder.

Die Einleitung (S. 4-11) und der Schlußteil (S. 47 ff.) des Aufsatzes gehen offensichtlich auf Überlegungen zurück, die im Briefwechsel Horkheimer/Adorno nur eine untergeordnete Rolle gespielt haben (zum Beispiel einige Behauptungen über die Relation von logischem Positivismus einerseits und Liberalismus und Faschismus andererseits) oder dort überhaupt erst nach der Übersendung

236 Seitenangaben hier nach der *Zeitschrift für Sozialforschung*.

237 Horkheimer 1937a, S. 147. Der Satz lautet dort: »Trotz mancher Neuerungen, die bei allem auf sie verwandten Scharfsinn noch fragwürdig sind, wie zum Beispiel die Typenlehre, ist die neue Logik im wesentlichen mit der formalistischen überhaupt identisch.« Sollten auch andere schwerverständliche Stellen der Arbeit eine so komplizierte Vorgeschichte haben (etwa aus der Diskussion mit Neurath und seinen Freunden), wird man auf sie noch viel exegetischen Aufwand verwenden können.

der Druckfahnen an Adorno besprochen worden sind (wie ein Vergleich der politischen Rolle Heideggers mit der der Positivisten). Es ist wahrscheinlich, daß sich diese Überlegungen aus Diskussionen im Institut ergeben haben.[238]
Die genannten Abschnitte des Horkheimer-Aufsatzes sollen im folgenden der Reihe nach diskutiert werden, wobei besonderes Gewicht auf Horkheimers Kritik am positivistischen Erfahrungsbegriff und seine Behauptung eines Zusammenhanges zwischen Positivismus und Liberalismus sowie Faschismus gelegt wird.[239]

3.1 Kritik am positivistischen Erfahrungs- und Wissenschaftsbegriff

Es ist bereits angedeutet worden, daß die positivistische Unfähigkeit, zwischen Wesen und Oberfläche der Erfahrung zu unterscheiden, schon in den früheren Aufsätzen Horkheimers eine wesentliche Rolle als Abgrenzungskriterium zwischen dem Positivismus und seiner Version eines Materialismus spielt. Diese Unterscheidung wird, obwohl sie offenbar von Hegel inspiriert ist, von den Materialisten der Frankfurter Schule etwas anders interpretiert. So hat Marcuse in seinem Aufsatz »Zum Begriff des Wesens« vom Sommer 1936 eine historische Relativierung des Begriffspaares hervorgehoben:

> Der materialistische Wesensbegriff ist ein geschichtlicher Begriff. Das Wesen wird nur faßbar als das Wesen einer bestimmten »Erscheinung«, im Hinblick von ihr, von ihrer faktischen Gestalt auf das, was sie an sich ist und sein könnte (aber faktisch nicht ist.)[240]

Diese Relativierung wirft auch für Marcuse die Frage nach der »Wahrheit dieses Wesensbildes« beziehungsweise nach den

238 Zu einigen dieser Themen gab es damals auch schon dezidierte veröffentlichte Überlegungen von Institutsangehörigen wie etwa in Marcuses »Zur Kritik des Liberalismus in der autoritären Staatsauffassung« (Marcuse 1934).

239 Das geschieht auch deshalb etwas ausführlicher, weil selbst die sonst so souveräne Darstellung von Wiggershaus (1986) in der diesen Aufsatz betreffenden Passage (S. 209 ff.) ziemlich unkritisch ausfällt, von anderer Sekundärliteratur ganz zu schweigen.

240 Marcuse 1936a, S. 73.

Kriterien für die objektive Wahrheit der innerhalb der dialektischen Theorie vorgenommenen Trennung von Wesen und Erscheinung

auf. Dafür werden zwei Kriterien angegeben. Als erstes nennt Marcuse die

Eignung des jeweiligen Wesensbegriffs, als Leitidee für die Erklärung eines gegebenen Zusammenhangs von Erscheinungen zu dienen.

Es ist nun leicht zu sehen, daß dieses Kriterium nicht notwendig im Widerspruch zum Positivismus steht. Im Gegenteil erinnert diese Marcusesche Explikation stark an die empiristische Erklärungsproblematik, innerhalb deren ja auch die empirischen Phänomene auf grundlegendere Tatbestände wie etwa Naturgesetze zurückgeführt werden, die ihrerseits Zusammenhänge zwischen verschiedenen oder auch verschiedenartigen Phänomenen herstellen. Es scheint sogar, daß eine solche Relation auch für Marcuse erforderlich ist, denn ohne einen Bezug zu den erscheinenden Phänomenen würden etwaige Wesensbestimmungen beliebig werden. Wenn auf diese Weise Wesensbestimmungen immer noch an empirische Phänomene gekoppelt blieben, hätte ein aufgeklärter Positivismus dagegen gewiß nichts einzuwenden. Die von Marcuse zitierte Kritik Moritz Schlicks an der Unterscheidung von Wesen und Erscheinung hatte ja gelautet:

Es gibt keine Tatsache, die zu einer ... Gegenüberstellung zweier *irreduzibler* Realitäten [nämlich einer der Erscheinung, einer anderen des Wesens, der Verf.] zwänge oder auch nur berechtigte.[241]

Bei Marcuse wird nun aber, deutlich anders als im Positivismus, ein weiteres Kriterium für die Wahrheit des in Theorien beschriebenen Wesens »in den geschichtlichen Kämpfen« gesehen:

Nur in ihnen kann die endgültige Ausweisung ihrer wesentlichen Wahrheiten statthaben. Und gerade aus der Geschichtlichkeit der dialektischen Begriffe erwächst eine neue Art von »Allgemeingültigkeit und Objektivität«.[242]

Diese Explikation ist formal gesehen natürlich kein Wahrheitskriterium, denn sie legt ja lediglich fest, *wo* etwaige Wesensbestimmungen »getestet« werden könnten (nämlich eben in geschichtlichen Kämpfen). *Wie* das im einzelnen geschehen soll, bleibt

241 Zitat ebd., S. 64; meine Hervorhebung.
242 Ebd., S. 73.

unklar, zumal der politische Erfolg als ein Wahrheitskriterium sozialwissenschaftlicher Theorien zur Abgrenzung gegenüber dem Pragmatismus von der kritischen Theorie ausdrücklich ausgeschlossen wird.[243] Wie auch immer ein handlungsbezogenes Wahrheitskriterium für Wesensbestimmungen aussehen mag, hätte es zumindest mit diesem den Nachteil gemeinsam, daß Entscheidungen über den Wert einer Theorie immer nur »post festum« erfolgen könnten, während man ja häufig genug bereits »jetzt« wissen will, auf der Basis welcher Theorien (mit ihren unter Umständen konfligierenden Wesensbestimmungen) man handeln soll.

Das eine Kriterium für die Explikation des Wesensbegriffs unterscheidet sich also nicht weiter vom Erklärungsbegriff des logischen Positivismus, das andere, scheinbar so sehr praxisverbundene, ist in Wahrheit ganz unpraktisch: man will im allgemeinen nicht erst durch einen eventuell in der Zukunft eintretenden Erfolg einer politischen Praxis darüber belehrt werden, ob die ihr zugrunde liegenden Wesenserkenntnisse wahr sind, sondern bereits dann, wenn man im Begriff ist, diese Praxis aufzunehmen.

Wissenschaft wird aber nicht nur betrieben, um das Gegenwärtige und Vergangene zu beschreiben und zu erklären (und gegebenenfalls zu kritisieren), sondern auch, um die Zukunft vorherzusagen. Die Möglichkeiten und Grenzen von Prognosen gerade auch in den Sozialwissenschaften haben beide Seiten der Kontroverse verschiedentlich betont. Für Neurath waren Prognosen geradezu das »Um und Auf«[244] wissenschaftlicher Aktivität, da sie einerseits die Überprüfung von Hypothesen gestatten und andererseits die Grundlage für zukünftiges Handeln – insbesondere für gesellschaftliche und wirtschaftliche Planung auf großer Stufenleiter – bilden. Neurath hat in den Sozialwissenschaften besonderes Augenmerk auf jene Phänomene gerichtet, die aus kausalen oder gar logischen Gründen Begrenzungen von Prognosemöglichkeiten begründen, nämlich die reflexiven Prognosen (wie die *self-fulfilling prophecies*) und die Unvorhersagbarkeit des künftigen

243 Horkheimer 1932b, S. 40f.
244 Neurath 1931a, S. 418.

Wissenszuwachses.[245] Er hat sich allerdings erhofft, den Stellenwert dieser Erscheinungen in Wirtschaft und Gesellschaft so eingrenzen zu können, daß sie nicht mit der Möglichkeit holistischer gesellschaftlicher Planung in Konflikt kämen.

Ohne die genannten speziellen Prognoseschwierigkeiten in den Sozialwissenschaften zu thematisieren, hat Horkheimer in seinem Aufsatz »Zum Problem der Voraussage in den Sozialwissenschaften« ganz ähnliche Thesen über die Prognose als Ziel der Wissenschaft und die Abhängigkeit der Verbesserung sozialwissenschaftlicher Prognosen vom gesellschaftlichen Wandel vertreten.[246]

Diesen Hintergrund muß man im Auge behalten, wenn man nun im »neuesten Angriff« eine spezielle Prognoseproblematik behandelt sieht, nämlich »das Neue«. Was verbirgt sich dahinter? Neurath hatte in seiner *Empirischen Soziologie* verkündet, daß man »gerade bedeutsame Wandlungen ... nicht im vorhinein« erfassen könne, also zum Beispiel keine Revolutionen, »wenn sie nicht eine übliche Erscheinung sind«.[247] Diese Unmöglichkeit ergibt sich bei Neurath, grob gesagt, aus zwei Umständen: das zukünftige Auftreten gänzlich neuer Ideen kann man schon aus logischen Gründen nicht prognostizieren, weil man diese Ideen als Teil solcher Prognosen bereits jetzt beschreiben und sie dadurch bereits jetzt erschaffen müßte.[248] Das betrifft aber nur den *Gehalt* von Revolutionen. Der *Zeitpunkt ihres Eintreffens* sei nur vorhersagbar, wenn man über ihr Auftreten Gesetze aufgestellt hätte, aus denen man dann zusammen mit gewissen Randbedingungen die gewünschten Prognosen gewinnen könnte. Diese Voraussetzung sei aber im allgemeinen nicht erfüllbar.

Horkheimer kritisiert nun am Empirismus, daß er schon deshalb, weil er »den Begriff des Neuen mit dem einer Unzulänglichkeit von Prognosen verwechselt«[249], im Grunde stets der Gegenwart verhaftet bleibe. Inwiefern es sich dabei tatsächlich um eine Verwechslung handelt, wird nicht ausgeführt. Auch sucht man im Aufsatz vergeblich nach positiven Schilderungen zur Frage, wie

245 Siehe dazu etwa Neurath 1931b, S. 514ff., und zu einer Diskussion dieser Phänomene Dahms 1987.

246 Horkheimer 1933c.

247 Neurath 1931a, S. 498, zitiert bei Horkheimer 1937a, S. 128.

248 Neurath 1931b, S. 515.

249 Horkheimer 1937a, S. 134.

man »das Neue«, also etwa den Inhalt und den Zeitpunkt von Revolutionen, denn tatsächlich prognostizieren könnte.

Allerdings ist die Thematik später in den Diskussionen zwischen Horkheimer und Adorno im Vorfeld der *Dialektik der Aufklärung* noch einmal aufgegriffen worden. In einer Debatte über »positivistische Züge der Freudschen Theorie«[250] vertritt Horkheimer geradezu die These: »Der Grundzug des Positivismus ist der, daß eigentlich prinzipiell das Neue ausgeschlossen werden soll.«[251] Wenig später greift Adorno das Thema im Zusammenhang von Diskussionen über Positivismus und materialistische Dialektik wieder auf und resümiert:

> Wir hatten uns dahin verständigt, daß der Positivismus und wesentlich auch der Kritizismus das Neue eigentlich nicht kennen. Was ist nun aber das Neue eigentlich selbst?[252]

Nach einigen eher lyrischen als begrifflichen Anstrengungen Horkheimers, die schließlich in der Aussage gipfeln »das Neue ist das Unbekannte«[253], kritisiert Adorno, es bestehe »bei der völligen Emanzipation des Neuen vom Alten und der Fassung des Neuen als des absolut Verschiedenen die Gefahr von dessen völliger Auslaugung«.[254] Horkheimer beendet die Debatte mit folgenden Bemerkungen:

> Neu und alt, man kann zwar das Alte bestimmen, aber nicht das Neue. Das Neue kann nur negativ bestimmt werden, indem man sich kritisch zum Alten verhält. Begriff der kritischen Theorie ist das Organon des Neuen. Die Frage der Revolution entscheidet über das Neue. Es ist nicht zufällig, daß alle positiven Aussagen über die klassenlose Gesellschaft entweder unmöglich oder dem revolutionären Bewußtsein geradezu widerstrebend sind.

Damit ergibt sich, daß Horkheimer am Positivismus – offenbar im Vorgriff auf 1937 noch nicht vorhandene eigene Ideen über »das Neue« – ein Defizit kritisiert hatte, das ihm dann beim Versuch, diese Ansichten dann später im Rahmen der kritischen Theorie zu präzisieren, als »unmöglich oder dem revolutionären Bewußtsein geradezu als widerstrebend« erschien.

250 Horkheimer/Adorno 1939, S. 445.
251 Ebd., S. 443.
252 Ebd., S. 464.
253 Ebd., S. 465.
254 Ebd.

Die bis hierhin erörterten Einwände richten sich gegen »den Positivismus« im allgemeinen. Sie berücksichtigen noch nicht seine seit etwa 1931 im Wiener Kreis aktuell gewordene Gestalt, die sich allgemein mit den Stichworten des Physikalismus und Enzyklopädismus, von Einheitswissenschaft und wissenschaftlicher Einheitssprache charakterisieren läßt. Die physikalistische Psychologie und Soziologie war von Neurath und Carnap durch die Programme des Behaviorismus und Sozialbehaviorismus gekennzeichnet worden. Mit dieser seit Beginn der dreißiger Jahre aktuellen Tendenz des Positivismus hat sich Horkheimer nun im »Neuesten Angriff« ebenfalls auseinandergesetzt. Über den Physikalismus schreibt er allgemein:

> Es wird behauptet, der Sinn aller Begriffe der Wissenschaft sei durch physikalische Bestimmungen zu definieren, und davon abstrahiert, daß schon der Begriff des Körperlichen im physikalischen Verstand ein ganz besonderes, subjektives Interesse, ja die gesamte gesellschaftliche Praxis involviert.[255]

Leider wird diese vielversprechende Idee weder an dieser Stelle noch in der beigefügten längeren, auf Husserls gerade erschienenes Buch *Die Krisis der europäischen Wissenschaften und die transzendentale Phänomenologie* bezogenen Fußnote ausgeführt. Statt dessen heißt es zunächst weiter:

> Der naiv-harmonistische Glaube, der solcher Idealvorstellung von Einheitswissenschaft und schließlich diesem ganzen neuen Empirismus zugrunde liegt, gehört der entschwindenden Welt des Liberalismus an. Man kann sich mit jedem über alles verständigen.[256]

Auf das Verhältnis von Positivismus und Liberalismus komme ich noch ausführlicher zurück. Im Zusammenhang mit dem Programm einer Einheitswissenschaft jedenfalls ist die Gedankenverbindung zum Liberalismus unangemessen. Denn zwar wurde von den logischen Positivisten in der Tat eine verbesserte Verständigung zwischen Wissenschaftlern und Wissenschaftlergruppen vor allem auch unterschiedlicher Disziplinen durch die Idee der Überführung aller Behauptungen und Probleme in eine Einheitssprache angestrebt. Dadurch sollte aber nicht nur Harmonie gepflegt, sondern es sollten gegebenenfalls Probleme als sinnlos ausgeschie-

255 Horkheimer 1937a, S. 122.
256 Ebd.

den und die sinnvollen einer Entscheidung zugeführt werden. Das aber ist das genaue Gegenteil eines uferlosen harmonistischen Pluralismus.

Horkheimer hat gegen den Physikalismus schließlich auch eine Neuauflage der Leninschen Machkritik ins Feld geführt:

> Der moderne Empirismus mitsamt der Logistik ist eine Logik der Monade; die Kritik, die sie wegen ihres »Solipsismus« erfahren hat, ist ganz berechtigt.

In der Fußnote dazu heißt es:

> Vom solipsistischen Charakter des modernen Positivismus war im Text nicht noch einmal die Rede. Seit Lenins Buch gegen den Empiriokritizismus ist er wiederholt erörtert worden. Inzwischen hat sich nichts geändert, es sei denn, daß die positivistischen Formulierungen größere Vorsicht zeigen. Nicht daß es kein Bewußtsein und psychisches Leben gebe, sondern daß die psychologischen Begriffe auf physikalische zurückzuführen seien, lautet jetzt die These, die freilich auf dasselbe hinausläuft.[257]

Dies ist sowohl in historischer als auch in systematischer Hinsicht eine erstaunliche These. Denn zunächst einmal hatte ja Horkheimer früher selbst zu denen gehört, die Lenins Solipsismusvorwurf gegen den Empiriokritizismus erörtert hatte, und zwar so:

> Dieser Vorwurf trifft vielleicht die Mehrzahl der Schüler, Mach selbst gegenüber ist er ein Irrtum.[258]

Wie Gunzelin Schmid Noerr in seiner editorischen Vorbemerkung zu Horkheimers Lenin-Rezension denn auch zu recht betont hat, verhält sich Horkheimer in seinem Aufsatz »Der neueste Angriff auf die Metaphysik« nun wesentlich kritischer gegenüber Mach und dem Positivismus[259] – und, so möchte man hinzufügen, wesentlich unkritischer gegenüber Lenin, da er ihn ja als quasi autoritativen Zeugen gegen die Positivisten anruft. Inwiefern der Solipsismusvorwurf nun die Schüler Machs im Wiener Kreis trifft, erörtert Horkheimer leider nicht. Wie steht es damit?

Schon für die phänomenalistische Entwicklungsstufe des Wiener Kreises, die der physikalistischen Wende vorausging, trifft der Solipsismusvorwurf nur bedingt, da etwa Carnap zwischen inhaltlichem (»metaphysischem«) und methodischem Solipsismus genau

257 Ebd., S. 156.
258 Horkheimer 1928/29, S. 178.
259 Schmid Noerr 1987b, S. 172.

unterschieden und sich lediglich zu letzterem bekannt hatte.[260] Für die physikalistische Phase trifft er dagegen überhaupt nicht, da das »Ich« hier nicht jene herausgehobene Rolle für die Erkenntnistheorie spielt wie noch im methodischen Solipsismus. Wie schon oben angedeutet, wurde die Anwendung des Physikalismus auf die Psychologie und die Soziologie und die auf diese Weise zustande gebrachte Einheitswissenschaft auch von einigen logischen Positivisten als der wundeste Punkt des von Neurath und Carnap propagierten einheitswissenschaftlichen Programms empfunden.[261] Horkheimers Kritik geht darüber inhaltlich nicht hinaus, wenn er etwa den allzu programmatischen Charakter des geforderten Sozialbehaviorismus in Passagen wie dieser kritisiert:

> Die Empiristen pflegen zu sagen, zwischen Physik und Theorie der Gesellschaft bestehe kein grundsätzlicher Unterschied, diese habe es nur noch nicht so weit gebracht.[262]

Der Unterschied zur innerpositivistischen Selbstkritik besteht lediglich im polemischen Tonfall, den Horkheimer in diesem Zusammenhang anschlägt:

> Der sektenhafte Geist dieser harmonischen Weltansicht ist auch da vorhanden, wo man zwar fortfährt, sich einer lebenden Sprache zu bedienen, aber mit einem überlegenen Bewußtsein, daß man es »eigentlich« meine wie die Physik und nur der Bequemlichkeit halber grob verfahre.[263]

3.2 Kritik an der Logistik

Wie schon erwähnt, wird in Horkheimers Aufsatz der Kritik an der Logistik im Vergleich zu Adornos ursprünglichen hochfliegenden Absichten nun geringeres Gewicht beigemessen. Im Zentrum steht dabei die Kritik an ihrem formalen Charakter: »Die Trennung von Form und Inhalt ist entweder undurchführbar oder unzutreffend.«[264]

260 Carnap 1928.
261 Selbst Neurath räumt im letzten Satz der letzten Fußnote zu seinem Aufsatz »Sozialbehaviorismus« (N 2, S. 569) ein, Behaviorismus und Sozialbehaviorismus harrten noch ihrer systematischen Behandlung.
262 Horkheimer 1937a, S. 141.
263 Ebd., S. 158.
264 Ebd., S. 144.

Von einigen historischen Bemerkungen, die belegen sollen, daß die klassische und traditionelle Logik eine materiale gewesen sei, »die sich selbst als Moment der jeweils erreichten inhaltlichen Erkenntnis versteht«[265], können wir hier absehen. Denn Horkheimer hätte zwar bei einem Blick auf die Aristotelische Syllogistik bemerken müssen, daß diese Logik sehr wohl formal verfährt (etwa Variable einführt und formale Schlußregeln verwendet), aber die Untersuchungen etwa von Lukasiewicz[266], Patzig[267] und anderen, die diesen Standpunkt ausführlich untermauert haben, sind erst später erschienen. Die Frage, wie die klassische und traditionelle Logik aufzufassen sei, ist aber für die Beurteilung der modernen Logistik auch gar nicht entscheidend.

Gegen letztere hatte Horkheimer schon im Brief an Adorno vom 8. 12. 1936 ins Feld geführt:

> Daß die sogenannte »logische« Analyse von Sätzen ohne ihre Bedeutungsanalyse sinngemäß nicht zu leisten ist, erscheint auch mir als einer der wichtigsten Ansatzpunkte der Kritik. Auch ich habe dabei an das Paradoxon und die Typenlehre gedacht. Doch zeigt sich bereits bei der Konzeption einer syntaktischen Logik als Fachdisziplin das gleiche Problem. Auch in der syntaktischen Logik wird zum Beispiel der Unterschied zwischen Sätzen und sinnlosen Wortkombinationen gemacht. Die Entscheidung erfolgt auf Grund des Nachweises, daß die in den Sätzen verwandten Begriffe Gattungen angehören, die nach den bestimmten Regeln der Syntax der betreffenden historischen Sprache zu Sätzen verbunden werden dürfen oder nicht. Abgesehen davon, daß diese Regeln selbst nur auf Grund und im Zusammenhang der gesamten inhaltlichen Erkenntnis, die überhaupt in der gegebenen Periode vorliegt, zureichend entwickelt werden können, läßt sich auch die Zugehörigkeit eines bestimmten Begriffs zu einer bestimmten Gattung im syntaktischen Sinn nur in groben Fällen ohne eine Bedeutungsanalyse bestimmen, die notwendig zu sachlichen Problemen führt.

Diese Überlegungen bilden auch den Kern der im Artikel angeführten Kritik. Was ist davon zu halten?

Zunächst einmal ist es durchaus zutreffend, daß im syntaktischen Teil der Logik zwischen verschiedenen Kategorien von Zeichen unterschieden wird, etwa zwischen Prädikat- und Individuenausdrücken. Diese Unterscheidung wird in der Tat im Hinblick auf

265 Ebd., S. 148.
266 Lukasiewicz 1957.
267 Patzig 1959.

eine spätere Interpretation dieser Ausdrücke eben durch Prädikate oder durch Individuen getroffen, und insofern kann man mit Recht behaupten, daß bereits für die Konstruktion des syntaktischen Teils der Logik gewisse inhaltliche Überlegungen eine Rolle spielen, »die notwendig zu sachlichen Problemen führen«. Aber von dieser These ist doch die ganz phantastische Vorstellung zu unterscheiden, daß syntaktische Regeln »nur auf Grund und im Zusammenhang der gesamten inhaltlichen Erkenntnis, die überhaupt in der gegebenen Periode vorliegt, zureichend entwickelt werden können«, wie sie in abgeschwächter Form auch im Aufsatz auftaucht.[268] Nun formulieren diese Regeln nur die syntaktischen *Formregeln* einer Sprache (sei sie nun natürlich oder künstlich). Wäre Horkheimers These wahr, wäre nicht nur dieses ganze Regelwerk, sondern auch die grammatische Korrektheit jedes einzelnen Satzes von jedweden Änderungen dieser »gesamten inhaltlichen Erkenntnis« abhängig. Man könnte also erst nach dem Erlernen des gesamten verfügbaren Wissens seiner Zeit zum ersten Mal versuchen, einen grammatisch korrekten Satz zu bilden, und müßte dabei noch immer fürchten, daß dieser inkorrekt wäre, wenn sich mittlerweile dieses Wissen an irgendeiner Stelle geändert hätte.

Diese Auffassung kann nicht so ganz in Ordnung sein. Und selbst wenn sie es wäre, hätte sie noch mit einer Kritik der Logistik wenig zu tun, denn diese beginnt, ein syntaktisches Verständnis dieser Disziplin vorausgesetzt, erst mit dem Übergang von solchen syntaktischen Formregeln zu logischen *Umformungsregeln*.

Als weiteren Kritikpunkt hatte Horkheimer schon im Briefwechsel mit Adorno den folgenden erwähnt:

> Übrigens sehen die Herren in ihrer Logik nicht allein von der Beziehung zwischen Wort und Bedeutung, sondern, was damit zusammenhängt, von der Verbindung der Worte und Sätze zu einer stilistischen Einheit ab. Das Problem des Stils, das nur der allgemeinere Ausdruck für das Problem der Dialektik der Darstellungsform ist, kommt in dieser Logik nicht vor, und man kann zeigen, daß es sie zu Fall bringt.[269]

Auf diesen Gedanken hatte Adorno hocherfreut reagiert:

268 Sie lautet dort: »... die Unterscheidung zwischen Aussagen und bedeutungslosen Lautgebilden ... ist aber von den konkreten Entscheidungen über sachliche Probleme nicht zu trennen« (ebd., S. 145).

269 Horkheimer an Adorno, 8. 12. 1936.

Ihre Idee, das Nichtauftreten des »Stils« in der Logistik zum Angelpunkt der Kritik zu machen, liegt mir natürlich ganz besonders nahe, so nahe, daß ich sie, als zu sehr pro domo, nicht zu formulieren gewagt hätte.[270]

Im »Neuesten Angriff« gibt es dann einen Abschnitt zu diesem Thema, von dem man allerdings kaum behaupten kann, daß er den Anspruch einlöst, die Logistik »zu Fall zu bringen«. Horkheimer ist meines Wissens später dann nicht mehr auf diese Idee zurückgekommen. Bevor man diesen Ansatz weiter verfolgen wollte, müßte man sich wohl grundsätzlich fragen, was Probleme des Stils in einer Wissenschaft wie der Logik zu suchen haben. In dieser ist es seit Aristoteles stets um Definition, Wahrheit und Folgerung gegangen, während Stilfragen von je her eher der Rhetorik zugerechnet wurden.

Während Horkheimer also diesen Problemkreis nicht weiter verfolgt hat, ist das bei seinem Projekt einer Alternative zur Logistik, dem wir uns nun zuwenden müssen, ganz anders gewesen. Sein Aufsatz enthält einige Formulierungen, aus denen man entnehmen kann, der formalen Logik bzw. »der Logistik« müsse man als Gegenbild die Dialektik entgegensetzen:

Der Forderung an den Philosophen, sein »instinktives Gegengefühl« zu überwinden und erst einmal Logistik zu lernen, die von dieser Schule immer wieder verkündigt wird, ist entgegenzuhalten, daß man die Anfangsgründe der Dialektik kennen muß, bevor man sie widerlegt.[271]

Worin diese Dialektik bestehen soll, wird aber im Artikel kaum angedeutet. Hier ist also wiederum die Frage naheliegend, was aus diesem vorerst nur postulierten Projekt schließlich geworden ist.

Die »materialistische Dialektik« bzw. »dialektische Logik« war vor allem als Alternative zum »positivistischen Nominalismus« gedacht. Sie sollte aber auch die Hegelsche Dialektik mit ihrer Identifikation von Denken und Sein sowie ihrer Lehre »von einer absoluten, in sich abgeschlossenen Wahrheit« überwinden. Im Frankfurter Institut war die Idee, ein Lehrbuch dieser neuartigen Dialektik zu verfassen, offenbar schon seit einiger Zeit – und jedenfalls schon lange vor dem Beginn der Diskussionen mit Neurath – erwogen worden. Wann genau die Idee dazu entstand und die Arbeit daran aufgenommen wurde, ist nicht ganz klar.

270 Adorno an Horkheimer, 25. 1. 1937.
271 Horkheimer 1937a, S. 152 f.

Die erste publizierte Äußerung von Mitgliedern der Frankfurter Schule über die Dialektik findet sich an einer Stelle, wo man sie kaum vermuten würde, nämlich in einer 1926 erschienenen polemischen Schrift Pollocks gegen die zehnte Auflage von Werner Sombarts magnum opus *Der proletarische Sozialismus.*[272] Dort wird die Dialektik, die Sombart ein »schnurriges Verfahren« genannt und der er unter anderem die »schülerhafte Verwechslung von Widerspruch und Gegensatz, von kontradiktorisch und konträr« vorgeworfen hatte, von Pollock verteidigt, wobei »der Verfasser [Pollock, Verf.] sich durchaus nicht für berufen« hielt, »eine systematische Darstellung der Dialektik zu geben«.[273]
In Adornos Vorträgen vor seiner Emigration spielt die materialistische Dialektik eine merkwürdige Rolle. Sie soll einerseits offenbar einen zentralen Stellenwert bekommen und wird deshalb verschiedentlich geradezu beschworen. Andererseits wird doch völlig darauf verzichtet, wenigstens im Umriß anzugeben, was man sich darunter vorzustellen habe. Nachdem Adorno schon in seiner Frankfurter Antrittsvorlesung als Privatdozent vom Mai 1931 seine zentrale – an Benjamin anknüpfende – These, die Idee der Wissenschaft sei Forschung, die der Philosophie Deutung[274], mit der Qualifikation versehen hatte, philosophische Deutung sei »einzig dialektisch möglich«[275], wird er in seinem Vortrag »Die Idee der Naturgeschichte«, den er am 15.7.1932 vor der Frankfurter Ortsgruppe der Kant-Gesellschaft hielt, geradezu plakativ, wenn er am Schluß schreibt:

Ich stelle mich sozusagen als der richterlichen Instanz der materialistischen Dialektik. Es wäre zu zeigen, daß das Vorgetragene nur eine Auslegung von gewissen Grundelementen der materialistischen Dialektik ist.[276]

Horkheimer verhielt sich der Idee einer materialistischen Dialektik gegenüber zunächst – zumindest in seinen veröffentlichten Schriften – eher reserviert. Noch in einer kurzen Passage in seinen »Anfängen der bürgerlichen Geschichtsphilosophie« aus dem Jahr 1930 befaßt er sich eher kritisch mit der Hegelschen Dialek-

272 Pollock 1926.
273 Ebd., S. 45.
274 Adorno 1931, S. 334.
275 Ebd., S. 338.
276 Adorno 1932a, S. 365.

tik.[277] Als erste Stelle, an der er mit positiver Wertung von »Dialektik« spricht, wird verschiedentlich jene Bemerkung in der Antrittsrede von 1931 zitiert[278], an der von einer »fortwährenden *dialektischen* Durchdringung und Entwicklung von philosophischer Theorie und einzelwissenschaftlicher Praxis« die Rede ist.[279] Dort wird der Ausdruck »dialektisch« allerdings noch unterminologisch gebraucht (und meint nicht mehr als einen intensiven gegenseitigen Austausch), denn für die geforderte »fortwährende dialektische Durchdringung« werden »die Beziehungen von Naturphilosophie und Naturwissenschaft im ganzen wie auch innerhalb der einzelnen naturwissenschaftlichen Disziplinen« als Beispiele angegeben, also Themen aus der von Horkheimer veranstalteten Vortragsreihe über Naturphilosophie in der Kant-Gesellschaft.

Sich auf die Dialektik zu berufen (wie Adorno das verschiedentlich getan hatte) und sie gegebenenfalls gegen Kritiker zu verteidigen (wie wir es bei Pollock beobachtet hatten), ist in der philosophierenden Linken – nicht nur der damaligen Zeit – nichts Außergewöhnliches gewesen. Anders verhält es sich mit der Absicht, jene von Pollock genannte »systematische Darstellung der Dialektik« zu geben bzw. geradezu ein Lehrbuch der dialektischen Logik zu verfassen. Wann in der Frankfurter Schule dieser ambitionierte Plan entstanden ist, ist noch etwas unklar. Eine erste publizierte Skizze dessen, was Horkheimer sich unter »dialektischer Logik« vorgestellt hat, findet sich in seinem Aufsatz über die Wahrheit von 1935. Darin wird zwar zunächst an Hegels *Wissenschaft der Logik* angeknüpft, gleichzeitig aber wegen deren identitätsphilosophischen Festlegungen wieder erheblich von ihr abgerückt. Auch will Horkheimer sich dort nicht wie der in der Engels- und Lenin-Nachfolge entstandene dialektische Materialismus darauf einlassen, der Dialektik als »Wissenschaft von den allgemeinen Bewegungs- und Entwicklungsgesetzen der Natur, der Menschengesellschaft und des Denkens« das Wort zu reden.[280] Insbesondere stellt er klar, daß er anders als andere Dialektiker nicht vom »Satz vom Widerspruch« abrücken will, dessen Auf-

277 Horkheimer 1930, S. 235 f.
278 So bei Wiggershaus 1986, S. 203.
279 Horkheimer 1931, S. 29; Hervorhebung von mir.
280 So hatte das noch Pollock 1926, S. 49 getan.

gabe oder Relativierung bekanntlich vielfach den Ansatzpunkt für die Angriffe von »Logistikern« auf die Dialektik geboten hat.[281] Trotz dieser programmatischen Äußerungen wurde die Skizzenhaftigkeit des Programms auch innerhalb der Frankfurter Schule durchaus empfunden. So schrieb etwa Marcuse am 3. 12. 1935 an Horkheimer:

> Ihr Wahrheitsaufsatz ist das Beste, was Sie bisher geschrieben haben. Er enthält in nuce wirklich das Ganze der dialektischen Logik – *die Sie aber doch schreiben müssen!*[282]

Zum Zeitpunkt der Diskussionen mit Neurath war das Dialektik-Projekt noch nicht über Absichtserklärungen hinausgekommen. Später wurden noch verschiedene Anläufe zu seiner Realisierung unternommen, wie man aus Papieren aus dem Horkheimer-Nachlaß aus den Jahren 1939 und 1942 sowie Aufzeichnungen über Diskussionen mit Adorno aus dem Jahre 1946 ersehen kann. Die Reflexionen Horkheimers über Themen, die in das Dialektikbuch eingehen sollten, wie »Kopula und Subsumption« und »Erbsünde und Kopula«, enthalten aber derart viele elementare Fehler, daß er gut daran getan hat, diese Papiere nicht zu publizieren.[283]

281 Denn er schreibt dort: »Auch die dialektische Logik enthält den Satz vom Widerspruch; seinen metaphysischen Charakter hat er jedoch im Materialismus völlig abgestreift ... Die dialektische Logik setzt keineswegs die Regeln des Verstandes außer Gültigkeit« (ebd., S. 297). Als Beispiel dafür wird dort angeführt: »Wenn es wahr ist, daß einer die Schwindsucht hat, so mag zwar dieser Begriff in der Entwicklung der Medizin umgewandelt werden oder ganz unwichtig werden; wer aber heute mit dem gleichen Begriff die entgegengesetzte Diagnose stellt, und zwar nicht in der Richtung einer höheren Einsicht, welche die Feststellung der Schwindsucht bei diesem Manne einschließt, sondern auf demselben Stande der Medizin den Befund verneint, hat unrecht. Die Wahrheit gilt auch für den, der ihr widerspricht, sie ignoriert oder belanglos erklärt.«

282 Meine Hervorhebung.

283 So heißt es in »Kopula und Subsumtion« am Ende etwa: »Das ›ist‹ im Satz vom Henker [i.e. ›Der ist ein Henker‹, Verf.] heißt im Grunde, daß seine Eigenschaft in der Natur der Dinge begründet ist, daß er gar nicht anders sein kann. Er hat den Charakter des Henkers nach dem platonischen Mythos gleichsam vor der Geburt gewählt und jetzt mit Notwendigkeit zu führen. Ein zeitlicher Index, der die Qualität auf einen Augenblick oder ein Jahr oder zehn Jahre beschränkt, läßt die Funktion des ›ist‹ ganz unberührt. Das Unausweichliche bezieht sich

Als Horkheimer und Adorno nach der Fertigstellung der *Dialektik der Aufklärung* schließlich auf die geplante Schrift zur Dialek-

dann auf diese Spanne. Er kann sich nicht ändern; denn nicht ändern, sondern sein fungiert als Kopula. Es kann höchstens neben dem Satz, daß A im Augenblick I ein Henker ist, der andere Satz, daß A im Augenblick II Minister ist, seine Richtigkeit haben. Die Identität von A läßt sich dabei im strengsten Sinn nicht aufrechterhalten; denn aus A gleich A müßte nach der diskursiven Logik (›sind zwei Größen einer dritten gleich, so sind sie unter sich selbst gleich‹) folgen, daß Minister Henker sind. Widersprüche aber liegen dieser Logik fern« (Horkheimer 1939b, S. 70f.).

Alle diese Mißhelligkeiten hätten sich sofort in Nichts aufgelöst, wenn Horkheimer einige Unterscheidungen beherzigt hätte, die sämtlich schon bei Aristoteles, auf den er sich so gern beruft, zu finden sind, nämlich (1) die Unterscheidung zwischen Prädikation und Identität, die sofort die Anwendung der »Drittengleichheit« in Horkheimers Beispiel unterbunden hätte (sie gilt natürlich nicht für den Gebrauch der »copula« als Prädikation), und (2) die Unterscheidung zwischen assertorischer und modaler Logik und den entsprechenden Urteilsmodalitäten (womit sich die Spekulationen über notwendige oder kontingente Eigenschaften bezüglich des »Satzes vom Henker« erübrigt hätten).

Was im übrigen offenbar als *reductio ad absurdum* der »diskursiven Logik« gemeint ist, daß nämlich beim Festhalten am Satz des Widerspruchs die Identität von sich verändernden oder mehrere Eigenschaften in sich vereinigenden (also eigentlich aller) Personen im Zeitverlauf nicht mehr angenommen werden könnte, ist in Wahrheit eine solche *reductio* der Horkheimerschen Position. Wenn nämlich das Festhalten an der Identität der Person es erfordern würde, verschiedene Prädikationen bezüglich derselben Person als »identischen Widerspruch« zu deuten, dann würde nach dem herangezogenen Satz der Drittengleichheit schon daraus, daß irgendein bestimmter Gegenstand zwei verschiedene Eigenschaften hat, folgen, daß alle solchen Gegenstände diese beiden Eigenschaften haben (»schön wär's«, könnte man sagen, weil man dann endlich eine Lösung des Induktionsproblems gefunden hätte).

Das »Problem« des »identischen Widerspruchs« löst sich aber sogleich, wenn man Affirmationen und Negationen derselben Prädikate bei derselben Person zu unterschiedlichen Zeitpunkten tatsächlich durch einen Zeitindex ausdrückt. Daß der »Satz der Drittengleichheit« natürlich nicht für den Gebrauch der »copula« als Prädikation gilt, wie Horkheimer anzunehmen scheint, ist schon betont worden.

tik zurückkamen, zeigte sich, daß weder über deren Gegenstand noch über deren Methode und Aufbau Einigkeit zu erzielen war. So bemerkt Horkheimer dort:

Man kann die Dialektik verschieden auffassen, entweder als rein logische Kategorie, als die Lehre vom Denken oder als einen Ausdruck für die Gesetzmäßigkeit des Geschehens in der Welt überhaupt, als objektive Logik oder als Metaphysik. Ich habe Angst vor so einem Unternehmen.[284]

Anderseits hatte er aber auch keine Neigung, sie statt dessen nur als »logische Kategorie« zu behandeln:

Die Erörterung logischer Kategorien kann entweder zu den klassischen Untersuchungen auf diesem Gebiet absehen oder sich mit ihnen auseinandersetzen. Das erstere paßt nicht zu unserer Methode, das letztere erfordert eine äußerst zeitraubende Wiederaufnahme der betreffenden Autoren, vor allem Plato, Aristoteles, von den Neueren Mill, Trendelenburg, Sigwart, Brentano, Husserl, Prantl.[285]

Zum Dilemma Horkheimers, zwei Arten von Logik unterscheiden zu müssen, aber gleichzeitig beide vermeiden zu wollen, kam eine Uneinigkeit mit Adorno über den einzuschlagenden Weg der Untersuchung. Während Horkheimer nämlich vorschlug,

die Untersuchung über Dialektik anzusetzen als Erörterung der gegenwärtigen Politik, insbesondere des sich abzeichnenden Konflikts zwischen Rußland und den Demokratien, von dort aus fortzuschreiten zu einer Kritik der politischen Ökonomie der Gegenwart und schließlich zu den eigentlichen Fragen der Philosophie[286],

bevorzugte Adorno offenbar das genau entgegengesetzte Vorgehen.[287] Horkheimer brachte noch – quasi als dialektische Synthese – ins Spiel:

Wie wäre es, wenn wir mit dem Begriff des Denkens selber anfangen, dann zum Begriff der Politik kommen und schließlich wieder zurück zum Denken.[288]

Schließlich wurde dann aber das anspruchsvolle Projekt mit Anzeichen gewisser Resignation (Horkheimer: »Ich sehe immer

284 Horkheimer/Adorno 1946, S. 600.
285 Ebd.
286 Ebd., S. 597.
287 Ebd., S. 600; siehe auch die editorische Vorbemerkung Schmid Noerrs zum Protokoll dieser Diskussionen, ebd., S. 593.
288 Ebd., S. 602.

noch nicht, worauf wir hinauswollen«[289]) ad acta gelegt und zugunsten anderer Vorhaben verlassen:

Wir verwickeln uns da in etwas sehr Schwieriges. Ich habe dabei gar nicht das Gefühl der Fülle. Im Grunde haben wir soviel zu sagen und jetzt sind wir im Begriff, uns auf Gebiete zu verschieben, in denen wir nicht nur in Konkurrenz mit den abstraktesten Produkten des neunzehnten Jahrhunderts stehen, sondern wo wir auch gerade das nicht sagen können, was wir müssen, nämlich unseren Gegensatz zu der Welt, wie sie ist.[290]

Während sich in dieser Zeit im »internen« Briefwechsel schon verschiedentlich relativierende Bemerkungen gegenüber der Dialektik einschleichen[291], scheint ein Brief Horkheimers an Lowe vom 30. 8. 1947 das letzte Aufbäumen vor der Aufgabe des Lehrbuch-Projekts zu markieren.

As you know, this part of our studies [i.e.: ein geplanter 2. Teil der »Philosophischen Fragmente«, Verf.] will be devoted to a positive theory of dialectics. We have started directly with the most difficult part of it, the Concept of Truth.

Entsprechende Aufzeichnungen über diese Wahrheitstheorie sind im Horkheimer-Nachlaß aber nicht mehr zu finden.
Mit dem Dialektik-Projekt war aber nicht nur ein Konkurrenzunternehmen zu den genannten abstraktesten Geistesprodukten des neunzehnten Jahrhunderts zu Grabe getragen worden, sondern eben auch jene Alternative zur (unter anderen) von den Positivisten propagierten Logistik des zwanzigsten. Die Möglichkeit zum Studium jener Art von Dialektik, die Horkheimer im »Neuesten Angriff« so dringend empfohlen hatte, ist bis heute nicht vorhanden.

289 Ebd., S. 601.

290 Ebd., S. 604.

291 So beantwortet Adorno Horkheimers Bemerkung (im Brief vom 25. 6. 1945), er werde in dessen Überarbeitung des letzten Kapitels der *Eclipse of Reason* einige Streichungen vornehmen, »da, wie mir scheint, der dialektische Apparat in dem Stück ein wenig automatisch arbeitet« am 2. 7. 1945 so: »Niemand kann sich des Problems bewußter sein als ich, der ich ja immer gegen die Ausschließlichkeit des dialektischen Verfahrens ein Element von Heterodoxie habe.«

3.3 Positivismus, Materialismus und Moral

Eine der wichtigsten Kritikpunkte Horkheimers am Positivismus ist der Vorwurf, daß dieser nicht in der Lage sei, auf rationale Weise zwischen Glück und Unglück, Gerechtigkeit und Unrecht zu unterscheiden, und sogar die Möglichkeit solcher materialethischen Distinktionen bestreite. Diese Kritik trifft nach meiner Ansicht etwas Wesentliches. Zwar haben nämlich die Mitglieder des Wiener Kreises – anders als etwa die Angehörigen der Frankfurter Schule – auch einige ausgedehntere systematische Untersuchungen zum Themenkreis Ethik, Moral, Werte und Normen veröffentlicht.[292] Aber sie haben sich dabei doch alle vor den Schwierigkeiten gesehen, die sie sich für dieses Gebiet durch die Aufstellung allgemeiner empiristischer Sinnkriterien selbst geschaffen hatten. Entweder war danach eine wissenschaftliche Ethik nur mehr als deskriptive möglich, das heißt als zur empirischen Psychologie gehörende Beschreibung der *faktisch* in der Gesellschaft *befolgten* Normen, die als solche empirisch wahr oder falsch ausfallen kann[293], aber unter Gesichtspunkten der *Rechtfertigung* von allgemeinen Normen oder einzelnen Handlungen natürlich irrelevant bleibt. Oder sie konnte als eine Disziplin gefaßt werden, die ethische Bewertungen nur emotiv auffaßte, das heißt als Ausdruck der jeweiligen subjektiven Zustimmung oder Ablehnung von Tatsachen. Während Moritz Schlick in seinem Buch *Fragen der Ethik* methodisch den ersten Weg beschritten hat, haben Rudolf Carnap und Alfred Ayer den zweiten Weg eigentlich eher skizziert als tatsächlich ausgeführt.[294] Das ist dann durch R. L. Stevenson geschehen.[295]

Die Folge dieser beiden Haltungen ist allerdings ganz ähnlich. Die erste gestattet überhaupt keine Bewertung einer gegebenen Gesellschaftsform, sondern kann nur angeben, wie sich deren Mitglieder tatsächlich moralisch verhalten; die zweite führt in einen dezisionistischen Relativismus, dem die Wahl etwa zwischen Ka-

292 Zu nennen sind vor allem Schlick 1931a und Kraft 1938. Siehe zu diesen Ansätzen Hegselmann 1984.

293 So Schlick 1984, S. 73 ff. (ganz ähnlich übrigens Horkheimer 1933b, S. 133); siehe zu einer Diskussion dieses Standpunkts Hegselmann 1984, S. 28.

294 Carnap 1934a und Ayer 1936, Kapitel VI, sowie Ayer 1946, S. 20ff.

295 Stevenson 1944.

pitalismus, Faschismus und Stalinismus quasi eine Frage des individuellen Geschmacks wird. Diese fatale Konsequenz ist von einigen Kritikern des logischen Positivismus auch gegenüber Carnap und Ayer – jeweils mit Bezug auf den Faschismus – hervorgehoben worden.[296]
Allerdings muß man bei den Positivisten zwischen ihrer wissenschaftstheoretisch begründeten Haltung gegenüber moralischen Fragen und ihrer praktischen Einstellung zu gegenwärtigen und zukünftigen gesellschaftlichen Zuständen sorgfältig unterscheiden. Hans Reichenbach hat diesen Dualismus vielleicht am besten veranschaulicht:

> Wer heute über den Sinn des Daseins etwas sagen will, der hüte sich vor Begriffsanalysen; er gehe als Angestellter oder Arbeiter in die Fabriken, oder als Arzt unter die Kranken, oder als Mitkämpfer in soziale Bewegungen – dann hat er zur Wertbildung unseres Zeitalters etwas zu sagen. Aber er verzichte auf rationale Konstruktionen – die überlasse er dem theoretischen Denken, der wertfreien Erforschung der Sachverhalte, in der allein wissenschaftliche Philosophie bestehen kann.[297]

Auch Horkheimers Gesprächspartner Neurath hatte sich sowohl praktisch als auch theoretisch ausführlich mit Fragen der Moral und Politik befaßt. Es ist etwa an sein Sozialisierungsgutachten für die Münchener Republik oder an sein 1928 veröffentlichtes Buch *Lebensgestaltung und Klassenkampf* zu erinnern. Aber im ganzen ist nach meiner Ansicht Horkheimer völlig im Recht, wenn er kritisiert, daß solche praktischen Aktivitäten und Äußerungen nicht in die Philosophie des Positivismus integriert sind.
Man muß nun freilich fragen, ob es damit bei Horkheimer und seinen Anhängern besser steht. Die effektivste Methode, die theoretische Möglichkeit einer nicht um die Dimension der Praxis halbierten Rationalität auszuweisen, hätte natürlich in der Vorlage einer entsprechenden eigenen Konzeption bestanden, die dann vielleicht auch auf unmittelbar politische Fragen wie die Herstellung sozialer Gerechtigkeit in unterschiedlichen Wirtschaftsfor-

296 Siehe dazu etwa Hegselmann 1984, S. 10.

297 Reichenbach 1931, S. 60; man vergleiche damit eine ähnliche, im amerikanischen Exil geschriebene Passage in Reichenbach 1951, S. 197. Reichenbach hat in diesem Buch (S. 276-302) übrigens eine eigene Ethikauffassung entwickelt, die man als imperativistisch charakterisieren kann.

men hätte eingehen sollen. Solche systematischen Anstrengungen sind seitens der kritischen Theorie leider ausgeblieben, und die wenigen zeitgenössischen Andeutungen, die man bei Horkheimer finden kann, gehen sämtlich in dieselbe Richtung wie die der kritisierten Positivisten.

Horkheimer hat sich vor 1937 zu diesem Themenkomplex in den Abschlußpassagen seines Artikels »Materialismus und Metaphysik« und – ausführlicher – in »Materialismus und Moral« geäußert. Dort vertritt er, grob gesagt, die ethische Konzeption eines dezisionistischen Eudaimonismus. Dezisionistisch ist dieses Programm, weil es ausdrücklich auf Begründungsansprüche verzichtet. So heißt es etwa:

Sie [die moralische Gesinnung, Verf.] ist keiner Begründung fähig – weder durch Intuition noch durch Argumente[298],

und dies habe die kritische Theorie im übrigen mit anderen philosophischen Strömungen gemeinsam:

Die Einsicht, daß die Moral nicht bewiesen werden kann und auch kein einzelner Wert rein theoretischer Begründung fähig ist, teilt der Materialismus mit idealistischen Strömungen der Philosophie.[299]

Zu diesen »idealistischen Strömungen« muß man nach Horkheimers damaligem Sprachgebrauch des Begriffs »Idealismus« wohl auch den Positivismus zählen.

Die Moral sei nun allerdings einer Begründung nicht nur nicht fähig, sondern auch nicht bedürftig;

... das Streben der Menschen nach Glück [sei vielmehr, der Verf.] als eine natürliche, keiner Rechtfertigung bedürftige Tatsache anzuerkennen.[300]

In *methodischer* Hinsicht unterscheidet sich Horkheimers Moralauffassung also nicht von der der Positivisten, und ein Unterschied kann lediglich darin erblickt werden, daß die Positivisten die Begründungsunfähigkeit der Moral als einen Mangel ansahen, Horkheimer dagegen offenbar nicht.

Eine Gemeinsamkeit hinsichtlich der Begründungsfrage der Moral schließt natürlich Divergenzen in deren *inhaltlichen* Fragen nicht aus. Die soeben zitierte Horkheimer-Stelle charakterisiert seinen Standpunkt inhaltlich als einen eudaimonistischen. Dieser

298 Horkheimer 1933b, S. 133.
299 Ebd., S. 146.
300 Horkheimer 1933a, S. 103.

wird weiter dadurch gekennzeichnet, daß er zwar menschliches Glück und nicht, wie der Hedonismus, Lust als universelles Ziel menschlichen Strebens nennt, es aber ablehnt, einen Rangunterschied zwischen Glück und »bloßer« Lust zu machen, etwa weil die Befriedigung der Lust, im Gegensatz zu »höheren« Motiven, der Begründung, Entschuldigung oder Rechtfertigung bedürfe.[301]

Herbert Schnädelbach ist nach diesen Überlegungen durchaus zuzustimmen, wenn er die materialistische Moralphilosophie Horkheimers inhaltlich als eudaimonistisch bestimmt und methodisch als »nicht zufällig in die Nähe der beiden wichtigsten und einflußreichsten normentheoretischen Positionen seiner Zeit: des Emotivismus in der Metaethik und des Dezisionismus« eingeordnet hat.[302]

Dezisionistischer Eudaimonismus ist nun aber auch die ethische Position Neuraths, der im Kapitel »Marx und Epikur« seines 1928 erschienenen Buchs *Lebensgestaltung und Klassenkampf* geschrieben hatte:

> Die Lebenslage des Proletariats, sein Glück und Unglück sind durch die kapitalistische Lebensordnung bedingt. Hilfe kann nur kommen durch die Umgestaltung der Ordnung, durch geschichtliche Umwälzung. So ist Marxismus eine Art Sozialepikureismus: Er fragt nach dem Glück der Menschen, dem Glück ganzer Klassen, dem Glück der Menschheit. Er sieht, daß es abhängig ist von gesellschaftlichem nicht von individuellem Tun![303]

Die einzige Differenz, die zwischen Horkheimer und Neurath in Dingen der moralischen Konzeption bestanden hat, ist der Umstand, daß der Eudaimonismus sich bei Neurath stärker auf handelnde Kollektive richtet, während Horkheimers Eudaimonismus – wie übrigens auch derjenige Moritz Schlicks – mehr individualistisch ist.[304]

Nun hatte Neurath sein Buch bereits 1928 verfaßt, und man könnte denken, er habe seine moralischen und politischen Ansichten vielleicht bis 1936/37 geändert. Daß das Gegenteil der Fall

301 Ebd.; siehe ganz ähnlich Schlick 1984, S. 140 ff.: »Das Vorurteil gegen die Lust«.

302 Schnädelbach 1986, S. 63.

303 Neurath 1928, S. 286.

304 Siehe dazu Schnädelbach 1986, S. 62 ff.

ist, ergibt sich schon aus dem Umstand, daß er just im gleichen Heft der *Zeitschrift*, in dem auch Horkheimers Artikel erschienen war, sein theoretisches Konzept für eine vergleichende Lebenslagenforschung weiterentwickelt hat, die den sonst häufig ziemlich unbestimmten moralischen Begriff des Glücks im Detail analysieren und interpersonell wie auch international vergleichbar machen sollte, ohne dabei – wie in der Literatur über den interpersonellen Nutzenvergleich üblich – nur auf monetäre oder monetär ausdrückbare Größen zurückzugehen.[305]

Der Vollständigkeit halber sollte man erwähnen, daß die kritischen Theoretiker später in den vierziger Jahren noch gelegentlich Gedanken zur Rechtfertigung der Moral entwickelt haben. So heißt es etwa in dem Bericht »Zur Forschungstätigkeit des Instituts. Forschungsprojekt über den Antisemitismus« von 1941:

> Der Gesellschaftstheorie könnte es gelingen, einer skeptizistischen Verachtung von Werturteilen [wie sie der »bewußte und aufrichtige Skeptizismus der Positivisten« praktiziere; der Verf.] zu entsagen, ohne der Versuchung eines normativen Dogmatismus zu erliegen [wie sie durch eine »Rückkehr zur alten Metaphysik, etwa zum Neuthomismus«, gegeben sei; der Verf.]. Das wäre möglich, wenn man die gesellschaftlichen Institutionen und Aktivitäten auf die Werte bezöge, die sie selbst als ihre Maßstäbe und Ideale proklamieren. Auf diese Weise könnte man die Aktivitäten im Lichte der erklärten Ziele und Absichten der Partei untersuchen, ohne diese als gültig oder evident anzuerkennen.[306]

Dieses Programm führt jedenfalls für die hier diskutierte Problematik nicht weiter. Denn es befaßt sich mit rein empirischen Feststellungen (nämlich von der Art, ob bestimmte Normen tatsächlich befolgt werden oder nicht) und ist insofern mit Schlicks Auffassung einer deskriptiven Ethik identisch. Es könnte also zum Beispiel die für die heutige Faschismusforschung wichtige Frage diskutieren, ob die Praxis des nationalsozialistischen Holocausts an den europäischen Juden im Einklang mit der Naziprogrammatik gestanden habe oder nicht. Das Beispiel zeigt deutlich genug, daß damit für politisch-moralische Wertungen noch überhaupt nichts gewonnen ist.

Als Ergebnis dieser Überlegungen über das Verhältnis von Positivismus, Materialismus und Moral läßt sich festhalten, daß sich

305 Neurath 1937.

306 Horkheimer 1941, S. 375; hier deutet sich schon die spätere Gegenüberstellung von Positivismus und Neothomismus an.

trotz aller Horkheimerschen Polemik inhaltliche Unterschiede zum Positivismus nur in minimalen Nuancen feststellen lassen.

3.4 Ideologiekritik

Für wichtiger als alle immanenten Widerlegungsversuche des Positivismus hat Horkheimer seine im »Neuesten Angriff« angestellten Überlegungen über die soziale und politische Funktion dieser Lehre genommen. Nach Adornos Warnung, »den Herren« sei bei ihrem allgegenwärtigen »Sekuritätsstreben« mit derlei Bemerkungen nicht beizukommen, könnte man vermuten, daß sie solche Ideen als irrelevant beiseite geschoben hätten. Das ist aber nicht der Fall. Im Gegenteil waren Horkheimer und Neurath in der Frage der Zulässigkeit und auch Relevanz derartiger Untersuchungen auf abstrakter Ebene vollkommen einig. Denn Horkheimer hatte an Neurath, auf mögliche Aversionen Carnaps gegen ideologiekritische Diskussionen eingehend, geschrieben:

> Ich fürchte nur, daß ihn die Gegensätze, auf die ich in der Arbeit hinweise, wenig interessieren. Das Problem ist mehr die gesellschaftliche Funktion des logischen Empirismus als philosophische Richtung und nicht so sehr die eine oder andere Einzelfrage der Wissenschaftslogik. Das hält er wahrscheinlich für belanglos.[307]

Auf diese Passage, die auch deutlich Horkheimers Gewichtung der verschiedenen Aspekte seines Aufsatzes beleuchtet, hatte Neurath geantwortet:

> Ich glaube nicht, daß Carnap irgendeine wissenschaftliche Frage für belanglos hält. Die Frage, die Sie anschneiden, über die soziale Funktion unserer Bewegung, ist doch absolut wissenschaftlich. Ich jedenfalls interessiere mich brennend dafür.[308]

Als ob Neurath geahnt hätte, was auf ihn zukommen könnte, setzte er freilich hinzu: »Es fragt sich nur, wie gut sie beantwortet wird, und ob die Antwort *in empiristischer Weise* erfolgt.«[309] Darüber, wie eine solche Diskussion »auf empiristische Weise« zu führen sei, hatte Neurath ganz konkrete Vorstellungen, die wegen ihres systematischen Interesses etwas näher diskutiert werden sol-

307 Horkheimer an Neurath, 3. 5. 1937.
308 Neurath an Horkheimer, 10. 6. 1937.
309 Meine Hervorhebung.

len. Er war offenbar der Meinung, daß Theorie und Praxis häufig sehr viel indirekter und komplizierter zusammenhängen, als das meist vorausgesetzt wird. Neurath diskutiert das Thema zudem an einem für unsere Zusammenhänge zudem besonders einschlägigen Beispiel. Er schrieb Horkheimer also am 21. Juni 1937:

Z. B. glaube ich nicht, daß eine so direkte Korrelation zwischen Theorie und Praxis vorliegt, da müßte man ein wenig ins Statistische eingehen. (Frank hat in seinem Kausalgesetz und seine Grenzen S. 127 sehr nett gezeigt, wie DRIESCH, NEURATH, SPANN sich überschneiden.)

An der angegebenen Stelle hatte Philipp Frank behauptet, daß die Ganzheitsphilosophie Drieschs und Spanns überhaupt kein Kriterium besitze, um eine Ganzheit von einem bloßen »Zusammengeraten« zu unterscheiden, und daß deshalb

diese Unterscheidung im konkreten Fall niemals mit Hilfe der Theorie, sondern nur nach der gefühls- und willensmäßigen Einstellung des Aussagenden geschieht, z. B. nach seinen politischen und sozialen Sympathien.

Frank setzt voraus, daß Gebilden mit Ganzheitscharakter im allgemeinen mehr Sympathie entgegengebracht wird als »bloßen Anhäufungen«, und beweist dann seine These so:

Für O. Spann sind, für ihn selbstverständlich, Staat und Nation typische Beispiele für Ganzheiten, liest man aber die Ausführungen von H. Driesch, so findet man, daß er aus ganz derselben »ganzheitlichen« Philosophie ableitet, daß die einzelnen Staaten und Nationen genau ebensolche zufälligen Anhäufungen sind wie Gebirge oder Wolken und nur die gesamte Menschheit eine Ganzheit ist.[310]

Die Diskrepanz erkläre sich ganz schlicht daraus, daß der politisch rechts stehende Spann »zum Nationalismus neigt« und der linke Driesch »mit dem Internationalismus sympathisiert«. Neuraths Physikalismus schließlich komme, obwohl er Drieschs Philosophie in Sachen Entelechie und Ganzheit im allgemeinen ganz entgegengesetzt sei, hinsichtlich der konkreten Einordnung von Gebilden wie Völkern, Stämmen, Klassen und Staaten wegen ähnlicher politischer Sympathien zu genau dem gleichen Ergebnis.

Dies hübsche Beispiel scheint mir verallgemeinerungsfähig. Denn auch sonst zwingt die Arbeit an verschiedenartigen historischen Beispielen zu einer differenzierteren Sicht des Theorie-Praxis-Verhältnisses. Schon bei einzelnen Personen kann die Intensität der

310 Frank 1932, S. 127.

Verbindung von Theoriebildung und gesellschaftlicher Praxis im Zeitverlauf ziemlich stark schwanken. Bei verschiedenen Personen können (selbst wenn diese Individuen eine Gruppe bilden) diese Bezüge schon zu einem gegebenen Zeitpunkt (und erst recht im Zeitverlauf) unterschiedlich stark ausgeprägt sein, angefangen bei dem Fall, in dem Theoriebildung voll und ganz in den Dienst einer Praxis gestellt wird, bis hin zu oberflächlichen »konjunkturbedingten« Zweckbündnissen und Koalitionen (die sich nach einiger Zeit wieder genauso schnell auflösen können, wie sie eingegangen wurden.)[311] Bei Kollektiven (wie etwa dem Wiener Kreis oder der Frankfurter Schule) stellt sich die zusätzliche Schwierigkeit ein, von der Betrachtung von – mehr oder weniger repräsentativen – Einzelfällen zu einem Gesamturteil zu kommen. Schließlich kann auch der *subjektive Eindruck*, den einzelne Individuen oder Gruppen sich von der Nähe (oder Distanz) ihrer theoretischen Programme zu einer bestimmten politischen Praxis machen, sich mitunter recht weit von den tatsächlichen Verhältnissen entfernen.

Vor dem Hintergrund solcher allgemeinerer Überlegungen möchte ich nun behaupten, daß gerade die ideologiekritische Seite der Horkheimerschen Arbeit, auf die er so großen Wert legte und wo er sich wohl auch eine größere Kompetenz zutraute als etwa in Dingen der Logik, gleichzeitig die inhaltlich dürftigste und methodisch angreifbarste des Aufsatzes darstellt.

Der »Neueste Angriff« beginnt mit Reflexionen über das Verhältnis von Wissenschaft und Metaphysik. Dabei werden die philosophischen Reaktionen auf dieses Spannungsverhältnis nach ihren Extremen geordnet. Am einen Extrem, bei dem die Bedürfnisse der positiven Wissenschaften ganz vernachlässigt und um so mehr dasjenige der Metaphysik befriedigt wird, ist die »neuromantische Metaphysik« angeordnet, als deren Hauptrepräsentant in der Gegenwart Heidegger zwar nicht namentlich erwähnt wird, aber

311 Die endlose Debatte über Heidegger im Nationalsozialismus exemplifiziert einen Teil dieser Schwierigkeiten. Einmal geht es dort darum, wie eng seine Liaison mit dem NS-System war, und zweitens, wie lang sie anhielt. Meist krankt die Heidegger-Diskussion zudem am Mangel einschlägig gewählter Vergleichsfälle. – Vielleicht verhilft Leamans Buch *Heidegger im Kontext* dazu, eine vergleichende Diskussion zu fördern (Leaman 1993).

ganz offensichtlich gemeint ist.[312] Am anderen Ende der Skala findet sich der Positivismus mit seiner Verabsolutierung des empirischen Wissenschaftsbetriebs und der korrespondierenden Verurteilung der Metaphysik als sinnlosem Gerede. Horkheimers These ist nun – von der formalen Struktur her seinem früheren Aufsatz »Der Rationalismusstreit in der gegenwärtigen Philosophie« und dem späteren Kapitel »Gegensätzliche Allheilmittel« in der *Kritik der instrumentellen Vernunft* ganz parallel[313] –, daß sich die beiden Extrempositionen nicht wirklich ausschließen, sondern im Gegenteil in politischer Hinsicht konvergieren:

> Wenn ihr Zusammenhang mit der Existenz der totalitären Staaten nicht offen zutage liegt, so ist er doch nicht schwer zu entdecken. Neuromantische Metaphysik und radikaler Positivismus gründen beide in der traurigen Verfassung eines großen Teils des Bürgertums, das die Zuversicht, durch eigene Tüchtigkeit eine Besserung der Verhältnisse herbeizuführen, restlos aufgegeben hat und aus Angst vor einer entscheidenden Änderung des Gesellschaftssystems sich willenlos der Herrschaft seiner kapitalkräftigsten Gruppen unterwirft.[314]

Auf die Begründung dieser – für die damalige Zeit zumindest, als das Bild von der politischen Haltung und einzelnen Handlungen von Angehörigen der beiden genannten Lager noch frisch war – überraschenden These wird in der Folge keine besondere Sorgfalt verwandt, obwohl ja nach den Worten Horkheimers der »Zusammenhang mit der Existenz der totalitären Staaten ... nicht schwer zu entdecken« gewesen wäre. Die bereits publizierten Bemerkun-

312 Der gedruckte Text zählt allgemeiner auf: romantischen Spiritualismus, Lebensphilosophie, materiale und existentiale Phänomenlogie (Horkheimer 1937a, S. 112). Im Brief an Adorno schreibt Horkheimer aber deutlicher: »Den, wie Sie sagen, freundlichen Satz über Heidegger hatte ich bereits vor Eintreffen ihres Briefes so umgeändert, daß er jetzt den Gegensatz zwischen dem Wissenschaftsoptimismus der Logistiker und dem sozialen Pessimismus Heideggers als einen bloß scheinbaren bezeichnet.« Im schließlich gedruckten Text ist dann allerdings statt konkret von Heidegger nur noch von »neuromantischer Metaphysik« die Rede.

313 Im erstgenannten werden ebenfalls zunächst Irrationalismus und Rationalismus als Scheinalternativen entlarvt, um dann den Materialismus als Ausweg aus dem Dilemma präsentieren zu können. Zum letztgenannten siehe unten, S. 201 ff.

314 Horkheimer 1937a, S. 116.

gen Carnaps über Heidegger[315] und Heideggers Ansichten über Carnap[316] etwa hätten den besten Anlaß bieten können, einmal mehr die analytische Kraft der Unterscheidung von Wesen und Erscheinung dadurch zu erweisen, daß man den offensichtlichen Antagonismus dieser Positionen als nur oberflächlichen Schein entlarvte und demgegenüber ihre Wesensverwandtschaft aufwies. Statt dessen hat sich dann aber die ganze Wucht der Horkheimerschen Polemik ausschließlich gegen den Positivismus gerichtet.
Horkheimer war sich der mangelnden Fundierung seiner These genau bewußt, denn er schreibt im Brief an Adorno davon, er habe die Scheinbarkeit des Unterschieds von Heidegger und den Positivisten als Problem lediglich *angemeldet*, »man sollte ihm gelegentlich nachgehen«.[317] Das ist meines Wissens in der Folge nicht mehr geschehen, wenn man von dem kontingenten Umstand absieht, daß Adorno seine unter dem Titel *Jargon der Eigentlichkeit* veröffentlichte Polemik gegen die Lebensphilosophie und gegen Heidegger 1964, also kurze Zeit nach dem Beginn des berühmten Positivismusstreits in der deutschen Soziologie, hat erscheinen lassen.
Wenn ich mir nun erlaube, der Horkheimerschen These »gelegentlich nachzugehen«, komme ich zu dem Ergebnis, daß sie völlig abwegig ist. Zwar bedarf sie einer gewissen Präzisierung, um überhaupt diskutiert werden zu können. Denn in welcher Weise neuromantische Metaphysik und Positivismus in der beschriebenen »traurigen Verfassung des Bürgertums« gründen, wird ja nicht ausdrücklich gesagt. Aber man darf wohl annehmen, daß sich dessen trauriger Zustand bei seinen beiden ideologischen Abkömmlingen so äußert, daß diese

(a) der »Angst vor einer entscheidenden Änderung des Gesellschaftssystems« und
(b) der willenlosen Unterwerfung unter die »Herrschaft seiner kapitalkräftigsten Gruppen«

315 Carnap 1932.
316 Heidegger hatte gemeint, dessen »Philosophie zeige die äußerste Verflachung und Entwurzelung unter dem Schein mathematischer Wissenschaftlichkeit; es sei kein Zufall, daß diese Art Philosophie im inneren und äußeren Zusammenhang stehe mit dem russischen Kommunismus und in Amerika ihre Triumphe« feiere (zitiert nach Habermas 1989, S. 24).
317 Horkheimer an Adorno, 6. 4. 1937.

philosophischen Ausdruck verleihen bzw. sie sogar legitimieren sollen.

Davon kann aber weder im Fall der Positivisten noch Heideggers die Rede sein. Die meisten logischen Positivisten hatten nicht nur keine Angst vor einer entscheidenden Änderung des Gesellschaftssystems, sondern haben ihre eigenen Arbeiten geradezu im Zusammenhang mit einer derartigen Änderung gesehen.[318] Insbesondere Neurath hat sich sowohl bei der Novemberrevolution von 1918 als auch danach im »Roten Wien« bis zu seiner Emigration 1934 und bei seinen Arbeiten im Rahmen des ersten Fünfjahrplans in Moskau in den Dienst einer solchen Änderung gestellt. Von einer willenlosen Unterwerfung unter die Herrschaft der kapitalkräftigsten Gruppen des faschistischen Systems kann schon deshalb keine Rede sein, weil fast alle logischen Positivisten vor Faschismus und Nationalsozialismus in die Emigration geflohen sind. Am ehesten könnte man im Gegenteil den Aufnahmeantrag Adornos in die Reichsschrifttumskammer als eine solche »willenlose Unterwerfung« charakterisieren.

Aber auch auf Heidegger trifft zumindest der zweite Teil der Horkheimerschen These nicht zu. Allerdings weicht die Realität hier sozusagen in der genau entgegengesetzten Richtung als bei den Positivisten von Horkheimers These ab. Ob Heidegger, der vor 1933 mit dem linken, »sozialistischen« Flügel des Nationalsozialismus sympathisiert zu haben scheint[319], Angst vor einer entscheidenden Änderung des Gesellschaftssystems gehabt hat oder in seiner philosophischen Arbeit so verstanden werden kann, daß diese unbewußt eine solche Angst ausdrückt, weiß ich nicht. Daß er sich aber nach der nationalsozialistischen Machtübernahme dem Faschismus lediglich »unterworfen« habe, und zwar »willenlos«, davon kann angesichts seines großen und selbst für deutsche Hochschullehrer ungewöhnlichen Engagements *für* den Nationalsozialismus überhaupt keine Rede sein.[320] Vielmehr deutet alles darauf hin, daß er den größenwahnsinnigen und in Anbetracht der

318 Siehe dazu die letzten Absätze der Programmschrift der Positivisten: *Wissenschaftliche Weltauffassung. Der Wiener Kreis* (1929).

319 Farias 1989, S. 154, Ott 1988, S. 134 f. Die Zeit zwischen 1930 und 1933 ist eine der auch von diesen Autoren am wenigsten untersuchten in Heideggers Leben; gerade in diese Spanne fällt aber offensichtlich seine Hinwendung zum Nationalsozialismus.

320 Siehe das nützliche Vergleichsmaterial bei Leaman 1993.

Verhältnisse politisch naiven Plan verfolgt hat, sich zum »Führer des Führers« aufzuschwingen.[321] Seine Rektoratsübernahme in Freiburg, seine führende Rolle bei der Einführung des »Führerprinzips« an den Hochschulen Badens und seine Anstrengungen, im Verein mit einigen anderen nationalsozialistischen Hochschulrektoren den Hochschulverband gleichzuschalten, zeigen, daß er für die erste Etappe dieses Plans, seinen Aufstieg in die alleinige Führungsrolle der deutschen Wissenschaft, sogar ein Konzept gehabt hat.[322]
Zweifellos sind nicht alle diese Heideggerschen Aktivitäten und Planungen der deutschen und internationalen Öffentlichkeit schon in den dreißiger Jahren bekannt gewesen. Aber es ist schon erstaunlich, wie konsequent auch Heideggers spektakuläre öffentliche Auftritte von Horkheimer und seinem Kreis ignoriert wurden.[323] Anders kann man es wohl kaum nennen, wenn in der *Zeitschrift für Sozialforschung* nur eine einzige ziemlich kurze Besprechung einer Schrift von Heidegger zu finden ist, nämlich folgende Bemerkungen über seine Rektoratsrede »Die Selbstbehauptung der deutschen Universität«, die in einem 21 Titel umfassenden Sammelreferat von nationalsozialistischen Äußerungen zur »Hochschulreform« versteckt sind:

Die Philosophie der Deutschheit ist auch die der Hochschule. Ein so repräsentativer Philosoph wie Heidegger verkündet in seiner Rektoratsrede: Wir wollen uns selbst. Wissenschaft ist Wissen um das Volk und seinen Auftrag. Die Aufgabe der Studenten wie der Lehrer ist Dienst am Volk in der dreifachen Form des Arbeitsdienstes, des Wehrdienstes und des Wissensdienstes. So erhalten sie die geistige Welt, die einem Volke die Größe verbürgt. Die geistige Welt aber bedeutet Macht der tiefsten Bewahrung seiner erd- und bluthaften Kräfte als Macht der innersten Erregung und weitesten Erschütterung seines Daseins.[324]

Irgendeine Kritik an oder gar Polemik gegen Heidegger ist in diesen geradezu »positivistisch« beschreibenden Bemerkungen nicht festzustellen. Dabei hätte eine genauere philosophische Analyse

321 So die plausible Interpretation von Pöggeler 1985.
322 Siehe dazu besonders Ott 1983 und 1984.
323 Dabei zeigen die sporadischen Anmerkungen in Marcuse 1934, S. 37, 41 und 43, daß einige Mitglieder des Instituts recht gut über Heideggers Wirken für den Nationalsozialismus unterrichtet gewesen sein müssen.
324 Marx 1934, S. 139.

gerade hier schönstes Anschauungsmaterial über den Zusammenhang gewisser Spielarten der Metaphysik mit dem Nationalsozialismus ergeben können. Denn bevor Heidegger in seiner Rektoratsrede auf seine berühmte Trias von Arbeits-, Wehr- und Wissensdienst zu sprechen kommt, knüpft er noch einmal ganz ausdrücklich an seine Freiburger Antrittsvorlesung mit dem Titel »Was ist Metaphysik?« an.[325]
Warum Horkheimer und sein Kreis jede Auseinandersetzung mit diesem in der Tat »repräsentativen Philosophen« in der Nazizeit vermieden haben, bleibt unklar. Ob eine trotz Heideggers offensichtlicher Hinwendung zum Nationalsozialismus andauernde Wertschätzung durch einzelne »Frankfurter« wie Horkheimer und insbesondere Marcuse oder vielleicht Uneinigkeiten in der Beurteilung seiner Haltung dazu geführt hat, bedarf besonders nach den Veröffentlichungen über Heideggers politische Rolle im Nationalsozialismus genauerer Untersuchungen.[326] Es ist ja nicht uninteressant zu wissen, daß sich etwa Marcuse noch im selben Zeitraum, nämlich den frühen dreißiger Jahren[327], von einer Verbindung von Marx und Heidegger eine Weiterentwicklung sozialistischen Gedankenguts erhofft hat, als letzterer sich immer mehr dem Nationalsozialismus annäherte.[328]

325 Heidegger 1983, S. 21 und 9ff.
326 Ich meine insbesondere Farias 1987 und Ott 1988.
327 Schmidt (1990) weicht diesem Problem – in einem Sammelband über Heidegger mit dem Untertitel »Die politische Dimension einer Philosophie« – leider aus, wenn er schreibt: »Aus heutiger Sicht zeugt diese Kritik Marcuses – sie ist die eines ebenso enthusiastischen wie enttäuschten Schülers – von einer philosophischen Fehleinschätzung der Person Heideggers, dessen politische Abstinenz, was 1928 niemand ahnte, nicht mehr lange vorhalten sollte« (ebd., S. 174). Denn die Frage ist doch, ob man davon in der Umgebung Heideggers *auch 1932* noch nichts ahnen konnte, als Marcuse noch seine Habilitation bei Heidegger betrieb.
328 Die Enttäuschung über das Nichtzustandekommen dieser Verbindung ist noch im letzten Abschnitt von Marcuse 1934, S. 44 zu spüren, wo davon die Rede ist, daß der Existentialismus »die größte geistige Erbschaft der deutschen Geschichte ausgeschlagen« habe. Dabei ist unter »Existentialismus« die Heideggersche Richtung und mit der »größten geistigen Erbschaft« die »wissenschaftliche Theorie der Gesellschaft, ... die Kritik der politischen Ökonomie« gemeint gewesen. Meines Erachtens würde es sich anbieten, vor dem angedeu-

Daraus, daß der Vergleich zwischen Heidegger und den Positivisten hinsichtlich ihrer jeweiligen politischen Ansichten, Haltungen und Aktivitäten im Dritten Reich verunglückt ist, folgt freilich nicht, daß Horkheimer nicht doch mit einigen Thesen zur politischen Rolle des Positivismus recht haben könnte. Auf diese Funktion kommt er im Aufsatz an verschiedenen Stellen zu sprechen. Die wichtigste davon ist wohl diese:

> Die Ideologie, die Identifikation des Denkens mit den Fachwissenschaften, läuft angesichts der herrschenden ökonomischen Gewalten, die sich der Wissenschaft wie der gesamten Gesellschaft für ihre Zwecke bedienen, in der Tat auf Verewigung des gegenwärtigen Zustands hinaus. Die erwähnten liberalistischen Gruppen, deren Bewußtsein durch diese Philosophie am besten umrissen wird, haben ihn mit ihrer zunehmenden Ohnmacht in Europa mindestens seit vielen Jahrzehnten als den natürlichen angesehen und finden angesichts seiner Akzentuierung in den totalitären Staaten eben diese vom logischen Empirismus propagierte Sauberkeit als gegebenes theoretisches Verhalten.[329]

Leider vermißt man im Aufsatz eine genauere Begriffsbestimmung des »Liberalismus« wie auch Auskünfte, wie man sich die Zuordnung des Positivismus zum Liberalismus bzw. den »erwähnten liberalistischen Gruppen«[330] im einzelnen zu denken

teten Hintergrund die von Alfred Schmidt (1968) begonnene Diskussion über das Verhältnis von Marcuse und Heidegger wieder aufzunehmen.

329 Horkheimer 1937a, S. 154. In Klammern folgt dann: »Die Einsicht in den tiefen Zusammenhang zwischen der Verklärung der isolierten Qualität der Sauberkeit und dem Bedürfnis nach Säuberung, dem in jenen Staaten die furchtbarsten Konzessionen gemacht werden, muß diesen Philosophen schon deshalb entgehen, weil sie in ihrem barbarischen Verhältnis zur Sprache den im Wort gelegenen Hinweis bloß als verwirrend betrachten ...«
Da Rainer Hegselmann 1988, S. 188 schon ein paar Worte zu dieser in der Tat »assoziativen Ideologiekritik« gesagt hat, kann ich mich auf den Hinweis beschränken, daß Horkheimer seine These eines Zusammenhangs von intellektueller *Sauberkeit* und faschistischer *Säuberung* selber unfreiwillig kommentierte. In der Originalversion des Aufsatzes pries er die genannte Tugend an anderer Stelle noch selbst. Erschrocken über diesen *lapsus* hat er sein Lob der »Sauberkeit« dann in späteren Auflagen durch eines der »Redlichkeit« ersetzt (Horkheimer 1937a, S. 141).

330 Im Zusammenhang mit »Liberalismus« hatte Horkheimer nur einen

habe. Es ist deshalb nicht nur legitim[331], sondern auch erforderlich, einige frühere Äußerungen aus dem Umkreis Horkheimers sowie spätere von ihm selbst kommentierend zu Rate zu ziehen.
In seiner ersten Arbeit für die *Zeitschrift*, die 1934 unter dem Titel »Der Kampf gegen den Liberalismus in der totalitären Staatsauffassung« erschien, hat Herbert Marcuse die These vertreten, daß »der Liberalismus« nicht etwa, wie es die umfängliche Polemik der Nationalsozialisten gegen ihn nahezulegen schien, eine dem Faschismus entgegengesetzte Ideologie sei. Vielmehr werde diese Polemik nur entwickelt, um davon abzulenken, daß beide die gleiche ökonomische und soziale Struktur aufwiesen. Dieses Argumentationsziel wird aber nur erreicht, weil eine Mehrzahl von verschiedenen Liberalismusbegriffen benutzt wird und Thesen, die für einen oder mehrere davon wahr oder plausibel erscheinen, verwendet werden, um Folgerungen für die anderen abzuleiten. In Marcuses Aufsatz lassen sich auf drei Seiten mindestens vier verschiedene Begriffe von Liberalismus unterscheiden, nämlich

(a) ein ökonomischer (im Sinne von Kapitalismus oder, historisch auf eine bestimmte Periode eingeschränkt, im Sinne von Kapitalismus der freien Konkurrenz),
(b) ein sozialer (im Sinne von: Besitzbürgertum),
(c) ein politischer (im Sinne von: politischem Linksliberalismus) und schließlich
(d) ein wirtschaftstheoretischer (im Sinne einer wissenschaftlichen Rechtfertigung des erstgenannten).

Sicher gibt es zwischen diesen verschiedenen Bedeutungen – teilweise sogar recht weitgehende – Überschneidungen. Sie müssen aber schon deshalb sorgfältig auseinandergehalten werden, weil eine wichtige Besonderheit der neueren deutschen Geschichte darin besteht, daß sich das deutsche Besitzbürgertum politisch gerade nicht mehrheitlich durch den politischen Linksliberalismus hat vertreten lassen.

ganz allgemeinen Hinweis auf »große(n) Gruppen der Mittelklasse, die im freien Spiel der wirtschaftlichen Kräfte ins Hintertreffen geraten sind« (ebd., S. 153) gegeben.

331 Im »Vorwort zum sechsten Jahrgang« (1937) der *Zeitschrift für Sozialforschung* wird von Horkheimer im Zusammenhang der Vorstellung seiner Positivismusarbeit noch einmal ausdrücklich der »sachliche Zusammenhang der theoretischen Aufsätze in ihrer zeitlichen Folge sowie innerhalb der einzelnen Hefte« betont.

Daß Marcuse diese Unterschiede mißachtet und seine Argumentation deshalb kurzschlüssig ist, zeigt sich etwa an folgendem Zitat:

> Bei aller strukturellen Verschiedenheit des Liberalismus und seiner Träger in den einzelnen Ländern und Epochen bleibt die einheitliche Grundlage erhalten: die freie Verfügung des individuellen Wirtschaftssubjekts über das Privateigentum und die staatlich-rechtlich garantierte Sicherheit dieser Verfügung. Alle ökonomischen und sozialen Forderungen des Liberalismus sind wandelbar um dies eine stabile Zentrum – wandelbar bis zur Selbstaufhebung. So sind selbst gewaltsame Eingriffe der Staatsgewalt in das Wirtschaftsleben oft genug während der Herrschaft des Liberalismus geschehen, sobald es die bedrohte Freiheit und Sicherheit des Privateigentums verlangte, besonders gegenüber dem Proletariat. Der Gedanke der Diktatur und der autoritären Staatsführung ist dem Liberalismus (wie wir gleich sehen werden) durchaus nicht fremd; und oft genug sind in der Zeit des pazifistisch-humanitären Liberalismus nationale Kriege geführt worden.[332]

Gewiß sind in der Zeit, als es in Deutschland einen politischen Linskliberalismus noch gab, Kriege wie der Erste Weltkrieg geführt worden. Aber daraus folgt kein Widerspruch, sondern nur, daß er sich als politische Minderheitsposition mit seinen Ideen des Pazifismus und des Völkerbundes nicht hat durchsetzen können.[333] Nicht anders verhält es sich mit Marcuses These, daß »dem Liberalismus« der Gedanke der Diktatur und der autoritären Staatsführung nicht fremd sei; zum Beweis wird herangezogen, daß ein Vertreter eines theoretischen Wirtschaftsliberalismus, nämlich Ludwig Mises, sich positiv gegenüber dem Faschismus ausgesprochen habe.[334] Soll daraus folgen, daß allen anderen ver-

332 Marcuse 1934, S. 13.

333 Siehe dazu allgemein Langewiesche 1988, S. 227 ff. und Holl 1988, S. 103 ff. sowie zum akademischen Milieu die Fallstudie Dahms/Halfmann 1988.

334 Marcuse 1934, S. 13. Marcuse zitiert dort Mises' in der Tat erschreckendes Lob für den (italienischen) »Faszismus«, er habe »*für den Augenblick* (meine Hervorhebung) die europäische Gesittung« gerettet.
Der Vollständigkeit (und Gerechtigkeit) halber möchte ich dem hinzufügen, was Mises dort für die diesem Augenblick folgende Zukunft prognostiziert: »Daß er außenpolitisch durch das Bekenntnis zum Gewaltprinzip im Verhältnis von Volk zu Volk eine endlose Reihe von Kriegen hervorrufen muß, die die ganze moderne Gesittung vernichten müssen, bedarf keiner weiteren Ausführung« (Mises 1927, S. 45).

wendeten Begriffen von Liberalismus und ihren Vertretern der Gedanke der autoritären Diktatur ebenfalls nicht fremd gewesen ist?

Einige »Frankfurter« haben sich mit dem Verhältnis von Liberalismus und Faschismus etwas mehr Mühe gegeben. Namentlich Pollock hat schon in seinen »Bemerkungen zur Wirtschaftskrise« von 1933, die übrigens einige Überlegungen enthalten, die parallel auch in Neuraths Gesellschafts- und Wirtschaftsmuseum angestellt wurden[335], im Rahmen einer ökonomischen Analyse zu zeigen versucht:

> Was zu Ende geht, ist nicht der Kapitalismus, sondern nur seine liberale Phase. Ökonomisch, politisch und kulturell wird es in Zukunft für die Mehrzahl der Menschen immer weniger Freiheiten geben.[336]

Horkheimer hat diese Einsicht 1939 in seinem berühmten Aufsatz »Die Juden und Europa« erheblich zu der These verschärft, der Faschismus gehe mit Zwangsläufigkeit aus dem Liberalismus hervor, weil die Krise des Kapitalismus keine andere politische Lösungsmöglichkeit zulasse. Seinem vielzitierten Diktum: »Wer aber vom Kapitalismus nicht reden will, sollte auch vom Faschismus schweigen«, folgt nämlich die Bemerkung:

> Mag das Loblied, das die Intellektuellen auf den Liberalismus anstimmen, oft schon zu spät kommen, da die Länder rascher in totalitäre sich umwandeln, als die Bücher Verleger finden, sie geben die Hoffnung nicht auf, daß irgendwo die Reformierung des westlichen Kapitalismus glimpflicher

Den argumentativen Umweg über Vergleichspunkte mit dem italienischen Faschismus hat übrigens Horkheimer (1937a, S. 140f.) ausgerechnet gegenüber Neurath – einem entschiedenen Kritiker der Misesschen wirtschaftlichen und politischen Gedankenwelt – einschlagen wollen. Aus dem bloßen Umstand, daß Neurath und Mussolini gelegentlich mit positiver Bewertung von »Relativismus« gesprochen haben, wird dort eine ideologische Nähe konstruiert. Horkheimer ist dabei offensichtlich entgangen, daß Mussolini einen *weltanschaulichen* Relativismus meint, während Neurath an der von Horkheimer zitierten Stelle im *Zusammenhang mit konkurrierenden Ansätzen zur Grundlegung der Mathematik* von Relativismus spricht.

335 Ich meine insbesondere seine Kritik an der »maßlosen Kostspieligkeit des Systems« und dessen Tendenz zur Vernichtung von gesellschaftlichem Reichtum, insbesondere auch von Agrarprodukten (Pollock 1933, S. 340f.).

336 Ebd., S. 350.

sich abspielt als die des deutschen und gut empfohlene Freunde doch noch eine Zukunft haben. Aber die totalitäre Ordnung ist nichts anderes als ihre Vorgängerin, die ihre Hemmungen verloren hat.[337]

Die sich aus dieser Diagnose ergebende fatalistische Konsequenz, daß auch die westlichen Demokratien England und die USA zwangsläufig in den Faschismus hineinlaufen müssen, ist nun aber nicht eingetroffen. Im Gegenteil haben auch diese erheblich dazu beigetragen, daß jener militärisch niedergeworfen wurde.
Dieser Erfahrung hat auch Horkheimer Jahrzehnte später dadurch Rechnung getragen, daß er dem Vorwort zur Neuauflage seiner Aufsätze eine Abschwächung seiner Liberalismuskritik beigegeben hat, die sich in den nachgelassenen Schriften zu einer völligen Revision steigert.[338] Horkheimer hat daraus freilich nicht die Konsequenz gezogen, die früher unter anderem als Apologeten des Liberalismus kritisierten Positivisten nun – nach seiner Neubewertung – freudig zu begrüßen oder wenigstens etwas milder zu betrachten. Statt dessen hat er diese Kritik so erweitert, daß sie sich vielfach – wenn er etwa auch den studentischen Protest der ausgehenden sechziger Jahre[339] oder die Unbeschlipstheit der Besucher von Grand Hotels[340] als Zeichen von Positivismus deutet – ganz im Ungefähren verliert.
Ich erwähne diese Sachverhalte hier etwas ausführlicher, um anzudeuten, daß schon die Liberalismuskritik des »Instituts« sowohl von ihren begrifflichen Grundlagen wie auch von ihren zeitkritischen Anwendungen her auf schwankendem Boden steht.[341] Das ist natürlich keine gute Basis für eine Positivismus-

337 Horkheimer 1939a, S. 309.
338 Horkheimer 1968, H 3, S. 18; vgl. H 14, S. 471, 476, 493, 497, 522.
339 Ebd., S. 512, 516, 523.
340 Ebd., S. 531.
341 Auf die zwischen Ellen Kennedy einerseits und Alfons Söllner, Ulrich K. Preuß und Martin Jay andererseits in *Geschichte und Gesellschaft* (1986 und 1987) über etwaige Ähnlichkeiten zwischen der Frankfurter Schule und den Lehren Carl Schmitts in der Kritik am Liberalismus ausgebrochene Kontroverse kann hier nicht eingegangen werden. Das ist vielleicht auch in diesem Kontext nicht erforderlich, weil sich Kennedys Bemerkungen über die Zeit vor 1933 nur auf Randfiguren der Frankfurter Schule beziehen und für die in meinem Zusammenhang besonders interessierende Zeit von 1933 bis 1937 nur ziemlich sporadisch sind.

kritik, die die Wahrheit einer solchen Diagnose des Liberalismus ausdrücklich voraussetzt.

Daß die meisten logischen Positivisten keine Vertreter des Liberalismus in irgendeiner der oben genannten Bedeutungen waren, ist schon betont worden. Nur wenn man an den 1937 nicht mehr existenten und während seiner Existenz stets minoritären »rechten Flügel«[342] des Wiener Kreises oder außerhalb Wiens an die von Adorno angeführten und jedenfalls für den logischen Positivismus nicht sonderlich repräsentativen Gestalten wie Karl Jaspers und Max Weber denkt[343], wird eine Zuordnung zum Liberalismus überhaupt verständlich. Dann zeigt sich allerdings sofort, daß Horkheimer hier etwas *pro toto* genommen hat, was entweder die unbedeutendere oder gar überhaupt keine *pars* der von ihm kritisierten »wissenschaftlichen Philosophie« gewesen ist.

Horkheimer gibt nun durchaus zu, daß logische Positivisten in ihrem persönlichen Verhalten politisch akzeptabel gehandelt hätten:

> Wie Ernst Mach ein fortschrittlicher Mensch gewesen ist, so haben sich viele Mitglieder [des Wiener Kreises, der Verf.] für freiheitliche Ziele eingesetzt. Nach ihrer Doktrin ist das zufällig. Sie bietet so wenig ein Gegenmittel gegen politischen wie spiritistischen Aberglauben.[344]

Ihm kommt es aber offenbar nicht auf die (subjektive) politische Haltung der Positivisten, sondern auf die (objektive) Rolle ihrer Philosophie in der Gegenwart an. Diese unvermittelte Unter-

342 Zum »rechten Flügel« werden meist Schlick, Wittgenstein (der nur lose mit dem Kreis verbunden war) und Waismann gezählt. Von diesen ist Wittgenstein bereits 1931 dauerhaft nach England gegangen und Schlick im Juni 1936 von einem Studenten ermordet worden. Übrigens empfiehlt es sich, auch bei diesen nur mit Vorsicht das Attribut »rechts« zu verwenden, weil Schlick – bis zu ihrem Verbot – Mitglied der »Gesellschaft für österreichisch-sowjetische Freundschaft« war und Wittgenstein noch Mitte der dreißiger Jahre ernsthaft eine Übersiedlung in die Sowjetunion betrieb.

343 Siehe zur Auseinandersetzung Max Webers und anderer Liberaler mit den Sozialisierungsplänen Otto Neuraths Dahms/Neumann 1994. Welchen Eindruck parteipolitisch organisierte Linksliberale von diesen Plänen hatten, mag man daran ermessen, daß Parteitagsredner der linksliberalen DDP Neuraths weithin bekanntes Programm der »Vollsozialisierung« als »tolle Sozialisierung« parodierten.

344 Horkheimer 1937a, S. 159.

scheidung mag etwas Problematisches haben.[345] Die Art und Weise, in der Horkheimer Erkenntnisse über Rolle und Funktion des Positivismus gewinnen will, scheint dagegen legitim. Er untersucht in einer Reihe von Gedankenexperimenten an besonders kritischen Situationen, welches Verhalten herauskommen müßte, wenn man sich nach den Maximen des Positivismus verhalten würde. Diese Situationen sind gelegentlich der Geschichte oder der unmittelbaren Gegenwart entnommen. Manchmal handelt es sich aber auch um fingierte Szenarien.

In seinem ersten Beispiel beschreibt Horkheimer einen historisch bezeugten Besuch einer Gruppe von Tierversuchsgegnern in einem Universitätslabor. Dabei ließen sich diese vom Leiter des Labors über die Qualen der Tiere täuschen, weil »une habile section des cordes vocales leur avait simplement enlevé le moyen d'eshaler leurs plaintes«. Er kommentiert den Fall nun so:

> Das Wohlgefallen des jüngeren Herrn Vogt [der diese Begebenheit überliefert hat, Verf.] an der getäuschten Gutgläubigkeit jener Vereinsmitglieder ist ein Muster des Wohlgefallens an einem bescheidenen Empirismus in der auf Täuschung abgestellten Welt.

Das Beispiel hat Mitarbeiter des Frankfurter Instituts offenbar stark beeindruckt. Adorno nahm es (zusammen mit anderen der Horkheimerschen Gedankenexperimente) geradezu als ein Zeichen für die Verringerung der Differenz zwischen dem akademischen Philosophen und dem politischen Schriftsteller Horkheimer:

> Noch mehr aber als die Übereinstimmung [zwischen Horkheimer und Adorno, Verf.] hat mich die Annäherung gefreut, die dieser Aufsatz zwischen Ihren Arbeiten und denen von Heinrich Regius [dem Pseudonym Horkheimers als Autor der *Dämmerung*, Verf.] indiziert. Der Abstand, der zwischen Ihren großen Aufsätzen und dessen Aufzeichnungen früher bestand, verkleinert sich zusehends; die Vivisektionsstelle, die Sie mir schon vorher mitgeteilt hatten, die Stelle über das Gefängnis, auch die über das Scheinfunktionieren des Positivismus in einer nach gewissen Schemata eingerichteten Welt sind nicht nur ganz außerordentlich gelungen, sondern in ihnen indiziert sich zugleich auch eine Liquidation des akademischen Elements, die mich wahrhaft enthusiasmiert.[346]

345 Sie begünstigt eine Einstellung, bei der es nur noch auf theoretische Positionen und Proklamationen ankommt und tatsächliche Aktivitäten überhaupt keine Rolle mehr spielen.

346 Adorno an Horkheimer, 23. 3. 1937.

Um einen Beitrag zu »Liquidation des akademischen Elements« mag es sich bei der Vivisektionsstelle durchaus handeln. Aber stützt sie auch Horkheimers Interpretation eines »bescheidenen Empirismus«?

Das ist nun überhaupt nicht der Fall. Denn die Durchtrennungen von Stimmbändern sind ebenso wie mit Stimmbändern erzeugte Geräusche empirisch feststellbare Sachverhalte (die sich nur verschieden schwer feststellen lassen mögen). Es bedürfte eines zusätzlichen Arguments dafür, daß Empiristen »bescheiden« auf die – von ihrer Doktrin ausdrücklich geforderte! – Verifikation (die nicht identisch ist mit »oberflächlichem Augenschein«) ihres Verdachts auf Tierquälerei verzichten sollten, wie das in diesem Fall die Tierversuchsgegner offenbar leichtfertig getan hatten. Dieses zusätzliche Argument liefert Horkheimer nicht. Umgekehrt muß man aber an ihn die Frage richten, wie anders als durch Wahrnehmung und Beobachtung das Betrugsmanöver des Laborleiters durchschaut werden sollte. Dazu fehlt in diesem Beispiel leider jede Angabe.

Das ist in Horkheimers zweitem Beispiel anders. Dort stellt er folgende fingierte Szene vor: »Mehrere hundert Personen sind auf Lebenszeit in einem Gefängnis eingesperrt«.[347] Sie müssen dort in unerträglichen Bedingungen dahinvegetieren, die unzureichende Ernährung, zu wenig Schlafplätze und unerträglichen Lärm einschließen. Für jeden Gefangenen sei es in dieser Situation dann rational, sozusagen empirische Wissenschaft zu treiben: die Mitgefangenen genauestens zu beobachten, um für das eigene Überleben das Maximum der knappen Güter herauszuschlagen.

Aber solches Beobachten und Kalkulieren sei nur »ein Spezialfall des Denkens«. Es seien andere »Formen denkbar, in denen die geistigen Kräfte der Individuen nicht nur dazu dienen, sich ... anzupassen ..., sondern selbst ihr Leben zu bestimmen und einzurichten.« Horkheimer empfiehlt insbesondere »nicht im Registrieren und Prognostizieren von Fakten, im bloßen Kalkulieren« zu verharren,

> sondern daß er lernt, hinter die Fakten zu blicken, die Oberfläche vom Wesen zu unterscheiden, ohne sie freilich für nichts zu achten, Begriffe zu konzipieren, die keine bloßen Klassifikationen des Gegebenen sind, und seine gesamte Erfahrung fortwährend auf bestimmte Zielsetzungen hin zu

347 Horkheimer 1937a, S. 155.

strukturieren, ohne sie dabei zu verfälschen, kurz, daß er lernt, dialektisch zu denken.

Wenn nun aber schon laut Voraussetzung ein Entkommen aus dem Gefängnis unmöglich ist und auch die Aufenthaltsbedingungen durch das Verhalten der Gefangenen nicht grundsätzlich verbessert werden können, dann ist nicht ganz klar, wie diese durch den Übergang von einer eingeschränkten zu einer erweiterten Rationalität »selbst ihr Leben bestimmen und einrichten« könnten. Dabei könnte es sich nach Lage wohl nur um eine effektivere Verwaltung des Mangels handeln. Es bliebe zu zeigen, wieso diese nicht nach empiristischen Prinzipien funktionieren könnte. Was umgekehrt den Gefangenen bei dieser »bescheidenen« Aufgabenstellung das Erlernen der Dialektik helfen könnte, ist nicht ersichtlich. Wo wäre in der Gefängnissituation etwa der Unterschied von Wesen und Erscheinung konkret anzusetzen, welche Begriffe sollten die Gefangenen als Alternativen zu bloß klassifizierenden entwickeln etc.?

Auch dieses Beispiel liefert also nicht, was es soll. Es empfiehlt sich deshalb, sich denjenigen Gedankenexperimenten zuzuwenden, in denen relevante tatsächliche Situationen in Geschichte und Gegenwart benutzt werden. Horkheimer behauptet nun, vom Standpunkt des Positivismus hätte man nichts gegen den mittelalterlichen Hexenglauben einwenden können, und auch gegen den grassierenden Antisemitismus könne der Positivist nichts sagen. Wie verhält es sich damit?

Die Einschätzung, »die Empiristen hätten angesichts einer größeren Quantität von Protokollsätzen nicht einmal auf der Unwahrscheinlichkeit [des Hexenglaubens, der Verf.] bestehen dürfen«[348], ist völlig unzutreffend. Denn dieser hatte einige wesentliche deskriptive Elemente. Hexen wurde nämlich allgemein die Fähigkeit zugeschrieben, jederlei Schaden zu bewirken wie Krankheit, Seuchen, Tod, etc. Derartige Behauptungen scheitern nun nicht an »den Mitteln streng rationalistischer Philosophie«[349], wie Horkheimer glaubte, sondern an der von Empiristen empfohlenen Kontrolle durch Erfahrung, und sie sind nicht ganz zufällig historisch auch so bekämpft worden. Das ist Horkheimer auch durchaus bekannt gewesen. So hatte er in seiner Vorlesung »Einführung

348 Ebd., S. 149.
349 Ebd.

in die Geschichte der neueren Philosophie« – mit Berufung auf kritische Zeitgenossen der Hexenverfolgung – im Jahre 1927 folgendes geäußert:

> Es ist also unmöglich, daß – wie es der Hexenglaube verlangt – der bloße Geist, der bloße Gedanke anstelle der adäquaten materiellen Ursachen eine materielle Veränderung bewirkt. Man kann nicht in der Stube hocken und »Gewitter machen«.[350]

Abgesehen von den *allgemeinen* deskriptiven Elementen des Hexenglaubens wären auch die verschiedenen Tests auf ein Vorliegen einer vermuteten *individuellen* Hexeneigenschaft (wie Nagel- oder Wasserprobe) Ansatzpunkte für Kritik durch logische Empiristen. Sie sind nämlich schon von ihrer logischen Struktur her sämtlich so angelegt, daß sie in allen denkbaren Fällen zuungunsten der Beschuldigten ausgehen[351], und dies ist historisch auch von Kritikern des Hexenwahns angeführt worden. Der logische Positivismus hätte sich an diesem historischen Beispiel also bewährt.

Über die Unfähigkeit des Positivismus, gegen Antisemitismus und andere Minderheitenhetze vorzugehen, hat Horkheimer ausgeführt:

> Es gehört geradezu zum Wesen dieses Begriffs der Erkenntnis, daß sie, wenn neun Zehntel aller Menschen Gespenster sehen, wenn sie unschuldige Gruppen der Gesellschaft als Teufel und Dämonen ausrufen und Räuberhauptleute zu Göttern erklären, also angesichts jener furchtbaren Verwirrung, die der Auflösung einer Gesellschaftsform vorauszugehen pflegt, grundsätzlich unfähig ist, diesem Anschwellen prätendierter Erfahrungen ein anderes Bild der Realität vorzuhalten und das gemeine Bewußtsein zu kritisieren.[352]

350 Horkheimer 1927, S. 179. Für den Widerstreit einer empiristischen Haltung mit dem Hexenglauben gibt es auch noch deutlichere Beispiele: Selbst außerhalb der Stube wird es nicht gelingen, etwa das Korn von den Halmen eines Ackers auf die eines anderen zu »hexen« (wie das ja den Hexen zugetraut wurde).

351 Wurde etwa bei der Nagelprobe ausnahmsweise *keine* – vom Teufel als Erkennungsmal an seiner Buhlschaft zurückgelassene – schmerzunempfindliche Stelle gefunden, so wurde das *um so mehr* als belastendes Indiz gewertet, weil der Teufel seine treuesten Buhlschaften bekanntlich nicht kennzeichnet.

352 Horkheimer 1937a, S. 142.

Die Lage ist hier derjenigen bei der Kritik am Hexenglauben ganz parallel. Denn auch der Antisemitismus (der hier offenbar angedeutet werden soll) enthält eine ganze Reihe allgemeiner und spezieller deskriptiver Elemente. Aktuell wurde »den Juden« etwa nachgesagt, sie hätten sich vor der Teilnahme am Ersten Weltkrieg »gedrückt«, hätten sich als Kriegsgewinnler bereichert, die militärische Niederlage wie auch die nachfolgende Revolution bewirkt, seien gleichzeitig Verursacher und Nutznießer der Inflation gewesen etc. Dies sind sämtlich durch empirische Forschung entscheidbare Behauptungen, auf deren Widerlegung im übrigen der jüdische Abwehrkampf gegen den Antisemitismus ziemlich viel Energie verwendet hat. Und es ist kein Wunder, daß solche faktischen Überlegungen auch in den Forschungsunternehmungen des Instituts aus den vierziger Jahren eine Rolle gespielt haben.[353]
Hier soll nun freilich nicht behauptet werden, daß die Auseinandersetzung mit Hexenglauben, Antisemitismus (und heutzutage: Ausländerfeindlichkeit) ausschließlich mit Tatsachenargumenten geführt werden kann. Das ist schon wegen den in diesen »Lehren« mitschwingenden Bewertungen und Normierungen nicht möglich, und es soll auch nicht verschwiegen werden, daß eine rein argumentative Auseinandersetzung mit der Intoleranz gegenüber Minderheiten häufig genug nicht ausreicht. Aber andererseits ist es doch ganz abwegig, den erheblichen Beitrag zu leugnen, den die Erfahrungskontrolle bei der Zerstörung derartiger Ideologien anzubieten hat.

3.5 Warum so heftig?

Wodurch erklärt sich nun angesichts der in vielen Punkten weitgehenden inhaltlichen Gemeinsamkeiten von Positivismus und kritischer Theorie der Überschuß an Polemik im Artikel Horkheimers?
Daß Gemeinsamkeiten auch als solche aufgesucht und bewußt werden müssen, wenn sie ein Handeln bestimmen sollen, ist schon

353 So heißt es in Horkheimer 1941, S. 380 programmatisch: »Man muß die angeblichen Eigenschaften der Juden, die antisemitische Reaktionen auslösen, unbedingt analysieren, um herauszufinden, welche von ihnen eine Realitätsbasis haben und welche erfunden sind.«

oben erwähnt worden. Der Umstand, daß ein Teil der Horkheimerschen Kritik im Vorgriff auf den erhofften großen Wurf der »kritischen Theorie« formuliert wurde, hat den Umfang der Übereinstimmungen wohl zum Teil verdeckt und statt dessen – auf seiten der »Frankfurter« – die Differenzen überproportional hervortreten lassen. Aber das reicht zur Erklärung für die Schärfe der Polemik nicht aus.

Das Hauptmotiv ist sicherlich in der von Horkheimer vertretenen Sache begründet. Denn er mußte sich besonders getroffen fühlen, wenn die Positivisten auch Teile seiner auf eine bessere Gesellschaft zielenden Lehre als nicht nur falsch, sondern – qua Metaphysikverdacht – auch als sinnlos verworfen zu haben scheinen. Horkheimers Verärgerung kommt am Ende des Aufsatzes deutlich genug zum Ausdruck:

> Sie [die Positivisten, der Verf.] verwirren heillos die Fronten und schimpfen jeden einen Metaphysiker oder Dichter, gleichviel, ob er die Dinge in ihr Gegenteil verkehrt oder sie beim Namen nennt.[354]

Deutlicher als hier wird im ersten Brief an Adorno in der Positivismusangelegenheit vom 22. 10. 1936 die Erregung darüber spürbar, daß gerade die vom Institut vorrangig thematisierten Gegenstände, nämlich »alle Sphären der Kultur«,

> schamlos dem Irrationalismus preisgegeben werden. Nichts anderes kann es ja bedeuten, daß nur diejenigen Gedanken als Erkenntnis gelten dürfen, die mit den Mitteln der modernen Logik auszudrücken sind. Da sich nun aber immer deutlicher herausstellt, daß man damit im Grunde überhaupt nichts ausdrücken kann, so enthüllt sich das ganze schließlich als der Kampf gegen die Anwendung des Denkens auf Gesellschaft und Geschichte überhaupt.

Es kommt hinzu, daß Neurath mit seinen kritischen Bemerkungen gegen die Dialektik, ohne es vermutlich selbst recht zu ahnen, in ein Wespennest gestochen hatte. Die dadurch ausgelösten Abwehrreaktionen mögen noch durch den von Neurath im Bewußtsein der logischen Überlegenheit seines Standpunkts angeschlagenen Tonfall verstärkt worden sein, wie er etwa in folgender Passage zum Ausdruck kommt:

354 Horkheimer 1937a, S. 161.

Da ich meine, daß Sie in der Wissenschaft ungefähr so formulieren, wie die von mir voll gebilligten Wissenschaftler, kann ich Ihre Betrachtungen über den Wissenschaftsbetrieb, über Erkenntnis usw. als »terminologische Abweichungen« kennzeichnen. Das geht natürlich nicht, wenn diese »Ergänzungen« das Um und Auf der gedanklichen Aktivität sind. Was bei Ihnen absolut nicht der Fall ist. Ich würde daher die Neigung haben, selbst Ihre bedenklichsten Wendungen mit Ihrer Hilfe zunächst in die allgemeine wissenschaftliche Sprache, wie wir sie propagieren, zu verwandeln.[355]

Man kann sich leicht vorstellen, daß das freundliche Angebot, für die Übersetzung von Horkheimers Ideen in die physikalistische Einheitssprache der Wissenschaft auf dessen Hilfe zurückkommen zu wollen, die Erbitterung nur noch gesteigert hat.
Neben dem sachlichen Hauptmotiv ist nicht im Artikel, dafür aber um so deutlicher in der internen Korrespondenz ein anderes nicht zu übersehen, das vielleicht weniger edel erscheint und deshalb nach außen unterdrückt wird (»All dies habe ich nicht gesagt«): »Der Zauber ist letzten Endes auf akademische Positionen und ordentliche Lehrstühle aus«[356], also letzten Endes eine Art wissenschaftlicher und akademischer Futterneid.
Die Behauptung, »der Zauber« sei nur auf akademische Position aus, läßt sich jedenfalls für die Positivisten nicht aufrechterhalten. Diese hatten, nachdem sie seit dem Februar 1934 wegen des Verbots ihres Vereins »Ernst Mach« in Wien nicht mehr öffentlich in Erscheinung treten konnten, in der Tat erhebliche Anstrengungen unternommen, ihre Bewegung im Ausland auf internationaler Ebene fortzusetzen. Dazu gehörte die massive Präsenz auf den beiden internationalen Philosophiekongressen 1934 in Prag und 1937 in Paris, auf denen sie ganze Sektionen dominierten, während die Frankfurter allenfalls einen Beobachter schickten.[357] Seit 1935 kamen bei den Positivisten die bis 1941 jährlich stattfindenden eigenen Tagungen für »Einheit der Wissenschaft« hinzu, auf denen unter anderem der Plan eines in internationaler Arbeitsteilung voranschreitenden Enzyklopädie-Projekts beschlossen und vorangetrieben wurde. Dies ursprünglich dreisprachig angelegte Unternehmen ist dann ab 1938 als *International Encyclopedia of Unified Science* in englischer Sprache erschienen.

355 Neurath an Horkheimer, 15. 11. 1936.
356 Horkheimer an Adorno, 22. 2. 1937, S. 3.
357 Vgl. Benjamins Bemerkungen über den Pariser Kongreß im Brief an Gerhard Scholem vom 5. 8. 1937 (in Benjamin 1978, Bd. 2, S. 735).

Gewiß haben nun diese Aktivitäten zusammen mit vielen anderen Bemühungen zur Verbreitung der Strömung beigetragen. In zusätzlichen akademischen Positionen haben sie sich jedoch nicht niedergeschlagen. Denn wenn man die professionellen Schicksale der mathematisch-naturwissenschaftlich orientierten Mitglieder des Wiener Kreises in der Emigration mit denen deutscher Mathematiker und Naturwissenschaftler vergleicht, stellt man fest, daß Vertreter dieser Fachrichtungen in den USA ganz allgemein mit offenen Armen empfangen wurden.[358] Dagegen ging es den Geistes- und Sozialwissenschaftlern in der Emigration im Durchschnitt ganz allgemein sehr viel schlechter. Zumal die Historiker und Soziologen des Wiener Kreises hatten im Exil jedenfalls keine besseren Chancen als die Mitarbeiter Horkheimers.

Neurath etwa war für die Finanzierung seiner Reise im Sommer 1934 nach Prag, wo außer dem achten internationalen Philosophiekongreß ja schließlich die von ihm organisierte Vorkonferenz zum ersten Kongreß für Einheit der Wissenschaft stattfinden sollte, auf milde Gaben eines Freundes angewiesen.[359] Eine Rückkehr in die akademische Laufbahn, die ihm in Deutschland nach seiner Beteiligung an der Münchener Räterepublik durch den Entzug seiner Heidelberger *venia legendi* abgeschnitten worden war, scheiterte 1936 in Prag, weil man gegen eine Vertretung von Carnaps Lehrstuhl durch Neurath rassische und politische Vorbehalte hatte.[360] Auf das traurige Exil-Schicksal Edgar Zilsels, des Sozial- und Wissenschaftshistorikers des Wiener Kreises, komme ich noch zurück.

Daß das Frankfurter Institut in den USA nur einen geringeren Einfluß erlangte als die Positivisten, hatte größtenteils durchaus vermeidbare »hausgemachte« Gründe. Als erstes ist dabei an die merkwürdige Fetischisierung des Deutschen als »Amtssprache« des exilierten Instituts sowohl in seiner Zeitschrift als auch in seinen monographischen Veröffentlichungen wie insbesondere dem monumentalen Werk *Autorität und Familie* zu denken.[361] Wie der Briefwechsel Horkheimers mit Andries Sternheim zeigt, war die

358 Siehe dazu etwa Dahms 1986.
359 Siehe den Briefwechsel Neurath/Frank.
360 Siehe dazu Hegselmann 1985, S. 277.
361 Siehe Löwenthal 1980, S. 98 als Beleg dafür, daß das Festhalten am Deutschen der Verbreitung dieses Bandes im Wege gestanden hat.

Frage der Publikationssprache trotz Horkheimers im Vorwort zum zweiten Heft des Jahrgangs 1933 der *Zeitschrift* gegebener Ankündigung, »als wissenschaftliches Organ in deutscher Sprache weiter zu erscheinen«[362], durchaus umstritten geblieben. So schrieb Sternheim am 27. September 1934 an Horkheimer:

Über unsere Zeitschrift habe ich in der letzten Zeit viel nachgedacht. Immer stärker habe ich das Gefühl, als wäre es im Interesse der Zeitschrift wie des Instituts, wenn erstere durch Aufnahme anderssprachiger Aufsätze oder durch Erscheinen in mehreren Sprachen einen mehr internationalen Charakter bekäme ... Ich habe nämlich Angst, daß die Zeitschrift in ihrer deutschen Fassung durch den Gang der politischen Entwicklung Deutschlands doch als eine Emigranten-Zeitschrift betrachtet wird. So wie es augenblicklich in Deutschland aussieht, besteht kein Grund anzunehmen, daß die Regierung bald gestürzt wird, jedenfalls nicht von einer ersetzt wird, die weniger despotisch wäre.

Die hier offenbar vermutete Hoffnung auf einen baldigen Umsturz als Ursache für das Festhalten am Deutschen als Publikationssprache dürfte nicht der tatsächliche Grund gewesen sein.[363] In Horkheimers Antwort spielt das Motiv jedenfalls keine Rolle:

Für Ihre Bemerkungen über die Zeitschrift danke ich Ihnen. Auch wir haben über dieses Problem wiederholt gesprochen. Nach allen Überlegungen will es uns jedoch immer noch so scheinen, als ob die Möglichkeit, daß die Zeitschrift den Stempel der Emigration bekommt, gegenüber unserer Verpflichtung, beste deutsche Kulturwerte zu bewahren, nicht allzu schwer genommen werden müsse. Wir sind heute die einzige Stelle, in der die Tradition der klassischen deutschen Philosophie und Soziologie in deutscher Sprache gepflegt wird.[364]

Die zweite Ursache war die geringfügige Präsenz der Frankfurter bei den zahlreichen internationalen wissenschaftlichen Tagungen wie etwa bei den erwähnten internationalen Philosophie-, aber auch den seinerzeitigen Soziologiekongressen. Hier schickten die Frankfurter meist nur einen Beobachter, der dann aber nicht selbst in die Debatte eingriff, oder einen nicht zu ihrer Kernmannschaft gehörenden Mitarbeiter wie Lazarsfeld, dessen Ausführun-

362 *Zeitschrift für Sozialforschung* 2 (1933), S. 161.

363 Horkheimer scheint darüber – im Unterschied zu Adorno – keine Illusionen gehabt zu haben. Siehe dazu den in Schmid Noerr 1988, 262 zitierten Brief Adornos an Horkheimer vom 9. 5. 1945.

364 Horkheimer an Sternheim, 8. 10. 1934.

gen dann nicht unbedingt repräsentativ für die Position des Instituts waren.

Schließlich ist die nur recht spärliche Beteiligung am akademischen Lehrbetrieb des Exillandes zu nennen. Nur sehr gelegentlich hielten die Frankfurter an der – einer Volkshochschule vergleichbaren – »Extension« der Columbia-Universität eine Vortragsreihe. Die in die USA gekommenen Positivisten mußten dagegen schon zur Sicherung ihrer materiellen Existenz akademischen Lehrverpflichtungen nachkommen, waren dadurch viel stärker in den akademischen Austausch eingebunden und hatten so auch die Chance, wissenschaftlichen Nachwuchs heranzubilden.

Überhaupt war die durch das Festhalten am Deutschen und die mangelnde Teilnahme am akademischen Betrieb bewirkte »splendid isolation« sozusagen die negative Kehrseite des sonst glücklichen Umstands, daß das Institut sich – anders als die Positivisten – wegen seiner Stiftungsmittel um die Finanzierung seiner Mitarbeiter und ihrer Publikationen nicht zu kümmern brauchte. Daß die relative Isolierung dagegen eine selbstgewählte gewesen sei, etwa um der Anpassung an den akademischen Betrieb zu entgehen, wie es in Löwenthals Losung vom »Nicht-Mitmachen«[365] anklingt, scheint dagegen eine nachträgliche Rationalisierung zu sein. »Mitmachen« wollten die Frankfurter schon, wie ihre Anstrengungen zeigen, sich der internationalen wissenschaftlichen Öffentlichkeit bei den internationalen Kongressen am Rande der Pariser Weltausstellung von 1937 zu präsentieren. Diese Bemühungen sind jedoch in diesem Fall, wie wir sehen werden, nicht durch Desinteresse oder Abwehr ihrer Adressaten zunichte gemacht worden, sondern durch ein die Grenzen des Grotesken streifendes Mismanagement einzelner Institutsmitarbeiter.

365 Löwenthal 1980, S. 75.

4. Reaktionen auf Horkheimers »Neuesten Angriff«

Horkheimers Arbeit war sozusagen der Leitartikel im Jubiläumsheft (zum fünfjährigen Bestehen) der Zeitschrift gewesen. Die Reaktionen von Mitgliedern der Frankfurter Schule waren, da eine solche Kontinuität angesichts der politischen Umstände, unter denen sie gewahrt worden war, nicht gering veranschlagt werden durfte, auch besonders auf Rückbesinnung und Vorausschau eingestimmt. Insbesondere Henryk Grossmann kam – wegen seiner langjährigen Zugehörigkeit zum Institut leicht verständlich – auf jene Anfänge und den seitdem zurückgelegten Weg zu sprechen:

Mit wahrem Vergnügen habe ich in der letzten Z[eit]schrift die beiden Aufsätze über den affirmativen Charakter der Kultur von Marcuse und den Ihrigen mit der Kritik des neuen Positivismus gelesen ... Der Aufsatz Marcuses ist sehr wichtig und nützlich in seiner Kritik ...
Was Ihren schönen Aufsatz anlangt, so betrachte ich ihn als Ihre bisher beste, tiefste Leistung. Wenn ich mich an das erste Jahr meines Frankfurter Aufenthalts und an Ihre Cornelianischen Anfänge erinnere, so bewundere ich die Reife Ihrer Entwicklung und die große geleistete Arbeit, die im Aufsatz zum Ausdruck kommt.[366]

Dann unterstrich Grossmann die aktuelle politische Notwendigkeit der Auseinandersetzung mit den Positivisten (allerdings anders als Horkheimer mit Argumenten, in denen von deren angeblicher ideologischer Verbindung zum Liberalismus nicht die Rede ist):

Der Aufsatz ist höchst aktuell und wichtig wegen der Verwirrung, welche besonders die »Wiener Schule« in den Köpfen der jüngeren Sozialisten hervorruft. Ihre prinzipielle Kritik, mit großer logischer Schärfe, verbunden mit eleganter Ironie und wenn nötig mit grober Faust (z. B. S. 41, wo Sie ihnen Oberflächlichkeit und Anmassung oder S. 44 die Unkenntnis der Dialektik zum Vorwurf machen) wird wohltuend wirken. Um so mehr muß man bedauern, daß der Aufsatz, weil er in einer Z[eit]schrift gedruckt ist, der breiteren Öffentlichkeit entzogen ist. Gerade vom Standpunkt des Aktivismus sollten Sie ein Interesse haben, an die breiteren Schichten der Jugend heran[zu]treten.

366 Grossmann an Horkheimer, 1. 8. 1937.

Im weiteren Verlauf des ausführlichen Briefs stellte Grossmann als einen Merkpunkt für die Zukunft heraus, daß die innermarxistische Problematik der Legitimation von Zielsetzungen und konstruktiven Entscheidungen in Horkheimers Aufsatz noch keineswegs erschöpft worden sei.

Andere Mitglieder der Frankfurter Schule verbanden ihre Reaktion auf den Aufsatz mit konkreten Vorschlägen zur Frage, was im Anschluß daran in Zukunft am besten angepackt werden sollte. Daß Adorno schon auf die Zusendung der Druckfahnen mit der »größten Freude und der vollsten Zustimmung« reagieren würde, kommt nicht überraschend, weil er ja schon an der Konzipierung des Artikels beteiligt gewesen war. Er nahm in einem Brief an Horkheimer vom 15. Mai 1937 die Zusendung des fertigen Jubiläumsheftes der Zeitschrift zum Anlaß, eine Rückschau mit der Entwicklung weiterer programmatischer Perspektiven zu entwikkeln. Dabei kreisten seine Ideen um sämtliche Bereiche der modernen Massenkultur. Er knüpfte daran an, daß als kritische Bewertungen einzelner dieser Sphären in der *Zeitschrift* schon Benjamins Aufsatz über den Film und sein eigener Aufsatz über Jazz erschienen war, und fuhr dann fort:

Weiter halte ich für unumgänglich notwendig eine Arbeit über moderne Architektur und das Problem der »neuen Sachlichkeit« oder, wie man hier sagt, des Fonctionalism. Es ist durch und durch dialektisch, d. h. hat ebensogut eine fortschrittliche Tendenz wie eine der reaktionärsten Unmenschlichkeit (die Stellung der faszistischen Länder zur neuen Sachlichkeit müßte berücksichtigt werden). Es gibt übrigens viele Verbindungslinien zum logischen Positivismus.[367]

Da solche Verbindungslinien tatsächlich nicht nur in der positivistischen Programmatik, sondern auch in vielen praktischen Beziehungen des Wiener Kreises, etwa zum Dessauer Bauhaus oder zur Wiener Wohnbauarchitektur der zwanziger Jahre nachweisbar sind, hätte man sich von einer solchen Studie Aufschlüsse über die Beziehung zwischen der »wissenschaftlichen Weltauffassung«

367 An dieser Briefstelle ist übrigens auch Adornos Verwendung des Begriffs »dialektisch« interessant. Er wird hier etwa gleichbedeutend mit »ambivalent« benutzt, enthält also noch nicht die besonders in der *Dialektik der Aufklärung* explizierte geschichtsphilosophische Idee des historischen Umschlags einer ursprünglich fortschrittlichen Tendenz in die der Barbarei.

und jenes von ihren Wiener Propagandisten beschworenen »Lebens« erhoffen können, das diese aufnehmen soll. Damals ist aus der Ausführung dieses Plans aber leider nichts geworden, vor allem wohl deshalb, weil Adornos Vorschlag, für diese Aufgabe Ernst Bloch heranzuziehen, der dabei »von seiner Frau, einer ernsthaften Architektin, die uns politisch nahe steht, beraten werden könnte«, anscheinend in der New Yorker Zentrale des Instituts nicht ernsthaft verfolgt wurde.[368]
Zwei andere Reaktionen enthielten dagegen Anregungen, die nicht nur weiterverfolgt wurden, sondern zum Teil als Initialzündungen für wichtige weitere Entwicklungen gelten können, mit denen wir uns noch auseinandersetzen müssen. Die eine ist ein Brief Walter Benjamins, in dem die Empfehlung ausgesprochen wird, die gegen den Positivismus begonnene Polemik auf weitere Bereiche der Philosophie auszudehnen, die andere ein Brief Andries Sternheims, in dem dieselbe Tendenz für die Soziologie zum Ausdruck kommt.
Benjamin beginnt seine Ausführungen im Brief vom 3. 11. 1937 so:

Ich glaube, daß die philosophische Kritik, sobald sie aus dem Rahmen der historischen Abhandlung ... heraustritt, heute am meisten in polemischer Form die Chance hat, ihrer Aufgabe gerecht zu werden. Die Befestigung der herrschenden Klasse in unverkleidete Machtpositionen hat so große Fortschritte gemacht, daß sie sich jeder Kritik aufnötigt. Deren Form wird damit zur polemischen.

Dann fährt er konkreter fort:

Die deutsche philosophische Produktion wird freilich à la longue nicht ausreichen, unsere eigene Position per contrarium zu umreißen. Ihr Aufsatz gegen die Wiener Schule stellt eine erste Angriffsoperation weiteren Ausmaßes dar. Es wäre gut, wenn entschlossene Auseinandersetzungen mit Schulen anderer Länder erscheinen könnten.

Diese Anregung wurde von Horkheimer in den vierziger Jahren – bezogen auf die amerikanische Philosophie – tatsächlich aufgenommen und realisiert.
Etwas eigenartig ist Sternheims Brief vom 16. 4. 1937, weil er offenbar den »Neuesten Angriff«, in dem von Soziologie nur am

368 Ein späterer Versuch des Instituts, für Bloch bei einer amerikanischen Stiftung ein Stipendium einzuwerben, schlug fehl. Siehe zu Adornos Einsatz für Bloch nach diesem Fehlschlag (insbesondere auch der berühmten Tellerwäschergeschichte) Zudeik 1987, S. 174ff.

Rande die Rede ist (etwa gelegentlich der Kritik an der Anwendbarkeit des Neurathschen Physikalismus auf die Sozialwissenschaften oder im Zusammenhang mit der Werturteilsproblematik), geradezu prophetisch als Polemik gegen die empirische Soziologie interpretiert, also in einem Sinne, in dem sich ein Zweig der Auseinandersetzung der Frankfurter Schule mit dem Positivismus dann erst später entwickelt hat:

Ihre Arbeit über die empirische Soziologie hat mir besonders gut gefallen; wäre die empirische Soziologie eine lebende Person gewesen, so hätten Sie sie mit Ihren Schlägen aus der Welt geschafft. Die Bemerkung, die Sie aus dem Blatt der Schweizer Typographen zitieren [betreffs der getäuschten Vivisektionsgegner, Verf.], war ein richtiger Fund.[369]

Schriftlich festgehaltene kritische Reaktionen auf Horkheimers Jubiläumsaufsatz aus dem Umkreis des Frankfurter Instituts sind mir dagegen nicht bekannt. Joseph Maier, der seinerzeit als Hilfskraft am Institut angestellt war (und heute seine fortdauernde Loyalität betont), berichtet aber, er habe Horkheimer damals einmal auf die Polemik gegen die Positivisten angesprochen und kritisiert: »das sind ja alles brave Antifaschisten; die darf man nicht so behandeln«. Horkheimer habe aber darauf bestanden, daß subjektiv ehrenwerte Absichten einzelner Positivisten und die objektiv reaktionäre Funktion ihrer Philosophie strikt auseinandergehalten werden müßten.

Es ist nicht verwunderlich, daß die Reaktionen der Positivisten anders ausfielen als die der kritischen Theoretiker. Neurath hatte Horkheimer als »unserem freundschaftlichen Kritiker« noch am 10. Juni 1937 geschrieben: »Ich erwarte Ihren Aufsatz mit Spannung« und sogar hinzugesetzt:

Ich möchte mit Ihnen möglichst bald darüber sprechen, welche Seite unserer Debatte von Ihnen aus in unserer Enzyklopädie eventuell behandelt werden könnte,

369 Es folgt dann eine Bemerkung, die den Eindruck wiedergibt, den wohl jeder unbefangene Leser angesichts des gleichzeitigen Erscheinens von Horkheimers Polemik und Neuraths »Standard-of-living«-Aufsatzes im Frühjahrsheft der *Zeitschrift für Sozialforschung* auch gehabt haben dürfte (wenngleich er der tatsächlichen Entstehung des Heftes nicht entspricht): »Die Veröffentlichung eines kurzen Aufsatzes von Neurath ist wohl als Trostpreis gedacht.«

da ja an der »Aussprache zwischen Empiristen aller Richtungen« sehr gelegen sei und »wir ... innerhalb des Empirismus sehr tolerant [sind].« Zumal das Angebot, einen Beitrag zu der ab Frühling 1938 erscheinenden *International Encyclopedia of Unified Science* beizusteuern, das – wie wir aus dem internen positivistischen Briefverkehr wissen – normalerweise nur handverlesenen Sympathisanten gemacht wurde, verrät Neuraths Hoffnung, Horkheimer noch als Positivisten einordnen zu können oder mittlerweile halbwegs zu einem braven Empiristen bekehrt zu haben.

Daß diese Einschätzung Illusion war, mußte er binnen weniger Tage mit dem Eintreffen des Frühjahrsheftes der Zeitschrift erkennen. Am 21. Juni schreibt er an Horkheimer:

> Nun habe ich Ihren Artikel gelesen. Erst hats mir die Stimm verschlagen vor Schreck. Dann habe ich ihn nochmals gelesen. Da habe ich denn doch gesehen, wie Sie alle Keulenschläge sozusagen unter liebevollem Zuspruch austeilen.

Die kaum nachvollziehbare Wahrnehmung »liebevollen Zuspruchs« wird allerdings bald relativiert:

> Sie sind ja wirklich bestrebt uns nach genauer Betrachtung und persönlicher Befragung aufs Schaffott zu senden. Denn wir kommen übel weg.

Neurath kündigt dann an,

> als Soziologe unseres Kreises, der überdies persönlich unter Maschinengewehrfeuer genommen ist ... natürlich auf diesen Artikel kurz [zu] antworten, denn nur denen, die mit uns keinen Kontakt suchen, antwortet man besser nicht.

Außerdem schlägt er, wie bereits angedeutet, eine Diskussion mit Frank und Carnap für den Herbst in New York vor. Dieser Vorschlag wird auch von Horkheimer postwendend akzeptiert. Adorno werde alles Nötige wegen dieser Aussprache vereinbaren. Dazu scheint es jedoch nicht gekommen zu sein.

Statt dessen kam es aber bereits im Sommer 1937 zu einer ausführlichen Aussprache zwischen Vertretern der beiden Lager. Schon im Brief vom 10. Juni, also noch vor Erhalt des »Neuesten Angriffs«, war Neurath auf die personelle Besetzung dieses anscheinend von Horkheimer angeregten Symposiums zu sprechen gekommen. Daran sollten sich wiederum der – ja bereits im Januar des Jahres nach New York eingeladene – Carnap und Philipp Frank aus Prag beteiligen. Die Diskussion sollte am Rande des Internationalen Philosophiekongresses und des gleichzeitig stattfindenden 3. Internationalen Kongresses für Einheit der Wissenschaft in Paris stattfinden. Zur personellen Besetzung schreibt Neurath weiter:

Ich hoffe, Sie kommen auch zu unserer bescheidenen Tagung vom 28. bis 31. Juli an der Sorbonne. Ist Lazarsfeld als Gesandter und bevollmächtigter Minister aufzufassen, wenn er in die Diskussion eingreift? Grüßen Sie ihn von mir.

Horkheimer selbst war an der Teilnahme an beiden Kongressen verhindert.[370] Lazarsfeld, der ja schon als Abgesandter des Frankfurter Instituts am 1. Internationalen Kongreß für Einheit der Wissenschaft in Paris 1935 teilgenommen und darüber im Frankfurter Institut berichtet hatte[371], nahm dann zwar in der Tat auf Frankfurter Seite teil, aber nicht in der von Neurath vermuteten Rolle. Wie Horkheimer Neurath nämlich am 29. Juni schrieb, sollte statt seiner Adorno als Sprecher des Instituts auftreten: »Er ist selbst ein ganz ausgezeichneter Philosoph und gehört zu unserem engen Mitarbeiterstab.« Er sei gerade in New York zu Besuch, und alle Neurath interessierenden Angelegenheiten seien mit ihm durchgesprochen worden.

Als Diskussionsgrundlage diente offenbar Horkheimers »Neuester Angriff«. Denn schon am 3. Mai hatte Horkheimer auf Neuraths Frage, »welches Thema zu einer Aussprache zwischen unseren Gruppen geeignet sein könnte« geschrieben, daß er »natürlich keinen besseren Vorschlag [wüßte, Verf.] als eben meinen Aufsatz«. Dabei scheint es trotz der ungünstigen Darstellung, die den Positivisten darin zuteil wurde, auch geblieben zu sein. Wahrscheinlich wurde auch die in Horkheimers Antwortbrief bescheiden erwähnte »kleine Studie über die Rolle der Theorie in der Gegenwart«, sein im zweiten Heft des Jahrgangs 1937 erschienener berühmter Aufsatz »Traditionelle und kritische Theorie«, in die Diskussion einbezogen. Dieses weitere »Jubiläumsheft« (diesmal aus Anlaß der 300. Wiederkehr des Erscheinens von Descartes *Discours de la Methode*, dem auch der 9. Internationale Philosophiekongreß gewidmet war) konnte wegen diverser Vorbereitungsfehler[372] zwar nicht mehr an seine eigentlichen Adressaten,

370 Er fuhr erst danach nach Europa.

371 Siehe Anmerkung 178.

372 Siehe dazu Brill an Horkheimer, 7. 8. 1937 nebst Brills Aktennotiz

eben die Teilnehmer dieses Philosophenkongresses verteilt werden, dürfte aber den Symposiumsteilnehmer vorgelegen haben. Über den Verlauf dieses Pariser Symposiums berichtete Adorno Horkheimer am 7. August in einem langen Brief:

Unterdessen werden Sie nun auch den Bericht über die Positivisten erhalten haben; der über den Congrès Descartes, nebst Material, folgt in den nächsten Tagen. Ich habe mit den Positivisten die persönliche Fühlung dauernd aufrechterhalten, am Dienstag hatten wir eine interne Diskussion über Ihren Aufsatz, die bestritten wurde von Neurath, Carnap, Frank, Hempel, Lazarsfeld, Benjamin und mir; sie dauerte über 6 Stunden. Als Resultat läßt sich ohne Übertreibung soviel jedenfalls sagen: daß wir auch nicht die leiseste Nuance haben preiszugeben brauchen, während die anderen, und zwar besonders Neurath, immerhin eine Menge zugaben; auch Carnap verhielt sich keineswegs starr, was freilich damit zusammenhängen mag, daß er, wie mir Neurath dann sagte, offenbar damit rechnet, daß das Institut ihm einen Beitrag zahlt für die Tage, die er zu den gemeinsamen Besprechungen in New York zubringen wird (ich habe Neurath gesagt, daß die Entscheidung darüber bei Ihnen stünde). Ich bin natürlich weit davon entfernt, die sachlichen Zugeständnisse der Leute sachlich ernst zu nehmen. Sie beweisen nur einmal, daß sie sich freuen, von uns überhaupt ernst genommen worden zu sein, und dann, daß sie es mit uns aus Gründen des akademischen Geschäfts um keinen Preis verderben wollen. Und ich glaube jedenfalls, daß Ihr Ribbentrop es erreicht hat, persönliche Gereiztheiten auszugleichen und die Fäden weiterzuspinnen, ohne daß wir sachlich auch nur im mindesten hätten zurückweichen müssen. Ich lud Neurath am Mittwoch zu Rouzier ein mit dem Effekt, daß er mir erklärte, ich sei beinahe so nett wie Sie. In einem Gespräch über die Jazzarbeit meinte er, Untersuchungen wie diese seien mit den Grundsätzen des Logischen Positivismus durchaus vereinbar. Mehr können wir ja im Augenblick schwerlich verlangen. Der einzig Intransigente ist Paul Oppenheim, was offenbar damit zusammenhängt, daß er von Logistik schon gar nichts versteht. Er hat mir seine Einwände endlos auseinandergesetzt und mich gebeten, sie Ihnen zu referieren; sie sind aber so dämlich, daß ich Ihnen das ersparen möchte. Lazarsfeld hat während der ganzen Diskussion kein Wort gesagt. Seine Seele war offenbar vom Konflikt von Pflicht und Neigung zerrissen.[373]

»Betr. Propaganda Zeitschrift« vom gleichen Datum (in der Korrespondenz Horkheimer/Brill).

373 Den anfangs des Zitats erwähnten Bericht hatte offenbar Benjamin schreiben sollen. Ob es dazu gekommen ist, wird aus der Ausgabe seiner Briefe nicht recht klar. Dort erwähnt er aber in einem Brief an G. Scholem das Treffen mit den Positivisten und schreibt darüber:

Daß der hier erwähnte Lazarsfeld beharrlich geschwiegen hatte, hatte besondere Gründe. Er scheint nach seiner Rückkehr nach New York nämlich mündlich einen etwas weniger triumphalistischen Eindruck von Adornos Auftritt wiedergegeben zu haben, und es ist nicht ganz uninteressant, daß diese Version den dortigen Institutsmitarbeitern glaubwürdiger erschien. Denn Löwenthal schreibt darüber einige Tage später an den inzwischen nach Europa abgereisten Horkheimer:

Heute sprach ich Lazarsfeld, und zusammen mit dem, was ich zwischen Brills Zeilen lese, muß ich sagen, daß ich über Teddy reichlich verärgert bin. Offenbar hat er keinen unserer Ratschläge in bezug auf sein Auftreten befolgt [...]. Daß er vor einem größeren Kreis positivistischer Dozenten erklärt hat, Sie kämen nach Europa, um seiner Hochzeit beizuwohnen, gehört ins Gebiet des Komischen, daß er aber auf eine Frage Carnaps, ob er alle seine antipositivistischen Formulierungen als persönliche Ansicht oder auch als diejenige Horkheimers und des Instituts vortrüge, in letzterem Sinne bejahend geantwortet und hinzugefügt hat, daß jeder Satz Ihres Positivismus-Aufsatzes von Ihnen mit ihm diskutiert worden sei, ist we-

»Konstellationen, deren Darstellungen zu weit führen würde, haben es mit sich gebracht, daß ich besonders genau den Tagungen des Sonderkongresses gefolgt bin, den die wiener logistische Schule – Bernay, Neurath, Reichenbach – in diesen Tagen abhielt. Moliere n'a rien vu, darf man da sagen. Die vis comica seiner debattierenden Ärzte und Philosophen verblaßt neben der dieser ›empirischen Philosophen‹« (Benjamin 1978, S. 735). Der Mathematiker Paul Bernays ist übrigens nie Mitglied der »wiener Schule« gewesen, sondern stammt aus dem Umkreis des Neufriesianers Leonard Nelson. Er war 1933 in Göttingen entlassen worden.

374 Der hier erwähnte Sekretär der Pariser Zweigstelle Brill hatte in einem Brief an Horkheimer von zwei »Begebenheiten« berichtet, deren erste Adornos Auftreten auf dem Internationalen Philosophenkongreß betraf: »Leider hatte ich zum Kongreßbesuch nicht die Muße, die ich mir gewünscht hätte: der Umbruch kam dazwischen, und da Herr Wiesengrund just während der Eröffnungssitzung diktieren wollte (ich hatte dringend um ›Urlaub‹ gebeten), versäumte ich die Ansprache von Paul Valery, von der Herr Benjamin meinte, sie sei das einzig Wertvolle an dem ganzen Kongreß gewesen. So pessimistisch bin ich nun nicht; aber es ist leider so, daß nur Weniges ausgezeichnet war, manches gut und vieles bedeutungslos. Da Herr Wiesengrund ja eingehend über den Kongreß berichten wird, kann ich mir Einzelhei-

niger komisch, und ich glaube, es wäre ebenso gut für seine innere Selbstsicherheit wie für unsere Sicherheit, wenn er mehr auf die innere Stimme seines eigenen Intellekts als auf den großen Bruder sich beriefe.[374]

Aufschlußreich für die Kommunikationsstruktur innerhalb der Frankfurter Schule ist an dieser Passage übrigens auch, daß Löwenthal sich gar nicht vorstellen konnte, daß Horkheimer »seinen Ribbentrop« mit voller Redevollmacht ausgestattet, den strittigen Artikel in ständiger Fühlung mit Adorno verfaßt und danach bei Adornos Besuch in New York alles für das Gespräch mit den Positivisten Wichtige mit ihm durchgesprochen haben sollte, wie es in jeder Einzelheit den Tatsachen entsprach.[375]

ten sparen. – Etwas erstaunt war ich über Folgendes: Ich habe Herrn Wiesengrund, als den offiziellen Vertreter des Instituts beim Kongreß, gefragt, ob er jeweils Mitteilung wünscht, wenn ich zu sprechen beabsichtige. Ich habe dieser Anfrage hinzugefügt, daß ich beim Kongreß völlig privat bin, d.h. in keiner Weise als Institutsmitarbeiter oder ähnlich. Dr. W. hat mir darauf in einer Weise, die keinen Widerspruch zuließ, erklärt, er wünsche nicht, daß ich auf dem Kongreß spräche, und die Entscheidung, daß auf dem Kongreß nicht gesprochen werden solle, sei bereits durch Sie in NY (ganz allgemein) getroffen worden. Ich habe keinen Anlaß, an der Richtigkeit dieser Erklärung Herrn W.s zu zweifeln, indessen entspricht dieses Sprechverbot so wenig Ihrer geistigen Haltung, so wie ich sie bis jetzt kenne, daß ich es mir einfach nicht erklären kann. Zumal Ihre Entscheidung in einem Zeitpunkt getroffen sein mußte, als weder die Themen, noch die Redner, noch die Teilnehmer überhaupt bekannt waren. Ich füge noch hinzu, daß ich mich der Anordnung Herr Wiesengrunds gefügt habe, obgleich mir dadurch eine wirklich aktive Teilnahme an den Kongreßarbeiten unmöglich gemacht wurde. Dagegen habe ich einem anderen Ansinnen von Herrn Wiesengrund nicht Folge geleistet: Statt seiner in die Vorträge Kuhn und Liebert zu gehen (Vorträge, von denen übrigens W. nachher sagte, daß sie übles Geschwafel gewesen seien). Ich hatte an dem betr. Nachmittag andere Sitzungen, die ich keinesfalls versäumen wollte.«

375 Wenn man die gegenüber Adorno nicht gerade freundliche Fortsetzung des Löwenthal-Briefs hinzunimmt, scheint es fast, als hätten einige in der New Yorker Zweigstelle versucht, dessen engere Anbindung an das Institut zu verhindern. Dazu paßt, daß sämtliche noch in England geschriebenen Arbeiten Adornos (nach der Jazz-Arbeit) von der Redaktion der *Zeitschrift für Sozialforschung* abgelehnt wurden, also sowohl seine Husserl-Arbeit als auch ein Aufsatz über Mannheims Buch *Mensch und Gesellschaft im Zeitalter des Umbruchs.*

Selbst auf Horkheimers engsten Freund Pollock haben die Berichte aus Paris ihren Eindruck nicht verfehlt. Denn er schrieb am 14. 9. 1937 an Horkheimer:

Wie weit L.s Vorwürfe gegen Wiesengrund berechtigt sind, weiß ich nicht; ich fürchte, W.s Infantilität wird ein schweres Hindernis für die Zusammenarbeit werden.

5. Die Entwicklung der Beziehungen zwischen der Frankfurter Schule und den Positivisten nach 1937

Während das Pariser Symposium bei den Angehörigen des Frankfurter Instituts in New York also Irritationen erzeugte, könnte es gleichzeitig das getrübte Verhältnis zu den Positivisten wieder etwas verbessert haben. Zu diesem Eindruck würde passen, daß Horkheimers klassischer Aufsatz über »Traditionelle und kritische Theorie« im ganzen wesentlich akademischer und wesentlich weniger polemisch ausfiel als der »Neueste Angriff auf die Metaphysik« und insofern als eine Art Vermittlungsversuch erscheinen konnte. Wurden die Positivisten noch im »Neuesten Angriff« als Figuren hingestellt, die den Faschismus entweder schweigend hinnahmen oder ihm sogar Vorarbeit leisteten, heißt es nun unter anderem:

> Diese positivistische Haltung [Theorie überhaupt in Verruf geraten zu lassen, Verf.] muß nicht bloß fortschrittsfeindlich sein ... In der Losung, sich an die Tatsachen zu halten und jede Art von Illusion preiszugeben, steckt selbst heute noch etwas wie eine Reaktion gegen den Bund von Unterdrückung und Metaphysik.[376]

Wie die *Entstehungs*geschichte des zweiten Artikels zeigt, wäre dieser Eindruck, wenn er denn bestanden hat, jedoch falsch gewesen. Was als *(späterer)* Vermittlungsversuch erscheinen konnte, war in Wahrheit *vor* dem »Neuesten Angriff« konzipiert und geschrieben worden und repräsentiert deshalb auch einen früheren Stand der Positivismuskritik. Auf seinen *Inhalt* muß hier kurz eingegangen werden, weil er in einigen Passagen die Auseinandersetzungen mit den Positivisten scheinbar »fortsetzt« und weil eine Erwiderung Neuraths auf den »Neuesten Angriff« auch einige Formulierungen dieses Aufsatzes einbezog.

376 Horkheimer 1937b, S. 207; diese These wird im weiteren Verlauf allerdings wieder eingeschränkt.

5.1 Horkheimers Aufsatz »Traditionelle und kritische Theorie«

Entstehungsspuren des berühmten Horkheimer-Aufsatzes über »Traditionelle und kritische Theorie« lassen sich bis in das Jahr 1932 zurückverfolgen. Just auf der ersten Seite der *Zeitschrift für Sozialforschung*[377] ist nämlich in der ersten Fußnote zu Horkheimers »Bemerkungen über Wissenschaft und Krise« von einem geplanten Aufsatz »über Wissenschaft und Gesellschaft« die Rede, der krankheitshalber nicht habe abgeschlossen werden können. Auf diesen inzwischen liegengebliebenen Themenkreis wurde Horkheimer – unter geänderten Randbedingungen – dann erst wieder im Dezember 1935 gestoßen, als er auf seiner großen Europareise war, auf der auch die engere Zusammenarbeit mit Jahoda und Neurath in die Wege geleitet werden sollte. Am 6. des Monats schrieb ihm nämlich Marcuse aus New York:

> Ich habe gelesen, daß im Jahre 1937 anläßlich des dreihundertjährigen Jubiläums von Descartes' »Discours de la Méthode« der Internationale Philosophenkongreß unter Vorsitz Bergsons in Paris stattfinden soll. Dabei kam mir die Idee, ob nicht die ZfS zu diesem Anlaß eine Art Gedenkheft herausbringen sollte, das den Anfang der bürgerlichen Philosophie einmal auf die rechte Art interpretierte. Der einleitende Aufsatz von Ihnen, dann etwa Grossmann über die schon in seinem Borkenau-Artikel angedeuteten ökonomischen Grundlagen, und Groethuysen über die gleichzeitigen charakteristischen Strömungen des bürgerlichen Denkens.[378]

Diese Idee habe auch die Zustimmung Löwenthals gefunden. Horkheimer reagierte am 16. 12. zunächst mit der scherzhaften Bemerkung:

> Ich habe pro Tag 317 bis 318 Besprechungen und ungefähr 126 Telefongespräche. Bitte sehen Sie im Discours de la Méthode von Descartes für mich nach, ob sich darin eine Bemerkung findet, wie man so etwas bewältigen kann,

fuhr aber dann ernsthaft fort: »Im übrigen erscheint mir Ihre Anregung dieserhalb beachtenswert, und ich werde vielleicht einige

377 Nach dem Vorwort.

378 Die anderen erwähnten Artikelvorschläge (von Grossmann und Groethuysen) sind übrigens weder im zweiten Heft des Jahrgangs von 1937 noch später realisiert worden.

Vorbereitungen treffen«. Von einigen Bemerkungen Horkheimers zu Descartes anläßlich von Marcuses Aufsatz »Über das Wesen« ist in ihrem weiteren *Briefwechsel* von diesem Projekt dann nicht mehr die Rede. Sicher ist aber, daß das systematische Thema des geplanten Artikels, nämlich das Verhältnis von naturwissenschaftlichem und marxistischem Theoriebegriff, nach der Rückkehr Horkheimers nach New York in den *mündlichen Diskussionen* des Instituts im Sommer 1936 im Vordergrund des Interesses gestanden hat.[379] Dabei spielte besonders die durch die positivistische Verifizierbarkeitsforderung an alle sinnvollen Sätze aufgeworfene Frage eine Rolle, ob und in welchem Sinne auch die Gesetze der Marxschen Theorie (wie etwa das Gesetz vom tendentiellen Fall der Profitrate) verifizierbar seien (oder eigentlich sein müßten), wie man eine eventuelle negative Antwort begründen bzw. welche Konsequenzen man aus ihr ziehen müßte.

In seinem Aufsatz »Traditionelle und kritische Theorie« stellt Horkheimer nun zwar auch, wie in seinem Titel versprochen, zwei verschiedene und teilweise entgegengesetzte Arten von Theorie (bzw. im Falle der traditionellen Sorte wohl auch von Theorien im Plural) gegenüber, untersucht deren inhaltliche Charakteristiken, ihre Bestätigungs- bzw. Wahrheitsproblematik sowie ihren Gebrauch und macht historische Bemerkungen zu ihrer jeweiligen Entstehung und zu den philosophischen Schulen (bzw. wissenschaftlichen und politischen Gruppen), die für das Verständnis und die soziale Trägerschaft der beiden Theoriebegriffe einschlägig sind. Obwohl der Aufsatz nicht genau nach dem folgenden Schema aufgebaut ist, werde ich, um den Kontrast der beiden Theoriebegriffe schärfer herauszuarbeiten, seinen Gehalt in dieser Reihenfolge darstellen und diskutieren:

(1) Traditionelle Theorie
- (a) Aufbau und Struktur,
- (b) Gebrauch,
- (c) historische Anfänge,
- (d) verschiedene Selbstverständnisse (der Anhänger traditioneller Theorie);

379 Siehe dazu die Abschnitte über die »Differenz zwischen Marxscher und naturwissenschaftlicher Methode« in: Fromm u. a. 1936, S. 404-411.

(2) Kritische Theorie
   (a) Aufbau und Struktur,
   (b) Ziele,
   (c) historische Anfänge,
   (d) verschiedene Selbstverständnisse.

Horkheimer referiert zuerst den »traditionellen Theorie«-Begriff (bzw. wohl besser gesagt: den Theoriebegriff im traditionellen Verständnis) und charakterisiert ihn durch folgende Eigenschaften: Dem Aufbau nach handelt es sich um ein Axiomensystem, bei dem eine Menge von Sätzen aus einer Teilmenge logisch folgt. Je geringer die Zahl der Axiome ausfällt, desto *einfacher* (und insofern besser) ist die Theorie.

Den Kontakt mit der Realität vermittelt (man sollte hinzufügen: im Fall einer beabsichtigten empirischen Anwendung des Axiomensystems[380]) der Vergleich von beobachtbaren Konsequenzen der Theorie mit den durch sie beschriebenen Ereignissen. Stimmen diese überein, sind die Theorienkonsequenzen bestätigt, und damit ist mittelbar die vorher nur als Hypothese aufgefaßte Theorie als *richtig* erwiesen. Stimmen beide nicht überein, hat man entweder die Beobachtungssätze oder die Teile der Theorie zu verwerfen, aus denen sie gefolgert wurden.

Die Leistung der Theorie besteht darin, daß sie zunächst die Beobachtungen *systematisiert* (weshalb Horkheimer Theorien – im traditionellen Sinn – deshalb auch verschiedentlich recht suggestiv »aufgestapeltes Wissen« nennt). Ihr Gebrauch besteht zum einen in der *Erklärung* gegebener Ereignisse durch Subsumtion unter allgemeinere Sätze der Theorie. Zum anderen eignet sich eine Theorie zu *Prognosezwecken*, indem aus ihr Konsequenzen gezogen werden, die sich auf zukünftige Ereignisse beziehen.

Der Anspruch traditioneller Theorie (besser gesagt: des traditionellen Theoriebegriffs) ist universell: sowohl Natur- als auch Geistes- und Sozialwissenschaften sollen den genannten Anforderungen genügen.

Historisch gesehen führt Horkheimer den Begriff der traditionellen Theorie auf Descartes zurück. Als wissenschaftsphilosophische Autoritäten der Gegenwart führt er Poincaré, Husserl und Weyl an (wohlweislich sämtlich keine Positivisten). Schließlich befaßt er sich mit philosophischen Strömungen, die das axiomati-

380 Es gibt ja auch rein mathematisch interpretierte Axiomensysteme.

sche Ideal der Erfahrungswissenschaft vertreten hätten. Das sind einerseits die – in einem Atemzug genannten – Positivisten und Pragmatisten, die (wie in der traditionellen Vorstellung der Theorie angeblich üblich) ihren Wissenschaftsbegriff lediglich aus dem aktuellen Betrieb der Wissenschaft abstrahiert hätten[381], und andererseits die Neukantianer und auch Kant selbst.

Einen immanenten Anlaß, von der traditionellen zur kritischen Theorie überzugehen, sieht Horkheimer nun offenbar in jener Kategorie, die in der traditionellen Wissenschaftstheorie – neben den Qualitätskriterien Widerspruchsfreiheit, Einfachheit und Richtigkeit für einzelne wissenschaftliche Theorien – verschiedentlich genannt wird: der *Zweckmäßigkeit.* Ein Urteil darüber könne nur unter Einbeziehung von allgemeineren (dem individuellen Wissenschaftler meist verschlossenen) gesellschaftlichen Erwägungen getroffen werden.[382]

Obwohl Horkheimer den Teil seines Aufsatzes, den er auf die Darstellung seiner »kritischen Theorie« verwendet, mit einer Bemerkung zum »Verhalten« von Wissenschaftlern beginnt[383], ist doch seine Darstellung der kritischen Theorie der entsprechenden bei der traditionellen ganz parallel angelegt.

Während man die Axiome eines Axiomensystems als Kern einer traditionellen Theorie ansprechen kann, ist nach Horkheimer das Kraftzentrum der kritischen Theorie noch stärker integriert: es handelt sich nämlich um ein »einziges entfaltetes Existentialurteil«:

> Es besagt, grob formuliert, daß die Grundform der historisch gegebenen Warenwirtschaft, auf der die neuere Geschichte beruht, die inneren und äußeren Gegensätze der Epoche in sich schließt, in verschärfter Form stets aufs neue zeitigt und nach einer Periode des Aufstiegs, der Entfaltung menschlicher Kräfte, der Emanzipation des Individuums, nach einer ungeheuren Ausbreitung der menschlichen Macht über die Natur schließlich die weitere Entwicklung hemmt und die Menschheit einer neuen Barbarei zutreibt.[384]

Aus diesem folgen die übrigen Teile der Theorie. Dies geschieht mit (innerer, logischer) Notwendigkeit, die der (äußeren) Not-

381 Horkheimer 1937b, S. 170f.
382 Ebd., S. 168 und 169.
383 Ebd., S. 180. Zuvor war schon der Begriff der kritischen Theorie erwähnt worden (S. 172), aber das geschah dort noch, ohne ihn näher zu explizieren.
384 Ebd., S. 201.

wendigkeit des durch die Theorie dargestellten Geschehens entspricht.
Der am »Existentialurteil« sichtbare Holismus der Theorie hat nun Konsequenzen für die Bestätigungs- bzw. Wahrheitsproblematik. Im Grunde kann die Theorie nämlich nicht mehr als ganze durch empirische Befunde geprüft (und gegebenenfalls verworfen) werden. Auch ist nach seinen Worten diese grundlegende Theorie des gesellschaftlichen Wandels selbst keinem Wandel unterworfen.[385]
Bilden Erklärung und Prognose nach dem Selbstverständnis der traditionellen Theorie die einzigen Verwendungsarten von einzelwissenschaftlichen Theorien, so werden in der kritischen Theorie weitere – man könnte im Sinne der Morrisschen semiotischen Terminologie wohl sagen – »pragmatische« Kontexte berücksichtigt, nämlich (1) die Entstehung der Theorie und (2) ihre Verwendung für ganz bestimmte inhaltliche Zielsetzungen. Wie Horkheimer betont, kann der Entstehungskontext von Theorien zwar im Prinzip auch auf Wegen erfolgen, die ihrerseits wieder ins Konzept der traditionellen Theorie passen, nämlich durch Einbeziehung der »Seins«- und Interessenlagen, als deren Ausdruck Theorien interpretiert werden können, also etwa so, wie es der Wissenssoziologie Mannheims vorschwebte. Aber die von Horkheimer angestrebte Einbeziehung des Entstehungskontextes unterscheidet sich vom Ansatz der Wissenssoziologie dadurch, daß die Wahrheitsansprüche konkurrierender Theorien nicht auf Interessenlagen relativiert werden.
Ein Hauptunterschied zur traditionellen Theorie ist zweifellos die Anlegung von moralischen Maßstäben an den Aufbau und den Gebrauch von Theorien. Diese werden von Horkheimer allerdings meist nur recht ungefähr angedeutet, wenn er von »möglicherweise auch planmäßiger Entscheidung, vernünftiger Zielsetzung« (S. 181), von der »Idee einer vernünftigen, der Allgemeinheit entsprechenden gesellschaftlichen Organisation« (S. 186), dem »Ziel, das es [das kritische Denken, Verf.] erreichen will, der vernünftige Zustand« (S. 190), der »Veränderung zum Richtigen« (S. 192), einer »Gesellschaft ohne Unrecht« (S. 195), von »Vernünftigkeit« und dem »Streben nach Frieden, Freiheit und Glück« (S. 196), der »bewußten Neukonstruktion der ökonomischen Ver-

385 Ebd., S. 213 f.

hältnisse« (S. 207), dem »Streben nach einem Zustand ohne Ausbeutung und Unterdrückung« (S. 214), dem »Interesse an der Aufhebung des gesellschaftlichen Unrechts« (S. 216) und der »Herstellung eines gerechten Zustandes unter den Menschen« (S. 216) spricht.

Was ist nun von diesen Ausführungen zu halten? Hat Horkheimer den »traditionellen« Theoriebegriff korrekt wiedergegeben? Wie steht es mit seiner eigenen Alternative dazu, dem Konzept der kritischen Theorie?

Zunächst einmal fällt auf, daß Horkheimer nicht hinreichend zwischen zwei Begriffen von traditioneller Theorie unterscheidet, nämlich einem (quasi empirischen), der angeben würde, wie empirische Theorien tatsächlich beschaffen sind, und einem anderen (quasi normativen), der ein Ideal angibt, nach dem sich empirische Theorien zu richten hätten. Dieser Unterschied ist aber für alle seine Bemerkungen zur traditionellen Theorie erheblich. Nimmt man den deskriptiven Theoriebegriff, gab es eine axiomatische Theorie nicht erst seit Descartes, sondern schon mit Euklids *Elementen.* Zur Zeit, als Horkheimer seinen Artikel schrieb, gab es axiomatisch aufgebaute Theorien vornehmlich in der Mathematik (an der Jahrhundertwende veröffentlichte bahnbrechende Arbeiten wie Hilberts *Grundlagen der Geometrie* und Peanos *Axiome der Arithmetik* sind dafür klassische Beispiele) und in einigen wenigen physikalischen Disziplinen (dazu gehört übrigens auch Reichenbachs Axiomatisierung der Einsteinschen Relativitätstheorie). Davon, daß größere Teile von ganzen Wissenschaften axiomatisch aufgebaut vorlagen, konnte außerhalb dieser Disziplinen keine Rede sein. Diesen anderen Disziplinen gegenüber war die Idee eines axiomatischen Aufbaus ein – unter Umständen recht fernes – Ideal.

Gleichwohl ist wahr, daß viele Philosophen (und nicht erst Descartes) und später viele Wissenschaftstheoretiker die axiomatische Methode als Ideal der Wissenschaft verkündet haben. Dazu gehören auch einige Positivisten. Davon aber, daß Positivisten und Pragmatisten ihre Wissenschaftstheorie lediglich aus den vorfindlichen Wissenschaften abstrahiert hätten, kann gar keine Rede sein. Das hatte Horkheimer auch selbst früher mit Bezug auf den Machschen Positivismus mit Recht betont, wenn er 1928 geschrieben hatte:

Der Positivismus im Sinne Machs besteht eben nicht in der einfachen Identifikation aller Erkenntnisse mit den Resultaten der Wissenschaft. Er enthält vielmehr die Interpretation dieser Resultate und der Art, wie sie gewonnen sind, auf Grund eines eigentümlichen Wirklichkeitsbegriffs.[386]

Diese Diagnose trifft auch noch auf die Positivisten und Pragmatisten der Zeit zu, in der Horkheimer sie schrieb (1928) und in der er sie negierte (1937). Erst einmal *unterschieden* sich die methodologischen Vorstellungen verschiedener Positivisten und Pragmatisten ziemlich weitgehend voneinander, und zwar schon in der Frage, was als Ziele der Wissenschaft anzusprechen seien. Während nämlich einzelne Positivisten pure Beschreibung als Ziel der Wissenschaft angaben, haben andere die Prognose als wesentliches Kriterium der Wissenschaft genannt.[387] Entsprechend haben sie auch verschiedene Vorstellungen von theoretischen Begriffen und von Naturgesetzen entwickelt. Während die »Deskriptivisten« Begriffe als Sammelnamen für gleichartige Beobachtungen auffaßten und Naturgesetze als kondensierte Beobachtungsprotokolle, haben andere auf der – für Prognosezwecke unabdingbaren – Wandelbarkeit und Erweiterungsfähigkeit von Begriffen und der entsprechenden Wandelbarkeit von Naturgesetzen bestanden.

Diese Unterschiede waren nun keineswegs nur durch Beobachtungen einzelner Züge des Wissenschaftsbetriebs selbst motiviert, wie Horkheimer sich das Verhältnis von Wissenschaftstheorie und einzelnen Wissenschaften vorstellt, sondern beruhten hauptsächlich auf verschiedenen philosophischen Beurteilungen der Möglichkeit, die *Induktion* als allgemeines Verfahren aller empirischen Wissenschaften zu rechtfertigen: entsprang der »deskriptivistische« Standpunkt der Skepsis gegenüber der Induktion, luden sich die »Prognostizisten« gleichzeitig die Beweislast dafür auf, daß sie ein logisch einwandfreies Verfahren sei.

All diese nötigen Differenzierungen bezüglich der »traditionellen Theorie« sind aber gegenüber der möglichen Kritik an Horkheimers Konzept der »kritischen Theorie« von untergeordneter Bedeutung. Offenbar geht sie strukturell in die Richtung eines stärkeren Theorienholismus, als es das axiomatische Ideal traditioneller Theorie ohnehin schon tut. Was man sich aber präzis

386 Horkheimer 1928, S. 344.

387 Eine der besten zeitgenössischen Diskussionen der Differenz zwischen diesen Standpunkten findet sich in Ramsay 1929.

unter Horkheimers »Existentialurteil« vorzustellen hat, bleibt unklar. Offensichtlich handelt es sich dabei nicht um die Existenzquantifikation einer Aussageform[388], sondern um etwas gänzlich anderes. Was das aber sein soll, wird nirgends deutlich. Eine erläuternde historische Bemerkung verstärkt die Verwirrung nur noch:

> Zwischen den Urteilsformen und den geschichtlichen Epochen bestehen Zusammenhänge, über die eine kurze Andeutung gestattet sei. Das kategorische Urteil ist typisch für die vorbürgerliche Gesellschaft: so ist es, der Mensch kann nichts daran ändern. Die hypothetische wie die disjunktive Urteilsform gehören im besonderen zur bürgerlichen Welt: unter gewissen Umständen kann dieser Effekt eintreten, entweder ist es so oder anders. Die kritische Theorie erklärt: es muß nicht so sein, die Menschen können das Sein ändern, die Umstände sind jetzt vorhanden.[389]

Was ergibt sich aus diesen Erläuterungen für das genauere Verständnis des »Existentialurteils«? Daß, wie Horkheimer schreibt, etwas nicht so sein *muß*, ist hinsichtlich seiner logischen Einordnung – in traditioneller Sprechweise – zunächst einmal ein Modalurteil (ebenso übrigens wie die der vorbürgerlichen Gesellschaft zugeordnete Aussage, der Mensch *könne* nichts an den vorgefundenen Verhältnissen ändern) und kein Existenzurteil (weder im logischen noch in sonst irgendeinem Sinne). Vielleicht meint Horkheimer aber auch, daß die kritische Theorie verkünde, daß es von der existentiellen Entscheidung der Menschen abhängt, ob sie die in der Gegenwart vorhandene Möglichkeit einer Änderung der gesellschaftlichen Verhältnisse ergreifen wollen. In diesem Sinne wäre aber der Begriff »existentiell« keine logische Kategorie, und alle Bemühungen Horkheimers, den Sinn des »Existentialurteils« durch Gegenüberstellung mit anderen logischen Urteilsformen herauszustellen, erübrigten sich insofern. Abgesehen von diesen logischen Problemen, gibt Horkheimers Erklärung des Existentialurteils auch Anlaß zu der Frage, wieso die »Umstände

388 Diese Möglichkeit in Betracht zu ziehen, ist übrigens nicht ganz abwegig. Horkheimers akademischer Lehrer Cornelius hat den Begriff »Existentialurteil« in seiner Habilitationsschrift *Versuch einer Theorie der Existentialurteile* und auch in späteren Veröffentlichungen etwa in diesem (logischen) Sinne benutzt (siehe Cornelius 1894).

389 Horkheimer 1937b, S. 201, Anmerkung 19. An anderen Stellen, an denen der Begriff auftritt, wird er als bekannt vorausgesetzt und nicht mehr expliziert (ebd., S. 208 und 213).

[für die Änderung des Seins, Verf.] jetzt vorhanden« sein sollen, wo doch das Existentialurteil selbst verkündet hatte, daß die »Menschheit einer neuen Barbarei zutreibt« (also nicht etwa: »zutreiben könnte, wenn wir nicht energisch etwas dagegen tun«). Aber diese Unklarheit ist wohl eher für die politische Situationsanalyse der Frankfurter Schule am Ende der dreißiger Jahre charakteristisch als für den Begriff der von ihr propagierten »kritischen Theorie«.

Horkheimers – wie auch immer gearteter – ganzheitlicher Theorienbegriff hat auch Konsequenzen für die Wahrheitsproblematik. Offensichtlich soll der durch das Existentialurteil ausgedrückte Kern der Theorie vor widerspenstigen widersprechenden Beobachtungen geschützt sein. Immerhin soll es aber auch die Möglichkeit geben, einzelne Teile des Kerns »in allgemeine oder besondere hypothetische Urteile« zu verwandeln und »im Sinne des traditionellen Theoriebegriffs« zu verwenden.[390] Als Beispiel wird dabei anscheinend an das Marxsche Gesetz vom tendenziellen Fall der Profitrate gedacht, das man etwa zur Prognose verwenden könnte. Aber eine solche sozusagen stückweise Überprüfung des Existentialurteils soll offenbar die Ausnahme sein, denn:

> Daraus, daß die Darstellung eines einheitlichen Gegenstands als ganze wahr ist, läßt sich nämlich nur unter speziellen Bedingungen folgern, inwiefern einzelne von ihr losgelöste Teile in ihrer Isolierung auf isolierte Teile des Gegenstands zutreffen.[391]

Wie man sich aber davon soll überzeugen können, daß die Theorie »als ganze wahr« ist, gibt Horkheimer nicht an. Allenfalls trifft man auf Bemerkungen darüber, wie die Wahrheit (bzw. Richtigkeit) der Theorie *nicht* sicherzustellen ist. So bildeten politische Siege oder Niederlagen nur »eine vage Analogie zur Bewährung und zum Versagen von Hypothesen in der Wissenschaft«[392], und auch die Situation des Proletariats in dieser Gesellschaft liefere keine Garantie der richtigen Erkenntnis.[393] Angesichts des Fehlens irgendwelcher positiver Angaben zur Überprüfung der Theorie fragt es sich dann aber, was eigentlich beansprucht wird, wenn

390 Ebd., S. 201.
391 Ebd.
392 Ebd., S. 190.
393 Ebd., S. 187.

Horkheimer immer wieder ihre Wahrheit bzw. Richtigkeit postuliert. So verwundert es denn auch nicht, wenn er explizit die Möglichkeit verneint, allgemeine Kriterien für die Richtigkeit oder Falschheit seiner Theorie anzugeben.[394]

Es bleibt die Zielsetzung der kritischen Theorie! Diese wird, wie wir gesehen haben, nur sehr unbestimmt angegeben. Meist ist nur ganz allgemein von Freiheit, Gerechtigkeit, Vernünftigkeit die Rede.

Schon damals gab es aber für diese (wie auch andere) ethische Grundbegriffe sowie für deren Verhältnis zueinander recht gut ausgearbeitete, aber im Resultat stark voneinander abweichende philosophische Theorien. Hier ergibt sich deswegen die der Wahrheitsproblematik ganz analoge Fragestellung: Nach welchen Kriterien soll eine »gegebene« oder auch eine vorgeschlagene zukünftige Gesellschaft als eine freie, gerechte etc. ausgezeichnet werden? Konkreteren Fragen – etwa zur Gestaltung des Wirtschaftslebens in einer zukünftigen Gesellschaft – weicht Horkheimer hier wie auch sonst konsequent aus.[395] Charakteristischerweise sind Horkheimers sonst der Konkretion ermangelnden Bemerkungen über die Einrichtung einer zukünftigen Gesellschaft am ausführlichsten, wenn er die Theoriefeindlichkeit der »empiristischen Aufklärung der Gegenwart« als Hindernis auf dem Wege dorthin benennt:

Wenn auch die Elemente der zukünftigen Kultur schon vorhanden sind, so bedarf es doch einer bewußten Neukonstruktion der ökonomischen Verhältnisse. Die undifferenzierte Feindschaft gegen die Theorie bedeutet daher heute ein Hemmnis. Wird die theoretische Anstrengung, die im Interesse einer vernünftig organisierten zukünftigen Gesellschaft die gegenwärtige kritisch durchleuchtet und anhand der in den Fachwissenschaften ausgebildeten traditionellen Theorien konstruiert, nicht fortgesetzt, so ist der Hoffnung, die menschliche Existenz grundlegend zu

394 Ebd., S. 215.

395 Es sei denn, man wollte folgende – doppelt mit modalen Abschwächungen versehene – Aussage als eine programmatische Feststellung verstehen: »Sie [die kritische Theorie, Verf.] begreift den vom blinden Zusammenwirken der Einzeltätigkeit bedingten Rahmen, das heißt die gegebene Arbeitsteilung und die Klassenunterschiede, als eine Funktion, die menschlichem Handeln entspringend, *möglicherweise* auch planmäßiger Entscheidung, vernünftiger Zielsetzung unterstehen *kann*« (ebd., 181; meine Hervorhebung).

verbessern, der Boden entzogen. Die Forderung nach Positivität und Unterordnung, die auch in den fortschrittlichen Gruppen der Gesellschaft den Sinn für die Theorie abzustumpfen droht, trifft notwendig nicht allein die Theorie, sondern auch die Praxis der Befreiung.[396]

Wenn es zutrifft, daß in der früheren Entwicklungsphase des Frankfurter Kreises »die planwirtschaftliche Reorganisation der kapitalistischen Wirtschaft utopischer Bezugspunkt seiner politischen Orientierung gewesen« ist und davon seit etwa 1937 »keine Rede mehr« sein kann, wie Helmut Dubiel behauptet hat[397], dann haben wir es hier offenbar mit einer Projektion von Tendenzen innerhalb der Frankfurter Schule selbst auf die Empiristen zu tun. Durch eine Gegenüberstellung verschiedener Briefstellen ergeben sich nicht nur weitere Bestätigungen für Dubiels These, sondern auch Anhaltspunkte dafür, was die Einstellungsänderung der Frankfurter Schule bewirkt hat. Horkheimers früherer Kollege aus Frankfurter Zeiten Adolf Löwe hatte ihm nämlich am 15. 12. 1937 als Reaktion auf den Artikel unter anderem geschrieben:

Mir fällt freilich auf, daß Sie an den zahlreichen Stellen, wo Sie von der nachkapitalistischen Zukunft sprechen, Begriffe wie »Beherrschung«, »Verantwortung«, »vernünftige Absicht«, aber nicht den Begriff der »Planung« gebrauchen. Ist das Zufall oder verbirgt sich hier der Grund zu unserer Meinungsverschiedenheit?

Auf diese konkrete Frage ist Horkheimer nicht konkret eingegangen. Was er über diese Materie aber wirklich gedacht hat, hat er in schöner Offenheit Marie Jahoda mitgeteilt:

Der Umstand, daß die Sozialisten den Begriff einer freien Vereinigung von Menschen durch den der Planwirtschaft ersetzt haben, beleuchtet den seit vielen Jahrzehnten von ihnen zurückgelegten Weg. Die Vollzugsbeamten und Professoren, die bei solchem Zustand der Dinge die Planenden wären, sehe ich im Geist voraus. Ich gehörte bestimmt zu den Bewirtschafteten. Soweit der Begriff der Planwirtschaft nicht die Wand ist, hinter der sich gewisse demokratische Behörden und ein Teil der Gewerkschaftsbürokratie in den Faschismus hineinschlängeln, ist es eine Utopie von Professoren der Nationalökonomie, die sich darin schon als Ratgeber der betreffenden Bonzen sehen.[398]

Daß Horkheimers Andeutungen über die nachkapitalistische Zukunft so unbestimmt blieben, lag offenbar also daran, daß er

396 Ebd., S. 207.
397 Dubiel 1978, S. 84.
398 Horkheimer an Jahoda, 8. 10. 1938.

erstens – unter anderem wegen der Befürchtung, selbst zu den Bewirtschafteten zu gehören – der früher auch vom Frankfurter Institut verfochtenen Idee der Planwirtschaft abgeschworen hatte, ohne eine andere wirtschaftspolitische Programmatik an ihre Stelle zu setzen, und es zweitens für geraten hielt, dies möglichst im unklaren zu lassen, um ungehindert durch eventuelle Nachfragen in der bisherigen Kapitalismuskritik fortfahren zu können. Aus all diesen Gründen kann sein – gegenüber der traditionellen Theorie zweifellos wesentlich anspruchsvolleres – Programm nur postulatorische Erfolge beanspruchen. Gerade dann nämlich, wenn man ein gegenüber dem traditionellen Wissenschaftsbegriff überlegenen »kritischen« verficht, wäre man verpflichtet, diese Vorstellungen wenigens so weit zu präzisieren, daß man sich darunter an den entscheidenden Stellen auch etwas vorstellen kann.

5.2 Neuraths Antwort

Auf Neuraths Ankündigung einer Antwort auf die Polemik gegen den Positivismus war Horkheimer zunächst nicht eingegangen. Dies Verfahren erwies sich jedoch nicht mehr als gangbar, als Neurath am 8. Dezember nicht die angekündigte »kurze Antwort«, sondern den Text einer 24seitigen Erwiderung[399] sandte. Dabei scheint es sich sozusagen um eine offizielle Antwort des logischen Positivismus gehandelt zu haben, denn Neurath teilt im Begleitschreiben mit, er habe Horkheimers Artikel auch mit Freunden besprochen, und er gibt offenbar auch deren Reaktionen wider, wenn er fortfährt:

> Ich kann Ihnen nur wiederholen, ich glaube es ist eine betrübliche Sache, daß Sie ihn geschrieben haben. Aber man muß die Feste feiern wie sie fallen und die Polemiken nehmen, wie sie herabregnen.[400]

Die Erwiderung beginnt nun ganz akademisch mit einer Sondierung der durch die Begriffe Wissenschaftstheorie, Wissenschaftsgeschichte, Wissenschaftspsychologie und -soziologie abgesteckten Terrains. Nachdem er in diesem Sinn zunächst die synchrone von der diachronen Betrachtungsweise von Theorien unterschie-

399 Unveröffentlichtes Manuskript Neurath 1937.
400 Neurath an Horkheimer, 8. 12. 1937.

den hat, kommt er auf kausale Analysen der Wissenschaften zu sprechen. Dort unterscheidet er zwei Fragen:

Man kann sich aber auch fragen, wie denn die einzelnen Forscher zu ihren Anschauungen gekommen sind, welche persönlichen Eindrücke und Schicksale wesentlich waren.[401]

Antworten darauf soll nach Neuraths Vorstellungen eine »Behavioristik der Gelehrten« zur Verfügung stellen. Er fährt dann fort:

Eine andere Fragestellung beschäftigt sich mit dem Problem, wie die Gesamtzustände eines Zeitalters mit dem Auftreten bestimmter Anschauungsweisen verknüpft sind, insbesondere welcher Zusammenhang zwischen gesellschaftlicher Situation und Wissenschaftsbetrieb besteht.[402]

Damit sollte sich nach seiner Ansicht die Wissenssoziologie befassen. Ein konsequenter Denker müsse derartige Fragen auch auf sich selbst anwenden. Bei diesen Reflexionen würde schließlich klarwerden, daß entscheidende Wandlungen im Wissenschaftsbetrieb nicht nur durch intensives Nachdenken einer Gelehrtengeneration bestimmt werden, sondern auch durch das, was im allgemeinen gesellschaftlichen Leben geschieht, von dem die Gelehrten ja nur einen Teil ausmachen.

Angesichts der Ausführlichkeit dieser allgemeinen Darlegungen scheint es manchmal geradezu so, als wolle Neurath erneut die Legitimität solcher Überlegungen gegenüber einigen seiner positivistischen Freunde rechtfertigen. Aber zum Schluß seiner allgemeinen Einleitung zieht er die an die Adresse der kritischen Theoretiker gerichtete Konsequenz: »Man sieht schon auf den ersten Blick, daß all diese Analysen durchaus empiristischer Art sind.«[403]

Erst dann kommt er auf Horkheimers »Neuesten Angriff« zu sprechen und bringt gegen ihn zahlreiche Bemerkungen vor, die zum größeren Teil den Empirismus gegen – nach Neuraths Meinung – ungerechte Angriffe verteidigen und zum kleineren Teil Horkheimers Konzept einer kritischen Theorie angreifen. Von diesen diskutiere ich im folgenden zunächst die »defensiven« Punkte:

(1) Wesen und Erscheinung,
(2) Prognosen und »das Neue«,
(3) Physikalismus und Einheitswissenschaft,

401 Unveröffentlichtes Manuskript Neurath 1937, S. 1.
402 Ebd.
403 Ebd., S. 4.

(4) Werte und Ziele.
Abschließend stelle ich Neuraths sporadischen Gegenangriff dar.

Einer der Hauptunterschiede zwischen Positivismus und Frankfurter Schule bleibt die Unterscheidung von Wesen und Erscheinung. Neurath weist hier nun darauf hin, daß man das Begriffspaar auch empirisch definieren könne. Wie das geschehen soll, läßt er allerdings offen. An Horkheimers eindrucksvollstem Beispiel für den Unterschied von »Kern und Oberfläche« der Erscheinungen, dem durch eine Durchtrennung der Stimmbänder bei einem gequälten Tier getäuschten Mitglied der Antivivisektionsbewegung, sieht Neurath jedenfalls keinen Bedarf für weitergehende dialektische Erörterungen:

Meint Horkheimer, daß ein soziologisch-biologisch geschulter und daher unbescheidener Empirist, der im vorliegenden Fall sogar ein wenig mißtrauisch sein dürfte, den chirurgischen Eingriff schwerer entdecken wird, als ein in Horkheimers Dialektik geschulter Kritiker?[404]

Wenn das Beispiel überhaupt eine Unterscheidung von Wesen und Erscheinung hergibt, dann jedenfalls keine, die nicht mit empiristischen Mitteln zu lösen wäre. Im Gegenteil fragt sich hier, wie anders als durch genaueres Hinsehen das Mitglied der Antivivisektionsbewegung den Manipulationsversuch enttarnen soll. Es käme hier also darauf an, Beispiele zu finden und zu diskutieren, denen der Empirist prinzipiell nicht beikommen kann, während der kritische Theoretiker Methoden zur Lösung zur Verfügung stellen könnte.

Eines der Hauptargumente Horkheimers gegen den positivistisch restringierten Wissenschaftsbegriff war gewesen, daß der Positivismus sich mit der bloßen Beobachtung und deren Systematisierung bescheide und prinzipiell »das Neue« ausschließe. Hieran kritisiert Neurath zunächst, daß Horkheimers Kritik in diesem Punkt nicht ganz konsistent sei. Man könne den physikalistischen Positivisten nicht gleichzeitig vorwerfen, daß sie einerseits »übergenaue Prognosen zu machen trachten«, und ihnen andererseits den Mut zur Prognose überhaupt absprechen. Angesichts dieser Lage sieht sich Neurath veranlaßt, die grundsätzliche Stellungnahme des Positivismus zur Prognoseproblematik noch einmal zu verdeutlichen: Die Sicherheitsanforderungen an Prognosen müß-

404 Ebd., S. 22.

ten »der jeweiligen Praxis« angepaßt werden, was wohl heißen soll: den nach den Eigenschaften des Sachgebiets, in das die Prognosen fallen, gegebenen Möglichkeiten. In diesem Zusammenhang insistiert Neurath auch darauf, daß Prognosen im »Bereiche des Unbelebten« nicht grundsätzlich sicherer seien als im Bereich des Belebten: »Krisen und Revolutionen kann man vielleicht manchmal besser voraussagen als das Eintreten von Erdbeben und Wirbelstürmen.«[405]

Ganz im Sinne seiner prognostizistischen Einstellung aus der *Empirischen Soziologie* bietet er dann seinerseits die Prognosefähigkeit geradezu als Qualitätsmaßstab für den diskutierten Theorienvergleich an:

> Die von Horkheimer vertretene Methode wäre dann besser, wenn sie die systematische Aufstellung von Prognosen dort ermöglichte, wo sie der Einheitswissenschaft unmöglich ist.

Wie wir schon früher gesehen haben, sind von der Prognoseproblematik im allgemeinen allerdings die spezielleren Probleme einer Prophetie »des Neuen« zu unterscheiden, deren Unmöglichkeit Horkheimer am empiristischen Programm kritisiert hatte. Dazu meint Neurath nun folgendes:

> H. ... scheint zu meinen, daß, wenn man sich auf Sammlung von Erfahrungen und Theorie beschränkt, die auf Generalisationen beruhen, schwerlich ganz neues voraussagen kann.

Dies gibt Neurath nun ausdrücklich zu. Wie wir schon gesehen hatten, waren Horkheimer und Adorno bei ihren späteren Bemühungen, das »Neue« begrifflich zu fassen und womöglich gedanklich zu antizipieren, selbst auf unüberwindliche Hindernisse gestoßen. Dem Eingeständnis, daß der Empirismus in der Tat nicht das prinzipiell Neue *voraussagen* könne, fügt Neurath allerdings hinzu, daß er – anders als es Horkheimer anzunehmen scheine –, die Menschen aber nicht unfähig macht, sich Neuem praktisch *»zuzuwenden«*.

Die Kritik Horkheimers am Physikalismus hatte – im übrigen ganz im Einklang mit den Kritiken von Asters und Zilsels – darin bestanden, daß er zu restriktive Anforderungen an die Geistes- und Sozialwissenschaften stelle, was zur Folge haben würde, daß der Wissenschaftsbetrieb auf diesen Feldern eingestellt werden

405 Ebd., S. 20.

müßte. Hier ist Neuraths Erwiderung nun eigentümlich blaß: Erstens will er offenbar durch historische Hinweise auf viele aus den Humanwissenschaften kommende und in den Naturwissenschaften wenig ausgewiesene »ältere« Positivisten wie Comte, John St. Mill, Jevons und Pearson den Eindruck erzeugen, daß es sozusagen längst überfällig sei, auch den Naturwissenschaften und insbesondere der Physik einen gebührenden Platz sowohl in der Enzyklopädie der Wissenschaften als auch in der wissenschaftlichen Methodenlehre zuzuweisen. Dies sicherlich anzuerkennende Motiv hat aber mit Neuraths speziellem Programm des »Physikalismus« noch nichts zu tun und kann deshalb auch nicht zu seiner Verteidigung taugen.

Später kommt Neurath auf die Frage noch einmal zurück und sagt dort:

> Im Ganzen genommen sind alle sprachlichen Vorschläge der Einheitswissenschaft recht schlichter Art. Es wird nur verlangt, daß man alle wissenschaftlichen Theorien letzten Endes durch Sätze kontrollieren kann, in denen räumlich-zeitliche Formulierungen auftreten.[406]

Wie Neurath zutreffend bemerkt, läuft ein Physikalismus in diesem Sinn auf nichts weiter hinaus als auf die Forderung, »alle Theorien durch Sätze einer etwas vorsichtig gebrauchten Alltagssprache ... zu kontrollieren«. Damit entpuppt sich sein »Physikalismus« als nichts weiter als eine Art Common-sense-Materialismus, der mit Physik im engeren Sinne noch überhaupt nichts zu tun hat.[407]

Gewiß nun kann man auch über diese Version von »Physikalismus« noch streiten.[408] Aber sie ist nicht entfernt so umstritten wie

406 Ebd., S. 19.

407 Daß es Neurath um genau diesen Materialismus geht, wird auch daraus ersichtlich, daß er Sätze wie »Das Psychische ist nur in der Zeit, aber nicht im Raum« ausschalten will. Dieses Kriterium hatte Moritz Schlick in seiner *Allgemeinen Erkenntnislehre* im Kapitel »Wirklichkeitsprobleme« für das Wirkliche angegeben, und dieser Umstand zeigt, daß ein Teil des »Physikalismus« eine sozusagen innerpositivistische Stoßrichtung hatte: er war auch gegen einen Teil des »rechten« Flügels des Wiener Kreises gerichtet.

408 Horkheimer übrigens würde das nicht getan haben, wie sein Briefwechsel mit dem Schweizer Philosophen und soziologen Emil Walther zeigt. Walther stand auch in engem Kontakt zu Neurath. Auf diese Konstellation muß an anderer Stelle eingegangen werden.

die sonst gelegentlich von Neurath mit seinem Physikalismus-Programm verbundene Forderung, man müsse letzten Endes alle Begriffe aller Wissenschaften auf physikalische Begriffe reduzieren und deren Sätze in letzter Instanz auf physikalische Gesetze zurückführen. Dies Programm macht gewiß für eine Reihe von wissenschaftlichen Disziplinen einen guten Sinn – gerade in den dreißiger Jahren haben einige berühmte Physiker mit einer Physikalisierung Durchbrüche in der Biologie erzielt – aber etwa in der Ökonomie und Soziologie, von der Geschichtswissenschaft ganz zu schweigen, ist ein Physikalismus in diesem weiter gehenden Sinne völlig phantastisch, und es ist auch nicht zu sehen, wie sich das jemals ändern sollte.

Bei der Verteidigung der Einheitswissenschaft ist Neuraths Argumentation überzeugender als beim Physikalismus. Horkheimer hatte dem Programm einer Einheitswissenschaft harmonistische Illusionen vorgeworfen. Dem tritt Neurath nun entgegen.

Schon im Bereich der Wissenschaft könnte selbst auf der Grundlage eines einheitswissenschaftlichen Programms »Enzyklopädien sehr verschiedener Art entstehen, die einander widersprechen«. Im Gegenteil wäre es geradezu »eine sehr sonderbare Annahme«, wenn

> alle Gelehrten auf der Erde zufällig über das logische Gerüst, über Theorien, Hypothesen, Einzelbehauptungen im großen und ganzen einig wären.[409]

Aber selbst dies vorausgesetzt, müßte mit dieser wissenschaftlichen Einstimmigkeit keine »gesellschaftliche Einigkeit« verbunden sein, wie Neurath an einem Beispiel zeigt:

> Man kann sich doch sehr wohl denken, daß in einem isolierten Gebiet, in dem nur 200 000 Menschen ihren Unterhalt finden können, zwei Gruppen, die eine von 150 000, die andere von 170 000 Personen, mit aller erdenklichen Energie miteinander kämpfen, obgleich beide über die gleichen wissenschaftlichen Theorien verfügen und beide gleich genau die Unmöglichkeit erkennen, daß nur für 200 000 Menschen Raum ist.

Einer der größten Unterschiede zwischen Positivismus und kritischer Theorie war der Dissens über die Möglichkeit, Zielsetzungen zu begründen, und damit verbunden das Verhältnis von Theorie und Praxis gewesen. Neuraths Entgegnung gegen den

409 Unveröffentlichtes Manuskript Neurath 1937, S. 6.

Vorwurf, der Positivismus würde der Theorie keine Ziele vorgeben und damit die Praxis der Beliebigkeit und im Zweifelsfall der Anpassung an das Bestehende preisgeben, leidet daran, daß er Horkheimers Punkt offenbar nicht richtig aufgefaßt hat. Das zeigt sich an seinem Kommentar zu einem zentralen Satz bei Horkheimer, der da lautet:

Alle Grundbegriffe der dialektischen Gesellschaftstheorie, wie Gesellschaft, Klasse, Ökonomie, Wert, Erkenntnis, Kultur und so fort bilden Teile eines theoretischen Zusammenhanges, den subjektives Interesse durchherrscht.

Insbesondere den Begriff des »subjektiven Interesses« bei Horkheimer hat Neurath mißverstanden, wenn er bei ihm das nur Subjektive (im Sinn von egoistisch, vorurteilsbehaftet etc.) herausstreicht und anschließend feststellt:

Daß eine Theorie auf subjektives Interesse von Menschengruppen zurückgeführt werden kann, haben Empiristen in schlichter Weise oftmals betont.[410]

So reduziert sich seine Entgegnung auf Horkheimers Kritik an der nonkognitivistischen Metaethik der Positivisten auf eine Replik auf den Vorwurf, daß der Empirismus nur »irgendwie die Tat zu wenig berücksichtige und sich nicht klar mache, wie eng sie mit dem Denken zusammenhängt«.[411]

Neuraths Gegenangriffe auf Horkheimers Konzept der »kritischen Theorie« zeichnen sich durch eine schon fast unfaßbare unpolemische Mäßigung aus. Sie bestehen hauptsächlich im Hinweis auf Explikationsbedarf. So hatte Horkheimer ja verschiedentlich die zentrale Rolle der »richtigen Theorie« hervorgehoben. Daran kritisiert Neurath nun:

Aber Horkheimer deutet nirgendwo an, mithilfe welcher Kontrollen man feststellt, wann eine Ansicht »richtig«, wann sie »unrichtig« ist.

Zudem habe er ja explizit sogar behauptet: »Allgemeine Kriterien für die kritische Theorie gibt es nicht«.

Die Berufung auf von Neurath so genannte »außerwissenschaftliche Verfahren« wie etwa die Dialektik schienen ihm dagegen eher dubios. Weit davon entfernt, zur Lösung irgendwelcher wissenschaftlicher Probleme etwas beizutragen, seien sie im Gegenteil das Einfallstor für jegliche Metaphysik.

410 Ebd., 11. 411 Ebd., 12.

Ob Neurath mit dem betont sachlichen und fast angestrengt unpolemischen Tonfall nur keine Vorwände für Änderungswünsche oder gar eine gänzliche Zurückweisung seines Typoskripts liefern wollte oder ob er darüber hinaus vielleicht immer noch auf eine Fortsetzung der Zusammenarbeit hoffte, ist nicht recht klar. Daß er über Horkheimers Positivismuskritik jedenfalls auch deutlicher seine Meinung sagen konnte als in seiner Erwiderung, ergibt sich aus einem Brief an Kurt Grelling. Dort erörtert Neurath die Vorzüge und Nachteile der empiristischen Bewegung an einzelnen ihrer Mitglieder und an dem gemeinsamen Projekt der Enzyklopädie und kommt dann auch auf ihre Kritiker zu sprechen:

Man unterscheidet dann die Rezensenten in solche, welche die Gesamtsituation zu kennzeichnen bemüht sind und INNERHALB derselben kritisieren und in solche, welche entweder zulängliche »isolierte« Kritik an Einzelnem liefern, ohne das Ganze zu schildern oder unzulängliche vernichtende Kritik liefern, weil sie halt diesen Autor oder diese Richtung nicht schmecken können. Das ist bei HORKHEIMER der Fall, dessen fast schon unzulässig formulierte sogenannte Kritik Sie wohl kennen – und ebenso bei den jungen Leuten, die er jetzt gegen uns schreiben läßt, besonders Marcuse u. a., die ihm ja auch sonst bei seiner Aggression helfen. Es ist offenbar die »DIALEKTIK«, die alle zusammen als eine heilige Domäne betrachten (es liegt keine Darstellung vor, die uns sagt, was damit gemeint ist, wir sehen nur, daß man damit auf elegante und nichtelegante Weise ALLES denunzieren kann; wenn man A sagt und A ist gut, dann ists eine Verschleierung des NON-A usw. Man kennt die Technik, wenn man nicht weiß, was Carnap will, der ein so ungeheurer Kerl ist in konstruktiver Arbeit, dann macht man ihn eben bei den Ignoranten lächerlich) und da wir darauf nicht mal kritisierend eingehen, weil wir nicht begreifen, wie man aus der These, daß vieles anders kommt, als man denkt (siehe meine »Empirische Soziologie«, Schluß, wo das ausgeführt ist) ein FORSCHUNGSPRINZIP machen kann, was angeblich diese Dialektiker meinen, und weil wir nicht begreifen, weshalb man eine METAPHYSIK dazu brauchen soll, um sich für FREIHEIT, TOLERANZ, GLÜCK zu interessieren, was ich z. B. alles morgens, mittags und abends als Menu verzehre usw. usw. Und wenn schon alles gut sein sollte, sagt man nicht, es sei nützlich usw. sondern dann werden in altbewährter Weise die MOTIVE verdächtigt, ohne genauer anzugeben, welche finsteren Motive dahinter stecken, sie sich dem »Hinterweltlertum« anschließen usw. Na, halt ja.[412]

412 Neurath an Grelling, 22. 1. 1939. Für den Hinweis auf diesen Brief danke ich Volker Peckhaus (Erlangen), der kürzlich auch eine ausgezeichnete biographische Studie über Grelling veröffentlicht hat (Peckhaus 1993). – Zu Marcuses Positivismuskritik und insbesondere

Dieser Brief datiert vom 22. Januar 1939. Vielleicht reflektiert der geänderte Tonfall Neuraths nicht einen Unterschied von zurückhaltenderer *externer* Stellungnahme (gegenüber Horkheimer) und unverblümterer *interner* (gegenüber Grelling), sondern die seit dem Herbst 1937 eingetretene Entwicklung der Beziehungen zwischen Positivisten und der Frankfurter Schule, der wir uns nun zuwenden.

5.3 Neuraths Abbruch der diplomatischen Beziehungen

Angesichts der Schwere der aufgetauchten Differenzen trat in der nachfolgenden brieflichen Diskussion zwischen Neurath und Horkheimer die inhaltliche Problematik gegenüber der methodischen Frage in den Hintergrund, wie man sie überhaupt zu führen habe und wie man insbesondere eine in ihrem Verlauf aufgestellte These als wahr oder falsch erweisen könne. Neuraths kritische Bemerkung, »Horkheimer deutet nirgends an, mit Hilfe welcher Kriterien man feststellt, wann eine Ansicht ›richtig‹, wann sie ›unrichtig‹ ist«, bezeichnete Horkheimer denn auch in seiner Erwiderung als »wundesten Punkt meiner Arbeit«.[413] Nach einigen allgemeineren Bemerkungen über die Schwierigkeiten der neuzeitlichen Philosophie seit Descartes, ein Wahrheitskriterium zu finden, schreibt er dann für seine Person:

zu seinem Versuch, Carnap lächerlich zu machen, siehe unten, S. 193. Ähnlich äußert sich Neurath auch im Brief an Grelling vom 22. 3. 1940 über die Frankfurter Schule. Er beantwortet Grellings Ankündigung, für die *Zeitschrift für Sozialforschung* schreiben zu wollen, dort mit den Worten: »Ob Sie bei den Horkheimeriten viel oder wenig über uns schreiben, wird deren Haltung nicht ändern, die ja nicht nur kritisch ist, sondern auch allerlei insinuiert mithilfe halbverdeckter Äußerungen. Ach, man kennt die Melodie, der Text wechselt. Manchmal sinds mehr theologisch gerichtete Menschen, diesmal sinds solche, die es mit der Dialektik haben – ich weiß nur nicht genau mit welcher. Wer wirds morgen sein?«
Von Grelling ist in der Folge nichts in der *ZfS* erschienen. Er wurde nach der deutschen Invasion in Frankreich zusammen mit seiner Frau nach Auschwitz deportiert und dort umgebracht (Peckhaus 1993, S. 375).

413 Horkheimer an Neurath, 29. 12. 1937.

Auf mich sollten Sie jedoch in dieser Hinsicht keine allzu großen Hoffnungen setzen, denn ich versuche, wenigstens seit einer Reihe von Jahren, darzulegen, inwiefern gerade bei den entscheidendsten Problemen das geforderte Kriterium nicht namhaft zu machen ist.

Wie Neurath sofort bemerkt hat, ist dies Eingeständnis natürlich für die Diskussion fatal, denn es hat – vorausgesetzt, Horkheimer zählt gewisse der mit den Positivisten verhandelten Fragen zu den »entscheidendsten Problemen« – die Konsequenz, daß man die im »Neuesten Angriff« aufgestellten Thesen genauso gut behaupten wie negieren kann. Neurath antwortete auch sogleich:

Was die Details Ihres Briefes anlangt, so möchte ich betonen, daß dann, wenn man über das Wahrheitskriterium so vorsichtig denkt, man nicht über ›richtig‹ so dezidierte Äußerungen machen dürfte. ENTWEDER-ODER.[414]

In der Kritik der positivistischen Wahrheitstheorie und deren Kriterien war Horkheimer ungleich dezidierter als mit eigenen positiven Vorstellungen, wie auch Martin Jay bei seiner Diskussion des Horkheimer-Artikels betont hat.[415] Im Brief an Neurath markiert er seine »eigentliche Differenz« zu den Positivisten dort,

wo sie den Begriff der Erkenntnis oder der Wahrheit ... auf eines oder mehrere ... Kriterien eingeschränkt sehen möchten. Was ich in dieser Richtung etwa unter dem Schlagwort der Nachprüfbarkeit in der Argumentation der logischen Empiristen gefunden habe, erscheint mir entweder als vage und unbestimmt oder als viel zu inhaltsarm, um dem Begriff der Wahrheit adäquat zu sein.[416]

In der Folge nimmt sich Horkheimer dann eines der vielen Kriterien vor, das die logischen Positivisten im Laufe der Zeit für den »Begriff der Erkenntnis« (genauer gesagt: des Sinns) entwickelt haben, nämlich das der Verifizierbarkeit, und bemerkt dazu ganz im Sinn des Unbestimmtheitsvorwurfs:

Selbstverständlich müssen theoretische Gebilde so beschaffen sein, daß sie prinzipiell in irgendeiner Weise verifizierbar sind. Aber diese Aussage ist so allgemein, daß sich jeder ernste Bibelforscher und erst recht jeder Spiritist damit einverstanden erklären kann.[417]

414 Neurath an Horkheimer, 12.1.1938.
415 Jay 1976, S. 87.
416 Horkheimer an Neurath, 29.12.1937.
417 Ebd.

Wenn jedoch der Positivismus die zugelassenen Verfahren einer Verifikation so festlege, daß etwa auf die Reduzierbarkeit auf Protokollsätze abgestellt werde, erscheine ihm das Verifizierbarkeitskriterium in dieser Version andererseits nun wieder zu eng.
Ich halte dies für eine durchaus einschlägige Kritik, die aber nicht sehr originell ist, da die Positivisten ihr damals von vielen Seiten ausgesetzt waren. Insofern ist es nicht verwunderlich, daß einige von ihnen gerade in diesem Stadium des Briefwechsels damit beschäftigt waren, das empiristische Sinnkriterium so abzuschwächen, daß die Forderung nach Reduzierbarkeit jedes sinnvollen Satzes auf Protokollsätze schon nicht mehr erhoben wurde, sondern nur noch die wesentlich schwächere nach »Bewährung« an der Erfahrung. Fünfzig Jahre nach diesem Versuch kann man eigentlich das Fazit ziehen, wie es Empiristen wie Hempel längst gezogen haben, daß sich ein gleichzeitig einfaches und universelles Kriterium für den Sinn von Sätzen überhaupt und auch spezieller für wissenschaftlich signifikante Sätze nicht finden lassen wird.
Bedauerlicherweise ist Neurath auf Horkheimers Einwände gegen die Verifizierbarkeit als Sinnkriterium nicht eingegangen. Das liegt vielleicht daran, daß Horkheimer in diesem Kontext zur Erklärung seines Standpunktes das völlig verunglückte Beispiel zweier »Prognosen« anführte:

> Es wird zum Beispiel kein Unterschied mehr zwischen einer Prognose im Sinn der Behauptung künftiger geschichtlicher Vorgänge und im Sinn der Einsichtigkeit eines Urteils gemacht. »Zweimal zwei ist vier« erscheint als Prognose, weil es ein Satz ist, dessen Wahrheit sich jederzeit herausstellen wird, und daß die völkischen Ideen sich weiter ausbreiten werden, ist eine Prognose, weil es wahrscheinlich so kommen werde. Dies und noch sehr vieles erscheint mir als der Ausfluß jener ersten Konfundierung, die das Problem der Existenz aus der Logik hinaus in die Metaphysik verweist ...[418]

Wie Neurath sogleich angemerkt hat, verrät die Wahl dieser Beispiele selbst eine »ernste Konfundierung«, denn nach empiristischer Auffassung gehört der Satz »2 und 2 ist vier« nicht zu der Klasse empirischer Sätze und erst recht nicht zu der Klasse möglicher Prognosen, weil er für eine empirische Überprüfung weder durch gegenwärtige noch zukünftige Erfahrung in Frage kommt. Horkheimer hat aber nicht nur die *Verifizierbarkeit* als empiristi-

418 Ebd.

sches Kriterium des *Sinns*, sondern auch die *Verifikation* als empiristisches Kriterium der *Wahrheit* von Sätzen angegriffen. Sein Einwand ist hier, daß es »geistige Situationen« gebe,

> in denen der Rekurs auf solche formellen Prinzipien allein nicht hinreicht, um zwischen mehreren theoretischen Strukturen zu entscheiden, Situationen, in denen die Verifikation über das Verständnis und die Nachprüfung hinaus geradezu mit der Existenz des Verifizierenden zusammenfällt.[419]

Als solche Situationen möge man sich etwa das von Horkheimer im »Neuesten Angriff« ausgeführte Beispiel eingeschränkter Erfahrung in einer Situation auswegloser Gefangenschaft vornehmen. In einer solchen Situation scheint es vernünftig, wenn Horkheimer sich weigert,

> gerade nur das als wahr und wahrscheinlich gelten zu lassen, was man unter den jetzt gegebenen Umständen mit Hilfe dieser Kriterien »kontrollieren« kann.[420]

Derartige Einschränkungen der Erfahrungskontrolle nähmen wegen der gegenwärtigen Entwicklung der Gesellschaft zu, so daß

> gerade bei den wichtigsten Problemen die verifizierbaren Feststellungen so wenig [wiegen], weil die erdrückend große Mehrzahl der Menschen, die sogenannten Intellektuellen nicht ausgenommen, kraft ihres Schicksals in ihren Feststellungen aufs äußerste beschränkt sind.[421]

Diese Bemerkungen beruhen ganz offensichtlich auf einem Mißverständnis. Denn die Positivisten haben oft genug betont, daß es ihnen bei der Verifizierbarkeit als Sinnkriterium immer um die Möglichkeit der Überprüfung von Sätzen *im Prinzip* gegangen ist. Sätze, die wegen politischer Verhältnisse zeitweise nicht oder auch aus technischen Gründen noch nicht tatsächlich verifiziert werden können, sind danach nicht als sinnlos ausgeschlossen.[422] Die zitierte Passage hat außer der philosophisch-systematischen Seite aber auch eine historisch-politische Seite. Gewiß besteht keine

419 Ebd.
420 Ebd.
421 Ebd.
422 Das ergibt sich aus der Unterscheidung von empirischer und logischer Möglichkeit der Verifikation sowie der Klarstellung, daß für die Verifizierbarkeitsforderung nur die logische in Frage kommt. Siehe zu einer unmißverständlichen Exposition dieses Sachverhalts Schlick 1936, Abschnitt III.

Frage, daß faschistische Regimes dazu tendieren, die Informations- und Kommunikationsmöglichkeiten der Bürger einzuschränken. Aber über das Ausmaß, in dem die große Mehrzahl der Menschen und insonderheit die Intellektuellen im Dritten Reich in ihren Feststellungen behindert waren, kann man streiten. Denn ein Großteil der antisemitischen Verfolgungspolitik etwa spielte sich ja jahrelang vor aller Augen ab, und es war sicherlich häufig schwieriger, an den Schrecken des Faschismus vorbeizusehen, als sie zu bemerken.

Außerdem muß auf jeden Fall gänzlich unklar bleiben, wie Horkheimer sich die Überwindung von administrativ verfügten Einschränkungen der gesellschaftlichen Erfahrung vorgestellt hat, solange sie noch bestanden. Er schreibt:

> Ich meine, bei der Frage, wodurch die Wahrheit ausgezeichnet sei, kann man zumindest in unserem Fall strenggenommen nichts anderes tun als sie darstellen

und fährt zur Erläuterung in Klammern fort:

> Die Mehrdeutigkeit dieses Worts ist mir als altem Hegelschen Wirrkopf natürlich willkommen, die Wahrheit darstellen meint ja nicht bloß etwas hinschreiben, sondern auch dafür sorgen, daß der entsprechende Gegenstand in Erscheinung tritt.[423]

Diese Bemerkungen gehen an dem Problem vorbei, wie man beurteilen kann, ob etwas wahr ist oder nicht. Denn die Entscheidung darüber ist sichtlich dem Problem seiner Darstellung (in jeder möglichen Wortbedeutung) vorgeordnet.

Bei aller gegenseitigen Kritik bleibt am Briefwechsel Horkheimer/Neurath bemerkenswert, daß beide Seiten stets zwischen der konkreten Einzelforschung und der Philosophie der jeweiligen Gegenseite unterscheiden und an diese Unterscheidung jeweils die Behauptung knüpfen, erstere sei interessant, nützlich und oft sogar verdienstvoll, nur letztere abträglich und schädlich. Neurath hatte in seiner »Erwiderung« im Sinne dieser Unterscheidung zunächst geschrieben:

> Wenn Horkheimer spezialwissenschaftliche Arbeiten publiziert, bedient er sich einer Sprache, deren Sätze einer empiristischen Kontrolle durchaus zugänglich sind. Die umfangreiche Einleitung Horkheimers zum Forschungsbericht »Autorität und Familie« (das gleiche gilt von den übrigen

423 Horkheimer an Neurath, 29. 12. 1937.

Arbeiten des etwa 900 Seiten starken Bandes) bedient sich einer Sprache, die wohl verständlich ist[424],

und war dann, auf Horkheimers Philosophie durch Bezugnahme auf ihre Vorbilder anspielend, fortgefahren:

Es ist richtig, daß die Neigung zu umfassender Synthese früher in den großen Werken der Philosophen gefunden wurde. Hegels »Enzyklopädie« ist ein gutes Beispiel. Er beginnt mit völlig metaphysischen Betrachtungen, geht später auf empiristische Formulierungen über, die mit metaphysischen vermischt sind, um dann mit metaphysischen Betrachtungen zu schließen. Der empiristisch eingestellte Wissenschaftler kann auf diese Weise manche Anregung empfangen; so hat Hegel großzügige historische Ideengänge entwickelt, die z. B. auf die empiristischen Ausführungen von Marx und Engels von Einfluß waren, aber einer wissenschaftlichen Kontrolle sind die meisten seiner Ausführungen nicht zugänglich.

Horkheimer fiel es nicht schwer, das Lob an der empirischen Einzelforschung und die Kritik an der Philosophie (der Frankfurter Schule) postwendend – mutatis mutandis – zurückzugeben:

Wie Sie wissen, geht es mir mit Ihnen ähnlich wie Ihnen mit mir. Es scheint mir, daß Ihre Forschungen und besonders Ihre statistische Bildtechnik höchst wertvolle Dienste leisten können, dagegen bin ich betroffen, sobald Sie zu Weltanschaulichem (Philosophie kann ich es nun einmal nicht nennen) übergehen. Dort sind Sie zwar ebenso scharfsinnig, aber unendlich viel begrenzter als sonst. Es ist einzig die weltanschauliche Verfestigung oder Aufblähung bestimmter Einzelheiten des Wissenschaftsbetriebs zu einer Art philosophischen Standpunkts, gegen die ich mich in meinem und Ihrem Interesse wehren muß, nicht gewisse Leistungen Ihres Kreises, vor denen ich große Achtung habe.[425]

Da Horkheimer solche Ansichten auch im Vorwort zum Frühjahrsheft 1937 seiner Zeitschrift publiziert[426] und, wie wir sahen, auch gegenüber Adorno im internen Briefverkehr betont hat, ist auch kein Zweifel an der Aufrichtigkeit dieser Einschätzung möglich.

424 Unveröffentlichtes Manuskript Neurath 1937, S. 14. Statt »bedient ... ist« hatte es in einer später durchgestrichenen Passage sogar geheißen: »ist zusammen mit den anderen Einzelarbeiten nicht wesentlich von einer Publikation verschieden, die von Vertretern des logischen Empirismus gemacht würde«.

425 Horkheimer an Neurath, 29. 12. 1937.

426 Dort schreibt Horkheimer auf Seite 2: »Die Kritik an der positivistischen Schule hindert uns nicht, ihre fachlichen Leistungen anzuerkennen«.

Mehr als alle inhaltlichen Divergenzen hat die Weigerung Horkheimers, Neuraths Erwiderung abzudrucken, zum schließlichen »Abbruch der diplomatischen Beziehungen« geführt. In ihrem Briefwechsel gibt es zwar auch Streitigkeiten darüber, ob das Institut die Veröffentlichung sogar zugesagt habe (wie Neurath behauptet und Horkheimer bestreitet). Aber darauf kam es letztlich nach Neuraths Ansicht auch gar nicht an:

> Daß eine Zeitschrift, die Artikel von der Art bringt, wie Ihrer gewesen ist, eine Erwiderung aufzunehmen hat, gilt auch dann, wenn man das nicht besprochen hätte, als selbstverständlich.[427]

Horkheimer hatte es bereits in der ersten Stellungnahme zu Neuraths Erwiderung abgelehnt, »die Erörterungen über den logischen Empirismus in der Zeitschrift durch eine ausgedehnte Diskussion zu verlängern«, da sie von vornherein erklärtermaßen »keine Plattform einander widersprechender Anschauungen«[428] gewesen sei. Neurath möge seinen Text doch in der »*Erkenntnis*« veröffentlichen.

Neurath erwiderte auf diesen Vorschlag am 12. Januar 1938 zunächst mit dem Hinweis, daß eine Entgegnung dort schon deshalb nicht in Frage komme, weil sie inzwischen vom Verleger Meiner auf nationalsozialistischen Druck hin eingestellt sei. Weiter unten heißt es dann schon sichtlich verärgert:

> Doch, um poetisch zu schließen: Der Worte sind genug gewechselt, laß mich nun die Korrekturabzüge meiner Erwiderung sehen. Daß Sie sie abzudrucken ernstlich ablehnen können, kommt ja gar nicht in Frage, ich bin schon etwas befremdet, daß Sie um die Veröffentlichung herumzukommen suchen, nachdem Sie sich nicht gehemmt gefühlt haben, Ihren Artikel abzudrucken.[429]

Daß die Antwort in Horkheimers Zeitschrift erfolge, sei auch »umso wichtiger, als ein Artikel von mir in der Nummer erschien, die Ihren ungewöhnlich gehaltenen Angriff brachte«.

Daß Neurath nicht bereits längst den Kontakt abgebrochen hatte, mag auch damit zusammengehangen haben, daß ihm Horkheimer Vermittlerdienste bei der Beschaffung von Zuschüssen der – zu diesem Zeitpunkt noch nicht gegründeten[430] – englischen Nuf-

427 Neurath an Horkheimer, 12. 1. 1938.
428 Horkheimer an Neurath, 29. 12. 1937.
429 Neurath an Horkheimer, 12. 1. 1938.
430 Nach Clark 1972, S. 4 wurde die eigentliche Stiftung des zum Lord

field-Stiftung für seine Arbeiten über den internationalen Vergleich von Lebensstandards in Aussicht gestellt hatte. Im internen Briefwechsel zwischen Horkheimer und Adorno wird freilich deutlich, daß es dabei auch darum ging, bei der Stiftung einen »Präzedenzfall« für eine Unterstützung des »Instituts« zu schaffen. Außerdem wollte man offenbar zwar den größten Teil etwaiger Stiftungsmittel an Neurath für sein »hobby« weiterleiten, aber, so Horkheimer an Adorno, »würde wohl auch für unsere Arbeiten etwas dabei herausspringen«.[431]
Daß Horkheimer am 30.1.1938 den Abdruck der Erwiderung definitiv ablehnte – nicht ohne nochmals, wenngleich in Anbetracht seiner Qualifizierung von Neuraths Forschungen als dessen »hobby« im internen Briefverkehr diesmal schon weniger glaubwürdig, zu versichern, daß er seinen Arbeiten »stets die aufrichtigste Sympathie bezeugt [habe] und gedenke, dies auch weiterhin zu tun« – brachte das Faß zum Überlaufen und ließ etwa noch vorhandene Rücksichten auf eventuelle Stiftungsmittel in den Hintergrund treten. Neuraths Schlußstrich vom 21. Februar des Jahres ist lakonisch:

Lieber Herr Horkheimer!
Bitte lassen Sie mir mein Manuskript zusenden.
Mit bestem Gruß
Ihr Otto Neurath.

Dieser Bitte scheint auch entsprochen worden zu sein, da sich kein Text der Erwiderung mehr im Horkheimer-Nachlaß befindet (ein Durchschlag eines Begleitschreibens zur Rücksendung allerdings ebensowenig).

Nuffield geadelten Autofabrikanten William Morris erst im Frühjahr 1943 gegründet. Vor diesem Zeitpunkt wäre für eine Unterstützung der Neurathschen Lebenslagen-Forschung allenfalls der 1936 gegründete »Nuffield Trust for the Special Areas« in Frage gekommen, »alleviating, to some extent, the hardships of massive unemployment« (ebd., S. 2).

431 Horkheimer an Adorno, 20.10.1937.

Eigentlich erstaunlich ist, daß nicht alle logischen Positivisten nach Neuraths Abbruch der diplomatischen Beziehungen Kontakte zur Frankfurter Schule nicht für völlig sinnlos gehalten, sondern sie im Gegenteil gepflegt oder sogar allererst angeknüpft haben.

Neurath selbst hat hinter den Kulissen in einem wichtigen Fall für die Herstellung einer Verbindung gesorgt. So schrieb er am 3. Juni 1937 – also noch vor dem Erhalt von Horkheimers »Neuestem Angriff« – an Phillip Frank zum Thema »Nun Ihre AMERIKA-Fahrt« unter anderem: »Ich weiß, daß Horkheimer Sie sicher einladet. Darf ich ihm schreiben, er ist sehr nett ... Er zahlt glaube ich sogar was«. Darauf hatte Frank – nach Erhalt des Frühjahrsheftes der *Zeitschrift für Sozialforschung* – aus Prag geantwortet:

> Ich sehe hier, daß Horkheimer einen ziemlich scharfen Artikel gegen unseren Kreis veröffentlicht hat. Aber trotzdem will er, wie Sie schreiben, uns zu Vorträgen einladen?

Neurath beruhigte Frank mit Hinweis auf Horkheimers Unterscheidung zwischen der positivistischen Denkweise, die er kritisiere, und der konkreten Einzelforschung positivistischer Gelehrter, die er meist schätze, und fuhr fort:

> Ich habe selten bei jemandem so viel von unseren Schriften beisammen gesehen wie bei ihm, ganze Berge vom Kausalgesetz und seine Grenzen bis zur Empirischen Soziologie.[432]

Außerdem habe Horkheimer, »ohne daß ich ihn darum bat, meinen Artikel auf Institutskosten ins Englische übersetzen lassen«. Neurath war offenbar noch nicht klar, daß diese Freundlichkeit auch dazu hatte dienen sollen, seinen Aufsatz als außerphilosophischen Spezialistenbeitrag kennzeichnen zu können.[433]

432 Neurath an Frank, 18.6.1937; bei diesen Titeln handelt es sich um Frank 1932 und Neurath 1931b. Sie dürften allerdings schon zu der »schönen Literatur« gehört haben, die Neurath für Horkheimer bei dessen Besuch im Januar 1936 in Den Haag bereitgelegt hatte. Insofern bot ihr Vorhandensein im Horkheimer-Institut – wie Neurath selbst am besten wußte – kaum Anlaß zu euphorischen Bemerkungen.

433 Im »Vorwort zum sechsten Jahrgang« (1937) der *Zeitschrift* schreibt Horkheimer nämlich: »Auch in diesem Heft ergänzen sich die deutschen Aufsätze wechselseitig« und: »Der Aufsatzteil ist durch solche

Zu einer Reise Franks in die USA ist es dann, wie gesagt, 1937 nicht mehr gekommen. Nach dem Münchener Abkommen ist Frank aus der Tschechoslowakei emigriert. Er hat dann im Herbst 1938 eine Reise in die USA unternommen und sich am 20. 10. auch bei Horkheimer gemeldet – »vielleicht haben Sie von Dr. Neurath und Carnap von mir gehört« – und einen Besuch in dessen Institut angekündigt. Bei dieser Gelegenheit wurde dann offenbar für das Frühjahr 1939 eine Diskussion mit Frank über den Positivismus verabredet. Dabei sollte Karl Korsch, der die Organisation des Treffens übernahm, ein Koreferat halten. Über dessen Inhalt und den geplanten Ablauf der Veranstaltung kündigte Korsch Horkheimer am 19. 2. 1939 folgendes an:

Ich denke (vorbehaltlich von Änderungen), daß ich einfach über
»Die Mängel des naturwissenschaftlichen Materialismus (Positivismus, logischer Empirismus)«
spreche. Ich bringe keine ollen Kamellen von 1920ff., sondern spreche faktisch nur von den besten, stärksten, zur Zeit erreichten Positionen dieser Richtung bzw. von deren Mängeln im sozialwiss. Gebrauch. Ich werde Beispiele vorbereiten, aber dann, wenn Frank gesprochen hat, in der dazwischen liegenden Zeit (mindestens 1 Nacht), bis ich darankomme, soviel wie möglich versuchen, an seine Behauptungen, Beispiele usw. anzuknüpfen, damit doch eine Art Zusammenhang entsteht. Ich denke, es wäre gut, wenn auch Sie zu irgend einer Zeit der Debatte das, was Ihnen aus Ihren vorliegenden Artikeln (und sonst) zum Thema das wichtigste scheint, noch einmal kurz und artikuliert formulieren würden.

Nachdem die Veranstaltung aber schon von Anfang auf Mitte März verschoben worden war, sagte Frank seine Teilnahme ab. Im Brief vom 3. des Monats, in dem er Horkheimer das mitteilte, beteuerte er, sich schon auf die Debatte gefreut zu haben, »weil ich hoffte, viele interessante Anregungen zu bekommen«. Auch habe er Horkheimers »beide Arbeiten« genau durchgelesen und würde gerne eingehend mit ihm darüber sprechen. Aber ein dringender Termin in Chicago zwinge ihn zur sofortigen Abreise. Zwar schlug Korsch Neurath (der offenbar gerade wieder einmal in

Studien von Spezialisten erweitert, die mit Fragen der Sozialwissenschaft zusammenhängen. Unterschiede der theoretischen Einstellung treten hier ganz hinter die Klärung einzelner Sachverhalte zurück.« Mit diesen Spezialisten-Studien waren vor allem die – unmittelbar aufeinander folgenden – Arbeiten Lazarsfeld 1937 und Neurath 1937 gemeint.

New York war), Nagel und Hempel als Ersatzleute für Frank vor. Aber es gibt keinen Hinweis darauf, daß eine Diskussion dann tatsächlich im Frühjahr noch stattgefunden hat. Im Herbst des Jahres kam Korsch, der inzwischen mit einem – zusammen mit Kurt Lewin verfaßten – Vortrag auch am wiederum von Neurath vorbereiteten »5. International Congress for the Unity of Science« in Harvard teilgenommen hatte[434], auf die geplante Diskussion zurück und informierte Horkheimer, »daß Philipp Frank hier ist und, soviel mir bekannt, nach wie vor zu dem geplanten Rededuell über Positivismus bereit ist«. Falls Horkheimer noch daran gelegen sei, könne er mit Frank das Erforderliche absprechen.
Inzwischen war aber der Zweite Weltkrieg ausgebrochen. Deswegen war Korsch inzwischen mehr an einer gründlichen »Diskussion jener schweren Fragen, die dieser ›Krieg‹ *uns* stellt«, interessiert als an irgendwelchen philosophischen Debatten. In diesem Sinne schrieb er am 5. Oktober an Horkheimer:

434 Darüber schrieb er Horkheimer am 14.9.1939: »Die Unity of Science Konferenz hat hier (Harvard) vom 3.-10. September stattgefunden und war weniger enttäuschend theoretisch und persönlich als die meisten anderen wissenschaftlichen Kongresse (es waren nicht allzu viele!), an denen ich in meinem Leben teilgenommen habe. Mein 25-Minuten-Vortrag ... war wie ich denke ein ganz erfolgreiches Unternehmen ...«
Ich halte es für wahrscheinlich, daß vor allem solche Kontakte zu den Positivisten es waren, die Korsch bei den Mitgliedern der Frankfurter Schule immer suspekter machten. So erklärt sich wohl auch folgender Briefwechsel, den Adorno und Horkheimer 1962 »in Sachen Korsch« führten. Adorno schrieb am 13.12.1962: »Sicher hätte er es verdient, wenn man seinen Nachlaß publiziert, er war ja ein begabter und selbständiger Mensch, wenn auch in späteren Jahren sicher verrückt und arg vom logischen Positivismus infiziert, den er überdies wahrscheinlich nicht einmal richtig verstanden hat. Aber immerhin ...«
Ohne überhaupt auf Adornos Vorschlag einer Publikation des Korsch-Nachlasses einzugehen, antwortete Horkheimer am 23.12. des Jahres: »Nur ein Wort in Sachen Korsch. Ich habe mir von Fred [Pollock, Verf.] unsere Beziehungen mit ihm ins Gedächtnis rufen lassen. Während der Vorgeschichte des Instituts hat Korsch das Seinige getan, um zu vereiteln, daß es zustandekam. Trotzdem haben wir ihm seit der Mitte der zwanziger Jahre Freundliches getan. Schon lange vor der Zeit seiner Erkrankung hat er sich wieder negativ zu uns gestellt.«

Sie merken wohl aus meiner ganzen Behandlung der Frage, daß mir an dieser ganzen Diskussion zur Zeit nicht viel gelegen ist, wo es so viel wichtigere Dinge gibt.[435]

Andererseits ließ er aber ein weiteres Interesses an der Diskussion philosophischer Probleme durchschimmern:

Ich habe mich ja seit Jahrzehnten für Pragmatismus sehr interessiert, damals *alles* von *Peirce*, das meiste von *James* und alle älteren Sachen von *Dewey* studiert.

Als Frank, den Korsch inzwischen kontaktiert hatte, am 10. Oktober Horkheimer die verwickelten Gründe für seine Absage im Frühjahr erläuterte und fragte: »Haben Sie noch Interesse an der Diskussion über den logischen Positivismus?«, antwortete Horkheimer positiv.
So gab Frank schließlich am 17. November 1939 einen »Introductory talk on Positivism«. Korsch selbst hielt ein Koreferat zum Thema »Gesellschaftliche Anwendung des logischen Empirismus«.[436] Beide Beiträge sind nicht veröffentlicht worden.
Aus einem Brief, den Korsch am nächsten Tag an Hans Reichenbach schickte, sind wir wenigstens aus seiner Sicht über den Verlauf der Veranstaltung unterrichtet:

Es war nicht uninteressant. Meine eigene Stellung war insofern schwierig, als ich weder der orthodoxen Richtung des Positivismus (vertreten durch Frank, Zilsel, einige andre, und etwas weniger starr, von Hempel) noch dem krassen philosophischen Idealismus, den die Leute vom Institut »Marxismus« u. »Materialismus« nennen, zustimmen konnte ... Franks Vortrag war klar und direkt, nur traf er in seiner Kritik nicht recht jene stark sophistizierten Nuancen, um die sich das Interesse der Institutsidealisten dreht, wie sie in der Tat an ihm und am logischen Empirismus, überhaupt an aller modernen Wissenschaft vorbeiredeten. Es wäre gut, wenn Sie dabei gewesen wären![437]

435 Hervorhebung vom Verf. Man beachte die Anführungszeichen beim Wort »Krieg«! Am 20. 9. schrieb Korsch dann nach Hitlers Danziger Rede, daß »die Gefahr eines wirklichen Krieges ... äußerst nahegerückt« sei.

436 Über sein Koreferat hatte Korsch Horkheimer am 9. 11. geschrieben: »Über meinen eigenen Beitrag bin ich mir noch nicht ganz klar, obwohl ich, wie früher, speziell die Übertragbarkeit von der Natur- auf die Gesellschaftswissenschaft ins Auge fassen möchte.«

437 Korsch an Reichenbach, 18. 11. 1939. Für den Hinweis auf diesen Brief danke ich Michael Buckmiller (Hannover).

Reichenbach hat, wie wir sehen werden, später selbst noch Gelegenheit zu Diskussionen mit Mitgliedern der Frankfurter Schule gefunden.

Die intensivste und dauerhafteste Interaktion zwischen Angehörigen der beiden Gruppen hatte sich etwa zwei Jahre lang bis zum Sommer 1941 in New York hingezogen. Sie bestand darin, daß mit dem soeben als Mitdiskutant beim »Rededuell« Frank/Horkheimer genannten Edgar Zilsel vom Sommer 1939 an ein früheres Mitglied des Wiener Kreises für das Frankfurter Institut eine Forschungsarbeit übernahm. Über diese Episode hat Martin Jay im Zusammenhang einer Schilderung der »annähernd 200 000 Dollar an 116 Doktoranden und 14 promovierte Forscher«, die das Institut vergeben habe[438], so berichtet:

> Einziges unumstößliches Kriterium [der Stipendienvergabe, Verf.] war leidenschaftlicher Antinazismus. Selbst Posistvisten wie Edgar Zilsel wurden ohne jedweden Versuch, sie auf die Linie des Instituts zu bringen, unterstützt.[439]

Diese Darstellung ist nicht ganz zutreffend. Denn Zilsel erhielt aus Institutsmitteln keinerlei Zuwendungen, sondern ausschließlich von Stiftungen wie der Rockefeller Foundation, dem Oberlander Trust oder dem Social Science Council, denen gegenüber das Institut als Antragsteller auftrat. Bis wann genau es Mittel für Zilsel beantragt hat, ist nicht ersichtlich. In einem Schreiben vom Juni 1941 erkundigt sich Pollock bei Zilsel, was er für das folgende akademische Jahr beantragen solle. Ob ein solcher Antrag noch gestellt und Gelder noch geflossen sind, weiß ich nicht. Ein Brief vom 14. 1. 1942 mit Bitte um Übersendung eines Sonderdrucks eines gerade im *American Journal of Sociology* erschienenen Aufsatzes ist jedenfalls der letzte dokumentierte Kontakt mit dem Institut.[440]

438 Siehe Jay 1976, S. 114. Ausweislich des von Jay dort zitierten Berichts »Ten Years on Morningside Heights« (= Institute of Social Research) (1944) S. 6 handelte es sich aber umgekehrt um 14 Doktoranden und 116 promovierte Forscher. Deren Namen sind übrigens im Anhang des »Memorandum for P. T.« einzeln aufgelistet. Unter diesen Forschern befindet sich von den logischen Positivisten außer Edgar Zilsel auch Otto Neurath. – Es wäre sicher lohnend, diese umfangreiche Liste einmal genauer auszuwerten.

439 Jay 1976, S. 145.

440 Es handelt sich dabei um Zilsel 1942.

Zilsel bearbeitete während dieser Zeit ein Projekt mit dem Titel »The Social Roots of Science«, von dem einzelne Teile noch in den vierziger Jahren verstreut in amerikanischen Zeitschriften veröffentlicht wurden und erst 1976 in deutscher Übersetzung erschienen sind.[441] Für die Bearbeitung des Themas hat Zilsel eine Unmenge von frühneuzeitlichen Quellen ausgewertet und, wie Wolfgang Krohn gezeigt hat[442], einen dreistufigen Erklärungsansatz für die Entstehung der experimentellen Naturwissenschaften gewählt, in dem eine Berufsgruppenanalyse eine entscheidende Rolle spielt. Zilsels These ist nämlich, daß Experiment und Naturgesetz als kennzeichnende Elemente neuzeitlicher Naturwissenschaft sich erst durch die Überwindung der sozialen Schranken zwischen denjenigen Berufsgruppen, die sie sozusagen verkörperten, nämlich humanistischen Gelehrten einerseits und handwerklich arbeitenden Künstlern und Ingenieuren andererseits, hat entwickeln können.

Es fragt sich, was es bei dieser Themenstellung, Quellenbasis und Vorgehensweise bedeuten könnte, Zilsel »auf die Linie des Instituts« zu bringen. Eine erste Antwort in dieser Richtung ist, daß Zilsel selbst schon auf die Bearbeitung eines alternativen Projekts »Naturgesetze und historische Gesetze«, dessen Skizze im Schriftwechsel mit dem Institut erhalten ist, verzichtet hat, wie er am 21. 4. 1939 an Leo Löwenthal schreibt:

> u. a. auch deshalb, weil [dieses] Thema ziemlich tief in rein physikalische Probleme hineinführt, von denen ich nicht weiß, ob Sie Ihrem Institut nicht etwas zu physikalisch vorkommen werden.[443]

Druck auf Zilsels inhaltliche Bearbeitung des einmal gewählten Themas konnte dagegen vom Institut kaum ausgeübt werden, weil es in der Frage der Entstehung der neuzeitlichen Wissenschaft selbst keine einheitliche »Linie«, sondern sich widersprechende Erklärungsansätze hervorgebracht hatte. Ich meine Franz Borkenaus 1934 als erstes Buch des Instituts im Exil erschienene Publikation *Vom feudalen zum bürgerlichen Weltbild* und Henryk Grossmanns lange Auseinandersetzung damit im Jahrgang 1935 der *Zeitschrift für Sozialforschung*.[444] Außer einer gemeinsamen

441 Ich meine Zilsel 1976.

442 Krohn 1985, S. 273 f.

443 Dieses Schriftstück befindet sich im Briefwechsel Horkheimer/Zilsel.

444 Borkenau 1934 und Grossmann 1935.

Verpflichtung darauf, daß die gesuchte Erklärung eine materialistische sein müsse, gibt es in diesen beiden Arbeiten wenig Gemeinsamkeiten. Borkenau hatte nämlich die Theoriebildung und insbesondere die Aufstellung von *Naturgesetzen* als wesentliches Charakteristikum der modernen Naturwissenschaft aufgefaßt und als Inkarnation dieser Haltung Descartes genannt, Grossmann dagegen das *Experiment* als deren wichtigste Errungenschaft angesehen und als dessen Pionier Leonardo da Vinci hervorgehoben.[445]

Zilsel hat beide Theorien sicherlich gekannt und mit Grossmann auch in New York Kontakt gehabt.[446] Seine Theorie könnte man inhaltlich als eine komplizierte Synthese ihrer beiden Ansätze ansehen. Denn in ihr wird ja die *Kombination* der beiden Momente Naturgesetz und Experiment als das entscheidende Novum der modernen Naturwissenschaften angesehen. Aber kausal gesehen ist Zilsels Theorie jedenfalls mit ihrer Grundidee keine Reaktion auf Borkenau und Grossmann, da ihre Anfänge in die zweite Hälfte der zwanziger Jahre zurückreichen, als er diese Fragen nach der Fertigstellung seines Buchs über den *Geniebegriff* mit Otto Bauer und Otto Neurath diskutierte.[447]

Zilsel hat sich während seiner Zeit in New York bemüht, trotz bereits angegriffener Gesundheit die Fortsetzung seiner intensiven wissenschaftlichen Arbeit mit dem Fortbestand seiner Familie und auch der Fortsetzung politischer Arbeit in sozialistischen österreichischen Emigrantenzirkeln zu verbinden.[448] Das ist ihm auf Dauer nicht mehr gelungen. Nach seiner Übersiedlung an die Westküste im Juli 1943 nahm er sich dort am 11. März 1944 das Leben. Die Verbindungen zu seinen früheren Freunden aus dem Wiener Kreis hatten sich damals offenbar schon so weit gelockert, daß sie erst durch seinen Tod erfahren haben, mit welchen ungeheuren Schwierigkeiten er im Exil zu kämpfen gehabt hatte.

445 Zu diesem Themenkreis gibt es übrigens auch interessante Bemerkungen in Horkheimer 1927, S. 60 ff.

446 Siehe dazu und allgemeiner zu Zilsels Projekt und seinen Beziehungen zur Frankfurter Schule: Dahms 1993.

447 Information von Paul Neurath; siehe als einzigen (und dazu noch recht gut getarnten) publizierten Hinweis auf diese Diskussionen *Wissenschaftliche Weltauffassung* 1929, S. 316.

448 Siehe dazu den erschütternden Bericht seines Sohns Paul Rudolf Zilsel 1988.

Die letzten persönlichen Kontakte zwischen logischen Empiristen und kritischen Theoretikern haben sich in den vierziger Jahren an der amerikanischen Westküste zugetragen. Um die Chancen eines eventuellen Umzugs seines Instituts nach dorthin auszuloten, wandte sich Horkheimer an Hans Reichenbach, der seit 1938 in Los Angeles als Philosophieprofessor wirkte. Nach den polemischen Auseinandersetzungen mit den Mitgliedern des Wiener Kreises ist der im Briefwechsel über diesen Plan und auch über andere Themen angeschlagene Tonfall erstaunlich. Denn Horkheimer schreibt Reichenbach schon in einem ersten Brief vom 15. 10. 1940 unter anderem:

Es ist ein wahrer Trost, daß es in dieser Zeit noch aufrichtige wissenschaftliche und menschliche Solidarität gibt. Dieses Bewußtsein bedeutet in all dem Grauenhaften, das man jeden Tag erfährt, und angesichts der Abkehr der sogenannten Intellektuellen von dem, was nicht unmittelbar der Karriere dient, eine Ermutigung. Dafür danke ich Ihnen.

Die gewünschte Übersiedlung ließ sich aber trotz der Bemühungen Reichenbachs schließlich nicht realisieren, da sämtliche ins Auge gefaßten Institutionen an einer nur lockeren Assoziation bei weitgehender Autonomie, wie sie das Institut sowohl in Frankfurt wie auch in New York genossen hatte, nicht interessiert waren. Nachdem Horkheimer, Pollock und Adorno im Frühjahr 1941 trotzdem – unter Hinterlassung eines Rumpfinstituts in New York – an die Westküste gezogen waren, kam es dort zu einer ganzen Reihe von Kontakten, an denen außer den Frankfurtern und Reichenbach unter anderem auch Bertolt Brecht und Hanns Eisler beteiligt waren. Bei diesen – sowohl in den Arbeitsjournalen Brechts als auch in Protokollen des Instituts überlieferten – Diskussionsrunden drehte es sich allerdings nicht um Probleme des Positivismus oder der Sozialwissenschaften, sondern um die Aufgaben und gegenwärtigen Tendenzen der Kunst[449], auf die hier nicht näher eingegangen werden kann. Ich habe an anderer Stelle[450] plausibel zu machen versucht, daß diese Diskussionen sowohl in den Publikationen Reichenbachs (insbesondere im letzten Kapitel seines kurz vor seinem Tod erschienenen populären

449 Siehe dazu die nachgelassenen Diskussionsprotokolle in H 12, S. 559 ff., insbesondere S. 572 und S. 581-586, sowie Brecht 1973, S. 510 und S. 517.

450 Dahms 1994.

Buchs *The Rise of Scientific Philosophy*, in dem ohne konkrete Namensnennung mehrere Widerstände gegen die Akzeptanz der wissenschaftlichen Philosophie diskutiert werden) als auch in denen Adornos einen Niederschlag gefunden haben.

Maria Reichenbach erinnert sich daran, daß es später in der psychoanalytischen Gesellschaft von Los Angeles noch zu hitzigen Diskussionen ihres Mannes mit Adorno, Horkheimer und Marcuse über Psychoanalyse gekommen ist. Zeitpunkt und Inhalt dieser Gespräche konnte sie aber nicht mehr angeben. Ihr ist einzig im Gedächtnis geblieben, daß Adorno »mit einem Dogmatismus sondergleichen« den Eindruch erweckt habe, er habe in Dingen der Psychoanalyse »die Weisheit mit Löffeln gefressen« und daß Marcuse der einzige der Frankfurter gewesen sei, mit dem man sich noch einigermaßen vernünftig habe unterhalten können.

Die Wertschätzung Hans Reichenbachs durch die Frankfurter scheint unter diesen letzten Auseinandersetzungen aber nicht gelitten zu haben. Nach seinem Tod schlug Adorno Horkheimer vor[451], Reichenbachs erster Frau einen Kondolenzbrief zu schikken. Ob es dazu gekommen ist, weiß ich nicht.[452]

451 Adorno an Horkheimer, 3.5.1953.

452 Es gibt dafür jedenfalls keinen Beleg in Horkheimers Korrespondenz.

6. Auseinandersetzungen der kritischen Theorie mit dem Pragmatismus

Wie wir gesehen haben, hatte Walter Benjamin schon bald nach der Publikation von Horkheimers »Neuestem Angriff« auf den Positivismus die Notwendigkeit einer Ausdehnung der Polemik auf die nichtdeutsche philosophische Produktion betont. Horkheimer antwortete nun auf diesen Vorschlag am 3. 12. 1937 mit Reflexionen über die amerikanische Philosophie als ein solches Kritikobjekt:

Eine kritische Auseinandersetzung mit amerikanischer Philosophie wäre in der Zeitschrift sicher wünschenswert. Dabei müßte freilich darauf hingewiesen werden, daß die Bedeutung der inländischen Universitätsphilosophie in der hiesigen Ideologie weit geringer ist, als auf Grund der Verhältnisse in anderen Ländern zu erwarten stünde. Gegen das Eindringen des Carnapschen Positivismus und der Pareto-Schule bildet die amerikanische Philosophie kaum ein ernsthaftes Hindernis. Vielleicht kann sich Wiesengrund gleich nach seiner Ankunft einer kritischen Analyse hiesiger Philosophie unterziehen. Auf diese Weise bekäme er Gelegenheit, sich rasch zu orientieren.

Wie wir noch sehen werden, mußte Adorno sich aber nach seiner Ankunft in Amerika im Februar 1938 zu einem baldigen Mißvergnügen anderen Analysen »unterziehen«. So blieb schließlich die Aufgabe an Horkheimer selbst hängen. Er nahm sich des Themas in zwei Vorlesungen seines im Februar/März 1944 an der Columbia University gehaltenen Vortragszyklus mit dem Titel »Society and Reason« an. Dieser Zyklus war von Horkheimer als popularisierte Version einiger Grundideen der »Philosophischen Fragmente« gedacht, und in der Tat sind die 1947 schließlich als *Eclipse of Reason* erschienenen Vorlesungen auch wesentlich leichter verständlich als die passagenweise recht dunklen Ausführungen der 1947 unter dem Titel *Dialektik der Aufklärung* herausgekommenen Fragmente. Ein wesentlicher Unterschied besteht auch darin, daß sich die *Eclipse of Reason* ausführlich mit zeitgenössischer, zumal amerikanischer Philosophie befaßt, während diese Materie in der *Dialektik der Aufklärung* nur gelegentlich exemplifizierend herangezogen, aber nirgends systematisch diskutiert wird.

Wichtig für die Vorgeschichte des Posivitismusstreits ist die Diskussion nun aus zwei Gründen: Einerseits zeigt sich in ihr nämlich die allmähliche Herausbildung eines aus heterogenen Bestandteilen zusammengesetzten Positivismus-Syndroms, das der Frankfurter Schule dann bei späteren Kontroversen mit dem »Positivismus« vor Augen stand.
Andererseits zeigt der Vergleich mit den Stellungnahmen einiger heutiger Mitglieder und Sympathisanten der Schule – besonders mit Habermas und Apel –, daß manche Ideen des von Horkheimer noch heftig kritisierten Pragmatismus später in leicht abgewandelter Form zu positiven Bestandteilen einer erneuerten »kritischen Theorie« gemacht werden konnten. Ich denke dabei insbesondere an die Lehre vom technischen Erkenntnisinteresse der Naturwissenschaften, wie sie im Laufe des Positivismusstreits der sechziger Jahre sich herausbildete.

6.1 Vorbereitende Sondierungen

Wie sich aus den letzten Jahrgängen der *Zeitschrift für Sozialforschung* ergibt, war es – anders als vor der Polemik mit dem Positivismus des Wiener Kreises, in deren Vorbereitung Adorno die Hauptrolle gespielt hatte – nun Marcuse, der sich mit vorbereitenden Sondierungen des Terrains befaßte. Dazu gehören einige Exzerpte aus deutschen Übersetzungen einiger pragmatistischer Schriften wie etwa von William James' *Pragmatismus* von 1908 oder von F. C. S. Schillers *Humanismus* von 1911[453], die Karl Korsch wohl zu den »ollen Kamellen« gerechnet hätte, aber auch einige Auseinandersetzungen mit aktuellen Büchern Deweys. Eine Rezension von Deweys *Logic. The Theory of Inquiry* erschien in der Instituts-Zeitschrift.[454] Dort ist es überhaupt aufschlußreich zu sehen, wie sich Marcuse seit 1939 fast nur noch mit

453 Siehe dazu das Quellenverzeichnis. Wann diese Exzerpte geschrieben worden sind, ist nicht ersichtlich. Möglicherweise ist Marcuses James-Exzerpt schon von Horkheimer für dessen Wahrheitsaufsatz (Horkheimer 1935, S. 281 und 299ff.) verwendet worden.

454 Außer von Deweys *Logic* gibt es auch kurze – im Quellenverzeichnis nicht eigens aufgeführte – Exzerpte und Notizen über andere Schriften dieses Autors (so von dessen *Reconstruction in Philosophy* sowie von *Human Nature and Conduct*) von Marcuses Hand.

dem »Positivismus« befaßt und wie diese Auseinandersetzung allmählich immer heftigere Formen annimmt. Sie steigert sich am Ende seiner Rezension einiger Bände der *International Encyclopedia of Unified Science* zu den Worten:

Diese kritischen Bemerkungen zu dem Unternehmen der Einheitswissenschaft sind gewiß ein Angriff von einer der Richtung feindlichen Philosophie her. Sie dringen nicht in die Ausführung der Einzelprobleme ein. Mit ihnen mag alles in Ordnung sein. Die Gefahr liegt in den Motiven, die das Unternehmen tragen, und diese sind nicht aus ihm heraus angreifbar. Schlecht und unwahr sind die Voraussetzungen, auf Grund deren gearbeitet wird, – die Arbeit selbst mag sehr fein und sehr exakt sein.[455]

Ganz in die Polemik gegen den Positivismus ordnet Marcuse nun im Laufe der Zeit seine Kritik am Pragmatismus ein. Zwar hatte er noch in seiner mäßig polemischen Rezension von Deweys *Logic. The Theory of Inquriy* eine ganze Reihe von Punkten erwähnt, in der sich positivistische Logikvorstellungen von der Deweys unterscheiden. So hat er etwa dessen weiteres funktionales Logikverständnis (im Sinne einer »Logik der Forschung«) hervorgehoben, von dem aus Dewey auch gegen einen zunehmenden Trend zu leeren Formalisierungen Stellung nimmt. Daß Dewey sich gelegentlich auch explizit von den Positivisten absetzt, wie etwa in der Bewertung der Notwendigkeit von Hypothesen für die Forschung und – damit zusammenhängend – der Verifizierbarkeit als Sinnkriterium für solche Hypothesen, ist Marcuse durchaus nicht entgangen.[456] Aber die Gemeinsamkeiten von Positivismus und Pragmatismus werden als überwiegend angesehen, so daß Mar-

455 Marcuse 1939b, S. 232. Vor diesem Zitat findet sich auch jene Passage, mit der Marcuse – nach der zutreffenden Bemerkung Neuraths – Carnap mit einem Kommentar zu einer Stelle aus dessen *Foundations of Logic and Mathematics* (Carnap 1938, S. 112) lächerlich zu machen suchte. Sie zeigt aber nicht mehr, als daß Marcuse tatsächlich nicht in die »Ausführung der Einzelprobleme« eingedrungen ist. Sonst hätte er dort nämlich nicht nur die Prämissen eines Carnapschen Beweises (und zwar korrekt, was bei der dritten Prämisse nicht der Fall ist), sondern doch wohl auch und vor allem seine Konklusion zitieren müssen. Insofern hat sich Marcuse wohl auch zu früh gefreut, wenn er, Carnaps Beweis und das logistische Verständnis der Sprache kommentierend, von einer »Schockwirkung, die sich im Lachen befreit«, spricht.

456 Marcuse 1939a, S. 227.

cuse davon sprechen kann, daß der Pragmatismus schon von Horkheimers »prinzipieller Auseinandersetzung mit dem Pragmatismus und Positivismus« im »Neuesten Angriff auf die Metaphysik« betroffen sei[457], obwohl dort vom Pragmatismus überhaupt nicht die Rede ist.

Diese Gemeinsamkeiten sieht Marcuse in der jeweiligen »Nivellierung der Theorie zur bloßen Methode« und in der »Einschrumpfung der Theorie zur Methodik wissenschaftlichen Experimentierens« und der »Einschrumpfung der Praxis zu diesem Experimentieren selbst« und der damit einhergehenden Verkürzung der Kritik auf die Kritik an vorliegenden Forschungsmethoden und -ergebnissen.[458] Über die Berechtigung dieser Diagnose läßt sich streiten. Denn offenbar hat Marcuse vergessen, daß Deweys Begriffe wie »inquiry« und »experiment« in einem weiteren Sinne verwendet als den der (ausschließlich) wissenschaftlichen Untersuchung bzw. des (ausschließlich wissenschaftlichen) Experiments.[459]

Als guter Testfall für die Behauptung einer weitgehenden Übereinstimmung von Positivismus und Pragmatismus hätte sich Deweys *Theory of Valuation* angeboten, die Marcuse für den Band 9 der mittlerweile auf englisch als *Studies in Philosophy and Social Science* erscheinenden *Zeitschrift für Sozialforschung* rezensierte.[460] Hier hätte die Frage nahegelegen, ob sich nicht gerade auf dem Gebiet der Ethik und politischen Philosophie Pragmatismus und Positivismus wesentlich voneinander unterscheiden. Denn der Pragmatismus hat die Beschäftigung mit diesen Gebieten nicht nur nicht als kognitiv sinnlos abgelehnt (wie der logische Positivismus), sondern auch erhebliche Anstrengungen zum Aufbau einer kognitiven Wertethik unternommen. Statt dessen benutzt Marcuse die Gelegenheit, die Angleichungsthese auf die Spitze zu treiben. Das zeigt sich schon am Aufbau der Rezension. Denn er beginnt mit längeren Ausführungen über den Wandel der politischen Funktion des Positivismus im Laufe der Jahrhunderte und kommt dann auf den »current interchange of arguments con-

457 Ebd., S. 225 f.

458 Ebd., S. 226.

459 Marcuse übersetzt »inquiry« in diesem Sinne mit »Forschung« (ebd., S. 227) bzw. mit »Praxis der Wissenschaft« (ebd., S. 222).

460 Marcuse 1941a.

cerning the supposed affinities between positivism and authoritarianism«[461] zu sprechen.
Diese – für eine Buchrezension erstaunlich ausführlichen allgemeinen – Darlegungen haben ersichtlich weder einen Bezug zum Gesamtwerk Deweys noch zu seiner *Theory of Valuation.*[462] Sie sind in unserem Zusammenhang dennoch von großem Interesse, weil sie nämlich die Diskussion weiterführen, die Horkheimer im »Neuesten Angriff auf die Metaphysik« hinsichtlich der politischen Funktion des Positivismus begonnen hatte. Wenn Marcuses unveröffentlichtes Manuskript »Strange Controversy«, aus dem die lange Eingangspassage der Rezension stammt, damals im Zusammenhang publiziert worden wäre, hätte man daraus auch bereits ersehen können, daß sich die Frontstellung inzwischen etwas verschoben bzw. an die US-amerikanischen Verhältnisse angepaßt hatte. Während nämlich Horkheimer noch zu zeigen versucht hatte, daß der logische Positivismus und Heideggers Existentialontologie trotz ihrer scheinbaren theoretischen Gegensätze politisch konvergierten, klingt das gleiche Motiv nun hinsichtlich des – natürlich wieder nur scheinbaren – Gegensatzes zwischen amerikanischem Pragmatismus und Neothomismus an. Darauf werden wir noch zurückkommen. In Marcuses veröffentlichter Rezension ist dieser neue Horizont der Debatte allerdings noch nicht sichtbar. Sie wirkt deshalb wie eine – an dieser Stelle deplazierte – Fortentwicklung von Horkheimers Auseinandersetzung mit dem logischen Positivismus.
Marcuses Diskussion von Gegenargumenten zur These angeblicher politischer Affinitäten von Positivismus und Faschismus ist gelegentlich etwas schwer verständlich, weil manchmal nicht recht klar wird, ob er gewisse Argumente nur referiert oder sich auch zu eigen macht. Diese Mißdeutungsmöglichkeit ist allerdings bei seinem ersten Argument nicht gegeben. Denn er referiert zunächst als Gegenargument der Affinitätsthese: »...it was not positivist but ani-positivist philosophy that held sway in the intellectual cultures of the authoritarian countries prior to the advent of fascism«.[463] Mit dieser Behauptung soll offensichtlich – damit ein

461 Ebd., S. 144.
462 Sie sind aus Marcuses unveröffentlichtem Manuskript »Strange Controversy« (S. 4 ff.) entnommen.
463 Ebd., S. 145.

Argument aus ihr wird – nahegelegt werden, daß der Positivismus schon deshalb keinen kausalen Beitrag zur weltanschaulichen Vorbereitung des Faschismus hat leisten können, weil er sich an den deutschen (und italienischen) Universitäten in einer Minderheitenposition befunden hatte. Die These akzeptiert Marcuse nun, ohne die implizierte Folgerung mitzumachen. Denn auch die an den deutschen Universitäten dominante *antipositivistische* Philosophie sei mit Positivismus gesättigt gewesen:

It may suffice to refer in this connection to the positivistic tendencies in Lebensphilosophie and Phenomenology, and in the pseudo-Hegelianism of Giovanni Gentile.[464]

Ganz im Gegensatz zur Meinung Marcuses reichen diese Hinweise natürlich nicht aus. Denn es müßten ja nicht nur die positivistischen Elemente in Lebensphilosophie und Phänomenologie nachgewiesen werden (was durchaus möglich sein mag), sondern darüber hinaus gezeigt werden, daß gerade diese für die Hinwendung der genannten philosophischen Strömungen bzw. der Mehrzahl ihrer Vertreter und Anhänger zum Nationalsozialismus verantwortlich waren – und nicht der nicht- oder sogar antiposivistische Teil dieser Lehren.

Beim zweiten Argument ist dagegen unklar, ob Marcuse es nur referiert oder auch selbst behaupten will. Ich zitiere es zur Gänze:

Even so, it is meaningless to ask whether positivism contributed to the rise of authoritarianism. Positivism cannot take active part in producing a change that involves and establishes total oppression, total warfare, total control and total intolerance. In a certain sense, indeed, freedom is of the very essence of positivism, the freedom to investigate, to observe, to experiment, to refrain from premature judgment and decision, – even the liberty to contradict. All this freedom, of course, occurs in the realm of science, and a scientific behavior is the condition of positivistic freedom.

464 Ebd.; es verwundert an dieser Stelle, daß Marcuse hier nur den italienischen Hegelianismus erwähnt und die Lehre seiner Leitfigur Gentile »pseudo-Hegelianism« nennt. Letzteres geschieht offenbar, um die ideologische Leitfunktion Gentiles, des philosophischen Lehrers von Mussolini, für den italienischen Faschismus nicht zu einer Belastung für den Hegelianismus insgesamt werden zu lassen. Dies Ablenkungsmanöver hilft aber nicht weiter, da auch die führenden Figuren des zeitgenössischen deutschen Hegelianismus sich bekanntlich sehr weitgehend mit dem Nationalsozialismus eingelassen haben. Siehe dazu Laugstien 1992, S. 42 ff. und S. 164 ff.

The truth which is to be verified by observation is, in principle at least, based upon free consent; recognition and not compulsion is its standard.

Wenn Marcuse dieses Argument nur referieren will, dann fehlt in diesem Fall, anders als beim ersten und folgenden dritten, eine Erwiderung bzw. Widerlegung.[465] Falls er es sich dagegen auch zu eigen macht, widerspricht er damit den Konklusionen des ersten und dritten Arguments.

Dieses dritte Argument ist recht merkwürdig. Hier soll anscheinend behauptet werden, daß der Positivismus schon deshalb nicht als ideologischer Vorläufer des Faschismus in Frage komme, weil »Positivism does not affirm anything unless it is an established fact«, und »it does not sanction change unless the experiment has been successfully completed«.[466]

Merkwürdig finde ich dieses Argument, weil Vertreter des Positivismus ja sowohl vor als auch nach der Machtübernahme der Nationalsozialisten dessen Ideologie und Praxis bekämpft haben. Den etwaigen Einwand, man möge doch erst abwarten, wie sich das »faschistische Experiment« entwickeln würde, ehe man sich dazu wertend verhalten dürfe, hätten sie gewiß entrüstet zurückgewiesen, und zwar deshalb, weil man sofort erkennen konnte, daß die Nationalsozialisten mit der Wissenschaftsfreiheit auch jede andere Freiheit beseitigen würden.[467] Die Frage ist also hier, welcher Anhänger des Positivismus jemals eine derart abwegige Gegenthese formuliert haben könnte, wie Marcuse sie »referiert«.

Gegen diese These macht Marcuse nun geltend, daß der Positivismus jedenfalls nach der erfolgreichen Durchführung des »fascist experiment« nichts anderes übrig bleibe, als den Faschismus zu sanktionieren: »Is positivism not compelled, by its own principles, to comply with this [fascist, Verf.] world order and to work with, not against it?«[468] Die Antwort darauf kann nur lauten: nein, dazu ist der Positivismus weder »by its own principles« noch sonst irgendwie verpflichtet. Denn erstens kann man – auch als

465 In der zitierten Passage sieht es zunächst so aus, als sollte mit »In a certain sense, indeed…« ein Gegenargument begonnen werden. Aber das Ende der Rezension macht es wahrscheinlich, daß Marcuse das zweite Argument tatsächlich akzeptiert.

466 Marcuse 1941a, S. 145.

467 Siehe in diesem Sinne etwa Zilsel 1933 und, allgemeiner zum Verhältnis von Positivismus und Faschismus, Dahms 1985b, S. 310-322.

468 Marcuse 1941a, S. 145.

Positivist – anhand von logischen Kriterien schon entscheiden, ob gewisse »Experimente« Sinn machen oder nicht, *bevor* sie durchgeführt werden.[469] Und zweitens wäre er auch nach Durchführung des Experiments keineswegs zur Sanktionierung verpflichtet. Marcuse hat offenbar nicht durchschaut, daß der Begriff des »erfolgreichen Abschlusses« eines Experiments mehrdeutig ist. In einem schwächeren Sinne ist nämlich ein Experiment bereits dann erfolgreich abgeschlossen, wenn es die bloße *Entscheidung* über jene Hypothese zuläßt, die getestet werden sollte. In einem stärkeren Sinne ist ein Experiment dann erfolgreich abgeschlossen, wenn es im schwächeren Sinne erfolgreich abgeschlossen ist und außerdem *zugunsten* der zu testenden Hypothese ausschlägt. Selbst wenn ein Positivist also die Entscheidung über die Akzeptabilität des Nationalsozialismus erst meinte treffen zu können, wenn dieses Experiment erfolgreich abgeschlossen wäre (im schwächeren Sinne), brauchte er ihn noch immer nicht zu akzeptieren.

Marcuse beginnt die eigentliche Besprechung Deweys nun im direkten Anschluß an die Diskussion des dritten Arguments und will damit anscheinend nahelegen, daß Deweys ethische Position mit der der Positivisten identisch ist und schließlich dazu führen muß, das faschistische Experiment dann gutzuheißen, wenn es nur »erfolgreich« (im starken Sinne) abgeschlossen wird. Im Hinblick auf dieses Beweisziel ist es konsequent, daß Marcuse es unterläßt, Deweys im zweiten und dritten Kapitel unter den Titeln »Value-Expressions as Ejaculatory« und »Valuation as Liking and Disliking« ausgebreitete scharfe Kritik an den *nonkognitivistischen* metaethischen Konzepten der Positivisten auch nur zu erwähnen.[470] Demgegenüber muß hier betont werden, daß Deweys eigener Ansatz *kognitivistisch* ist: Wertfragen und vor allem der Frage nach obersten Werten wird von ihm ausdrücklich ein Sinn zugestanden. Im Unterschied zu anderen gängigen Wertleh-

469 Man denke etwa an die Nagel- und die Wasserprobe als experimentelles Kriterium einer vermuteten Hexeneigenschaft (siehe oben, S. 137).

470 Daß diese Kapitel eine Kritik der positivistischen Stellungnahmen zum Thema »Ethik« beabsichtigen, wird jedem Kenner der im Anhang von Deweys Buch angegebenen Schriften von Ayer, Schlick, etc. sofort klar. Marcuse konnte dies vielleicht übersehen, weil Dewey keinerlei Fußnote oder sonstige Hinweise auf diese Autoren im fortlaufenden Text bringt.

ren wie etwa den zeitgenössischen Schelers und Hartmanns besteht Dewey aber darauf, daß

(1) keine strikte Trennung zwischen Mitteln und Zwecken möglich ist, sondern ein »continuum of means-ends« besteht[471];

(2) keine ein für allemal festgelegte Gruppe von obersten Werten (wie etwa das Wahre, Gute und Schöne oder zusätzlich das von Scheler in den Rang eines obersten Wertes gehobene »Heilige«) existiert, sondern nur eine im Zeitverlauf wandelbare Konstellation, die ihrerseits einem obersten Metawert »Growth« untergeordnet wird[472];

(3) die Rechtfertigung von Handlungen immer nur nach ihren Bedingungen und Konsequenzen erfolgen kann, also nach dem Maßstab, ob diese in einer gegebenen Situation moralischen Konflikts dem Metawert eher entsprechen als andere.

Gewiß weicht schon dieser Kern der Deweyschen Ethik erheblich in empiristischer Richtung von den deutschen Wertlehren ab. Zusätzlich ist in Deweys *Theory of Valuation* die Tendenz spürbar, nach der harten Kritik an den nonkognitivistischen Stellungnahmen der Positivisten zum Thema Ethik nun andererseits diesen durch eine besonders starke Akzentuierung von Parallelen zwischen den ihnen geläufigen wissenschaftlichen Problemsituationen mit der Behandlung ethischer Probleme entgegenzukommen. Diese Tendenz geht so weit, daß man sich an manchen Stellen in der Tat fragen mag, ob Dewey nicht der von George E. Moore so genannten »descriptive fallacy« zum Opfer gefallen ist, also der Versuchung, von Tatsachen auf Werte schließen zu wollen. Aber diesen naheliegenden Weg der Kritik an Deweys Wertlehre oder an einigen ihrer oben angegebenen Charakteristiken hat Marcuse nicht beschritten.

Statt dessen hat er sich ganz auf die Kritik des von Dewey im Kapitel »Valuation and the Conditions of Social Theory« ins Spiel gebrachten Übergangs von überkommenen Wertungen zu deren »revaluation« im Hinblick auf eine »future perspective« konzentriert. Solche Neubewertungen können nach Dewey dadurch ausgelöst werden, daß

> a particular set of current valuations have, as their antecedent historical conditions, the interest of a small group or special class in maintaining certain exclusive privileges and advantages, and that this maintenance has

471 Siehe Dewey 1939, S. 40-50.

472 Siehe dazu etwa Dewey 1920, Kapitel 7.

the effect of limiting both the range of the desires of others and their capacity to actualize them.[473]

Soweit würde Marcuse wohl zustimmen können. Dewey fährt an dieser Stelle nun fort:

Is it not obvious that this knowledge of conditions and consequences would surely lead to revaluation of the desires and ends that had been assumed to be authoritative sources of valuation?

Diese Frage beantwortet Marcuse in seiner Rezension nun im Bestreben, Deweys Haltung als pures Wunschdenken zu entlarven, mit der Bemerkung »Unfortunately, it is not obvious at all«[474] und begründet dies mit der starken Verankerung traditioneller und autoritärer Werthaltungen nicht nur bei den von ihnen profitierenden Herrschenden, sondern auch bei einem Großteil der Beherrschten. Als hätte er einen solchen Einwand vorausgesehen, hatte Dewey nach seiner rhetorischen Frage aber fortgesetzt: »Not that such revaluation would of necessity take effect imediately.« Immerhin würde die Entlarvung eines überkommenen Moralstandards als herrschaftssichernd dessen fortdauernde Aufrechterhaltung aber erschweren.
Die Differenz zwischen Dewey und Marcuse in dieser Frage ist also allenfalls eine des Grades auf einer Skala zwischen Optimismus und Pessimismus. Und so sehr Deweys Haltung vielleicht übertrieben optimistisch ist, muß man andererseits Marcuse fragen, wie nach seiner Vorstellung die philosophische Unterminierung ungerechtfertigter moralischer Normen jemals auch kausal wirksam werden soll. Ob sich in einem gegebenen Fall die Kräfte der Beharrung oder die des moralischen Fortschritts durchsetzen werden, ist wohl kaum am philosophischen grünen Tisch vorweg zu entscheiden.
Marcuse scheint am Ende Deweys Überzeugung zu teilen, die dessen Versuch motiviert »to save the scientific validity of values from annihilation«. Aber:

In doing so, however, he seems to gainsay the very basis of his positivistic method, for his faith in the power of »revaluation« pressuposes a definite preference prior to all test and verification, namely, that liberty and the »release of individual potentialities« is better than its opposite.[475]

473 Dewey 1939, S. 59.
474 Marcuse 1941a, S. 147.
475 Ebd., S. 148.

Der Frage freilich, wie man diese Präsupposition philosophisch besser begründen könne, als Dewey das getan hat, ist Marcuse dort nicht nachgegangen.

6.2 Horkheimers Polemik gegen den Pragmatismus

Horkheimer hat sich des Themas »Pragmatismus« nach Marcuses Vorarbeiten dann, wie gesagt, schließlich in seinen 1944 gehaltenen Vorlesungen angenommen. Am 11.2.1944 berichtete er Adorno über die beiden ersten:

So far, I had two lectures. The first one originated a sharp rencontre with Randall who presided. Since he felt hurt by which I said, but was unable to argue, he simply pretended that the problems were not American. The discussion was very lively and the interest of the audience very outspoken. That meant that I had to use the greater part of the second lecture for an analysis of Dewey's philosophy, which is the creed of everybody. I think that the effect was not bad. Even Schneider, who presided (Randall stayed away) joined the discussion and tried in a feeble way to defend Dewey whose picture is on the wall.[476]

Die 1947 als *Eclipse of Reason* (und in deutscher Übersetzung erst 1967 unter dem Titel *Zur Kritik der instrumentellen Vernunft*) erschienene Buchversion der Vorlesungen weicht von deren Aufbau in wichtigen Punkten ab. Während nämlich die ersten beiden, im Brief an Adorno genannten, Vorlesungen zum Kapitel »Mittel und Zwecke« zusammengezogen wurden, stammt das anschließende zweite Kapitel »Gegensätzliche Allheilmittel« offenbar aus Materialien, die schon vor den Vorlesungen entstanden, in der Vorlesungsreihe nicht benutzt wurden und dann erst später in das Buchmanuskript eingefügt wurden.[477] So kommt es, daß die Aus-

476 Horkheimer an Adorno, 11.2.1944. Vgl. als andere typische Reaktion C. Wright Mills, den Joas 1992a, S. 99 in seiner interessanten Diskussion zitiert.

477 Das ergibt sich unter anderem aus einem Brief Adornos an Löwenthal vom 3.6.1945 (Kopie im Briefwechsel Horkheimer/Adorno), in dem es heißt: »Merkwürdig, daß ich des festen Glaubens war, der Positivismusaufsatz sei ursprünglich auf deutsch geschrieben gewesen, obwohl es mir bei allem Suchen nie gelang, ein deutsches Manuskript zu finden. Übrigens scheint mir die Einarbeitung dieses Aufsatzes [in die *Eclipse of Reason*, Verf.]... jetzt gut gelungen.«

einandersetzung mit dem Pragmatismus im Buch auf zwei Kapitel verteilt ist.

Im ersten wird zunächst die Unterscheidung von subjektiver und objektiver Vernunft exponiert, wie sie in der Nachfolge Max Webers, insbesondere in Mannheims *Mensch und Gesellschaft im Zeitalter des Umbaus*, mit der Unterscheidung von substantieller und funktionaler Vernunft vorbereitet worden war.[478] Im Anschluß daran vertritt Horkheimer die an Max Webers Rationalisierungsthese erinnernde Theorie, daß die auf die bloße Selbsterhaltung des Individuums und, allgemeiner ausgedrückt, auf die Rationalität von Mitteln bei gegebenen Zwecken gerichtete subjektive Vernunft sich im Prozeß der Aufklärung auf der ganzen Linie gegen die auf das Glück der Menschheit und die Rationalität von obersten Zwecken abzielende objektive Vernunft durchgesetzt habe. Die Kulmination dieses Prozesses beschreibt Horkheimer nun so:

> Nichts, nicht einmal das materielle Wohlergehen, das angeblich die Rettung der Seele als höchstes Ziel des Menschen ersetzt hat, ist an und für sich wertvoll, kein Ziel ist als solches besser als ein anderes.[479]

Damit leitet er zum Pragmatismus über: »Das moderne Denken hat versucht, eine Philosophie aus dieser Ansicht zu machen, wie sie im Pragmatismus sich darstellt.« In diesem Kontext ist Horkheimer zusätzlich bemüht, Positivismus und Pragmatismus möglichst eng aneinanderzurücken, wenn er unter anderem auf seinen »Neuesten Angriff auf die Metaphysik« als eine kritische Untersuchung *über den Pragmatismus*[480] hinweist und an anderer Stelle explizit schreibt:

> Positivismus und Pragmatismus identifizieren die Philosophie mit Szientivismus. Aus diesem Grund wird der Pragmatismus im vorliegenden Zusammenhang als ein echter Ausdruck des positivistischen Ansatzes be-

Vgl. damit Schmidt 1991, S. 434, wo es heißt, daß die fünf Kapitel des Buchs auf die fünf Vorlesungen Horkheimers zurückgingen. Wie sich aber aus den von Schmidt angeführten Archivbeständen ergibt, ist das beim zweiten Kapitel nicht der Fall. Siehe zum Entstehungshintergrund dieses zweiten Kapitels unten, S. 221.

478 Horkheimer 1967, S. 17, Anm. 1.

479 Ebd., S. 48.

480 Ebd., S. 48f., Anm. 22. In diesem Aufsatz ist aber an keiner Stelle vom Pragmatismus und von irgendeinem Pragmatisten die Rede.

trachtet. Die beiden Philosophien sind nur insofern verschieden, als der frühere Positivismus einen Phänomenalismus vertrat, d. h. einen sensualistischen Idealismus.[481]

Wegen ihrer Bedeutung für die Herausbildung des genannten Positivismussyndroms muß diese Gleichheitsthese nun etwas grundsätzlicher unter die Lupe genommen werden.

Wenn man sich die Beziehungen zwischen dem Positivismus und Pragmatismus in diesem Jahrhundert vergegenwärtigt, erscheint Horkheimers Gleichheitsthese als eine übertriebene Vereinfachung.[482] Es ist daran zu erinnern, daß sowohl die historischen Vorläufer des logischen Positivismus in der analytischen Philosophie Englands, Russell und Moore, als auch unabhängig davon etwa gleichzeitig in Deutschland Moritz Schlick, der spätere Gründer des »Wiener Kreises« des logischen Positivismus, zu den ersten Kritikern des aufsehenerregenden Buchs *Pragmatism. A New Name for Some Old Ways of Thinking* von William James gehört haben. Die bald in vielen Auflagen erschienene deutsche Übersetzung dieses Buchs hat den Pragmatismus allererst im deutschen Sprachraum bekanntgemacht und dafür gesorgt, daß dieser hier meist mit James' spektakulärer Wahrheitstheorie assoziiert wurde. Ihr zufolge ist die Wahrheit einer Überzeugung mit ihrem Nutzen bzw. ihrer Verifikation zu identifizieren.

Die Grundideen Russells, Moores und Schlicks[483] bei der Kritik der pragmatistischen Wahrheitstheorie sind jeweils dieselben: Zunächst einmal habe man zwischen dem (in einer Definition ausgedrückten) Wesen der Wahrheit und einem Kriterium für ihre Feststellung zu unterscheiden.[484] Keinesfalls als Definitionsmerkmal, wohl aber als Kriterium der Wahrheit komme die Verifikation in Frage. Andere von James genannte Wahrheitsexplikationen wie etwa »satisfaction« oder »usefulness« könnten dagegen nicht einmal als Wahrheitskriterium akzeptiert werden.[485]

Später in den zwanziger Jahren ist es allerdings sowohl bei Russell als auch bei Schlick und seinem Wiener Kreis zu einigen Berührungen mit dem Pragmatismus, allerdings mit dessen inzwischen

481 Ebd., S. 51.

482 Siehe zum Folgenden ausführlicher Dahms 1992.

483 Moore 1922, Russell 1910a und 1910b sowie Schlick 1910, S. 417-427.

484 Diese Kritik an der pragmatischen Wahrheitstheorie scheint als erster Nelson 1909 geübt zu haben.

485 Moore 1922, Russell 1910b.

bekannt gewordener raffinierteren Peirceschen Variante, gekommen. Bei beiden Kontakten spielte der früh verstorbene Russell-Schüler Frank P. Ramsey eine Vermittlungsrolle, und in seinem Werk liegt wohl die bis heute konsequenteste Verbindung der logischen Ideen Russells und Wittgensteins mit den für empirische Wissenschaften einschlägigen Einsichten des »Gründervaters des Pragmatismus«, Charles S. Peirce, vor.[486]
Die Jahre des Exils haben dann für einige Mitglieder des Wiener Kreises eine weitere Vertiefung der Verbindungen zum Pragmatismus gebracht, die sich äußerlich sichtbar insbesondere in der erwähnten Mitarbeit Deweys sowie von Charles Morris an der – von Carnap, Morris und Neurath herausgegebenen – *International Encyclopedia of Unified Science* niedergeschlagen hat.[487] Nach meinem Eindruck[488] war diese Zusammenarbeit trotz einiger gegenseitiger Konzessionen aber nicht von einer inhaltlichen Verschmelzung der beiden Strömungen begleitet.
Demgegenüber müssen aber die auch 1944 noch deutlich zutage liegenden erheblichen Unterschiede hervorgehoben werden, die sich etwa in der hitzigen Kontroverse über den Wahrheitsbegriff im 1939 erschienenen und John Dewey gewidmeten ersten Band der später berühmt gewordenen »Library of Living Philosophers« zwischen Russell und Dewey niedergeschlagen haben.[489] Diese Unterschiede beginnen schon bei der vielleicht augenfälligsten Gemeinsamkeit, der jeweiligen Sinntheorie, nach der vieles, was in Philosophie und Wissenschaft geäußert worden ist und wird, nicht nur falsch, sondern sogar als sinnlos gelten muß. Die Prinzipien dieser Sinnkritik sind nun aber sowohl in ihrem Gehalt verschieden als auch insbesondere in den Ergebnissen der Anwendung dieser Prinzipien auf einzelne Probleme. Denn während der Positivismus mit seiner Devise »Der Sinn eines Satzes ist die Methode seiner Verifikation« auf den Bezug zur *sinnlichen Erfahrung* abstellt, ist dem Pragmatismus mit einer pragmatischen Maxime der *Handlungsbezug* das entscheidende Kriterium.[490]

486 Siehe Ramsey 1978, S. 57, 86 ff.
487 Siehe einige Andeutungen zur Wirkung des Positivismus in den USA bei Dahms 1987a, S. 97-106.
488 Vgl. dazu Dahms 1992, S. 254.
489 Siehe dazu Russell 1939 und Dewey 1939a, S. 519, 544 ff. und S. 574.
490 Allerdings lassen gewisse zeitgenössische Äußerungen von Positivi-

Darüber hinaus zeigen sich bei der Anwendung der jeweiligen Sinntheorien auf einzelne Kategorien von Objekten gravierende Unterschiede, wie etwa bei (1) der Definition von Begriffen, (2) dem Sinn von Sätzen, (3) der Wahrheit von Sätzen und (4) der Bedeutung und Funktion von Theorien.
Grob gesagt hat sich die pragmatische Sinntheorie nämlich zunächst meist nur auf die *Klärung von Begriffen* (und erst seit James auch verstärkt auf die Wahrheit von Sätzen) bezogen, während die positivistische Sinnkritik sich hauptsächlich mit der Frage nach dem *Sinn von Sätzen* auseinandergesetzt hat. Und selbst bei einem Schlüsselbegriff wie dem der Verifikation, der sowohl in der pragmatistischen Wahrheits- als auch der positivistischen Sinntheorie eine zentrale Rolle spielt, wird durch den Gleichklang der Wörter nur die Verschiedenheit der Bedeutung verdeckt. Der Begriff der Verifikation ist nämlich – um eine berühmte Unterscheidung Gilbert Ryles zu bemühen[491] – hinsichtlich der Frage, ob es sich um ein Vorgangs- (»task-«) oder ein Erfolgswort (»success-word«) handelt, mehrdeutig. Während die Pragmatisten mit »Verifikation« den Vorgangsaspekt (die Handlung, die einen Satz bewahrheitet) vor Augen haben, meinen die Positivisten nur deren Ergebnis.
Über diese Unterschiede und ihre Tragweite mag man sich streiten. In einem Punkt aber unterscheiden sich der logische Positivismus und der Pragmatismus auch der vierziger Jahre noch ganz und gar: der Einschätzung des philosophischen Status von Ethik und Politik. Während nämlich – wie oben angedeutet – die Positivisten wegen ihrer zu engen Sinnkriterien Ethik und Politik nur in der Form einer deskriptiven Ethik bzw. als emotivistische Metaethik betreiben konnten, haben Pragmatisten wie Dewey stets auf der Möglichkeit einer substantiellen kognitiven Ethik bestanden. Das ergibt sich nicht nur aus vielen Arbeiten Deweys[492] wie schließlich seiner *Theory of Valuation*, sondern zum Teil auch aus Marcuses Rezension in der *Zeitschrift für Sozialforschung*. Horkheimers Vorstellung, daß ausgerechnet der Pragmatismus nur philosophische Verbrämung des Triumphs der subjektiven, instrumentellen Vernunft sein soll, ist demnach eklatant falsch.

sten daran zweifeln, daß diese Unterschiede auch immer in ihrer Tragweite gesehen worden sind. Siehe etwa Reichenbach 1939, S. 161 f.

491 Ryle 1949, S. 143-147.

492 Siehe etwa Dewey 1920, Dewey 1922 und Dewey/Tufts 1932.

Das Kapitel »Gegensätzliche Allheilmittel« aus der *Kritik der instrumentellen Vernunft*, im internen Briefverkehr der Frankfurter Schule meist als »Positivismusaufsatz« apostrophiert[493], kann innerhalb der Auseinandersetzung Horkheimers mit Positivismus und Pragmatismus besonderes Interesse beanspruchen. Denn hier werden die Ansichten dreier führender Pragmatisten, nämlich Sidney Hook, John Dewey und Ernest Nagel, anhand aktueller Aufsätze detailliert diskutiert. Von diesen dreien waren, wie wir gesehen haben, Hook und Nagel schon bei den Diskussionen Horkheimers mit Neurath beteiligt gewesen. Eine später von Korsch angedeutete Gelegenheit, auch mit Dewey, dem damals sicher bekanntesten amerikanischen Philosophen, und dessen Philosophie, die nach Horkheimers Worten ja »creed of everybody« war, bei der Feier zu dessen 80. Geburtstag persönlich bekannt zu werden, hatte Horkheimer ungenutzt verstreichen lassen.[494]

Seine Auseinandersetzung mit den drei Arbeiten geschieht nun allerdings nicht nur unter dem Vorzeichen einer Auseinandersetzung mit dem Positivismus, sondern mit Hilfe einer Übernahme wichtiger strukturierender Elemente aus dem »Neuesten Angriff auf die Metaphysik«. Dies hat schon Wiggershaus gesehen, der seine Diskussion dieses Kapitels mit der Bemerkung beginnt:

> Horkheimersch war ebenso die Neuauflage der alten Zweifronten-Abgrenzung gegenüber Positivismus und Metaphysik, die nun auch namentlich gegenüber dem US-amerikanischen Pragmatismus und dem Neuthomismus vollzogen wurde – wie immer unter größerer Hochschätzung des metaphysischen Gegners als des positivistischen.[495]

Immerhin geht die Hochschätzung gegenüber dem neothomistischen Gegner doch nicht so weit wie im »Neuesten Angriff auf die

493 So in: Adorno an Löwenthal, 3.6.1945 (Kopie im Briefwechsel Horkheimer/Adorno).

494 Auf einen Hinweis Korschs auf Deweys bevorstehenden 80. Geburtstag, zu dem er durch Kallen eingeladen sei, hatte Horkheimer geantwortet: »Wann ist denn Dewey's 80. Geburtstag? Der Umstand, daß ich mich von jedem Verkehr, der nicht unabweisbare Pflicht ist, abschließe, es sei denn, daß es sich um Menschen mit wirklich gemeinsamen Interessen handelt, hat meine völlige Ignoranz in Beziehung auf derartige Veranstaltungen zur Folge« (Horkheimer an Korsch, 31.9.1939).

495 Wiggershaus 1986, S. 384.

Metaphysik« diejenige gegenüber Heidegger. Denn zwar wird auch hier der »metaphysische Gegner« nicht mit Namen genannt. Aber anders als im »Neuesten Angriff« wird nun die metaphysisch orientierte neothomistische Position wenigstens überhaupt einer Kritik unterzogen. Im ganzen hat das Kapitel folgenden Aufbau:

(1) Einleitung: Positivismus und Neothomismus als Heilmittel für die gegenwärtige Kulturkrise (S. 64 f.),
(2) die neothomistische Position (S. 65-74),
(3) die positivistische Position (S. 74-87) und
(4) beide Positionen als Scheinalternative erwiesen (S. 87-92).

Der zeitgeschichtliche Rahmen, in dem die Kontroverse zwischen »Positivismus« und Neothomismus sich damals aktuell entwickelt hat, geht aus Horkheimers einleitenden Bemerkungen nicht hervor, sondern wird offenbar absichtlich ausgeblendet. Auf die damit eliminierte politische Dimension der Kontroverse komme ich noch am Schluß dieses Abschnitts zurück.

Mit der Diskussion von Horkheimers Kritik der neothomistischen Position kann ich mich kurz fassen, da er in einer Fußnote zu den »modernen Thomisten« zwar versichert: »Zu dieser wichtigen metaphysischen Schule zählen einige der verantwortlichsten Historiker und Schriftsteller unserer Zeit«[496], aber dann auf die Nennung von Roß und Reiter verzichtet. Auffällig an Horkheimers Kritik dieser Position sind nun zwei Tendenzen. Erstens hält er den Neothomisten die Unvereinbarkeit mit den modernen Errungenschaften der Naturwissenschaften vor:

> Sie können die Theologie und die zeitgenössische Naturwissenschaft nicht in einem hierarchischen geistigen System vereinigen, wie Thomas, Aristoteles und Boethius nacheifernd, es tat, weil die Entdeckungen der modernen Wissenschaft dem scholastischen ordo und der aristotelischen Metaphysik zu offenkundig widersprechen.[497]

Mit aktuellem Bezug, aber offenbar in Unkenntnis der Schicksale moderner Naturwissenschaft etwa unter Hitler und Stalin, fährt Horkheimer, um seinen Standpunkt zu bekräftigen, dann fort:

> Heute kann es sich kein Erziehungssystem, nicht einmal das reaktionärste, leisten, Quantenmechanik und Relativitätstheorie als Angelegenheiten zu betrachten, die mit den Hauptprinzipien des Denkens nichts zu tun haben.

496 Horkheimer 1967, S. 67, Anm. 4.
497 Ebd., S. 68.

Die Tendenz, gegen Wiederbelebungsversuche mittelalterlicher Scholastik die – von der Frankfurter Schule sonst eigentlich auch nicht sonderlich aufmerksam registrierten – Ergebnisse moderner Naturwissenschaft ins Feld zu führen, liegt ganz auf positivistischer Linie. Das hat Horkheimer auch so gesehen, wenn er hierin den Positivisten ausdrücklich zustimmt: »Der positivistische Angriff auf gewisse kalkulierte und künstliche Wiederbelebungen veralteter Ontologie ist ganz berechtigt.«[498]

Zweitens hat Horkheimers Kritik am Neothomismus aber Elemente und Tendenzen, die vom positivistischen Standpunkt aus gewiß nicht geteilt werden würden. Er schreibt ihm nämlich die Eigenschaft zu, gewisse positive Elemente der großen philosophischen Traditionen zu bewahren, die für eine Kritik der bestehenden Gesellschaft verwendet werden könnten. Am Traditionalismus und Konservatismus der modernen Thomisten kritisiert er nur die mangelnde Konsequenz: »Der Konservatismus der modernen philosophischen Wiederbelebungsversuche im Hinblick auf kulturelle Elemente ist eine Selbsttäuschung«, und zwar gerade deshalb, weil der Neothomismus sich nicht etwa zuviel, sondern zuwenig den Tendenzen zur »Pragmatisierung des Lebens« und der »Formalisierung des Denkens« entgegenstelle.[499]

Nach Horkheimer kommt der Positivismus als Heilmittel der Kulturkrise allerdings ebensowenig in Frage wie der Neothomismus. Die Kritikpunkte sind im wesentlichen die folgenden:

(1) Er reduziere die Philosophie auf eine Anbetung des jeweiligen wissenschaftlichen status quo (»Scientivismus«).

(2) Das methodische Hilfsmittel dieser Reduktion, der Verifikationismus, sei nur zirkulär, also überhaupt nicht zu begründen.

(3) Der Positivismus huldige schließlich einem naiven Fortschrittsglauben, der eine Besserung der Verhältnisse bereits von der Übertragung wissenschaftlichen Vorgehens auch auf das Gebiet der menschlichen Verhältnisse erwarte.

Ich glaube, daß alle diese Punkte etwas Wahres treffen, daß Horkheimers Durchführung der Kritik aber jeweils fehlerhaft ist.

Zunächst also der Szientivismusvorwurf, der ja das Gemeinsame von Pragmatismus und Positivismus treffen soll! Zur Begründung der These, »indem er eine autonome Philosophie und einen philo-

498 Ebd., S. 65.

499 Ebd., S. 67.

sophischen Wahrheitsbegriff leugnet, überläßt [der Positivismus, Verf.] die Wissenschaft den Zufällen der historischen Entwicklung«[500], führt Horkheimer ein interessantes damals aktuelles Beispiel an, das wir näher analysieren müssen:

Zwar hat selbst in Deutschland der Begriff einer nordischen Mathematik, Physik und ähnlicher Unsinn in der politischen Propaganda eine größere Rolle gespielt als an den Universitäten; aber das war mehr auf die Schwerkraft der Wissenschaft selbst und die Bedürfnisse der deutschen Rüstung zurückzuführen als auf eine Stellungnahme der positivistischen Philosophie, die schließlich den Charakter der Wissenschaft auf einer gegebenen historischen Stufe reflektiert. Hätte die organisierte Wissenschaft sich gänzlich an die nordischen Bedürfnisse verraten und dementsprechend eine konsequente Methodologie ausgebildet, so hätte der Positivismus sie schließlich akzeptieren müssen, ganz wie er anderswo die durch administrative Bedürfnisse und konventionelle Vorbehalte vorgeformten Muster der empirischen Soziologie akzeptiert hat. Indem er willfährig die Wissenschaft zur Theorie der Philosophie macht, verleugnet der Positivismus den Geist der Wissenschaft selbst.[501]

Diese Bemerkungen scheinen Marcuses These, ein Positivist müsse ein politisches System akzeptieren, wenn es nur erfolgreich bleibe, auf das Gebiet der Wissenschaft und Philosophie zu übertragen. Sie verkennen das Verhalten des Positivismus im Spannungsfeld zwischen tatsächlichem einzelwissenschaftlichen Fortschritt und der Fortentwicklung seiner Wissenschaftstheorie sowohl allgemein als auch für den speziellen Fall der »nordischen« Physik, Mathematik etc. gründlich. Das kann man gut anhand der tatsächlichen historischen Vorgänge belegen.[502] Denn im Jahrgang 1933 der *Erkenntnis* war es gerade über die Frage des »Dekriptivismus« in der Wissenschaftsphilosophie mit aktuellem Bezug auf die Diskussion über Relativitätstheorie versus nordische Physik zum Eklat gekommen. Daran waren auf der einen Seite Hugo Dingler, nicht erst seit der nationalsozialistischen »Machtergreifung« ein Verfechter der »Deutschen« Physik, und

500 Ebd., S. 76.

501 Ebd., S. 76 f. Die Bemerkungen über die Bereitwilligkeit des Positivismus, durch administrative Bedürfnisse und konventionelle Vorbehalte vorgeformte Muster der empirischen Soziologie zu akzeptieren, sind wahrscheinlich auf Paul Lazarsfelds Konzept des »administrative research« gemünzt (siehe unten, S. 243 f.).

502 Siehe zum folgenden auch Dahms 1985b, S. 328 ff.

auf der anderen Seite einige Positivisten wie der damals ja auch noch für die *Zeitschrift für Sozialforschung* schreibende Ernst von Aster, Theodor Vogel sowie schließlich als Mitherausgeber Hans Reichenbach beteiligt. Dinglers These dabei war gewesen, daß

> das rein formalistisch-rechnerische Denken, welches den Kalkül nicht als vielfach nützliches Hilfsinstrument, sondern als die Sache selbst, als das Absolutum betrachtet (Einstein, der sog. Wiener Kreis, Gesellschaft für wissenschaftliche Philosophie in Berlin, Kreis der Zeitschrift »Erkenntnis« bei Felix Meiner...) ...eine... so starke Analogie zur sinnlosen Verabsolutierung von Organisationsformen im politischen Bolschewismus (auch in soziologischer und personeller Richtung) zeigt...[503]

Außerdem habe insbesondere Reichenbach – »Einsteins nominierter Leibphilosoph« – die Wissenschaftsphilosophie an den angemaßten Führungsanspruch Einsteins verraten. Obwohl bereits in seiner wissenschaftlichen Bewegungsfreiheit gehindert, hatte Reichenbach auf die »politische Entgleisung« Dinglers reagiert und zum Verhältnis seiner Philosophie zur Einsteinschen Physik geantwortet, daß die Wissenschaftstheorie sich keineswegs dem Diktat einzelner noch so hervorragender Wissenschaftler unterwerfen dürfe, sondern deren Lehren zunächst zu prüfen, im positiven Fall dann aber auch für ihre eigene Fortentwicklung zu berücksichtigen habe. Mit anderen Worten: Weder hat der Positivismus faktisch die »Deutsche« Physik akzeptiert (er ist vielmehr von deren Vertretern heftig angegriffen worden), noch hätte er sie von seinen Prinzipien her akzeptieren müssen, wenn diese sich denn allgemein durchgesetzt hätte.

Horkheimers Bemerkung, daß jene schließlich »nicht wegen der Stellungnahme der positivistischen Philosophie« aufgegeben wurde, trifft zwar historisch zu, erweckt aber einen falschen Eindruck: Der Positivismus konnte nämlich in Deutschland und später in Österreich infolge der Vertreibung seiner Vertreter nicht mehr gelehrt werden und war dadurch kaum in der Lage, dort gegen die »Deutsche« Physik Stellung zu nehmen. Wenn er aber hätte gelehrt werden können, hätte er gewiß das Seine zur Abhalfterung dieser rassistischen Irrlehre beigetragen.[504]

Wie steht es nun mit dem angeblichen *circulus vitiosus* bei der

503 Siehe auch zu den anderen Zitaten in diesem Zusammenhang und ihrem politischen Kontext Dahms 1985b, S. 328 ff.

504 Vgl. Zilsel 1933.

Begründung des Verifikationismus, dem zweiten Horkheimerschen Hauptargument gegen den Positivismus? Seiner Darstellung nach spricht sich der Szientismus der Positivisten am deutlichsten in ihrem »Prinzip« aus, das – nach seinem Referat – lautet, »daß keine Aussage sinnvoll ist, die nicht verifiziert ist«.[505] Eine Begründung dieses Prinzips würde nur durch die Beobachtung der Wissenschaften gegeben werden können, und damit verwickele der Positivismus sich in einen Zirkel: Was den Betrieb der Wissenschaft allererst legitimieren und begrenzen solle, ist zuvor durch Beobachtung aus ihm herausdestilliert worden. Angesichts dieser Lage verzichteten die Positivisten lieber auf eine Begründung ihres obersten Prinzips, und das zeige einerseits ihre Inkonsequenz und andererseits ihren Dogmatismus.

Was ist von diesen Argumenten zu halten? Zunächst einmal ist ein Prinzip wie das von Horkheimer »zitierte« nie von einem Positivisten aufgestellt und verkündet worden. Denn das würde die Folge gehabt haben, daß irgendwelche Sätze erst mit der *vollzogenen Verifikation* nicht nur ihre *Wahrheit*, sondern auch allererst ihren *Sinn* bekämen. Man könnte nach der Bestätigung irgendeines problematischen Satzes, etwa einer Hypothese oder einer Prognose, schon deswegen auch gar nicht systematisch suchen, weil man ihren Sinn ja erst im Moment der erfolgreichen Verifikation und durch diese erführe. Historisch gesehen scheint es nun geradezu, daß der positivistische Verifikationismus als Sinntheorie eigens »erfunden« worden ist, um solchen fatalen Konsequenzen zu *entgehen*.[506]

Der Verifikationismus fordert deshalb auch etwas anderes, und zwar etwas wesentlich Liberaleres, als das von Horkheimer referierte »Prinzip«, nämlich: »Der Sinn eines Satzes ist die Methode seiner Verifikation«, aus dem zum Beispiel als Korollar folgt: »Wofür keine Verifikationsmethode existiert, das hat keinen Sinn« bzw. »Was nicht verifizierbar ist, ist sinnlos«. Das positivistische Prinzip ist in zwei Hinsichten wesentlich schwächer und entsprechend weniger restriktiv, als es sich Horkheimer vorstellt. Denn für die Entscheidung der Frage, ob ein vorgelegter Satz Sinn hat oder nicht, wird auf die Möglichkeit einer Verifikation abgestellt und nicht auf deren tatsächliche Durchführung. Und unter dieser

505 Horkheimer 1967, S. 79.
506 Siehe dazu und zum folgenden Dahms 1981.

Möglichkeit wird dann die logische und nicht etwa die physikalische oder technische verstanden.[507]

Es trifft aber auch nur mit gewissen Qualifikationen zu, daß die Positivisten ihre Sinnkritik aus der »Beobachtung« der Wissenschaft beziehen und also »behaupten, daß sie die Wissenschaft in derselben Weise behandeln, wie die Wissenschaft ihre Gegenstände behandelt, vermittels experimentell verifizierbarer Beobachtung«.[508]

In der Tat stehen die positivistische Sinnkritik und die »Beobachtung« der Wissenschaften in einem gewissen Wechselverhältnis. Dabei handelt es sich aber nicht um irgendwelche Beobachtungen im engeren Sinn oder gar Experimente. Vielmehr ist sowohl nach den programmatischen Aussagen als auch nach der tatsächlichen Praxis der Positivisten das Verfahren der logischen Analyse gemeint[509], bei dem nicht der Wissenschaftsbetrieb beobachtet, sondern dessen Verfahrensweisen und Ergebnisse nach logischen Maßstäben gemustert, zergliedert, rekonstruiert und gegebenenfalls auch kritisiert werden.

Gerade deshalb ist das Verhältnis von Sinnkritik und Wissenschaftsanalyse auch kein statisches gewesen, bei der entweder nur vorgefaßte Sinnkriterien auf die Wissenschaften angewandt oder die Sinnkriterien sich ausschließlich nach den vorliegenden Wissenschaften richten würden, sondern ein dynamisches: Die logische Analyse der Wissenschaften kann nämlich sowohl zur Modifikation von Sinnkriterien[510] als auch zur Kritik an vorliegenden wissenschaftlichen Theorien führen und hat dies im übrigen auch häufig genug getan. Historisch gesehen ist es nicht uninteressant, daß dies schon bis zu Horkheimers Vorlesungen von 1944 mehrfach geschehen war. Dabei war es jeweils um Abschwächungen der Sinnkriterien gegangen, so daß zumal der von Horkheimer falsch zitierte Verifikationismus auch in seiner originalen Form schon seit etwa einem Jahrzehnt aufgegeben worden war.

Wenn Horkheimer eine einschlägige Kritik an dem methodischen Verfahren der Positivisten, also der logischen Analyse, hätte üben

507 Schlick 1936, S. 346 ff.

508 Horkheimer 1967, S. 78.

509 *Wissenschaftliche Weltauffassung* (1929, S. 307 f.).

510 Siehe zur Geschichte dieser Sinnkriterien Hempel 1965a.

wollen, dann hätte er ihnen meines Erachtens nicht eine zu stark deskriptivistische Orientierung, sondern im Gegenteil eine zu wenig am Fortgang der Wissenschaften orientierte Theoriebildung vorhalten sollen. Denn weit davon entfernt, die Wissenschaftstheorie aus der Beobachtung des tatsächlichen Betriebs der empirischen Wissenschaften zu destillieren, hat der Positivismus seine methodischen Ideale in immer stärkerem Maße aus der Übertragung von Methoden und Resultaten der Grundlagendiskussion der Mathematik (insbesondere der Hilbertschen Metamathematik[511]) bezogen, ohne sich noch ausreichend um die Übertragbarkeit dieser Vorstellungen auf die empirischen Wissenschaften zu kümmern.

Schließlich wirft Horkheimer den »Positivisten« und konkret unter ihnen John Dewey naiven Fortschrittsglauben vor:

> Die modernen Positivisten scheinen geneigt, die Naturwissenschaften, vor allem die Physik, als Modell richtiger Denkmethoden zu akzeptieren. Vielleicht gibt Dewey das Hauptmotiv für diese irrationale Vorliebe an, wenn er schreibt: »Die modernen Methoden der experimentellen Beobachtung haben eine tiefe Veränderung der Gegenstände der Astronomie, Physik, Chemie und Biologie bewirkt«, und »der in ihnen bewirkte Wandel hat auf die menschlichen Beziehungen den tiefsten Einfluß ausgeübt«. Zwar hat die Wissenschaft wie tausend andere Faktoren beim Herbeiführen guter oder schlechter historischer Veränderungen eine Rolle gespielt; das beweist jedoch nicht, daß die Wissenschaft die einzige Kraft ist, durch welche die Menschheit gerettet werden kann. Wenn Dewey sagen will, daß wissenschaftliche Veränderungen gewöhnlich Veränderungen in Richtung auf eine bessere Gesellschaftsordnung verursachen, so mißdeutet er die Wechselwirkung ökonomischer, technischer, politischer und ideologischer Kräfte. Die Todesfabriken in Europa werfen ebensoviel bedeutsames Licht auf die Beziehung zwischen Wissenschaft und technischem Fortschritt wie die Herstellung von Strümpfen aus Luft.[512]

Der allgemeine Teil dieser Kritik an einem allzu naiven Wissenschafts- und Fortschrittsglauben der Positivisten scheint mir von allen Bemerkungen Horkheimers der treffendste. Relativ frühzeitig zur Erschütterung einer übertriebenen Wissenschafts- und Technikgläubigkeit beigetragen zu haben, in der nicht nur der Positivismus, sondern auch orthodoxe und revisionistische Formen des Marxismus gleichermaßen befangen waren, gehört zu den

511 Siehe dazu Carnap 1934, Vorwort.
512 Horkheimer 1967, S. 77 f.

bleibenden Verdiensten der kritischen Theorie. Heute, in einem Zeitalter fortschreitender Umweltzerstörung und drohender Menschheitsvernichtung durch atomare Kriege[513], scheint es kaum verständlich, daß Positivisten wie Edgar Zilsel noch 1932 solch pathetische Sätze schreiben konnten wie den, »daß das Proletariat nicht gekommen ist, das Maschinenzeitalter zu zerbrechen, sondern es zu erfüllen«.[514]

Die aktuellen Beispiele, die Horkheimer wählt, scheinen mir für seine Beweisziele dagegen wenig geeignet. Die von ihm erwähnten »Todesfabriken in Europa« haben mit irgendwelchen »Beziehungen zwischen Wissenschafts- und technischem Fortschritt« nicht viel zu tun. Denn so gewiß es in der Geschichte beispiellos war, daß die Nationalsozialisten Millionen von Menschen planmäßig und geradezu industriell ausgerottet haben, so zweifelhaft erscheint es mir, daß daran spezifisch wissenschaftliche Innovationen beteiligt gewesen sein sollen.

Auch die an die Adresse Hooks gerichtete Vorhaltung Horkheimers, man könne sich nach Lektüre seines Artikels »niemals vorstellen, daß solche Feinde der Menschheit wie Hitler tatsächlich großes Vertrauen zu wissenschaftlichen Methoden haben«, ist empirisch gewiß falsch, wenn man nur etwa die Anstrengungen des deutschen Uran-Projekts mit denen des amerikanischen Manhattan-Projekts zum Bau einer Atombombe vergleicht.[515]

Horkheimers Diskussion schließt mit dem Nachweis, daß es sich bei Neothomismus und Positivismus jeweils um untaugliche Heilmittel für die »gegenwärtige Kulturkrise« handelt, bei ihrem scheinbaren Gegensatz folglich um eine Scheinalternative. Innerhalb dieser Scheinalternative hat Horkheimer eine leichte Präferenz für die Neothomisten, wenn er etwa behauptet:

513 Diese Bemerkung wurde im Sommer 1989 geschrieben. Ich lasse sie absichtlich hier stehen, obwohl die atomare Gefahr seitdem spürbar abgenommen hat.

514 Zilsel 1930, S. 424.

515 Die »Bombe« wäre im übrigen auch ein geeignetes aktuelles Beispiel für eine Diskussion des Zusammenhangs von wissenschaftlichem Fortschritt und menschenverachtender Politik gewesen. Horkheimer hat sich merkwürdigerweise jedoch weder in seinem immerhin 1947 erschienenen Buch noch jemals danach öffentlich zu diesem Thema geäußert.

In gewissem Sinn ist selbst der irrationale Dogmatismus der Kirche rationaler als ein Rationalismus, der so eifrig ist, daß er mit seiner eigenen Rationalität über das Ziel hinausschießt. Ein offizielles Gremium von Wissenschaftlern ist nach der positivistischen Theorie unabhängiger von der Vernunft als das Kardinalskollegium, da dieses sich zumindest auf die Evangelien beziehen muß.[516]

Besonders aufschlußreich ist beim Nachweis der angeblichen Scheinhaftigkeit der Alternative die Diskussion dreier historischer Beispiele. Denn diese verfolgen jeweils die Tendenz, die katholische Kirche und ihre philosophischen Repräsentanten vom Vorwurf der Fortschrittsfeindlichkeit zu entlasten und offensichtliche Unterschiede gegenüber den Positivisten als nur oberflächlich zu nivellieren. Es handelt sich um (1) die Hexenverfolgung, (2) den Fall Galilei und (3) den Darwinismus.

Über die Hexenverfolgung, der wir schon in der Vorlesung »Einführung in die Geschichte der Philosophie« aus dem Jahre 1927 und im »Neuesten Angriff auf die Metaphysik« als Beispiel begegnet sind, schreibt Horkheimer nun:

Mehr als jede Art von Empirismus oder Skeptizismus sind die katholischen Denker für eine Lehre von Mensch und Natur eingetreten, wie sie im Alten und Neuen Testament enthalten ist. Indem sie gegen den Aberglauben in wissenschaftlichen und anderen Verkleidungen einen gewissen Schutz bot, hätte diese Lehre die Kirche davon abhalten können, dem blutdürstigen Mob zuzustimmen, der darauf bestand, Zeuge von Hexereien gewesen zu sein. Sie mußte sich nicht der Mehrheit unterwerfen, wie die Demagogen es tun, die behaupten, daß »das Volk immer recht hat«, und die oft dieses Prinzip benutzen, um demokratische Institutionen zu unterminieren. Jedoch beweist ihre Teilnahme an den Hexenverbrennungen, das Blut auf ihrem Wappenschild, nicht ihren Gegensatz zur Wissenschaft. Schließlich, wenn William James und F. C. S. Schiller sich bezüglich der Geister irren konnten, kann die Kirche sich bezüglich der Hexen irren. Was die Verbrennungen jedoch enthüllten, ist ein impliziter Zweifel an ihrem eigenen Glauben. Die kirchlichen Folterknechte lieferten oft den Beweis eines schlechten Gewissens, etwa in ihrer erbärmlichen Ausflucht, daß kein Blut vergossen wird, wenn ein Mensch am Pfahle verbrannt wird.[517]

An der Diskussion dieses Beispiels finde ich dreierlei bemerkenswert. Zunächst einmal hat es im Verlauf der Hexenverfolgung in

516 Horkheimer 1967, S. 81 f.
517 Ebd., S. 90 f.

der Tat auch Fälle gegeben, wo der sensationslüsterne Mob, nachdem die Kunde von Hexenprozessen sich einmal verbreitet hatte, auch in seiner unmittelbaren Umgebung Hexen witterte und Prozesse forderte. Aber die Wendung, die Kirche habe diesem Mob entgegen ihren eigenen Prinzipien nur »zugestimmt«, verdreht die Kausalität. Denn die Kirche hatte die Hexenverfolgungen ja in direkter Fortsetzung der mittelalterlichen Ketzerverfolgungen allererst inszeniert.

Sodann wird man es als nicht geringfügigen Unterschied ansehen können, wenn sich einige Pragmatisten wie James und Schiller für Geister und die Kirche für Hexen interessiert haben. Denn bekanntlich haben die meisten »Hexen« dieses Interesse der Kirche nicht überlebt, während das Jamessche Interesse an Geistern diesen vermutlich nicht sonderlich geschadet haben wird.

Schließlich enthüllt die Wahl der Todesart keinen impliziten Zweifel am Glauben der Kirche an ihren Hexentheorien. Denn der Tod durch Verbrennung wurde nicht gewählt, um Blutvergießen zu vermeiden, sondern um zu verhindern, daß die Seelen der so Getöteten noch etwa in das Himmelreich gelangen konnten. Wäre es anders, könnte man kaum erklären, wieso einzelne als Hexen oder Hexenmeister Verurteilte hohe Summen für eine »Begnadigung« zum Tod durch das Schwert (mit einer Chance, doch noch in den Himmel zu kommen) bezahlt haben. Ich erwähne dieses Detail hier nur, weil es zeigt, daß Horkheimer sich gelegentlich in den elementaren historischen Hintergründen seiner Standardbeispiele nicht hinreichend ausgekannt hat.

Das Beispiel Galilei ist ebenfalls schief aufgezogen. Nach Horkheimers Formulierungen trägt Galilei beinahe selbst die Schuld an seinem Prozeß, weil er sich zum Beispiel »Ausflüge ins Bereich der Theologie und Erkenntnistheorie«[518] geleistet und damit seinen Feinden eine Möglichkeit an die Hand gegeben habe, seine Freundschaft mit dem Papst zu unterhöhlen. In Horkheimers Vorlesung »Einführung in die Geschichte der neueren Philosophie« aus dem Jahre 1927 war Galilei wegen dieser »Ausflüge« noch gelobt worden, weil sie die Theorie der doppelten (nämlich einer himmlischen und einer irdischen) Wahrheit unterminiert hatten:

518 Ebd., S. 90.

Er begibt sich auf Gebiete, die bisher rein theologisch erschienen waren, er zieht Textstellen der Heiligen Schrift in die Diskussion und dokumentiert eben dadurch, daß von Trennung von Metaphysik und Physik, von Philosophie und Theologie, von verschiedener, sich widersprechender Wahrheit über die gleichen Gegenstände nicht die Rede sein könne. Ähnlich wie Bruno die Verschiedenheit des irdischen und himmlischen Raums aufgehoben hatte, so beseitigt Galilei – zwar nicht ausdrücklich, aber in der Tat – die Verschiedenheit zwischen himmlischer und irdischer Wahrheit über die Natur.[519]

Bemerkenswert ist hier auch, daß Horkheimer an Galilei »Ausflüge ... ins Bereich der Erkenntnistheorie« kritisiert, deren Fehlen er den modernen Positivisten noch gerade angekreidet hatte. Hinsichtlich der wissenschaftlichen Beweise Galileis gelte:

...ein advocatus diaboli könnte gut sagen, daß das Zögern bestimmter Kardinäle, die Lehre des Galilei zu akzeptieren, auf den Verdacht zurückzuführen war, sie sei pseudowissenschaftlich wie die Astrologie oder die heutige Rassentheorie.[520]

Für eine solche Interpretation spricht nichts, und so ist es denn auch kein Wunder, wenn sie nicht mit Argumenten gestützt wird. Deshalb muß man sich fragen, was mit ihr bezweckt werden soll. Daß sich Horkheimer – wenngleich als *advocatus diaboli* verkleidet – der katholischen Kirche (oder vielleicht einigen ihrer Vertreter) zur Rechtfertigung ihrer damals noch andauernden Verurteilung Galileis hätte anschließen wollen, scheint mir eine wenig erbauliche Möglichkeit.[521]

Über den Darwinismus als einziges auch aktuelleres Beispiel heißt es schließlich:

Deweys Anspielung auf die reaktionäre Haltung der Religion zum Darwinismus gibt nicht wirklich den ganzen Sachverhalt wieder. Der in solchen

519 Horkheimer 1927, S. 66f. In die Nähe der späteren Interpretation Horkheimers kommt nur die Ansicht eines dort zitierten jesuitischen Paters (ebd., S. 175, Anm. 3).

520 Horkheimer 1967, S. 90.

521 Die Hypothese, Horkheimer habe indirekt auf Bertolt Brechts zweite (amerikanische) Version des *Galilei* reagiert, die ich zeitweise erwogen hatte, scheidet aus, weil die Arbeit daran erst im Frühjahr 1944 begonnen und am 1.12.1945 (mit einer Verlesung durch Charles Laughton, zu dessen Auditorium auch Hans Reichenbach gehörte) abgeschlossen wurde (Brecht 1973, S. 645 f. und S. 765), also in einem Zeitraum, als Horkheimers Kapitel »Gegensätzliche Allheilmittel« im Entwurf längst fertig war.

biologischen Theorien sich ausdrückende Fortschrittsbegriff bedarf weitgehend der Ausarbeitung, und es mag nicht mehr lange dauern, bis die Positivisten sich den Thomisten in seiner Kritik anschließen.[522]

Gewiß kann man auch heute noch über den Begriff der Evolution streiten und zum Beispiel die Frage diskutieren, ob mit der Formel von der »survival of the fittest« überhaupt ein Fortschrittsbegriff verbunden ist. Aber diese allgemeine Frage des Verhältnisses von Evolutionstheorie und Fortschrittsbegriff hatte Dewey in seinem Artikel auch gar nicht besprochen, sondern die speziellere der Deszendenz des Menschen:

For example, competent scientific workers in the biological field are agreed in acceptance of some form of genetic development of all species of plants and animals, mankind included. This conclusion puts man definitely and squarely within the natural world. What, it may be asked, is the attitude of nontheological anti-naturalists toward this conclusion? Do those, for example, who sign a statement saying that naturalists regard man as »simply a highly developed animal« mean to deny the scientific biological conclusion? Do they wish to hold that philosophical naturalism and not scientific inquiry originated and upholds the doctrine of development? Or, do they wish to take advantage of the word »animal« to present naturalistic philosophers in a bad light?[523]

Es mag nun sein, daß Dewey nicht »den ganzen Sachverhalt wiedergegeben hat«. Aber sicher richtig ist auch, daß Horkheimer sich durch die Hervorhebung eines für den Konflikt zwischen »Positivisten« und Neothomisten irrelevanten Punktes der Antwort auf Deweys Fragen entzogen hat. Irrelevant für die Auseinandersetzung zwischen den genannten Lagern war dieser Punkt deshalb, weil die neothomistische Position nicht etwa darin bestand, die menschliche Abstammung vom Affen zunächst zuzugeben und dann die These zu problematisieren, daß es sich dabei um einen Fortschritt handelt, sondern bereits in der Leugnung einer solchen Kontinuität.

Daß Positivisten je auf die Idee kommen würden, sich den Thomisten bei der Kritik an der Deszendenzlehre anzuschließen, ist ziemlich unwahrscheinlich. Knapp zwanzig Jahre später hat jedenfalls Rudolf Carnap in seiner Autobiographie keinen Zweifel daran gelassen, daß er die Einmischung theologischer Ideen in

522 Horkheimer 1967, S. 62.

523 Dewey 1943, S. 34.

Fragen der wissenschaftlichen Wahrheit von empirischen Theorien nach wie vor strikt ablehnt.[524] Dabei ging es ihm wohlgemerkt nicht etwa um die Frage, ob eine bestimmte weitverbreitete Theorie wie die Darwinsche nicht vielleicht empirisch falsch sein könnte, sondern darum, ob man sie auf der Grundlage metaphysischer Argumente allein schon widerlegen könnte, wie einige Neothomisten sich das zugetraut hatten.
Nun hatte Horkheimer in der Einleitung des Kapitels geschrieben:

> Die folgenden Bemerkungen beabsichtigen keine detaillierte Erörterung dieser Philosophie [des Positivismus, Verf.]; ihr einziger Zweck ist es, sie auf die gegenwärtige Kultkrise zu beziehen.

Das eigentlich Auffällige am ganzen Kapitel »Gegensätzliche Allheilmittel« ist nun aber, daß er gerade dies vollständig unterlassen hat. Die Bedeutung des Ausdrucks »gegenwärtige Kulturkrise« war zu der Zeit, als Horkheimers seinen Aufsatz schrieb, in der öffentlichen Diskussion der USA deutlich vorbelastet. Die Krise war nämlich von Hook, Dewey und Nagel im ersten Heft des *Partisan Review* von 1943 als ein »failure of nerve« beschrieben worden, wie er für Zeiten von Krieg und Desaster typisch sei. Hook hatte unter anderem geschrieben:

> For purposes of illustration we mention the recrudescence of beliefs in the original depravity of human nature; prophecies of doom for western culture, no matter who wins the war or peace, dressed up as laws of social dynamics ...[525]

Gleichzeitig als Momente der Krise wie als untaugliche Heilmittel hatte Hook die Lehren des Katholizismus bezeichnet:

> In the schools, the churches, and in the literary arts, the tom-tom of theology, and the bagpipes of transcendental metaphysics are growing more insistent and shrill. We are told that our children cannot be properly educated unless they are inoculated with »proper« religious beliefs; that theology and metaphysics must be given a dominant place in the curriculum of our universities; ... Obscurantism is no longer apologetic; it has now become precious and wilful. Fundamentalism is no longer beyond the pale; it has donned a top hat and gone high church.[526]

Und später heißt es:

524 Carnap 1963, S. 42.
525 Hook 1943, S. 2.
526 Ebd., S. 3.

Its leading spokesmen are seizing every occasion to assure us that the last and best defence of democracy and freedom is a christian social order. By »freedom«, they explain, is meant »freedom in its true christian sense«, and by »Christian« they are careful not to explain, is always meant »the Catholic«. Any catalogue of Church activities in these countries will reveal that it is increasing in power and influence. It is in the van of attack against the best liberal traditions of American culture and education, particularly in the field of education.[527]

All diese Bemerkungen sind nur vor dem Hintergrund des – von Hook in der Fußnote dazu erwähnten – gewaltigen öffentlichen Aufruhrs voll zu verstehen, den eine Attacke fundamentalistischer episkopalischer und katholischer Kreise und Würdenträger auf Bertrand Russell als Inbegriff unamerikanischer Umtriebe erzeugt hatte. Diese Kampagne hatte im Jahre 1941 zu seiner Entlassung aus dem City College of New York geführt. Dabei waren ihm unter anderem moralische Verderbung der Jugend, Propaganda für den Ehebruch und weitere gottlose und kommunistische Machenschaften vorgeworfen worden[528], also eine repräsentative Auswahl jener »Delikte«, die auch für die spätere Hexenjagd der McCarthy-Ära typisch waren. Die Klage einer Mutter einer Studentin, die selbst gar nicht bei Russell hätte studieren können, führte in einem Verfahren, in dem Russell selbst als Partei nicht zugelassen wurde, schließlich zur Annullierung seines Vertrags.[529] Die beklagte Stadt New York torpedierte die Berufung.

Wenn Horkheimer nun zwar den von Hook, Dewey und Nagel initiierten Gegenangriff auf die fundamentalistischen religiösen Kreise und ihre weltlichen Vertreter diskutiert, aber weder deren Beweggründe und Aktionen nennt, die im Fall Russell kulminierten, noch irgendeinen der von diesen bezogenen Standpunkte einmal auch namentlich erwähnt oder diskutiert, so nimmt er dem heutigen Leser die Möglichkeit, die Kontroverse in den Kontext der (damaligen) »gegenwärtigen Kulturkrise« zu stellen. Selbst die offensichtliche Pointe seiner Bemerkungen, daß die Philosophie der Kritiker der »gegenwärtigen Kulturkrise« (im Sinne des beschriebenen »failure of nerve«) selbst als ein Moment einer »ge-

527 Ebd., S. 17.

528 Siehe dazu die zeitgenössische Dokumentation Dewey/Kallen 1941 sowie die entsprechenden Passagen aus Russells Autobiographie (Russell 1967, S. 460 f. und S. 468 ff.)

529 Ebd., S. 460.

genwärtigen Kulturkrise« (im Sinne eines Zusteuerns auf eine »verwaltete Welt«) zu werten sei, kommt so nicht heraus. Daß Horkheimer die Kontroverse einfach übergeht, in der die Aufsätze von Hook, Dewey und Nagel ihren Stellenwert haben, läßt seine leichte Präferenz für die Neothomisten zudem in um so merkwürdigerem Licht erscheinen.

Dieser Sachverhalt tritt besonders deutlich hervor, wenn man das Kapitel »Gegensätzliche Allheilmittel« mit einer früheren Version vergleicht. Dies »The Revival of Dogmatism: Remarks on Neo-Positivism and Neo-Thomism« überschriebene, am Rande der ersten Seite handschriftlich auch als »Hook« apostrophierte Typoskript war schon vor Horkheimers Vorlesungen im Frühjahr 1944 geschrieben worden und aus anderem Anlaß. Es war nämlich offenbar als direkte Reaktion auf die zitierte Artikelserie im *Partisan Review* gedacht gewesen.[530] Leider sind es nun vor allem diejenigen Passagen dieses Typoskripts gewesen, in denen Bezug auf die »gegenwärtige Kulturkrise« (im Sinne Hooks und seiner Freunde) genommen wird, die der für die Buchversion erforderlichen Bearbeitung und vor allem Kürzung (des ursprünglich 54 Seiten langen Textes) zum Opfer gefallen sind.

Dabei handelt es sich zunächst einmal um die gesamte 10seitige Einleitung des Artikels, in dem die – aus Horkheimers früheren Texten schon andeutungsweise bekannte Idee einer Verbindung von zeitgenössischem Relativismus mit dem Dogmatismus – prägnant auf die Situation der Kriegszeit angewandt und in folgenden beiden Thesen formuliert wird: »At no time in history have systems of thought seemed to play a more transitory and futile role than in these days«[531] und: »Changeability with regard to ideas is universally accompanied by its opposite, fanatic adherence to them.«[532]

530 Was es mit dieser Serie politisch auf sich hatte, ist Horkheimer auch nicht entgangen. Denn er schreibt dort (S. 46) nach der Wiederholung seiner allgemeinen These (»The contention that the positivistic principle has a greater affinity to the ideas of freedom and justice than other philosophies is almost as grave an error as the respective claim of the Thomists«) recht unvermittelt und in offenbarem Widerspruch zu ihr: »It is true that many represantatives of modern positivism work for the realization of these ideas; the three articles with which we are dealing are new documents to this effect.«

531 Horkheimer 1943, S. 1.

532 Ebd., S. 3.

Der durch das gleichzeitige Auftreten der beiden Tendenzen hervorgerufene Spannungszustand wird dann im weiteren Verlauf am Beispiel des Neopositivismus und Neothomismus erläutert. Bei dieser Gelegenheit erfährt man denn auch, wen Horkheimer im Auge gehabt hat, wenn er im publizierten Text von jener »metaphysischen Schule« (des Neothomismus) gesprochen hatte, zu der »einige der verantwortlichsten Historiker und Schriftsteller unserer Zeit« gehören. Davon werden nämlich im nicht-publizierten Text namentlich Jaques Maritain[533], dessen Werke bereits mehrfach in der *Zeitschrift für Sozialforschung* gewürdigt worden waren[534], und der dort ebenfalls besprochene[535] und nun als »eminent scholar« vorgestellte Étienne Gilson gezählt.

Einen Eindruck davon, wie sich Horkheimer Bezugnahmen auf so etwas wie die »gegenwärtige Kulturkrise« damals vorgestellt hat, erhält man, wenn man sich die Beispiele ansieht, mit der er seine erste These – die von der Wandelbarkeit und Nutzlosigkeit von Gedankensystemen – untermauert. Das erste betrifft die völlige Umkehr der öffentlichen Meinung in den USA in der Frage eines Eintritts in den Zweiten Weltkrieg zwischen dessen Beginn und 1943. Zuvor habe man nämlich pazifistisch – im Sinne einer Nichteinmischung – gedacht, und der »average man, for instance a bank clerk« habe Rußland für »a dark power of evil« gehalten. Nun, im Jahre 1943,

> he is perhaps dying on a battlefield for a cause which unites his country with Russia. The enemy is Germany, a country which not long ago represented to him the model of civic virtues, decency, artistic creativeness, »Gemütlichkeit« und romance.

533 Maritain war übrigens in die – schließlich ja fehlgeschlagenen – Versuche eingeschaltet gewesen, Walter Benjamin aus Frankreich in die USA zu retten. Dem Franzosen Maritain selbst war diese Flucht gelungen. 1941 hatte er schließlich eine Stelle am City College von New York erhalten, also an ebenjener Institution, die Russell kurz zuvor unter anderem mit dem Argument, Ausländer könnten dort nicht angestellt werden, die Beschäftigung entziehen mußte.

534 Siehe Benjamin 1935b und Marcuse 1936b. Benjamins Rezension hatte mit dem kritischen Satz begonnen: »Der Autor schließt sich derart eng an die Gesellschafts- und Geschichtsphilosophie der katholischen Kirche an, daß eine Debatte mit ihm einer mit kirchlichen Autoritäten gleichkommt.« Marcuses Rezension ist dagegen viel konzilianter.

535 Siehe Marcuse 1941b.

Eine derartige abrupte Meinungsänderung, die sich bei den meisten unwillkürlich vollziehe, lasse auch die Philosophen, die ihre Meinung nach reiflicher Überlegung ernsthaft und mit ganzem Herzen geändert hätten, und die Philosophie selbst nicht unberührt:

Human substance is not indifferent to the stability or futility of ideas. The present impotence of philosophy is paralleled by a real crisis within man no less than within society.

Eine denkbare Alternative zu dieser Deutung, die den Sinneswandel der Philosophen mit dem Funktionsverlust der Philosophie erklärt, wäre naheliegend, wird aber von Horkheimer nicht erwogen. Ich meine die – von Sidney Hook im übrigen in einer langen Kontroverse des *Partisan Review* verfochtene – These, daß sich nicht moralische Maßstäbe geändert hätten, sondern die Zeitumstände: Sei eine amerikanische Nichteinmischung 1939 vielleicht noch vertretbar gewesen, als es sich noch um einen zeitlich und regional begrenzten Krieg zu handeln schien, so sei diese Deutung und damit eine Propaganda zugunsten der Nichteinmischung im Jahre 1943 längst nicht mehr aufrechtzuerhalten, seit Hitlers Weltmachtpläne durch den Überfall auf die Sowjetunion und die Kriegserklärung an die USA unübersehbar geworden seien.

Das andere Beispiel geben die faschistischen Länder Italien und Deutschland ab. Während für Deutschland lediglich die ideologischen Winkelzüge des Propagandaministeriums als Beleg erwähnt werden, wird Horkheimer für Italien konkreter. Hier diskutiert er nämlich die Beziehungen Mussolinis zur katholischen Kirche:

Ideological shifts have been even more frequent and striking in other countries. Italian Fascism started by demanding that religious education be limited and the cross removed from the walls of classrooms. Later on, Fascism rendered greater services to the Vatican than any of the governments which it had critized for obedience to the Holy Seat. During more recent years Italy accepted the anti-religious racial policies of the German Reich and threw herself upon the mercy of the leading triumvirate of National Socialism rather than that of Catholic trinity. Now we hear that Mussolini, during his short imprisonment by the pro-allied goverment, found it timely to dedicate himself to the roman Catholic Church.[536]

536 Horkheimer 1943, S. 2 f. – Mussolini wurde am 25. 7. 1943 gefangengenommen. Das gestattet eine ungefähre Datierung des Typoskripts.

Zwar mag Horkheimers erstes Beispiel wegen des Fehlens einer eigenen Stellungnahme zur Frage einer amerikanischen Kriegsbeteiligung, an der sich auch eventuell die Vergänglichkeit seines eigenen »systems of thought« hätte zeigen können, nicht ganz überzeugen. Aber man wird der skizzierten Einleitung deswegen nicht den Versuch absprechen können, das Faktum der Wandlung von Ideengebäuden auf konkrete Zeitläufte wie eben die »gegenwärtige Kulturkrise« zu beziehen.

Nun bezeichnet der Ausdruck »gegenwärtige Kulturkrise« zweifellos einen mehrdeutigen Begriff, weil in ihm der indexikalische Ausdruck »gegenwärtig« vorkommt. Diese Gegenwart hatte sich zwischen 1943, dem Jahr der Niederschrift des ursprünglichen Artikels, und 1947, dem Jahr seiner Publikation als Kapitel in der *Eclipse of Reason*, grundlegend geändert. Horkheimer hätte diesem Wandel dadurch Rechnung tragen können, daß er den der Streichung zum Opfer gefallenen Bezug zur Kulturkrise der Kriegsjahre durch einen Bezug auf aktuelle Tendenzen der Gedanken- und Philosophieentwicklung der Nachkriegszeit ersetzt hätte.[537] Das ist jedoch nahezu vollständig unterblieben.[538]

Es ist natürlich fraglich, ob eine Aktualisierung des Kapitels durchführbar gewesen wäre. Denn Hook und seine Freunde hatten ihren polemischen Artikel ja für einen ganz bestimmten Anlaß (nämlich das Anschwellen religiös motivierter Angriffe auf die Geistes- und Wissenschaftsfreiheit) in einer ganz bestimmten Zeit geschrieben. Wenn Horkheimer dagegen eine grundsätzliche

537 Er hatte Adorno ja vorgeschlagen, sogar eine so abstrakte Materie wie die in dem geplanten »Dialektik«-Buch zu behandelnde mit einer Reflexion über die Nachkriegsentwicklung, insbesondere den beginnenden Ost-West-Gegensatz, zu beginnen.

538 Der einzige in der Buchversion *hinzugefügte* zeitgeschichtliche Einschub (der sich wahrscheinlich den Enthüllungen über die Naziverbrechen durch die Nürnberger Prozesse verdankt), ist der folgende: »The death factories in Europe cast as much significant light on the relations between science and cultural progress as does the manufacture of stockings out of air« (Horkheimer 1947, S. 75). Der Vergleich dieser konkreten Beispiele ersetzt den auf Seite 33 des »Hook«-Typoskripts enthaltenen (auf Deweys Glauben an die Möglichkeit einer besseren Welt durch den planmäßigen Einsatz der Wissenschaft bezogenen) allgemeinen Satz: »Such an intellectualistic theory, such a shallow assuredness is refuted by every glance at the retrogressions of reality.«

Auseinandersetzung mit dem amerikanischen Pragmatismus im Auge gehabt hat, hätte er die Hauptwerke seiner Vertreter diskutieren sollen, statt sich der Erwartung hinzugeben, dessen Wirken und Wesen aus einem völlig willkürlich gewählten winzigen *sample,* dazu noch von offensichtlichen Gelegenheitsarbeiten, herausdestillieren zu können.

Als einige der nach Kriegsende dauerhaft in den USA gebliebenen Mitglieder der Frankfurter Schule sich die Mühe machten, die Schriften der amerikanischen Pragmatisten eingehender zu studieren, kamen sie dann zu einer anderen Einschätzung dieser Philosophie. Leo Löwenthal hat sich rückschauend so dazu geäußert:

Allerdings muß ich sofort sagen – und da bin ich anders als meine früheren Kollegen aus dem Frankfurter Institut –, ich habe durch die längere Berührung mit dem amerikanischen Geistesleben gelernt zu verstehen, daß die Art und Weise, in der wir zum Beispiel den Pragmatismus kritisiert haben oder auch die Theorie von George Herbert Mead, einfach oberflächlich war.[539]

Deutlicher pointiert hat Joseph Maier diese Kritik, wenn er – nach einer kurzen Zusammenfassung von Deweys Philosophie sowie ihrer Auslegung durch deren »besten Interpreten Sidney Hook« – fortfährt:

An D.s Pragmatismus und Instrumentalismus ist von vielen Schulen Kritik geübt worden, am schärfsten vielleicht vom Standpunkt einer dialektischen Philosophie in der eingehenden Studie von Max Horkheimer, »Zur Kritik der instrumentellen Vernunft«. Dort heißt es: »Die Reduktion der Vernunft auf ein bloßes Instrument beeinträchtigt letzten Endes sogar ihren instrumentalen Charakter. Der antiphilosophische Geist, der vom subjektiven Vernunftbegriff nicht abzulösen ist und der in Europa in den totalitären Verfolgungen der Intellektuellen kulminierte, ob sie seine Pioniere waren oder nicht, ist symptomatisch für die Erniedrigung der Vernunft.« Weit entfernt von einem bloß persönlichen Mißverständnis, handelt es sich hier vielmehr um ein typisches Vorurteil und Unvermögen des europäischen, vornehmlich deutschen traditionellen Denkens gegenüber allem »Positivismus«. Sollte man diese Abwehrstellung vielleicht als uneingestandenes Ressentiment gegen D.s Kritik der europäischen Kultur verstehen?[540]

539 Löwenthal 1980, S. 205 f.

540 Maier 1980, S. 97.

7. Adornos Auseinandersetzungen mit dem Positivismus in der Sozialwissenschaft

Der Positivismusstreit der dreißiger und vierziger Jahre hat sich nicht auf die philosophischen Auseinandersetzungen der Frankfurter Schule mit den Wiener logischen Positivisten und mit den amerikanischen Pragmatisten beschränkt, sondern sprang ziemlich bald auch auf die Sozialwissenschaften über. Wir haben schon gesehen, daß Horkheimers anfängliche Pläne, sein Institut mit denen Jahodas und Neuraths zu verbinden, nicht nur gleichzeitig erwogen wurden, sondern auch in inhaltlichem Zusammenhang miteinander gestanden hatten. Von daher könnte man vermuten, daß der Weg von der geplanten Kooperation zur Konfrontation von Horkheimer gegenüber den Wiener logischen Positivisten und den von dort stammenden Sozialforschern ebenfalls sozusagen *pari passu* beschritten worden wäre. Das ist aber nun nicht der Fall: die Kooperation mit den Sozialpsychologen und Soziologen der Wiener Forschungsstelle – insbesondere mit Jahoda und Lazarsfeld – war von Anfang an viel intensiver, und dann allmählich auftretende Konflikte traten später ein. Auch wurde die Zusammenarbeit nach diesen vorübergehenden Spannungen fortgesetzt, und zwar noch in einem Zeitraum, als sie mit den logischen Positivisten längst abgebrochen worden war.
Im Unterschied zur Kontroverse mit den Positivisten sind wir über den Konflikt des exilierten Frankfurter Instituts mit den emigrierten Wiener Sozialwissenschaftlern durch autobiographische Veröffentlichungen der beiden Protagonisten Adorno und Lazarsfeld unterrichtet.[541] Allerdings sind diese Berichte vor allem wegen ihrer Lückenhaftigkeit nur mit Vorsicht zu genießen. Lazarsfeld geht über die anfänglich intensive Zusammenarbeit mit den Frankfurtern recht flink hinweg, und von Adorno erfährt man nicht einmal, was den Auslöser des Konflikts gebildet hat: ein sehr umfangreiches Memorandum aus seiner Feder, auf das Lazarsfeld mit einem langen kritischen Brief reagierte. Das fragliche Memorandum ist auch in demjenigen Teil der Sekundärliteratur, der außer den Erinnerungen Adornos und Lazarsfelds und

541 Es handelt sich um Adorno 1968 und um Lazarsfeld 1975.

ihren zeitgenössischen Veröffentlichungen zum Thema ungedruckte Quellen heranzieht[542], bisher nicht benutzt worden. So wird zwar Lazarsfelds Reaktion auf Adornos Memorandum immer wieder zitiert und kommentiert, aber nicht jenes Schriftstück, *auf das* es die Reaktion ist, mit der Folge, daß Bewertungen der Kontroverse entweder möglichst ganz vermieden werden oder mehr oder weniger willkürlich bleiben müssen.

7.1 Lazarsfelds Beziehungen zur Frankfurter Schule bis 1937

Um die Intensität der Kontakte zwischen den emigrierten Frankfurter und Wiener Sozialwissenschaftlern zu dokumentieren, müssen zunächst jene schon erwähnten Stationen der Zusammenarbeit ins Gedächtnis gerufen werden, die zurückgelegt wurden, ehe es auch hier zu Konflikten kam. Nach der Bekanntschaft Horkheimers mit Lazarsfeld sind das zunächst die Beiträge Jahodas und Lazarsfelds zu *Autorität und Familie* und die Entsendung Lazarsfelds als Beobachter des Instituts zum von Neurath organisierten »1. Internationalen Kongreß für Einheit der Wissenschaft« im Sommer 1935 in Paris.[543] Auch zwei Jahre später war Lazarsfeld, wie wir gesehen haben, als Vertreter des Instituts beim »3. Internationalen Kongreß für Einheit der Wissenschaft« in Paris dabei, ohne diesmal allerdings in die Diskussion einzugreifen. Im selben Jahr wurde er von Horkheimer gebeten, das Institut bei einem internationalen Soziologenkongreß zu vertreten, der gleichfalls am Rande der Pariser Weltausstellung stattfand. Die Teilnahme mußte Lazarsfeld dann zwar in letzter Minute absagen,

542 Ich meine Jay 1976, S. 264-266, der eine Version des Lazarsfeld-Briefs aus der Löwenthal-Sammlung zitiert; Morrison 1978, der die Lazarsfeld-Papiere und das Archiv der Rockefeller-Foundation ausgewertet hat, und Wiggershaus 1986, S. 266-276, der den Briefwechsel Adorno/Lazarsfeld heranzieht, soweit Kopien davon im Horkheimer-Nachlaß zu finden sind.

543 Darüber hat Lazarsfeld – ausweislich von »Institute of Social Research (1944)«, S. 25 – nach seiner Rückkehr in New York eine *lecture* unter dem Titel »The Paris Congress of Scientific Philosophy« gehalten, deren unveröffentlichtes Manuskript leider weder im Lazarsfeld- noch im Horkheimer-Archiv auffindbar war.

aber seine – im Typoskript erhaltene – Ansprache dort wurde offenbar verlesen.[544]

Nach seiner endgültigen Übersiedlung in die USA im Oktober 1935 war Lazarsfeld dem Horkheimer-Institut weiterhin verbunden. In einer Selbstdarstellung des Instituts erscheint er zusammen mit Fromm und anderen als Mitarbeiter der sozialpsychologischen Abteilung.[545] In der Tat hatte er es übernommen, für diese Abteilung eine Studie auf den Weg zu bringen, die die Folgen von Arbeitslosigkeit für die Autoritätsstruktur in der Familie thematisierte und damit die bis dahin wichtigen Themen der Frankfurter und Wiener Institute miteinander verband.[546]

Selbst wenn nun die Arbeitsbeziehungen zwischen Lazarsfeld und dem Frankfurter Institut noch so eng und ausführlich gewesen sein mögen, muß das nicht unbedingt auf inhaltliche und methodische Gemeinsamkeiten schließen lassen. Wir haben ja gesehen, daß Horkheimer zwischen der nützlichen Einzelforschung auch positivistischer Gelehrter und ihrer schädlichen Philosophie sorgsam zu unterscheiden wußte. Wie stand es also mit Lazarsfelds wissenschaftstheoretischem Credo? Trifft es zu, daß seine philosophischen Überzeugungen so sehr im Positivismus beheimatet waren, daß er schon deswegen nicht nur »einen Bezug zu Horkheimers Neubestimmung des Verhältnisses von Gesellschaftstheorie und einzelwissenschaftlicher empirischer Forschung... nicht herstellen wollte«, wie Horst Kern behauptet hat, sondern vielleicht auch gar nicht hätte herstellen können, wenn er es gewollt hätte?[547]

Lazarsfeld hat die Genesis seiner wissenschaftstheoretischen Anschauungen in seiner Autobiographie so beschrieben:

> Intellektuell wurde ich vor allem durch eine Gruppe von Autoren beeinflußt, die in den Naturwissenschaften und in der Wissenschaftslogik großes Ansehen genoß: Ernst Mach, Henri Poincaré und Einstein.[548]

544 Sie trägt den Titel »Communication de l'Institut de Recherches Sociales presentée à la Conférence internationale des Sciences sociales, Paris, juillet 1937« (8 Seiten Typoskript) und findet sich im Briefwechsel Horkheimer/Sternheim (Bl. 243-250) im Horkheimer-Archiv.

545 Siehe »International Institute for Social Research (1938)«.

546 Diese Studie, von Mirra Komarovsky ausgeführt, erschien dann – mit mehrjähriger Verspätung – erst 1940 in der Schriftenreihe des Instituts.

547 Kern 1982, S. 165.

548 Lazarsfeld 1975, S. 150.

Es folgt eine Bemerkung, die – allerdings ohne Namensnennung – auf Mitglieder des Wiener Kreises anspielt: »Alle Überlegungen, die später als ›Explikationen‹ bekannt wurden, konnten mich faszinieren.« Damit sind zweifellos Carnaps und Hempels Theorien zum Begriff der wissenschaftlichen Explikation gemeint.[549] Gleichwohl berichtet Lazarsfeld über sein Verhältnis zu den Wiener logischen Positivisten:

> In dieser Zeit hatte ich so gut wie keinen Kontakt zu dem »Wiener Kreis«, obwohl dessen Hauptfiguren sich schon in Wien fest niedergelassen hatten. Die offensichtliche Entsprechung zwischen dem oben Beschriebenen und den Lehren des Wiener Kreises erklärt sich wahrscheinlich stärker aus dem gemeinsamen Hintergrund als aus direktem Einfluß.[550]

Außer den Anregungen durch die positivistische Philosophie nahm Lazarsfeld in Wien offenbar auch etwas von dem »ökumenischen Geist«[551] auf, in dem sein akademischer Lehrer Karl Bühler Synthesen gemeinhin eigentlich als miteinander unvereinbar angesehener wissenschaftsphilosophischer und methodischer Ansätze (wie etwa der Diltheyschen Lebensphilosophie und des Behaviorismus) zustande zu bringen suchte. Eine ähnliche Synthese hat Lazarsfeld auch immer wieder mit der Integration von Horkheimers Ansatz eines interdisziplinären Materialismus in sein eigenes wissenschaftstheoretisches Credo versucht. Um dieser Absicht auch öffentlichen Ausdruck zu verleihen, nutzte er schon die allererste sich bietende Gelegenheit, nämlich seine »Methodische Einleitung« in die Erhebung über Jugendliche in der Schweiz in den von Horkheimer herausgegebenen *Studien über Autorität und Familie.*[552] Dort faßt er in fünf Regeln seine methodischen Einsichten zusammen, die sich in der Tat, wie er in einer Fußnote hinzufügte, inhaltlich zum Teil mit den Prinzipien dekken, die Erich Fromm dem ganzen empirischen Erhebungsteil vorangestellt hatte.[553]

Nach Lazarsfeld, der beanspruchte, damit »das Ergebnis der Durchmusterung zahlreicher teils geglückter und teils mißglück-

549 Siehe dazu die vom Übersetzer von Lazarsfeld Autobiographie eingefügte Anm. 28a in Lazarsfeld 1975, S. 217f.

550 Ebd., S. 150.

551 Ebd., S. 156.

552 Lazarsfeld/Leichter 1936, S. 352ff.

553 Ebd., S. 231.

ter Erhebungsversuche in Amerika und Europa, durchgeführt von den verschiedensten Seiten«[554], auf einen Nenner gebracht zu haben, verpflichteten die Regeln bei der Beschreibung eines Erhebungsgegenstandes auf folgende Imperative:

(1) sowohl Einzelfälle als auch umfassende Statistiken zu berücksichtigen,
(2) sowohl subjektive wie objektive Daten heranzuziehen,
(3) sowohl den gegenwärtigen als auch vergangene Zustände des thematisierten Gegenstandes kennenzulernen,
(4) sowohl »natürliche« als auch experimentell gewonnene Daten zu verwenden und
(5) sowohl einfache als auch komplexe Daten zu benutzen.

Dies von Lazarsfeld in seinen Wiener Studien und auch bei seiner ersten Arbeit für das Horkheimer-Institut in den USA selbst befolgte methodische Konzept zeigt, daß von einer einseitigen Bevorzugung von Daten, die gleichzeitig quantitativ und subjektiv sind und experimentell gewonnen wurden, jedenfalls der Programmatik nach nicht die Rede sein kann.

Freilich schließt Lazarsfeld diesen Abschnitt mit der Bemerkung, »daß vom Standpunkt der konkreten Erhebung jeder theoretische Ansatz den Wert einer Interpretations-Möglichkeit für gewonnenes Material hat«. Die Auszeichnung einer bestimmten Theorie, wie sie in Horkheimers Antrittsrede kaum angedeutet, später aber in seinem programmatischen Aufsatz »Traditionelle und kritische Theorie« prononciert auftrat, kommt für Lazarsfeld offenbar nicht in Frage.

Die Linie eines Integrationsversuchs von Positivismus und kritischer Theorie setzte Lazarsfeld in einem Besprechungsaufsatz über Hempel und Oppenheims *Der Typusbegriff im Lichte der neuen Logik* fort, der zufällig im selben Heft der *Zeitschrift für Sozialforschung* erschien, das auch Horkheimers »Neuesten Angriff« gegen den Positivismus und Neuraths »Standard-of-Living«-Aufsatz enthielt.[555] Dort benutzte er in zwei ausführli-

554 Ebd., S. 357. Vergleiche damit eine offenbar frühere Version seiner Regeln, die in Lazarsfeld 1975, S. 158 mitgeteilt wird.

555 Lazarsfeld 1937. Das Zusammentreffen ist deshalb zufällig, weil Horkheimer seinem Freund und Briefpartner Oppenheim eine Rezension schon einige Zeit vorher versprochen hatte. Als Rezensent war ursprünglich Adorno vorgesehen, der aber nach Lektüre eines Teils zu dem abschließenden Urteil gelangt war, das Buch sei »unbe-

chen Passagen den Beitrag Erich Fromms zu den *Studien über Autorität und Familie*, um daran typologische Begriffe zu exemplifizieren und daraus Anregungen für weitere Forschungen abzuleiten.[556]

Lazarsfelds Integrationsbemühungen scheinen auch durch die Teilnahme – wohlgemerkt: auf seiten des Frankfurter Instituts! – an den Diskussionen zwischen kritischen Theoretikern und Positivisten in New York und Paris nicht gelitten zu haben. Denn er hatte sich noch im Oktober 1936 bei der Diskussion mit Neurath in New York gegen dessen ausufernde Metaphysikkritik gewandt, die in Gefahr stand, auch nützliche metaphysische Anregungen für die empirische Forschung zu verpassen, und damit die kritische Theorie gegen den Positivismus verteidigt. Sein Schweigen im August 1937 in Paris könnte als allmähliche Distanzierung vom Frankfurter Institut gedeutet werden (ganz so, wie es Adorno ja auch in der Tat getan hat). Aber daß Lazarsfeld unbeirrt seinen Kurs weiterverfolgte, zeigt sich gerade daran, daß er wenige Monate später gerade diesen Adorno, über dessen selbstherrliches Gebaren während der Pariser Diskussion er sich nach seiner Rückkehr nach New York gegenüber Löwenthal beschwert zu haben scheint, für eine Mitarbeit in einem seiner Forschungsprojekte zu gewinnen suchte.

schreiblich langweilig« (Adorno an Horkheimer, 30.10.1936) und diese Arbeit daher immer weiter vor sich her geschoben hatte und schließlich »herzlich froh« war, als Lazarsfeld sie ihm abnahm.

556 Lazarsfeld 1937, S. 124f. und S. 133-136. Lazarsfelds Artikel im Frühjahrsheft 1937 der *Zeitschrift* folgt übrigens unmittelbar auf einen Artikel Fromms und geht dem genannten Neurath-Artikel voraus. Wenn man den Einleitungsartikel Horkheimers und Marcuses »Über den affirmativen Charakter der Kultur« hinzunimmt, erhält man geradezu eine gleitende Skala von Positionen, die nach dem Merkmal »Nähe/Ferne zur kritischen Theorie« (bzw. am anderen Ende: zum Positivismus) angeordnet erscheinen. Ob diese Zusammenstellung bewußt so gewählt wurde, ist natürlich eine andere Frage. Auffällig ist aber, daß sich im weiteren Verlauf die Wege Horkheimers nicht nur von seinem äußersten Gegenpol auf der Skala (nämlich Neurath) schieden, sondern auch von den dazwischen angeordneten Positionen (Fromm und Lazarsfeld).

7.2 Lazarsfeld, Adorno und das Princeton Radio Research Project

Zu einer gewissen Abkühlung des Verhältnisses zwischen Lazarsfeld und dem Frankfurter Institut war es schon gekommen, ehe Adorno seine Stelle bei Lazarsfeld antrat. Denn es war Lazarsfelds Schuld, daß sich die Fertigstellung der ersten empirischen Studie des Instituts in den USA immer weiter verzögerte, mit der Horkheimer in seinem Exilland hatte Ehre einlegen wollen. In einem Memorandum an Pollock vom 25. Juni 1936 »Re: Present status of the different field studies of the Institute«, das Lazarsfeld offenbar in seiner oben erwähnten Eigenschaft als »Erhebungskommissar« verfaßt hatte, hieß es noch, daß Frau Komarovsky seit dem 15. Juni vollzeitlich damit beschäftigt sei, die bereits abgeschlossenen 66 Interviews der Untersuchung zu analysieren und daß er mit ihr zusammen und in inhaltlicher Abstimmung mit Fromm in der Lage sein werde, den druckfertigen Abschlußbericht bis Weihnachten 1936 einzureichen. Die Verärgerung darüber, daß auch das Weihnachtsfest des folgenden Jahres verstrichen war, ohne daß Lazarsfeld die Studie abgeliefert hatte, ist in Horkheimers Mahnbrief vom 27. Januar 1938 deutlich zu spüren: »Seit dem 1. Januar warten wir nun jeden Tag auf das Manuskript, weil uns die Annahme, daß es auch jetzt noch nicht fertig sei, als eine unbillige Beurteilung Ihrer Zuverlässigkeit erschien.« Die Folge einer späteren Ablieferung wäre in zwei Hinsichten eine ausgesprochene »Blamage« für das Institut:

> Erstens dem Verlag gegenüber, dem wir die Übersendung des Manuskripts seit vier Monaten zugesagt haben, zweitens unseren Kollegen gegenüber, die wir wiederholt darauf verwiesen haben, daß mit der Publikation spätestens im Frühjahr dieses Jahres zu rechnen sei.

Die befürchtete Blamage wurde in der Folgezeit noch viel größer, weil Mirra Komarovskys *The Unemployed Man and his Family. The Effect of Unemployment upon the Status of the Man within the Family* schließlich erst 1940 in der Schriftenreihe des Instituts erscheinen konnte (mit einer Einleitung Lazarsfelds übrigens, in der die Bedeutung der verwendeten nichtquantitativen Methoden und der damit einhergehenden interpretativen Verfahren für die Sozialforschung betont wurde[557]). Der durch die lange Verzöge-

557 Lazarsfeld 1940, S. IX f.

rung bewirkte Mißerfolg der Publikation verblaßte aber ganz hinter dem Desaster, das sich in jenem Projekt anbahnte, das vermutlich den Hauptgrund für die Verzögerung gebildet hatte, nämlich Lazarsfelds berühmtem »Princeton Radio Research Project«, das er inzwischen begonnen hatte.
Dieses Projekt bezeichnet sicher einen Wendepunkt in den Beziehungen Lazarsfels zur Frankfurter Schule. Denn ebenso gründlich, wie es mit einem Schlag Lazarsfelds bis dahin etwas prekäre Lage verbesserte, unterminierte es andererseits die hoffnungsvoll begonnene Zusammenarbeit mit dem Horkheimer-Institut. Lazarsfelds Forschungsmöglichkeiten und materielle Situation hatten sich nämlich nach seiner zweiten Einreise in die USA zunächst keineswegs rosig dargestellt. Zwar war er im Frühjahr 1936 Leiter eines kleinen Forschungsinstituts an der Universität Newark geworden. Sein Anstellungsvertrag sah aber nur die Finanzierung einer Halbtagsstelle vor und zwang ihn so, die andere Hälfte anderweitig aufzutreiben. Dabei half ihm (unter anderen) auch das Horkheimer-Institut durch die Vergabe von Forschungsaufträgen. Als er nun im Sommer 1937 – just in jener Zeit, in die auch seine Teilnahme an der Diskussion zwischen kritischen Theoretikern und Positivisten am Rande der Pariser Weltausstellung fiel – ein Angebot zur märchenhaft dotierten Leitung eines großen Forschungsprojekts über das neue Medium Radio erhielt und nach kurzem Bedenken zusagte, konnte er sich von der kleinteiligen Finanzierung durch seine bisherigen Geldgeber unabhängig machen. Gegenüber Horkheimer zeigte er sich dadurch für dessen Hilfe erkenntlich, daß er sich bereit erklärte, Adorno, dessen Übersiedlungspläne aus England ihm bekannt waren, halbtags als Leiter der eigens eingerichteten »Music Study« des Projekts einzustellen. Dieses Teilprojekt sollte sich einerseits mit der Rezeption von Unterhaltungsmusik durch die Radiohörer und andererseits mit der wissenschaftlichen Begleitung eines gerade erst begonnenen Experiments befassen, klassische Musik durch Radioübertragungen und eigens entwickeltes Begleitmaterial einem breiteren Publikum nahezubringen.
Neben dem Motiv, gegenüber Horkheimer eine Dankesschuld abzutragen, verband Lazarsfeld mit der Einstellung Adornos auch einige inhaltliche Erwartungen. Diese Hoffnungen stützten sich zunächst einmal auf das, was Lazarsfeld in der *Zeitschrift für Sozialforschung* von Adornos Arbeiten gelesen hatte. Dabei han-

delte es sich offenbar – und das ist für das Verständnis des folgenden wichtig – nur um dessen in zwei Teilen im ersten Jahrgang der Zeitschrift veröffentlichten Aufsatz »Zur gesellschaftlichen Lage der Musik«, der Adorno als besten Kenner der neuen Musik auswies.[558] Außerdem wußte Lazarsfeld, daß er in intensiven Kontakten zu zeitgenössischen Komponisten (wie Ernst Krenek) und Musikinterpreten (wie Ernst Steuermann und dem Kolisch-Quartett) stand. Offensichtlich scheint Lazarsfeld auch Ernst Kreneks im Frühjahrsheft 1938 der *Zeitschrift* erschienenen – und gleichermaßen an neuen Gedanken wie an empirischem Material reichen – Aufsatz »Bemerkungen zur Rundfunkmusik«[559] gekannt und wegen der Verbindung Krenek/Adorno als gutes Omen für die geplante Zusammenarbeit genommen zu haben. Denn er schrieb Adorno am 3. Februar 1938:

I am very much impressed by your theory about the changes which music undergoes by transmission over the radio. The details of this idea came to me through the paper by Krenek and discussions with Dr. Horkheimer, and that seems to me one of the most promising aspects of our future cooperation.[560]

Eine andere für das geplante Projekt einschlägige Arbeit Adornos hat Lazarsfeld damals aber nicht gekannt: dessen unter dem Pseudonym Hektor Rottweiler erschienenen Aufsatz »Über Jazz«[561], der eine vernichtende Kritik dieser Art von Musik enthält. Nicht nur im Lichte der nachfolgenden Kontroversen zwischen Lazars-

558 Adorno 1932b.

559 Krenek 1938. Dort wird in einer Anmerkung (auf S. 163) übrigens auch auf die »sehr interessanten Resultate einer... von der österreichischen Radio-Verkehrs-A.G. (Ravag) im Jahre 1933 veranstalteten Rundfrage« (unter Hörern von Rundfunkstationen) hingewiesen, die Lazarsfeld organisiert hatte.

560 Lazarsfeld an Adorno, 3. 2. 1938 (noch an dessen englische Adresse am 21 Palace Court, London W 2!).

561 Adorno 1936. Daß dem so ist, ergibt sich schon indirekt aus einem Brief Adornos an Lazarsfeld vom 6. 9. 1938, in dem Adorno Lazarsfeld empfiehlt, »sich nur ein von mir publiziertes Prosastück wie die Jazzarbeit ein wenig an[zu]sehen« (zitiert nach Wiggershaus 1986, S. 272). Simeon 1990, S. 260 schreibt auch, Lazarsfeld habe zwanzig Jahre später gewunden zugeben müssen, er habe nur gelesen, Adorno habe über Jazz geschrieben (ohne also diesen Aufsatz selbst gelesen zu haben).

feld und Adorno scheint es mir sehr zweifelhaft, ob Lazarsfeld überhaupt eine Zusammenarbeit versucht hätte, wenn er diese Arbeit Adornos rechtzeitig zu Gesicht bekommen hätte. Zumindest muß es als eine katastrophale personelle Fehlkalkulation erscheinen, wenn Lazarsfeld seine »Hoffnung..., eine Konvergenz von europäischer Theorie und amerikanischer Empirie herbei[zu]führen«[562], dadurch zu realisieren trachtete, Adorno mit Gerhard Wiebe einen Mann beizugeben, der nicht nur promovierter Psychologe war, sondern sich auch dadurch auszeichnete, daß er »guten Jazz spielte«.

Zunächst zeigten sich die Auffassungsunterschiede zwischen Lazarsfeld und Adorno in dem präliminarischen Briefwechsel, den die beiden auf Wunsch Lazarsfelds führten, ehe Adorno seine Arbeit im »Radio Project« begann, nur in Nuancen. Lazarsfeld begann diese Korrespondenz mit einigen Bemerkungen, die Adorno ziemlich weit entgegenkamen:

I intend to make the musical section, so to speak, the hunting-ground for the »European approach«. By that I mean two things: A more theoretical attitude toward the research problem and a more pessimistic attitude toward [sinngemäß zu ergänzen ist hier wohl: »the radio as«, Verf.] an instrument of technical progress.

Zum ersten der beiden Punkte fügte er noch erläuternd hinzu:

Our project definitely deals with empirical research. But I am convinced, the same as you are, that fact-finding can be extremely improved by extensive preliminary theoretical things. Taking, for instance, the papers your wrote in the Institute's magazine, I might put the situation in the following terms: It is exactly this kind of thing which we shall expect from you, but it has to be driven two steps further:
1) Toward an empirical research problem.
2) Toward an actual execution of the field work.[563]

Diese Gedankengänge zum Verhältnis von Theorie und Empirie nahm Adorno in seiner Antwort an Lazarsfeld auf:

Lassen Sie mich vorweg betonen, daß meine theoretische Haltung nicht etwa Abneigung gegen empirische Forschung einschließt. Im Gegenteil: der Begriff der »Erfahrung«, in einem sehr bestimmt gearteten Sinne, rückt immer mehr ins Zentrum meines Denkens. Nur ist es meine Über-

562 Lazarsfeld 1975, S. 200.
563 Lazarsfeld an Adorno, 29. 11. 1937 (Kopie im Briefwechsel Horkheimer/Lazarsfeld).

zeugung – und darüber, glaube ich, ergab sich während unseres Pariser Gesprächs die vollste Übereinstimmung, daß die »theoriefreie« Forschung eine Fiktion ist, und daß zwischen Theorie und empirischer Forschung eine Wechselbeziehung besteht: eben jene Wechselbeziehung, die wir mit dem Ausdruck dialektische Methode zu bezeichnen pflegen. Ich bin besonders erfreut, daß Sie diesen Standpunkt auch in Ihrem Brief teilen und glaube Ihnen dafür versprechen zu können, daß auch mein Anteil an der Arbeit nicht im Bereich der freischwebenden Reflexion stehen bleiben wird.[564]

Extensives *research work* solle allerdings dort eingesetzt werden, wo es sich »wirklich *lohnt*, d. h. wo man Resultate gewinnen kann, die ohne diesen Einsatz nicht zu gewinnen wären«. Der »Fragemechanismus« solle »vor allem dort ins Spiel gebracht« werden, »wo die Theorie exponierte oder problematische Thesen aufgestellt hat, so daß der research-Apparat die Bedeutung einer Kontrollinstanz gewinnt«. Außer der Fragebogentechnik empfahl Adorno an anderer Stelle des Briefs auch die Auswertung von Hörerpost der Rundfunkanstalten:

Da ich schon bei Vorschlägen nach der empirischen Seite bin: was die Konsumenten anlangt, so halte ich für eine der wichtigsten Quellen die Briefe, die aus der Hörerschaft an die Sender geschrieben werden. Ich kenne diese Briefe von meiner Tätigkeit am Frankfurter Rundfunk her. Sie sind zwar darum mit großem Vorbehalt zu benutzen, weil die Korrespondenten, ähnlich wie die Leute, die Briefe an Zeitungen schreiben, im allgemeinen dem Typ des Besserwissers, Querulanten, und Wichtigmachers angehören, während die positiv Reagierenden viel eher schweigen. Andrerseits haben aber diese Schreiben vor den Antworten auf Fragebögen voraus, daß sie spontan erfolgen und ohne die Hemmungen, die Fragebogen produzieren.

Wegen der trotzdem weitgehenden verbalen Übereinstimmung im Punkte Theorie/Empirie im vorbereitenden Briefwechsel mit Lazarsfeld würde man kaum vermuten, daß sich an dieser Stelle im Verlauf des Projekts erhebliche Reibungsflächen herausstellen würden. Indessen wurden solche Konfliktmöglichkeiten auch beim *methodischen* Thema des Verhältnisses von Theorie und Empirie von vornherein durch Auffassungsunterschiede im wichtigsten *inhaltlichen* Punkt bereits vorgezeichnet, dem wir uns nun zuwenden müssen.

564 Adorno an Lazarsfeld, 24. 1. 1938 (Kopie im Briefwechsel Horkheimer/Adorno).

Es handelt sich um die Frage, was man sich unter einer »Sozialtheorie des Radios« vorzustellen habe, auf deren Beantwortung beide ja zusteuern wollten. Dazu hatte sich Lazarsfeld in seinem ersten Brief an Adorno noch bedeckt gehalten, wenn er schrieb:

I purposively refrain from giving you any of the concrete problems and ideas which, I, myself, have in the field of radio and music because I think it will be more advantageous for us to get your thinking quite fresh and uninfluenced by us.[565]

Aber Lazarsfelds nächstem Brief war eine Kopie jenes Memorandums beigegeben, das er unter Experten hatte zirkulieren lassen und auf das sich nun auch Adorno beziehen konnte.[566] Dort hatte Lazarsfeld einleitend unter der Überschrift »From Technical to Social Knowledge« geschrieben, daß die anfänglichen technischen Probleme, mit dem das Medium Radio hatte kämpfen müssen (Übertragungszeiten, Frequenzen, Senderstärken etc.), nun im wesentlichen vorbei seien:

Who should broadcast, when und how, has been the main concern in the past. To whom one should broadcast, what, and why, has now come to the foreground of general interest. It is to social research that the public turns for the answers to these question; indeed, it is characteristic of present-day life in all fields that we try to overcome the lag between the technical and social branches of our knowledge. But social research alone cannot supply all the answers. We have to combine the visions of educational leaders with the experience of the research expert if we wish to improve the field of broadcasting from a social point of view as much as it has been improved technically.

Im Rahmen einer solchen angestrebten Arbeitsteilung würde sich das Projekt allerdings darauf zu beschränken haben, Informationen »as to the effects radio has on different groups of listeners now« zu sammeln, ohne etwa selbst erzieherische Ziele vorzugeben. Insofern gälte: »our research program has to be such that our results are adaptable to a variety of actual policies«, und zwar, wie man im nächsten Abschnitt erfährt, sowohl zugunsten kommerzieller Rundfunkmacher als auch nicht-kommerzieller Programmanbieter mit ihren mehr erzieherischen Zielen.

565 Lazarsfeld an Adorno, 29. 11. 1937 (Kopie im Briefwechsel Horkheimer/Lazarsfeld).

566 Eine Kopie davon findet sich im Briefwechsel Horkheimer/Lazarsfeld (ohne Datum, Blatt 153-166).

Diese Lektüre ließ Adorno argwöhnen, eventuell in eine Sache hineingezogen zu werden, die er schon vom Ansatz her für verfehlt halten mußte, nämlich eine konsumentenzentrierte, zu sowohl positiven als auch negativen Zwecken einsetzbare Forschung. Er schlug deshalb vor, »daß die Untersuchung zunächst auf die Produktion und dann erst auf den Konsum gerichtet wird«, und gab für diese Schwerpunktsetzung eine Begründung, die zeigt, wie stark er sich, ohne das an anderen Stellen so offen auszusprechen, der Marxschen Denkweise verpflichtet fühlte:

Nicht nur glaube ich, daß, *wie für die politische Ökonomie insgesamt, so auch fürs Radio* die entscheidenden Aufschlüsse aus den Produktionsverhältnissen zu gewinnen sind, von denen der Konsum abhängt. Es ist meine Überzeugung, daß die scheinbar »psychologischen« Fragen der Konsumption, wenn sie mehr als Gemeinplätze beinhalten sollen, notwendig auf das zurückführen, was konsumiert wird, und damit eben auf den Produktionsprozeß.[567]

Gleichermaßen an Lazarsfelds Idee eines notwendigen Fortschreitens von technischen zu sozialen Problemen anknüpfend wie die Ansicht vom methodischen Primat des Produktionsprozesses für den Fall der Musikübertragung im Rundfunk konkretisierend, sprach er dann seine zentrale These aus:

Es ist meine tiefste Überzeugung, von der ich freilich gern zugestehe, daß sie der Verifizierung bedarf und in deren Verifizierung ich eine wesentliche Aufgabe unserer gemeinsamen Arbeit erblicke, *daß die technische Beschaffenheit der musikalischen Phänomene des Rundfunks für ihre gesellschaftliche Bedeutung den Schlüsssel bildet*, so wie etwa die gesellschaftliche Bedeutung des Jazz ... abhängt von seiner technischen Struktur.[568]

Adorno war sich der Exponiertheit seiner These und deshalb möglicherweise auftauchender Konflikte mit Lazarsfeld deutlich bewußt, und so erklärt es sich wohl, daß er in diesem Abschnitt mehrfach versuchte, Lazarsfeld durch die Erinnerung an einige seiner früheren Äußerungen auf seine (Adornos) Position zu verpflichten, so etwa, wenn er sich darauf berief, daß Lazarsfeld nach Informationen aus dem New Yorker Institut den – von Adorno angeregten – Aufsatz Kreneks gelesen und gebilligt habe, oder wenn er betonte, daß Lazarsfeld »seinerzeit« (offenbar gemeint: im August 1937 in Paris) die (oben zitierte) Auffassung des Jazz bestätigt habe.

567 Meine Hervorhebung. 568 Hervorhebung durch den Autor.

Um alle seine Einsichten hinsichtlich des Radios zusammenhängend darzustellen, kündigte Adorno ferner »einen theoretischen Entwurf über die Beschaffenheit der Radioproduktion im angedeuteten Sinne« an. Dieser Entwurf hat sich dann offenbar binnen weniger Monate bis zum Juni 1938 zu einem großen Memorandum ausgewachsen, das dann seinerseits den Keim aller weiteren Konflikte enthielt.

In diesem Memorandum sind außer den theoretischen Einsichten Adornos auch die Erfahrungen eingegangen, die er in dieser Zeit in den USA gesammelt hatte. Dazu gehörte zunächst vor allem jener Kulturschock, der ihn befiel, als er sich in seinem Arbeitsprojekt zu orientieren begann:

Ich ging, auf Anregung Lazarsfelds, von Zimmer zu Zimmer und unterhielt mich mit den Mitarbeitern, hörte Worte wie »Likes und Dislikes Study«, »Success or Failure of a Programme« und ähnliches, worunter ich mir zunächst wenig vorstellen konnte. Doch begriff ich soviel, daß es sich um das Ansammeln von Daten handelte, die planenden Stellen im Bereich der Massenmedien, sei's unmittelbar der Industrie, sei's kulturellen Beiräten und ähnlichen Gremien zugute kommen sollten. Zum ersten Mal sah ich administrative research vor mir: ich weiß heute nicht mehr, ob Lazarsfeld diesen Begriff prägte oder ich in meinem Staunen über einen mir so gänzlich ungewohnten, unmittelbar praktisch orientierten Typus von Wissenschaft.[569]

Diese ersten Erfahrungen im Projekt hatten Folgen: Während er in seinem Briefwechsel mit Lazarsfeld noch davor gewarnt hatte, Hörerreaktionen zum methodischen *Ausgangspunkt* der Untersuchungen zu machen, kamen ihm jetzt radikalere Zweifel: ob man nämlich durch das Studium von Verhaltensweisen der Radiokunden *überhaupt* etwas Wesentliches über das Medium in Erfahrung bringen könnte. So trug er in einer Besprechung mit Horkheimer am 11. März über »Ein Methodenproblem des ›Radio Research Projects‹ vor:

Die Massen sind durch den Mechanismus der gegenwärtigen Gesellschaft so vollkommen umstellt, daß ihnen überhaupt keine Ausweichmöglichkeit aus diesem Mechanismus mehr gelassen wird; daß sie überall gegen Wände anrennen, und daß die Totalität dieses Zustandes im einzelnen auch dort sich durchsetzt, wo eine unmittelbare »Abhängigkeit« wie die des Geschmacks des einzelnen Hörers von der einzelnen Station nicht nachweisbar ist.[570]

569 Adorno 1968, S. 706 f. 570 Horkheimer/Adorno 1938, S. 433 f.

Die durch seine erste Projekterfahrung eingetretene Radikalisierung seiner Position kommt auch darin zum Ausdruck, daß ihm inzwischen Bedenken gegen seinen eigenen – an Lazarsfeld gerichteten – Vorschlag gekommen waren, Hörerpost der Rundfunkanstalten auszuwerten. Denn am Ende des Protokolls der Besprechung mit Horkheimer notierte er:

> Ich möchte… noch hinzufügen, daß die Auswertung der Hörerkorrespondenzen mir entgegen meiner europäischen Erfahrung nicht mehr ganz unproblematisch scheint, weil außer dem Typus des Querulanten hier der entgegengesetzte, durch den Film produzierte Typus des »fan« existiert. Eine sozialpsychologische Analyse des »fan« ebenso wie des »Querulanten« ist jedenfalls für die Auswertung der Hörerkorrespondenzen unbedingt notwendig.[571]

Zum Streit, der bei dieser Ausgangslage eigentlich schon absehbar war, kam es, als Adorno schließlich seinen im ersten Brief angekündigten »theoretischen Entwurf über die Beschaffenheit der Radioproduktion im angedeuteten Sinne« ablieferte, der sich inzwischen zur Buchlänge ausgewachsen hatte. Das 161 engbeschriebene Schreibmaschinenseiten lange Dokument trägt den Titel »Memorandum. Music in Radio« und wurde von Adorno auf den 23. Juni 1938 datiert. Er erklärte dies Werk wegen seines Charakters als Zwischenbericht auf dem Wege zu einem Buch über Musik im Radio im Vorwort bescheiden als »neither fish nor flesh«. Daraus läßt sich seine Bedeutung aber kaum erahnen. Sie ergibt sich, wenn man bedenkt, daß zum einen nach Adornos eigener Einschätzung die »vier musikalischen Abhandlungen des Princeton Projects, zusammen mit der deutschen über den Fetischcharakter in der Musik, den Keim der erst 1948 abgeschlossenen ›Philosophie der neuen Musik‹ enthielten«[572] und zum anderen das Memorandum nicht nur eine Summe der musiktheoretischen Arbeiten Adornos bis 1938 zieht, sondern gleichzeitig wiederum den Keim der genannten Arbeiten darstellt. Deshalb wäre es interessant und wichtig sowohl für das Verständnis der biographischen Entwicklung Adornos als auch – wegen der über-

571 Ebd., S. 434 f. Bei den »europäischen Erfahrungen« dürfte es sich um Hörerpost gehandelt haben, die Adorno nach seinen Einleitungen zu Rundfunkkonzerten im November 1930 und Januar 1931 erhalten hatte (siehe diese »Einleitungen« in A 18, S. 557-570).

572 Adorno 1968, S. 719.

wältigenden Fülle origineller Einsichten und Ideen – für das Verständnis des damaligen (und auch des heutigen) Rundfunkwesens, den Bericht einmal im ganzen zu diskutieren. Wir müssen uns hier aber auf die Punkte beschränken, die im Rahmen des Positivismusstreits von Interesse sind.[573]
Die im Wiener Lazarsfeld-Archiv erhaltene Kopie des Memorandums enthält nun eine Vielzahl von Randbemerkungen, Unterstreichungen und zum Teil auch eingelegten Blätter mit ausführlicheren Bemerkungen von Lazarsfelds Hand. Diese Lesespuren sind allerdings nur im ersten und dritten Kapitel zu finden.[574] Während im ersten Kapitel – in englischer Sprache ausgedrückte – positive Annotationen überwiegen (»good«, »interesting idea« etc.) und nur gelegentlich Einwände wie »könnte das nicht auch anders sein?« formuliert sind, ist das dritte Kapitel, auf das es Lazarsfeld besonders ankam, weil er ja eine hörerzentrierte Studie

573 Das Memorandum hat vier Kapitel: (1) Radio in Music, (2) Music in Radio, (3) Reception, (4) Outlooks.
Dabei werden im ersten Kapitel die allgemeinen Charakteristika des Radiowesens besprochen, wie sie aus Adornos veröffentlichten Arbeiten zum Thema bekannt sind: der Hörstreifen, die Bildhaftigkeit von Radiomusik, die Vereinzelung des Radiohörers vor seinem Gerät, der dadurch erzeugte Verlust der »Aura« von übertragenen Musikstücken, etc. Im zweiten Kapitel werden diese Erkenntnisse auf verschiedene Musiksparten (wie klassische bzw. seriöse Musik, gehobene Unterhaltungsmusik, *hits*, Jazz und *folk-music*) angewandt. Im dritten Kapitel werden die Probleme der Rezeption von Radiomusik durch den Hörer diskutiert, also Fragen wie die, was er angesichts seiner zahlreichen Ablenkungsmöglichkeiten vor dem Radio von der Übertragung tatsächlich mitbekommt, an was davon er sich später noch erinnern kann etc. Im letzten Kapitel, das mit einem Abschnitt »Inadequacy of Radio Reform« beginnt, werden dann aber im weiteren Verlauf eine ganze Reihe von zum Teil ziemlich detailliert ausgearbeiteten Schritten zur Verbesserung der Musik im Radio vorgeschlagen. Dies Kapitel ist von besonderem Interesse, weil es eben nicht nur Kulturkritik enthält, sondern – für die Frankfurter Denkungsart zumindest seit der zweiten Hälfte der dreißiger Jahre ganz ungewöhnlich – auch einmal praktische Schritte zur Überwindung des Kritisierten vorschlägt. Dabei lernt man im konkreten Fall auch, wie bitter ernst es Adorno mit seiner Kritik an manchen Arten und manchen Eigenschaften von Musik und Musikern eigentlich war.

574 Ob Lazarsfeld die übrigen Kapitel des Memorandum anfangs überhaupt gelesen hat, muß offenbleiben.

ins Auge gefaßt hatte, geradezu übersät mit abfälligen Äußerungen (wie »er hat keine Ahnung«, »Frechheit«, »woher weiß er das?« etc.), bei denen er in seine Muttersprache zurückfällt.
Besonders haben es Lazarsfeld einige Ideen Adornos »angetan«. Direkt im ersten Absatz des Kapitels hatte Adorno geschrieben:

The reception of the listener must be considered the product of the way he is treated by the radio apparatus, by radio programs, and by the influence definitely exercised by various types of radio music. Of course there are also personal differences on the part of the listeners which might influence radio reception.

Aber diese in anderen Studien benutzten und auch in Lazarsfelds Projektmemorandum auftauchenden[575] Kategorien wie Alter, Beruf, Geschlecht etc. des Radiohörers seien doch größtenteils relativ belanglos. Dazu hatte sich Lazarsfeld an den Rand geschrieben: »Fiction« und nach Lektüre des Rests der Seite das Ganze überschrieben: »Diese Seite ganz weglassen: er hat keine Ahnung«.
Gleich die nächste Seite hat Lazarsfeld auch nicht mehr Freude gemacht. Denn dort hatte Adorno, der sich offenbar in der Lage fühlte, andere Kategorisierungen von Radiohörern als irrelevant für ihre Hörgewohnheiten von Radiomusik beiseitezuschieben, im Gegenzug eine – in Lazarsfelds Memorandum beiläufig erwähnte – Kategorie in den Vordergrund gerückt:

As far as our interviews have shown up to now, one of the most influential factors of »personal equation« which influences attitude toward radio, is the *nationality* to which the radio listeners trace their origin. This holds good espexially in America where people try to show that they are »different« by emphasizing their specific origin, even though they are supposed to subscribe to the »melting pot ideal«. Among the respondents there were people of Austrian extraction who professed to be especially fond of Viennese waltzes; Spanish extraction especially fond of tangos, or of Carmen, although they are all unable to understand one word of Spanish or one word of German.[576]

Überzeugt davon, daß diese Erkenntnisse nicht bei nach den Regeln der Wissenschaft geführten Interviews herausgekommen sein

575 Dort hatte Lazarsfeld auf Seite 3 geschrieben: »We shall pay particular attention to differences in age, occupation, economic status, sex, nationality, and residence«.

576 Meine Hervorhebung.

konnten[577], hatte Lazarsfeld an dieser Stelle am rechten Rand »Frechheit« notiert und ansonsten seine Zweifel am linken Rand durch die Frage »woher weiß er das?« unterstrichen.
Schließlich sei hier der Abschnitt »What does the Listener Actually Hear?« hervorgehoben. Darin hatte Adorno angemerkt, daß es überhaupt nicht ausgemacht sei, daß ein Radiobenutzer tatsächlich zuhört, wenn er den Apparat eingeschaltet hat, und hatte zur Unterstützung dieser Erfahrung den Spruch eines skeptischen Werbemannes zitiert »People have learned to tune in their radios without listening to them«. Adorno hatte sich die Lösung dieser Schwierigkeiten durch Interviews von Radiohörern vorgestellt und im Vorübergehen eine der Lieblingsideen Lazarsfelds kritisiert, der sich eine mechanischere Lösung ausgedacht hatte:

Claims are always being made about a new apparatus, which is supposed to determine what the listener actually listens to. This project certainly should make sure about this apparatus...

Bei dem problematischen Gerät handelte es sich um den von Lazarsfeld und Frank Stanton höchstpersönlich erfundenen und empfohlenen »programm-analyzer«, bei dem man zwei verschiedene Tasten drücken konnte, um beim Radiohören Gefallen und Mißfallen auszudrücken. Angesichts der auch durch diesen Apparat nicht zu überbrückenden Lücke zwischen der bloßen Einschaltung eines Senders und tatsächlichem konzentriertem Zuhören sind Lazarsfelds Randbemerkungen »kindisch«, »idiotisch« und »was soll das?« wohl eher als Ausdrücke des Zorns über die Bekrittelung seines Lieblingsspielzeugs zu verstehen denn als wissenschaftliche Stellungnahmen.
Wenn man nun diese Punkte zusammennimmt, kommt tatsächlich ein Konflikt zwischen einem objektiven, auf die technischen Eigenschaften des Rundfunks und besonders des Radioapparats, seine sozialen Implikationen und deren Kritik zentrierten Ansatz wie dem Adornos und einer auf subjektive Hörerreaktionen, deren quantitative Auswertung und Aufarbeitung für die administrative Verwendung der kommerziell arbeitenden Radiostationen gezielten Vorgehensweise wie der Lazarsfelds heraus.
So eindeutig ist die Interpretation dieser Geschichte jedoch nicht. Denn wenn man die übrigen Kapitel des Memorandums hinzu-

577 Lazarsfeld hatte gehört, daß Adorno seine »Ergebnisse« bei Zufallsgesprächen mit einigen Jugendlichen aufgeschnappt hatte.

nimmt, dann drängt sich der Eindruck auf, daß hier sozusagen der methodische Nebenkriegsschauplatz, auf dem sich Lazarsfeld sicher fühlen konnte, aufgesucht wurde, um einer inhaltlichen Debatte einiger zentraler Ideen Adornos auszuweichen, die sich für eine Denkschrift an die Gewaltigen des kommerziellen Rundfunks und die Gutachter der Rockefeller-Stiftung ebensowenig oder noch weniger geeignet hätten als Adornos methodische Vorstellungen. Denn viele inhaltliche (und namentlich die musik- und kulturkritischen) Ausführungen in einzelnen Abschnitten des Memorandums hätte mindestens so große Angriffsflächen geboten wie seine methodischen Ideen. Als besonders eindrucksvolle Beispiele möchte ich nur Adornos im vierten Kapitel (»Outlooks«) ausgebreiteten Vorschläge zur Radioreform herausgreifen.
Bei klassischer Musik wollte er sich noch auf die »absurdly simple« Maßnahme beschränken, jene »trademark artists whose fame is by no means equivalent to their quality« von Rundfunkprogrammen auszuschließen. Dazu gehörten einige Interpreten (wie Rachmaninoff und Arthur Rubinstein) und einige Komponisten (wie Tschaikovsky und Dvořak).[578] Dagegen sollten natürlich im Gegenzug die (damals) neue Musik der Wiener Schule Schönbergs, Bergs und Weberns verstärkt bzw. allererst ausgestrahlt werden:

Schönberg, the outstanding composer of our time, is now living in America, and radio music could profit as much from his work as the younger film composers in Hollywood seem to have done. Radio in general shows the greatest reluctance to accept him and it is rumoured that musicians who are suspected of being Schönberg-ians find it very difficult to connect with the major networks. Even if Schönberg, Bartok and Alban Berg are at least known here, still the names of other composers such as Anton Webern are not even familiar.[579]

Die Ausstrahlung von Werken solcher Komponisten könne den Hörern einen heilsamen Schock beibringen, der geeignet sei,

578 Adorno-Memorandum 1938, S. 137. An anderen Stellen werden noch weitere genannt wie Franck, Gounod, Ravel (mit einigen Kompositionen) und besonders Sibelius, dem er einen kritischen, »The Sibelius-Problem« überschriebenen, Abschnitt widmet. Dessen Grundgedanken decken sich mit der sarkastischen Kritik an Sibelius, die Adorno wenig später in einer Rezension eines Buchs über diesen Komponisten ausführlicher übte (Adorno 1938a).

579 Adorno-Memorandum, S. 41.

»their unbroken adherence to the religion of jazz« zu erschüttern.[580]

Um dem sich immer mehr ausbreitenden Starkult zu begegnen, schlug er auch eine Sendereihe mit dem Titel »They can do it as well« vor, in der gezeigt werden sollte, daß relativ unbekannte Künstler ohne weiteres mit etablierten Stars konkurrieren könnten. Auch sollten einige dieser Idole parodiert werden, um zu zeigen, »how much of their famous reputation is due to nothing more than a superficial technique which can easily be imitated and which has its ridiculous aspect as well«.[581] Zu der Kategorie von Stars, die sich für derartige Parodien eigneten, zählte Adorno insbesondere Arturo Toscanini, den Dirigenten des gerade erst gegründeten NBC-Symphonieorchesters.

Dieser Schabernack erscheint aber noch relativ harmlos, wenn man ihn mit den Maßnahmen vergleicht, die Adorno auf den Jazz anwenden wollte. Die bloße Ausschaltung aus den Radioprogrammen scheint ihm hier nicht vertrebar. Deshalb empfiehlt er im Abschnitt »Destroy the Aura of ›Raised‹ Entertainment« schärfere Mittel, die in die Richtung eines regelrechten Exorzismus gehen:

> An hour should be broadcast entitled »It's All Rubbish«. Its purpose should be to show that all »raised« entertainment music, pseudo-folk music, and Jazz is completely standardized and mechanical and is therefore ludicrous. This ridiculous aspect can be applied to all the professed progress in general, or to the difference between good jazz and bad jazz which is so often emphasized. We shall most likely be able to prove rather easily that the musical criteria for what is called »good« or »bad« jazz are entirely accidental. We could probably show, too, that on the other hand, the differences between »good« and »bad« are so superficial that it is ridiculous to make fine differentiations in a sphere whose basis is the negation of real differentiations.
>
> Jazz, itself, expresses this ridiculous attitude, and it tries to protect itself from being entirely ridiculous by developing so called humurous elements within its structure. That fact should be pointed out, not in school-master fashion, but so as to make these features alive. For example, an analysis of jazz selections should show that it is continually repetitious; and *people should be made ashamed of listening to it.* Perhaps this could be done by a

580 Allerdings bestehe dann auch die Gefahr, daß sich solche Hörer an den Schock gewöhnten und schließlich »might even regard Webern as ›great fun‹«.

581 Ebd., S. 144.

number of discussions between a jazz fan and a musician, accompanied by a jazz orchestra. At the end of the discussion the jazz-antagonist might be killed by the members of the orchestra or blown to pieces by a tuba.[582]

Den Grund für die beabsichtigte Vernichtung (»Annihilation«) des Jazz teilt Adorno auch sogleich mit:

> If the theory of jazz, sketchily outlined in Chapter II, is true, then jazz is not harmless at all, and it would not be at all difficult to trace clearly defined lines leading from the psychology of jazz to the psychology of the pogrom.

Diese erstaunliche These hatte Adornos Theorie des Jazz-Subjekts am angegebenen Ort allerdings nur erahnen lassen. Denn dort schreibt er – im Abschnitt »Psychological Significance of Jazz«[583] – wesentlich zurückhaltender:

> Even while the jazz subject is learning to fear the social power, and even while he is experiencing these fears as fears existing within his own sexual structure (that, of course, would be the threat of castration, or more immediately, the fear of becoming impotent) the jazz subject identifies himself exactly with the very power which inspires fear within him. He is recompensed, however, by the consicousness that he himself belongs to the ruling power and is, therefore, allowed to »dance«.

Solches nur partielles Ausbrechen aus dem immergleichen Schema, wie es im für den Jazz charakteristischen Synkope sinnfällig werde, falle immer wieder sofort in Ein- und Unterordnung zurück, wie sie durch den rigiden grundbeat repräsentiert werde:

> This might be the reason, for the peculiar qualifications of oppressed people, such as Negroes and Eastern Jews, for jazz. They display their identification with their own oppression to liberals who are not yet sufficiently mutilated to do so for themsleves.[584]

Adorno bietet in der Folge dann zwar unter dem Titel »Empirical Proof of this Jazz Theory« einige Ideen zur Verifikation seiner Theorie des Jazzsubjekts an. Dabei trifft es sich freilich günstig, daß sich gerade ihre exponiertesten Teile empirischer Kontrolle als gänzlich unzugänglich erweisen:

> The writer thinks ... that very careful interviews about the effect of jazz upon the respondents; what appeals to their sense of humour; what they

582 Ebd., S. 145 f., meine Hervorhebung.
583 Ebd., S. 80.
584 Ebd., S. 81.

consider the origins of jazz, and so on, will lead to something. We must confess, however, that we are still in the dark about the way of finding out these things because if they have a very definite bearing upon fundamental unconscious facts, the very unconsciousness will most probably have acted in the direction of a strongly developed resistance to admitting them.[585]

Von irgendwelchen indirekten Testmethoden (einschließlich projektiver Verfahren), wie sie später von Adorno (und anderen) zum Test psychoanalytisch inspirierter Theorien (des Vorurteils) eingesetzt wurden, ist hier also noch nicht die Rede. Dem Leser dieser – prima facie jedenfalls recht unplausiblen[586] – Theorie des Jazz-Subjekts wird offenbar eine Art Glaubenssprung zugemutet.

Es fragt sich nun freilich, ob die Gründe für das Ende der Zusammenarbeit Lazarsfelds mit Adorno auch für das Verhältnis von (sozialwissenschaftlichem) Positivismus und kritischer Theorie *typisch* sind. Dagegen spricht zunächst einmal schon rein äußerlich, daß diese Zusammenarbeit ganz kontingenterweise von vornherein unter einem unglücklichen Stern stand. Sie war zunächst einmal ja durch das Zusammentreffen recht äußerlicher Umstände zustande gekommen: Lazarsfeld wollte sich bei Horkheimer erkenntlich zeigen, und Horkheimer selbst hatte offenbar Gründe gehabt, Adorno, den er eigentlich als Mitarbeiter für das lange geplante Dialektik-Buch ins Auge gefaßt hatte, in einem ihm ganz unbekannten Themen- und Arbeitszusammenhang, nämlich empirischer Sozialforschung, einzusetzen. So kam es dazu, daß ausgerechnet jener Mitarbeiter des Frankfurter Instituts mit Lazarsfeld zusammenarbeiten mußte, der dazu vermutlich am wenigsten geeignet war[587], während Leo Löwenthal, der dazu viel besser disponiert war, erst dazu Gelegenheit bekam, als das exilierte Frankfurter Institut schon wieder nach Deutschland zurückgekehrt war. Löwenthals Resümee aus diesen Erfahrungen unterscheidet sich entsprechend erheblich von der Einschätzung Adornos: »der deutsche Stil des sozialphilosophischen Denkens ist nicht mit der amerikanischen Methodologie unvereinbar.«[588]

Zu dieser ungünstigen Ausgangssituation kam, daß Lazarsfeld diese Zusammenarbeit ohne ausreichendes eigenes Engagement

585 Ebd.

586 Siehe die Diskussion bei Steinert 1992, S. 93 ff.

587 Vgl. etwa die Kooperation Lazarsfeld/Adorno und Lazarsfeld/Löwenthal in Löwenthal 1980, S. 202.

588 Löwenthal (ebd.) zitiert hier zustimmend Robert Merton.

begann und statt dessen mehr auf die heilsame Wirkung personalpolitischer Improvisationen hoffte, im konkreten Fall also darauf, Adornos spekulative Neigungen durch die Zuordnung Wiebes zu dämpfen, was sich angesichts deren diametral entgegengesetzter Haltungen zur Unterhaltungsmusik und zum Jazz als katastrophale Fehlbesetzung herausstellte. Hier kommen wir allerdings schon zu inhaltlichen Problemen, denn es fragt sich ja, ob Adornos Einstellung zum Jazz – und auch zu den Methodenproblemen des Radio Project – für die Frankfurter Schule typisch ist.

Leider existieren zur ersten Frage kaum zeitgenössische Äußerungen. Lediglich im Briefwechsel Horkheimer/Grossmann gibt es dazu einen kurzen Austausch, der zeigt, daß zu diesem Thema divergierende Ansichten bestanden. So schrieb Grossmann Horkheimer am 1. 10. 1936:

> Mit großem Interesse, wie immer, habe ich Ihre wichtigen und wertvollen Ausführungen über »Egoismus und Freiheitsbewegung« gelesen. Dagegen – offen gestanden – der Aufsatz von Rottweiler (den ich nicht kenne) scheint mir total verfehlt zu sein. Zu viel uninteressante technische Fachsimpelei, hinter der fast gar keine soziologischen Analysen stehen.[589]

Darauf hatte Horkheimer, ehe er das Geheimnis des Pseudonyms »Rottweiler« lüftete, geantwortet, daß »die Studie meiner Ansicht nach recht wertvoll ist«, und daß er hoffe, sie könnten sich darüber in längerer Unterhaltung einmal aussprechen. Ob diese Aussprache stattgefunden und welches Ergebnis sie gegebenenfalls gehabt hat, weiß ich nicht.

Aber auch, wenn Adornos Haltung zum Jazz repräsentativ für die Frankfurter Schule sein sollte, wäre das Thema »Jazz und kritische Theorie« noch lange nicht erledigt. Statt eine Vorliebe für Jazz für eine geradezu pathologische Anwandlung zu halten und psychoanalytisch unterfütterte Theorien für die Erklärung solcher Anomalien bereitzustellen, könnte man ungekehrt mit Heinz Steinert die Frage stellen: »Warum Professor Adorno Jazz-Musik nicht ausstehen konnte«.[590] Diese Frage stellt sich um so mehr, als

589 Angesichts des Umstands, daß der Begriff des Jazz bei Adorno (1936) so schwammig gefaßt wird, daß darunter alle damals gängige Tanzmusik (eigentlich nur mit Ausnahme des Walzers und der Polka) fällt, kann ich das Urteil, hier sei zuviel »technische Fachsimpelei« am Werk gewesen, nicht teilen.

590 So der Untertitel von Steinert 1992.

Adorno, dessen erste nähere Bekanntschaft mit Jazz unter einem etwas unglücklichen Stern gestanden hatte[591], diesen dann aber noch bis zum Ende der zwanziger Jahre nicht einmal durchweg negativ sah.[592] Ausgerechnet die Nazi-Verordnung zum Verbot des »Negerjazz« im Rundfunk nahm Adorno dann zum Anlaß, seinen »Abschied vom Jazz« zu verkünden.[593]
Bei den Methodenproblemen des Radio-Projekts liegen die Dinge anders als bei den inhaltlichen kulturkritischen, da dort schon eine autoritative Stellungnahme vorzuliegen schien. Adorno hat in seinem Ende 1938 in der *Zeitschrift für Sozialforschung* erschienenen Aufsatz »Über den Fetischcharakter in der Musik und die Regression des Hörens« jedenfalls versucht, einen Zusammenhang seiner methodischen Position mit der Positivismuskritik Horkheimers herzustellen, wenn er schreibt:

> Wer es aber versuchte, den Fetischcharakter der Musik durch Erforschung von Hörerreaktionen, durch Interviews und Fragebogen zu »verifizieren«, der könnte unversehens vexiert werden. In der Musik wie sonstwo ist die Spannung von Wesen und Erscheinung derart angewachsen, daß überhaupt keine Erscheinung unvermittelt mehr zum Beleg des Wesens taugt[594]

591 Siehe seine Erinnerungen an den Schreck, als er das Wort »Jazz« zum ersten Mal las und offenbar gleich daran denken mußte, »daß es vom deutschen Wort Hatz kommt und die Verfolgung eines Langsameren durch Bluthunde entwirft« in seinen dem Nachdruck des Aufsatzes »Über Jazz« hinzugefügten »Oxforder Nachträgen« (A 17, S. 102), und an einen Besuch in einer Wiener Bar, in der Jazz gespielt wurde, mit seinem Kompositionslehrer Alban Berg im Jahre 1925 (in A 13, S. 465).

592 Man vergleiche dazu etwa frühe Bemerkungen über den Jazz in Adornos Besprechung von Kreneks »Johnny spielt auf« (in A 19, S. 117ff.) mit seinen späteren Äußerungen in »Zur Deutung Kreneks« (in A 18, S. 571ff.) und besonders in »Ernst Krenek« (A 18, S. 531).
Insgesamt scheint Adornos Abneigung gegen den Jazz anfangs mehr durch seine wachsende Skepsis gegen Versuche (vor allem auch von Kurt Weill) ausgelöst worden zu sein, der sich damals in der Krise befindenden Oper durch die Aufnahme von Elementen des Jazz neue Impulse zu geben und ihn dabei gleichzeitig zu »veredeln«, als durch irgendeine nähere Kenntnis von Jazzmusik selbst.

593 Adorno 1933e; siehe dazu Steinert 1992, S. 36ff.

594 Adorno 1938b, S. 338.

und dabei zur Bekräftigung auf eine Passage aus Horkheimers »Neuestem Angriff auf die Metaphysik« verweist.[595] Dort ist von einem Land die Rede, in dem zwar nach positivistischen Vorstellungen korrekte Wissenschaft getrieben wird:

Und doch könnte das Bild von Welt und Menschen, das so zustandekäme, von der in diesem Zeitpunkt erreichbaren Wahrheit unendlich weit entfernt sein. In den jede innere Freiheit vernichtenden ökonomischen Mechanismus eingespannt, durch abgefeimte Methoden der Erziehung und Propaganda, in der Entwicklung ihrer Intelligenz gehemmt, durch Angst und Schrecken um ihr Selbstbewußtsein gebracht, könnten die Menschen jenes Lands verkehrte Eindrücke haben, ihnen selbst widersprechende Handlungen begehen, in jeder Empfindung, jedem Ausdruck und jedem Urteil bloß Täuschungen und Lügen produzieren. Sie könnten im strengen Sinn des Wortes in allen Äußerungen besessen sein. Jenes Land gliche einem Tollhaus und einem Gefängnis zugleich, und seine glatt funktionierende Wissenschaft merkte es nicht.

Freilich war dabei offengeblieben, ob es sich bei »diesem Land« um die USA, bei den »verkehrten Eindrücken«, »Täuschungen und Lügen« um die Hörerreaktionen auf Radiomusik und bei der »glatt funktionierenden Wissenschaft« etwa um Lazarsfeld und sein Radio-Projekt handeln könnte. Dies hatte – ohne konkrete Namensnennung – Adorno zweifellos im Sinn, wenn er nun schrieb:

Man mag bei solchen Verifizierungsversuchen der Fragwürdigkeit alles sozialwissenschaftlichen Positivismus in der gegenwärtigen Situation konkret innewerden. Mit der List der Unvernunft weicht das Wesen stets einen Schritt vor der Schlinge seiner indices zurück, und die verifizierende Forschung trägt zuweilen zur Sabotage der wahren Theorie bei. Sie steht auf dem Sprung, jede Aussage, die ernsthaft den phänomenalen Verblendungszusammenhang durchschlägt, als unwissenschaftliche Generalisierung zu diffamieren. In einer vollends verblendeten Realität wird die enthüllende Wahrheit leicht genug in die kompromittierende Nähe des Wahnsystems gerückt.[596]

Diese Einstellung zur Hörerforschung hat Horkheimer aber zweifellos nicht geteilt. Denn in seinem schon erwähnten Gespräch mit Adorno »Über ein Methodenproblem des ›Radio Research Project‹ hatte jener die These aufgestellt:

595 Horkheimer 1937a, S. 28 f. (zitiert nach dem Erstabdruck in der *Zeitschrift für Sozialforschung*).

596 Adorno 1938b, S. 338.

Die Massen sind durch den Mechanismus der gegenwärtigen Gesellschaft so vollkommen umstellt, daß ihnen überhaupt keine Ausweichmöglichkeit mehr gelassen wird; daß sie überall gegen Wände anrennen, und daß die Totalität dieses Zustandes im einzelnen auch dort sich durchsetzt, wo eine unmittelbare »Abhängigkeit« wie die des Geschmacks des einzelnen Hörers von der einzelnen Situation nicht nachweisbar ist.[597]

und daran die – unter diesen Umständen eigentlich nur noch rhetorisch gemeinte – Frage angeschlossen,

ob er es für möglich halte, trotz dieser Abblendung und unter Ausschluß der prinzipiellen theoretischen Formulierung die Abhängigkeit des Konsumenten und seines Geschmacks nachzuweisen.

Darauf hatte Horkheimer aber geantwortet, daß diese Möglichkeit in den verschiedensten Formen gegeben sei. Er hatte auch eine ganze Reihe von empirischen Verfahren vorgeschlagen, etwas über die Herausbildung von Hörgewohnheiten und insbesondere von Geschmacksurteilen bei Radiohörern zu ermitteln.
Wenn Adorno in seinem »Fetisch«-Aufsatz nun einfach seine These aus dem Gespräch über das Methodenproblem wiederholt[598] und dabei auch gleich Horkheimers Vorschläge beiseite schiebt (so zum Beispiel den, durch besonders geschulte amerikanische Interviewer nicht nur die Geschmacksurteile der Hörer, sondern auch deren Begründung zu erfragen) oder sogar schreibt, die kritische Theorie brauche die Kritik nur weit genug zu treiben, um den Begriff der Reaktionen selber zu suspendieren[599], hat er sich damit nicht nur vom sozialwissenschaftlichen Positivismus abgegrenzt, sondern gleichzeitig auch den Boden der Horkheimerschen Vorschläge verlassen.[600]

597 Horkheimer/Adorno 1938, S. 433.
598 Adorno 1938b, S. 322.
599 Ebd., S. 339.
600 Insofern *»könnten«* Adornos Äußerungen zum Thema im »Fetisch«-Aufsatz nicht nur »den im Gespräch geäußerten Erwartungen Horkheimers zu widersprechen scheinen«, wie Gunzelin Schmid Noerr in seiner Editorischen Vorbemerkung zu Horkheimer/Adorno 1938, S. 432 schreibt, sondern sie tun es tatsächlich. Schmid Noerrs Begründung für seine These, Adorno berufe sich im Fetischismus-Aufsatz zu Recht auf Horkheimers Positivismuskritik (»Freilich hätten auch nach Horkheimers Ansicht Interviews nie die Funktion einer ›Verifikation‹ der Theorie, sondern eher die der Bereitstellung von Material, das einer ›kritischen Auswertung‹ zu unterziehen ist«) ist irreführend,

Weniger der Vollständigkeit als der Gerechtigkeit halber muß man dem allerdings hinzufügen, daß Adorno später in einigen Punkten seine Haltung im Konflikt mit Lazarsfeld auch selbstkritisch betrachtet hat. Das betrifft sowohl die inhaltliche musiksoziologische als auch die methodische Seite. So drückt er in seinen »Wissenschaftlichen Erfahrungen in Amerika« etwa eine mittlerweile eingetretene Distanz gegenüber seiner Jazzarbeit aus den dreißiger Jahren aus.[601] Die deutlichste Distanzierung ergibt sich wohl aus dem Umstand, daß er den Hauptkonfliktpunkt, sein »Memorandum« und Lazarsfeld Reaktion darauf, dort mit keinem Wort mehr erwähnt hat, während er andere Arbeiten aus dem Projekt – wenngleich meist in überarbeiteter Form – noch zum Druck gab. In einer dieser Arbeiten, »Über die musikalische Verwendung des Radios« überschrieben, gibt es nun eine Passage, die man implizit auch als Selbstkritik an den Radiomusik-pädagogischen Reformvorschlägen aus dem Memorandum lesen kann:

> Die musikalische Verwendung des Radios umorientieren kann aber nicht heißen, es aus dem gesellschaftlichen Wirkungszusammenhang herauszulösen und naiv-rigoros nach ästhetischen Kriterien zu steuern ... Planendes Bewußtsein, wie es der musikalischen Politik des Radios unabdingbar ist, kann nicht des antagonistischen Zustands Herr werden, indem es ihn ignoriert. Nicht nur die soziale Kontrolle verhindert die Radiomusik daran, vom Publikum abzusehen, sondern ohne es wäre sie an sich absurd; fachmännisch bornierte Torheit, in die Welt einzig das hinauszustrahlen, wovon sie nicht wissen will.[602]

In den »Wissenschaftlichen Erfahrungen« werden aber auch vorsichtig die rigorosen antipositivistischen Formulierungen aus dem »Fetisch«-Aufsatz revidiert:

> Mir ist nicht gelungen, eine systematisch ausgeführte Soziologie und Sozialpsychologie der Musik im Radio zu geben. Was vorlag, waren eher Modelle als ein Entwurf jenes Ganzen, zu dem ich mich verpflichtet fühlte. Der Mangel dürfte wesentlich den Grund haben, daß mir der Übergang zur Hörerforschung nicht glückte. Er wäre dringend nötig: vor allem zur *Differenzierung* und *Korrektur* der Theoreme. Es ist eine offene, tat-

weil Lazarsfeld in seiner Auseinandersetzung mit Adorno stets nur betont hatte, daß Hypothesen gelegentlich auch an empirischen Daten scheitern könnten, statt nur zu deren »Verfeinerung« (Adorno 1938b, S. 339) zu dienen.

601 Adorno 1968, S. 705.

602 Adorno 1976, S. 381.

sächlich nur empirisch zu beantwortende Frage, ob, wieweit, in welchen Dimensionen die in musikalischer content analysis aufgedeckten gesellschaftlichen Implikationen von den Hörern auch aufgefaßt werden, und wie sie darauf reagieren. Naiv wäre es, wollte man ohne weiteres eine Äquivalenz zwischen den gesellschaftlichen Implikationen der Reize und den »responses« unterstellen, nicht weniger naiv allerdings, beides so lange als unabhängig voneinander zu betrachten, wie ausgeführte Forschungen über die Reaktionen nicht vorliegen.[603]

Der Umfang, in dem Adorno zwischen 1938 und 1968 seine Haltung geändert hat, ergibt sich hier daraus, daß die beiden ohne namentliche Zuordnung charakterisierten und als »naiv« kritisierten Extreme, von denen er sich hier gleichermaßen distanziert, nicht nur die Position Lazarsfelds, sondern auch seine eigene von 1938 sind.

Daß bei Adorno eine solche differenziertere Sicht nicht nur der speziellen Erlebnisse im Lazarsfeld-Projekt, sondern auch eine andere Bewertung der empirischen Sozialforschung im allgemeinen einkehren konnte, hat seine Ursachen allerdings nicht nur im kritischen Überdenken seiner Lebensarbeit gehabt, sondern großenteils schon in anders gearteten Erfahrungen mit empirischer Arbeit in den vierziger Jahren (also noch im US-amerikanischen Exil).

7.3 Adorno und das Antisemitismusprojekt

Ich meine Adornos Mitarbeit an den berühmten »Studies in Prejudice«. Anhand eines Vergleichs der Themen, Methoden, Ergebnisse sowie des institutionellen Rahmens der beiden Projekte läßt sich einerseits die von Jay und Morrison aufgeworfene biographische Frage beantworten, warum Adorno eigentlich erfolgreicher bei seiner Arbeit an der Studie über den autoritären Charakter als beim Radio-Projekt gewesen ist.[604] Andererseits läßt sich auch besser verstehen, wieso seit diesen verschiedenartigen Erfahrungen in Amerika die Haltung Adornos – und, wenngleich weniger ausgeprägt, auch anderer Mitglieder der Frankfurter Schule zur empirischen Sozialforschung – immer ambivalent geblieben ist.

603 Adorno 1968, S. 718; meine Hervorhebung. Differenzierung und Korrektur ist natürlich mehr als eine bloße »Verfeinerung«.

604 Jay 1976, S. 266 und Morrison 1978, S. 333, Anm. 6.

Die »Studies in Prejudice« entstanden quasi als wissenschaftlicher Beitrag des American Jewish Congress zum amerikanischen *war-effort* im Zweiten Weltkrieg. Dabei waren die ideologischen Hintergründe jenen deutschen Verhältnissen zum Verwechseln ähnlich, die im Ersten Weltkrieg geherrscht hatten und den deutschen Exilanten schon von daher bekannt gewesen sein müssen. Denn wie damals dort mußte nun hier das »schwer einschätzbare, aber unübersehbare Vorurteil, Juden drückten sich vor dem Kriegsdienst und seien gleichzeitig die größten Nutznießer des Krieges«[605], bekämpft werden. Das schließlich 1943 genehmigte Projekt hatte zum Ziel, die Formierung solcher Vorurteile zu untersuchen und ein indirektes Verfahren für die Feststellung der Anfälligkeit unterschiedlicher Bevölkerungsgruppen und einzelner Individuen für antisemitische Vorurteile zu entwickeln.
Außerdem war bei Adorno von vornherein eine andere Einstellung gegenüber dem Thema gegeben. Dabei verschränkten sich verschiedene Aspekte der beiden Themen eigenartig. Einerseits mußte er sich als jüdischer Emigrant direkter vom Gegenstand der neuen Studie über Antisemitismus betroffen fühlen als durch das Thema Radio. Hier bestand eine bessere Chance für gesellschaftlich folgenreichen *critical research*. Andererseits bot das neue Untersuchungsthema bessere Chancen für die Anwendung sozusagen positivistischer Methoden. Martin Jay hat es treffend so formuliert: »Mochte die Kultur nicht meßbar sein, das Vorurteil schien nur geringfügige Schwierigkeiten bei Messungen zu bereiten.«[606] Die Richtigkeit dieser Einschätzung bestätigt sich schlagend: Während Adorno im Radio-Project der Lazarsfeldsche *programme-analyser* noch als Inbegriff abwegiger verdinglichter Methoden erschienen war, empfahl er nun – im Zusammenhang mit einem geplanten, schließlich aber nicht zustandegekommenen Testfilm zur Prüfung antisemitischer Einstellungen – seinen Einsatz.[607]
Die institutionelle Einbindung des neuen Projekts unterschied

605 Wiggershaus 1986, S. 393.
606 Jay 1976, S. 266.
607 Im Brief an Horkheimer vom 25.4.1945 heißt es dazu: »Man müßte also, etwa während der Hetzrede des Manns mit dem Klumpfuß, testen, vielleicht mit Hilfe der Lazarsfeldschen Maschine, indem man die Leute auffordert, bei solchen Stellen den Knopf zu drücken, wo sie zustimmen.«

sich ebenfalls positiv von der des Lazarsfeld-Unternehmens. Denn sowohl bei der positiven Entscheidung über das Projekt als auch bei dessen Durchführung und Leitung waren in beiden Untersuchungsorten New York und Los Angeles Institutsmitarbeiter führend beteiligt. Unter den direkten Mitarbeitern des Projekts befanden sich außer amerikanischen Sozialwissenschaftlern mit Else Fränkel-Brunswik und Bruno Bettelheim übrigens wiederum eine Reihe ehemaliger Wiener.[608]

Die Frage ist natürlich, ob sich die »Studies in Prejudice« auch in methodischer Hinsicht vom Lazarsfeld-Projekt grundlegend unterschieden und insbesondere vielleicht in solchen Aspekten, die mit einer Befürwortung oder Ablehnung des Positivismus in Zusammenhang gebracht werden können. Die Bilanz ist hier nicht einheitlich. Adorno hat zu diesem Thema in seinen »Erfahrungen in Amerika« geschrieben:

> In Berkeley entwickelten wir dann die F-Skala in einer Freiheit, die von den Vorstellungen einer pedantischen Wissenschaft, die über jeden ihrer Schritte Rechenschaft ablegt, erheblich abwich. Was man drüben bei uns vier Leitern der Studie den »psychoanalytic background«, insbesondere die Vertrautheit mit der Methode der freien Assoziation nennen mochte, war wohl der Grund dafür. Ich hebe das deshalb hervor, weil ein Werk wie die »Authoritarian Personality« ... auf eine Weise produziert wurde, die mit dem üblichen Bild vom sozialwissenschaftlichen Positivismus keineswegs sich deckt.[609]

Die von Adorno genannten Schritte von der Hypothesenbildung bis zur fertigen F-Skala lassen freilich nicht erkennen, daß positivistische Standards an irgendeiner Stelle verletzt worden sind. Das ist auch insofern unwahrscheinlich, als in der positivistischen Wissenschaftstheorie immer säuberlich der »Kontext der Entdekkung« einer Hypothese vom »Kontext der Rechtfertigung« strikt

608 Siehe dazu auch Wiggershaus 1986, S. 400. Lazarsfeld 1960, S. 143 bemerkt allgemein zur Leistung österreichischer Emigranten in den Sozialwissenschaften der USA: »Ich kann mich nicht eines Ausdrucks von regressivem Lokalpatriotismus enthalten. Vor drei Jahren machte die Ford Foundation eine Erhebung darüber, welche Arbeiten in den letzten 25 Jahren von amerikanischen Fachkollegen als die wichtigsten angesehen werden. Eine Tabulierung zeigte, daß an erster Stelle Autoren genannt wurden, die in Wien ihre Ausbildung erhalten hatten.«

609 Adorno 1968.

in der Weise auseinandergehalten wird, daß für die Entdeckung als dem nicht logisch rekonstruktionsfähigen Teil der Forschung beliebige Verfahren und Einfälle zugelassen und lediglich für die Rechtfertigung strenge Maßstäbe der Bestätigung gefordert werden. Gegen Hypothesenbildung oder das Auffinden von *items* eines Tests durch freie Assoziation hätte der Positivist also ohnehin nichts einzuwenden gehabt, und insofern drängt sich bei Adornos Schilderung der Verdacht auf, daß bei der Arbeit an der F-Skala nicht gegen positivistische Methodennormen, sondern nur gegen Adornos falsche Vorstellungen davon, das »übliche Bild vom sozialwissenschaftlichen Positivismus«, verstoßen worden sein könnte. Zudem läßt Horkheimers Einschätzung, das AJC hätte mit dem Ergebnis der Arbeit

> now in its posession a precise scientific instrument with which to test the increase or decrease of conscious and unconscious antisemitism with the accuracy to which we are used in natural science[610],

einen gewissen Stolz darüber erkennen, auch einheitswissenschaftlichen Präzisionsansprüchen in vorbildlicher Weise genügt zu haben.

Von daher wäre vielleicht zu untersuchen, ob das Hauptresultat der »Authoritarian Personality«, die berühmte F-Skala, sich von der konkurrierenden Gutman-Skala hinsichtlich einer Positivismusanfälligkeit unterscheidet, wie das Adorno 1969 angedeutet hat. Eine andere Frage, die ebenfalls in diesen Kontext gehört, wäre die, ob sich das Gesamtunternehmen der »Authoritarian Personality« eventuell in sozusagen positivismussensitiver methodischer Hinsicht von jenem »Zeug von Lewin«[611] abhebt, das gleichzeitig unter der Ägide des ehemals Berliner Sozialpsychologen und zum »Berliner Kreis« des logischen Empirismus gehörenden Kurt Lewin produziert worden war.

Diese Fragen können hier nicht beantwortet werden. Das ist aber für unsere Zwecke auch nicht erforderlich. Denn hier kam es nur darauf an zu zeigen, daß Adornos Stellung zur empirischen Sozialforschung infolge seiner unterschiedlichen Erfahrungen in den USA ambivalent geprägt worden ist, und das heißt eben auch: bis zu einem gewissen Grade, gegenüber bestimmten Ansätzen, Methoden und Ergebnissen zumindest zeitweise auch durchaus positiv.

610 Zitiert nach Wiggershaus 1986, S. 405.
611 Ebd., S. 415.

Die Einschränkung »zumindest zeitweise« scheint mir wichtig. Denn die Arbeit an der »Authoritarian Personality« überschnitt sich zum Teil mit der Arbeit an den »Philosophischen Fragmenten«, die später als *Dialektik der Aufklärung* publiziert wurden. Nach Wiggershaus ist sogar kaum auszumachen, ob

> die »Philosophischen Fragmente« das theoretische Sprungbrett für das Antisemitismusprojekt bildeten oder ob das Antisemitismusprojekt einen riesigen, mehr oder weniger disparat dastehenden empirischen »Exkurs« zu den Philosophischen Fragmenten bildet.[612]

In der Vorrede zur *Dialektik der Aufklärung* heißt es nun aber gleich auf der ersten Seite:

> Bildet die aufmerksame Pflege und Prüfung der wissenschaftlichen Überlieferung, besonders dort, wo sie von positivistischen Reinigern als nutzloser Ballast dem Vergessen überantwortet wird, ein Moment der Erkenntnis, so ist dafür im gegenwärtigen Zusammenbruch der bürgerlichen Zivilisation nicht bloß der Betrieb sondern der Sinn von Wissenschaft fraglich geworden. Was die eisernen Faschisten heuchlerisch anpreisen und die anpassungsfähigen Experten der Humanität naiv durchsetzen: die rastlose Selbstzerstörung der Aufklärung zwingt das Denken dazu, sich auch die letzte Arglosigkeit gegenüber den Gewohnheiten und Richtungen des Zeitgeistes zu verbieten.[613]

Diese Sätze, besonders die Infragestellung nicht nur des Betriebs, sondern auch des Sinns der Wissenschaft wird man erstaunlich finden, wenn man sich vor Augen hält, daß Horkheimer und mehr noch Adorno gerade mit einem Forschungsprojekt begonnen hatten, das nicht nur eine Überzeugung vom Sinn der Wissenschaft voraussetzte, sondern auch ihre eigene Teilnahme an deren Betrieb involvierte. Dies Mißverhältnis wirft die Frage auf, ob nicht gelegentlich die tatsächlich betriebene und häufig hochinteressante empirische »Einzelforschung« der Frankfurter Schule und der dazu gelieferte philosophische Überbau nicht in ähnlicher Weise (oder sogar noch mehr) auseinanderklafften, als ihre Vertreter das an den Positivisten moniert hatten.[614]

Angesichts der in konkreten biographisch belegbaren Erfahrungen in den USA wurzelnden Ambivalenz der kritischen Theoreti-

612 Ebd., S. 397.

613 Horkheimer/Adorno 1947, S. 5.

614 Dubiel 1978, S. 126 spricht in diesem Zusammenhang von »verblüffender Unvermitteltheit«.

ker gegenüber der empirischen Sozialforschung und einer zudem in theoretischen Texten nicht immer mit ihrer tatsächlichen Forschungstätigkeit völlig synchronisierten Stellungnahme zur Praxis der Sozialforschung ist es natürlich eine spannende Frage, ob sich diese Ambivalenz nach dem Entschluß zur Rückkehr nach Deutschland erhalten oder nach der einen oder anderen Seite auflösen würde.

8. Verpaßte Chancen: eine Zwischenbilanz

Wenn man die Gesamtheit der Kontakte zwischen Positivisten und Frankfurter Schule in der Exilzeit überblickt, scheint mir der Eindruck einer verpaßten Gelegenheit unabweisbar. Denn beide Gruppen hätten von einer Fortsetzung der Kooperation nur profitieren können und haben statt dessen eine Entwicklung genommen, die unterhalb der vorhandenen Möglichkeiten blieb.

Bei den Positivisten war das Scheitern der Kontakte einer der Gründe dafür, warum die von ihnen programmatisch durchaus ernstgenommene sozialwissenschaftliche Seite ihrer Arbeit letztlich unterentwickelt blieb. Daran ändert auch das Erscheinen von Neuraths Beitrag »Foundations of the Social Sciences« in der *Encyclopedia of Unified Science* 1944 nicht. Er weist im Gegenteil die Symptome der Unterentwicklung der empiristischen Position in Dingen der Sozialwissenschaften deutlich auf, und deshalb ist es auch kein Zufall, wenn Carnap als einer der Herausgeber der Reihe die persönliche Verantwortung für die Edition dieses Beitrags nicht übernehmen wollte.[615] Nach dem Zweiten Weltkrieg gab es dann keine Chance mehr für eine Fortsetzung dieses Zweiges der positivistischen Arbeit durch ehemalige Mitglieder des Wiener Kreises. Denn nach Zilsel ist auch Neurath – bereits im Dezember 1945 – gestorben. Felix Kaufmann, der als allerdings eher der Phänomenologie zuneigendes ehemaliges Mitglied des Wiener Kreises auch über sozialwissenschaftliche Fragestellungen publiziert hatte, starb vier Jahre später in seinem New Yorker Exil.[616]

Philipp Frank, der ja – obwohl von Beruf Physiker – persönlich am Austausch mit dem exilierten Frankfurter Institut teilgenommen hatte, ist wohl derjenige gewesen, der am ehesten und klarsten gesehen hat, daß das Projekt des logischen Empirismus sich in der Emigration immer weiter vom konkreten Kontakt mit der tatsächlichen Wissenschaftsentwicklung und auch von seinen ursprünglichen politischen Absichten entfernte. So schrieb er am 10. 12. 1943 an Neurath:

615 Siehe dazu Hegselmann 1985, S. 286f.

616 Siehe zu Kaufmann: Helling 1988.

Speaking about this movement [den logischen Empirismus, Verf.], I am afraid to say that it has led into a certain impass. This impass comes from the lack of any real cooperation. Some people get more and more into pure logical formalism which means almost a new scholasticism. Other ones who try to influence the real world profess ideas which have little connection with a general scientific approach.

Diese Kritik wurde von Neurath geteilt, der in seinem letzten Brief an Frank am 18. Juni 1945 schrieb: »I have the feeling that the Viennese Circle people become formalists and less and less interested in empiricism as a living thing«, eine Haltung, die er als »dangerous, particularly in the social sciences and in politics« ansah.

In der Perspektive einer zunehmenden Desillusionierung über den logischen Empirismus muß man auch Franks Bemerkungen zu Carnap – der mit den Anspielungen über eine zunehmend formalistische und gar scholastische Haltung offenbar gemeint war – in dem Carnap-Band der »Library of Living Philosophers« lesen, der zwanzig Jahre später erschien. Dort versteckt sich Frank nämlich hinter einem sowjetischen Philosophen V. Brushlinsky, der in der Zeitschrift *Unter dem Banner des Marxismus* 1932 den logischen Empirismus kritisiert habe, und kommentiert dann:

The lack of attention given to the pragmatic component brings about, according to the Soviet Philosophy, a lack of coordination between theory and practice and, in connection with it, an exaggerated importance to the logical component.[617]

Nun ist das indirekte Rede. Daß es sich aber um Franks eigene Meinung gehandelt hat, geht wohl am deutlichsten daraus hervor, daß sich der »zitierte« Autor weder an dieser noch an anderer Stelle jener Zeitschrift geäußert hat.

Meine These ist nun, daß es gerade die mangelnde Ausarbeitung der sozialwissenschaftlichen und politischen Vorstellungen des logischen Empirismus gewesen ist, die nach 1945 eine oberflächliche Plausibilität dafür erzeugt hat, die vorhandene Lücke mit den thematisch passenden Stücken der inzwischen ausgearbeiteten Philosophie des Wieners Karl Popper zu füllen. Bei näherem Hinsehen zeigt sich aber, daß die Poppersche Philosophie weder auf den

617 Frank 1963, S. 164.

genannten Gebieten noch in der Wissenschaftstheorie mit den Ansichten der historischen logischen Empiristen vereinbar ist.[618] Aber auch die Frankfurter Schule hat seit dem letzten Drittel der dreißiger Jahre eine Entwicklung genommen, die ihr nicht gut bekommen ist. Ich meine die allmähliche Abwendung von empirisch gestützter sozialwissenschaftlicher Forschung bei ihren führenden Vertretern und den damit einhergehenden Prozeß einer zunehmenden »Rephilosophisierung«, wie er verschiedentlich registriert worden ist.[619] Der Umfang, in dem dies geschehen ist, wird erst richtig klar, wenn man die tatsächlich publizierten empirischen Untersuchungen des Instituts einmal mit den geplanten vergleicht. Über letztere gibt derselbe Brief Horkheimers vom 27. 11. 1936 an Grossmann, in dem die Polemik gegen den Positivismus angekündigt wurde, Auskunft:

Über die Arbeiten des Instituts habe ich Sie im großen Ganzen anläßlich unseres letzten Gesprächs und durch gelegentliche briefliche Mitteilungen wohl einigermaßen auf dem laufenden gehalten. Im Zusammenhang mit dem Umstand, daß unsere Forschungen auf dem von dem Autoritätsband umrissenen Gebiet in Amerika von Anfang an besonderem Interesse begegnet sind, führen wir hier zwei größere Untersuchungen auf diesem Feld durch. Erstens eine eingehende Studie über den Einfluß der Arbeitslosigkeit auf die Autoritätsverhältnisse in der Familie. Die Erhebungen dazu, die mit den Mitteln der fortgeschrittensten Technik durchgeführt wurden, sind bereits abgeschlossen und werden gegenwärtig unter Verwendung einiger Hilfskräfte ausgewertet. Zweitens leitet Herr Fromm Untersuchungen an einer hiesigen höheren Mädchenschule zur Erforschung der Abhängigkeit autoritärer Charaktere von der gesellschaftlichen Basis. Wir hoffen, daß die englischen Manuskripte beider Untersuchungen im nächsten Frühjahr abgeschlossen sind, so daß jedes von ihnen im Herbst in Buchform vorliegt. Ein weiteres englisches Buch, auf das wir ebenfalls gegenwärtig ziemlich viel Kräfte verwenden, bezieht sich auf die Auswertung der Arbeiter- und Angestellten-Erhebung, über die im Famlienband auf S. 239ff. ein Vorbericht gegeben wird. Das authentische Material, das wir über den psychischen Zustand der betreffenden deutschen Schichten aus den Jahren unmittelbar vor Antritt der neuen Regierung besitzen, ist der Quantität und Qualität nach ziemlich einzigartig. Die nach allen Richtungen sorgfältige Auswertung des Materials wird, wie

618 Siehe einige vorläufige Hinweise zum Beleg dieser These bei Dahms 1985b, S. 359 und ausführlichere Bemerkungen in dieser Arbeit, unten, S. 332f.

619 Zum Beispiel bei Dubiel 1978, S. 125.

wir glauben, einem allgemeinen Interesse begegnen. Wir nehmen an, daß auch diese Veröffentlichung im Herbst herauskommen kann.

Von diesen drei Büchern wurde seinerzeit nur eines veröffentlicht, nämlich die bereits erwähnte, von Lazarsfeld (von dem indirekt im obigen Zitat die Rede ist, wenn von den »Mitteln der fortgeschrittensten Technik« gesprochen wird) eingeleitete und von Mirra Komarovsky durchgeführte Untersuchung *The Unemployed Man and his Family*[620]. Von den anderen beiden, von Fromm betreuten Arbeiten erschien nur die Studie *Arbeiter und Angestellte am Vorabend des Dritten Reiches,* diese allerdings nicht mit aktuellem Zeitbezug, sondern nur als gleichermaßen zeitgeschichtliches und wissenschaftshistorisches Dokument im Jahre 1980.[621]

Es ist nun natürlich zu fragen, ob das Zusammentreffen des ersten Positivismusstreits und seiner Folgen mit der Verzögerung bzw. der gänzlichen Aufgabe der geplanten empirischen Untersuchungen des Instituts nur zufällig zusammentrifft oder kausal zusammenhängt oder wegen logischer Unverträglichkeiten verschiedener Konzepte von »Sozialforschung« (eines kritischen hier, eines administrativen dort) vielleicht sogar zwangsläufig war. Diese Frage kann anhand des hier ausgebreiteten Materials nicht entschieden werden.

Die dritte und stärkste dieser Thesen scheint mir nach dem oben ausgebreiteten neuen Material inzwischen zweifelhaft. Der Konflikt zwischen Lazarsfeld und Adorno hat zu viele Facetten, als daß man ihn auf die einfache Formel »kritisch/administrativ« bringen könnte. Eine mindestens ebenso starke Rolle wie dies Thema hat darin die Auseinandersetzung über die Einschätzung der amerikanischen Massenkultur/Kulturindustrie gespielt (und implizit die Frage, wie man sich als europäischer Emigrant ihr gegenüber verhalten solle). Und diese Frage muß nach dem Auftauchen von Adornos Memorandum »Music in Radio« erneut aufgerollt werden.

Was die zweite kausale Hypothese betrifft, könnte man versuchen, sie durch eine genauere Analyse jener Konflikte zu stützen, die zum gänzlichen Zusammenbruch der sozialpsychologischen Abteilung des Frankfurter Instituts geführt haben, in der Fromm und Lazarsfeld die führenden Leute gewesen waren.

620 Komarovsky 1940.

621 Fromm 1980.

Hierbei fällt auf, daß in beiden Fällen, also sowohl bei der immer stärkeren Entfremdung zwischen dem Frankfurter Institut und Lazarsfeld, der diesem ursprünglich näher gestanden hatte als den Wiener Positivisten, als auch bei der Entlassung Fromms jeweils Konflikte mit Adorno eine wichtige, wenn nicht die entscheidende Rolle gespielt haben.[622] Adorno war nun ursprünglich eingestellt worden, um mit Horkheimer zusammen das lange geplante Dialektik-Projekt voranzutreiben. So gesehen erscheint der erste Positivismusstreit als die entscheidende Weichenstellung, durch die für längere Zeit der Zug des Instituts in Richtung Dialektik abging, während die empirisch betriebene Sozialpsychologie auf das Abstellgleis fuhr. Diese Weichenstellung erwies sich in zwei Hinsichten als fatal. Zum einen be- und verhinderte sie für geraume Zeit die empirische sozialpsychologische Arbeit des Instituts, die im Konzept des ursprünglichen Institutsprogramms des »interdisziplinären Materialismus« die *differentia specifica* zu orthodoxeren Formen des Marxismus ausgemacht hatte. Zum anderen band sie erhebliche Energien an ein Projekt, aus dem nicht nur faktisch nichts Greifbares herausgekommen ist, sondern nach Lage der Dinge (eben der Unklarheit bei Horkheimer und Adorno und ihrer Uneinigkeit über das Ziel, die Methode und Struktur der zu schreibenden »Dialektik«) auch nichts herauskommen konnte.

622 Siehe zur Trennung des Instituts von Fromm sowie der Rolle Adornos dabei: Bierhoff 1993, S. 35-40 und die dort zitierte Literatur.

Zweiter Teil
Nach der Rückkehr: Die Wiederaufnahme der Kontroverse

Einleitung

In diesem zweiten Teil der Arbeit sollen nun die Kontinuitäten, aber auch die Brüche aufgesucht werden, die die im amerikanischen Exil entwickelte Positivismuskritik der Frankfurter Schule nach der Rückkehr eines Teils ihrer führenden Mitglieder nach Frankfurt bis zum Ende des berühmten Positivismusstreits der sechziger Jahre durchgemacht hat. Da Diskontinuitäten über einen solch langen Zeitraum mit zudem sehr einschneidenden Ereignissen in der Zwischenzeit ohnehin zu erwarten sind, ist eine solche Betrachtung natürlich nur dann sinnvoll, wenn sich überhaupt gewisse Kontinuitäten aufweisen lassen. Bei Adorno als Eingeweihtem der Auseinandersetzungen mit den Wiener logischen Positivisten der dreißiger Jahre auf der einen und Protagonisten des Positivismusstreits der sechziger Jahre auf der anderen Seite ist das nun deutlich der Fall. Denn er hat den Positivismusstreit der sechziger Jahre durch entsprechende Verweise an seinem Anfang und Ende sozusagen eingerahmt. Dies geschah allerdings in einer Weise, die weder den anderen Beteiligten der Kontroverse noch der weiteren wissenschaftlichen Öffentlichkeit transparent werden konnte. Denn ein Hinweis, mit dem er kurz vor Ausbruch des Streits an die Auseinandersetzung der dreißiger Jahre angeknüpft und deren fortdauernde Aktualität hervorgehoben hat, findet sich nur in einem Brief an Horkheimer vom Januar 1959. Ganz am Ende des Streits, in seiner langen »Einleitung« zur Buchpublikation zehn Jahre später, ist er einige Male explizit, viel häufiger aber implizit (und gelegentlich nur bei Kenntnis der früheren Vorgänge überhaupt als Anspielung zu entschlüsseln) erneut darauf zurückgekommen.

Es wäre nun voreilig, aus diesen Kontinuitäten zu schließen, der Positivismusstreit der sechziger Jahre sei durch nichts weiter veranlaßt und sein weiterer Verlauf durch nichts weiter bestimmt gewesen als durch einen Rückgriff auf die im ersten Teil dieser Arbeit rekonstruierte Vorgeschichte der dreißiger und vierziger Jahre im US-amerikanischen Exil. Das trifft rein äußerlich schon deshalb nicht zu, weil dies Präludium außer Adorno keinem der am Positivismusstreit Beteiligten bekannt war und von ihm auch später nie bekanntgemacht worden ist.

Aber auch in Adornos Einstellung gibt es Brüche. Denn seine kritische Haltung zum Positivismus, wie sie sich seit etwa 1957 herausschält, ist selbst wieder Resultat eines Prozesses, an dessen Anfang zu Beginn der fünfziger Jahre nach der Rückkehr aus dem Exil eine viel positivere Einstellung zum Komplex empirische Sozialforschung/Positivismus gestanden hatte.

Die Änderung dieser Haltung im Laufe der fünfziger Jahre wird nach einem – im *ersten* Abschnitt dieses Teils gegebenen – kurzen Überblick über die Remigration bzw. den Reimport von kritischer Theorie und Positivismus im *zweiten* Abschnitt dargestellt und auf ihre Ursachen hin untersucht.

Natürlich ist Adornos seit 1957 einsetzende Rückkehr zur alten positivismuskritischen Haltung der dreißiger Jahre nicht der alleinige Auslöser des Positivismusstreits gewesen (so gerne er dies auch bis in die Auswahl der Beiträge zur Buchpublikation des *Positivismusstreits* hat nahelegen wollen[1]). Denn dieser spielte sich nicht in internen, mehr oder weniger privaten Diskussionen ab wie in den dreißiger Jahren, sondern begann als eine Veranstaltung einer wissenschaftlichen Gesellschaft, der Deutschen Gesellschaft für Soziologie. Die Vorgänge, die in dieser Gesellschaft zum Entschluß geführt haben, eine Tagung hauptsächlich der Auseinandersetzung über die »Logik der Sozialwissenschaften« zu widmen, sollen in einem *dritten* Abschnitt beschrieben werden. Dabei ergibt sich der Eindruck, daß das häufig beschworene Schisma der deutschen Soziologie der sechziger Jahre eher ein Ergebnis als eine Voraussetzung des Positivismusstreits gewesen ist, während sich die Situation der deutschen Soziologie in den fünfziger Jahren noch nicht als Frontstellung zweier Lager beschreiben läßt.

Beim Vergleich der Positivismuskontroversen der dreißiger und der sechziger Jahre sind weitere Unterschiede nicht nur in den Ursachen, sondern auch beim Verlauf festzustellen. Während der Streit der dreißiger Jahre tatsächlich noch mit Positivisten geführt wurde, die sich auch als solche bekannten, wurde mit Karl Popper ein Referent zur erwähnten Tübinger Tagung eingeladen, der sich selbst schon Jahrzehnte vorher ausdrücklich als Positivismuskritiker verstanden und auch unmißverständlich präsentiert hatte. Er wurde im übrigen in Adornos Tübinger Koreferat auch nicht als

1 Die Aufnahme von Adorno 1957b in den Band hat genau diesen Stellenwert.

Positivist bezeichnet und kritisiert, sondern erst in der langen Einleitung zum Sammelband. Um Klarheit über das Verhältnis von Positivismus zum kritischen Rationalismus, dem philosophischen Standpunkt Poppers, zu gewinnen, muß die im *vierten* Abschnitt folgende Schilderung der ersten Runde des Positivismusstreits – zwischen Popper und Adorno – mit einem Vergleich der Gemeinsamkeiten und Differenzen zwischen dem logischen Positivismus und dem kritischen Rationalismus Poppers beginnen. Dann folgt die Darstellung und Bewertung der ersten Runde des Positivismusstreits selbst. Angesichts der nicht nur oberflächlichen Gemeinsamkeiten zwischen Popper und Adorno komme ich zu dem etwas paradoxen Ergebnis, daß die Kontroverse weder den Positivismus zum Gegenstand hatte noch in ihren Austragungsmodalitäten ein Streit genannt werden kann. Der Positivismus*streit* hat erst mit seiner zweiten Runde – zwischen Jürgen Habermas und Hans Albert – richtig begonnen.
Diese zweite Runde ist in mehreren Hinsichten interessant. Sie erklärt nämlich zu einem großen Teil den Einstellungswandel Adornos gegenüber Poppers kritischem Rationalismus in den sechziger Jahren, wie er im Vergleich seines Tübinger Koreferats von 1961 mit seiner Einleitung zum Sammelband von 1969 herauskommt. Wichtiger als das scheint mir allerdings der Übergang der Debatte auf die sozusagen zweite Generation von kritischen Theoretikern zu sein und die dadurch ausgelöste erhebliche Diskontinuität in der Positivismuskritik der Frankfurter Schule. Denn Habermas hat sich nicht damit begnügt, lediglich die Diskussion zwischen Popper und Adorno weiterzuführen. Er hat diese Debatte statt dessen auch als Experimentierfeld benutzt, um gleichzeitig mit einer Positivismuskritik seine aus einer ganz anderen philosophischen Tradition als der kritischen Theorie stammende Lehre von den erkenntnisleitenden Interessen zu erproben und in Ansätzen in die Öffentlichkeit zu tragen. Die Tradition, an die jene Lehre der Interessengebundenheit der Erkenntnis bei Habermas ursprünglich anknüpfte, wird im *fünften* Abschnitt zunächst einmal rekonstruiert, um anschließend den teilweise etwas eigenartigen Verlauf der zweiten Runde des Positivismusstreits besser verständlich zu machen. Eigenartig finde ich diesen Verlauf vor allem, weil der erklärte Positivismus- und auch Instrumentalismuskritiker Popper von Habermas zunächst ganz entgegen seinen kaum zu ignorierenden wiederholten Erklärungen auf eine

instrumentalistische Deutung der Realwissenschaften festgelegt wurde, um sich sodann wegen der Beschränktheit dieser von ihm nie vertretenen Lehre kritisiert zu sehen.
In einem abschließenden Resümee werden die Ergebnisse der Arbeit in einigen Punkten zusammengefaßt und bewertet sowie Perspektiven für weiterführende Untersuchungen angedeutet.

1. Die Rückkehr des Geistes

Eine Gesamtdarstellung der Remigration deutscher Philosophen und Soziologen nach dem Ende der Hitlerdiktatur in einen der Nachfolgestaaten des Dritten Reiches ist bisher nicht geschrieben worden. Horst Möller hat im Rahmen einer Auswertung des *International Biographical Dictionary of Central European Emigrés* ermittelt, daß von den etwa 2500 emigrierten »Angehörigen der kulturellen Elite«, die vor 1908 bzw. 1913 geboren waren, insgesamt ungefähr 26% zurückkehrten.[2] Der Anteil der Geisteswissenschaftler sowie Literaten und Künstler darunter betrug 27%. Zahlen für die Rückkehr von Philosophen und Soziologen fehlen bisher.[3] Sie separat zu bekommen dürfte auch einigermaßen schwerfallen, weil diese beiden Gruppen nicht ohne weiteres auseinanderzuhalten sind: die Tätigkeit Horkheimers und Adornos etwa umfaßte ja beide Felder.

Für unsere Zwecke interessiert natürlich besonders das Schicksal von Wiener Kreis (nebst dessen Berliner Pendant) und Frankfurter Schule. Hier sind wichtige Unterschiede festzustellen. Während nämlich kein einziges Mitglied der positivistischen Gruppen jemals dauerhaft zurückkehrte, kam bekanntlich ein Teil der Frankfurter Schule Anfang der fünfziger Jahre in die Bundesrepublik. Da solche »Äußerlichkeiten« für die Kontinuität der Lehren dieser Gruppen in Deutschland eine gewisse Rolle spielen, müssen wir näher darauf eingehen.

2 Möller 1984, S. 112.

3 Lepsius 1981 enthält eine umfangreiche Namensliste emigrierter Sozialwissenschaftler. Neumann 1984, S. 343 hat davon diejenigen zusammengestellt, die bis 1955 in die Bundesrepublik zurückgekehrt sind.

1.1 Die »Rückkehr« des Positivismus

Von Otto Neurath ist bekannt, daß er an eine Rückkehr nach Österreich gedacht hat.[4] Er starb im Dezember 1945, ehe er solche Pläne in die Tat hätte umsetzen können. Ob überlebende Mitglieder des Wiener oder Berliner Kreises entsprechende Absichten hegten, ist mir nicht bekannt. Sicher ist jedenfalls, daß sie zumindest *in Österreich* nicht willkommen gewesen wären. Denn von dort aus hatte zwar der kommunistische Stadtschulrat Wiens Viktor Matejka einen vielbeachteten Rückkehrappell in Emigrantenzeitungen wie dem New Yorker *Aufbau* plaziert. Aber die offizielle Politik folgte diesem mutigen Schritt nicht, sondern hielt Emigranten systematisch von Österreich fern. So war die Kontinuität der Lehren des Wiener Kreises nur durch die – sehr eingeschränkte – Tätigkeit derjenigen zwei Kreismitglieder gegeben, die nicht emigriert waren, nämlich Viktor Kraft und Bela Juhos. Der 1938 nach dem »Anschluß« wegen »jüdischer Versipptheit« aus dem Staatsdienst entlassene Kraft konnte nach seiner späten Rehabilitation Anfang der fünfziger Jahre zwar noch einen kleinen Kreis von Schülern um sich versammeln, mußte aber erleben, daß die meisten von ihnen allenfalls im Ausland Karriere machen konnten. So ging es auch dem bekanntesten von ihnen, Paul Feyerabend, der diese Verhältnisse später auch anschaulich beschrieben hat.[5] Bela Juhos hat für die Zeit nach Krafts Emeritierung folgende Beschreibung der philosophischen Szene in Österreich gegeben:

> After the interruption caused by World War II, all the official chairs in the Austrian universities were systematically filled by speculative philosophers generally committed to a theological outlook. Only exceptionally was a representative of scientific philosophy able to qualify as a lecturer. But since lecturers and associate or titular professors, unlike regular professors, are not paid a salary in Austria, the authorities had an effective means of compelling unwanted logical analysts of knowledge elsewhere. The necessary consequence of a policy so harmful to science has been a shocking decline in the level of scholarship.[6]

4 Information von Paul Neurath.
5 Feyerabend 1979, S. 189ff.
6 Juhos 1967, S. 320.

Diese von Rudolf Haller in seinem Aufsatz »Die philosophische Entwicklung in Österreich am Beginn der Zweiten Republik«[7] noch erheblich weitergeführte und verschärfte Diagnose macht plausibel, wieso Anhänger des Positivismus in Österreich auch nach 1945 den Kampf für empirische Wissenschaft und gegen »die Metaphysik« für eine aktuelle Fragestellung halten mußten.

In der *Bundesrepublik Deutschland* lagen die Dinge hinsichtlich der Kontinuität des philosophischen Positivismus noch trostloser. Die Berliner »Gesellschaft für wissenschaftliche Philosophie« war völlig erloschen. Zwei Mitglieder waren von den Nazis ermordet worden (Kurt Grelling) bzw. hatten in der Emigration den Freitod gewählt (Walter Dubislav). Von den Überlebenden kehrte kein einziger aus der Emigration zurück. Nur durch die Münsteraner Schule um Heinrich Scholz war eine gewisse Kontinuität hinsichtlich eines bestimmten inhaltlichen Schwerpunktes des logischen Positivismus, nämlich der Logistik, gegeben, allerdings ohne Verbindung mit der weiteren Perspektive jener »wissenschaftlichen Weltauffassung«, die den Wiener Kreis charakterisiert hatte, sondern in bewußter Distanzierung davon.[8]

Daß Positivismus und »wissenschaftliche Weltauffassung« völlig in Vergessenheit geraten war, verdeutlichen gerade die Biographien der beiden Männer, die später das meiste für die Wiederbelebung der analytischen Philosophie in der Bundesrepublik erreicht haben, nämlich Wolfgang Stegmüller und Hans Albert. Ihre Biographien weisen in der frühen Nachkriegszeit erstaunliche Parallelen auf. Denn beide hatten Volkswirtschaft (also nicht etwa Physik, Mathematik oder Philosophie, wie die meisten logischen Positivisten!) studiert und sich währenddessen mit den verschiedensten philosophischen Strömungen beschäftigt. Eine Neuorientierung ging jeweils von Besuchen bei den Alpbacher Hochschulwochen aus[9], wo sie durch jüngere Wiener aus dem Umkreis Viktor Krafts und Bela Juhos' oder durch gelegentliche Gastauftritte von ehemaligen Mitgliedern des Wiener Kreises aus den USA auf den logischen Positivismus und auch die Lehren Karl Poppers aufmerksam gemacht wurden. Die Funktion des Fo-

7 Haller 1988.

8 Siehe zu dieser Tendenz etwa Scholz 1941.

9 Dies hat Kamlah 1985, S. 221 im Hinblick auf Stegmüller hübsch beschrieben. Zu Albert siehe Albert 1977, S. 14.

rums Alpbach als »das eigentliche intellektuelle Zentrum der Opposition gegen die früher geschilderte [scholastische und obskurantistische, Verf.] Philosophie in Österreich«[10] kann man kaum überschätzen. Rudolf Haller schreibt darüber in nostalgischem Rückblick:

Auch wenn Alpbach heute die Funktion eingebüßt hat, ein offener Marktplatz der Vernunft zu sein, auf dem die ersten Köpfe einer Zeit einander begegnen, so war der Zugang der in der Nazizeit abgeschnittenen Generation zu diesem Ort kurz nach dem Krieg von der allergrößten Bedeutung. Damals war es der Treffpunkt einer offenen Gesellschaft freier Geister und das Tor zur intellektuellen anglo-sächsischen Welt; heute ist es der Treffpunkt der geschlossenen Gesellschaft von Bankiers, Wirtschaftskapitänen und sogenannten kritischen Rationalisten, ohne Anziehungskraft für die Jungen. Wie dem auch sei, damals war es eine echte Lehrstätte.[11]

Für Stegmüller und Albert (und vermutlich einige andere) war die unmittelbare Lehre aus diesen Begegnungen die gleiche: sie liehen sich, zu Hause angekommen, jeweils sofort die vorhandenen Bände der *Erkenntnis* aus[12] und gewannen so allmählich eine neue Orientierung. In beiden Fällen gilt offenbar ebenfalls, was Haller für sich selbst konstatiert hat,

daß für die meisten von uns die Aufdeckung der Wiener Tradition nicht sofort mit einer Konversion verbunden war, sondern mit einem Zwiespalt zwischen dem, was man gelernt und gehört hatte, beziehungsweise dem, was man von uns erwartete, und der eigenen Urteilskraft.[13]

Dies hat Haller am Beispiel von Stegmüllers *Hauptströmungen der Gegenwartsphilosophie* erläutert. Es ließe sich auch am Beispiel von Alberts Dissertation zeigen.[14] Wie wir unten sehen werden, hat – *mutatis mutandis* – auch Habermas (gerade während des Positivismusstreits) Texte eines solchen Übergangscharakters geschrieben.[15]

10 Haller 1988, S. 174.
11 Ebd.; Albert hält Hallers Schilderung von Alpbach »heute« übrigens für unberechtigt.
12 Siehe Kamlah 1985, S. 221 zu Stegmüller sowie mündliche Information von Albert.
13 Haller 1988, S. 177.
14 Albert 1954; siehe dazu im autobiographischen Rückblick Albert 1977, S. 9ff.
15 Daß dies einige Jahre später geschah, hat nicht nur mit Altersunter-

Da es von den Genannten Hans Albert gewesen ist, der den »positivistischen« Part des Positivismusstreits übernommen hat, ist es von Interesse, seine »Konversion« etwas näher ins Auge zu fassen. In einem Brief an Habermas, seinen Kontrahenten im Positivismusstreit, hat er sich am 16. 11. 1964 so geäußert:

Was den »klugen Umgang mit anderen Traditionen« angeht, so muß ich doch etwas zur Klärung sagen. Sie haben sicher den Eindruck, daß ich mein Studium der Philosophie mit dem Positivismus begonnen habe. Das ist keineswegs der Fall. Als ich vor etwa 10 Jahren zu publizieren begann, da war ich gerade nach langen Streifzügen durch philosophische Gefilde, bei denen ich wohl fast alle Richtungen – mit verschiedener Intensität – berührt habe, beim Studium des Positivismus gelandet, den ich im Anfang weitgehend akzeptierte, aber dann unter dem Einfluß der Popperschen Argumente eigentlich ziemlich bald wieder aufgab. Ich habe mich in den letzten Jahren eigentlich immer weiter von ihm wegbewegt, muß aber immer noch sagen, daß mir die Weise, in der sich die Positivisten mit Problemen auseinandersetzen, sehr zusagt. Ich konnte das in Alpbach wieder sehr schön vergleichend feststellen, da ich Gelegenheit hatte, einerseits: Carnap, Feigl, Delius, andererseits: Bloch, Rohrmoser usw. zu hören und mit Ihnen zu diskutieren; abgesehen von Feyerabend, der nicht mehr zum Positivismus gerechnet werden kann.

Von diesem hier beschriebenen längeren Prozeß lohnt sich eine Momentaufnahme, die Alberts Position nach seiner »Konversion« zum Positivismus und vor seiner Hinwendung zu Poppers »Kritischem Rationalismus« einfängt. In seinem 1956 erschienenen programmatischen Aufsatz »Entmythologisierung der Sozialwissenschaften. Die Bedeutung der analytischen Philosophie für die soziologische Erkenntnis«[16] berichtet Albert noch geradezu euphorisch von der »positivistischen Revolution« und schließt den so überschriebenen Abschnitt im Rückgriff auf das Philosophieverständnis des »Positivisten« Wittgenstein mit den Worten:

Das Ergebnis der Philosophie besteht dann nicht in philosophischen Sätzen, sondern im Klarwerden von Sätzen. Das ist der Ausgangspunkt des »Wiener Kreises«, dessen Mitglieder zu den wichtigsten Trägern der posi-

schieden zu tun, sondern auch damit, daß Habermas zwei Konversionen durchgemacht hat: eine von seinem philosophischen Lehrer Rothacker zur kritischen Theorie und eine (zumindest halbe) weitere von der (pragmatismusfeindlichen) kritischen Theorie zur stärkeren Berücksichtigung von Elementen des Pragmatismus.

16 Albert 1956.

tivistischen Revolution gehören, mit der der kontinentale Neo-Obskurantismus sich wird auseinandersetzen müssen, nachdem die günstigen »existentiellen« Bedingungen seiner Blüte, vor allem der Mangel an Konkurrenz, durch die politische Entwicklung langsam verschwinden.[17]

Den Eindruck geradezu einer Revolution wird man verstehen, wenn man bedenkt, daß Albert zeitweise selbst versucht hatte, in den verschiedensten Spielarten dieses »Neo-Obskurantismus« einen philosophischen Halt zu finden, wie er es selbst später auch beschrieben hat.[18]
Der Bezug zur empirischen Sozialforschung wird von ihm nach einem ausführlichen Referat der allgemeinen Wissenschaftstheorie im Abschnitt »Das Programm der Soziologie« nur recht indirekt hergestellt, wenn dort (1) »Ideologiekritik, d. h. die Entlarvung der besonders im politischen Leben auftretenden sozialen Mythen«, und (2) der »Aufbau auf verschiedene mögliche Ziele und Zielsysteme bezogener Sozialtechnologien, um den Bereich des rationalen Handelns im sozialen Leben zu erweitern«, als Ziele vorgestellt werden. Den ersten dieser Programmpunkte faßt er dabei geradezu als »sozusagen eine Fortsetzung des marxistischen Erkenntnisprogramms mit positivistischen Mitteln«[19] auf.
Schließlich verdient festgehalten zu werden, daß Albert – vor seiner persönlichen Bekanntschaft mit Karl Popper im Jahre 1958[20] – dessen Werke zwar schon würdigt, aber noch in einem Zug mit den Wiener Positivisten erwähnt. Auf Poppers Distanzierung gegenüber dem »Positivisten« Wittgenstein eingehend, schreibt er sogar, daß dort »die oft zu beobachtende Neigung zutage [tritt], sich von sehr nahe verwandten Standpunkten stärker zu distanzieren, als es sachlich gerechtfertigt ist«.[21] Die Ausdifferenzierung von logischem Positivismus und kritischem Rationalismus war also in den fünfziger Jahren auch bei maßgeblichen späteren Verfechtern dieser Differenz noch nicht vorhanden. Sie ist leicht erklärlich, wenn man das (immer noch) von Heidegger und dem zeittypischen Existentialismus beherrschte Gesamtspektrum phi-

17 Ebd., S. 247.
18 Siehe besonders Albert 1977, S. 8 ff.
19 Albert 1956, S. 263.
20 Albert 1977, S. 14.
21 Albert 1956, S. 269; siehe zu dieser Tendenz, »Poppers Auffassungen zunächst als eine Version des Positivismus« zu deuten, auch Albert 1977, S. 15.

losophischer Optionen in der Bundesrepublik der fünfziger Jahre bedenkt. Die mangelnde Differenzierung von Positivismus und kritischem Rationalismus bei einigen Mitgliedern der Frankfurter Schule wird vor diesem Hintergrund vielleicht besser verständlich.[22]

1.2 Die Rückkehr der Frankfurter Schule

Für die Kontinuität der Frankfurter Schule lagen die Dinge in Nachkriegsdeutschland zunächst ähnlich trostlos wie für den Positivismus in Österreich und Deutschland. Erwähnenswert ist immerhin, daß mit Heinz Maus ein früherer Student Horkheimers, der ihm 1939 auch die Vorstudie zu seiner Kieler Dissertation gesandt hatte (offenbar aus Sicherheitsgründen aus Oslo!), schon in der Hitlerzeit Versuche unternommen hatte, Gedankengut der Frankfurter Schule in Deutschland bekannt zu machen. In der unmittelbaren Nachkriegszeit, ehe noch an eine Rückkehr der exilierten Frankfurter Schule zu denken war, hat Maus dann in der bis 1948 erscheinenden *Internationalen Revue Umschau*, deren maßgeblicher Redakteur er wurde, für die Erstveröffentlichung einiger Arbeiten von Adorno, Horkheimer und Pollock in Nachkriegsdeutschland gesorgt und sich auch gleich beim ersten Soziologentag im Herbst für die kritische Theorie starkgemacht.[23] Diese Bemühungen sind aber sicher nicht die Hauptursache dafür gewesen, daß die Überlegungen über eine eventuelle Rückkehr nach Deutschland bei der Frankfurter Schule zu anderen Ergebnissen führten als bei den Positivisten.
Vielmehr hatten die Hauptvertreter der kritischen Theorie immer den Konnex zum Deutschen in ihrer Sprache und generellen Orientierung aufrechterhalten, und so ist es verständlich, daß sie für die Zeit nach der Niederwerfung des Nationalsozialismus auch die Rückkehr erwogen. Adorno hatte in diesem Sinne schon am 17. 8. 1943 in einem Brief an Horkheimer geschrieben:

> Im übrigen äuge ich von hier nach dem nahen Europa. Wann wird es so weit sein? Es kann noch Jahre dauern, aber kein Tag würde mich überraschen, und ich bin zu allem bereit.

22 Das gilt jedenfalls, solange sie nicht darauf hingewiesen wurden.
23 Siehe Greven/van de Moetter 1981, S. 8ff.

Demgegenüber überrascht es, daß die Entscheidung zur Rückkehr nach Deutschland erst nach einigen Jahren des Beobachtens und Abwartens getroffen wurde. Besonderes Gewicht kam dabei naturgemäß Berichten zu, die jene Augenzeugen aus Deutschland übermittelten, die die Nachkriegssituation mit der Zeit vor und nach 1933 vergleichen konnten. Die erste solche Information, die ich in den Horkheimer-Papieren gefunden habe, ist eine Kopie eines Briefs, den der 1933 aus Frankfurt nach England emigrierte und nun zur Beobachtung der Lage nach Deutschland zurückgekehrte Nationalökonom Fritz Burchardt[24] am 10.3.1946 an Horkheimers früheren Frankfurter Kollegen Lowe geschickt hatte.[25] Nicht nur weil Burchardts Aufenthalt Marcuses und Horkheimers ersten Besuchen in Nachkriegsdeutschland um Jahre vorausging[26], sondern auch weil sein Brief einen der ersten Augenzeugenberichte von unter dem Naziregime vertriebenen Hochschullehrern über die Situation in Nachkriegsdeutschland überhaupt enthalten dürfte[27], soll er hier etwas ausführlicher zitiert werden. Burchardt schreibt:

My dear Lowe,
this is the last day of my four weeks in Germany – a useful period for me because it cured me of my unquenchable curiosity and enabled me to say »no« to Frankfurt and the Kiel Institute. My lectures, discussions and talks were not useless, but they were a mere drop in an ocean of partly conditioned, partly natural ignorance, stupidity and emotion. Nationalism is rampant, and more so than after 1918 when the prospect of building a Social Democracy attracted a substantial minority and left many others indifferent. This element is almost entireley missing among students and teachers. They are violently, blindly anti-Russian; with a twinkle of the

24 Nach Hammerstein 1989, S. 834f. war er aus Frankfurt verjagt worden, nachdem seine unmittelbar bevorstehende Habilitation am Einspruch des neuen nationalsozialistisch gesinnten Dekans gescheitert war. Er wurde 1946 auch auf die Dreierliste für einen Lehrstuhl für wirtschaftliche Staatswissenschaften gesetzt.

25 Diese Kopie befindet sich im Briefwechsel Horkheimer/Lowe.

26 Marcuse kam 1947 zum ersten Mal wieder nach Deutschland zurück (und besuchte bei dieser Gelegenheit Heidegger, in der – falschen – Hoffnung, von ihm eine Verurteilung der Nazi-Untaten zu erhalten); Horkheimer im Mai 1948 (Wiggershaus 1986, S. 443).

27 Amerikanische Staatsbürger konnten, auch wenn es sich um Emigranten aus Deutschland handelte, in diesem Zeitraum nur im Regierungsauftrag einreisen.

eye one would get 90% of the students to enroll in a volunteer corps for reconquering the lost territories. They adopt an attitude of conceited morality to questions of internal or international politics. They don't even make an effort to re-consider their situation in sober concrete terms... This was the first shock. The second one was to see the policy and administration of the occupying powers on the spot. Their general policy, partly made in Whitehall and Washington, is disastrous. They have managed to boost the CDU, a party comprising everything from the Volkspartei to the All-Deutsche and Nazis to a predominant position. True, they are a heterogenous lot and may break up. But the forces of reaction are more firmly entrenched than they were at any other time since 1918.

Gegenüber diesen dominierenden negativen Tendenzen sah Burchardt nur wenige positive Aspekte (die Horkheimer vielleicht weniger positiv bewertet hat):

There are two bright spots: among the top people of British Administration are good, hardworking, intelligent and progressive chaps who fight gallantly, what I call, a loosing battle. Secondly, the leading chaps of the SPD in the Brit. Zone are an impressive lot, talking (on the whole), the same language as we. I saw Grimme and all his Dept. chiefs; Agartz and his team in the Central Econ. Office (among them G. Kaiser who sends the best regards). I saw the whole länderregierung of Hannover en bloc and individually, Jungsozialisten and Betriebsräte; the SPD-Leitung der brit. Zone (Schumacher, Friedemann etc.) – a small elite and I enjoyed my talks with them thoroughly. But Hannover is an island in a stream of clericalism and right wing reaction in other parts of the country.

Besonders wichtig dürften Horkheimer und seinem Kreis die Nachrichten über die Situation an den Hochschulen gewesen sein. Sie fielen niederschmetternd aus:

I attended the Nordwestdeutsche Hochschulkonferenz in Bonn – das schlug dem Faß den Boden aus. I had to remind myself physically that I was there as a mere spectator, so much was I tempted to make »giftige Zwischenrufe« [zu] Reden über die Bedeutung der Leibesübungen und den akademischen Status von Sportslehrern.

Dann beschrieb er auch seine Eindrücke von Frankfurt und den Resten seiner Universität, darunter auch des früheren Instituts für Sozialforschung:

Unheimlicher Kontrast zwischen dem zerstörten Menschenwerk und den unverändert schönen Alleen, Anlagen, den Bäumen entlang der Bockenheimer Landstraße. Die Mittelfassade steht noch, alles andere ist ein Trümmerhaufen und »aus den öden Fensterhöhlen gähnt das Grauen«.

Nach drei Stunden Unterhaltung mit Wilhelm Gerloff, einem der wenigen durch die Nazizeit unbelasteten Mitgliedern der Wirtschafts- und Sozialwissenschaftlichen Fakultät[28], der nach seinem Eindruck »thin, tired, grey and pale... steadily and courageously for a thorough purge of the Universities« wirkte, kam Burchardt zu dem Ergebnis:

It would be much better to close all Universities and open one single one in each Zone. It would be difficult enough, to find acceptable university teachers in most of the subjects even for one university.

Angesichts der geschilderten Zustände und angesichts der grundsätzlich nicht geänderten Situation noch einige Jahre später ist es nicht verwunderlich, wenn Lowe auch Horkheimers Entscheidung zur Wiedereröffnung des Instituts in Frankfurt nicht gutgeheißen hat[29], als sie denn nach langem Bedenken und mit vielen Vorbehalten getroffen wurde.[30]

Die Frage der Rückkehr zog auch eine Trennungslinie mitten durch die Mitgliedschaft des ehemaligen Instituts. Pollock und – endgültig erst 1953 – auch Adorno folgten Horkheimer nach Frankfurt. Auch zwei weitere frühere Mitarbeiter des Instituts gingen übrigens nach Deutschland zurück, ohne allerdings noch irgendwelche Kontakte zu ihm aufrechtzuerhalten. Ich meine die beiden für das Institut Mitte der dreißiger Jahre mit wissenschaftsgeschichtlichen Veröffentlichungen hervorgetretenen Franz Borkenau, der nach seiner Rückkehr als Professor für Geschichte in Marburg lehrte, und Henryk Grossmann, der sich entschlossen hatte, mit einer Abfindung des Instituts als Professor für Volkswirtschaft nach Leipzig zu gehen, weil »in der Ostzone Deutschlands die sozialistische Durchdringung der Vorlesungen viel weiter vorgerückt ist als in [seinem Heimatland, Verf.] Polen«.[31] Andere, wie namentlich Löwenthal und Marcuse, blieben in den USA. Die Trennungslinie folgte damit im Ergebnis vielleicht nicht ganz zufällig der Antwort auf die Frage, wer von den Institutsmitgliedern während des Zweiten Weltkriegs in US-ame-

28 Hammerstein 1989, S. 831.

29 Siehe Lowes Brief an Horkheimer vom 10.6.1949.

30 Siehe dazu ausführlich Wiggershaus 1986, S. 424-454, besonders S. 430, 442 ff. und 448.

31 Grossmann an Alice und Joseph Maier, 30.5.1949 (Kopie im Briefwechsel Horkheimer/Grossmann).

rikanischen Regierungsdiensten gestanden hatte. Die unterschiedlichen Entscheidungen, die zu diesem Ergebnis führten, sind von Wiggershaus beschrieben worden[32] und brauchen hier deshalb nicht im einzelnen geschildert werden.
Hier ist nur wichtig, sich zu vergegenwärtigen, von welchen Voraussetzungen aus der Wiederaufbau und die Wiedereröffnung des Instituts geschah und von welchen Absichten sie begleitet wurden. Da ist zunächst einmal daran zu erinnern, daß nicht nur die Exilanten als amerikanische Staatsbürger zurückkehrten, sondern daß auch das Institut selbst mit großzügiger administrativer und auch finanzieller Hilfe der amerikanischen Besatzungsmacht wiederaufgebaut wurde und sich schon insofern als »halbamerikanisch« begreifen mußte.[33] Diese Situation war Horkheimer auch noch Jahre später voll bewußt, so etwa, wenn er in einem Brief an das US-Außenministerium im Jahre 1953 über sein Institut schrieb:

> It was reestablished in 1950 with the generous help of the U.S. High Comission in Germany and with the specific purpose of teaching young social scientists modern American factfinding methods, their application to the German scene and their integration with the more theoretical German tradition.[34]

Mit seinem Wiederaufbau sei eine »furtherance of the aims pursued by U.S. cultural policies in Germany« beabsichtigt gewesen.
In den programmatischen Stellungnahmen Horkheimers zur Institutseröffnung mischt sich die ursprüngliche Programmatik des Instituts vom Anfang der dreißiger Jahre und die spätere Entwicklung seiner Arbeit im Exil mit den neuen Erfordernissen, die die Nachkriegskonstellation an die Institutsmitarbeiter stellte.[35]
In der offiziellen Eröffnungsrede Horkheimers zeigt sich die Tendenz, zunächst einmal wieder dort anzuknüpfen, wo 1931 bei der Institutsübernahme begonnen worden war, also beim Konzept eines interdisziplinären (sozialwissenschaftlichen) Materialismus. Horkheimer meinte geradezu, er müßte seine Antrittsvorlesung bei der Übernahme des Direktorats des früheren Instituts aus dem

32 Wiggershaus 1986, S. 424-454.

33 Ebd., S. 484.

34 Horkheimer an US Department of State, Passport Division, 9. 6. 1953, Kopie im Briefwechsel Horkheimer/Adorno.

35 Siehe zur Wiedereröffnung Demirović 1989.

Jahre 1931 »noch einmal halten«[36], wenn er die Ziele und Aufgaben des neuen richtig charakterisieren wollte. Dazu sollten nun außer den »Einsichten der früheren Soziologie« noch »die neuesten, geschliffensten empirischen Methoden der Sozialwissenschaften« kommen.[37] Damit wurden bei der offiziellen Einweihungsfeier zwar nicht ausdrücklich, aber deutlich genug implizit die massive Zivilisationskritik in den Bahnen der *Dialektik der Aufklärung* mit ihren Zweifeln am Betrieb und Sinn empirischer Wissenschaft zurückgelassen.

Höchst instruktiv ist in diesem Zusammenhang, wie Horkheimer die durch die Institutsneugründung in Frankfurt verfolgten Ziele einem (vorwiegend) US-amerikanischen sozialwissenschaftlichen Lesepublikum vermittelt hat. In einem 1952 in seiner Eigenschaft als »Foreign Consultant to the Library of Congress« von ihm verfaßten »Survey of the Social Sciences in Western Germany« hatte er nämlich Gelegenheit zur Selbstdarstellung des Frankfurter Instituts, seines Personals und dessen Aktivitäten (sowie zur vergleichenden Darstellung der anderen westdeutschen akademischen und außerakademischen Einrichtungen im Bereich der Soziologie).

Die Angaben über das wiedererrichtete Frankfurter Institut sind in den Abschnitten »Chairs of Sociology«, »Lectures and Classes in Sociology« sowie »Lectures and Classes in Social Psychology« jeweils sehr knapp, weisen aber alle in dieselbe Richtung:

> In 1950 he [Horkheimer, Verf.] assumed his professorship at the University of Frankfurt and began to reorganize the Institute of Social Research in cooperation with various American groups.[38]
> Professors T.W. Adorno and F. Pollock are working in close cooperation with prof. Horkheimer in introducing empirical methods of social research.[39]

Etwas aufschlußreicher ist dann der Abschnitt über die Forschungsaktivitäten des Instituts, über das in einer Übersicht über die westdeutschen Forschungsinstitute zuvor nur mitgeteilt worden war, daß es die Tradition europäischer und deutscher Soziologie mit amerikanischen Methoden empirischer Sozialforschung

36 Institut für Sozialforschung 1952.
37 Ebd.; siehe dazu auch ausführlicher das Vorwort.
38 Horkheimer 1952, S. 2.
39 Ebd., S. 6; ähnlich: S. 11.

zu verbinden suche.[40] Dabei wird an konkreten Forschungsaktivitäten an erster Stelle die später unter dem Titel »Gruppenexperiment« herausgekommene Studie über das Gegenwartsbewußtsein der Westdeutschen genannt, auf die ich noch zurückkommen werde. Das nächste Projekt ist nun das folgende:

> The second major project of the Institute was a comparative investigation among radio listeners. Its aim is to compare the effects of German-language programs sponsored by the occupying powers and recognized as such by the Germans. The survey is organized as a systematic, extensive test among experts from various fields of public life, who give their opinions on broadcasts of the BBC, the Voice of America and Eastern stations.[41]

Über dies bemerkenswerte Stück »administrative research« ist bislang so gut wie nichts bekannt[42]: ein Abschlußbericht wurde nie veröffentlicht, und Leo Löwenthal, damals gerade Forschungsdirektor bei ebendieser »Voice of America«[43], der ein Teil des Forschungsauftrags galt, und in dieser Zeit in dieser Eigenschaft mehrfach in Deutschland und auch in Frankfurt, hat sich dazu in seinem autobiographischen *Mitmachen wollte ich nie* nicht geäußert[44], obwohl er dem Frankfurter Institut (und Lazarsfelds Bureau of Applied Social Research an der Columbia University) das Projekt vermittelt hatte.[45] Die Horkheimersche Vorstellung seines Instituts dürfte gerade wegen dieses Projekts bei seinen (amerikanischen und besonders den deutschen) Lesern den von Wiggershaus schon angesichts des »Gruppenexperiments« geschilderten Eindrucks eines »halbamerikanischen« Instituts verstärkt haben.[46]

40 Ebd., S. 26.

41 Ebd., S. 70.

42 Von wenigen Bemerkungen bei Wiggershaus 1986, S. 491 f. abgesehen.

43 Löwenthal 1980, S. 109 ff.

44 Ebd., S. 142 f. hat er aber beschrieben, mit welcher Naivität die Untersuchungsabteilung der »Voice of America« in Deutschland Hörerforschung betrieb. Vielleicht ist das auch der Ausgangspunkt für die Vergabe eines entsprechenden Forschungsauftrags an das Horkheimer-Institut gewesen.

45 Wiggershaus 1986, S. 491.

46 Ein kürzerer (unveröffentlichter) Folgebericht von Horkheimer (1952) aus der Feder Joseph Maiers soll im *Jahrbuch für Soziologiegeschichte 1993* abgedruckt und kommentiert werden. Maier war Mitte der dreißiger Jahre Hilfsassistent am Horkheimer-Institut geworden.

Dies fällt auch dann noch auf, wenn Horkheimer an einer Stelle des »Survey« vorsichtige Kritik an gewissen Tendenzen der westdeutschen Soziologie äußert, die man als »Überamerikanisierung« benennen könnte. In seiner Einleitung erinnert er nämlich zunächst an die deutsche Tradition einer Verbindung von Soziologie und Sozialphilosophie:

In Germany, sociology has always been associated with philosophy. We need only recall the influence of Hegel and Fichte, Lorenz von Stein and Karl Marx, the conservative theory of the State and the so-called »socialism of the chair« (Kathedersozialismus). The work of Dilthey, which exerted great influence on German sociology, may be viewed as the attempt at a positivist continuation of hegelianism. The founders of the newer German sociology, Ferdinand Tonnies and Max Weber, were indebted to philosophy, and Georg Simmel was a philosopher by training; and the teaching of the Christian theory of society is unthinkable without reference to theology and metaphysics. Today, however, the trend in sociological thinking is away from philosophy and theory.

Aber die Kritik an der Tendenz, diese beiden Gebiete scharf voneinander zu trennen, wird dann Leopold von Wiese in den Mund gelegt, also dem Leiter des Kölner Instituts, das in den fünfziger Jahren – besonders unter von Wieses Nachfolger René König – zeitweise in eine Art Wettlauf mit den Frankfurtern hinsichtlich der Rezeption und Verbreitung amerikanischer Sozialwissenschaft getreten zu sein scheint:

The potential dangers inherent in this trend have been trenchantly described by professor von Wiese. It is to be feared, he says, »that all possible techniques and mere research methods will completely crowd out theory and system« with the result that »research work that is unsystematic and poor in theory frequently results in much activity but, measured by the results achieved, costs too much in time, money and effort«.[47]

47 Horkheimer 1952, S. VIII f.

2. Abnehmende Wertschätzung empirischer Sozialforschung im Laufe der fünfziger Jahre bei Adorno

2.1 Der Einstellungswandel

Bei Adorno ist die Tendenz zur positiven Bewertung der empirischen Sozialforschung in den frühen fünfziger Jahren besonders ausgeprägt. Sie kontrastiert auffällig mit seinen späteren Äußerungen im letzten Drittel der fünfziger Jahre zu diesem Thema. Aufschlußreich ist hier vor allem der 1951 gehaltene Vortrag »Zur gegenwärtigen Stellung der empirischen Sozialforschung in Deutschland«.[48] Hier wird die Funktion empirischer Sozialforschung durchweg positiv gesehen, und dies aus drei Gründen.

Erstens habe sie ein demokratisches Potential und sei gerade deshalb von den Nazis »mit gutem Instinkt« als »unerwünscht« abgelehnt worden:

> Daß der statistischen Erhebung jede Stimme gleich viel gilt, daß der bei der Bildung von Querschnitten so wichtige Begriff des Repräsentativen kein Privileg kennt, erinnerte allzusehr an die freie und geheime Wahl, mit der denn auch die einschlägigen Erhebungen den Namen »Poll« teilen.[49]

Zweitens benötige gerade ein zerstörtes und ökonomisch desorganisiertes Land wie das besiegte Deutschland verläßliche Daten etwa zur sozialen Lage der Flüchtlinge, ohne die ein Wiederaufbau kaum denkbar sei. Solche »Kenntnis der Verhältnisse« sei aber »anders als durch kontrollierte empirische Methoden nicht zu gewinnen«.[50] So wird in der Wiederaufbauphase also ausdrücklich auch Forschung vom Typ des »administrative research« gutgeheißen. Allgemeiner äußert sich Adorno über die empirische Sozialforschung so:

> Er [der social research, Verf.] steht dem amerikanischen Pragmatismus näher als jede andere Wissenschaft. Daß er aus der Marktforschung her-

48 Adorno 1952.
49 Ebd., S. 478 f.
50 Ebd., S. 479, ähnlich auch S. 492.

vorging, daß seine Techniken weithin auf kommerzielle und administrative Zwecke zugeschnitten sind, ist ihm nicht äußerlich ... Bei den Naturwissenschaften wird eine solche Erkenntnisstruktur, außer in wenigen Gebieten, für selbstverständlich gehalten. In den Wissenschaften von den menschlichen Dingen scheint sie befremdlich und mit Begriffen wie Würde und Innerlichkeit unvereinbar ...[51]

Hier wird schon eine gewisse Ambivalenz gegenüber der Sozialforschung spürbar. Aber immerhin hat Adorno die kritischen Bemerkungen hier lediglich referiert, ohne sie sich zu eigen zu machen. Außerdem läßt der von ihm gewiß nicht geschätzte Begriff der »Innerlichkeit« Distanz zur referierten kritischen Haltung gegenüber der Sozialforschung erkennen.
Drittens bedürfte der »Zustand der Überreste der deutschen geisteswissenschaftlichen Soziologie ... als seines Korrektivs dringend der empirischen Methoden«.[52] Mit diesen »Überresten« ist etwa die geläufige Entgegensetzung von Gesellschaft und Gemeinschaft und dann erst recht die solchen »Kategorien« wie Blut und Boden verhaftete Ideologie des Nationalsozialismus gemeint. Wenn Adorno in diesem Zusammenhang sagt:

So kann man in der Agrarsoziologie immer noch auf Ausdrücke wie Bodenverbundenheit, den bäuerlichen Menschen und ähnliche Clichés herabgesunkener Romantik stoßen, die einzig dazu taugen, den Menschen die bestimmte Tendenz der Technifizierung und Rationalisierung sei's zu verschleiern, sei's zu versüßen[53],

kann man darin einen Hinweis auf seinen eigenen Beitrag zur Entmystifikation dieser Verhältnisse im Rahmen der Darmstadt-Studie spüren, auf den auch an anderen Stellen des Textes ausführlich angespielt wird.
Auch das Umfeld des Vortrags, eine Tagung der maßgeblichen Meinungsforschungsinstitute in der Bundesrepublik, macht deutlich, daß hier keine Abgrenzungsprobleme existierten. Der Mitarbeiter des Instituts Diedrich Osmer informierte über die erste großangelegte empirische Meinungsforschungsstudie des Instituts – die 1955 unter dem Titel »Das Gruppenexperiment« veröffentlicht wurde – und erntete damit lebhaftes Interesse und kaum

51 Ebd., S. 491.
52 Ebd., S. 481.
53 Ebd.

Widerspruch.[54] Adorno beteiligte sich engagiert sogar an Diskussionen über praktische Organisationsfragen der Meinungsforschung.[55]
Auch ein grundsätzlich gewandeltes Verhältnis zu den vom Positivismus so hochgeschätzten Naturwissenschaften angesichts der philosophischen Verhältnisse in der Bundesrepublik kommt in einem Vortrag Adornos über die »Situation des Menschen« zum Ausdruck, der am 2. Mai 1952 im Hessischen Rundfunk ausgestrahlt wurde. Darin sagt Adorno unter anderem:

Es rechnet, nebenbei gesagt, zu den bedenklichsten Symptomen des philosophischen Bewußtseins heute, daß es, im Gegensatz zur großen Philosophie bis Kant, den Naturwissenschaften vollkommen sich entfremdet hat. Die Hoffnung, eines Absoluten mächtig zu werden durch die Frage nach dem ein für alle Male vorgezeichneten Menschenwesen, hat etwas Absurdes, wenn gleichzeitig die Physik lehrt, daß ein Elektron zur gleichen Zeit an zwei verschiedenen Orten sein kann, oder daß der Unterschied von Materie und Energie nicht gilt.[56]

Nur fünf Jahre später hatte sich Adornos Wertschätzung der empirischen Sozialforschung so weitgehend verändert, daß Paul Lazarsfeld rückschauend den folgenden Eindruck hatte:

Adorno ließ sich auf eine endlose Reihe von Aufsätzen ein, die das Thema Theorie und empirische Forschung behandelten. Diese wurden immer schärfer und die Schmähungen nahmen zu. Dumm, blind, gefühllos, steril wurden homerische Attribute, wann immer der Empiriker erwähnt wurde ... Wenn man den Aufsatz untersucht, der als erster deutlicher Ausdruck dieser neuen Linie am häufigsten zitiert wird, so kann man kaum glauben, daß er vom selben Autoren stammt wie der eben zitierte.[57]

54 Siehe Osmer 1952 und die »Allgemeine Diskussion«, besonders S. 209 f.
55 Institut zur Förderung öffentlicher Angelegenheiten 1952, darin »Diskussion über organisatorische Fragen«, S. 225-234.
56 Manuskript unter diesem Datum im Briefwechsel Horkheimer/Adorno. Die festgestellte Tendenz wird durch die Fortsetzung leicht relativiert: »Umgekehrt sind die Naturwissenschaften von jener Entfremdung nicht weniger betroffen: sie verwechseln die saubere Herausarbeitung und Verfeinerung ihrer Logik und Methoden mit der verstehenden Reflexion auf das, was sie finden.« Die behauptete Absurdität kann ich im übrigen – einmal abgesehen von dem famosen Elektron – nicht nachvollziehen.
57 Lazarsfeld 1975 S. 112. Der »eben zitierte« ist Adorno 1952, »der als erster Ausdruck dieser neuen Linie am häufigsten zitiert wird«, ist Adorno 1957b.

Lazarsfelds Darstellung ist nach dem Vorlauf seiner Auseinandersetzungen mit Adorno aus den Zeiten des Radio-Projekts sicher mit Vorsicht zu interpretieren. »Homerische Attribute« wie die erwähnten habe ich in keinem einzigen einschlägigen Adorno-Artikel entdecken können. Aber für Lazarsfelds These einer kaum glaublichen Autorschaft Adornos bei beiden Artikel spricht doch einiges.[58] Dies fällt vor allem dann auf, wenn man die Stellungnahme Adornos zu den Eigenschaften der empirischen Sozialforschung, wegen deren er ihr noch 1952 eine demokratische und aufklärerische Tendenz zugeschrieben hatte, mit seiner entsprechenden Stellungnahme »Soziologie und empirische Forschung« von 1957 vergleicht, die er im März des Jahres zu Beginn einer Tagung im Institut für Sozialforschung vorgetragen hatte.[59]
Von einer angesichts des geisteswissenschaftlich geprägten Erbes der deutschen Soziologie und dessen Verwandlung in die Blut- und Boden-Ideologie des Nationalsozialismus bedeutsamen aufklärerischen Funktion der empirischen Soziologie ist nun nicht mehr die Rede. Auch die politische Notwendigkeit administrativ orientierter Forschung für den Wiederaufbau wird nicht mehr gesehen. In diesen beiden Hinsichten wäre freilich zu fragen, ob sie vielleicht im herrschenden Trend der bundesdeutschen Soziologie zu Ende der fünfziger Jahre auch nicht mehr bestanden bzw. wegen des Abschlusses der Rekonstruktionsperiode nicht mehr erforderlich waren.
In der Frage des demokratischen Potentials der Umfrageforschung schließlich verwendet Adorno 1957 dasselbe Argument, das ihm 1952 zum Nachweis eines demokratischen Gehalts der Meinungsforschung gedient hatte, nämlich die Verwendung der Formel »one man, one vote« in den »polls« (in beiderlei Bedeutung), nun als Nachweis für verdinglichtes Bewußtsein:

58 Der erhebliche Wandel in den Anschauungen Adornos zum Thema »Theorie/Empirie« in den fünfziger Jahren wird übrigens auch von Jay 1976, S. 295 herausgestellt.

59 Diese Tagung zum Thema »Theorie und Empirie« war schon seit längerem zwischen Berliner, Göttinger und Frankfurter Soziologen abgesprochen, erhielt aber durch die öffentliche Kontroverse über das »Gruppenexperiment« (siehe unten) besondere Aktualität. Dieser Bezug wird in Lieber 1957, S. 498 f., einem bei dieser Veranstaltung gehaltenen Vortrag, auch explizit hergestellt. (Für diese Hinweise danke ich Prof. Hans-Joachim Lieber, Köln).

So positivistisch die Verfahrungsweisen sich gebärden, ihnen liegt implizit die etwa von den Spielregeln demokratischer Wahl hergeleitete und allzu bedenkenlos verallgemeinerte Vorstellung zugrunde, der Inbegriff der Bewußtseins- und Unbewußtseinsinhalte der Menschen, die ein statistisches Universum bilden, habe ohne weiteres Schlüsselcharakter für den gesellschaftlichen Prozeß ... Alle Meinungen gelten ihnen virtuell gleich, und so elementare Differenzen wie die des Gewichts von Meinungen je nach der gesellschaftlichen Macht fangen sie lediglich in zusätzlichen Verfeinerungen, etwa der Auswahl von Schlüsselgruppen, auf. Die Dinghaftigkeit der Methode, ihr eingeborenes Bestreben, Tatbestände festzunageln, wird auf ihre Gegenstände, eben die ermittelten subjektiven Tatbestände, übertragen, so als ob die Dinge an sich wären und nicht vielmehr verdinglicht.[60]

2.2 ... und seine Erklärung

Wie ist die im Laufe der fünfziger Jahre zunehmende Distanz zur empirischen Sozialforschung und damit einhergehend die wachsende Kritik am sozialwissenschaftlichen Positivismus in den wissenschaftstheoretischen Äußerungen Adornos zu erklären? Lazarsfeld hat dafür folgende zwei Hypothesen erwogen:

Wenn man seine [Adornos, Verf.] »mißtrauische« Technik anwenden wollte, könnte man sagen, daß es 1951 noch von Vorteil war, eine »amerikanische Position« einzunehmen, während fünf Jahre später die Tracht der allumfassenden Philosophie wahrscheinlicher zu der Eliteposition führte, die er jetzt einnimmt. Eine freundlichere Interpretation wäre, daß die jüngere Generation deutscher Soziologen von den empirischen Methoden zu stark beeindruckt wurde und daß Adorno der Meinung war, er müsse die bedrängte Position ernsthafter Reflexion unterstützen.[61]

Beide Hypothesen sind nicht unplausibel, aber meines Erachtens falsch. Gewiß war die Beziehung des Instituts zur amerikanischen Besatzungsmacht nach seiner Rückkehr recht eng. Gegen die erste Hypothese spricht aber das Faktum, daß das Institut seit Beginn der fünfziger Jahre mit großem Aufwand empirische Forschung betrieben hat, die genau Adornos 1952 publizierter programmatischer Position entspricht. Ich meine als Prototyp für eine kritische empirische Sozialforschung das bereits erwähnte »Gruppenexperiment«. Wollte man vermuten, eine positive Sicht empirischer

60 Adorno 1957b, S. 85.
61 Lazarsfeld 1975, S. 114.

Sozialforschung zu Anfang der fünfziger Jahre hätte nur den Sinn einer taktischen Verlautbarung, müßte man das auch für die gesamte umfangreiche empirische Tätigkeit des Instituts in dieser Zeit behaupten, und das wäre wohl eine sehr unplausible These.
Auch die zweite Lazarsfeldsche Hypothese trifft nicht den Tatbestand. Denn Adorno wollte nicht nur jüngere Forscher vom Positivismus fernhalten, sondern hat auch seine eigene Haltung entsprechend geändert. Da er sich verschiedentlich bemüht hat, diesen Eindruck durch nachträgliche Retuschen bei Neuausgaben seiner früheren Arbeiten nach außen hin erst gar nicht entstehen zu lassen[62], dürfte er ihm selbst um so besser bewußt gewesen sein. Aber was waren für diese Sinnesänderung (und für das Bedürfnis, sie zu vertuschen) die Gründe?
Ich glaube, daß Adornos Einstellungsänderung gegenüber dem Wert empirischer Sozialforschung und gegenüber dem sozialwissenschaftlichen Positivismus durch folgende Faktoren erklärt werden kann:
(1) eine zunehmende Enttäuschung über die Entwicklungstendenzen der Bundesrepublik im allgemeinen und ihres Erziehungs- und Hochschulwesens im speziellen, die ihm in Richtung Restauration zu weisen schienen und damit zunehmend die Hoffnungen zunicht machten, die die aus der Emigration zurückgekehrten Mitglieder des Instituts an ihre Remigration geknüpft hatten, und – damit einhergehend –
(2) eine zunehmende Enttäuschung über eine Soziologie, die die Symptome der Restauration nur bestenfalls registrierte, im Normalfall aber guthieß oder aber, wenn diese Entwicklung einmal kritisch analysiert wurde, solche Kritik entweder ignorierte oder unter Vorwänden abtat.
Eine ausführliche Untersuchung der Art und Weise, wie die Frankfurter Schule die Gesellschaft der Bundesrepublik in den fünfziger Jahren wahrgenommen hat, wäre sicher lohnend. Dieser Kontinent scheint heute genauso versunken, wie es die kritische Theorie der dreißiger vor ihrer Wiederentdeckung in den sechzi-

62 Darüber hat sich König 1958, S. 135 schon gewundert. Das für unseren Zusammenhang interessanteste Beispiel solcher Retuschen ist der wesentlich positivismuskritischere Aufsatz Adorno 1961 als »erweiterte Fassung« von Adorno 1956. In die *Gesammelten Schriften* ist trotz gravierender Unterschiede nur der spätere Aufsatz aufgenommen worden.

ger Jahren war.[63] Allerdings wäre diese Aufgabe ungleich schwieriger. Denn veröffentlichte Äußerungen aus den fünfziger Jahren, in denen einmal explizit dargelegt würde, wodurch anfänglich vorhandene Hoffnungen auf eine bessere Entwicklung der bundesdeutschen Nachkriegsentwicklung enttäuscht worden sind, gibt es weder von Adorno noch von Horkheimer. Wie sich aus Horkheimers »Ansprache an das Hohe Haus« aus dem Jahre 1954 ergibt, hat er etwa die von der Adenauer-Regierung betriebene Wiederbewaffnung offenbar äußerst kritisch gesehen.[64] Seine fiktive Rede ist aber erst 1967 veröffentlicht worden. Andere in dieser Zeit entstandene Publikationen Adornos und Horkheimers zur Frage »Wohin treibt die Bundesrepublik?« und ähnlichen Themen sind mir aus dieser Zeit nicht bekannt.

So ist man auf der Suche nach schriftlichen Quellen einerseits auf die in dieser Zeit veröffentlichten Studien des »Instituts für Sozialforschung« verwiesen, soweit sie sich mit unmittelbaren Gegenwartsfragen befassen.[65] Andererseits bleiben die unveröffentlichten Briefe aus dieser Zeit als Quellen. Sie ergeben zwar vielleicht ein zuverlässigeres, aber jedenfalls auch kein vollständiges Bild, weil viele Punkte entweder ganz oder doch teilweise mündlich besprochen worden sein dürften.

Aus diesen Quellen ergibt sich nun, daß Adorno und Horkheimer bei weitem nicht alles kritisch verworfen haben, was aus heutiger Sicht als restaurative oder sonst bedenkliche Züge der Adenauer-Ära erscheinen mag. Über die Restauration einer kapitalistischen Wirtschaftsordnung nach dem Kriege oder auch über aktuelle Themen wie die Wiederbewaffnung findet man dort kein kritisches Wort. Vielmehr wird die nach dem Scheitern weitergehender Sozialisierungsforderungen schließlich als Friedensangebot an die Gewerkschaften eingeführte Montanmitbestimmung in Forschungen des Instituts sogar implizit als zu weitgehend kritisiert.[66] Außenpolitisch wird die Remilitarisierung sowie eine damit kongruente Bewertung des Ost-West-Verhältnisses als de-

63 Die schöne Formulierung vom »versunkenen Kontinent« stammt aus Habermas 1985c, S. 169.

64 Siehe Horkheimer 1954b.

65 Ich meine insbesondere Pollock 1955. Dabei sind aber Abstriche zu machen, da sie gewiß mit ihren impliziten politischen Bewertungen nicht immer die Ansichten der Institutsleitung wiedergeben.

66 Siehe dazu kritisch Pirker in Jander 1988, S. 58.

mokratiefreundlich angesehen.[67] Und wenn es tatsächlich ein untrügliches Kriterium von virulentem Antikommunismus gewesen sein soll, sich mit dem – wie sich später herausstellte, vom CIA gesponsorten – »Congress for Cultural Freedom« bzw. seinem deutschen Ableger einzulassen, wie Habermas behauptet[68], müssen sowohl Horkheimer als auch Adorno Antikommunisten gewesen sein.[69]
Eine äußerst kritische Haltung gegenüber der Sowjetunion läßt sich aus Briefen dieser Zeit jedenfalls gut belegen. So schreibt Adorno über einen Besuch in Wien etwa folgendes an Horkheimer:

Zu den merkwürdigsten Eindrücken der Wiener Reise gehört eine Autotour, zu der mich Topitsch eingeladen hatte, buchstäblich am Eisernen Vorhang entlang. Man macht sich keine Vorstellung, wie sehr die Grenze gegen den Ostbereich wirklich jener Situation entspricht, wo die Welt mit Brettern zugenagelt ist. Ich glaube, wir machen uns immer noch keine zureichende Vorstellung davon, wie sehr der Herrschaftsbereich des Herrn Chruschtschow vor allem anderen wirklich Osten ist: hier wie in vielen anderen Dingen bewährt sich am Ende auch noch die Idee des Spießbürgers, das, was einmal so ganz anders gemeint war, sei eben Asien. Zu diesem Grauen paßt genau die antisemitische Rede des nüchtern betrunkenen Herrn.[70]

Im Jahr zuvor hatten Adorno und Horkheimer über eine zustimmende Adresse an den Marburger Philosophen Julius Ebbinghaus anläßlich dessen öffentlicher Stellungnahme zur Suezkrise korrespondiert. Darin sollte es heißen:

Daß man die Humanität gerade einem mit Moskau konspirierenden Faschistenhäuptling wie Nasser gegenüber entdeckt; daß man, wie zu Hitlers Zeiten, den Vertragsbruch mehr respektiert als den Vertrag und die Vertragssanktion; und daß kein Mensch auch nur zur Sprache bringt, daß diese arabischen Raubstaaten seit Jahren einzig darauf lauern, über Israel herzufallen und die Juden, die dort ihre Zuflucht gefunden haben, abzuschlachten ... das ist ein Symptom des öffentlichen Bewußtseins, das man

67 Siehe dazu unten, S. 300ff.
68 Habermas 1985a, S. 31.
69 Siehe das Heft *Kontakte* vom September/Oktober 1952 im Briefwechsel Horkheimer/Adorno. Es enthält einen Bericht über »Das Kölner Mittwochsgespräch des Kongresses für kulturelle Freiheit« über »Kulturelle und soziale Strukturveränderungen in einem vereinten Deutschland«, an dem sich auch Adorno beteiligt hat.
70 Adorno an Horkheimer, 17.4.1958.

überaus schwer zu nehmen hat. Die Verlogenheit, mit der man in fast allen Lagern zwar über Eden, aber nicht über Nasser sich entrüstet, zeigt eine Verwirrung des Gedankens, die nichts Gutes erhoffen läßt.[71]

An diesem Brief zeigt sich – wie auch schon am davor zitierten –, daß Adorno und Horkheimer auch zunehmende Anzeichen für ein Erstarken des Antisemitismus sahen und entsprechend empfindlich reagierten.

Aktualisierten solche Vorgänge auf der internationalen Ebene schon Bedrohungsgefühle, muß das um so mehr bei entsprechenden Ereignissen in ihrer unmittelbaren Umgebung an der Universität Frankfurt der Fall gewesen sein. So hatte Horkheimer schon während Adornos letzten USA-Aufenthalt 1953 Anlaß, vom Wiedererstarken der Reaktion an der Hochschule zu berichten:

Das Klima hier wird nicht gerade besser. Die alten Herren der Korporation haben sich zu einem Kampfspiel gegen mich entschlossen, das die Gewohnheiten vor 1933 in dieser Sphäre weit übertrifft. Was daraus und einigem anderen noch entstehen mag, weiß ich nicht.[72]

In dieser aufgeladenen Situation schien es Horkheimer sogar geraten, den nach seiner Dokumentation über die Nürnberger Ärzteprozesse in die Schußlinie reaktionärer ärztlicher Standesvertreter geratenen Alexander Mitscherlich nicht am Institut zu beschäftigen. Denn ihn behandle man schon allenthalben als »neuen Gumbel«[73], was bei Horkheimer Assoziationen an Schwierigkeiten wachgerufen haben könnte, die er sich vor 1933 wegen seiner Unterschrift unter eine Solidaritätserklärung für Gumbel vielleicht eingehandelt hat. Horkheimer schreibt deshalb am 16. 2. 1953 an Adorno, eine Aufnahme Mitscherlichs ins Institut würde

wahrscheinlich die offene Attacke auslösen, der wir bis jetzt entgangen sind. Die Rachsucht der Völkischen ist wahrhaft alttestamentarisch, bis ins dritte oder vierte Glied.[74]

71 Entwurf eines Briefs von Horkheimer an Julius Ebbinghaus (Marburg), 7. 1. 1957, als Anlage zum Brief Horkheimer an Adorno, 28. 1. 1957.

72 Horkheimer an Adorno, 15. 5. 1953.

73 Horkheimer an Adorno, 16. 2. 1953; siehe dazu auch Wiggershaus 1986, S. 514 f.

74 Ebd.

Adorno mußte nach seiner endgültigen Rückkehr aus den USA persönliche Bekanntschaft mit fortdauernden antisemitischen Ressentiments machen. Ihm wurde nämlich bei Beratungen in einer Berufungskommission vor seiner Berufung auf einen Lehrstuhl für Philosophie und Sozialphilosophie nachgesagt, man brauche nur die Protektion Horkheimers zu haben und Jude zu sein, um in Frankfurt Karriere machen zu können.[75] Auch das bereits seit der Weimarer Republik bekannte Wort von der Frankfurter Universität als »Klein-Jerusalem« machte erneut die Runde.

Adorno empfahl denn auch kurze Zeit nach seiner Berufung Horkheimer, gemeinsam darauf zu achten, »daß wir in dem restaurativen Deutschland nicht zu sehr in Isolierung kommen«.[76] Dieser Brief fiel nun in einen zeitlichen Kontext, der dafür zu sprechen schien, daß sich restaurative Tendenzen auch verstärkt in der Soziologie rührten.

Von großer Bedeutung für die Aufnahme des vom Frankfurter Instituts verfolgten Programms eines (von Lazarsfeld so genannten) »critical research« ist die Behandlung der ersten großangelegten empirischen Arbeit des Instituts in den USA, der *Authoritarian Personality*, in einem 1954 herausgegebenen Besprechungsband von Christie und Jahoda gewesen. Der größte Teil der damit zusammenhängenden Episode spielte sich schon im Vorfeld der Veröffentlichung ab. Jahoda, die selbst an den *Studies in Prejudice* beteiligt gewesen war[77], hatte Adorno nämlich einen Durchschlag des Manuskripts zugesandt. In einem Brief vom 20. Juni 1953 bat Adorno nun Horkheimer, sich im Institut den Text geben zu lassen. Ein Artikel hatte den besondern Unwillen Adornos erregt: »Der Beitrag des Herrn Shils ist wohl das Krasseste, das uns bis jetzt widerfuhr.«[78]

Shils, der Horkheimer und Adorno übrigens seit seiner Mitarbeit an den *Studies in Prejudice* bekannt war[79], hatte seinen Aufsatz

75 Wiggershaus 1986, S. 521 und Hammerstein 1989, S. 801 f.

76 Adorno an Horkheimer, 30. 1. 1957.

77 Sie hatte zusammen mit Nathan W. Ackerman den Band *Antisemitism and Emotional Disorder* verfaßt.

78 Adorno an Horkheimer, 20. 6. 1953.

79 Siehe dazu Wiggershaus 1986, S. 422 und 473. Adorno hatte Shils auch persönlich kennengelernt, als er im März 1945 nach Chicago fuhr, um dort mit Bettelheim zu einer »administrativen und sachlichen Verein-

»Authoritarianism: ›Right‹ and ›Left‹« mit längeren Ausführungen darüber begonnen, daß das klassische Rechts-Links-Schema zur Erklärung der politischen Verhältnisse der Gegenwart mehr und mehr ungeeignet geworden sei. Dies zeige sich in der Gegenwart besonders an den beiden Formen des Autoritarismus, nämlich Faschismus und Kommunismus. Denn diese hätten sehr viele Züge gemeinsam, obwohl man sie nach dem Schema an die entgegengesetzten Enden der politischen Skala postieren müsse. Nach diesen – scheinbar[80] – allgemeinen Betrachtungen leitet Shils auf sein Besprechungsobjekt über:

The obsolete belief that all political, social and economic philosophies can be classified on the Right-Left continuum however dies very hard. A recent and very instructive instance of this steadfast adherence to the Right-Left polarity is the momumental investigation into »The Authoritarian Personality«. An examination of the manner in which political preconceptions enter into one of the most elaborate social-psychological investigations hitherto undertaken illuminates important problems of procedure in social research and offers opportunities for the further interpretation of a body of rich data. The left-right dichotomy is present not only in the general interpretative chapters written by professor Adorno but even in the severely empirical chapters written by professor Levinson and Dr. Sanford. The entire team of investigators proceeds as if there were an unilinear scale of political and social attitudes at the extreme right of which stand the Fascist – the product and proponent of monopoly-capitalism –, at the other end what the authors call the complete democrat who – as I shall presently demonstrate – actually holds the views of the non-Stalinist Leninist.[81]

barung« über deren Beteiligung an den *Studies in Prejudice* zu kommen, die dann in einem Memorandum niedergelegt wurde (Adorno an Horkheimer, 15.3.1945 und Horkheimer an Adorno, 23.3.1945). Vergleiche damit die Darstellung in Shils 1975, S. 87f., die Horkheimer und sein Institut (in einem wertenden Vergleich mit Karl Mannheim) und auch die *Studies in Prejudice* sehr kritisch bespricht, aber mit keinem Wort seine eigene Beteiligung daran erwähnt.

80 Shils 1954, S. 27 schreibt unter anderem: »Ingenious and erudite Marxist writers ... in the late 30's and early 40's sought to overcome the embarassment for their system of thought by the argument that Nazism was the servant of German Capitalism.« Das scheint schon auf die Frankfurter Schule gemünzt zu sein.

81 Shils 1954, S. 28.

Shils versucht dann, anhand des in der *Authoritarian Personality* selbst ausgebreiteten Materials den Nachweis der These zu führen, daß sich linker und rechter Autoritarismus trotz oberflächlicher Unterschiede im Kern gleichen. Die Implikation dabei war, daß Adorno und Mitarbeiter sich der Verharmlosung des Kommunismus schuldig machten, eine zu Zeiten McCarthys keine ganz ungefährliche Behauptung für die Beschuldigten.[82]
Adorno, »rather shocked by his [Shils', Verf.] article«[83], verlangte daraufhin von Jahoda, sie möge von Shils die Zurücknahme seiner Formulierung erwirken. Shils lehnte dies ab. Daraufhin entschloß sich Jahoda, einige Bemerkungen in ihr Vorwort aufzunehmen, die auf eine Abschwächung der Shilsschen These durch Hinweise auf jene »rigid low scorer« auf der F-Skala hinausliefen, deren Vorurteilsfreiheit gegenüber Minderheiten nicht in ihre Persönlichkeit integriert sei, sondern nur »from some general, external, ideological pattern« herrühre.[84] Deshalb seien diese »definitely disposed toward totalitarianism in their thinking«. Jahoda schloß den Abschnitt über den Shils-Artikel in ihrer Einleitung mit den Bemerkungen:

Whether the much less thorough discussion of the »rigid« low in »The Authoritarian Personality« is the inevitable result of a scarcity of such cases (as the authors think) or of a shortsightedness in the analysis (as Shils thinks) the reader of both will have to decide for himself.
The importance of Shils' contribution for an understanding of the current political climate in this country need hardly be pointed out. The chapter should stimulate sociologists and social psychologists to greater political sophistication in their reality-oriented research on the crucial questions of our times.[85]

Angesicht der bemühten Ausgewogenheit dieser letzten Bemerkungen ist es leicht verständlich, wenn Adorno diese »Geste der Jahoda ... äußerst schwach«[86] fand. Inhaltlich hätte Adorno Jahodas Hinweis auf den »rigid low« durchaus zugestimmt. Denn in einem späteren Aufsatz »Starrheit und Integration« räumt er

82 Shils selbst erwähnt McCarthy und seine Umtriebe am Rande kritisch (ebd., S. 30, Anm. 3).
83 Adorno an Jahoda, 23.6.1953, Kopie im Briefwechsel Horkheimer/Adorno.
84 Jahoda 1954, S. 21.
85 Ebd.
86 Adorno an Horkheimer, 10.7.1953.

durchaus ein, den Hauptakzent auf den faschistischen »ideologisch starr festgelegten Typus« gelegt zu haben und nicht auf den kommunistischen »rigid low«. Das sei allerdings auch gar nicht anders möglich gewesen, weil »es an Versuchspersonen in der Stichprobe fehlte, die nach den Parolen der kommunistischen Partei sich richteten«[87] und weil das zum großen Teil noch vor Kriegsende gesammelte Material den anderen Aspekt als besonders aktuell erschienen ließ. Immerhin seien aber die Abschnitte über den »rigid low« nicht zu übersehen gewesen, so daß hier gelte: »Was also unter dem Aspekt dem Buch entgegengehalten wurde, steht bereits darin.«[88]

Im Sommer 1953 bat Adorno Horkheimer, auf dem bevorstehenden Hamburger »Kongreß für kulturelle Freiheit« auf Shils mit dem Ziel einzuwirken, »seine verleumderischen und gefährlichen Aussagen zurückzunehmen«.[89] Dazu scheint es nicht gekommen zu sein. Denn Shils hat, statt irgend etwas zurückzunehmen, die Polemik gegen die Frankfurter Schule bei gleichbleibendem Tenor in der Folge noch erweitert, wenn er etwa 1957 schrieb:

> Es ist kein Zufall, daß die jüngsten Kritiker der Massenkultur in ihrer Mehrzahl marxistische Sozialisten von einem teilweise nicht unerheblichen Extremismus sind oder waren [es folgt eine Vorstellung führender Mitglieder der Frankfurter Schule, Verf.].[90]

Die geschilderte Episode ist nun in verschiedener Hinsicht für Adorno von entscheidender Bedeutung gewesen. Sie dürfte nämlich seiner Hoffnung einen Dämpfer versetzt haben, mit »critical research« noch auf positive Resonanz in der amerikanischen Gesellschaft oder auch nur in deren Soziologie zu stoßen. Offenbar hat sie ihn sogar dazu bewogen, endgültig nach Deutschland zurückzukehren und dabei jede Rücksicht auf die Beibehaltung seiner amerikanischen Staatsbürgerschaft aufzugeben, die ihn bis dahin an einer definitiven Rückkehr gehindert hatte. Im Brief an Horkheimer gewinnt die Notwendigkeit dieser Rückkehr geradezu dramatische Züge, wenn Adorno davon spricht, er habe »das bestimmte Gefühl ... *daß ich draußen sein muß*, ehe das von der

87 Adorno 1959, S. 374.
88 Ebd., S. 375.
89 Adorno an Horkheimer, 10. 7. 1953.
90 Siehe zu diesem Zitat und seinem Kontext im Streit um die Massenkultur bzw. Kulturindustrie: Kellner 1982, S. 505.

reizenden Mitzi herausgegebene Buch erschienen ist.«[91] Diese Befürchtungen waren sicher übertrieben. Weit davon entfernt, ihren Autoren zu schaden, hat sich die *Authoritarian Personality* trotz immer wieder auftauchender scharfer Kritik mehr und mehr zu einem Klassiker der amerikanischen Soziologie und Sozialpsychologie entwickelt.[92]

In der Bundesrepublik, in die Adorno nun zurückkehrte, hatte eine Diskussion über die *Authoritarian Personality* noch kaum begonnen. Zwar erfolgte eine erste Besprechung bald nach Erscheinen, offensichtlich, weil Adorno sich direkt an Leopold von Wiese mit einer entsprechenden Bitte gewandt hatte. Aber die Besprechungen von Wieses fielen dann so aus, daß sie eine weitere Beschäftigung als durchaus entbehrlich erscheinen ließen. Denn er lobte zwar immer wieder die methodische Raffinesse der Untersuchung, insbesondere die fortgeschrittenen projektiven Verfahren, stellte ihren Inhalt aber weitgehend so dar, als könne man daraus nur etwas über die Gesellschaft der USA lernen.[93] Die im Zusammenhang mit seinen Rezensionen entstandene Arbeit über »Psychoanalyse und Soziologie«[94] relativiert die in den Rezensionen ausgesprochene Hochschätzung analytischer Verfahrensweisen darüber hinaus erheblich und enthält, wie Michael Neumann mit Recht hervorgehoben hat[95], auch ziemlich bedenkliche Formulierungen und Untertöne.

Man geht wohl nicht fehl in der Annahme, daß folgende Formulierungen in Horkheimer/Adornos Aufsatz »Vorurteil und Charakter« von 1952 die Relativierung der *Authoritarian Personality* auf den US-amerikanischen Kulturkreis korrigieren sollen, wie sie von Wiese vorgenommen hatte:

Das aber [das »kulturelle Klima«, Verf.] herrscht keineswegs bloß in einem Lande, sondern dürfte auf der ganzen Welt zu finden sein und gesellschaft-

91 Adorno an Horkheimer, 24. 5. 1953.

92 Siehe als Überblick über die Sekundärliteratur Christie/Cook 1958 und Jay 1976, S. 282-296.

93 Siehe v. Wiese 1950a, S. 221 und 1950c, S. 472 unten. In 1950a, S. 218 schreibt er zum Beispiel: »Vielleicht ist der größte Gewinn, den man in rein wissenschaftlicher Hinsicht aus dem Riesenmateriale dieses Forschungswerks ziehen kann, der umfassende Einblick in Leben und Reagieren von Menschen eines bestimmten Kulturkreises«.

94 v. Wiese 1950b.

95 Neumann 1988.

liche Veränderungen ausdrücken, die sich unabhängig von Landesgrenzen vollziehen.[96]

Zu einer weitergehenden Auseinandersetzung haben sich die Autoren aber nicht entschließen können. Offenbar wollten sie ihre Integration in die bundesdeutsche Soziologie und ihre beginnende Kooperation mit von Wiese und dem wichtigen Kölner Institut nicht aufs Spiel setzen. Das Ergebnis war jedenfalls, daß »die Zunft, ermuntert auch durch den Beitrag von Wieses, das Thema der Studie kaum diskutierte und es schnell zu den Akten legte«[97] und daß infolgedessen »die Hoffnungen Horkheimers und Adornos auf anerkannte Mitarbeit in gesellschaftlichen Fragen sich zunächst nicht erfüllten«.[98]

Die Aufnahme der ersten großen eigenständigen empirischen Studie des Instituts nach seiner Rückkehr nach Frankfurt, des »Gruppenexperiments«, hat Adornos Hoffnungen, mit einem empirisch abgesicherten »critical research« gleichzeitig auch ein kritisches Einwirken einer so verstandenen Soziologie auf die Gesellschaft der Bundesrepublik durchzusetzen, nach den Erfahrungen mit Shils und von Wiese über die *Authoritarian Personality* einen weiteren Schlag versetzt. Sie hat zur Reaktivierung grundsätzlicher Zweifel am Wert empirischer Sozialforschung beigetragen, die schließlich erneut in eine scharfe Positivismuskritik einmündeten.

Den Stellenwert des »Gruppenexperiments« versteht man besser, wenn man statt des in seinem Titel angesprochenen Methodenaspekts die inhaltliche Frage »Wo stehen die Deutschen?« zur Charakterisierung nimmt, mit der eine erste Vorstellung von Ergebnissen im Januar 1953 gegenüber »Praktikern des öffentlichen Lebens« charakterisiert worden war.[99] Bei dieser Studie handelt es

96 Horkheimer/Adorno 1952, S. 371.

97 Neumann 1988, S. 116.

98 Ebd., S. 121.

99 Siehe »Plan für zwei Tagungen« (zum »Gruppenexperiment«) im Horkheimer-Archiv IX 227, S. 1-3. Zur Vorbereitung dieser Tagungen, die am 23./24. 4. 1953 in Frankfurt stattfanden, heißt es dort unter anderem: »Das Gewicht der Tagung mit den Soziologen sollte auf der Diskussion der Methode liegen, während bei den Praktikern die Frage nach Anwendungsmöglichkeiten der neuen Methode einerseits und nach der Therapie für den aus den Ergebnissen der Gruppenuntersu-

sich um die Auswertung von 138 Gruppendiskussionen, die 1951 veranstaltet wurden. Den Auslöser für die Diskussion bildete jeweils ein sorgfältig konstruierter Schlüsselreiz, der den Teilnehmern zu Beginn als Brief eines amerikanischen Besatzungssoldaten vorgestellt wurde. Darin wurden brisante Fragen wie die Haltung der Deutschen zur Auseinandersetzung mit ihrer Vergangenheit, insbesondere zur Judenpolitik der Nationalsozialisten, aber auch zu aktuellen außenpolitischen Fragen wie zum Ost-West-Verhältnis angesprochen. Diese »Versuchs«-Anordnung war gewählt worden, um die Meinungsbildung zu solchen Themen im Prozeß ihres Entstehens verfolgen zu können, wie es mit orthodoxen Befragungstechniken nicht möglich gewesen wäre. Dem Gewinn an Lebensnähe stand allerdings ein Verlust an Repräsentativität und Eindeutigkeit der Ergebnisse gegenüber, der sich etwa in den Problemen der Nichtteilnahme zur Diskussion Eingeladener, ferner der »Schweiger« oder auch der »Meinungsexhibitionisten« während der Gespräche etc. zeigte.[100]
Kritiker der Studie konnten sich in einer Lage, bei der größerer »Realismus« des Untersuchungsdesigns gegen einige methodische Nachteile abgewogen werden mußte, verleiten lassen, methodische Bedenken allzusehr in den Vordergrund zu rücken, wenn sie der inhaltlichen Diskussion der Ergebnisse ausweichen wollten. Dieser Versuch ist der damals (auch dem Frankfurter Institut[101]) als Sozialpsychologe bereits wohlbekannte Peter Hofstätter als Rezensent offenbar erlegen. Seine Besprechung erweckte bei Adorno den Eindruck, die These restaurativer Tendenzen im Bewußtsein der Westdeutschen durch methodische Überforderungen als ungesichert erscheinen zu lassen und dadurch bagatellisieren zu wollen.
Bevor ich auf diesen Punkt komme, möchte ich aber vorwegschikken, daß Hofstätter in einem interessanten inhaltlichen Fall, dem Problem einer Remilitarisierung, durchaus respektable Kritik vorgetragen hat. Dieser Gegenstand war ursprünglich nicht als Thema des »Gruppenexperiments« vorgesehen gewesen, sondern

chung sich ergebenden Zustand der Deutschen im Vordergrund stehen müßte«.

100 Siehe zur ausführlichen Diskussion solcher Methodenfragen Mangold 1960.

101 Siehe Pollock 1955, S. 19 und S. 29.

kam wegen der aktuellen politischen Entwicklung im Gefolge der Koreakrise im Jahre 1950 in den Gruppendiskussionen so häufig zur Sprache, daß er dann auch in die Auswertung aufgenommen wurde. Im Abschnitt »Wertung der Einstellungen« war nun eine etwas merkwürdige Zuordnung der Wiederbewaffnung vorgenommen worden. Es hieß dort nämlich: »Bei den Themen Demokratie, Schuld, Westen und Remilitarisierung wird die Zustimmung positiv, die Ablehnung negativ bewertet«. Zwar war diese Zuordnung der Remilitarisierung in einer Fußnote wieder etwas problematisiert worden:

Die Bewertung der Zustimmung zur Remilitarisierung als positive, der Ablehnung als negative Einstellung soll nichts anderes zum Ausdruck bringen, als daß in den Syndromen der demokratischen und antidemokratischen Meinungsäußerungen die Ablehnung der deutschen Aufrüstung häufiger bei den Gegnern der Demokratie vorkommt. Keineswegs soll diese Einordnung eine Stellungnahme zu den äußerst verwickelten Problemen der Remilitarisierung bedeuten. Sie soll auch keineswegs besagen, daß radikale Ablehnung gleichbedeutend mit antidemokratischer Gesinnung sei, was ein Unsinn wäre.[102]

Trotz dieser Verwahrung war dieser »Unsinn« dann aber im weiteren Verlauf der Auswertung zur Grundlage der Bewertung von Einstellungen zur Remilitarisierung gemacht worden.[103]
Hofstätter kritisierte in seiner Besprechung der Studie die Zurechnung der Wiederbewaffnungsgegner zu den Antidemokraten mit den Worten:

Ob man als ehrlicher Demokrat im Winter 1950/51 wirklich für die Remilitarisierung sein mußte, kann im Rahmen dieses Referats nicht überprüft werden.[104]

Allerdings, so muß man hinzufügen, scheinen Hofstätters Zweifel nicht durch die Furcht vor einem möglichen Wiederaufleben des deutschen Militarismus motiviert worden zu sein, sondern sind dem Bedürfnis entsprungen, die Politik der westlichen Besatzungsmächte zu kritisieren, in deren politischer Nähe er die Institutsstudie sah. Adornos Replik in diesem Punkt scheint mir nicht sonderlich überzeugend, und es wäre sicher interessant, die quantitativen Ergebenisse der Studie hinsichtlich des antidemo-

102 Pollock 1955, S. 127, Anm. 19.
103 Ebd., S. 229 ff.
104 Hofstätter 1957, S. 102.

kratischen Potentials der bundesrepublikanischen Bevölkerung einmal nicht auf der Grundlage der von Adorno aus dem »Gruppenexperiment« zitierten Ansicht zu berechnen, »daß die Ablehnung der deutschen Aufrüstung häufiger bei den Gegnern der Demokratie vorkommt«[105], also konkret gesprochen: der damaligen Sozialdemokratie, den Gewerkschaften und selbst Teilen der CDU unter Führung Gustav Heinemanns, sondern der Negation dieser Hypothese. Das deprimierende quantitative Gesamtergebnis nur 16% gegenüber der Demokratie positiv Eingestellter, 40% Ambivalenter und 44% negativ Eingestellter würde sich dann jedenfalls nicht unbeträchtlich zugunsten der »Demokraten« verschieben.

In allen anderen inhaltlichen Punkten dagegen scheint mir Adorno völlig im Recht. Dies gilt ganz besonders, wenn er Hofstätters Diskussion zum Thema »Aufarbeitung der Vergangenheit« kritisiert. Man kann sich heute nur wundern, wie Hofstätters Bemerkung zum »Problem des deutschen Schuldbekenntnisses hinsichtlich Krieg und KZ«, bei der qualitativen Analyse in der Studie handele es sich um »eine einzige Anklage, bzw. eine Aufforderung zur echten Seelenzerknirschung«, überhaupt Eingang in einen wissenschaftlichen Text gefunden hat. Adornos Replik trifft vollkommen den Nagel auf den Kopf, wenn er schreibt:

> Hofstätter sieht »kaum eine Möglichkeit, wie ein einziges Individuum das Grauen von Auschwitz auf sich zu nehmen imstande wäre« ... Das Grauen von Auschwitz haben die Opfer auf sich nehmen müssen, nicht die, welche, zum eigenen Schaden und dem ihres Landes, es nicht wahr haben wollen.[106]

Abgesehen von diesen beiden inhaltlichen Punkten überwiegt bei Hofstätter deutlich die Methodenkritik, also die Kritik an angeblicher Unausgewogenheit des Grundreizes, dem Problem der »Schweiger« etc., und man hat in der Tat das Gefühl, daß diese Diskussion nur dazu dienen soll, den vielen neuen Einsichten auszuweichen, die die Studie sicherlich auch dann erbracht hat, wenn man gelegentlich einige Abstriche machen muß. Deshalb ist Adorno meines Erachtens auch im Recht, wenn er im letzten Abschnitt seiner Replik schreibt:

105 Adorno 1957a, S. 110.
106 Ebd.

Hofstätters Absicht ist apologetisch: das verblendet ihn gegen das Phänomen, dessen Umriß in der Studie sichtbar wird. Die Methode soll nichts taugen, weil die Sache verleugnet werden soll, die hervortritt. Solche Absicht fährt Hofstätters eigenem Positivismus in die Parade: er gibt die Position des Werkes nicht sachgerecht wieder.[107]

In Hofstätters Rezension hatte der nun von Adorno ins Spiel gebrachte Begriff des Positivismus kaum eine Rolle gespielt. Nur beiläufig zitiert Hofstätter die Begriffsbildung »positivistisch-atomistisch«[108] und knüpft daran kurze ironische Bemerkungen. Bei Adorno ist das anders. Denn er geht im Anschluß an obiges Zitat zu folgender allgemeiner und grundsätzlicher Stellungnahme gegenüber dem Positivismus über:

Die Funktion des sozialwissenschaftlichen Positivismus hat sich gründlich verändert. Einmal wollte die Insistenz auf hieb- und stichfesten Fakten befreien von Dogma und Bevormundung. Heute gibt sie sich nur allzu willig dazu her, den Gedanken, der den sturen Befund durchdringt und übersteigt, als unwissenschaftlich und womöglich ideologisch zu verdächtigen. Indem Interpretation, die mehr als bloße Verdoppelung der Fakten ist, tendenziell abgeschnitten wird, behalten die Fakten recht in dem doppelten Sinne, daß sie da sind und hingenommen werden müssen, ohne daß nach dem Wesen gefragt würde, das hinter ihnen sich versteckt; und daß sie, im Lichte solchen Respekts, zugleich auch als respektabel legitimiert werden. Aber die Sozialwissenschaft, die sich aus Angst vor der organisierten Gedankenkontrolle das Recht auf Kritik rauben läßt, verkümmert dadurch nicht bloß, verfällt nicht bloß der Stoffhuberei eines einzig noch auf Verwaltungszwecke zugeschnittenen Research, sondern verdummt auch und verfehlt genau jene Realität, die treu zu spiegeln ihr höchster, wenngleich nicht gar zu hoher Ehrgeiz ist.[109]

An dieser Stelle taucht, so weit ich sehe, erstmals in der Frankfurter Schule explizit die Denkfigur eines sozusagen doppelten Positivismus auf, eines Positivismus also, der »das Gegebene« (im Sinne des jeweiligen gesellschaftlichen Status quo wohlgemerkt, nicht als das sinnlich Gegebene) sowohl in dem Sinne »akzeptiert«, daß er es registriert und beschreibt, als auch in dem Sinne, daß er es gutheißt und legitimiert.

107 Ebd., S. 116.
108 Hofstätter 1957, S. 98 und 102. Er spricht dort zum Beispiel von einer Zeit, »in der das negative Wertprädikat ›positivistisch-atomistisch‹ ... recht üppig gedieh«.
109 Adorno 1957a, S. 116f.

Wenn man auf die Auseinandersetzungen der dreißiger Jahre zurückblickt, scheint es, daß einzelne Mitglieder der Frankfurter Schule die nötige Differenzierung der beiden Bedeutungen von »akzeptieren« nicht immer vorgenommen haben. Anders sind Äußerungen wie die folgenden Horkheimers kaum zu erklären, die er in Vorlesungen über Autorität und Gesellschaft im Mai 1937, also just im Erscheinungsmonat seines Aufsatzes »Der neueste Angriff auf die Metaphysik«, gemacht hat. Hier diskutiert er einen hypothetischen Einwand eines braven Posistivisten, der da lautet:

Der Respekt vor den Tatsachen ... ist doch nicht irgendeine Besonderheit, die dem Respekt vor den Personen im Mittelalter gleichzuordnen wäre. Der Respekt vor den Tatsachen ist ja doch bloß ein anderer Ausdruck für den gesunden Menschenverstand (»common sense«). Ein Denken und Verhalten, das dieser Eigenschaft entbehrte, verfiele der Phantasterei und führte seinen Urheber zum Untergang.[110]

Auf diesen hypothetischen Einwand antwortet Horkheimer nun zunächst allgemein:

Darin haben Sie gewiß nicht unrecht. Aber diese Wahrheit ist nicht die ganze Wahrheit ... Der Sinn für Tatsachen ist eine notwendige, nicht schon die hinreichende Bedingung der Wahrheit.

Das erläutert er dann an zwei Beispielen, von denen mir das erste besonders interessant erscheint:

In einem Sklavenstaat ist die Sklaverei eine Tatsache. Sie mag in den Gesetzen, ja im ganzen Leben der betreffenden Gesellschaft verankert sein. Wenn nun alle Menschen diese Tatsache als gegeben hinnehmen, sich nach ihr richten und unter den gegebenen Bedingungen möglichst ohne anzustoßen existieren wollen, dann wird sie endlos dauern und niemals abgeschafft werden ... Mag nun Lincoln im übrigen ein Mann von großem »common sense« gewesen sein, mag er abgesehen von der Sklaverei recht viele Tatsachen anerkannt haben, so hat er doch gerade in diesem einen Punkt eine Ausnahme gemacht.

Man sieht hier recht deutlich, daß das Argumentationsziel, die positivistische Parole von der Anerkennung von Tatsachen zu widerlegen, nur durch die Äquivokation der zwei oben genannten verschiedenen Begriffe von »Anerkennung« erreicht wird. Das wird sofort klar, wenn man sich vergegenwärtigt, daß eine Vor-

110 Horkheimer 1936/37, S. 58.

aussetzung von Lincolns Nichtanerkennung der Tatsache Sklaverei (im legitimatorischen Sinne) ja gerade die Anerkennung der Existenz derselben Tatsache im nicht-legitimatorischen Sinne ist: Man kann nur Tatsachen bekämpfen, von deren Existenz man sich zuvor überzeugt hat.

Diese Äquivokation scheint den kritischen Theoretikern auch gegen Ende der fünfziger Jahre aufgefallen zu sein, wie sich aus folgender Stelle ergibt:

> Die gegenwärtige Soziologie ... erhebt ihrer kategorialen Struktur nach, gar nicht erst durch Vorurteile oder Abhängigkeiten, die bloße Nachkonstruktion des Bestehenden zum Ideal. Wie häufig in der Wissenschaft besagt darüber eine Äquivokation mehr Wahres, als deren semantische Kritik zugestehen möchte: Positivismus heißt nicht nur eine Gesinnung, die ans positiv Gegebene sich hält, sondern auch eine, die dazu positiv steht, gewissermaßen durch die Reflexion das ohnehin Unvermeidliche ausdrücklich sich zueignet.[111]

Das Zitat zeigt, daß das Bewußtsein einer vorhandenen Äquivokation schnell durch die These eingeholt wird, daß Positivismus eben beides heißt: sowohl Konstatierung der Tatsachen als auch ihre Legitimation. Freilich folgt aus dieser doppelten begrifflichen Festlegung auch die Verpflichtung, im gegebenen Fall zu zeigen, daß auch beides zutrifft, wenn man jemand in diesem doppelten Sinne einen Positivisten nennen will.

Die Erfindung der Denkfigur eines sozusagen »doppelten Positivismus« in der zweiten Hälfte der fünfziger Jahre[112] halte ich nun für einen entscheidenden Schritt in der Positivismuskritik der Frankfurter Schule. Denn gegenüber den Positivisten der dreißiger Jahre ist der Vorwurf einer legitimatorischen Funktion ihrer Lehre stets nur entweder (wie etwa im »Neuesten Angriff auf die Metaphysik«) konstruiert und kompliziert erschlossen oder (wie im oben angeführten Beispiel der Sklaverei) durch Äquivokation erschlichen worden. Mehr als einmal mußte hinzugefügt werden, daß diese Funktion jedenfalls nicht der manifesten Anschauung und Absicht der Positivisten entspreche, sondern ihr mitunter so-

111 Adorno u.a. 1959, S. 508.

112 Der Zeitpunkt der Einführung dieser Denkfigur läßt sich sogar recht gut bestimmen. Denn in Adorno 1956 ist sie, anders als in der in die *Gesammelten Schriften* aufgenommenen späteren Fassung dieser Arbeit (Adorno 1961, siehe dort S. 227) noch nicht enthalten. Sie erscheint aber in Adorno 1957a.

gar zuwiderlaufe. In Hofstätters Kritik am »Gruppenexperiment« hat Adorno nun allererst einen Positivismus dingfest gemacht, bei dem die Funktion der Legitimation (bzw. genauer: der Verharmlosung vergangenen Unrechts) nicht erst kompliziert gefolgert werden muß, sondern offen zutage liegt.

Adornos generalisierende Behauptung über die gewandelte Funktion des Positivismus würde nun als völlig übertrieben erscheinen, wenn er (und auch Horkheimer) nicht geglaubt hätten, gleichgerichtete Tendenzen auch bei anderen »Positivisten« feststellen zu können. Ich nenne hier nur einige besonders deutliche Beispiele.

Einen großen Stellenwert hat Adorno in der zweiten Hälfte der fünfziger Jahre den jugendsoziologischen Arbeiten Helmut Schelskys beigemessen, und dies mit einigem Recht. Denn schon der Titel von Schelskys Bestseller *Die skeptische Generation* sollte nicht nur das Bewußtsein der darin thematisierten Jugendlichen kennzeichnen, sondern war ganz offensichtlich auch als positives Programm für die Erwachsenengeneration (einschließlich der darin in Spuren vorhandenen Sozialwissenschaftler) gemeint. Es ist nun interessant zu sehen, daß dieses Programm von Schelsky mit einem »kritischen Positivismus der Lebenssicherheit« in Zusammenhang gebracht wird:

> Eine negative Bewertung dieser [eben der »skeptischen«, Verf.] geistigen Einstellung der Jugend durch die Älteren verbietet sich meines Erachtens schon deswegen, weil ihr gerade das Verhalten und die Welt der Erwachsenen heute recht gibt. Die Jugend folgt nur den Erfahrungen, die ihr genauso wie den Erwachsenen beschert worden sind, und sie tut es auf den Wegen, die sie bei den Erwachsenen als erfolgreich sieht. Sie hatte es bitter notwendig, sich aus der Welt der Illusionen, der Ideologien und den von allen möglichen Organisationen vorgedachten Erkenntnisangeboten die paar konkreten Sicherheiten ihres persönlichen Daseins herauszulesen, die noch Fundament ihrer Lebensführung sein konnten. Sie hat aus dieser Erfahrung eine generelle Geisteshaltung gemacht, einen kritischen Positivismus der Lebenssicherheit, der lieber im Kleinen, aber Handfesten verharren als sich auf unüberprüfbare Verallgemeinerungen der Lebensziele einlassen, der sich nicht bluffen, nicht verführen lassen will.[113]

Es ist kein Wunder, wenn die Frankfurter in Schelskys Jugendsoziologie, die die nachwachsende Generation unter dem Deckmantel einer gesunden Skepsis offenbar nur auf die bei den Erwachsenen »erfolgreichen« Verhaltensweisen einschwören will, das

113 Schelsky 1963, S. 78 f.

vielleicht wichtigste, weil seinerzeit einflußreichste, Beispiel eines doppelten Positivismus entdeckt haben. So heißt es in dem von Adorno zusammen mit Helge Pross, Egon Becker, Ludwig von Friedeburg und Karl Markus Michel verfaßten Bericht »Zum gegenwärtigen Stand der deutschen Soziologie« aus dem Jahre 1959 im letzten Satz:

Die deutsche Jugendsoziologie spitzt zur Kontroverse sich zu: ob man die überwältigend starke Anpassungstendenz der gegenwärtigen Jugend im doppelten Sinn positiv registriert oder ob man die regressiven Momente, über deren Existenz kaum ein Zweifel herrscht, belastet, nicht bloß als pathogene Symptome der Einzelnen, sondern auch als Ausdruck eines pathogenen gesellschaftlichen Gesamtzustands, der in den Narben der Einzelnen sich reproduziert.[114]

Später hat Adorno auch Comte selber als Gründervater des Positivismus als Beispiel eines *doppelten* Positivisten entlarvt. In seinem Aufsatz »Über Statik und Dynamik als soziologische Kategorien« von 1961 heißt es dazu:

Was bei Comte als das praktische Bedürfnis der Scheidung von Statik und Dynamik sich einbekennt, ist an sich bereits ideologisch: die wertfreien Begriffe verschleiern, daß sie »positiv« im doppelten Sinn, die unvernünftige Sache als Klassifikationsprinzip wissenschaftlicher Vernunft bestätigen. Wahlverwandtschaft herrscht zwischen dem sozialen Neutralismus, einer Haltung, die krampfhaft behauptet, sie stünde oberhalb der Interessenkonflikte, und ihrer Verwendbarkeit für herrschende Interessen ... Der sozialwissenschaftliche Positivismus war konformistisch, schon ehe er die Marktforschung als Vorbild sich erkor, und die kritische Theorie der Gesellschaft hat ihm darum von jeher mißtraut, mochte er auch gegen sie als die radikalere Aufklärung sich aufspielen.[115]

Auch Horkheimer hat Beispiele für einen doppelten Positivismus gefunden. Sein Gutachten über Arnold Gehlen, einen Kollegen Schelskys aus gemeinsamen Leipziger Tagen, im Zusammenhang mit einer möglichen Berufung nach Heidelberg aus dem Frühjahr 1958 beginnt geradezu mit den Worten:

Die Berufung von Gehlen scheint mir unter dem Aspekt seiner pädagogischen Einwirkung ungemein problematisch. G. ist Positivist, im doppelten Sinn eines antimetaphysischen Naturalismus und einer Neigung, um der Gegebenheit vermeintlich naturhafter Faktoren willen alles Positive,

114 Adorno u.a. 1959, S. 531.
115 Adorno 1961, S. 227.

Daseiende zu rechtfertigen. Reflexion, ratio sind ihm zufolge von Übel, weil sie die positiven Einrichtungen des Lebens zersetzen.[116]

Was haben diese Beispiele gemeinsam? Ich meine, die von Adorno und Horkheimer Kritisierten verbindet zweierlei: erstens ein nur ganz peripherer und undeutlicher, gelegentlich nur metaphorischer Bezug zum »Positivismus« und zweitens ein ausgeprägter politischer Hintergrund in der Zeit des Nationalsozialismus und damit einhergehend eine ausgesprochene Abneigung gegen die fällige Aufarbeitung der Vergangenheit.

Ein Zusammenhang zwischen diesen beiden Komponenten kann nur bei einer sehr oberflächlichen Sichtweise konstruiert werden. Das wird augenfällig, wenn man die drei »doppelten Positivisten« der Gegenwart (Hofstätter, Schelsky und Gehlen) mit einem Soziologen vergleicht, der einem genuin positivistischen Credo jedenfalls viel näher stand, aber einen anderen politischen Erfahrungshintergrund hatte: René König. Es trifft sich günstig, daß man den Kontrast gerade an dessen Einstellung zum »Gruppenexperiment« und zu Schelskys *Skeptischer Generation* plastisch machen kann. Durch diesen Vergleich wird gleichzeitig deutlich werden, daß es sich in der bundesrepublikanischen Soziologie in der zweiten Hälfte der fünfziger Jahre nicht bloß um zwei Lager gehandelt hat: hier Dialektik, dort Positivismus, sondern um – mindestens[117] – eine Dreieckskonstellation, deren Ecken durch

116 Siehe »Entwurf Max« S. 1, in der Anlage zu: Adorno an Horkheimer, 23. 4. 1958. Es ist allerdings unklar, ob dieser Entwurf überhaupt von Horkheimer stammt. Adorno schreibt nämlich im Begleitbrief, er habe »ein Gutachten für Sie entworfen, das sorgfältig so gehalten ist, daß es sich mit meinem eigenen nicht überschneidet«. Der Schein eines Zusammenhangs von Gehlen mit dem Positivismus wird im »Entwurf Max« mit einer Äquivokation im Begriff des »Naturalismus« erzeugt. Gehlens »Naturalismus« hat aber mit dem Naturalismus etwa Deweys, den Horkheimer ja gleichfalls als »Positivsten« klassifiziert hatte, nicht viel gemeinsam.

117 In Neumann 1984 finden sich Hinweise auf so wichtige weitere Zentren wie die Göttinger Soziologie (mit der Berufung des aus der Emigration zurückkehrenden – und in den frühen fünfziger Jahren eng mit den Frankfurtern zusammenarbeitenden – Helmuth Plessner) sowie die von Franz Neumann aufgebaute Berliner politische Soziologie, die zur Differenzierung der Vorstellung einer bloßen Dreieckskonstellation Anlaß geben.

Adorno, Schelsky und König bzw. durch die von ihnen repräsentierten Frankfurter, Münster-Dortmunder und Kölner Schulen gebildet werden.[118]

König hat als Herausgeber der *Kölner Zeitschrift* zunächst einmal dafür gesorgt, daß Adorno im gleichen Heft im unmittelbaren Anschluß an Hofstätters Kritik am »Gruppenexperiment« die Gelegenheit einer Replik bekam. Das wird man vielleicht noch für eine selbstverständliche akademische Gepflogenheit halten – jedenfalls bei wissenschaftlichen Zeitschriften, die sich auch als Diskussionsforen begreifen. Daß Königs Einstellung darüber weit hinaus ging, sieht man aus seinem Briefwechsel mit Angehörigen des Frankfurter Instituts für Sozialforschung. Offenbar hatte Adorno König nämlich vor der Publikation des »Gruppenexperiments« um eine Stellungnahme sowohl zur Frage der Wünschbarkeit einer Veröffentlichung im ganzen als auch zu einzelnen Manuskriptteilen gebeten. Königs Antwort vom 24.6.1954 zur »Publikation des ganzen« fiel überaus positiv aus:

> Dieser geplante Sammelband stellt sowohl vom methodologischen Gesichtspunkt aus wie mit den zutage geförderten Ergebnissen ein solches Unikum in der Literatur dar, daß ich die baldige Publikation unbedingt befürworten würde ... Eine solche Arbeit würde meines Erachtens in der Tat einen ganz wesentlichen Schritt vorwärts bedeuten in der Entwicklung der empirischen Methode in Deutschland und gleichzeitig ein Wesentliches beitragen zur Klärung gewisser Probleme im deutschen Gegenwartsbewußtsein. Nochmals: ich möchte einer baldigen Publikation nur dringend zuraten.[119]

Auch im Detail fällt Königs Stellungsnahme wesentlich anders aus als die Hofstätters. So etwa bemerkt er:

> Eine der Hauptleistungen Eures Arbeitsteams scheint mir nun doch immer mehr »Der Grundreiz« zu sein. Dieser fiktive Brief faßt in der Tat auf eine derartig gescheite und, wie ich auch sagen möchte, gemessene Weise alle Motive zusammen, die hier zusammenwirken, daß er schlechterdings ein kleines Meisterwerk für sich darstellt.

»Restlos fasziniert« war König vom Abschnitt »Schuld und Abwehr« – der Verfasser war Adorno gewesen –, an dem Hofstätter

118 Siehe zu diesen Schulen, ihrer inneren Kohärenz und ihrem externen Einfluß: Sahner 1982.

119 König an Adorno, 24.6.1954 (Kopie im Briefwechsel Horkheimer/König).

sich so sehr gestoßen hatte. Lediglich zum Problem der Remilitarisierung empfahl er, die Studie wegen ihrer Einseitigkeit mit »allen Kautelen« zu versehen. Denn:

Ich persönlich glaube, daß die Einstellung zur Wiederaufrüstung in Deutschland nur so lange negativ ist, als man von den Deutschen erwartet, daß sie als »Partner« in die Europäische Verteidungsgemeinchaft eintreten. Die Deutschen wollen eben nicht Partner sein, sondern sie wollen beherrschen. Die Unwilligkeit, der »ohne mich« Standpunkt ist meines Erachtens ausschließlich aus diesem Nichteinordnenkönnen in ein Partnerschaftssystem zu erklären.

König empfahl, beispielsweise ganz direkt die Frage zu stellen:

»Wären Sie für Remilitarisierung, wenn es um die Korrektur der Oder-Neiße-Linie ginge?« Dann würden Sie zu 99% ja hören und die wirkliche Stimmung des deutschen Volkes erfahren.[120]

Nach Erhalt von Adornos Replik auf Hofstätters Besprechung schrieb König am 14. 1. 1957 an Adorno: »Sie haben ein brillantes Stück Kritik geleistet, und ich freue mich darüber« und fügte hinzu, daß der Kölner Privatdozent Peter Heintz »eine sehr liebevolle analytische Besprechung« von Adornos *The Authoritarian Personality* für die *Kölner Zeitschrift* verfaßt habe, weil dieses Werk »in Deutschland noch lange nicht rezipiert worden« sei.[121] Dieser Artikel passe auch sehr gut mit Adornos Erwiderung auf Hofstätter zusammen.

Heintz' Artikel scheint auch seine Wirkung nicht verfehlt zu haben, denn Adorno bemerkt im Brief an Horkheimer, daß man

120 Der Empfehlung, entsprechende Kautelen einzubauen, scheinen die Autoren im übrigen gefolgt zu sein, und es ist wahrscheinlich, daß jene Passage in Adornos Replik an Hofstätter, wo davon die Rede ist, daß »die Zurechnung der Remilitarisierungsfreunde zu der Grobkategorie der [demokratiefreundlichen, Verf.] ›Positiven‹« nur deshalb geschah, »weil ... die damals noch populäre Ohne-uns-Parole mit der Ablehnung des nachhitlerischen Staatswesens verkoppelt scheint«, den Gedankengang Königs aufnimmt.

121 Siehe im gleichen Sinne König 1959, S. 800, wo es zu diesem Thema noch deutlicher heißt: »We do not need to quote explicitly his [Horkheimers, Verf.]. American publications, we only would like to remark that they did not meet with great interest in Germany, although a profound knowledge of his series *Studies in Prejudice* could be very helpful as an antidote against certain tendencies in Germany to underestimate the impact of prejudices.«

nach dem Erscheinen des Besprechungsartikels von Heintz »wirklich allerhand Gutes erwarten« können, da er »uns mit den genau richtigen Argumenten gegen die Versuche, das am Inhalt der Authoritarian Personality, was weh tut, durch methodologische Überforderungen abzuschneiden«[122], verteidige.
Auch Königs Stellungnahme zum »Positivisten« Schelsky und dessen Empfehlung, die Haltung der »skeptischen« Jugend anzunehmen, scheint ähnlich kritisch wie die Adornos gewesen zu sein.[123] Nach Schelskys Tod liest sie sich in Königs Rückschau sogar noch erheblich schroffer:

Als Credo der Jugendforschung galt damals die von Schelsky verfolgte Linie über die »skeptische Generation«, von der Erwin K. Scheuch sehr treffend sagte, es handele sich dabei nicht um die Erforschung der deutschen Jugend, sondern um die Meinungsanalyse ehemaliger Nationalsozialisten, die auf die gegenwärtige deutsche Jugend projiziert werde.[124]

Ich denke, diese Beobachtungen lassen sich verallgemeinern: Was inhaltliche Fragen der Soziologie der bundesdeutschen Gegenwart der fünfziger Jahre betrifft, waren die Erfahrungen von Vertreibung und Exil bzw. von Dableiben (und meist mehr oder weniger bewußtem und aktivem Mitmachen) in der Nazizeit – also das, was Schelsky einmal die verschiedenen »Schicksalstypen« deutscher Soziologen genannt hat[125] – wesentlich wichtigere Differenzen als alle wissenschaftstheoretischen und methodischen Unterschiede.
Aber selbst wenn man nur auf den Vergleich wissenschaftstheoretischer Programmatik und methodischer Praxis abstellt, erweisen sich trotz gewisser oberflächlicher Ähnlichkeiten zwischen König und Schelsky die Differenzen als erheblich.

122 Adorno an Horkheimer, (ohne Datum; 1957), Blatt 321; siehe zur Erfüllung dieser Erwartung dann im übrigen Heintz 1957.
123 In König 1959, S. 793 liest sich sein publiziertes Urteil über Schelsky allerdings noch recht moderat: »Nobody perhaps has done so much for the stimulation of research in German sociology during the last few years as Helmuth Schelsky ... And still the question could be raised whether his description of the German post-war family is the result of a methodologically conducted research or just an interpretation based on commonsense knowledge.«
124 König 1987b, S. 429. Eine entsprechende publizierte Äußerung von Scheuch habe ich nicht finden können.
125 Schelsky 1959, S. 39 ff.; siehe auch Schelsky 1981a, S. 59 ff.

König hat sein programmatisches Credo 1956 zugunsten einer Soziologie abgelegt, »die nichts sein will als Soziologie«. Damit ist eine Verpflichtung auf empirische Sozialforschung und darauf aufbauende Theorienbildung gemeint. Philosophie (und auch Sozialphilosophie nach Frankfurter Vorbild) sei davon scharf zu trennen.

In Königs Aufgabenstellung der Soziologie sind offenbar prägende Erfahrungen seiner Studienzeit eingegangen. Er hatte damals nämlich noch direkte Erfahrung mit einzelnen logischen Positivisten sammeln können. So weist er 1961 in einer Rezension der Neuauflage der *Arbeitslosen von Marienthal* auf »die Bedeutung des Einflusses von Otto Neurath und mancher anderer« hin und schreibt, als wollte er noch einmal seine Formel von der Soziologie, die nichts sein will als Soziologie, mit historischem Hintergrund versehen:

> Entscheidend war hierbei auch die gleichzeitige Abwendung von Othmar Spann und Max Adler, um jenseits der einander grimmig bekriegenden Philosophen endlich einen festen Stand in der Wirklichkeit zu finden. Damals wie heute also die gleiche Problemstellung.[126]

Aufschlußreich ist, daß König in seiner Autobiographie aus dem Jahre 1980 mit veränderter Akzentsetzung auf die Erfahrung mit den Positivisten zurückkommt. Die Erfahrungen mit Vorlesungen unter anderem von Moritz Schlick beschreibt er dort zunächst positiv:

> Es fällt mir heute leicht, meine Stellung zur österreichischen Schule der Wissenschaftstheorie zu umschreiben. Sie beeindruckte mich außerordentlich, vor allem wegen ihres wesentlich »kritischen« Gehalts im Sinne von Kant.[127]

Dann wird die Darstellung zunehmend kritischer:

126 König 1961. Die Hoffnung, daß das Buch in seinem »zweiten Leben« dazu beitragen möge, »daß die Einordnung der empirischen Sozialforschung in den allgemeinen Betrieb der Soziologie mit etwas weiteren Perspektiven erfolgt als bisher«, hat sich damals nicht erfüllt. Dazu mag beigetragen haben, daß das Thema »Arbeitslosigkeit« in einer Zeit gerade erlangter Vollbeschäftigung vielleicht weniger aktuell erschien. Eine Diskussion über seine Methoden ging im Strudel des fast gleichzeitig ausbrechenden Positivismusstreits unter.

127 König 1984, S. 56.

Aber zu gleicher Zeit fand ich mich doch verwirrt. Für die meisten Adepten dieser später weitverbreiteten Schule war – mit Ausnahme von Paul Lazarsfeld – die Empirie nur eine theoretische Frage. Über Empirie habe ich unendlich viel mehr beim Ehepaar Bühler, vor allem bei Charlotte Bühler gelernt als bei irgendeinem der Wissenschaftstheoretiker – damals wie heute. Alle sprachen sie nur über Empirie, aber keiner betrieb sie. Abgesehen davon, daß alle Methode vom Gegenstand abhängt, habe ich mich niemals mit der Vorstellung abfinden können, daß man Methodologie um ihrer selbst willen und nicht im direkten Zusammenhang mit einem konkreten Projekt betreiben könne ... Wie es einmal Marcel Mauss mit seinem kaustisch-bösartigen Witz ausdrückte: Personen, die in einem Wissenschaftszweig nicht reüssieren, widmen sich viel zu oft seiner Methode, seiner Geschichte oder der Bewertung seiner Tragweite (»Grenzen« der Wissenschaft und dergleichen). In Wahrheit hat die Methode Bedeutung einzig und allein im direkten Bezug zur Forschung.[128]

Andererseits hat sich König – und zwar seit etwa dem Ende der fünfziger Jahre – mit zunehmender Deutlichkeit gegen eine dialektisch inspirierte Soziologie abgegrenzt. Der Beginn dieser Tendenz läßt sich gut an Königs 1958 erschienener Rezension der *Soziologischen Exkurse*, herausgegeben von Adorno und Walter Dirks, ablesen.[129] Offenbar hellhörig geworden durch die nachlassende Wertschätzung empirischer soziologischer Arbeit in diesen *Exkursen* gegenüber Adornos Kapitel »Soziologie und empirische Sozialforschung« im *Handwörterbuch der Sozialwissenschaften* sieht sich König nun veranlaßt, seine Haltung gegenüber dem »verdienstvollen Leiter dieses [des Frankfurter, Verf.] Instituts« zu präzisieren. Dabei stimmt König Adorno im Anschluß an ein längeres Zitat aus den *Exkursen* zunächst zu, in dem jener die kritische und aufklärerische Rolle der Soziologie in einer Weise betont hatte, mit der er sich voll identifizieren konnte:

An anderer Stelle umschreibt er [Adorno, Verf.] diese Funktion der empirischen Sozialforschung eingehender: »Zäh erhält sich in Deutschland die Neigung, Phänomene, die der grobmateriellen Praxis angehören, mit prätentiösen Kategorien, heute vielfach solchen existentialontologischer Tönung, zu verkleiden. Unter den aufklärerischen Aufgaben der empirischen Sozialforschung ist nicht die letzte, dem abzuhelfen. In der Tradition der

128 Mit der Nennung von Mauss deutet König hier an, was er an anderer Stelle explizit gemacht hat: daß er sich nämlich programmatisch mehr dem französischen soziologischen Positivismus der Durkheim-Schule verpflichtet fühlt als dem österreichischen Positivismus.

129 König 1958.

westlichen Länder ist die gesellschaftliche Erkenntnis untrennbar von dem Willen, das Aufgespreizte auf sein menschliches Maß zu bringen: Aber solcher Wille war bis vor kurzem suspekt in einem Land, in dem Gebildete ungern von Aufklärung sprachen, ohne das Wort ›platt‹ hinzuzufügen.« ... Wir halten es für äußerst wichtig, diesen aufklärerischen Sinn aller Soziologie wieder zu unterstreichen, wo ein Bemühen in vielen Produktionen von heute spürbar wird, alle Probleme sanft zu bereden und durch ideologische Schalmeien theoretisch zu verkleistern.[130]

Unmittelbar anschließend versieht er dann aber Adornos weiteren Weg, der König von jener von Adorno beschworenen »Tradition der westlichen Länder« wegzuweisen schien, mit skeptischen Fragezeichen:

Andererseits bleibt natürlich die Fragen offen nach der positiven Funktion der Soziologie, nachdem die »Kritik« durchgeführt ist. Es darf natürlich nicht geschehen, daß Kritik an die Stelle des ausgeführten theoretischen Systems tritt; für Marx verwirklichte sich die Philosophie in der totalen Revolution. Worin wird sie sich für Adorno realisieren?

Kurze Zeit später begann König nun, sich von der sozialphilosophischen und wissenschaftstheoretischen Position der Frankfurter Schule stärker abzusetzen. Gelegenheit dazu verschafften ihm zwei Aufsätze, in denen er einen Überblick über die Soziologie in Westdeutschland gab. Darin betonte er, daß die Soziologie in Deutschland immer einen sehr starken philosophischen Hintergrund gehabt habe, und dies besonders durch die Hegelsche Tradition:

The most formal influence is exerted by his [Hegels, Verf.] dialectic method. This influence extends to and joins Hegel with Marx and Marx with the different kinds of Marxian (this does not necessarily mean marxist) social thougt down to M. Horkheimer and Th. W. Adorno.[131]

Nach einigen recht merkwürdigen Bemerkungen über die dialektische Methode als solche[132] kommt König dann auf »the left wing

130 Ebd., S. 135 f.

131 König 1959, S. 784.

132 Sie scheinen zunächst der positivistischen Dialektikkritik zu folgen, wenn sie diese als »nothing but metaphysics« einschätzen und betonen, daß »sentences of this kind can never be verified following the rules of ordinary logics and methods of science«. Aber dann heißt es inkonsequenterweise: »Therefore it seems wise to keep away from this very controversial approach *as long as it does not impose itself as*

of the dialectic wing« zu sprechen und geht nach Georg Lukács auch auf Horkheimer und Adorno ein. Dabei zeigt sich eine bemerkenswerte Differenzierung zwischen den Haltungen der beiden Vertreter kritischer Theorie:

In comparison with Lukács [in dessen Denken empirische Forschung keinerlei Rolle spiele, Verf.] the situation is very much different with two other partisans of the Hegelian and Marxian left wing like Max Horkheimer and Theodor W. Adorno ... Again, the core of their theory of society is of a highly philosophical character and falls completely in line with the German tradition of dialectics. But beyond that Horkheimer has given a rather strong stimulation to sociological research in Germany with his older book *Family and Authority* which came out in France, a few years after he had emigrated from Germany with most of his collaborators (1936). When he came back after the war, he immediately reorganized his former *Institute of Social Research* in Frankfort which has carried through ever since rather interesting research projects.

Diese positive Darstellung Horkheimers wird noch durch die Bemerkung Königs unterstrichen: »we easily understand that a substantial renewal of sociology in Germany could not be carried through without a stimulation from outside«.[133] Über Adorno heißt es dagegen:

On his side, Adorno, too has given a likewise generous effort to promote sociological research both through his *Authoritarian Personality* in the United States and with his present acitivity at the Frankfort Institute. However, is must be underlined that Adorno is not interested in research as a means of checking and furthering sociological theory. With regard to this last point, he proved to be a pure and primarily critical philosopher who admits research just as a means of disclosure of ideologies and with no meaning of its own. It might be illuminating to stress the fact that both, Lukács and Adorno, did their best work in aesthetics, Lukács in his different writings on literature, Adorno in important essays on musicology.

Schelsky (als dritte Spitze des oben erwähnten Dreiecks) hat mit der Absage seines für den 50. Gründungstag der DGS im Jahre 1959 vorgesehenen Vortrags »Zur Ortsbestimmung der deutschen Soziologie« als auch mit der erweiterten Buchversion dieser Arbeit einen wichtigen inhaltlichen und auch kausalen Beitrag zur Entstehung des Positivismusstreits geliefert.

the only way out of our difficulties« (ebd., S. 786; meine Hervorhebung).

133 Ebd., S. 780.

In seiner »Ortsbestimmung« grenzt er seinen eigenen Standort von den Kölner Empirikern und der stärker sozialphilosophisch orientierten Frankfurter Schule ab. Zunächst bestimmt er die Situation der bundesdeutschen Soziologie in der Nachkriegszeit durch die Existenz zweier einander widerstreitender Tendenzen. Zum einen gebe es eine Soziologie im Sinne einer »funktionsanalytischen Erfahrungswissenschaft«, die sich in der Nachkriegszeit von Amerika kommend immer mehr auch in der Bundesrepublik ausgebreitet habe. Ihr stark empiristisch geprägtes Selbstverständnis berge die Gefahr, bei einem »exakten Wissen von Banalitäten« zu enden, da man abstrakte Präzisionsansprüche beliebig steigern könne. In dieser Hinsicht macht sich Schelsky die Kritik Adornos am »Positivismus« zu eigen. In späteren Kapiteln setzt er sich dann allerdings auch kritisch mit dessen Thesen, die empirische Sozialforschung wirke politisch restaurativ, verdoppele nur die Wirklichkeit, operiere ausschließlich mit quantitativen Daten und verabsolutiere subjektive Daten aus Meinungsumfragen, kritisch und meines Erachtens meistens durchaus treffend auseinander.
Zum anderen gebe es in bewußtem Kontrast zur empirischen Ausrichtung eine Soziologie, die sich vor allem als Kultursoziologie bzw. Sozialphilosophie verstehe. Diese befasse sich hauptsächlich mit deutender Kulturanalyse und Zeitkritik und biete im nachideologischen Zeitalter so etwas wie eine »neutralistische Hintergrundideologie« an. Diesem Lager ordnet Schelsky außer seinen früheren Kollegen Freyer und Gehlen auch die Frankfurter Schule zu. Dies ist natürlich eine pikante Zusammenstellung, weil sie nicht nur die wichtigen empirischen Untersuchungen der letzteren unterbewertet, sondern auch die erheblichen Unterschiede zwischen der konservativen Kulturkritik etwa Gehlens und den ideologiekritischen Arbeiten etwa Adornos unberücksichtigt läßt.[134]

134 Daß er mit seiner Zusammenstellung durchaus antagonistische sozialphilosophische Ansätze zusammenwirft, ist Schelsky übrigens nicht verborgen geblieben: »Die Verschiedenheiten dieser sozialphilosophischen Deutungen sind in das Subjektive, in das individuell Meinungshafte abgewandert, und die einzelnen, durchaus widersprüchlichen Positionen bekämpfen sich auch hier kaum noch untereinander. Das Publikum wählt sich einfach die ihm jeweils zusagende aus, und die Autoren monologisieren eigentlich unangefochten« (Schelsky 1959, S. 24).

Schelsky selbst ordnet sich nun keinem dieser beiden Lager, also weder den Empirikern noch den Sozialphilosophen, zu. Vielmehr versucht er, den Widerstreit durch das Zusatzangebot einer spezifisch konzipierten »Theorie der Gesellschaft« aufzuheben. Diese gelegentlich von ihm als »transzendental« und sogar auch als »kritisch«[135] charakterisierte Theorie ist nicht zu verwechseln mit einer »theoretischen Soziologie«, die sich damit bescheidet, die Befunde der empirischen Einzelforschung zu verallgemeinern, zu systematisieren und dafür das erforderliche kategorische Instrumentarium bereitzustellen und fortzuentwickeln.
Schelskys Programm einer transzendentalen »Theorie der Gesellschaft« ist von ihm nicht ausgeführt worden[136], und deshalb erscheint es heute so, als sei in den frühen sechziger Jahren ein wenig voreilig schon von »den drei Soziologien« gesprochen worden.[137]
Es wäre allerdings falsch, aus dem Umstand, daß Schelsky sein anspruchsvolles theoretisches Programm nicht eingelöst hat, die Schlußfolgerung zu ziehen, die tatsächlich praktizierte Soziologie Schelskys und Königs habe sich nicht unterschieden. Zumal wenn man Schelkys Programmskizze einer »transzendentalen« Soziologie, in der viel von »Sinndeutung« und »Sinnstiftung« die Rede ist, mit seiner tatsächlichen soziologischen Forschungspraxis vergleicht, fällt der Mangel an soziologischer Theorie ins Auge. Auf die Differenz zwischen programmatischem Anspruch und soziologischer Praxis hat König polemisch hingewiesen:

> Es ist seltsam zu sehen, daß Schelsky selber, der immerfort von »Sinnstiftung« als oberster Aufgabe der soziologischen Forschung und Theorie spricht, in seinen eigenen empirischen Forschungen recht ungenau und sparsam mit Sinnfragen umgeht. Es ist hervorgehoben worden, daß der empirische Ansatz bei ihm sich eigentlich in bloßer Reportage erschöpft, ohne den geringsten Ansatz von Theorie oder historischer Bewertung, wie ich schon seit langen Jahren hervorgehoben habe, und nicht nur ich allein. Diese Schelskysche Position entspricht aber genau dem Empirizismus in der Forschung während der nationalsozialistischen Periode der Soziologie. Wie schon gesagt, der Empirizismus, der hier vertreten wird, ist bloße Materialsammlung im Dienste einer politischen Soziotechnik ohne den

135 Ebd., S. 95.

136 Siehe aber seine weiteren explizierenden Äußerungen und die Hinweise auf andere Autoren in Schelsky 1981b, S. 86-92.

137 So Dahrendorf 1960.

mindesten Ansatz zu einer theoretischen Durchleuchtung der Ergebnisse, geschweige denn einer »Sinnstiftung«.[138]

Es scheint hier, als wolle König Lazarsfeld Parole vom »administrative research«, die Adorno meist zur Charakterisierung und Kritik des sozialwissenschaftlichen Positivismus verwandt hatte, hier aufnehmen und polemisch gegen Schelskys empirische Forschungsarbeit wenden.

Diese Belege mögen zur Stützung der These ausreichen, daß die Wiederaufnahme der Polemik gegen den Positivismus durch die Beobachtung von (und die Kritik an) »doppelten Positivisten« motiviert wurde, an denen Kritik zwar am Platze war, die aber nichts mit der genuinen Tradition des Positivismus zu tun hatten. Im Gegensatz dazu hat es Soziologen gegeben, die viel eher positivistische Programmatiken vertraten, sich aber in der materialen Kritik an bestimmten Entwicklungstendenzen sowohl der bundesdeutschen Gesellschaft als auch ihrer Soziologie in einigen wichtigen Punkten mit den Frankfurtern einig waren.

Eins der bedenklichsten Resultate des Positivismusstreits scheint mir darin zu bestehen, daß solche Unterschiede allmählich zu einem Einheitsbrei der Kritik am »Positivismus im allgemeinen« verrührt wurden. Die Behauptung einer Konvergenz von positivistischen Methodenidealen mit der Empfehlung eines »diskreten Beschweigens der Vergangenheit« (wie man die Quintessenz von Hofstätters Kritik des »Gruppenexperiments« zusammenfassen könnte) oder der Legitimation des gesellschaftlichen Status quo (wie er in Schelskys Buch *Die Skeptische Generation* herauskommt) ist ein bedauerlicher Fall von mangelndem Differenzierungsvermögen.[139]

138 König 1987b, S. 418; ähnlich, wenngleich ohne politische Wertung, übrigens schon einige kritische Anmerkungen zu Schelsky in König 1956, S. 3 f. – König hat gerade in der hier angedeuteten Unterscheidung zwischen einer theoriegeleiteten und zu neuen Theorien vorstoßenden empirischen Sozialforschung gegenüber einem »primitiven Empirizismus« die *differentia specifica* zwischen genuiner Soziologie und den Unternehmungen gesehen, die unter diesem Titel in der Zeit des Nationalsozialismus betrieben wurden. Die daran anknüpfenden erbitterten Polemiken Königs gegen Schelsky über die Frage einer Kontinuität der deutschen Soziologie nach 1933 brauchen uns hier aber nicht zu beschäftigen.

139 Auch die Bemühungen von Wiggershaus 1986, S. 630, einen gemein-

Sie hatte gleichwohl reale Konsequenzen, weil sie zur Revitalisierung jener Elemente von Positivismuskritik führte, die sich seit 1937 in der Frankfurter Schule angesammelt hatten. So bittet Adorno am 13. 1. 1959 Horkheimer, einer neugegründeten Studentenzeitschrift einen Aufsatz zur Verfügung zu stellen, wie er das schon selbst getan habe. Sein konkreter Vorschlag lautet:

Ich fände es sehr hübsch, wenn Sie den Leuten auch etwas gäben; sei es, daß Sie, wie ich, etwas ausgraben; sei es, daß Sie, wie ich es anregte, den Positivismus-Aufsatz zur Verfügung stellen. Das letzte fände ich deshalb besonders glücklich, weil diese jungen Menschen, zum Teil aus Opposition gegen den hier herrschenden Muff, für gewisse positivistische Dinge anfällig sind, und man ihnen zeigen muß, daß der Carnap nicht besser ist als der Heidegger. Daß beide idealiter verbündet sind, müßten wir freilich einmal zusammen formulieren, aber man kann ja nicht alles auf einmal sagen. Den Positivismus-Text halte ich heute wie damals für besonders gelungen, und es wäre außerordentlich gut, wenn er in Deutschland zu greifen wäre.[140]

Adorno hatte also hier – wie auch später – kein Problem damit, noch zwanzig Jahre nach Horkheimers scharfer polemischer These einer Konvergenz von Heidegger und dem Positivismus (hier: Carnap) einerseits deren fortdauernde Aktualität zu behaupten und andererseits die Begründung schuldig zu bleiben.
Mit der Verallgemeinerung der Kritik an angeblich positivistisch eingestellten Soziologen auf den sozialwissenschaftlichen Positivismus im ganzen und der Wiederbelebung der positivismuskritischen Arbeiten aus den dreißiger Jahren waren die Kulissen für den Positivismusstreit der sechziger Jahre eigentlich schon aufgestellt.
Daß diese Diskussion aber erstens überhaupt und zweitens dann in einer ganz bestimmten Konstellation zustande kam, hängt mit komplizierten Verhältnissen und Vorgängen in der Deutschen Gesellschaft für Soziologie (DGS) zusammen, auf die nun einzugehen ist.

samen Nenner für König, Schelsky und Popper zu finden, scheinen mir angesichts des oben ausgebreiteten Materials nicht mehr überzeugend.

140 Adorno an Horkheimer, 13. 1. 1959.

3. Unterwegs zum Positivismusstreit

Der Konflikt, der mittelbar zum Positivismusstreit geführt hat, ging äußerlich von einer Organisationskonkurrenz der beiden internationalen Soziologenverbände aus, die auch in der Bundesrepublik Sektionen unterhielten. Dabei handelte es sich einerseits um die 1949 gegründete International Sociological Association (ISA), der die 1946 wiederbelebte DGS sofort beigetreten war, und andererseits um das schon 1893 gegründete Institut International de Sociologie (IIS), zu dem sich im April 1951 eine deutsche Sektion bildete.[141] Trotz des von einigen Funktionären des IIS bereits zu Anfang der fünfziger Jahre ausgerufenen »Bürgerkriegs in der Soziologie« war das Verhältnis der bundesdeutschen Mitglieder der jeweiligen Verbände weitaus friedlicher geblieben. In dem Umstand, daß

> das IIS sich überwiegend auf konservative und z. T. durch ihre politische Vergangenheit belastete Kräfte stützte ..., während es in der ISA immer gewisse progressiv-antifaschistische Regulatoren gab[142],

waren freilich Konflikte angelegt geblieben. Diese kamen dann gegen Ende der fünfziger Jahre zum offenen Ausbruch. Denn nun wollte der Nürnberger Soziologe Karl Valentin Müller, nunmehr zum Sekretär der deutschen Sektion des IIS aufgestiegen, der deutschen Sektion der ISA durch einen für den September 1958 nach Nürnberg einberufenen Weltkongreß offenbar das Wasser abgraben. Da im Jahr darauf der 50. Gründungstag der DGS anstand, mußten Müllers Aktivitäten jedenfalls so empfunden werden, zumal seine Vorbereitungen schon seit 1957 im vollen Gange waren, ohne daß er etwas von seinen Plänen hatte verlauten lassen. Durch Intervention beim Bundespräsidenten Theodor Heuss und eine ausgedehnte Pressekampagne konnte eine Aufwertung der deutschen IIS-Sektion und ihrer Protagonisten sowie ihrer Tagung 1958 schließlich noch verhindert werden.

Aber diese Vorgänge hatten insofern ein ausgedehntes Nachspiel, als Helmut Schelsky, der Mitglied beider Organisationen war,

141 Siehe dazu Lepsius 1979, S. 43, und andererseits Schelsky 1981a, S. 63 f.; ausführlicher auch zum Folgenden Weyer 1984, S. 79-86.

142 Weyer 1984, S. 80, Anm. 44.

nun wie erwähnt sein für das 50jährige Jubiläum der DGS angekündigtes Referat »Zur Ortsbestimmung der deutschen Soziologie« zurückzog und, im Umfang erheblich verstärkt, kurze Zeit später separat als Buch herausbrachte. Als Ersatzredner sprang für Schelsky dann im übrigen Adorno ein. Damit war die Frankfurter Schule nun mit zwei Hauptvorträgen vertreten. Denn Horkheimer hatte – auf die Einladung Königs hin[143] – einen Beitrag zum Jubiläumsheft der *Kölner Zeitschrift* übernommen, den er dann auch bei der Tagung vortrug.

Mit welcher Erbitterung damals der vor allem von König angeführte Kampf gegen befürchtete »Sezessions- und Refaschisierungsbestrebungen innerhalb der bundesdeutschen Soziologie«[144] geführt wurde, wird erst heute durch die auszugsweise Publikation des einschlägigen Briefwechsels deutlich. Seinerzeit bewegte sich der Konflikt – jedenfalls für die Öffentlichkeit – zeitweise auf komplizierten Umwegen, wenn etwa dem italienischen Präsidenten des IIS Corrado Gini von Helmuth Plessner als Präsidenten der DGS vorgeworfen wurde, als wissenschaftlicher Exponent der faschistischen Bevölkerungspolitik in Italien hervorgetreten zu sein, im Jahre 1939 »eindeutig antisemitische Hetzschriften des Dritten Reiches ... in einem positiven Sinne besprochen« und in den Jahren 1937-44 »die faschistische Bevölkerungspolitik vertreten und die kriegerische Expansion der Achsenmärkte befürwortet zu haben«.[145]

Ob diese Angriffe gegenüber Gini berechtigt sind, ist bisher nicht überprüft worden. Wichtig ist für unseren Zusammenhang auch nur, daß man Vorwürfe dieser und ähnlicher Art gegenüber Mül-

143 Siehe dazu König an Horkheimer, 6. 10. 1958: »Ich hatte die Absicht, die Darstellung der gegenwärtigen deutschen Soziologie durch zwei jüngere Kollegen vornehmen zu lassen ... Dazu hätte ich gern noch die Stimme eines älteren Kollegen, der gewissermaßen die Zukunftsforderungen zum Ausdruck bringt, die er an die junge Generation zu stellen hat. Ich könnte mir keinen Geeigneteren denken als Sie, um diesen Ausblick zu schreiben, und ich möchte der Hoffnung Ausdruck geben, daß Sie meine Einladung annehmen möchten.« Diese Stelle relativiert auch den von Wiggershaus 1986, S. 630 festgestellten Dissens zwischen den Vorträgen Königs und Horkheimers.

144 Weyer 1984, S. 83.

145 Deutsche Gesellschaft für Soziologie, Protokoll der Mitgliederversammlung am 24. Mai 1959 in Berlin, in: *KZfSS* 11 (1959), S. 570.

ler und einigen Mitgliedern der deutschen Sektion seiner Organisation spielend hätte belegen können.
Nach den turbulenten Auseinandersetzungen der Jahre 1958/59 und dem für eine Reihe von Teilnehmern als frustrierend empfundenen Verlauf der Jubiläumstagung zog sich die DGS für einige Jahre zur inneren Selbstbesinnung zurück. Sie unterbrach sogar den Turnus ihrer Soziologentage bis 1964, um die verbandsinternen Streitigkeiten zu klären. Dabei unternahm man offenbar zwei Anläufe. Der erste war eine Tagung im engsten Kreis der führenden Mitglieder der DGS im Schloß Niederwald, über dessen Inhalt und Verlauf, ja selbst die genaue Teilnehmerliste bisher keine Klarheit herrscht.[146] Schelsky hat das Ergebnis dieses Treffens in dramatischem Ton dahingehend zusammengefaßt, daß

> in ungemein intensiven und geistig erregenden Gesprächen die Originalität und Problemeinheit einer »deutschen Soziologie« seit Max Weber oder Simmel zu Grabe getragen[147]

worden sei. Denn:

> das Gespräch war geradezu symbolisch die Bestätigung dafür, daß es eine geistig einheitlich-kommunizierende »deutsche Soziologie« nicht mehr gab.

Etwas überdramatisiert scheint diese Schilderung gerade deshalb zu sein, weil noch ein zweiter Anlauf genommen wurde, die Streitigkeiten zu thematisieren bzw. womöglich sogar zu bereinigen. Dieser zweite Anlauf wurde just auf jener legendären »Internen Arbeitstagung« der DGS vom Oktober 1961 in Tübingen unternommen, auf der – neben Diskussionen über die Professionalisierung von Soziologen[148] – die erste Runde des später so genannten »Positivismusstreits« ausgetragen wurde.
Planung, Verlauf und Ergebnis dieser Veranstaltung müssen wir uns nun zuwenden.

146 Siehe die Darstellung von Lepsius 1979, S. 43 und die Kritik von Schelsky 1981a, S. 64 f. dazu; was dort tatsächlich geschehen ist, habe ich nicht ermitteln können.

147 Schelsky 1981a, S. 65.

148 Siehe zu diesem Komplex Lepsius 1979, S. 44-49 und Demirović 1988.

4. Positivismusstreit, erste Runde

4.1 Die Vorbereitung

Über die Planung der Tübinger Arbeitstagung der Deutschen Gesellschaft für Soziologie, also die erste Runde des Positivismusstreits, ist bislang wenig bekannt. Offenbar hat Ralf Dahrendorf, der dann auch bei der Durchführung selbst die Diskussionsleitung übernahm, im Vorfeld die entscheidenden Weichen gestellt. Das drückt sich nicht so sehr in der Wahl des Themas aus, das ja schon seit Mitte der fünfziger Jahre in steigendem Maße die Gemüter erregt hatte, als vielmehr in den daran geknüpften Erwartungen, der Wahl der Referenten und nicht zuletzt des Tagungsorts.[149]
In seinen »Anmerkungen zur Diskussion der Referate von Karl R. Popper und Theodor W. Adorno« hat Dahrendorf die Absichten der Planer jener Tübinger Arbeitstagung – also auch und vor allem seine eigene – beschrieben:

> Es ist kein Geheimnis, daß vielfältige Unterschiede der Forschungsrichtung, aber auch der theoretischen Position und darüber hinaus der moralischen und politischen Grundhaltung die gegenwärtige Generation der Hochschullehrer der Soziologie in Deutschland trennen. Nach einigen Diskussionen der letzten Jahre schien es nun, als könnte die Erörterung der wissenschaftslogischen Grundlagen der Soziologie ein geeigneter Weg sein, um die vorhandenen Differenzen sichtbar hervortreten zu lassen und damit für die Forschung fruchtbar zu machen. Die Tübinger Arbeitstagung hat diese Vermutung jedoch nicht bestätigt.[150]

Diese wenigen Sätze fassen die komplizierte Ausgangslage in der deutschen Soziologie vor der Tübinger Arbeitstagung gut zusammen. Angesichts dieser Ausgangslage ist es vielleicht schon ein etwas weltflüchtiger Gedanke, eine Klärung auch der »moralischen und politischen Grundhaltung« von einer Methodendiskussion zu erhoffen. Hier hat vielleicht die in der Geschichte der deutschen Soziologie schon fast Tradition gewordene Neigung eine Rolle gespielt, Richtungsstreitigkeiten durch Methodendis-

149 Dahrendorf war gerade nach Tübingen berufen worden.
150 Dahrendorf 1962, S. 145.

kussionen zu bearbeiten.[151] Jedenfalls hätte die Wahl des Themas »Logik der Sozialwissenschaften« wohl nur dann einen Beitrag zum Versuch leisten können, die in der DGS »vorhandenen Differenzen sichtbar und damit für die Forschung fruchtbar zu machen«, wenn beide eingeladenen Referenten diese unterschiedlichen Auffassungen gekannt hätten und dann auch explizit auf sie eingegangen wären.

Dies wurde aber durch die Wahl Karl Poppers als Hauptreferenten sehr erschwert. Popper, der einigen bundesdeutschen Soziologen und Philosophen[152] – wenngleich bei weitem nicht allen – durch seine Veröffentlichungen bekannt war, gehörte bis 1961 jedenfalls nicht zu denen, die in die Methodendiskussionen der bundesdeutschen Soziologie schon eingegriffen hatten. Wenn es darum gegangen wäre, die bekannten Auffassungsunterschiede zu diskutieren, wären viel eher Schelsky oder auch König als Kontrahenten Adornos in Frage gekommen.

Dahrendorf hat eine dieser hypothetischen Konstellationen nicht gewählt, da er König und Schelsky nicht zutraute, eine starke Gegenposition gegenüber Adorno aufzubauen.[153] Für die Wahl Poppers in diesem Kontext sprach immerhin, daß er sich nicht nur seit den dreißiger Jahren mit seiner *Logik der Forschung* als Wissenschaftstheoretiker, sondern seit Mitte der vierziger Jahre mit seinen Büchern *The Open Society and its Enemies* und *The Poverty of Historicism* auch innerhalb der Geschichts- und Sozialphilosophie einen Namen gemacht hatte, allerdings vorerst vor allem in der angelsächsischen Welt. Davon sowie von der wissenschaftlichen Statur Poppers hatte sich Dahrendorf auch ganz persönlich während seines Postdoktorandenstudiums 1953 an der »London School of Economics« überzeugen können.[154]

Im Jahre 1957 wurde Popper auch dem deutschsprachigen Publikum (wieder) bekannt: es erschien die von Paul Feyerabend besorgte Übersetzung der *Open Society* ins Deutsche, und in der – von Julius Kraft, dem an die Universität Frankfurt zurückgekehrten früheren philosophischen Lehrer und Freund Poppers – im

151 Siehe Meja/Stehr 1982b, S. 11 sowie ausführlich Frisby 1976, S. XV ff.
152 Siehe z. B. Albert 1956.
153 Brief Dahrendorfs an Verf., 3. 10. 1989.
154 Dahrendorf an Verf., 3. 10. 1989: »Popper war mein Lehrer an der LSE; nur er kam in Frage.«

gleichen Jahr gegründeten philosophischen Zeitschrift *Ratio* waren nun regelmäßig philosophische Artikel Poppers in deutscher Sprache zu lesen. Weil er in Deutschland überwiegend mit der *Offenen Gesellschaft* bekannt wurde – eine zweite Auflage seiner *Logik der Forschung* erschien erst im Gefolge des Positivismusstreits –, dürfte Popper zunächst auch hauptsächlich als Sozialphilosoph angesehen worden sein. Dem ist allerdings hinzufügen, daß Popper – ganz anders als sein Kontrahent im Positivismusstreit Adorno – nie irgendeine persönliche Erfahrung mit den Problemen empirischer Sozialforschung und erst recht nicht mit deren Methodendiskussion in der bundesdeutschen Soziologie der Nachkriegszeit gehabt hat.

4.2 Popper und der Positivismus

Da die Tübinger Tagung die erste Runde des Positivismusstreits gewesen ist, muß man sich fragen, was Popper mit dem »Roten Wien« der Jahre zwischen 1919 und 1934, das – außer für viele andere Entwicklungen – auch für den Wiener Kreis den Nährboden gebildet hatte, und insbesondere mit dem logischen Positivismus zu tun hatte. Hält man sich das durch den Positivismusstreit geprägte bundesdeutsche Popper-Bild vor Augen, wird man leicht vermuten, daß Popper mit dem Roten Wien kaum etwas, viel dagegen mit dem Positivismus im Sinn gehabt habe. In Wirklichkeit jedoch ist das Gegenteil der Fall.

Popper hat in seiner Autobiographie seine Beziehungen zur österreichischen Linken der Zwischenkriegszeit zwar erwähnt, aber in ihrer Intensität und Dauer kräftig heruntergespielt. Zuerst habe er sich nach der Revolution von 1918 der (von Lazarsfeld gegründeten) sozialistischen Mittelschülerorganisation angeschlossen und sei auch zu den Treffen der Sozialistischen Studenten gegangen.[155] Dann, nach der Revolution von 1918/19, habe er sogar für zwei oder drei Monate mit den Kommunisten sympathisiert, jedoch habe ihn binnen kurzem die von den Kommunisten eingeschlagene Klassenkampftaktik, die nach seinen Wahrnehmungen bei Massenversammlungen ganz bewußt auch Menschenleben aufs

155 Popper 1974a, S. 24.

Spiel setzte, eines Besseren belehrt.[156] Den Marxismus (der nicht nur das theoretische Fundament der kommunistischen Partei, sondern auch das Credo der sozialistischen Arbeiterpartei Österreichs war) habe er im Zusammenhang damit bald aufgegeben, weil er den historischen Materialismus für eine theoretisch unhaltbare und praktisch verhängnisvolle Lehre gehalten habe. In der Folge sei er dann noch »for many years« Sozialist gewesen.[157] Wie lange das gedauert hat und welcher Art seine Beziehung zum Sozialismus gewesen ist, bleibt dabei freilich unerwähnt. Nach seinen mündlichen Auskünften und brieflichen Informationen scheinen Poppers Beziehungen zur österreichischen Linken sehr viel intensiver gewesen zu sein und länger gedauert zu haben, als man nach der Lektüre seiner Autobiographie vermuten würde. So hat er etwa beschrieben, daß er im Winter 1919-1920 in ein früheres Militärkrankenhaus gezogen sei, das Studenten zu einem primitiven Studentenheim gemacht hatten.[158] Bei dieser ehemaligen Kaserne handelte es sich nun um ein besetztes Haus, das im Volksmund »Kommunistenbaracke« genannt wurde, weil darin zahlreiche Akteure der gescheiterten bayerischen und ungarischen Räterepubliken Unterkunft gefunden hatten. Dort habe er mit einer ganzen Reihe dieser Revolutionäre Diskussionen über deren Pläne und die Gründe ihres Scheiterns geführt. Auch habe er einem ungarischen Kommunisten bei der stilistischen Überarbeitung von dessen Übersetzung von Lenins Buch *Materialismus und Empiriokritizismus* geholfen. Er habe dabei übrigens gefunden, daß dies »ein erstaunlich gutes Buch« sei.[159] Mit Poppers Abkehr vom Marxismus war auch keineswegs eine Abkehr von der österreichischen Sozialdemokratie verbunden gewesen. Vielmehr habe er ihr »von etwa Dezember 1919 bis zum Ende [der Partei]« durch das Verbot im Frühjahr 1934 als Mitglied angehört, ohne allerdings je den Versuch zu unternehmen, dort eine Rolle zu spielen.[160] Gleichwohl habe er viele ihrer führenden Gestalten gekannt und mit einigen von ihnen auch politische Tagesfragen diskutiert. Wenn er etwa in seiner Autobiographie ihre Politik

156 Ebd., S. 25.
157 Ebd., S. 27.
158 Ebd., S. 30.
159 Siehe ganz in diesem Sinn auch Popper 1990, S. 100.
160 Diese und die folgenden Informationen entnehme ich seinen Briefen an den Verf. vom Januar 1991.

beim Februaraufstand 1934 als »suicidal« verurteilt habe[161], dann sei dies nicht etwa als Kritik daran gemeint gewesen, daß sie sich *überhaupt* mit militärischen Mitteln gegen den Austrofaschismus gewehrt hatte (wie ich es verstanden hatte[162]), sondern ganz im Gegenteil daran, daß dies zu unvorbereitet und unkoordiniert geschehen sei.[163] Mit dieser Einschätzung befinde er sich in der besten Gesellschaft prominenter österreichischer Sozialdemokraten wie Theodor Körner, Karl Renner und auch Friedrich Adler, mit dem er diese Frage persönlich diskutiert habe. Entsprechendes gelte auch für seine Bemerkung über die Juli-Ereignisse 1927, wo er die Politik der Parteiführung ebenfalls als »irresponsible und suicidal« gekennzeichnet hatte.[164]

Er sei aber nicht nur theoretisch und diskutierend, sondern auch praktisch am Sozialismus interessiert gewesen. So sei er »viele Jahre sehr aktiv in der Kinderfreunde-Organisation der Partei gewesen und zwar Kinder betreuend«. Auch später als Hauptschullehrer sei er »sehr aktiv in der Schulreform-Bewegung« gewesen: »Ich war Sozialist; und Arbeiterkinder zu erziehen war mein ganzer Ehrgeiz.« Nicht zuletzt deshalb sei er nach 1933 von Nazi-Kollegen in der Hauptschule angegriffen worden: »Es wurde mir zu verstehen gegeben, daß ich unter den ersten sein werde, die ins Konzentrationslager kommen.«

Auch seine ursprüngliche Berufsperspektive zeigt, daß er seine Lebensplanung ganz in das Strategiekonzept der Sozialdemokratie eingeordnet hatte, in dem Schulreform und Arbeiterbildung einen großen Stellenwert hatten. Er wollte nämlich nicht, wie man annehmen könnte, von vornherein Philosophieprofessor werden, sondern hatte zu Beginn seines Studiums auf einen Lebensentwurf als Schulreformer (mit möglicherweise der Gründung einer Ver-

161 Popper 1974a, S. 85.

162 Dahms 1985, S. 332.

163 *Diese* Kritik wird übrigens von Marie Jahoda geteilt. Sie berichtet (in Jahoda 1979, S. 127) davon, daß es vorgekommen sei, daß in einem Stadtteil 200 Gewehre, aber keine Schutzbundleute gewesen seien, in einem anderen 200 Schutzbundleute, aber ohne Gewehre.

164 Popper 1974a, S. 85. Diese Bemerkung sei auf die Politik der Parteileitung gemünzt gewesen, die die Parole ausgegeben hatte: »Streik, bis die Gefahr des Faszismus vorüber ist!«

suchsschule) zugesteuert.[165] Damit blieb er gegenüber den frühen Ambitionen Marie Jahodas noch der Bescheidenere, denn sie war »zu der Zeit komplett überzeugt, daß ich einmal sozialistischer Erziehungsminister in Österreich werden würde. Keine Frage!«[166], und hatte sich hauptsächlich deswegen entschlossen, Psychologie zu studieren. Beide begannen übrigens ihr Studium gleichzeitig im ersten Jahrgang des 1925 eingerichteten Pädagogischen Instituts der Stadt Wien und nahmen auch gemeinsam ein Studium am psychologischen Institut des kurz vorher an die Universität gekommenen Ehepaars Charlotte und Karl Bühler auf.[167] Die Entscheidung, bei den Bühlers anzufangen, scheint damals in Wien – wo man bei den wesentlich bekannteren Psychologen Sigmund Freud und Alfred Adler kein universitäres Examen ablegen konnte – bei einigen sozialistisch eingestellten Studenten und prospektiven Bildungsreformern durchaus üblich gewesen zu sein.[168] Wenn also Angehörige der Frankfurter Schule Popper in den sechziger Jahren in die Wiener Szenerie eingeordnet haben, ist daran – wenngleich ganz entgegen den damit verbundenen Intentionen – überraschenderweise sogar etwas Wahres. Das trifft allerdings auf ein vielfach unterstelltes Näheverhältnis Poppers zum Wiener Kreis des logischen Positivismus dagegen wesentlich weniger zu. Zwar hat er einige spätere Mitglieder des linken Flügels des Wiener Kreises wie Neurath und Zilsel schon Anfang der zwanziger Jahre in außerwissenschaftlichen Zusammenhängen kennengelernt.[169] Später während des Studiums kamen dann weitere (wie insbesondere die Mathematiker Hahn, Menger und Reidemeister sowie der Gründer des Kreises Schlick) als akademische Lehrer hinzu. Er hat aber in seiner Autobiographie darauf insistiert, daß

165 Diese Orientierung wird durch seine erste Publikation bestätigt, in der ein Programm der Schulreform entworfen wird: Popper 1925.

166 Jahoda 1979, S. 113.

167 Siehe dazu Popper 1974a, S. 57, wo allerdings Jahoda als Mitstudentin nicht erwähnt wird. Sie berichtet übrigens, daß schon die Tatsache der Aufnahme in das Pädagogische Institut der Stadt Wien ein deutliches Zeichen für sozialistisches Engagement gewesen sei. Gute Zeugnisse hätten dafür nicht ausgereicht.

168 So Fleck 1989, S. XXII.

169 Dazu gehört die amüsante Geschichte, daß Zilsel ihn – wegen mangelnder Logikkenntnisse! – beim ersten Versuch, extern das Abitur nachzumachen, durch die Prüfung habe fallen lassen.

seine ersten philosophischen Bezugspersonen und universitären Gesprächspartner keine – auch nicht spätere – Mitglieder des Wiener Kreises waren, sondern Julius Kraft und Heinrich Gomperz:

> I was in my second year at the pedagogic Institute when I met professor Heinrich Gomperz, to whom Karl Polanyi had given me an introduction. Heinrich Gomperz was the son of Theodor Gomperz (author of »Greek Thinkers«, and a friend and translator of John Stuart Mill). Like his father, he was an excellent Greek scholar, and also greatly interested in epistemology. He was only the second professional philosopher I had met, and the first university teacher of philosophy. Previously I had met Julius Kraft (of Hanover, a distant relation of mine, and a pupil of Leonard Nelson), who later became a teacher of philosophy and sociology at Frankfurt; my friendship with him lasted until his death in 1960.
> Julius Kraft, like Leonard Nelson, was a non-marxist socialist, and about half our discussions, often lasting into the small hours of the morning, were centred on my criticism of Marx. The other half were about the theory of knowledge ... Over these we fought a hard battle, which went on from 1926 to 1956, and we did not reach anything approaching agreement until a few years before his untimely death in 1960. On Marxism we reached agreement fairly soon.[170]

Kraft scheint als erster professioneller Philosoph, zu dem Popper überhaupt in näheren Kontakt kam, einen besonderen Einfluß ausgeübt zu haben. Er hat Popper mit der Gedankenwelt jener heute weitgehend in Vergessenheit geratenen, damals aber noch recht lebendigen und von Max Scheler in einem informativen zeitgenössischen Überblick mit gewissem Recht als »vierte Kantschule«[171] bezeichneten Lehre bekanntgemacht, die von dem Göttinger Philosophen Leonard Nelson in der Nachfolge des Hegel-Widersachers Jacob Friedrich Fries gegründet worden war. Kraft war es auch, der Popper für die politische Organisation Nelsons, den Internationalen Sozialistischen Kampfbund[172], als Mitglied anzuwerben suchte und dafür eigens dessen stellvertretenden Vorsitzenden Willi Eichler nach Wien kommen ließ.[173] Fast alle übrigen Züge dieser recht kleinen, aber ungemein aktiven linken Splittergruppe hätten Popper auch zugesagt, insbesondere ihr

170 Popper 1974a, S. 58.
171 Scheler 1922, S. 172.
172 Siehe dazu Link 1964 und Klär 1982.
173 So die erstaunliche Erzählung Poppers, die durch neue Archivfunde gestützt wird; siehe dazu Franke 1991, S. 163.

auf Gerechtigkeitsprinzipien aufbauender nichtmarxistischer Sozialismus und ihre lebensreformerische Programmatik. Die Anwerbung scheiterte aus seiner Perspektive[174] hauptsächlich daran, daß die Gruppe wegen der angeblichen Inkonsistenz des demokratischen Mehrheitsprinzips die Demokratie ablehnte und statt dessen die »Herrschaft des Weisesten«, also eine Art von platonischem Führerideal, propagierte. Aus der schon Mitte der zwanziger Jahre erfolgten Niederschrift seiner Kritik an dieser Art von Platonismus hat Popper dann fast zwanzig Jahre später im neuseeländischen Exil das »Führerprinzip« überschriebene Kapitel des ersten Bandes seines Buchs *Die Offene Gesellschaft und ihre Feinde* gemacht.[175]

Nelson war nun nicht nur wegen seines angeblichen Beweises der Unmöglichkeit der Demokratie, sondern schon vor dem Ersten Weltkrieg auch wegen seines Beweises der »Unmöglichkeit der Erkenntnistheorie« bekanntgeworden. Auch mit diesem Paradox hat sich Popper schon vor seiner Bekanntschaft mit der Philosophie des Wiener Kreises ausführlich auseinandergesetzt, wie seine am Ende der zwanziger Jahre entstandene, aber erst 1979 publizierte Vorarbeit zur *Logik der Forschung*, sein umfangreicheres Buch *Die beiden Grundprobleme der Erkenntnistheorie*, zeigt.[176] Freilich sind Poppers Diskussionen dieser Nelsonschen Paradoxien jeweils nicht einfache Übernahmen. Sie erkennen zwar im jeweils ersten Schritt die Richtigkeit der Nelsonschen Analysen an, kommen dann aber im zweiten Schritt jeweils zu Lösungen, die den Ideen Nelsons entgegengesetzt sind.

In zwei Punkten freilich, und das ist für das Folgende wichtig, ist Poppers Philosophie mit Nelsons Resultaten deckungsgleich, und das ist sowohl eine prinzipielle Positivismuskritik als auch eine Einführung der »Unwiderlegbarkeit« (bzw. in Poppers Formulierung: der Falsifizierbarkeit) als Abgrenzungskriterium von (potentieller) Wissenschaft und pseudowissenschaftlicher Spekulation.

Poppers Kritik am Verifikationsprinzip des Wiener Kreises be-

174 Franke 1991, S. 164 zitiert auch die Bewertung des Gesprächs durch den ISK.

175 Popper 1992, S. 144-163. Mit einem Kampf gegen das *nationalsozialistische* Führerprinzip hat dieses Kapitel also von seiner ursprünglichen Entstehung her nichts zu tun.

176 Popper 1979, S. 106-136.

steht bekanntlich unter anderem darin, daß das Festhalten an diesem Prinzip, weit davon entfernt, die Möglichkeit von Wissenschaft rational rekonstruierbar zu machen, ganz im Gegenteil ihren Kernbereich, nämlich die Allgemeinheit und Theoretizität von Naturgesetzen, vernichten würde. Denn Verifikationen kann man immer nur endlich viele ausführen, Naturgesetze blieben dagegen wegen der potentiell unendlichen Anzahl der von ihnen abgedeckten Fälle stets nicht verifizierbar. Sie müßten nach dem positivistischen Prinzip folglich als sinnlos gelten. Genau dieser Gedanke einer prinzipiellen Nichtverifizierbarkeit von Naturgesetzen war es aber gewesen, den Nelson schon 1908 in seiner Rezension von Machs *Erkenntnis und Irrtum* zur Widerlegung des Machschen Positivismus ausgenutzt hatte.[177]

Ähnliches gilt von der Falsifizierbarkeit, die Popper – wohlgemerkt nicht wie die Positivisten als Kriterium des *Sinns* beliebiger Sätze, sondern der *Abgrenzung* potentiell wissenschaftlicher Sätze von pseudowissenschaftlichen – vorgeschlagen und propagiert hatte. Eine derartige Idee findet sich, wenngleich weniger allgemein ausgearbeitet, ebenfalls bereits bei Nelson. Dieser hat schon 1921 eine – streckenweise satirisch gehaltene – Kritik an Oswald Spenglers *Untergang des Abendlandes* veröffentlicht, deren bereits im Titel der Schrift angedeuteter »Witz« geradezu darin besteht, Spengler zunächst in mehreren Beweisen die Unwiderleglichkeit seiner Spekulationen zu attestieren, um dann aber überraschenderweise gerade diese Unwiderleglichkeit nicht als Stärke, sondern als unheilbare logische Schwäche offenzulegen.[178]

Aus all dem ergibt sich, daß Popper schon vor seiner ersten Bekanntschaft mit dem Wiener Kreis – er erfuhr, weil er von Schlick nicht zu dessen Oberseminar eingeladen worden war, aus dem sich der Kreis entwickelte, von dessen Existenz erst durch einen Zeitungsaufsatz Neuraths aus dem Jahre 1929 – die Bausteine einer eigenen philosophischen Konzeption beisammen gehabt hat. Diese *unterscheidet* sich vom Positivismus nicht nur in einer Reihe von Punkten, sondern *widerspricht* ihm in entscheidenden Hinsichten. Da Popper auch später von diesen Grundsätzen nie

177 Nelson 1908, S. 153ff.

178 Nelson 1921. Diese merkwürdige Schrift wird in Poppers *Offener Gesellschaft* auch erwähnt (siehe Popper 1992, Bd. 1, S. 285).

abgewichen ist, kann man ihn wohl kaum als Positivisten einordnen, wie das während des Positivismusstreits in Mode gekommen ist.

Daß seine Differenz zum Wiener Kreis verschiedentlich nicht gebührend gewürdigt wurde, liegt paradoxerweise vielleicht gerade daran, daß Popper selbst seine Gegnerschaft zum Positivismus allmählich immer stärker betont und dabei schließlich überzeichnet hat. In der – nach dem »Positivismusstreit« erschienenen – Autobiographie hat er sie zu dem Anspruch gesteigert, er hätte den Positivismus geradezu zur Strecke gebracht. Auf die selbstgestellte Frage »Who killed Logical Positivism?« hat er sich nämlich die Antwort erteilt: »I fear that I must admit responsibility«.[179]

Die Unterschiede zwischen dem Positivismus und Poppers kritischem Rationalismus, auf die es im folgenden ankommt, sind oft beschrieben worden und brauchen hier nur summarisch ins Gedächtnis gerufen zu werden. Der Wiener Kreis vertrat – jedenfalls in seiner klassischen Anfangsphase – ein Erkenntnis- und Wissenschaftsideal, das in zweifacher Bedeutung vom sinnlich Gegebenen ausging: mit den Sinnesdaten beginnt der Erkenntnisvorgang sowohl kausal als auch logisch. Denn aus ihnen als Fundament steigt das Subjekt induktiv zu empirischen Verallgemeinerungen und schließlich zu Naturgesetzen auf.[180]

Poppers Kritik an diesem Erkenntnismodell richtet sich gegen die Tabula-rasa-Vorstellung von »theoriefreien« Sinnesdaten und vor allem gegen den Induktivismus, der für den Aufstieg von der »Basis der Erkenntnis« zu Naturgesetzen benötigt wird. Dieser sei auf keinerlei Weise zu rechtfertigen. Als Alternative präsentiert er ein hypothetico-deduktives Verfahren des Erkenntnisgewinns: Danach beginnt jede Erkenntnis und also auch die Wissenschaft mit Hypothesen als tentativen Antworten auf Probleme. Aus diesen Hypothesen deduktiv abgeleitete Basissätze müssen sich dann der Kontrolle durch Erfahrung stellen. Außer in der bei Popper erheblich zugunsten der Theoriebildung verschobenen Balance zwischen Theorie und Erfahrung unterscheiden die beiden Modelle sich noch in einigen wichtigen Konsequenzen. Während der

179 Siehe dazu Popper 1974a, S. 62-71, vgl. die Darstellung von Victor Kraft 1974, besonders S. 185 f., 200 f.

180 Siehe Schlick 1934b, S. 303 f. sowohl als klassische Formulierung wie auch als eine partielle Kritik dieses Standpunkts.

(frühe) Positivismus auf sichere Erkenntnis aus war und diese durch die Verbindung eines sinnlich gewissen Fundaments von Sinnesdaten mit der Induktion zu erreichen hoffte, entkoppelt Poppers Wissenschaftskonzept die Begriffe der Wahrheit und der Gewißheit: Wissenschaft ist danach immer nur auf dem Weg zur Wahrheit bzw. zu immer größerer Wahrheitsähnlichkeit und kann sich niemals ihrer Ergebnisse sicher sein. Dieser Unterschied kommt auch darin zum Ausdruck, daß die logischen Empiristen das Erfordernis der Verifizierbarkeit zum Sinnkriterium erhoben, während Popper seine Falsifizierbarkeit, also eine nur negative Entscheidbarkeit propagierte. Die Falsifizierbarkeit forderte er darüber hinaus – nicht wie die Positivisten es mit der Verifizierbarkeit im Sinn hatten – als universelles Sinnkriterium für beliebige vorgelegte Sätze, sondern nur als Abgrenzungskriterium potentiell wissenschaftlicher Sätze von pseudowissenschaftlichen Behauptungen. Schließlich unterscheidet sich Poppers Wissenschaftstheorie von der des logischen Positivismus dadurch, daß sie sich ein anderes Bild vom Wissenschaftsfortschritt macht: Während der Positivismus nur eine kumulative Wissenschaftsentwicklung kennt (also eine Erweiterung des Fundaments der Erkenntnis und mittelbar der darauf aufbauenden Generalisierungen), ist Poppers Modell in dem Sinne revolutionär, daß vorläufig akzeptierte Theorien jeweils durch Falsifikation »gestürzt« und dann durch neue ersetzt werden müssen.
Ob dies Bild, das Popper selbst von den Unterschieden gezeichnet hat und das dann in der Sekundärliteratur immer wieder reproduziert worden ist, so zutrifft, kann hier nicht diskutiert werden. Es scheint aber, als könne man höchstens für einen kurzen Zeitabschnitt (etwa um 1930) die Akzeptanz jenes Positivismus bei einigen Mitgliedern des Wiener Kreises unterstellen, den Popper dann kritisiert hat. Schon als Popper schließlich nach Umarbeitungen und mehrfachen schmerzhaften Kürzungen 1935 seine *Logik der Forschung* herausbrachte, hatten sich zentrale Vorstellungen des Positivismus wie die (a) eines sicheren Fundaments der Erkenntnis, (b) der Induktion und (c) eines universalen Sinnkriteriums schon so verändert und abgeschwächt, daß sie von seinen Argumenten schon nicht mehr getroffen wurden. Wie dem auch sei: zu behaupten (wie Popper es ja tut), die Revision (oder gar das Ende) des Positivismus sei allein der Wucht seiner Argumente zu verdanken, geht an der historischen Entwicklung vorbei. Denn

die Revisionen dieser Theorienteile sind größtenteils schon ein gutes Stück vor Poppers Kritik angebahnt worden. Das gilt besonders für das »Basis«-problem und die positivistischen Induktionsvorstellungen.[181]

Wenn man nun aber den Kontext der anderen philosophischen Optionen sowohl der dreißiger Jahre in Österreich und Deutschland als auch der bundesdeutschen Nachkriegszeit hinzunimmt, relativiert sich das Gewicht der genannten Unterschiede zwischen logischem Positivismus und kritischem Rationalismus vor dem Hintergrund des erweiterten Koordinatenkreuzes. Denn Poppers kritischer Rationalismus ist dem logischen Positivismus – und erst recht dem amerikanischen Pragmatismus – in vielen Punkten sicher viel ähnlicher als etwa der Philosophie Othmar Spanns im Wien der zwanziger oder dreißiger Jahre oder der Phänomenologie (insbesondere in der Version Heideggers) oder auch der Lebensphilosophie zu jener Zeit in Deutschland. Vor dem Hintergrund dieser die westdeutsche philosophische Landschaft in der Nachkriegszeit beherrschenden Optionen ist es auch verständlich, wenn selbst spätere Anhänger Poppers ihn in den fünfziger Jahren zunächst sehr in die Nähe des Positivismus gerückt haben.[182]

Wenn man nun Poppers spezifisch sozial- und geschichtsphilosophische Ansichten mit den entsprechenden des Wiener Kreises, also Neuraths und Zilsels, vergleicht, treten die in der theoretischen Philosophie Poppers immerhin schon gravierenden Unterschiede zum Positivismus noch weit schärfer ins Bild. Denn hier sind sich Popper und die Positivisten nur in einem einzigen Punkte einig: der Relevanz wissenschaftstheoretischer Überlegungen für Gesellschaft und Politik.[183] In allen anderen dagegen gibt es fundamentale Differenzen. So hat es Neurath als »Um und

181 Carnaps späteres Programm einer induktiven Logik, das den frühen Induktivismus des Wiener Kreises ablöste, ist in den Grundzügen schon Ende der zwanziger Jahre von Waismann formuliert worden; siehe dazu Waismann 1930.

182 So zum Beispiel Albert 1956, S. 269, Anm. 75, wo es heißt: »Auf Poppers Einstellung zu Wittgenstein ... kann hier nicht eingangen werden. In ihr tritt m. E. die oft zu beobachtende Neigung zutage, sich von sehr nahe verwandten Standpunkten stärker zu distanzieren, als es sachlich gerechtfertigt ist.«

183 So hat es auch Popper 1973, S. 54 und besonders S. 56 beschrieben.

Auf«[184] der Sozialwissenschaft (in jenem weiteren Sinne, der Geschichtswissenschaft und Ökonomie einschließt) angesehen, Prognosen einschließlich sozialer Großprognosen zu erstellen, um damit in den Geschichtsverlauf gestaltend eingreifen zu können. Deswegen hat Popper ihn, den radikalen Spenglerkritiker, mit Spengler zusammen zu der pronaturalistischen Spezies von Historizisten geschlagen.[185] Anders als Spengler hat Neurath aber immer die Grenzen sozialwissenschaftlicher Prognosebildung betont und dafür insbesondere zwei Argumente vorgetragen, nämlich (1) die Existenz reflexiver Prognosen (wie der *self-fulfilling prophecies*) und (2) die Unvorhersagbarkeit des zukünftigen Wissenszuwachses.[186]

Popper, der die Herkunft dieser Ideen aus den Werken Neuraths stets unerwähnt ließ, hat daraus Argumente für die Unmöglichkeit einer theoretischen Geschichtswissenschaft, von historischen Prognosen und dann insbesondere von auf solchen Vorhersagen basierenden »holistischen« Planungsvorstellungen gemacht. Die Neurathsche These der Unvorhersagbarkeit des zukünftigen Wissenszuwachses ist geradezu die entscheidende zweite Prämisse in seiner Widerlegung der pronaturalistischen Versionen des Historizismus geworden.[187]

Hinter der unterschiedlichen Beurteilung spezieller Prognoseproblematiken in den Sozialwissenschaften und in der Geschichte stehen divergierende Ansichten über die Existenz von Geschichtsgesetzen. Dies war immer ein wichtiger Konfliktpunkt zwischen Popper und den logischen Positivisten. Edgar Zilsel hat schon in den zwanziger Jahren das Auffinden solcher Gesetze als Ziel der Geisteswissenschaften bezeichnet und auch selbst einige Beispiele von historischen Gesetzen des Geisteslebens angegeben.[188] Daß es noch nicht möglich sei, weitere konkrete Gesetze anzugeben, hat er auf den unterentwickelten Zustand der historischen Wissenschaften zurückgeführt. Dabei kam es ihm immer auf die genaue

184 Siehe dazu und zum Folgenden Dahms 1987, S. 232ff.

185 So explizit Popper 1965, S. 81, Anm. 58; interessanter ebd., S. 11 (3. Absatz) eine anonyme Beschreibung von »Historizisten«, die nur auf Neurath zutrifft.

186 Siehe etwa Neurath 1931b, S. 515.

187 Popper 1965, S. XI f.

188 Zum Beispiel Zilsel 1926, S. 323-326; siehe allgemein zu Zilsels Ansichten über Sozial- und Geschichtsgesetze Dvořák 1981, S. 79-85.

Überprüfung derartiger Gesetze anhand gerade solchen historischen Datenmaterials an, das am ehesten für eine Widerlegung der potentiellen Gesetze in Frage kommt.
Im Jahre 1936 hat Carl Gustav Hempel in Brüssel kontroverse Diskussionen mit Popper über die Anwendbarkeit des nomologischen Erklärungsbegriffs auf die Geschichtsschreibung geführt, wobei auch die Frage der Existenz von Gesetzen der historischen Entwicklung zur Debatte stand.[189] In den Kontext dieser Kontroverse mit Popper gehört auch Hempels wenig später erschienener klassischer Aufsatz »The Function of Generals Law in History«.[190] Darin geht es nämlich nicht nur um die Explikation der Begriffe der wissenschaftlichen Erklärung und Prognose und um die Behauptung der strukturellen Gleichheit von Erklärung und Prognose, wie es vielfach in der Sekundärliteratur verstanden worden ist. Vielmehr sind dies nur Vorklärungen, um dann ganz im Sinne des Aufsatztitels die These zu begründen, daß nomologische, also gesetzesartige Aussagen verwendende Erklärungen nicht nur in den Naturwissenschaften, sondern auch in der Geschichtswissenschaft notwendig und möglich sind.[191] Dagegen hat Popper – ebenfalls unter anderem in Reaktion auf die Diskussion mit Hempel von 1936 – in *The Poverty of Historicism* die These verfochten, daß nomologische Erklärungen in der Geschichtswissenschaft unmöglich seien, weil es keine historischen Gesetze gebe.[192] Auch diese Haltung steht dem Neukantianismus wesentlich näher als einheitswissenschaftlichen positivistischen Vorstellungen.[193] Es scheint, daß auch diese Unterschiede zwischen

189 Popper 1974a, S. 93.

190 Hempel 1942; siehe dort auch die Anknüpfung an entsprechende Arbeiten und Gedanken Zilsels.

191 Die Frage, ob es spezifisch historische Gesetze gibt, läßt Hempel dabei ausdrücklich offen (ebd., Abschnitt 8), während Popper sie negativ beantwortet.

192 Popper 1965, S. 33 und S. 83-93, 112 ff.

193 Dies kommt in Poppers Absichtserklärung heraus: »Ich will die von den Historizisten so oft als altmodisch angefeindete Auffassung verteidigen, daß die Geschichtswissenschaft durch ihr Interesse für tatsächliche, singuläre, spezifische Ereignisse im Gegensatz zu Gesetzen oder Verallgemeinerungen charakterisiert ist.« Dies ist nichts anderes als eine Paraphrase von Windelbands Charakterisierung des Ziels der Geisteswissenschaften als eines idiographischen.

Popper und den logischen Positivisten von der bundesdeutschen Nachkriegsphilosophie und -soziologie nicht wahrgenommen worden sind.[194]

Diese Differenzen halte ich deshalb für tiefgehend, weil von ihnen etwa die Haltung gegenüber dem Marxismus abhängt. Während Poppers Wissenschaftstheorie geradezu so angelegt ist, daß sie den historischen Materialismus als ein Beispiel von Pseudowissenschaft ausschließt[195], ist eine derartige negative Vorentscheidung durch den logischen Positivismus nicht getroffen. Ganz im Gegenteil haben Positivisten wie Neurath (und auch Zilsel), wie wir im ersten Teil der Arbeit gesehen haben, den Marxismus als die zeitgemäßeste Form der Soziologie angesehen: »Von allen Versuchen, eine streng wissenschaftliche unmetaphysische physikalische Soziologie zu schaffen, ist der Marxismus der geschlossenste.«[196]

4.3 Die Tübinger Tagung

Popper ist also nicht nur kein Positivist, sondern hat sowohl in seiner generellen Wissenschaftstheorie als auch in den auf die Sozialwissenschaften anwendbaren Teilen seines Werks in fast allen wichtigen Punkten den entsprechenden Lehren der Positivisten widersprochen. Es ist deshalb die Frage, ob dies auch in den Referaten der Tübinger Soziologentagung zum Audruck kam. Ralf Dahrendorf hatte nach den Referaten und der anschließenden Diskussion den Eindruck, daß Popper und Adorno sich gegenüber jenem »dritten Mann«, der anscheinend in der Diskussion verschiedentlich als »positive Methode«, »nicht-metaphysischer

194 Siehe etwa Albert 1956, S. 252: »Die Anschauung, daß die sogenannten ›Geisteswissenschaften‹ in Anbetracht der Beschaffenheit ihres Objektbereichs in dieser Hinsicht [hinsichtlich der Erkenntnisziele Erklärung und Prognose, Verf.] methodologisch eine Sonderstellung einnehmen müssen, darf spätestens seit Karl R. Poppers Aufsatz ›The Poverty of Historicism‹ als widerlegt gelten.« Dabei hatte Popper gerade jene Historizisten widerlegen wollen, die eine methodologische Sonderstellung der Geisteswissenschaften hinsichtlich der Prognose ablehnten!

195 Siehe dazu Popper 1963a, S. 34 ff., 37.

196 So Neurath 1931b, S. 452, siehe überhaupt zu Neuraths Haltung gegenüber dem Marxismus ebd., S. 448-455.

Positivismus«, »Empirismus«, »empirische Forschung« etc. apostrophiert worden war, verbündet hatten.
In der Tat besteht ein Großteil des Popperschen Eingangsreferats aus einer Auseinandersetzung mit dem Positivismus. Nachdem er zunächst in der ersten These die Spannung von Wissen und Nichtwissen aufbaut, kommt er dann in der vierten These auf die Frage, wie diese Spannung mit dem Entstehen von Erkenntnis und Wissenschaft verknüpft ist, und sagt dort:

Die Erkenntnis beginnt nicht mit Wahrnehmungen oder Beobachtungen oder der Sammlung von Daten oder von Tatsachen, sondern sie beginnt mit Problemen.[197]

Der erste (negative) Teil dieser These richtet sich nun unzweifelhaft gegen den Positivismus[198], mit dem sich Popper, ohne ihn bei seinem Namen zu nennen, in seiner siebten These »als einer weitverbreiteten und oft ganz unbewußt absorbierten Methodologie« unter dem Titel eines »methodologischen Naturalismus oder Szientismus«[199] auseinandersetzt. Die Frontstellung wird hier etwas dadurch kompliziert, daß er den »Naturalismus« als Forderung charakterisiert, »daß die Sozialwissenschaften endlich von den Naturwissenschaften lernen, was wissenschaftliche Methode ist«. Dieser »verfehlte Naturalismus« stelle Forderungen auf wie:

Beginne mit Beobachtungen und Messungen; das heißt zum Beispiel, mit statistischen Erhebungen; schreite dann induktiv zu Verallgemeinerungen vor und zur Theorienbildung. Auf diese Weise wirst Du dem Ideal der wissenschaftlichen Objektivität näher kommen, soweit das in den Sozialwissenschaften überhaupt möglich ist. Dabei muß Du Dir darüber klar sein, daß in den Sozialwissenschaften die Objektivität weit schwieriger zu erreichen ist (falls sie überhaupt zu erreichen ist) als in den Naturwissenschaften; denn Objektivität bedeutet Wertfreiheit, und der Sozialwissenschaftler kann sich nur in den seltensten Fällen von den Wertungen seiner Gesellschaftsschicht soweit emanzipieren, um auch nur einigermaßen zur Wertfreiheit und Objektivität vorzudringen.[200]

197 Popper 1962a, S. 104. Später qualifiziert er den negativen Teil der ersten These dahingehend, daß Beobachtungen zwar auch ein Ausgangspunkt für Erkenntnis sein können, aber nur insofern, als sie »unseren bewußten oder unbewußten Erwartungen widersprechen« (ebd., S. 105).
198 Vgl. etwa Popper 1990, S. 107.
199 Popper 1962a, S. 105.
200 Ebd.

Wenn man vom Postulat der Wertfreiheit absieht, auf das wir noch zurückkommen werden, fügt diese Darstellung des »Naturalismus« dem – bereits in der vierten These abgelehnten – Imperativ, mit Beobachtungen zu beginnen, nur die weitere Direktive hinzu, von diesen Beobachtungen aus induktiv zu Verallgemeinerungen und zur Theoriebildung fortzuschreiten. Popper lehnt diesen »Naturalismus oder Szientismus« dann wegen seiner prinzipiellen Kritik am Induktivismus und an der dahinter stehenden Idee, man könne Erkenntnis und Wissenschaft positiv rechtfertigen, ab:

Meiner Meinung nach ist jeder der Sätze, die ich hier diesem verfehlten Naturalismus zugeschrieben habe, grundfalsch und auf ein Mißverständnis der naturwissenschaftlichen Methode begründet, ja geradezu auf einen Mythus – einen leider allzu weit verbreiteten und einflußreichen Mythus vom induktiven Charakter der naturwissenschaftlichen Methode und vom Charakter der naturwissenschaftlichen Objektivität.

Vergleicht man diese Passage mit seiner ausführlichen Behandlung des Induktionsproblems an anderer Stelle, wird klar, daß er mit dieser »grundfalschen Lehre« natürlich den Positivismus und mit induktivistischem Rechtfertigungsdenken insbesondere das Carnapsche Projekt einer induktiven Logik gemeint hat.

Mit einer »Logik der Sozialwissenschaften« hat diese Kritik am »Naturalismus« nur recht indirekt und zwar insofern zu tun, als sie die Übertragung eines Erkenntnismodells von den Naturwissenschaften auf die Sozialwissenschaften ablehnt, die bereits auf ihrem ursprünglichen Terrain (dem der Naturwissenschaften) verfehlt sei. Auf spezifische Methodenprobleme der Sozialwissenschaften kommt Popper erst ganz zu Ende seines Referats zurück. Die Essenz seiner Ausführungen steht in der fünfundzwanzigsten These, wo er sich für »eine rein objektive Methode in den Sozialwissenschaften« ausspricht, »die man wohl als objektiv-verstehende Methode oder Situationslogik bezeichnen kann«. Hinter diesem Titel verbirgt sich in der Sache nichts anderes als die Methode der verstehenden Soziologie im Sinne Max Webers. Da die »verstehende Soziologie« verschiedentlich als nicht objektivierbar angegriffen worden war, kommt es Popper in der Begründung seiner These darauf an, gerade die Objektivität der Situationsanalyse herauszustellen. Sie sei »zwar eine individualistische Methode, aber keine psychologische, da sie die psychologischen Momente prinzipiell ausschaltet und durch objektive Situationselemente ersetzt«.[201] Das geschehe dadurch, daß subjektive Wünsche und Motive in objektive Ziele, subjektive Erinnerungen und Assoziationen in objektive Informationen umgewandelt werden.

Auch diese These hat eine verdeckte antipositivistische Orientierung. Denn Otto Neurath als federführender Soziologe des Wiener Kreises hatte verschiedentlich Max Webers »verstehende Soziologie« kritisiert und abgelehnt. So heißt es in seiner *Empirischen Soziologie* zunächst:

> Am stärksten um empiristische Behandlung der Soziologie bemüht, hat Max Weber dennoch dauernd eine grundsätzlich antibehavioristische Einstellung angestrebt, er, der immer wieder dem »Geist« der Zeitalter eine bewegende Kraft im Sozialen zuschrieb, eine Einstellung, die ihn Sombart, Spann, Scheler immerhin nahebringt.[202]

Im Anschluß an ein langes Zitat aus Webers berühmtem Methodenkapitel aus *Wirtschaft und Gesellschaft* bemerkt er dann:

> Man sieht, wie einer der bedeutendsten nichtmarxistischen Soziologen Deutschlands um die Möglichkeit einer »verstehenden« Soziologie ringt ... Bei Weber tritt das einfühlende Sichversenken immer wieder an die Stelle der Wissenschaft. Für diese poetische Tätigkeit gibt es keine Kontrolle. Einfühlen, Verstehen und ähnliches mag den Forscher fördern, es geht aber in die Aussagengesamtheit der Wissenschaft ebensowenig ein wie ein guter Kaffee, der den Gelehrten bei seiner Arbeit förderte.[203]

Popper hat insofern in seinem Tübinger Referat ausdrücklich jene Methode als objektivierbar empfohlen, die Neurath (wegen ihrer Unkontrollierbarkeit) abgelehnt hatte.[204]

201 Ebd., S. 121.
202 Neurath 1931b, S. 461.
203 Ebd., S. 463.
204 Der Sache nach scheint mir Neurath hier gegenüber Weber (und Popper) ganz im Unrecht zu sein. Zwar ist, wie Weber an der von Neurath zitierten Stelle einräumt, »die Grenze sinnhaften Handelns gegen ein bloß reaktives, mit einem subjektiv gemeinten Sinn nicht verbundenes Sichverhalten durchaus flüssig«. Aber andererseits müßte man einen Großteil aller soziologischen und historischen Literatur sofort verwerfen, wenn man nicht anerkennen wollte, daß es auch klare Fälle von intentionalem Handeln gibt. Reduzierte man dieses Handeln auf seinen bloßen äußerlichen Vorgangsaspekt, würde man erstens viele Arten von Handlungen überhaupt unberücksichtigt lassen müssen wie alle Unterlassungen, zweitens viele Handlungen

Poppers Referat ist also sowohl in seinen allgemeinen als auch in seinen spezifisch sozialwissenschaftlichen Abschnitten hauptsächlich *gegen den Positivismus* gerichtet. Rückschauend hat er von den taktischen Zielen seines Referats jedoch offenbar einen anderen Eindruck gehabt. Er habe nämlich bei der Aufstellung der von ihm erbetenen Thesen folgende Ziele verfolgt:

Of course, I formulated these theses so as to make it difficult for any Hegelian and Marxist (such as Adorno) to accept them; and I supported them als well as I could by arguments.[205]

Nun tauchen aber in Poppers Referat nicht nur die Namen Hegel und Marx nicht auf, sondern auch irgendwelche von diesen entwickelten Theorien und Thesen nicht. Es empfiehlt sich deshalb, einmal herauszupräparieren, was eigentlich jene Thesen gewesen sind, die Popper als Attacke gegen Hegelianer und Marxisten (»such as Adorno«) vorgesehen haben könnte, und dann nachzusehen, was Adornos Reaktion darauf gewesen ist. Die Antwort auf diese Fragen erklärt meines Erachtens gleichzeitig, weshalb es 1961 in Tübingen nicht nur zu keinem Streit über den Positivismus (in dessen Ablehnung sich die beiden Referenten einig waren) gekommen ist, sondern auch nicht zu irgendeiner anderen Kontroverse.

Adorno hat Popper in seinem Koreferat kein einziges Mal als Positivisten bezeichnet, und überhaupt tauchen die Vokabeln »Positivist« und »positivistisch« dort nur recht selten und zwar meist in Kontexten auf, wo auch die logischen Positivisten nicht gemeint sein können. Nach den Vorgängen der fünfziger Jahre wäre Adornos Zurückhaltung in Dingen der Positivismuskritik bei seinem Tübinger Koreferat jedenfalls dann außerordentlich merkwürdig, wenn man unterstellt, daß Adorno Poppers kritischen Rationalis-

nicht eindeutig oder gar falsch klassifizieren (ist zum Beispiel eine Überquerung eines von dünnem Eis bedeckten Flusses ein riskanter Überquerungs- oder ein mißglückter Selbstmordversuch?); und drittens würde es unmöglich, nicht nur für die allgemeine Handlungstheorie, sondern auch für viele einzelne Wissenschaften, für die der Begriff der Handlung fundamental ist, so zentrale Begriffe wie Versuch, Erfolg und Mißerfolg zu unterscheiden. Denn diese sind ohne Bezugnahme auf das Ziel oder die Absicht einer Handlung nicht zu definieren.

205 Popper 1970, S. 252.

mus auch schon zu Anfang der sechziger Jahre für eine Version des Positivismus gehalten hat.

Popper hatte offenbar mit einer harten Auseinandersetzung gerechnet. In seiner Rückschau hat er sich ihr Ausbleiben so zurechtgelegt, daß sein Koreferent die Herausforderung nicht angenommen und kaum eine seiner immerhin 27 Thesen diskutiert hätte. Popper hat sich deshalb über das Ausbleiben einer Kontroverse trösten müssen: »My only comfort is that the blame for avoiding a fight rested with the second speaker«.[206]

Die Wahrnehmung, daß Adorno kaum oder sogar überhaupt nicht auf Poppers Thesen eingegangen sei, ist aber nun sicher falsch. Denn tatsächlich hat Adorno eine größere Zahl von ihnen explizit diskutiert, wenngleich meist nicht unter Nennung ihrer jeweiligen Ordnungszahl.[207] Freilich mag das inhaltlich in einer Weise geschehen sein, die Popper wegen des Eindrucks eines »sweet agreement« nicht gefallen konnte. Außerdem ist Adorno in der Tat auf die einzigen Thesen nicht eingegangen, die sich mit der Logik der Sozialwissenschaften beschäftigen, also mit Poppers Parteinahme für die »verstehende Soziologie«.

Daß Adorno Popper nach seinen Thesen nicht für einen Positivisten halten konnte, hängt sicher hauptsächlich mit dessen Auseinandersetzung mit dem »Szientismus oder Naturalismus« zusammen, von dem oben schon die Rede war. Diesem Problem kommt ein großer Stellenwert zu, weil Horkheimer den von ihm so genannten »Szientivismus« als gemeinsames Merkmal von logischem Positivismus und Pragmatismus herausgestellt hatte und man von daher vermuten muß, daß die Beantwortung der Frage,

206 Ebd., S. 253.

207 Ich nenne (ohne Anspruch auf Vollständigkeit) Adornos Diskussion folgender Thesen in Adorno 1962: These 20 (»nomothetisch-ideographisch«) S. 126, These 7 (»von der Beobachtung induktiv zu Verallgemeinerungen«) S. 126, (»Szientismus und Naturalismus«) S. 128, zehnte These (»Erfahrungen mit sozialanthropologischem Gelehrten«) S. 129, vierte These (»Vorrang von Problemen«) S. 130, (»Kühnheit und Eigenart von Lösungen«) S. 131, zwölfte These (»wissenschaftliche Objektivität«) S. 133, dreizehnte These (»gegen skeptischen Relativismus und die Wissenssoziologie Mannheims«) S. 136, vierzehnte These (»Wertfreiheit«) S. 137 und 140, zweiundzwanzigste und dreiundzwanzigste These (»Psychologie als Grundwissenschaft der Sozialwissenschaften?«) S. 140 f.

ob außer diesen Positionen noch weitere als »echte Ausdrücke des Positivismus« in Fragen kommen, davon abhängt, ob sie auch unter den Oberbegriff des »Szientismus« fallen.
Popper hatte sich, wie wir gesehen haben, in seinem Tübinger Referat selbst über den Szientismus geäußert und dessen beide Hauptforderungen, bei der Erkenntnisgewinnung mit Beobachtungen zu beginnen und von dieser Basis aus induktiv zu Verallgemeinerungen und Gesetzen fortzuschreiten, strikt abgelehnt. Adorno nun hat dem in seinem Koreferat aus vollem Herzen zugestimmt:

Mit allem, was Popper gegen die falsche Transposition naturwissenschaftlicher Methoden, gegen den »verfehlte[n] und mißverständliche[n] methodologische[n] Naturalismus und Szientismus« sagt, bin ich einverstanden.[208]

Auch hier dem Imperativ immanenter Kritik gehorchend, hat Adorno offenbar geglaubt, ein gutes Stück über Popper hinauszugehen. Denn er fährt in diesem Zusammenhang fort:

In meiner Zustimmung zu Poppers Kritik am Szientivismus und seiner These vom Primat des Problems muß ich vielleicht weitergehen, als er es billigt[209],

und dehnt dann den Begriff des Problems so aus, daß er nicht als etwas »lediglich Erkenntnistheoretisches«, sondern »zugleich etwas Praktisches, am Ende gar ein problematischer Zustand der Welt« erscheint.[210] Ob Adorno hier in der Tat weitergegangen war als Popper, ist nicht ganz klar. Denn Popper selbst hatte den Begriff des Problems, mit dem nach seiner Ansicht Erkenntnis und Wissenschaft beginnt, in seiner fünften These recht weit gefaßt:

Dabei muß es sich keineswegs immer um theoretische Probleme handeln. Ernste praktische Probleme, wie das Problem der Armut, des Analphabetentums, der politischen Unterdrückung und der Rechtsunsicherheit, waren wichtige Ausgangspunkte der gesellschaftswissenschaftlichen Forschung.[211]

208 Adorno 1962, S. 128.
209 Ebd.; man beachte hier, daß Adorno statt Poppers Begriff des »Szientismus« den Horkheimerschen des »Szientivismus« verwendet.
210 Ebd., S. 129.
211 Popper 1962a, S. 105.

Trotz aller (eventuellen) Weiterführung der Popperschen Szientivismuskritik durch immanente Methoden dürfte aber klar sein, daß Adorno Popper gerade wegen seiner Szientismuskritik schon jenseits des Positivismus einordnet.
Wenn Adorno in seinem Koreferat überhaupt ein argumentationstaktisches Ziel verfolgt hat, das mit Positivismuskritik in Zusammenhang gebracht werden kann, dann ist es ein ganz anderes als eine Kritik am »Positivisten« Popper. Ihn wollte Adorno nämlich anscheinend möglichst für die eigenen Zwecke vereinnahmen, um ihn dann von den Vertretern der Kölner Position zu trennen. Dies kommt in einer Bemerkung zum Ausdruck, die Adorno an seine Zustimmung zu Poppers Kritik an der Anthropologie anschließt:

Ich hoffe, Herr König zürnt mir nicht und wirft nun auch dem Gespräch mit Popper vor, es sei Philosophie und nicht Soziologie. Mir scheint doch erwähnenswert, daß ein Gelehrter [wie Popper, Verf.], dem die Dialektik anathema ist, zu Formulierungen sich gedrängt sieht, die im dialektischen Denken beheimatet sind.[212]

Wie schon angedeutet, hat es auf der Tübinger Tagung aber auch sonst keine großen Auseinandersetzungen zwischen den Referenten gegeben, und das liegt hauptsächlich daran, daß Poppers Herausforderung an den Hegelianer und Marxisten Adorno ins Leere gegangen war. Da die Namen Hegel und Marx sowie Themen, die direkt an sie erinnern könnten, in keiner der Popperschen Thesen auftauchen, kann der Bezug nur indirekt sein. Es ist naheliegend, dabei an Poppers ausführliche Auseinandersetzung über die Objektivität der Wissenschaften bzw. über deren Relativität und Standpunktgebundenheit zu denken. Wenn man nun Poppers *Open Society and its Enemies* und *The Poverty of Historicism* zu Rate zieht, fällt auf, daß Popper im erstgenannten Werk, nämlich in Kapitel 23 des zweiten Bandes, die »Sociology of Knowledge« Karl Mannheims in einen Zusammenhang zu Hegel

212 Ebd., S. 128; den Eindruck einer gemeinsamen Frontstellung Poppers und Adornos gegen den »Positivismus« hat übrigens auch Dahrendorf gehabt. Denn er sagt (in Dahrendorf 1962, S. 148), die beiden Referenten hätten sich uneingeschränkt gegenüber einem »dritten Mann« (man beachte den hübschen Bezug auf den Kriminalfilm gleichen Titels!) vereinigt: »Von seinen Freunden und Feinden wurden diesem ›dritten Mann‹ mancherlei Namen gegeben: ›positive Methode‹, ›nicht-methaphysischer Positivismus‹, ›Empirismus‹, ›empirische Forschung‹ usw.«

und Marx bringt und sie dann kritisch abhandelt. Über das Verhältnis der Wissenssoziologie zu Marx und Hegel schreibt Popper folgendes:

The sociology of knowledge or »sociologism« is obviously very closely related to or nearly identical with it [dem relativistischen Historismus Hegels, Verf.] the only difference being that, under the influence of Marx, it emphasizes that the historical development does not produce one uniform »national spirit«, as Hegel held, but rather several and sometimes opposed »total ideologies« within one nation, according to the class, the social stratum, or the social habitat, of those who hold them.[213]

Popper kritisiert diesen »Soziologismus« in der Folge dann zusammen mit einer gemischten Gesellschaft aus Psychoanalyse und empiristischer Sinnkritik. Dabei soll die Haltlosigkeit der jeweiligen Standpunkte durch die Selbstanwendung der (soziologistischen, psychoanalytischen und sinnkritischen) Prinzipien erwiesen werden. Die Haltlosigkeit der Mannheimschen Wissenssoziologie wird also durch die Anwendung wissenssoziologischer Ideen auf die Wissenssoziologie selbst gezeigt.
In Poppers Tübinger Referat gibt es in den Thesen 10 und 13 im Zusammenhang mit dem Problem der Objektivität der Wissenschaft nun eine Auseinandersetzung mit zwei verschiedenen Relativierungen der Wahrheit und Objektivität. In These 10 handelt es sich um einen durch die Kulturanthropologie induzierten Relativismus, den Popper recht ausführlich anhand eines anthropologischen Beobachters einer Diskussion ironisiert, der die vorgebliche Objektivität seiner Betrachtung des Verbalverhaltens der anderen nicht durch eine Beteiligung an der inhaltlichen Diskussion beeinträchtigen will. Dazu hat sich Adorno nicht ausführlicher geäußert. Es ist aber zu vermuten, daß Adorno beim Stichwort »Anthropologie« Assoziationen an die von ihm ebenfalls bekämpfte Kulturanthropologie Gehlens und Freyers gekommen sind, die ihn dazu bewogen haben werden, Popper in der Kritik an dieser zuzustimmen.[214]
In These 13 setzt Popper sich dann erneut mit der Wissenssoziologie auseinander. Er behauptet dort:

213 Popper 1966, Bd. II, S. 214.
214 Adorno 1962, S. 128: »Wirft er jenem sozialanthropologischen Gelehrten vor, daß er ... der Frage nach Wahrheit und Unwahrheit sich entziehe, so ist das guter Hegel.«

Die sogenannte Wissenssoziologie, die die Objektivität im Verhalten der verschiedenen einzelnen Wissenschaftler sieht und die die Nichtobjektivität aus dem sozialen Standort der Wissenschaftler erklärt, hat diesen entscheidenden Punkt – ich meine die Tatsache, daß die Objektivität einzig und allein in der Kritik fundiert ist – völlig verfehlt. Was die Soziologie des Wissens übersehen hat, ist nichts anderes als eben die Soziologie des Wissens – die Theorie der wissenschaftlichen Objektivität.[215]

Popper scheint also, dem Vorgang der *Open Society* nach zu urteilen, geglaubt zu haben, »marxists such as Adorno« durch eine Kritik an relativistischer Anthropologie und besonders der Wissenssoziologie herausfordern zu können.
Dieses Manöver konnte aber nur schiefgehen. Denn die Mannheimsche Wissenssoziologie hat seit der Veröffentlichung von dessen *Ideologie und Utopie* und dem dort vorgetragenen totalen Ideologiebegriff, der den Ideologieverdacht auch auf die Marxsche Lehre ausdehnte, zu den bevorzugten Kritikobjekten der Frankfurter Schule gehört.[216] Zwar unterscheidet sich die Schärfe der Polemiken von Horkheimer, Marcuse und Wittfogel am Anfang der dreißiger Jahre im Detail und Tonfall – und dies offenbar nach Maßgabe der jeweiligen politischen Standorte zwischen linker Sozialdemokratie (Marcuse), Kommunismus (Wittfogel) und einer Position dazwischen (Horkheimer). Aber in der Kritik des soziologistischen Relativismus und der Notwendigkeit der Anerkennung einer objektiven Wahrheit sind sich diese Autoren einig.
Kritik an Mannheim war seit der Emigration Adornos nach England auch eines seiner bevorzugten Tätigkeitsfelder. Da Adorno seine Polemik gegen Mannheim erst nach seiner Rückkehr aus dem Exil hat veröffentlichen können, ist man auch zu diesem Sachverhalt auf den ausführlichen Briefwechsel mit Horkheimer verwiesen. Daraus geht hervor, daß Adorno die Kritik des Soziologismus als erstes Thema nach seiner Emigration nach England

215 Popper 1962a, S. 112f.
216 Siehe die einschlägigen Texte von Horkheimer, Marcuse und Wittfogel in der Textsammlung Meja/Stehr 1982c sowie als Sekundärliteratur Dubiel 1975 und Jay 1985a. Otto Neurath hat Mannheim übrigens ebenfalls scharf kritisiert, und wie Meja/Stehr 1982b, S. 15 mit Recht hervorheben, bewegt er sich damit ganz in der Nähe des Frankfurter Instituts.

gewählt hat.[217] An dieser Kritik, nun zugespitzt auf Mannheims 1935 in Leiden erschienenes Buch *Mensch und Gesellschaft im Zeitalter des Umbaus*, arbeitete Adorno bis zum Jahresende 1937. Von Adornos Mannheim-Kritik der dreißiger Jahre ist damals nichts Gedrucktes bekanntgeworden, weil der Aufsatz schließlich von der Redaktion der *Zeitschrift für Sozialforschung* abgelehnt wurde.[218] Wie aus dem Briefwechsel Horkheimers mit Adolf Löwe hervorgeht, bestand der »offizielle Grund« dieser Ablehnung übrigens darin, daß man sich – nach den Streitigkeiten über Neuraths Forderung einer Erwiderung auf die 1937 erschienene Positivismuskritik Horkheimers – nicht schon wieder auf eine derartig unerfreuliche Kontroverse einlassen wollte.[219] Denn auch Mannheim hatte – schon vorher durch Adorno über den Inhalt der geplanten Arbeit informiert – den Abdruck einer Replik gefordert, falls der Aufsatz erscheinen sollte.

Der für unseren Zusammenhang entscheidende Punkt an der 1953 schließlich noch – mit einigen zu Aktualisierungszwecken eingefügten Retuschen[220] – gedruckten Mannheim-Kritik Adornos ist nun der folgende: Manheim galt ihm nicht etwa als Fortsetzer einer durch Hegel inaugurierten historistischen Tradition, als den ihn Popper sah, sondern als Positivist.[221]

Vor diesem Hintergrund ist es nun leicht verständlich, daß Adorno Poppers Mannheim-Kritik nicht als Attacke auf seinen eigenen Standpunkt verstand, sondern im Gegenteil als eine berechtigte Kritik unterschreiben konnte:

All das setzt die Unterscheidung von Wahrheit und Unwahrheit voraus, an der Popper so streng festhält. Als Kritiker des skeptischen Relativismus

217 Siehe den Briefwechsel Horkheimer/Adorno ab 1934, passim und in dieser Arbeit oben S. 87.

218 So Löwenthal 1983, S. 395.

219 Horkheimer an Löwe, 4. 1. 1938, S. 4.

220 Siehe Adorno 1953, S. 31; er beginnt den zwischen 1934 und 1937 verfaßten Aufsatz nun – Jahre nach Mannheims Tod, über den er kein Wort verliert – mit den Worten: »Die von Karl Mannheim vertretene Wissenssoziologie beginnt abermals in Deutschland zu wirken. Das verdankt sie dem Gestus der harmlosen Skepsis ... das mag rechtfertigen, auf ein älteres Buch Mannheims wie *Mensch und Gesellschaft im Zeitalter des Umbaus* zurückzukommen.«

221 Ebd., S. 31, 33, 44.

polemisiert er gegen die Wissenssoziologie insbesondere Paretoschen und Mannheimschen Gepräges so scharf, wie ich es wiederholt getan habe.[222]

Und er schließt diesen Abschnitt: »Kurz, ich bin einig mit Herrn Poppers Kritik der Wissenssoziologie«. Differenzierungen Adornos beziehen sich nur auf die Frage, ob auch »die unverwässerte Ideologienlehre« Marxens durch die Kritik an Mannheim mitgetroffen werde, wie es Popper übrigens zwar in seinen Büchern behauptet, aber in seinem Tübinger Referat offengelassen hatte.

Eine weitere Bekundung von Einigkeit, die schon eher unter den Begriff des »sweet agreement« zu bringen ist, folgt in Adornos Referat unmittelbar auf die Passage über die Wissenssoziologie. Ich meine den Komplex der Wertfreiheit. Dazu hatte Popper in seiner These 14 unter anderem geschrieben:

Es ist also nicht nur so, daß Objektivität und Wertfreiheit für den einzelnen Wissenschaftler praktisch unerreichbar sind, sondern Objektivität und Wertfreiheit sind ja selbst Werte. Und da also die Wertfreiheit selbst ein Wert ist, ist die Forderung der unbedingten Wertfreiheit paradox.[223]

Darauf ist Adorno mit der Bemerkung eingegangen:

Ihm [Popper, Verf.] ist nicht entgangen, daß diese mittlerweile dogmatisierte Kategorie [der Wertfreiheit, Verf.], die mit dem pragmatischen Wissenschaftsbetrieb nur allzugut sich verständigt, neu durchdacht werden muß.[224]

Der Unterschied der beiden Stellungnahmen zum Wertfreiheitspostulat besteht nur darin, daß Adorno die Erkenntnis des paradoxen Charakters der Forderung aufwerten und dann sicher ganz andere Schritte zur Auflösung des Paradoxons wählen wollte als Popper. Adornos Bemerkungen dazu gipfeln nämlich in der These: »Das gesamte Wertproblem, welches die Soziologie und andere Disziplinen wie einen Ballast mitschleppen, ist falsch gestellt.«[225]

Aber das Bewußtsein einer »Dichotomie von Sein und Sollen« ist nicht »so falsch wie geschichtlich zwanghaft«, wie Adorno meint. Sachlich gesehen ist es insofern zwangsläufig, weil gegenüber vie-

222 Adorno 1962, S. 136.

223 Popper 1962a, S. 114f.

224 Adorno 1962, S. 137. Mir scheint übrigens merkwüdig, daß Adorno hier den Wissenschaftsbetrieb, den er sonst meist als »positivistisch« charakterisiert, »pragmatisch« nennt.

225 Ebd., S. 139.

len ethisch bewertbaren Sachverhalten und Handlungen zwei konträre ethische Standpunkte denkbar sind. Und anders, als es Adornos historische Bemerkungen zum erstmaligen Auftauchen des Begriffs »Wert« in einer ethischen Bedeutung bei Hermann Lotze suggerieren will[226], ist die Unterscheidung von Tatsachen und Werten, von Sein und Sollen, nicht ein spezifisches Gedankenprodukt des ausgehenden 19. Jahrhunderts, sondern so alt wie die praktische Philosophie selbst.

Es scheint also, daß Adornos Zustimmung zu Poppers Bemerkungen über die Wertfreiheit auf Mißverständnissen beruht. Diese sind zum Teil auf Poppers überpointierte Formulierungen zurückzuführen. Zum Teil wird aber auch eine Rolle gespielt haben, daß Adorno nach wie vor dem methodischen Imperativ einer immanenten Kritik gehorchen wollte. Denn er schreibt: »Widerlegung ist fruchtbar nur als immanente Kritik. Das wußte schon Hegel.«[227]

Wenn man nun auf die oben gestellte Frage zurückkommt, warum es bei der Tübinger Tagung nicht zu einer scharfen Auseinandersetzung und schon gar nicht zu einer über den Positivismus gekommen ist, liegt die Antwort nahe, daß die Referate tatsächlich mehr an teils nur oberflächlichen, teils aber auch substantiellen Gemeinsamkeiten enthielten, als man erwarten würde, wenn man die bis dahin erschienenen einschlägigen Texte Adornos und Poppers zugrunde legt. Daß der Eindruck eines »sweet agreement« zurückblieb, ist danach vielleicht auch darauf zurückzuführen, daß beide Referenten kaum andere Arbeiten ihrer Kontrahenten kannten als die Referate der Tübinger Tagung.[228]

Für diese hypothetische Erklärung spricht auch folgender Umstand. Adorno hatte Horkheimer den Text seines Tübinger Koreferats in zwei Portionen zugesandt und darüber offenbar einige Tage vor der Tagung noch ausführlich mit ihm gesprochen.[229] Und

226 Ebd., S. 138.

227 Ebd., S. 133.

228 Diese These ließe sich vielleicht durch den von Adorno erwähnten Briefwechsel zwischen ihm und Popper (Adorno 1962, S. 141) verifizieren.

229 Siehe Adorno (i. A.) an Horkheimer, 3. 10. 1961 und 5. 10. 1961. Im zweiten Brief ist von einem »Zusatz zu dem Koreferat für Tübingen« die Rede. Dieser Zusatz beginnt in Adorno (1962, S. 127 oben) mit den Worten »Damit ist nichts Ähnliches verfochten ...« Über sein

Horkheimer jedenfalls scheint noch bis weit in die sechziger Jahre hinein davon überzeugt gewesen zu sein, daß Popper nicht als Positivist, sondern als ein Kritiker des Positivismus einzustufen ist. Denn er hat in Diskussionen mit Pollock im August 1967 unter dem Stichwort »Theorie contra Wissenschaft und Positivismus« erklärt:

Theorie wird geschaffen aus der Sehnsucht nach der Wahrheit, aus dem Bedürfnis, einen Sinn des eigenen Lebens zu finden.
Wissenschaft will damit nichts zu tun haben. Ihr Ziel ist Herrschaft über die Natur und die Menschen. Sie anerkennt nur Sätze, die sich verifizieren lassen.
Theorien, Gesetze, Glaubenssätze, die allgemeine Gültigkeit beanspruchen, sind nicht verifizierbar. Es gibt keine absolut sichere Erfahrungsbasis.
Das Thema von Poppers Buch (das zuerst 1934 erschienen ist und seither um zahlreiche Anmerkungen und zwölf Anhänge erweitert wurde) ist eine kritische Auseinandersetzung mit einigen Hauptthesen des Neopositivismus und beschäftigt sich intensiv mit der »Frage nach der Abgrenzung der Wissenschaft und Pseudowissenschaft und Metaphysik«.
Seit Hume wisse man, daß die Geltung von Theorie durch keinerlei Erfahrungswissen schlüssig begründet werden kann.[230]

Dabei soll der erste Satz offenbar Horkheimers eigene Einstellung und der zweite Absatz die des Positivismus zum Ausdruck bringen. Der dritte und vierte machen dann jedenfalls deutlich, daß Horkheimer Poppers *Logik der Forschung* für ein positivismuskritisches Werk gehalten hat.
Das sieht freilich in Adornos 1969 veröffentlichter »Einleitung« zur Veröffentlichung des Buchs *Der Positivismusstreit in der deutschen Soziologie* ganz anders aus. Bevor wir versuchen können, diesen Sinneswandel zu erklären, müssen wir Inhalt, Stellenwert und auch die Entstehung dieser langen Einleitung diskutieren.

Ende erfährt man im Brief nichts. Diesen Einschub hat offenbar auch Habermas für sehr wichtig gehalten, denn er beginnt seinen ersten Beitrag zum *Positivismusstreit* mit einem Zitat daraus; siehe Habermas 1963a, S. 155.

230 Horkheimer 1950-1970, S. 430.

4.4 Adornos »Einleitung« von 1969

Während er in seinem Tübinger Koreferat eine jede Einordnung Poppers in die Kategorie »Positivst« sorgsam vermieden hatte, heißt es in der »Einleitung« schon in der ersten Fußnote:

> Daß Popper und Albert vom spezifisch logischen Positivismus sich abgrenzen, sei vorweg wiederholt. Warum sie trotzdem als Positivisten betrachtet werden, muß aus dem Text hervorgehen.[231]

Den Unterschied sieht Adorno in diesem Text nun als innerpositivistischen: »Die Poppersche Theorie ist beweglicher als der übrige Positivismus.«[232] Dies zeige sich insbesondere in ihrer Stellungnahme zur Wertfreiheit und zu den positivistischen Sinntheorien, mit denen ich mich hier beschäftigen werde.

Adorno konstatiert in der Einleitung verschiedentlich, daß die logischen Positivisten mittlerweile auf den strikten Verifikationismus ihrer Frühphase verzichtet haben. Dabei dokumentiert er unfreiwillig, diese Sinntheorie auch nach über dreißig Jahren noch nicht verstanden zu haben. Denn er schreibt:

> Ob die innerpositivistische Erweiterung des sogenannten Verifizierbarkeitskriteriums derart, daß es nicht auf zu verifizierende Beobachtungen sich beschränkt, sondern Sätze einbegreift, für die überhaupt Bedingungen ihrer Verifikation faktisch sich herstellen lassen, den angezogenen Modellen [also zum Beispiel Adornos Theorie des Jazzsubjekts, Verf.] Raum verschafft oder ob die unter Umständen durch allzu indirekte und durch zusätzliche »Variablen« belastete Verifizierungsmöglichkeit jener Sätze sie nach wie vor den Positivisten untragbar macht, dazu müßten wohl diese sich äußern.[233]

Nun weiß ich zwar nicht, wie Positivisten sich zu Adornos Theorie des Jazzsubjekts äußern würden. Daß sie eine sonst gut funktionierende Sinntheorie einem ihr widersprechenden hochspekulativen Gegenbeispiel zu opfern hätten, halte ich nicht für ohne weiteres ausgemacht. Sicher ist jedenfalls, daß die verifikationistische Sinntheorie von den Positivisten nie so eng verstanden worden ist, wie Adorno nun ihre Erweiterung haben will, zu der sich nach seinem Wunsch die Positivisten äußern sollen. Denn der im Begriff der Verifizierbarkeit enthaltene Begriff der Möglichkeit

231 Adorno 1969, S. 7.
232 Ebd., S. 71.
233 Ebd., S. 61.

(einer Verifikation) ist von den Positivisten ausdrücklich immer weiter interpretiert worden als eine faktische Herstellbarkeit von Verifikationsbedingungen. Die Diskussion der empiristischen Wissenschaftstheorie über »intervenierende Variable« bzw. über »theoretische Terme« war seit Beginn der fünfziger Jahre zudem so weit vorangekommen, daß deren Unverzichtbarkeit allgemein anerkannt wurde. Ob eine durch den Gebrauch derartiger Variablen bewirkte Bestätigungsmöglichkeit von Theorien bzw. einzelnen Sätzen nun als »allzu indirekt« beurteilt werden müßte oder nicht, ließe sich wohl nur durch die konkrete Angabe solcher Variablen in dem Kontext, in dem sie verwendet werden sollen, genauer diskutieren.

Dann geht Adorno auf den Unterschied zwischen dem Popperschen Abgrenzungskriterium (von Wissenschaft und Nichtwissenschaft und insbesondere Pseudowissenschaft) und dem positivistischen Sinnkriterium ein:

> Die Konzession Poppers, daß universelle Gesetzeshypothesen sinnvollerweise nicht als verifizierbar aufgefaßt werden können und daß das sogar für die Protokollsätze gelte, treibt tatsächlich den Begriff von Kritik produktiv weiter. Absichtlich oder nicht wird dem Rechnung getragen, daß, worauf sogenannte soziologische Protokollsätze gehen, die einfachen Beobachtungen, präformiert sind durch die Gesellschaft, die ihrerseits wiederum sich nicht auf Protokollsätze reduzieren läßt. Ersetzt man freilich das herkömmliche Verifizierungspostulat durch das von »Bestätigungsfähigkeit«, so büßt der Positivismus sein Salz ein. Jede Erkenntnis bedarf der Bestätigung, jede muß, rational, Wahres und Falsches unterscheiden, ohne daß sie doch die Kategorien Wahr und Falsch autologisch nach den Spielregeln etablierter Wissenschaft einrichtete.[234]

Dazu ist zunächst historisch anzumerken, daß Poppers »Konzessionen« keine Zugeständnisse eines Positivisten, sondern gegen den frühen Positivismus gerichtete Argumente gewesen waren. Adornos Hauptidee an dieser Stelle scheint zu sein, daß man den Positivisten vor ein Dilemma stellen müsse: Entweder hält er an seiner früheren Position (des engen Verifikationismus von Anfang

234 Adorno 1969, S. 36; es wäre interessant zu wissen, ob es sich bei der Begriffsbildung »autologisch« um einen schlichten Druckfehler (für »tautologisch«), eine Anknüpfung an die Grellingsche Paradoxie (in deren Formulierung das Begriffspaar »autologisch-heterologisch« eine entscheidende Rolle spielt) oder um eine Neuschöpfung Adornos handelt.

der dreißiger Jahre) fest und behauptet damit etwas, an dem noch »Salz« zu schmecken ist. Dann verfällt er der bisherigen Kritik durch die kritische Theorie. Oder er ändert seine frühere Position des Verifikationismus und schwächt sie etwa zugunsten der Bestätigungsfähigkeit ab. Dann fehlt dieser Sinnkritik das Salz, und sie unterscheidet sich nicht mehr wesentlich von der der kritischen Theorie (in diesem Punkt).

Diese Alternative ist schon deswegen illusionär, weil selbst der ältere logische Positivismus nie derart strenge Sinnkriterien aufgestellt hat, wie Adorno – und vorher Horkheimer – sie kritisieren. Dahrendorf, den Adorno mit der Bemerkung zitiert: »den von der Frankfurter Schule kritisierten Positivismus gebe es gar nicht mehr«[235], hat hier vollkommen recht. Es ist nur hinzuzufügen: es hat ihn auch nie gegeben.

Adorno kommt gegen Ende der »Einleitung« zu der Erkenntnis, daß es angesichts der »Preisgabe« der positivistischen »Verbotsnormen« durch Popper und Albert schwer werde, »eine scharfe Grenze zwischen dem Popper-Albertschen Wissenschaftsbegriff und dialektischem Denken über Gesellschaft zu ziehen«.[236] Warum sie dann andererseits zu Beginn der Einleitung als Positivisten etikettiert worden waren, ist aus dem Text – im Gegensatz zu Adornos Ankündigung – nicht hervorgegangen.

Daß Adorno seine Meinung über Popper nach 1961 geändert hat, ist nicht zu übersehen. Vermutlich ist diese Änderung zum Teil auf die inzwischen von Habermas publizierten Beiträge zum Positivismusstreit zurückzuführen, in denen von Anfang an Popper und Albert als Positivisten eingeordnet werden. Während eines von Adorno gemeinsam mit Ludwig von Friedeburg im Sommersemester 1967 veranstalteten Seminars zum Positivismusstreit dürfte sich diese Tendenz durch ein Referat des damaligen Habermas-Assistenten Albrecht Wellmer verstärkt haben, auf das Adorno in der Einleitung mehrfach zustimmend zurückkommt.[237]

Überspitzt könnte man sagen, daß Adorno damit auf der Ebene der Wissenschaftstheorie dasselbe widerfahren ist wie auf der politischen. Während nämlich die Studentenrevolte der sechziger Jahre dafür sorgte, daß der »versunkene Kontinent« der kritischen

235 Adorno 1969, S. 77.
236 Ebd., S. 79.
237 Ebd., S. 7, 25, 61, 65, 77.

Theorie der dreißiger Jahre insgesamt wiederentdeckt wurde[238], dessen Seekarten Adorno und Horkheimer in den fünfziger Jahren sorgfältig versteckt gehalten hatten, haben die von Habermas erwähnten »klugen jungen Leute in den späten sechziger Jahren«[239] dasselbe auch mit der Wissenschafts- und insbesondere der Positivismuskritik der kritischen Theorie erreicht. Mit dieser Wiederentdeckung wurde Adorno *nolens volens* wieder auf die Position der dreißiger Jahre festgelegt. Das Interessante ist nun, daß er dabei – wie auf dem politischen Felde zumindest zeitweise – auch auf dem wissenschaftsphilosophischen Terrain durchaus mitgespielt hat.

Denn einige Passagen der »Einleitung« rekapitulieren den Stoff der dreißiger Jahre – und zwar einschließlich der (nach wie vor unveröffentlichten) Teile aus dem Briefwechsel Horkheimer-Adorno – ziemlich minutiös. Ich meine insbesondere folgende in einer geschlossenen Passage der Einleitung[240] auftauchenden Punkte:

(1) den Grundwiderspruch des logischen Positivismus, nämlich den zwischen Logik und Erfahrung,

(2) die Kritik am restringierten und damit affirmativen positivistischen Erfahrungsbegriff und

(3) den Verzicht der Positivisten auf die Unterscheidung von Wesen und Erscheinung.

Wenn man diese Aufstellung mit den Gesichtspunkten aus Adornos Exposé im Brief an Horkheimer vom 28. 11. 1936 vergleicht, fällt die Ähnlichkeit auf.[241] Einige Unterschiede ergeben sich bei einem Vergleich mit Horkheimers Artikel »Der neueste Angriff auf die Metaphysik«. Denn auf eine Kritik am standpunktlosen ethischen Relativismus der Positivisten wird nun verzichtet. Dieser Gesichtspunkt wird im Sinne von Adornos Tübinger Koreferat ersetzt durch die weniger anspruchsvolle These, man könne zwischen Tatsachen und Wertungen, Sein und Sollen nicht sauber unterscheiden, das Problem einer postulierten Wertfreiheit sei damit »falsch gestellt«. Schließlich findet sich die ideologiekritische

238 So Habermas 1985c, S. 169.

239 Ebd., S. 171.

240 Adorno 1969, S. 62-71.

241 Es fehlt eigentlich nur die Kritik an der formalen Logik. Damit hält sich Adorno in der »Einleitung« auffallend zurück.

Hauptidee Horkheimers aus seinem »Neuesten Angriff« von 1937 nun auch in Adornos Einleitung wieder, also die These einer politischen Äquivalenz von Positivismus und Heidegger.
Die Ähnlichkeit dieser Passage von Adornos »Einleitung« mit den genannten Stellen des Briefwechsels und Horkheimers »Neuestem Angriff« soll nun in den entscheidenden Punkten verifiziert werden.
Zunächst also die Grundantinomie des logischen Positivismus. Im Brief an Horkheimer vom 28. 11. 1936 hatte Adorno geschrieben:

> Man hat ... zunächst wohl von dem eingestandenen Dualismus der Logistik und des Empirismus auszugehen, der die gesamte wissenschaftliche Philosophie durchschneidet ... Die prinzipielle Unmöglichkeit, ihre beiden Grundoperationen, Experiment und Kalkül, in Übereinstimmung zu bringen, ist die Ausgangsantinomie der Logistik d.h. der Beweis, daß es ihr nicht gelingt, eben jene einheitliche Interpretation der Wirklichkeit zu geben, die sie beansprucht.

Nun formuliert er:

> Das Grundprinzip der Positivisten verdeckt den auch von ihnen nicht geschlichteten Konflikt von Empirismus und Logistik, der in Wahrheit die gesamte philosophische Tradition durchherrscht und in den Positivismus als Neues eindringt nur, weil er von ihr nichts wissen möchte.[242]

Das einzige Neue an dieser Formulierung ist der Bezug auf die philosophische Tradition, der den alten aber nur einige neue Falschheiten hinzufügt. Denn selbstverständlich waren den logischen Positivisten traditionelle Vorläufer des Dualismus von analytischen und synthetischen Sätzen ebenso wohlbekannt wie zeitgenössische Explikationen davon.[243] Die neue Version, in der der genannte Dualismus nun in den logischen Positivismus eindringt, ist Wittgensteins Explikation des Analytischen durch seine Lehre von den logischen Konstanten, die nicht abbilden, und von den Tautologien, die nichts aussagen, weil sie immer wahr sind.

242 Adorno 1962, S. 64 f.; ähnlich auch S. 12 f., dort aber mit einer bemerkenswerten soziologischen Implikation: »Die schlecht abstrakte Polarität des Formalen und Empirischen aber setzt sich höchst fühlbar fort in die Gesellschaftswissenschaften hinein. Formalsoziologie ist das äußerliche Komplement der, nach dem Terminus von Habermas, restringierten Erfahrung«. Was Formalsoziologie mit Formalismus (im Sinne formaler Logik) zu tun haben könnte, bleibt unklar.
243 Siehe dazu etwa Simons 1985.

Die Entstehung dieser Idee geht nun aber offenbar auf den Versuch zurück, die neue Logik Freges und Russells in die von Heinrich Hertz konzipierte allgemeine Theorie der Abbildung zu integrieren[244], und hat schon von daher ebensowenig mit spezifisch philosophischen Traditionen zu tun wie mit deren Vernachlässigung durch die Positivisten.

Die Wiederholung von Adornos alter These vom positivistischen Grundwiderspruch ist im übrigen auch in anderer Hinsicht bemerkenswert. Denn Horkheimer, der sie im »Neuesten Angriff« noch leicht abgewandelt reproduziert hatte, hat sich dann später offenbar eines besseren belehren lassen, wie aus inzwischen aus dem Nachlaß veröffentlichten Vorlesungen der Nachkriegszeit hervorgeht. So hat er unter dem Titel »Kritik des Positivismus« am 13. Juni 1954 anscheinend folgendes vorgetragen:

> Es ist vom Neopositivismus ein Symbolsystem entwickelt worden, das die letzten Voraussetzungen für die Mathematik darlegt. In der alten empiristischen Schule stand man der Mathematik etwas skeptisch gegenüber. Jetzt ist eine Begründung der Mathematik möglich.[245]

Das zielt offenbar auf die logizistischen Begründungsversuche der Zahlentheorie, die ihrerseits gerade jenen Unterschied von empirischen und analytischen Sätzen voraussetzen, den Adorno an der oben zitierten Stelle angreift. Über den positivistischen Erfahrungsbegriff hatte Adorno 1936 geschrieben:

> Während er bei Bacon durchaus progressiv geplant ist, hat er schon bei Hobbes die entgegengesetzte Orientierung an der Macht der unabänderlichen kruden Fakten ... Die resignierende Tendenz des Erfahrungsbegriffs setzt nun bei den Neopositivisten endgültig sich durch.[246]

Jetzt heißt es in der Einleitung:

> Meinte zu den Ursprungszeiten des Nominalismus und noch fürs frühe Bürgertum Bacons Empirismus die Freigabe von Erfahrung gegenüber dem ordo vorgegebener Begriffe, das Offene als Ausbruch aus der hierarchischen Struktur der feudalen Gesellschaft, so wird heute, da die losgelassene Dynamik der bürgerlichen erneuter Statik zutreibt, durch Restitution geschlossener geistiger Kontrollsysteme jene Offenheit durch das szientistische Denksyndrom versperrt.[247]

244 Siehe dazu Dahms 1982 und Majer 1985, S. 53-62.
245 Horkheimer 1954a, S. 378.
246 Adorno an Horkheimer, 28. 11. 1936, S. 4.
247 Adorno 1969, S. 71.

Hinsichtlich des Unterschieds von Wesen und Erscheinung heißt es schließlich, ohne daß Marcuses Aufsatz über das Wesen von 1936, auf den Adorno offenbar anspielt, explizit genannt wird:

Nicht die geringfügigste Differenz von positivistischer und dialektischer Konzeption ist, daß der Positivismus nach der Schlickschen Maxime nur Erscheinung gelten lassen möchte, während Dialektik den Unterschied von Wesen und Erscheinung nicht sich ausreden läßt.[248]

Am interessantesten scheint mir, wie Adorno die Lösung der lange liegengebliebenen Aufgabe, einmal die von Horkheimer 1937 behauptete Konvergenz von Heidegger und dem Positivismus zu zeigen, mit seiner damaligen Kritik am Sekuritätsideal der Positivisten verbindet:

Der Positivismus ist Geist der Zeit analog zur Mentalität von Jazzfans; ähnlich auch die Attraktion, die er auf junge Menchen ausübt. Hereinspielt die absolute Sicherheit, die er, nach dem Sturz der traditionellen Metaphysik, verspricht. Aber sie ist scheinhaft: die reine Widerspruchslosigkeit, zu der sie sich zusammenzieht, nichts als Tautologie, der Begriff gewordene Wiederholungszwang ohne Inhalt ... Paradox ähnelt das Faszinosum des Positivismus, Sekurität, der angeblichen Geborgenheit, welche die Amtswalter der Eigentlichkeit von der Theologie beziehen und um derentwillen sie ungeglaubte Theologie advozieren.[249]

Es ist unschwer an der Formulierung von den »Amtswaltern der Eigentlichkeit« zu erkennen, daß Adorno hier Heidegger und die Seinen im Auge hat, mit denen er sich ja in seinem kritischen Essay *Jargon der Eigentlichkeit* auseinandergesetzt hatte. Worin allerdings das positivistische Ideal der Sekurität, also doch wohl die Forderung, Behauptungen entweder zu unterlassen oder gelegentlich zu begründen, sich mit der »Geborgenheit« der Existentialisten berührt, bleibt auch nach diesem Anlauf, zwischen Positivismus und Heidegger Konvergenzen aufzuweisen, noch zu zeigen.

Zusätzlich muß man nun fragen, wie sich die These von der Mentalitätsgleichheit von Positivisten und Jazzfans – wenn man Adornos Einstellung zum Jazz in Rechnung stellt, eine der schlimmsten Beschimpfungen von Positivisten, zu denen er sich je hat hinreißen lassen – mit der darauf folgenden des unbedingten Sekuritätsideals verträgt.

248 Ebd., S. 18.
249 Ebd., S. 70.

An Adornos großer »Einleitung« fällt, ähnlich wie an einzelnen Passagen in Horkheimers »Neuestem Angriff« von 1937, der essayistische, um nicht zu sagen stellenweise assoziative Duktus auf.[250] In Adornos Text wird dieser Eindruck durch überall eingestreute autobiographische Bemerkungen erzeugt. Diese sollen offenbar die Argumentation dadurch verstärken, daß sie die Quintessenz einer lebenslangen Beschäftigung mit dem Positivismus ziehen. Das ist der Fall, wenn Adorno die Sprachkritik Karl Kraus', die ihm seit seiner Wiener Zeit bekannt war, mit derjenigen Wittgensteins vergleicht[251]; wenn er seine in der englischen Emigration entwickelte Theorie des Jazzsubjekts als Prüfstein positivistischer Sinnkritik heranzieht[252]; wenn er mehrfach auf die von Lazarsfeld aufgebrachte Charakterisierung vom »administrative research« als Kennzeichen positivistisch inspirierter Sozialforschung zurückkommt[253] oder wenn er schildert, in welcher Weise sich die F-Skala der *Authoritarian Personality* von der »positivistischen« Gutman-Skala unterscheidet.[254]
Diese Einschübe stehen sämtlich in keinem für Außenseiter dieser historischen Bezüge erkennbaren argumentativen Zusammenhang mit dem Positivismusstreit. Sie entschlüsseln sich nur Kennern der Adornoschen Biographie, zum Teil erst nach umständlichen Recherchen. Sie zeigen darüber hinaus, daß er befürchtet haben muß, mit der Kraft seiner Argumente allein nicht mehr gegen den »Positivismus« durchzudringen. Für diese Hypothese spricht auch die Entstehungsgeschichte des Buchs *Der Positivismusstreit in der deutschen Soziologie*.

4.5 Vom Positivismusstreit zum *Positivismusstreit*

Der Positivismusstreit in der deutschen Soziologie ist nicht nur wegen seines Inhalts, sondern auch wegen seiner Entstehung und – damit zusammenhängend – wegen seines relativ späten Erscheinungsdatums außerordentlich interessant. Es erschien nämlich

250 Darauf hat auch Albert 1969, S. 337 hingewiesen.
251 Adorno 1969, S. 56.
252 Ebd., S. 70.
253 Ebd., S. 39, 72.
254 Ebd., S. 61.

erst im Winter 1969, vier Jahre, nachdem der damalige Lektor des Luchterhand Verlages Frank Benseler sich im Juli 1965 an die Teilnehmer des Positivismusstreits mit der Ankündigung gewandt hatte, es sei beabsichtigt, einen Sammelband unter dem Arbeitstitel »Positivismus und Dialektik« herauszubringen. Darin sollten die Diskussionen zwischen Popper und Adorno auf der Tübinger Tagung der DGS von 1961, Habermas' Beitrag zur Adorno-Festschrift, Alberts Auseinandersetzung mit diesem Artikel in der *Kölner Zeitschrift für Soziologie* und die Antwort von Habermas darauf enthalten sein.

Wenn man diesen ursprünglichen Plan mit dem Ergebnis vergleicht, fällt auf, daß sich die Position der »Dialektiker« inzwischen um zwei Artikel, nämlich Adornos Aufsatz »Soziologie und empirische Forschung« aus dem Jahre 1957 und seine »Einleitung«, arrondiert hatte. Die der »Positivisten« hatte sich um Alberts zweite Erwiderung auf Habermas »Im Rücken des Positivismus« sowie um sein »Kleines, verwundertes Nachwort zu einer großen Einleitung« erweitert. Alberts letztgenannter Titel drückt schon aus, daß sich hinsichtlich des Umfangs eine starke Disproportion herausgebildet hatte: Während Adorno seine Herausgeberschaft zur Hinzufügung von 96 Seiten genutzt hatte, waren von Albert weniger als die Hälfte (44 Seiten) hinzugekommen. Dabei muß man berücksichtigen, daß Adorno durch die Aufnahme seines älteren Beitrages von 1957 offenbar den Eindruck erwecken wollte, der Urheber der ganzen Auseinandersetzung gewesen zu sein, eine Sicht, die nach meinen Untersuchungen den viel komplexeren Hintergrund der Entstehungsgeschichte unzulässig vereinfacht.

Alberts zweite Erwiderung dagegen stellt lediglich die Gleichzahligkeit der Beiträge beider Lager wieder her. In diesem Sinne hatte Albert auch Benseler geantwortet: »Wäre es ... nicht im Sinne einer ›gleichgewichtigen‹ Gestaltung des Bandes angemessen, je drei Beiträge der beiden ›Parteien‹ zu bringen?«[255] Außerdem schlug Albert ein Schlußwort für beide Seiten vor: »In einem solchen Schlußwort könnte man sich darauf beschränken, völlig unpolemisch ›Bilanz‹ zu ziehen, ohne auf Einzelheiten der Argumentation einzugehen, etwa auf 4-5 Seiten.«

Daß das Buch trotz des großen öffentlichen Interesses an der De-

255 Albert an Benseler, 16. 7. 1965.

batte erst vier Jahre später erschien und enorme Disproportionen aufweist, ist hauptsächlich darauf zurückzuführen, daß sein Herausgeber Adorno einerseits offenbar erhebliche Ambitionen mit seiner »Einleitung« verband, andererseits aber noch andere Werke fertigstellen wollte. Dabei handelte es sich um Bücher, die ihm sicher wichtiger waren als der *Positivismusstreit*, da sie zusammen mit der *Negativen Dialektik* nach seinen Worten »das darstellen« sollten, »was ich in die Waagschale zu werfen habe«[256], nämlich seine dann doch unvollendet gebliebene *Ästhetische Theorie*, die posthum 1970 erschien, und ein geplantes moralphilosophisches Werk, über dessen Inhalt bisher nichts Näheres bekannt ist. Adorno ist nur wenige Tage nach der Publikation des *Positivismusstreits* gestorben.

256 Zitat nach dem »Editorischen Nachwort« zur *Ästhetischen Theorie* (A 7, S. 537); auf eine Kritik am Godesberger Programm der SPD, die er schon lange hatte schreiben wollen und die er angesichts des Eintritts der Sozialdemokratie in die Große Koalition nun für eigentlich so überfällig hielt, daß er dafür sogar die *Ästhetische Theorie* zurückstellen wollte, verzichtete Adorno aus einer Reihe von politischen Gründen, unter anderem weil er nicht »zu dem Unheil so beitragen« wollte, »wie es seinerzeit durch die Parole vom Sozialfaschismus geschah« (Adorno an Horkheimer, 8. 12. 1966).

5. Die zweite Runde des Positivismusstreits

Die Fortsetzung der Diskussion zwischen Popper und Adorno durch Habermas und Albert ist für die Entwicklung der dialektischen Wissenschaftskritik in zwei Hinsichten von Bedeutung. Zum einen liefert sie einen Teil der Erklärung dafür, daß Adorno in seiner »Einleitung« auch den kritischen Rationalismus Poppers und Alberts als Form des Positivismus identifiziert und entsprechend kritisiert hat. Denn Habermas hatte den kritischen Rationalismus – anders als Adorno – von vornherein als etwas aufgeklärtere Positivismusversion angesehen.[257] Zum anderen markiert sein Eingreifen in die Kontroverse eine Zäsur in der Weiterentwicklung der Frankfurter Schule selbst.[258] Äußerlich scheint es sich dabei nur um einen Generationswechsel und dessen angesichts der deutschen Geschichte nach dem Zweiten Weltkrieg fast unvermeidbare Begleiterscheinungen zu handeln. Aber schon in Habermas Beschreibung deutet sich eine gewisse darüber hinausgehende inhaltliche Diskontinuität an:

> Ich bin mehr als eine Generation jünger als die »Alten« [der Frankfurter Schule, Verf.], wenn ich das mal so sagen darf, und komme aus einem anderen Erfahrungszusammenhang. Ich bin beispielsweise der erste, der kein Jude ist, jemand, der in der Nazi-Zeit in Deutschland aufgewachsen ist, der die Niederlage des Faschismus auch ganz anders erlebt hat. Schon

257 Habermas 1963a, S. 167, 169, 173; andererseits ebd., S. 178: »Gegen eine positivistische Lösung des Basisproblems insistiert Popper auf der Einsicht, daß ... Beobachtungssätze ... nicht empirisch zwingend gerechtfertigt werden können.« Wie Adorno 1969, S. 66 richtig gesehen hat, ist Popper in dieser Hinsicht übrigens mit dem Positivisten Neurath einig. – Auf entsprechende Einwendungen von Albert 1964, S. 196, Anm. 4 hat Habermas seine Einordnung Poppers in den Positivismus später präzisiert (Habermas 1964, S. 236). – Als eine frühe Selbsteinschätzung Poppers im Verhältnis zum Positivismus siehe übrigens sein Exposé 1933 in Popper 1979.

258 Habermas hat in einem Interview (1985c) sein Verhältnis zur älteren Frankfurter Schule dargestellt. Dort sagt er, er habe sich als »der jüngere Vertreter der kritischen Theorie« (als den ihn Axel Honneth dort apostrophiert) »immer überschätzt gefühlt« (ebd., S. 167), und es sei »eine bruchlose Zurechnung zur kritischen Theorie nicht möglich« (S. 168).

aus diesen Gründen ist eine bruchlose Zurechnung zur kritischen Theorie nicht möglich. Außerdem war die intellektuelle Vergangenheit des Instituts für Sozialforschung, als ich dort 1956 Adornos Assistent wurde, nicht eigentlich gegenwärtig.[259]

Das hat Habermas plastisch am Beispiel der von Horkheimer in den Institutskeller verbannten *Zeitschrift für Sozialforschung* erläutert.

Die Zäsur erscheint noch größer, wenn man Habermas' philosophischen Erfahrungshintergrund in der Nachkriegszeit einbezieht, also die Zeit, bevor er nach Frankfurt kam, und einmal analysiert, was davon noch im Positivmusstreit gegenwärtig ist.

Daß Habermas überhaupt in die Diskussion zwischen Popper und Adorno mit seinem Beitrag zur Adorno-Festschrift eingegriffen hat, ist nicht überraschend. Denn die Enttäuschung über den Verlauf und die Ergebnisse der Tübinger Arbeitstagung der DGS vom Oktober 1961 war unter ihren Teilnehmern (und, wie wir gesehen haben, auch bei mindestens einem der Referenten) verbreitet. Nachdem die Referenten, die sich schon kaum an der auf ihre Referate folgenden Diskussion beteiligt hatten[260], auch im weiteren Verlauf keine Anstalten zur Fortsetzung der Auseinandersetzung machten, mußte der liegengelassene Sprengstoff von anderen aufgegriffen werden.

Habermas nennt als Grund für seinen Einstieg in die Diskussion, daß »Adornos Position gegen Einwände des kritischen Rationalismus mit besseren Argumenten verteidigt werden sollte«.[261] Und tatsächlich erweckt sein Beitrag zur Adorno-Festschrift, »Analytische Wissenschaftstheorie und Dialektik«, mit einem demonstrativ an den Anfang gestellten langen Adorno-Zitat den Eindruck, als sei es ihm hauptsächlich um die Verteidigung der Position Adornos gegangen. Denn darin ist viel von Adornos Lieblingsbegriff der Totalität die Rede. Davon hat Habermas jedoch im Verlauf des Austauschs mit Albert zunehmend abgelassen. So schreibt er rückblickend im Vorwort zur Neuauflage der *Logik der Sozialwissenschaften* von 1982:

Zwei der angeschlagenen Motive sind freilich unbearbeitet liegengeblieben: der Versuch, dem dialektischen Begriff der Totalität einen Platz in der

259 Ebd.
260 So die Erinnerung Alberts (mündliche Information).
261 Habermas an Verf., 31. 10. 1989.

sozialwissenschaftlichen Forschung zu sichern, und das Bemühen, Typen einer nichtrestringierten Erfahrung in alternativen Formen der sozialwissenschaftlichen Forschung nachzuweisen[262]

– mit anderen Worten also zwei jener Motive, wegen deren er die Diskussion überhaupt aufgenommen hatte.

Nach meinem Eindruck hat Habermas auch (und vor allem) andere Ziele verfolgt, als Adorno zu verteidigen, nämlich (1) die Präsentation von Vorstufen seiner während der Dauer des Positivismusstreits konzipierten Theorie der »erkenntnisleitenden Interessen« und (2) deren Verteidigung gegen den kritischen Rationalismus Poppers und Alberts.

Von all den Themen, die er im Positivismusstreit verfolgt hat, sind es jedenfalls »die Differenzierung zwischen verschiedenen erkenntnisleitenden Interessen, die Rolle des hermeneutischen Verstehens, die emanzipatorische Bedeutung der Selbstreflexion ...«[263], an denen er noch heute im wesentlichen festzuhalten scheint.

Die Theorie der erkenntnisleitenden Interessen bringt nun in mehreren Hinsichten eine neue Qualität in die Auseinandersetzung der kritischen Theorie mit dem Positivismus. Denn die Thematisierung des Zusammenhangs von Erkenntnis und Interessen speist sich – wie ich zeigen möchte – bei Habermas aus ganz anderen Quellen als der kritischen Theorie, nämlich aus der Erkenntnistheorie seines philosophischen Lehrers Erich Rothacker. Karl-Otto Apel, ebenfalls Doktorand Rothackers und Kollege Habermas' aus gemeinsamen Bonner Studienzeiten[264] (und später Mitstreiter Habermas nicht nur bei der Ausgestaltung der Theorie der erkenntnisleitenden Interessen) hat dazu 1988 erklärt, ihm seien

> die Gesichtspunkte ... von Erkenntnis und Interesse ... als eine ethisch-politische Aktualisierung von erkenntnisanthropologischen Einsichten erschienen, die uns beiden aus der Bonner Studienzeit vertraut waren.[265]

262 Habermas, 1982a, S. 9.

263 Ebd. – In dieser Aufzählung fehlt interessanterweise die pragmatische Deutung der Naturwissenschaften.

264 Diese gemeinsame Vergangenheit hat Habermas 1990d aus Anlaß von Apels Emeritierung beschrieben.

265 Apel 1988, S. 98.

Damit war, wie aus dem Kontext des Zitats unzweifelhaft hervorgeht, die gemeinsame Bekanntschaft mit der Philosophie Rothackers gemeint. Die nirgends explizit gemachte Fortsetzung und politische Aktualisierung Rothackerscher Ideen aus Anlaß einer Verteidigung der kritischen Theorie hat das Verständnis der Habermasschen Position nicht gerade erleichtert. Insbesondere mußte seine – aus der Sicht Rothackers erfolgende – instrumentalistische Interpretation der Naturwissenschaften Verwirrung stiften, wenn sie gegen den erklärten Nichtpositivisten und Antiinstrumentalisten Popper so durchgesetzt werden sollte, als müßte er ihr eigentlich in der Konsequenz seiner eigenen Überlegungen zustimmen.

Um diese komplizierten Verhältnisse zu entwirren, werde ich im folgenden

(1) die Rothackersche Lehre von der Bedeutung des Interesses für Leben und Wissenschaft skizzieren,

(2) die spezifisch Habermasschen Erweiterungen und Korrekturen dieser Lehre im Übergang zu seiner Theorie der erkenntnisleitenden Interessen nennen,

(3) die Vereinbarkeit der Rothacker/Habermasschen Position mit der klassischen kritischen Theorie Horkheimers diskutieren, und schließlich erst dann

(4) zur Diskussion von Habermas' Auseinandersetzung mit Albert übergehen.

5.1 Die Wissenschaftsphilosophie Rothackers und sein »Satz der Bedeutsamkeit«

In seiner 1934 erschienenen und 1952 in einer »vom Autor überarbeiteten Fassung« in zweiter Auflage publizierten *Geschichtsphilosophie*[266] hat Erich Rothacker seine Erkenntnistheorie dadurch charakterisiert, daß er den traditionellen Gesichtspunkten

266 Rothacker 1952. Die »Überarbeitung« besteht unter anderem im Fortlassen des Abschnitts »Die Aufgabe des Geschichtsphilosophen« (S. 145-148 in der Ausgabe von 1934), in dem in der Tat »todernst die Beiträge von Hitler, Rosenberg und Darrée zur Geschichtsphilosophie diskutiert werden«, wie Poliakov/Wulf 1965, S. 271 angemerkt haben. – Wie Rothacker sich in seinen *Heiteren Erinnerungen* von

des Logischen und Empirischen in der Erkenntnistheorie – von ihm »Satz der Logizität (in rationalistischer Bedeutung)« und »Satz des Bewußtseins (in sensualistischer Bedeutung)« genannt – einen »Satz der Bedeutsamkeit« an die Seite gestellt hat.[267] Damit wird an jede Erkenntnis einschließlich der wissenschaftlichen, wenn man es einmal weniger anspruchsvoll ausdrückt, nicht mehr nur die Forderung gestellt, widerspruchsfreie und mit der Realität übereinstimmende, sondern auch bedeutsame, relevante Resultate bzw. Theorien zu liefern.

Der Satz der Bedeutsamkeit, die eigentliche Neuerung Rothakkers, wird zwar nirgendwo einmal als solcher klar ausgesprochen und formuliert. An der Stelle, wo seine Bezeichnung eingeführt wird, erläutert ihn Rothacker wie folgt:

> Vom Biologischen bis ins Höchstgeistige erkennen wir so einen Motor des Welteingangs, Welterschließens, Weltöffnens, Welterweiterns und Vernichtigens in einer vitalen emotionalen und existentialen Anteilnahme, ohne welche Wissen, Erlebnisinhalte haben, Kennen überhaupt nicht zustande kommt.[268]

Dieser »Motor« des Kennens und Erkennens wird gelegentlich mit einer speziellen Wortschöpfung auch als »Interessenahme«[269] bezeichnet.

Was besagt nun der erwähnte »Satz« im einzelnen, und was sind seine Implikationen? Zunächst einmal ist wichtig, daß es sich bei der »Bedeutsamkeit« nicht um bloße Nützlichkeit handelt. Denn:

> Es ist falsch, den Begriff der Interessenahme so einzuengen, d. h. auf nur Nützliches, sondern wir müssen statt nützlich bedeutsam sagen, d. h. interessenerregend im weitesten Sinne. Solche Hinsichten gibt es bei einem Wesen wie dem Menschen, das ebenso ethische, religiöse, theoretische wie ökonomische Interessen hat, sehr viele. Es sind ebenso viele und noch mehr Religionskriege geführt worden wie Petroleumkriege.[270]

1964 mit der Nazizeit und seiner Rolle darin auseinandergesetzt hat, ist weniger heiter, aber jedenfalls ein Witz.

267 Rothacker 1952, S. 98f.

268 Ebd.

269 Siehe zum Beispiel Rothacker 1932a, S. 846.

270 Rothacker 1964, S. 16. Die Vorlesungen, auf denen dieses Buch beruht, hielt Rothacker, wie er im Vorwort S. VII beschreibt, im Wintersemester 1953/54. Wie aus dem Briefwechsel Rothacker/Habermas hervorgeht, hat Habermas sie besucht.

Der Gegenbegriff zur Interessenahme ist der der Desinteressiertheit.[271]

Konsequenzen des »Satzes der Bedeutsamkeit« zeigen sich bei Rothacker in zwei Punkten. Erstens wirkt er sich nämlich auf die Fragestellungen aus, unter denen Erkenntnis erstrebt wird. Zur Begründung verweist Rothacker auf eine Vielzahl von aktuellen und erdachten Beispielen aus der Tier- und Menschenwelt.[272] Zweitens zeigt sich die Bedeutsamkeit in der Wahl von »Maßstäben«, wie Rothacker vor allem durch ein Referat interessanter Gedankenexperimente plausibel macht, bei denen das Leben des Menschen – in einer sonst gleichbleibenden Umwelt – erst auf das tausend-, dann das millionenfache verkürzt, dann um das tausend- und millionenfache verlängert wird. Das Verhältnis der etwa durch den Pulsschlag repräsentierten inneren Uhr und der Dauer wiederkehrender äußerer Vorgänge (wie Tag und Nacht, Jahreszeiten etc.) würde sich dann so verändern, daß jeweils verschiedene Arten von Ereignissen wahrgenommen und darauf aufbauend auch verschiedene Wissenschaften entwickelt werden müßten.

Daran zeigt sich schon, daß der »Satz der Bedeutsamkeit« nicht nur die alltägliche Wahrnehmung und Erkenntnis betrifft, sondern auch für die wissenschaftliche Erkenntnis gilt: »Keine Wissenschaft ohne eine primäre Interessenahme ...«[273] Zwischen den beiden Sphären der Alltagserfahrung und der wissenschaftlichen Theoriebildung vermittelt ein Prozeß, dem Rothacker den Namen der »Hochstilisierung« gegeben hat.

Was ist darunter zu verstehen? Den Inbegriff eines für eine Gruppe von Menschen charakteristischen Gesamtverhaltens bezeichnet Rothacker als einen »Lebensstil«. Solche Lebensstile setzt er – im expliziten Unterschied zum Marxismus[274] – als die »wahren Unterbauten des historischen Geschehens« an. Lebensstile können nun unter günstigen Umständen auch einen Fortschritt durchlaufen:

271 Rothacker 1952, S. 97 nennt ausführlicher: Indifferenz, Gleichgültigkeit und mangelnde Anteilnahme.

272 Ebd., S. 90 f.

273 Rothacker 1932a, S. 845 f.

274 Rothacker 1932b, S. 175.

Was in den Fällen, in denen Kulturen sich zu einer charakteristischen Physiognomie und zu hohem Niveau entwickeln – sie können aber ebensogut stagnieren –, geschieht, kann man nicht besser beschreiben als mit den Formeln »durchprägen« und »hochstilisieren«.[275]

Das am besten durchgeführte Beispiel für die Kombination des Satzes der Bedeutsamkeit mit der Lehre der Hochstilisierung ist wohl Rothackers Sicht der modernen Naturwissenschaften. So schreibt er in seiner *Geschichtsphilosophie*:

Was anders als Richtungen des Anteilsnehmens, Vorziehens, Zuneigens, von Einstellungen und Grundhaltungen liegt zugrunde, wenn ganze Kulturen auf bestimmten Gebieten menschlicher Geistestätigkeit mehr oder weniger versagen, die einen auf dem der bildenden Kunst, und zumal dem des imitativen Kunstwollens, andere auf dem der Politik, andere – und diese Vergleiche liegen den Europäern besonders nahe – auf dem der exakten Wissenschaften, der rationalen und vorausblickenden Bewältigung oder dem der Technik. Wenn das so helläugige Volk der Griechen zwar die Grundlagen der Mathematik und der exakten Naturwissenschaften entdeckte, aber weit davon entfernt blieb, diesen Erkenntnissen die phantastische Anwendung auf die technische Beherrschung der Natur zu geben, die die moderne Welt kennzeichnet, so lag doch die entscheidende Ursache hierfür sichtlich nicht auf dem Gebiete des intellektuellen Könnens, sondern dem des Wollens... Denn so wenig man einem Menschen in einem Atem seine Verehrung aussprechen kann und zugleich die Absicht seiner brutalen Unterjochung, so wenig vertragen sich die Willensziele der Naturbeherrschung mit der antiken Andacht und Ehrfurcht vor dem Seienden. Die Worte der Entschuldigung, die Archimedes dafür gesucht haben soll, daß er die Früchte kontemplativer Erkenntnis in den Dienst praktischer Zwecke stellte, sind gar nicht anders zu interpretieren, als daß hier nicht etwa technische Fähigkeiten fehlten, sondern primär ein vom guten Gewissen des ganzen Lebensstils gespeistes technisches Interesse.[276]

Das erwähnte »technische Interesse« der modernen Naturwissenschaften an der Beherrschung der Natur wird in späteren Schriften etwas vorsichtiger abgehandelt. So heißt es in der Schrift *Die dogmatische Denkform in den Geisteswissenschaften* von 1954 etwa im Anschluß an die Diskussion von Beispielen unvorgesehener bzw. sogar unvorhersehbarer praktischer Anwendungen naturwissenschaftlicher Forschung, deren Existenz häufig als Gegenargument gegen eine instrumentalistische Wissenschaftsinterpretation verwendet wird:

275 Ebd., S. 172.
276 Rothacker 1952, S. 94 f. Vgl. oben, S. 187 f. und unten, S. 382 f.

Kurz, der von manchen Naturforschern so stark unterstrichene Leitgedanke der »Forschung um der Forschung willen« macht die Naturforschung nicht sachlicher als die Idee der Naturforschung um der Naturbeherrschung willen... Der praktische Ursprung des Herrschaftsgedankens beeinträchtigt die Objektivität der in ihrem Dienste stehenden Forschungen keineswegs.[277]

Oder auch:

Ob die moderne Naturforschung restlos aus der Idee der Wirklichkeitsbeherrschung, d. h. einer technischen Idee, zu entwickeln ist oder ob sie eine tunlichst neutrale Hochstilisierung der menschlichen Wirklichkeitsorientierung ist (»Orientierung statt handwerklicher Beherrschung«): die Struktur ihrer Kategorien bleibt dieselbe.[278]

Denn es gebe so etwas wie die

prästabilisierte Harmonie... zwischen den rationalen Denkmitteln dieser Wahrheitsfindung und der technischen Fruchtbarkeit ebenderselben Denkmittel.[279]

Gegen das technische, utilitaristisch an Lebenserhaltung und Naturbeherrschung orientierte Interesse der Naturwissenschaften hebt Rothacker, hierin seit seiner Heidelberger Zeit durch das dualistische Denken der badischen Schule des Neukantianismus geprägt, das andersartige Erkenntnisinteresse der Geisteswissenschaften ab. Während die Naturwissenschaften mit Naturdingen zu tun haben, beschäftigen sich die Geisteswissenschaften mit Menschenwerken. Mit diesen kann man sich in zweierlei Weise befassen: schöpferisch und rekonstruktiv. Aber nur die letztere Art ist für das Verfahren der Geisteswissenschaften charakteristisch:

Die Wiederfindung von Sinn in Menschenwerken beschäftigt den Großteil der Geisteswissenschaften, während die Sinngebung, die etwa ein schöpferischer Künstler oder Religionsstifter in seinen Werken vollzieht, sich weit mehr der wissenschaftlichen Kontrolle entzieht.[280]

Daß man eine Interpretation etwas eines Textes neben »historisch-philologisch gegebene Sinngehalte« halten und so überprüfen könne, eröffne auch so etwas wie »eine Analogie zu der Bewährungsmöglichkeit der Naturentwürfe an den Tatsachen«.[281]

277 Rothacker 1954, S. 288. 278 Ebd., S. 290.
279 Ebd., S. 291. 280 Ebd., S. 295.
281 Ebd., S. 296.

5.2 Von Rothacker zu Habermas

Die referierten Ideen Rothackers sind nun sämtlich wiederbelebt worden bzw. zum Teil erst in einer Zeit entstanden, in der Habermas bei ihm in Bonn studiert hat (zwischen 1949 und 1954). Einige der in dieser Zeit erschienenen Texte Habermas' zeigen noch deutlich die Prägung seines Denkens durch Rothackers Theorie der Interessenahme, der Hochstilisierung und der verschiedenen Interessenarten, die die unterschiedlichen Wissenschaftsbereiche charakterisieren sollen. So heißt es etwa in seinem Aufsatz »Die Dialektik der Rationalisierung«:

> Die Anthropologie zeigt uns, daß der Mensch von Haus aus unter Verhaltenszwang steht, daß er immer Situationen beantworten muß. Fruchtbare Antworten fixieren sich zu Haltungen, in denen, wie Rothacker gezeigt hat, der Keim zu den großen Lebensstilen enthalten ist. Die Hochstilisierung solcher Ansätze ist das Wesen kultureller Prozesse. Das Abendland hat eine einzige, als maßgeblich anerkannte Haltung, nämlich die des Verfügbarmachens, hochstilisiert und damit eine Hochkultur geschaffen, deren Ansteckungskraft und regionale Ausbreitung ein weltgeschichtliches Novum ist. Aber offenbar droht dieser Stilisierungsprozeß, der ja noch und gerade heute im Gange ist, vom Produktiven ins Destruktive umzuschlagen, seitdem die zweckrationale, gesteuerte Handlung zur totalen ziellosen Aktion pervertiert – denn das macht ja das Wesen oder besser Unwesen der modernen »Superstrukturen« aus. Wo sich, wie schon Marx gesehen hat, die Herrschaft des Menschen in die Herrschaft der autonom gewordenen Mittel transformiert, ist offenbar die Kultur selbst eine Gefährdung geworden. Solche Selbstgefährdung verlangt eine neue stilbildende Antwort, die Kristallisation einer neuen Haltung.[282]

Zweifellos enthält die zweite Hälfte des Zitats auch Elemente, die bei Rothacker nicht aufzufinden sind, wie etwa die an die *Dialektik der Aufklärung* erinnernde These, daß »offenbar die Kultur selbst eine Gefährdung geworden« sei.

Es fragt sich nun, worin Habermas jene »neue stilbildende Antwort« gesehen hat und worin, um mit Apel zu sprechen, die »ethisch-politische Aktualisierung der erkenntnisanthropologischen Einsichten« Rothackers durch Habermas bestanden hat.

282 Habermas 1954, S. 28 f.; siehe zu späteren expliziten Spuren des Einflusses Rothackers auf Habermas dessen Artikel »Anthropologie« im *Fischer-Lexikon Philosophie* (Habermas 1958b, S. 31 und 33 f.).

Eine Weiterentwicklung der Rothackerschen Ideen durch Habermas gibt es in folgenden Punkten:
(1) Bei Rothacker bildeten die im Sinn des »Satzes der Bedeutsamkeit« einschlägigen Interessenahmen noch einen relativ ungeordneten Bestand: einerseits die für die Erkenntnisgewinnung als notwendig bezeichneten, andererseits aber auch die nur kontingenten Interessen (etwa einzelner Personen, Berufsgruppen etc.). Habermas' Theorie thematisiert nun ausschließlich die von Rothacker als notwendig bezeichneten Interessen und zeichnet diese gelegentlich gegenüber anderen als »transzendentale«[283] aus.
(2) Während Rothackers »Satz der Bedeutsamkeit« Alltags- wie wissenschaftliche Erkenntnis betraf, ist Habermas' Theorie der erkenntnisleitenden Interessen primär ein Versuch der Klassifikation von Wissenschaftsarten.
(3) Während Rothackers Einteilung wissenschaftlicher Interessenahmen noch dem traditionellen Dualismus von Geistes- und Naturwissenschaften folgt, ist Habermas' einschneidendste Neuerung die Hinzufügung einer dritten Interessenart, nämlich des emanzipatorischen Erkenntnisinteresses. Wie Albert später angemerkt hat, ähnelt die so entstandene Trichotomie entfernt der Schelerschen ebenfalls dreiteiligen Klassifikation von Wissensformen.[284]
Das emanzipatorische Erkenntnisinteresse soll nun den transzendentalen Hintergrund für die »kritischen Sozialwissenschaften« bilden, unter denen namentlich die Psychoanalyse und die sozial-

283 Dem Sinne nach schon in Habermas 1965, S. 160, wo von »fundamentalen Interessen« die Rede ist, »denen sie [die Wissenschaft, Verf.] nicht nur ihren Antrieb, sondern die Bedingungen möglicher Objektivität selber verdankt«.

284 Siehe dazu auch Albert 1971, S.46, die Replik von Apel 1973c, S.31 sowie die Antwort von Albert 1975, S.59, Anm. 115. Das »missing link« zwischen Scheler und Apel/Habermas dürfte hier übrigens wiederum Rothacker sein. Denn dessen unveröffentlichter Vortrag »Schelers Wissenssoziologie« von 1958 klingt in einer Art Vermächtnis aus, das just das Programm einer Erkenntnisanthropologie im Sinne Apels und Habermas' beschreibt:
»Fasse ich zusammen, so haben wir in diesem Werk weit über eine Wissenssoziologie hinaus einen der seltenen vorerst vorhandenen und fortbildungsfähigsten Entwürfe einer vergleichenden Menschheits-

wissenschaftliche Ideologiekritik genannt, aber nur die erstere ausführlicher thematisiert wird.

(4) Hinsichtlich der speziellen wissenschaftstheoretischen Einordnung der Natur- und Geisteswissenschaften gibt es von Rothacker zu Habermas eine Verschiebung, die sich in der Wahl von philosophischen Bezugsfiguren zeigt.

(a) Während Rothacker zwar gelegentlich den Pragmatismus (neben dem Positivismus Comtes und der Schelerschen Wissenssoziologie) als Hintergrund seiner Theoriebildung erwähnt[285], bildet für Habermas der Pragmatismus in der speziellen Formulierung seines Gründervaters Charles S. Peirce die Richtschnur für die Interpretation der Naturwissenschaften.[286]

(b) An die Stelle der Theorie der Geisteswissenschaften, wie sie Rothacker präsentiert hatte, tritt bei Habermas der Rückgang auf die hermeneutische Tradition Diltheys bzw. in der Gegenwart die Anknüpfung an Hans-Georg Gadamer.

Daß Habermas seine wissenschaftstheoretische Position in der Auseinandersetzung mit Peirce und Dilthey herausarbeitet, ist insofern naheliegend, als diese beiden Autoren klassische Entwicklungsstadien ihrer Disziplin repräsentieren und auch in der Gegenwart noch eine größere Autorität verkörpern als Rothacker. Aber daß Habermas seinen philosophischen Lehrer, dem er die meisten

wissenschaft; d. h. einer durch methodische Vergleichung geförderten Analyse des Menschheitslebens. In dieser sehe ich eine der wichtigsten, aber auch schwierigsten, weil neben theoretischem Scharfsinn ausgedehnte Kenntnisse erfordernden wissenschaftlichen Zukunftsaufgaben der Philosophie, einen Versuch, das vernachlässigte Selbstverständnis der Menschheit... auf eine neue Stufe zu heben. Selbst von dieser Aufgabe seit Jahrzehnten besessen, bin ich eigentlich glücklich, daß mir dieser Auftrag, über Schelers Wissenssoziologie zu sprechen, Anlaß gab, mir erneut klar zu machen, was ich im Lauf der Zeit fast vergessen hatte: wie sehr gerade Scheler vielleicht der bedeutendste Führer zu diesem Ziele ist. Das habe ich selbst wieder gelernt und ich hoffe, daß dieser Hinweis unter meinen Hörern in diesem und jenem jungen Herzen die heilige Neugierde erwecken möge, dieser unbegreiflich vernachlässigten Aufgabe sich innerlich zuzuwenden: der Selbsterkenntnis der Menschheit«.

285 Siehe zum Beispiel Rothacker 1952, S. 98. Scheler wird S. 92 besonders hervorgehoben.

286 Siehe die erste Erwähnung Peirce' in Habermas 1963a, S. 177; die »Entdeckung« Peirce' verdankt Habermas offensichtlich Apel.

Anregungen zur Theorie der erkenntnisleitenden Interessen verdankt, überhaupt nicht erwähnt, ist doch erstaunlich.

Dazu muß man wissen, daß Rothacker einer der ersten Philosophieprofessoren gewesen ist, die öffentlich für den Nationalsozialismus hervorgetreten sind.[287] Dies ist Habermas im Laufe seines Studiums auch allmählich bekanntgeworden.[288] In dem bis 1958, also noch zwei Jahre nach Habermas' Fortgang nach Frankfurt, fortgesetzten Briefwechsel zwischen Rothacker und Habermas finden sich seit Mitte der fünfziger Jahre Anzeichen zunehmender Entfremdung.[289] Diese Umstände machen es vielleicht verständlich, daß Habermas die erste explizite Aufstellung des »Satzes der Bedeutsamkeit« in Rothackers *Geschichtsphilosophie* nicht erwähnt. Denn bei diesem Buch handelt es sich um eine zu sehr durch Rothackers engagierte Parteinahme für den Nationalsozialismus verdorbene Quelle, als daß man sie in progressiver Absicht

287 Siehe allgemein zum Thema »Rothacker und der Nationalsozialismus« die Arbeiten von Weber 1989 und Klingemann 1990; Weber beschreibt S. 127, daß Rothacker nach 1933 stolz darauf war, zu den wenigen Ordinarien gehört zu haben, die schon vor 1933 öffentlich für Hitler eingetreten waren. Er gehörte dann im März 1933 übrigens auch zu den wenigen Philosophen, die den Wahlaufruf der NSDAP im *Völkischen Beobachter* unterzeichneten, während sich Heidegger, Heyse etc. damals noch öffentlich zurückhielten.

288 Habermas 1990b, S. 30.

289 Rothacker hatte sein Dissertationsgutachten über Habermas vom 11. 1. 1954 noch begonnen: »Zu meinem Schmerz begegne ich unter meinen sonst sehr erfreulichen Schülern selten ausgesprochenen historischen Talenten und gar solchen, welche an ihrem historischen Stoff ein aktuelles systematisches Interesse nehmen. Der Verf. dieser Arbeit vereint beide Talente in einem selten gewordenen Maße« und mit den Worten beendet: »Die Arbeit ist ganz überdurchschnittlich. Man könnte ohne Bedenken den Verfasser zum Dozentennachwuchs rechnen. Ich wüßte kein gerechteres Prädikat als

egregia«.

Rothackers – schließlich dann doch befürwortende – Stellungnahme vom 3. 2. 1956 an die DFG »Betr.: Stipendienantrag von Dr. Habermas« dagegen beginnt mit der Formulierung: »Die hiermit weitergereichte Arbeit zeigt, daß der Verfasser in den Abgründen der Marxistischen Dogmatik etwas länger verweilt hat, als ursprünglich vorgesehen war.«

noch in der Mitte der sechziger Jahre ohne weiteres hätte zitieren können.
Ich erwähne dies alles hier ausdrücklich nicht, weil ich etwa der Meinung wäre, Habermas' Theorie der erkenntnisleitenden Interessen bereits durch den Hinweis auf gewisse historische Überlieferungshintergründe falsifizieren zu können. Ein solches Verfahren scheint mir nicht nur allgemein unzulässig, sondern auch im konkreten Fall schon wegen der nur recht oberflächlichen inhaltlichen Verbindung der Rothackerschen Philosophie zum Nationalsozialismus[290] und dann erst recht wegen der im Laufe der fünfziger Jahre deutlich sich abkühlenden Verbindung Habermas' mit Rothacker abwegig.
Immerhin legen aber die geschilderten Hintergründe die Frage nahe, wie sich die Theorie der erkenntnisleitenden Interessen denn inhaltlich mit der kritischen Theorie der älteren Frankfurter Schule verträgt.

5.3 Das Verhältnis der Habermasschen Lehre von den »erkenntnisleitenden Interessen« zur kritischen Theorie

Es besteht kein Zweifel, daß Habermas einige wichtige Denkfiguren der klassischen kritischen Theorie der dreißiger und vierziger Jahre in seine Kritik an Popper und die folgende Auseinandersetzung mit Albert eingebracht hat. Dazu zählt vor allem der Vorwurf einer »positivistisch halbierten Rationalität«, die sich nur in der Optimierung von Mitteln bei vorgegebenen Zwecken erschöpft, statt sich auch um die Rationalität oberster Zwecke zu kümmern. Diese Idee ist der Vorstellungswelt Max Horkheimers, insbesondere seiner in der *Kritik der instrumentellen Vernunft* exponierten Unterscheidung zwischen subjektiver und objektiver Vernunft sowie der dort vorgetragenen These, der Pragmatismus/Positivismus habe die Verabsolutierung der subjektiven Vernunft zu einer Art Philosophie erhoben, nahe verwandt. Es fragt sich aber, ob eine solche Nähe zur klassischen kritischen Theorie

290 Man vergleiche etwa die unmittelbar vor und unmittelbar nach 1933 publizierten thematisch zusammengehörigen Arbeiten Rothacker 1932b und Rothacker 1934 auf ihre Nähe zum Nationalsozialismus.

auch von Habermas' Theorie der erkenntnisleitenden Interessen behauptet werden kann.

Horkheimer hat immer wieder von Interessen gesprochen und auch gelegentlich von solchen, die mit der Auswahl von vordringlich zu erforschenden Gegenständen der Erkenntnis zu tun haben. Aber dabei war immer das Interesse von konkreten Personen, Gruppen oder Klassen gemeint. Die Idee, Interessen nach ihrer anthropologischen Entstehung und Funktion zu klassifizieren und nach diesem Kriterium Wissenschaftszweige gegeneinander abzugrenzen, ist ihm nicht gekommen. Wie Christoph Türcke – in dieser Hinsicht – ganz richtig geschrieben hat:

> Horkheimer hatte es unterlassen, besagte Interessen zu einem gesonderten Gegenstand wissenschaftlicher Forschung zu machen. An Interessen an sich hatte er kein Interesse.[291]

Außerdem hat Horkheimer häufig genug den strikten Dualismus von Natur- und Geisteswissenschaften abgelehnt, wie er bei Rothacker auftritt und – nun allerdings um die dritte Kategorie der kritischen Sozialwissenschaften erweitert – auch bei Habermas eine Rolle spielt. So äußert Horkheimer in einer von Pollock aufgezeichneten Gesprächsnotiz unter dem Titel »Geisteswissenschaft« nach einigen Bemerkungen zur Geschichte dieses Begriffs:

> Dieser Begriff ist ein Unbegriff und dient der Unwahrheit. Im Französischen gibt es les sciences im Gegensatz zu philosophie, aber keine science de l'esprit.
>
> Die Wissenschaften dienen der Naturbeherrschung. Wenn man geschichtliche Dinge »wissenschaftlich« darstellt und etwa über Caligulas und Hitlers Schandtaten ohne Empörung, »distanziert« spricht, dann verfälscht man die Geschichte.[292]

Für Horkheimer ist auch an anderer Stelle die Trennung von Wissenschaften und Philosophie, aber – trotz aller Kritik an den überzogenen Forderungen eines einheitswissenschaftlichen Physikalismus – nie eine zusätzliche Aufspaltung bestimmter Wissenschaftszweige charakteristisch. Speziell über Schelers Aufspaltung

291 Türcke 1989, S. 22. Die Tendenz Türckes allerdings, gegenüber Habermas so etwas wie eine Orthodoxie der kritischen Theorie aufrichten zu wollen, sehe ich – nach meinen Untersuchungen zur »klassischen« Phase dieser Lehre – als ein wenig aussichtsreiches Unternehmen an.

292 Horkheimer 1950-1970, S. 385.

von drei Wissensformen, die den Hintergrund der Rothakker/Apel/Habermas-Tradition bilden, hat er sich in seinem unveröffentlichten Aufsatz »The Revival of Dogmatism« recht abschätzig geäußert:

The distinctions of methods made by the neo-Thomists of the second world war call to mind the catalogues of unrelated types of knowledge constructed by Max Scheler, their more profound predecessor of the first world war. His list included pragmatic knowledge (Herrschaftswissen), intellectual culture (Bildungswissen), and religious insight (Heilswissen). Such a multitude of disciplines and correlated static essences which are open only to isolated acts of intuition, actually amounts to a noncommittal pluralism approaching its opposite, cynical relativism.[293]

Bedenken gegen die Aufspaltung in einzelne Wissenschaftsarten hat übrigens auch Adorno – und zwar im Verlauf des Positivismusstreits – geäußert.[294]

Drittens hätte Horkheimer einen Rücktritt auf Ideen des Pragmatismus und auch auf Charles S. Peirce zur Explikation der Naturwissenschaften nie gutgeheißen, wie seine abfälligen Bemerkungen in der *Kritik der instrumentellen Vernunft* nicht nur über den Pragmatismus im allgemeinen, sondern auch über Peirce im speziellen bezeugen.[295]

Überspitzt könnte man sagen, daß Horkheimer mit seiner frontalen Ablehnung jedes Pragmatismus/Instrumentalismus, seinem Insistieren auf der Suche nach der Wahrheit um ihrer selbst willen und seiner Bestimmung der Wahrheit als einer »Übereinstimmung von Name und Ding« bzw. von »Sprache und Wirklichkeit«[296] in einigen wichtigen Aspekten sogar der Popperschen Philosophie näher kommt als der Habermasschen.

Damit dürfte hinreichend deutlich sein, daß mit dem Eingreifen Habermas' in die Debatte sich schon von ihren philosophischen Ausgangspunkten her eine wichtige Problemverschiebung in der kritischen Theorie ergeben mußte.

293 Horkheimer 1943, S. 18.

294 In seinem Beitrag zum Positivismusstreit – Adorno 1962, S. 126 – schreibt er zum Beispiel: »Ich ziele nicht auf die herkömmlichen Unterscheidungen zwischen Natur- und Geisteswissenschaften, wie die Rickertsche zwischen nomothetischer und idiographischer Methode, die Popper positiver sieht als ich.«

295 Horkheimer 1967, S. 49.

296 Ebd., S. 168.

5.4 Die Kontroverse Habermas-Albert

Die Auseinandersetzung zwischen Jürgen Habermas und Hans Albert, also die zweite Runde des Positivismusstreits, in jenen zwei Etappen zu besprechen, in denen sie stattgefunden hat, erscheint zunächst als das naheliegendste Vorgehen. Dieses Verfahren verbietet sich aber aus zwei Gründen. Zum einen ist für diese Diskussion ein größerer Quellenbestand heranzuziehen als die jeweils zwei Aufsätze der beiden, die in den Sammelband *Der Positivismusstreit in der deutschen Soziologie* aufgenommen worden sind. So ist Albert etwa in seiner ersten Erwiderung auf Habermas auch auf dessen kurz zuvor publizierten Aufsatz »Dogmatismus, Vernunft, und Entscheidung. Zu Theorie und Praxis in der verwissenschaftlichen Zivilisation« eingegangen.[297] Außerdem gibt es einen unveröffentlichten Briefwechsel zwischen den Kontrahenten, der – 1961 aus anderem Anlaß begonnen – die Kontroverse umrahmt und begleitet. Und schließlich sind beide Seiten in späteren Schriften gelegentlich auf den Positivismusstreit bzw. die dort behandelten Themen zurückgekommen.[298]

Andererseits kann die Diskussion all dieser Materialien nicht anders als selektiv erfolgen. Da beide Diskussionspartner verschiedentlich ursprünglich eingenommene Positionen schon während der Kontroverse aufgegeben haben, bietet es sich an, sich dabei auf diejenigen zu konzentrieren, die nach wie vor noch aufrechterhalten werden und in diesem Sinne noch aktuell sind. Da es sich bei dieser Arbeit um eine Beschreibung und Diskussion der Positivismuskritik der kritischen Theorie in ihrer historischen Entwicklung handelt, wird dabei das Schwergewicht auf die Betrachtung der Position Habermas' gelegt.

Für die kritische Theorie, soweit sie durch Habermas geprägt wurde und wird, bedeutet der Positivismusstreit eine wichtige Weiterentwicklung. Hier wird nämlich erstmals der Versuch unternommen, sich mit der Lehre der »positivischen« Gegenseite nicht relativ polemisch und dabei gleichzeitig oberflächlich, sondern informierter und differenzierter auseinanderzusetzen.

Allerdings mußte es im Zuge dieser sich überlappenden Übergänge unvermeidlich zu Mißverständnissen kommen. Zunächst

297 Habermas 1963b.

298 Siehe Habermas 1982a, S. 9ff. und Albert 1977, S. 16-18.

einmal legte Habermas ein viel größeres Gewicht als Horkheimer und Adorno auf die Kritik des einheitswissenschaftlichen Anspruchs des Positivismus. Diesem Programm stellt er die angedeutete Trichotomie von Wissenschaftsarten und entsprechenden erkenntnisleitenden Interessen gegenüber. Da innerhalb dieser Trichotomie die Rolle der Naturwissenschaften ganz im Sinne von Rothackers »technischem Interesse« instrumentalistisch gedeutet wurde, kam es genau an dieser Stelle zu merkwürdigen Mißverständnissen und Verkehrungen der Fronten. Denn Habermas kritisierte an den Positivisten, sie würden die einseitige Fixierung auf die Naturwissenschaften im Sinne eines einheitswissenschaftlichen Methodenimperialismus auf die übrigen Wissenschaften ausdehnen. Damit werde das Interesse der Geschichtswissenschaft und erst recht der kritischen Sozialwissenschaften verfehlt.

Die Schwierigkeit dieser Argumentation bestand nun aber darin, daß seine »positivistischen« Kontrahenten Popper und Albert das Programm einer Einheitswissenschaft nie vertreten haben, gegen das Habermas sich wandte. Zu einem Teil haben das nicht einmal die logischen Positivisten des Wiener Kreises getan. Sodann haben zwar einige Positivisten, ganz gewiß aber nicht Popper, die Naturwissenschaften im Sinne eines technischen erkenntnisleitenden Interesses gedeutet. Für Poppers Wissenschaftslehre ist vielmehr charakteristisch, von Anfang an den Instrumentalismus kritisiert und diesem eine »realistische« erkenntnistheoretische Haltung gegenübergestellt zu haben.

Bevor Habermas also in einem zweiten Schritt dem »Positivismus« eine halbierte Rationalität der bloßen Mittelwahl vorwerfen und diese halbierte Rationalität in einem dritten Schritt durch seine alternative Interpretation der Geschichts- und Sozialwissenschaften überwinden konnte, mußte er zunächst in einem ersten Schritt die Angemessenheit einer instrumentalistischen Deutung der Naturwissenschaften gegenüber Popper und Albert nachweisen.

Angesichts dieser etwas verwickelten Argumentationslage scheint es mir nahezuliegen, die Kontroverse zwischen Habermas und Albert unter folgenden Gesichtspunkten zu diskutieren:

(1) Stellungnahme zur Einheitswissenschaft,
(2) instrumentalistische Deutung der Naturwissenschaften,
(3) Methodologie der Geschichtswissenschaft und
(4) das Programm einer kritischen Sozialwissenschaft.

Die Wissenschaftstheorie Habermas' ist in negativer Hinsicht – hierin an den durch Rothacker tradierten neukantianischen Dualismus von Geistes- und Naturwissenschaften anknüpfend – durch die Ablehnung des Programms einer Einheitswissenschaft gekennzeichnet, mit dem Methoden und Modelle aus dem Bereich der Naturwissenschaften, wo sie allenfalls angemessen seien, unreflektiert auf den Bereich der Geistes- und Sozialwissenschaften übertragen würden.[299] Noch lange nach dem Positivismusstreit hält Habermas an seiner Kritik an der Einheitswissenschaft fest:

> Heute ist nichts weniger akzeptabel als beispielsweise die normative Auszeichnung der Einheitswissenschaft des Konzepts der »unified science«.[300]

Mir erscheint nun fraglich, ob man »die analytische Wissenschaftstheorie« allgemein durch die Propagierung eines einheitswissenschaftlichen Standpunkts charakterisieren kann. Historisch gesprochen wird dadurch jedenfalls ein Teil des logischen Positivismus und erst recht die Philosophie Poppers nicht getroffen. Daß Teile des logischen Positivismus des Wiener Kreises mit Neuraths und Carnaps Programm einer Einheitswissenschaft auf physikalistischer Grundlage nicht einverstanden waren, ergibt sich schon aus den Klagen Neuraths über die Ironisierung, die namentlich Hahn und Schlick, die in dieser Hinsicht auf den Spuren des Neukantianismus wandelten, diesem Programm durch die geringfügig abweichende Buchstabierung als »Einheizwissenschaft« zuteil werden ließen. Neurath hat sich dafür mit dem Vorwurf revanchiert, Schlick sei zu den »Windelbanditen« übergelaufen.

Aber selbst für Neuraths Programm der Einheitswissenschaft läßt sich nicht behaupten, was Habermas in schöner Allgemeinheit als ein »durch den Positivismus preisgegebene Einsicht« bezeichnet:

> daß der von Subjekten veranstaltete Forschungsprozeß dem objektiven Zusammenhang, der erkannt werden soll, durch die Akte des Erkennens hindurch selber zugehört.[301]

Denn im Gegenteil war es ja gerade Neurath als Soziologe des Wiener Kreises gewesen, der dies nicht nur allgemein behauptet, sondern mit konkreten Hinweisen auf Phänomene wie die reflexi-

299 Habermas 1963a, S. 157; deutlicher hier Apel 1973b, S. 101.
300 Habermas 1985b, S. 134.
301 Habermas 1963a, S. 156.

ven Prognosen (*self-fulfilling* und *self-destroying prophecies*) auch veranschaulicht und in seinen Wirkungen analysiert hatte.

Erst recht ist Popper nicht als Vertreter eines Programms einer Einheitswissenschaft im von Habermas gemeinten Sinne zu sehen. Denn wie er selbst korrekt ausführt[302], lehnt Popper ja gerade Geschichtsgesetze, die in Analogie zu Naturgesetzen etwa auch Prognosen im Bereich der Historie eröffnen könnten, mitsamt der Konzeption einer theoretischen Geschichtswissenschaft ausdrücklich ab. Indem Habermas seinerseits diesen Aspekt der Popperschen Lehre kritisiert und statt dessen »historische Bewegungsgesetze« fordert, bringt ihn das im übrigen ganz in die Nähe jener einheitswissenschaftlichen Positivisten, die – wie Zilsel und Neurath – von der Existenz von Geschichtsgesetzen ausgingen und solche herausfinden und erproben wollten.

In positiver Hinsicht grenzt sich Habermas von der analytischen, angeblich einheitswissenschaftlichen Wissenschaftstheorie dadurch ab, daß er dieser eine trichotomische Einteilung von Wissenschaftsarten und Erkenntnisinteressen gegenüberstellt. Innerhalb dieser Trichotomie werden die Naturwissenschaften dem technischen Erkenntnisinteresse zugeordnet, also instrumentalistisch bzw. pragmatisch gedeutet. Auf die Unterscheidung zwischen einer pragmatischen und einer instrumentalistischen Interpretation der Naturwissenschaften hat Habermas einigen Wert gelegt, um klarzumachen, daß seine Position nicht durch Poppers (und Alberts) Kritik am Instrumentalismus getroffen wird.[303] Dabei ist er Popper weiter entgegengekommen, als es von der Sache her erforderlich gewesen wäre. In seiner »Erwiderung eines Pamphlets« hat Habermas sich nämlich, um Poppers Kritik auszuweichen, darauf festgelegt, daß Theorien keine Instrumente bzw. »nicht schon selber technische Werkzeuge«[304] sind. Dies gelte allenfalls »in einem übertragenen Sinne«.

Demgegenüber muß man sich fragen, in welchem anderen als einem übertragenen Sinn man denn die These, Theorien seien Werkzeuge oder Instrumente, überhaupt vertreten kann. Daß man mit einer Theorie nicht buchstäblich wie mit einem Hammer

302 Ebd., S. 163: »So etwas wie historische Gesetze kann es demnach [laut Popper, Verf.] überhaupt nicht geben.«

303 Habermas 1964, S. 246f.

304 Ebd., S. 247.

ein Loch oder einen Nagel in die Wand schlagen kann, hat wohl kein Instrumentalist je behaupten wollen. Daß man andererseits sprachlich formulierte Gedanken in einem übertragenen Sinne mit einer gewissen Plausibilität als Werkzeuge mit je verschiedenen praktischen Zwecken auffassen kann, hat etwa Wittgenstein an verschiedenen einfachen sprachlichen Äußerungen vorgeführt.[305] Warum soll es von vornherein ausgeschlossen sein, sich auch kompliziertere sprachlich formulierte Gedankengefüge wie eben Theorien als entsprechend komplexere Werkzeuge mit entsprechend anspruchsvolleren Zwecken vorzustellen?

Popper hatte dagegen geltend gemacht, Werkzeuge würden auf ihre Verwendbarkeit hin ausprobiert, Theorien jedoch *mit dem Ziel der Widerlegung* getestet[306], und Habermas stimmt diesem Gedanken ausdrücklich zu.[307] Daß Instrumente nicht widerlegt werden können, wäre aber nur dann ein Argument gegen den Instrumentalismus, wenn zweifelsfrei feststünde, daß Theorien durch Angabe eines Gegenbeispiels mittels *modus tollens* tatsächlich widerlegt werden. Wie aber schon Duhem an schlagenden historischen Beispielen demonstriert und übrigens auch Neurath in seiner Besprechung von Poppers *Logik der Forschung* hervorgehoben hatte[308], werden Theorien aus gutem Grund in der Wissenschaftsentwicklung durch einen widersprechenden Fall nicht so ohne weiteres beiseite geschoben. Vielmehr ist man dann vor eine komplexe Wahlsituation gestellt, in der man außer der Theorie auch beim Test herangezogene Hilfstheorien oder schließlich sogar den widerspenstigen »Protokollsatz« verwerfen kann.

Die von Duhem formulierte und von Neurath auf Quine und andere tradierte holistische Betrachtungsweise von Theorien[309] ist vor einiger Zeit in einer für unsere Diskussion interessanten Weise umformuliert worden. Danach können Theorien schon deshalb nicht widerlegt werden, weil sie nicht zu einer logischen Kategorie gehören, bei denen der Begriff des Widerspruchs überhaupt anwendbar wäre. Sie sind nach diesem *non-statement-view* nämlich keine Sät-

305 Wittgenstein 1952, §§ 11, 14, 17, 41, 53, 54.
306 Popper 1963b, S. 113.
307 Habermas 1964, S. 247.
308 Neurath 1935, S. 641.
309 Siehe dazu Haller 1985.

ze bzw. Satzmengen, sondern Begriffe.[310] Erst die mit Theorien assoziierten Anwendungsbehauptungen kommen nach dieser Lehre für Bestätigungs- und Widerlegungsversuche in Frage.
Während Habermas also in dieser Richtung dem Antiinstrumentalismus Poppers unnötig Terrain preisgibt, hofft er in anderer Hinsicht vorschnell auf argumentativen Landgewinn. Er scheint nämlich davon auszugehen, daß es logisch unmöglich ist, von einer Sache (wie zum Beispiel einer Theorie) zu behaupten, daß sie gleichzeitig einen Selbstzweck und einen instrumentellen Zweck (bzw. deren mehrere) haben könne, also etwa im konkreten Fall, daß die Naturwissenschaften gleichzeitig der Wahrheitssuche um ihrer selbst willen und dem technischen Interesse an der Beherrschung der Natur verpflichtet seien. An dieser Präsupposition, die nirgends einmal formuliert und begründet wird, ist jedenfalls Habermas' Argumentationsstrategie orientiert. Denn er glaubt, die Sicht der Naturwissenschaften als dem Selbstzweck der Wahrheitssuche verpflichtete Unternehmen bereits durch Argumente widerlegen zu können, die diesen (auch) instrumentelle Bezüge nachweisen.
Indessen ist diese Präsupposition im allgemeinen falsch und im konkreten Fall zweifelhaft, und deshalb bleibt die gewählte Argumentationsstrategie unzureichend. Wie schon G. E. Moore gezeigt hat, ist es nämlich keineswegs ein Widerspruch, von ein und derselben Sache zu sagen, daß sie gleichzeitig einen Selbstzweck und außerdem einen instrumentellen Zweck habe.[311] Daß dies logisch möglich ist, liegt offenbar daran, daß die Relation zwischen einer Sache und ihrem instrumentellen Zweck eine kausale ist, dagegen die zwischen derselben Sache und ihrem intrinsischen Zweck eine engere, quasi logische.
Wenn diese Beobachtungen richtig sind, hätte Habermas zur Abwehr des »Scheins reiner Theorie« also nicht nur zeigen müssen, daß eine instrumentelle Sicht der Naturwissenschaften möglich, sondern zusätzlich, daß eine intrinsische Sicht falsch ist. Zu diesem Zwecke hätte man etwa nachweisen müssen, daß den Naturwissenschaften unterstellte intrinsische Ziele der Wahrheit bzw. Wahrheitsannäherung zum Beispiel widersprüchlich oder unerreichbar etc. sind.

310 Sneed 1971, S. 41 f. und expliziter dazu Stegmüller 1973, S. 120 ff.
311 Moore 1959, S. 94.

Tatsächlich hat Habermas zugunsten seiner instrumentalistischen Deutung der Naturwissenschaften folgende Argumente vorgetragen:
(1) eine historische Betrachtung der Entstehung und des Verlaufs der neuzeitlichen Naturwissenschaften sowie eine Einschätzung ihrer gegenwärtigen Funktion,
(2) eine Betrachtung des Aufbaus der von ihnen typischerweise produzierten Gesetze und Theorien sowie
(3) eine Analyse der Struktur der zur Entscheidung über ihre Wahrheit und Falschheit herangezogenen Prüfbedingungen.
Diese Argumente sollen nun der Reihe nach diskutiert werden.
Zunächst einmal bringt Habermas die Entstehung der neuzeitlichen Wissenschaften, insbesondere der Mechanik Galileis und seiner Zeitgenossen, in einen Zusammenhang mit der Entwicklung der Manufaktur aus dem Handwerk.

> Die Mechanik des Galilei und seiner Zeitgenossen zerlegt die Natur im Hinblick auf eine Form der technischen Verfügung, die im Rahmen der neuen Manufakturen sich eben entwickelt hatte: sie war ihrerseits abhängig von der rationalen Zerlegung des handwerklichen Arbeitsprozesses in elementare Verrichtungen. Das Naturgeschehen mechanistisch in Analogie zu Arbeitsvorgängen des manufakturell organisierten Betriebs aufzufassen, hieß: die Erkenntnis auf das Bedürfnis technischer Regeln einzustellen.[312]

An dieser Stelle beruft sich Habermas auf Franz Borkenaus *Vom feudalen zum bürgerlichen Weltbild.*[313] Ob diese Berufung zu Recht erfolgt, ist aber nicht recht klar. Denn Borkenau differenziert sorgsam zwischen zwei Thesen, von denen er die erste bejaht, die zweite jedoch negiert. Die erste lautet so:

> Ganz grob ausgedrückt, läßt sich das Bestreben, das ganze Naturgeschehen aus mechanischen Prozessen zu erklären, als die Bemühung definieren, *alles Naturgeschehen nach Analogie der Vorgänge in einer Manufaktur aufzufassen.*[314]

Die zweite weist ausdrücklich einen *kausalen* Zusammenhang zwischen der Entstehung des mechanistischen Weltbildes und dem Aufkommen der Manufakturperiode zurück:

312 Habermas 1963a, S. 184.
313 Allerdings wird sein Titel etwas sinnentstellend als »Vom bürgerlichen zum feudalen Weltbild« zitiert.
314 Borkenau 1934, S. 5.

So wird nicht das sporadische Auftreten der ersten Manufakturen Ursache der Durchsetzung der mechanistischen Weltanschauung, sondern die gewaltige Umwälzung der gesellschaftlichen Verhältnisse, die sich an der Wende vom 16. zum 17. Jahrhundert vollzieht.[315]

Henryk Grossmann hat in seiner Auseinandersetzung mit Borkenau schon Mitte der dreißiger Jahre dargelegt, daß man diese beiden Thesen nicht gut zusammen behaupten kann[316], und vor allem gezeigt, daß sowohl Borkenaus Vorstellungen vom Zeitraum der Entstehung der Manufakturperiode als auch vom »Charakter der manufakturellen Arbeit um die Wende vom 16. zum 17. Jahrhundert ... reine Phantasie« sind.[317]
Selbst wenn Borkenaus Deutung der Entstehung des mechanistischen Weltbildes zutreffen sollte, muß man sich fragen, was aus ihr für die Zuordnung der *heutigen* Naturwissenschaften zu erkenntnisleitenden Interessen folgt. Es könnte ja durchaus sein, daß Anschauungsweisen und Interessenlagen, die für ihre Entstehung maßgeblich gewesen sein mögen, inzwischen anderen gewichen sind. Für einen solchen Prozeß der Umbildung von instrumentellen Zwecken, die für die Entstehung einer Aktivität bestimmend gewesen sein mögen, zu intrinsischen im weiteren Verlauf ihrer Entwicklung hat Moritz Schlick im Zusammenhang mit einer Diskussion über den »Wert der Wissenschaft« in seiner *Allgemeinen Erkenntnislehre* eine ganze Reihe von Beispielen genannt.[318] Insofern reduziert sich die Betrachtung dieses Arguments auf die Diskussion des nächsten: die *gegenwärtige* Funktion der Naturwissenschaften. Dieses Argument besagt,

daß es seitdem (d. h. seit der Entstehung des mechanistischen Weltbildes) eine spezifische Form der Erkenntnis zur universellen und, im herrschenden positivistischen Selbstverständnis der Wissenschaften, zur exklusiven Anerkennung gebracht

hat. Statt diese These zu begründen, eilt Habermas zur ideologiekritischen Erklärung des Phänomens weiter. Wie aber steht es mit ihrer Wahrheit?
Habermas' Behauptung enthält eine Reihe von Unklarheiten und

315 Ebd., S. 14.
316 Im Abschnitt »Borkenaus Methode und ihre Metamorphosen« in Grossmann 1935, S. 216 ff.
317 Ebd., S. 183.
318 Schlick 1979, S. 118 f.

von zweifelhaften Voraussetzungen. Das gilt schon für ihren ersten Teil. Wenn hier mit »spezifischer Form der Erkenntnis« allgemein die Naturwissenschaften oder spezieller »das mechanistische Weltbild« gemeint sind, so ist die These in beiden Versionen bis zum Anfang des 20. Jahrhunderts zutreffend. Seitdem ist aber die These in ihrer zweiten, das mechanistische Weltbild betreffenden Version durch die Entwicklung der Quantenmechanik erschüttert worden.

Zur Bestätigung der Teilthese, daß es jene spezifische Form der Erkenntnis im herrschenden positivistischen Selbstverständnis der Wissenschaften zur exklusiven Anerkennung gebracht habe, wird nun nicht mehr die Entwicklung der Wissenschaften selbst, sondern deren *Selbstverständnis* herangezogen. Der Begriff des Selbstverständnisses ist hier jedoch gerade wegen der in diesem Jahrhundert allmählich auftretenden Arbeitsteilung von aktiver Naturforschung und wissenschaftstheoretischer Deutung derselben mehrdeutig geworden, und von seiner Interpretation hängt es ab, ob die zur Entscheidung anstehende These wahr wird oder nicht. Versteht man unter diesem Selbstverständnis diejenige Interpretation, die aktive Naturforscher selbst von ihrem Schaffen gegeben haben, so kann kaum davon die Rede sein, dieses herrschende Selbstverständnis sei ein positivistisches gewesen (und erst recht nicht, es sei ein positivistisches im Sinne eines Instrumentalismus). Zwar hat es einige Naturforscher wie etwa Charles S. Peirce oder Ernst Mach gegeben, die die Naturwissenschaften instrumentalistisch bzw. positivistisch gedeutet haben. Aber dies waren zu ihrer Zeit heiß umstrittene Auffassungen und in beiden Fällen jeweils Minderheitsmeinungen. Das zeigt die Auseinandersetzung Peirces' mit dem einflußreichen »Deskriptivismus« Karl Pearsons[319] und die Machs mit dem erkenntnistheoretischen Realismus Boltzmanns und Plancks.[320]

Versteht man unter »Selbstverständnis der Wissenschaften« jene Interpretation, die gewisse Wissenschaftstheoretiker von der Aktivität und den Ergebnissen ihrer praktizierenden naturwissen-

319 Peirce 1958.

320 Diese Kontroversen scheinen nach neueren Forschungen etwas komplizierter zu liegen, als sie lange Zeit dargestellt wurden. Siehe dazu das neue Standardwerk zu Mach von Haller/Stadler 1988 und darin besonders die Beiträge von Stadler, Haller, Feyerabend, Blackmore und Wolters.

schaftlichen Kollegen gegeben haben, so wird die Situation nicht etwa besser. Zwar trifft es zu, daß sich eine Interpretation der Naturwissenschaften, wie sie durch den logischen Positivismus vertreten wurde, im Gefolge seiner Emigration auf einen Großteil der Erde ausgedehnt und es so zu einer universellen Anerkennung gebracht hat.[321] Diese Stellung war aber mit der allmählichen Ausdifferenzierung der Bewegung des logischen Positivismus selbst und dem Auftauchen der von Habermas gelegentlich als »Postempiristen« eingestuften Wissenschaftstheoretiker Toulmin, Hanson, Kuhn und Feyerabend sowie gerade auch die aufsteigende Wissenschaftslehre Karl Poppers zur Zeit des »Positivismusstreits« schon wieder im Abstieg. Bei all diesen Autoren kann jeweils keine Rede davon sein, daß sie einer positivistischen Deutung der Naturwissenschaften zur exklusiven Anerkennung verholfen hätten. Vielmehr haben sie eine solche[322] jeweils – mehr oder weniger heftig – kritisiert.

Aber selbst wenn das nicht der Fall gewesen wäre, also tatsächlich der »Positivismus« unumschränkt »geherrscht« hätte, wäre diese Beobachtung doch in diesem Zusammenhang irrelevant. Denn es wäre sicher ein zirkuläres Verfahren, wollte man die faktische Dominanz von wissenschaftstheoretischen Richtungen zum Wahrheitskriterium für die von ihnen vertretenen Lehren machen.

Die Argumente der Entstehung und der Funktion der Naturwissenschaften haben nun eines gemeinsam: Sie machen jeweils die Akzeptanz von Wissenschaftsphilosophien von der Geltung gewisser faktischer Umstände ab, sei es nun wissenschaftshistorischer Art (wie dem Entstehungskontext der neuzeitlichen Naturwissenschaften) oder wissenschaftssoziologischer Natur (wie der Dominanz von Selbstverständnissen von Wissenschaftlern bzw. der Dominanz von Interpretationen der wissenschaftlichen Forschung durch Wissenschaftstheoretiker). Deswegen hat Hans Albert Habermas verschiedentlich vorgeworfen, er wolle die Geltung einer Theorie von ihrer »Abstammung« abhängig machen.

Mir scheint nun fraglich, ob die »Gegenseite« sich selbst immer von der Vermischung von Entstehungs- and Geltungsfragen freigehalten hat. Denn auch Popper hat bei seiner Instrumentalismus-

321 Siehe Näheres dazu in Dahms 1988, S. 162ff.

322 Feyerabend hat auch den Instrumentalismus heftig kritisiert: Feyerabend 1978, besonders Kapitel 5.

kritik auf faktische Gegebenheiten hingewiesen, zum Beispiel auf das antiinstrumentalistische Selbstverständnis maßgeblicher Wissenschaftler (etwa Einsteins) von ihrer Arbeit[323], also auf einen Sachverhalt von der Art, wie ihn Habermas, wie wir gesehen haben, zu seinen Gunsten und gegen Popper mobilisieren wollte. Daß beide sich zur Bestätigung ihrer konträren Theorien auf ein- und denselben Tatbestand berufen, legt zusätzlich die Vermutung nahe, daß dieser kein sehr trennscharfes Kriterium liefert.

Derartige faktische Gesichtspunkte können den Disput meines Erachtens nicht entscheiden. Sie können aber – zum Beispiel bei der Wiederaufnahme einer Kontroverse – eine motivierende Funktion haben, und dies vor allem dann, wenn sich Tatsachen beibringen lassen, die hinsichtlich der gesellschaftlichen Funktion der Naturwissenschaften bedeutsame Änderungen nachweisen. So ist zeitweise der Anteil an den für naturwissenschaftliche Forschung aufgewendeten Mitteln, der für militärische Zweckforschung ausgegeben wird, auf über zwei Drittel der Gesamtausgaben angestiegen. Was soll es angesichts dieser Situation für einen Sinn haben, die Wissenschaftstheorie der Naturwissenschaften so aufzuziehen, daß sie nur noch eine Theorie des verbliebenen Drittels sein kann?

Allerdings sind gewisse wissenschaftstheoretische Kontroversen noch nicht mit der Antwort auf die Frage entschieden, welche Züge des tatsächlichen Wissenschaftsbetriebs faktisch dominant sind. Denn man hat vielleicht Anlaß, diese dominanten Züge für schlecht oder sogar gefährlich zu halten. Und so erfolgt die Parteinahme für die Wahrheitssuche um ihrer selbst willen bei vielen ihrer Vertreter (wie früher insbesondere bei Poincaré und heutzutage bei Popper) geradezu in bewußter Kritik jener Tendenzen, die gegenwärtig vielleicht die dominanten sind. In diesem Sinne ist zum Beispiel Poppers Aufsatz »Normal Science and its Dangers« zu verstehen. Das kritische Element des interessenfreien Wahrheitsstrebens wird hier gerade deshalb so hervorgestrichen, weil ihm bewußt ist, daß es in der Dominanz des technischen Interesses unterzugehen droht.[324]

323 Popper 1963b, S. 114, siehe dazu auch Popper 1974a, S. 102ff.

324 Das bringt Popper dort mit der Formulierung zum Ausdruck: »I believe, however, that Kuhn is mistaken when he suggests that what he calls ›normal‹ science is normal« (ebd., S. 52).

Hier stoßen wir auf einen Zweig der allgemeineren Debatte, ob die Wissenschaftstheorie gegenüber den tatsächlichen Wissenschaften eine deskriptive oder eine präskriptive (bzw. wenigstens evaluative bzw. kritische) Funktion hat. An Habermas wäre in diesem Sinne die Frage zu stellen, warum die Wissenschaftstheorie sich gegenüber den vorhandenen Naturwissenschaften lediglich deskriptiv und erst gegenüber den Sozialwissenschaften kritisch verhalten sollte.

Die Instrumentalismuskontroverse ist offenbar nicht mit Hinweisen auf faktische Gegebenheiten zu entscheiden. Deshalb ist es ratsam, zur Diskussion von Habermas' anderen beiden Argumenten, der Struktur naturwissenschaftlicher Aussagen und der Art ihrer Prüfbedingungen, überzugehen. Seine Formulierung ist zunächst auffallend vorsichtig:

> Die Form der Aussagensysteme und der Typus von Prüfungsbedingungen, an denen sich deren Geltung bemißt, *legt* die pragmatistische Deutung *nahe*.

Sie ist wenig später aber schon ungleich zuversichtlicher:

> Gleichwohl ist über die technische Verwertbarkeit erfahrungswissenschaftlicher Informationen methodisch mit der Struktur der Aussagen (bedingter Prognosen über beobachtbares Verhalten) und mit dem Typus der Prüfungsbedingungen ... *vorentschieden.*

Prüfen wir die Argumente, die von Vorsicht zur Zuversicht geführt haben!

Zwei Eigenschaften von erfahrungswissenschaftlichen Theorien und Aussagensystemen sind es, die hier die pragmatistische Deutung stützen sollen:

(a) ihre Allgemeinheit und

(b) der Umstand, daß man sie »in Erwartungen eines regelmäßigen Verhaltens unter gegebenen Umständen« übersetzen bzw. aus ihnen »bedingte Prognosen über beobachtbares Verhalten« gewinnen könne.

Was nun die Allgemeinheit betrifft, ist diese gewiß eine Voraussetzung jeglicher Verhaltensstabilität. Wenn wir in eine regellose Umwelt gerieten, wäre unser Verhalten notgedrungen chaotisch. Aber für die Zwecke der Verhaltensstabilisierung käme man gerade mit eng sich an die Empirie haltenden untheoretischen Regelmäßigkeiten aus, mit allgemeinen Informationen also, wie sie etwa mit astronomischen Tabellen seit babylonischer Zeit vorliegen.[325] Gerade jene durch eine endliche Menge von Beobachtungsdaten nicht zu erschöpfende spezifische Allgemeinheit, wie sie für naturwissenschaftliche Gesetze charakteristisch ist, kann für Zwecke der Verhaltensstabilisierung entbehrt werden.

Auch die Ableitbarkeit von Prognosen aus Naturgesetzen, die Habermas zur Begründung seines Standpunkts anführt, gibt für die Entscheidung der Instrumentalismuskontroverse nichts her. Denn Prognosen können sicherlich der Planung zukünftigen Verhaltens dienen. Sie können aber – und darauf haben Schlick und auch Popper verschiedentlich hingewiesen[326] – auch zur Überprüfung der Geltung von solchen Theorien benutzt werden, für die entweder noch keine praktischen Anwendungen in Sicht sind oder die noch zu unsicher erscheinen, um auf ihrer Grundlage zu handeln. Prognosen dienen also gleichermaßen instrumentellen Zwecken (also solchen der Verhaltensstabilisierung) als auch intrinsischen (also der Überprüfung der Wahrheit von Theorien). Daß man sie aus Theorien gewinnen kann, entscheidet die Debatte weder zur einen noch zur anderen Seite. Nur wenn man die Zwecke der Verhaltensstabilisierung mit der Prüfung von Theorien in einen pragmatischen Zusammenhang bringen könnte, würde man etwas zur Stützung des Instrumentalismus getan haben. Genau dies versucht Habermas nun in seinem dritten Argument.

Es lautet:

> Die gestörte Stabilität des pragmatisch eingespielten Verhaltens zwingt zu einer Modifikation der leitenden »Überzeugung«, die jetzt als Annahme formuliert und einem Test unterzogen werden kann. Dessen Bedingungen ahmen im Prinzip die Bedingungen der Glaubwürdigkeit nichtproblematisierter Überzeugungen nach: Bedingungen des Leistungserfolgs handelnder Menschen, die durch gesellschaftliche Arbeit ihr Leben erhalten und erleichtern.[327]

Wie aus einer anderen Stelle hervorgeht, hat man sich die Entscheidung über die Wahrheit und Falschheit von Hypothesen durch Experimente so vorzustellen:

325 Siehe dazu Toulmin 1968, S. 33 f.

326 Schlick 1931b, S. 52 ff., besonders S. 54; Popper 1976, S. 31, Anm. 1; siehe zu weiteren Stellen den Index zum Stichwort »Prognose«.

327 Habermas 1963a, S. 181.

Als empirisch wahr gelten dann alle die Annahmen, die ein erfolgskontrolliertes Handeln leiten können, ohne bisher durch experimentell angestrebte Mißerfolge problematisiert worden zu sein.[328]

Der Einwand, der sich dagegen sofort erhebt, ist naheliegend und von vielen Kritikern des Pragmatismus wie etwa Scheler (oder auch Horkheimer) vorgebracht worden. Horkheimer hat es in der *Kritik der instrumentellen Vernunft* als besonders unplausibel hingestellt, anzunehmen,

daß unsere Erwartungen nicht deshalb erfüllt werden und unsere Handlungen nicht deshalb erfolgreich sind, weil unsere Ideen wahr sind, sondern daß unsere Ideen vielmehr wahr sind, weil unsere Erwartungen erfüllt werden und unsere Handlungen erfolgreich sind.[329]

Mit Russell könnte man dem hinzufügen, daß es oft viel schwerer ist, vom Erfolg einer Handlung auf die Wahrheit einer Hypothese zurückzuschließen, auf deren Grundlage man gehandelt hat, als die Annahme direkt (also ohne den Umweg über eine auf ihrer Grundlage ausgeführte Handlung) zu testen.[330] Deswegen, so fährt Russell fort, verbiete sich eine pragmatistische Theorie der Wahrheit bzw. Bestätigung schon wegen ihrer mangelnden Praktikabilität, also nach den Grundsätzen des Pragmatismus selbst.
Habermas scheinen die Schwierigkeiten einer pragmatischen Erfolgstheorie der Wahrheit auch durchaus bewußt gewesen zu sein. Denn er spricht – zumindest in einer Fußnote – davon, daß »die Bewährung durch den Handlungserfolg nur global zugeordnet werden [kann, Verf.] und nicht streng korrelativ«.[331] Damit ist wohl gemeint, daß ein Handlungserfolg bzw. Mißerfolg ja durch ganz andere Elemente bzw. Begleitumstände einer Handlung verursacht sein kann als gerade durch die zur Beurteilung anstehende Hypothese, auf deren Grundlage man gehandelt hatte. Es ist nicht recht zu sehen, wie Habermas diesem Einwand begegnen will.
Es kommt nun hinzu, daß eine Erfolgstheorie der Wahrheit das Verhältnis von Handeln und Erkennen nicht nur in theoretischer, sondern auch in praktischer Hinsicht auf den Kopf zu stellen scheint. Denn ehe ich mich entschließe, auf der Grundlage einer Hypothese zu handeln, will ich normalerweise erst einmal wissen,

328 Habermas 1964, S. 246.
329 Horkheimer 1967, S. 49.
330 Russell 1910b, S. 121.
331 Habermas 1964, S. 246.

ob diese Hypothese zuverlässig ist: Ehe ich etwa als Architekt beim Bau einer Brücke die Gleichungen der Statik benutze, will ich erst einmal wissen, ob ich mich auf diese auch verlassen kann. Meine Auftraggeber und erst recht die zukünftigen Benutzer werden sich nicht mit dem Bescheid vertrösten lassen, daß sich das ja bei der praktischen Verwendung der Brücke schon zeigen werde.
Im ganzen scheint eine instrumentalistische Deutung der Naturwissenschaften beim Versuch der Durchführung mehr Probleme aufzuwerfen, als ihre anfängliche Plausiblität und ihr skeptischer »Realismus« (bezüglich der gesellschaftlichen Funktion der Naturwissenschaften) anfänglich vermuten läßt.
Die Ausführungen Habermas' zur Geschichtswissenschaft lassen sich gegenüber den hermeneutisch inspirierten Theorien seines philosophischen Lehrers Rothacker dadurch kennzeichnen, daß sie auf zwei Traditionen Bezug nehmen, mit denen Habermas in der Zwischenzeit in Berührung gekommen war. Ich meine einerseits jenen Zweig der hermeneutischen Tradition, der mit dem Namen Hans-Georg Gadamer verbunden ist. Man muß sich dabei vor Augen halten, daß Gadamer 1960 sein bekanntestes Werk *Wahrheit und Methode* veröffentlicht hatte und Habermas durch seine Berufung nach Heidelberg in den Umkreis Gadamers gekommen war. Andererseits finden sich – zumindest in Habermas' erstem Beitrag zum Positivismusstreit – auch Versuche, die hermeneutische Tradition mit ihrer Tendenz zum individualisierenden subjektiven Sinnverstehen mit dem Marxismus (und das bedeutet in diesem Zusammenhang: mit dessen Insistieren auf objektiven Gesetzen der geschichtlichen Welt) zusammenzubringen. Darin muß man gewiß den Einfluß der Frankfurter Schule und besonders Adornos aus Habermas' Frankfurter Zeit erblicken.
Das Amalgam von Hermeneutik und Dialektik ergibt wegen der auseinanderstrebenden theoretischen und auch politischen Implikationen dieser beiden Traditionen eine etwas unstabile Konstruktion, wie sich im weiteren Verlauf der Diskussion bald gezeigt hat.[332]

332 Darauf hatte schon Albert 1965, S. 299, Anm. 74 hingewiesen; siehe auch Albert 1971, S. 76 f. Explizit politische Bezüge sind im Positivismusstreit der sechziger Jahre selten (mit Ausnahme der kleinen Episode, die sich von Albert 1964, S. 222 f., Habermas 1964, S. 265 bis Albert 1965, S. 302, Anm. 81 hinzieht). Das ist im Vergleich zu den Auseinandersetzungen der dreißiger und vierziger Jahre bemerkens-

Das Zusammenwirken der beiden Komponenten hat sich Habermas offenbar so vorgestellt, daß die hermeneutische Seite für die Bearbeitung des subjektiven Sinnverstehens und die marxistische für die Ermittlung eines objektiven Sinns der Geschichte, nun zwar nicht im ganzen, aber bezogen jeweils auf den »objektiven Geist einer sozialen Lebenswelt«, zuständig sein soll.
Albert hat sich im Verlauf des Positivismusstreits und auch danach mit seiner Kritik vor allem auf die subjektive Seite des Sinnverstehens gestürzt. Das ist verständlich, wenn man an die politisch konservativen Implikationen denkt, die durch die Anknüpfung Habermas' an die Hermeneutik in die Debatte kommen.[333] Im Zusammenhang der von Habermas angestrebten Positivismuskritik ist aber die objektive Seite des Sinnverstehens interessanter, weil dies durch die Existenz von Geschichtsgesetzen ermöglicht werden soll. Denn das waren gerade jene Entitäten gewesen, deren Vorhandensein der »Positivist« Popper abgestritten, der von Popper deswegen als »Historizist« kritisierte Positivist Neurath dagegen behauptet hatte.
Über die Leistungen gewisser – niemals emplizit genannter – »historischer Bewegungsgesetze« erfahren wir von Habermas zweierlei: Sie »beanspruchen eine zugleich umfassendere und eingeschränktere Geltung«[334] als übliche empirische Gesetze. Einerseits gelten sie nämlich nicht generell (etwa wie die Lehre des historischen Materialismus, der zufolge alle bisherige Geschichte die Geschichte von Klassenkämpfen gewesen ist), sondern nur für den »spezifischen Zusammenhang einer Epoche«, einen »konkreten Anwendungsbereich eines im ganzen einmaligen und in seinen Stadien unumkehrbaren Entwicklungsprozesses«.[335] Solche Gesetze wären in der analytischen Terminologie als Quasi-Gesetze anzusprechen, weil sie zeitlich (und unter Umständen auch räumlich) nur eine eingeschränkte Geltung beanspruchen. Andererseits fordern Habermas' »Bewegungsgesetze« – relativ zu der jeweili-

wert, da Horkheimer damals ja noch weit links von Popper stehende Mitglieder des Wiener Kreises in die Nähe der Faschisten gerückt hatte.

333 Auf die umfangreichen Auseinandersetzungen, die Albert darüber mit Habermas und Apel sowie Habermas mit Gadamer geführt haben, kann hier nicht eingegangen werden.

334 Habermas 1963a, S. 163.

335 Ebd.

gen Epoche, die für sie gelten sollen – doch mehr als jedes Quasi-Gesetz, nämlich

> solche fundamentalen Abhängigkeitsverhältnisse [zu charakterisieren, Verf.], von denen eine soziale Lebenswelt, eine epochale Lage im Ganzen eben als eine Totalität bestimmt und in allen ihren Momenten durchwirkt ist.[336]

Die Crux aller Äußerungen Habermas' zu diesem Thema ist nun, daß er nirgends ein einziges Beispiel für ein solches Bewegungsgesetz konkret angibt und dann einmal diskutiert, inwiefern es einerseits alle die gewünschten Leistungen erbringt und wie man es andererseits überprüfen könnte. Wie man in den Protokollen aus dem Nachlaß Horkheimers über Diskussionen im Institut aus dem Sommer 1936 ersehen kann, waren die damaligen Debatten über geschichtliche Bewegungsgesetze (wie etwa das Marxsche des tendenziellen Falls der Profitrate) ungleich konkreter und auch mehr auf die Überprüfungsproblematik abgestellt.[337] Habermas ist auf die wiederholten Forderungen Alberts, hier deutlicher zu werden, aber nicht eingegangen, obwohl sie ziemlich eindeutig und herausfordernd formuliert waren:

> Die eindrucksvollen Ansprüche dieser Konzeption sind wohl erkennbar, aber es fehlt bisher jeder Ansatz zu einer einigermaßen nüchternen Analyse des skizzierten Verfahrens und seiner Komponenten. Wie sieht die logische Struktur dieser historischen Gesetze aus, denen eine so interessante Leistung zugeschrieben wird, und wie kann man sie überprüfen ... Worin besteht der Gesetzescharakter einer solchen Aussage? Wie bringt man es fertig, die fundamentalen Abhängigkeitsverhältnisse einer konkreten Totalität zu identifizieren? Welches Verfahren steht zur Verfügung, um von der zu überwindenden subjektiven Hermeneutik zum objektiven Sinn vorzustoßen?[338]

Allerdings hat auch Albert, der anfangs überhaupt keine speziellen methodologischen Probleme historischer Wissenschaften gel-

336 Ebd.

337 Siehe die Diskussionsprotokolle über »Die Marxsche Methode und ihre Anwendbarkeit auf die Analyse der gegenwärtigen Krise. Seminardiskussionen«, in H 12, S. 398-414, besonders S. 405 ff. Diese Diskussionen spielten sich übrigens wenige Wochen vor dem ersten Auftritt Neuraths im Horkheimer-Kreis in New York ab.

338 Albert 1964, S. 210f., ähnlich Albert 1965, Anm. 77.

ten lassen wollte[339], später ein positives Programm für die hermeneutisch verfahrenden Wissenschaften entwickelt.[340]

In der Tat gibt es meines Erachtens für historische Erklärungen ein spezielles Problem, das Habermas nur etwas unklar beschrieben hat. Es besteht darin, daß man ein und dasselbe konkrete Verhalten oder Handeln einer historischen Person häufig in zweierlei Weise erklären kann. Auf die Frage »Warum hat A im September 1931 die NSDAP gewählt?« kann man nämlich, ohne daß dies irgendwie miteinander konfligiert, erstens antworten: »weil A sich von Arbeitslosigkeit bedroht sah und weil er glaubte, daß die NSDAP am ehesten in der Lage sei, der Arbeitslosigkeit Herr zu werden«, und zweitens, »weil A Angestellter war und weil Angestellte überproportional für die Propaganda der NSDAP anfällig waren«. Die erste Erklärung erfolgt im Rahmen des wohlbekannten aristotelischen praktischen Syllogismus, die zweite im Rahmen des deduktiv-nomologischen Erklärungsverfahrens. Während die erste auf die subjektiven Überzeugungen und Wünsche einer konkreten Person abstellt, wird diese Person im zweiten Fall zunächst klassifiziert und ihr Verhalten dann unter gesetzesartige Aussagen subsumiert. Damit zeigt sich im übrigen, daß der Unterschied zwischen Natur- und Geisteswissenschaften nicht als Differenz der Ziele Erklären und Verstehen beschrieben werden kann. Er besteht vielmehr darin, daß es in den Geisteswissenschaften mit dem praktischen Syllogismus (bzw. der deskriptiven Entscheidungstheorie) eine *zusätzliche* Erklärung gibt. Denn Naturgegenstände haben weder Ziele noch Überzeugungen bezüglich geeigneter Mittel zum Erreichen dieser Ziele.

Das Problem wird von Habermas' Formulierung des Zusammenhangs zwischen subjektivem und objektivem Sinnverstehen ebenfalls angezielt. Der Unterschied besteht nur darin, daß sich seine Hoffnungen auf Geschichtsgesetze, die den objektiven Geist einer Epoche kompakt aussprechen, wohl nicht realisieren lassen werden und man deshalb zufrieden sein muß, wenn man bescheidenere historische Generalisierungen erreicht.

In Habermas' Beiträgen zum Positivismusstreit taucht die spätere Begriffsprägung des emanzipatorischen Erkenntnisinteresses zwar

339 Albert 1971, S. 61, Anm. 54.

340 Ebd., S. 57; siehe dazu auch Albert 1975, S. 39ff.

nicht explizit auf. Dort ist von der Sache her aber schon vom bedeutungsgleichen Begriff des »Interesses an Mündigkeit« die Rede, und im zeitgleichen Aufsatz »Dogmatismus, Vernunft, und Entscheidung. Zu Theorie und Praxis in der verwissenschaftlichen Zivilisation« findet sich im Zusammenhang einer Diskussion des Unterschieds von positivistischer und dialektischer Ideologiekritik die Wendung von der »Wissenschaft als Kraft der Emanzipation«[341], die man vielleicht als terminologischen Übergang zum Begriff des emanzipatorischen Erkenntnisinteresses ansehen kann.

Die Beiträge zum Positivismusstreit sind nun nicht nur in terminologischer, sondern auch in inhaltlicher Hinsicht als Übergangsprodukte zu bezeichnen. Denn in ihnen wird unter dem Titel eines »Interesses an Mündigkeit« zwar schon die dialektische Ideologiekritik propagiert und gegenüber positivistischen Konkurrenzunternehmen verteidigt, aber noch nicht jene charakteristische Wendung genommen, bei der die therapeutische Situation einer Psychoanalyse als Modell eines Prozesses der Selbstaufklärung mit dem Ziel der Mündigkeit vorgestellt wird.[342] Mit Psychoanalyse scheint sich Habermas schriftlich zuerst 1956, angeregt durch den Frankfurter Vorlesungszyklus[343], in einer Reihe von Berichten auseinandergesetzt zu haben. Den Anstoß zur Inkorporation der Psychoanalyse in seine Theorie der erkenntnisleitenden Interessen hat dann aber wohl erst das Erscheinen von Alexander Mitscherlichs *Auf dem Weg zur vaterlosen Gesellschaft* im Jahre 1963 gegeben, ein Buch, das Habermas unter dem Titel »Eine psychoanalytische Konstruktion des Fortschritts« im selben Jahr besprochen hat.[344]

Nicht so sehr, weil es zum Verständnis des Positivismusstreits erforderlich wäre, sondern vielmehr, weil die Psychoanalyse neben der Ideologiekritik bei Habermas auch in der Folge die einzige Exemplifikation einer Wissenschaft geblieben ist, die dem emanzipatorischen Erkenntnisinteresse verpflichtet ist, werde ich sie in die folgenden kritischen Bemerkungen einbeziehen.

Meine Fragen zum Komplex des emanzipatorischen Interesses und der durch dieses motivierten Wissenschaften sind:

341 Habermas 1963b, S. 256.
342 Das geschieht erst in Habermas 1965.
343 Siehe dazu neuerdings auch Habermas 1990a, S. 24.
344 Habermas 1963c, besonders 125 f.

(1) Worin unterscheidet sich dialektische von positivistischer Ideologiekritik, und inwiefern ist erstere der letzteren überlegen?
(2) Wieso erscheint die Psychoanalyse als Modell einer dialogischen Aufklärung durch Selbstreflexion geeignet, das sich dann auf erweiterter Stufenleiter als kollektive Aufklärung mittels ideologiekritischer Reflexion fortsetzen ließe?
Habermas ist nicht entgangen, daß der Unterschied zwischen Positivismus und Dialektik hinsichtlich der Ideologiekritik nicht so beschrieben werden kann, daß der erstere von ihr nichts wissen will und nur die zweite Richtung sie betreibt. Die Einsicht, daß es eine spezifisch positivistische Ideologiekritik gibt, geht bei ihm vielmehr dem Positivismusstreit schon einige Jahre voran. In dem Aufsatz »Der befremdliche Mythos: Reduktion oder Evokation«[345] hat er unter anderem die 1958 erschienene ideologiekritische Studie Ernst Topitschs *Vom Ursprung und Ende der Metaphysik* besprochen und an ihr einige Punkte positiv bewertet. So schreibt er etwa:

Gegenüber einer bloß geistesgeschichtlichen Topographie von Weltanschauungstypen hat Topitschs kritischer Ansatz den Vorzug, die Weltbilder mit der Welt selber wissenssoziologisch zusammenzubringen.[346]

Im oben erwähnten Aufsatz »Dogmatismus, Vernunft und Entscheidung« wird auch Popper ein aufklärerisches und ideologiekritisches Interesse konzediert. Der Abschnitt »Zur Selbstreflexion des rationalistischen Glaubens« beginnt geradezu mit den Worten:

Nun kann Ideologiekritik auch in ihrer positivistischen Form ein Interesse an Mündigkeit verfolgen; sie braucht, wie es das Beispiel Poppers zeigt, nicht am technischen Erkenntnisinteresse haften zu bleiben.[347]

Habermas' Kritik an solcher positivistischer Ideologiekritik ist dann aber, daß Popper das Interesse an Mündigkeit nicht wiederum rational begründen, sondern nur noch durch eine irrationale Entscheidung motivieren könne. In Habermas' Beiträgen zum Positivismusstreit kommt dann noch der Rückgriff auf Adornos Forderung hinzu, eine konsequente Ideologiekritik

345 Habermas 1958b.
346 Ebd., S. 151.
347 Habermas 1963b, S. 251.

könne sich mit der kausalen Aufklärung von herrschaftslegitimierenden und stabilisierenden Ideologien nicht bescheiden, sondern müsse zur Veränderung jener gesellschaftlichen Verhältnisse vorstoßen, die solche Ideologien nötig hätten: im Grunde eine Paraphrase von Marxens berühmter 11. Feuerbach-These.
Was ist von diesen beiden Argumenten zu halten?
Popper hat in der Tat die von Habermas referierte Ansicht vertreten, eine Parteinahme für Rationalität und gegen herrschaftssichernde Ideologie könne man nicht mehr rational rechtfertigen, sondern »nur noch als Glaubensbekenntnis« aussprechen. Dagegen hat Habermas geltend gemacht:

> Wenn aber ein begründeter Zusammenhang zwischen dem gesellschaftspolitisch extrapolierten Kanon wissenschaftlich verbindlicher Kommunikation und solchen praktischen Folgen im Ernst bestünde, könnte ein sich selbst reflektierender Positivismus vom Begriff der Rationalität das Interesse der Vernunft an Emanzipation nicht länger lösen. Nun besteht aber jener Zusammenhang, weil der vernünftigen Diskussion als solcher unnachgiebig eine Tendenz innewohnt, eben eine Entschiedenheit, die durch Rationalität selbst ausgewiesen ist und der Dezision, des puren Glaubens, nicht bedarf. Der Rationalismus müßte sich selbst als positivistischen Köhlerglauben aufheben, wenn er nur die umfassende Rationalität des zwanglosen Dialogs kommunizierender Menschen, die Popper doch insgeheim immer schon beansprucht, der beschränkten Rationalität der gesellschaftlichen Arbeit nicht wieder beugen wollte.[348]

Dazu ist zu sagen, daß Popper sich zunächst einmal den Zusammenhang zwischen wissenschaftlicher und gesellschaftlicher Rationalität nicht so strikt vorstellt, wie Habermas und dann in der Folge besonders Wellmer es haben wollten.[349] Darauf weist schon der Umstand hin, daß Popper als Entwicklungsmodell der Wissenschaft dasjenige einer permanenten Revolution propagiert, während er vor dessen Übertragung auf die Gesellschaft warnt und dort nur graduelle Reformen und Sozialtechnologie empfiehlt.[350]
Sodann führt Habermas' später weit ausgebaute Idee von einer

348 Ebd., S. 254.
349 Wellmer 1969, S. 20.
350 Popper 1970, S. 255. Er schreibt dort: »And it is a fact that my own social theory, which favours gradual and piecemeal reform, strongly constrasts with my theory of method which happens to be a theory of scientific and intellectual revolution.«

»umfassenden Rationalität des zwanglosen Dialogs kommunizierender Menschen, die Popper doch insgeheim immer schon beansprucht« – weit davon entfernt, Popper immanent zu widerlegen – statt dessen nur zu einer Problemverschiebung. Denn was auch immer das Ergebnis eines Dialogs unter idealisierten Bedingungen der Zwanglosigkeit, wie ihn Habermas später genauer entfaltet hat, auch sein mag: die Frage ist doch die, ob es vernünftige Gründe dafür gibt, sich an einem solchen Dialog überhaupt zu beteiligen.

In seiner 1965 unter dem Titel »Erkenntnis und Interesse« gehaltenen Frankfurter Antrittsvorlesung hat Habermas den Begriff des »emanzipatorischen erkenntnisleitenden Interesses« terminologisch zur Charakterisierung der »kritischen Sozialwissenschaften« eingeführt. Darunter wird außer der oben behandelten Ideologiekritik auch die Psychoanalyse verstanden. Außerdem ist zu berücksichtigen, daß diese beiden kritischen Sozialwissenschaften mit dem Habermasschen Konzept von Philosophie eine wichtige Gemeinsamkeit teilen, nämlich die Verpflichtung auf die Selbstreflexion, welche »das Subjekt aus der Abhängigkeit von hypostasierten Gewalten«[351] löst.

Innerhalb der Gruppe der kritischen Sozialwissenschaften hat nun die Psychoanalyse eine herausgehobene Funktion. Ihr kommt nämlich Modellcharakter zunächst für die kritischen Sozialwissenschaften zu. Mittelbar gilt dies Modell auch für die Philosophie. Modellhaft ist an der Psychoanalyse nun aber nicht die Gesamtheit von psychoanalytischer Theorie und Therapie, sondern vor allem die therapeutische Situation. Denn in ihr löst der Therapeut durch seine Konstruktionen und Deutungsversuche beim Patienten einen Prozeß der Selbstreflexion aus.[352] Dieser führt, so Habermas, beim Patienten im Fall des Gelingens der Therapie zur Aufhebung jener Kausalität, die die neurotischen Symptome bewirkt hat. Die Kausalität, die für das Auftreten als auch die Aufhebung der Neurosen verantwortlich ist, unterscheidet Habermas ausdrücklich von der naturgesetzlichen. Für erstere verwendet er – im Anschluß an Hegel – verschiedentlich den Begriff einer »Kausalität des Schicksals«.[353] Als entscheidendes Kri-

351 Habermas 1965, S. 159.

352 Siehe dazu ausführlich Habermas 1968, S. 332 ff.

353 Ebd., S. 312, 330; ähnlich bereits Habermas 1965, S. 159.

terium für das Zutreffen der vom Therapeuten angebotenen Konstruktionen gibt Habermas an mehreren Stellen die Zustimmung des Patienten an.[354] Diese beiden Merkmale, die Behauptung einer nicht-naturgesetzlichen Kausalität und die These vom epistemischen Primat des Patienten, unterscheiden die von Habermas verfochtene hermeneutische Deutung der Psychoanalyse von einer positivistischen.

Die hermeneutische Deutung der Psychoanalyse ist nun neuerdings vor allem von Adolf Grünbaum, einem Schüler Hans Reichenbachs, heftig kritisiert worden. Damit zeichnen sich vielleicht die Umrisse eines neuen Positivismusstreits ab.

Grünbaum hat wohl übersehen, daß das psychoanalytische Modell zwar entscheidenden Stellenwert für die Gesamtkonstruktion von Habermas' Theorie der erkenntnisleitenden Interessen hat, aber wohl nicht beansprucht, eine komplette wissenschaftstheoretische Interpretation der Psychoanalyse zu geben. Dennoch sind Grünbaums Hauptargumente auch für diesen Zusammenhang einschlägig. Die beiden wichtigsten sind ein »ontologisches« und ein »epistemisches«.

Das ontologische Problem bezieht sich auf Habermas' »Kausalität des Schicksals«, also seine These, die Selbstreflexion des Patienten setze die symptombildende Kausalität außer Kraft. Diese Deutung hält Grünbaum für vollkommen falsch: Weit davon entfernt, eine nicht-naturgesetzliche Kausalität außer Kraft zu setzen, sei der Erfolg einer Therapie vielmehr geradezu ein Beispiel für die Wirksamkeit einer Kausalität im üblichen Sinne: »Eine Auswirkung zu überwinden, indem man ihre Ursache unterhöhlt, ist ... kaum gleichbedeutend mit der Aufhebung des Kausalzusammenhangs, der beide verbindet«, sondern »im Gegenteil ein Beispiel für diesen Kausalzusammenhang«.[355]

Womöglich noch einschneidender ist Grünbaums Kritik an Habermas' These vom epistemischen Monopol des Patienten. Dem hält Grünbaum einerseits entgegen, daß Freud in seiner eigenen klinischen Praxis gelegentlich Konstruktionen als zutreffend bezeichnet hat, die Patienten wegen zu großen Widerstands nicht akzeptieren wollten. Andererseits verweist er auf die Möglichkeit nichtklinischer, also beispielsweise epidemologischer oder auch

354 Habermas 1968, S. 282, 318.

355 Grünbaum 1987, S. 21.

experimenteller Studien zur Überprüfung der psychoanalytischen Theorie.[356]

Grünbaum ist nun offenbar entgangen, daß Habermas die These vom epistemischen Monopol des Patienten, die ja geradezu die *differentia specifica* gegenüber positivistischen Auffassungen der Psychoanalyse bildet, in *Erkenntnis und Interesse* selbst eingeschränkt bzw. – je nach Interpretation – geradezu widerrufen hat. Er schreibt dort nämlich:

Denn wenn der Kranke eine Konstruktion ablehnt, gilt die Interpretation, aus der sie abgeleitet worden ist, noch keineswegs als widerlegt. Psychoanalytische Annahmen beziehen sich nämlich auf Bedingungen der Suspendierung eben der Erfahrung, an der sie sich doch auch bewähren müssen: die Erfahrung der Reflexion ist die einzige Instanz, an der Hypothesen sich bewähren oder scheitern können. Wenn sie ausbleibt, besteht immer noch eine Alternative: entweder ist die Interpretation falsch (d. h. die Theorie oder ihre Anwendung auf einen gegebenen Fall) oder aber die im übrigen richtig diagnostizierten Widerstände sind zu stark.[357]

Für einen solchen Fall, in dem die Interpretation zwar richtig ist, aber die Widerstände des Patienten zu stark sind, als daß er sie auch annehmen könnnte, hält Habermas folgenden Ausweg bereit:

Die Instanz, an der falsche Konstruktionen scheitern können, fällt weder mit kontrollierter Beobachtung noch mit kommunikativer Erfahrung zusammen. Eine Fallinterpretation bewährt sich allein an der gelungenen Fortsetzung eines Bildungsprozesses, d. h. aber an der vollzogenen Selbstreflexion, und nicht unmißverständlich daran, was der Patient sagt oder wie er sich verhält.[358]

Die hier empfohlene Formel der »Fortsetzung eines Bildungsprozesses« scheidet als Kriterium für das Zutreffen einer Deutung aber wohl aus. Denn bei jeder Entscheidung über die eventuelle Beendigung einer Therapie stellt sich die Frage von neuem, ob die Zustimmung des Patienten als Wahrheitskriterum für eine Deutung und den Erfolg einer Therapie in Frage kommt oder nicht. Damit hätten wir, wenn wir die bloße »Fortsetzung« als Wahrheitskriterium akzeptieren wollten, zwar keinen unendlichen Regreß zu gewärtigen (denn kein Leben ist unendlich), aber doch eine bloße Herausschiebung des Problems. Wenn aber auf das Ge-

356 Ebd., S. 46.
357 Habermas 1968, S. 325.
358 Ebd.

lingen der Therapie abgestellt wird, fragt sich, wie das anders als dadurch überprüft werden kann, was der Patient sagt oder wie er sich verhält.

Sowohl Habermas' Vorstellungen vom kausalen Funktionieren der Selbstreflexion als auch die These von der epistemischen Sonderrolle des Patienten sind also nicht zu halten. Da aber das Therapeut/Patient-Verhältnis ausdrücklich als einziges Modell für die Leistungen der Selbstreflexion angegeben (und auch ausgeführt wird), bricht damit auch Habermas' *differentia specifica* gegenüber traditionellen dualistischen Wissenschaftslehren (die eine strikte Trennung von Geistes- und Naturwissenschaften propagieren und ohne eine dritte Abteilung für die kritischen Sozialwissenschaften auskommen) zusammen, nämlich seine Lehre vom emanzipatorischen erkenntnisleitenden Interesse.[359]

Selbstreflexion ist nicht das Reservat irgendeiner speziellen Wissenschaft.

359 Dies Resultat ist vielleicht auch weniger tragisch, als es auf den ersten Blick scheinen mag. Denn bei der von Apel beobachteten »politischen Aktualisierung« der wissenschaftsphilosophischen Lehren Rothackers durch Habermas haben offenbar Konstellationen eine Rolle gespielt, die heute irrelevant geworden sind.
Wenn man den politischen Kontext der in der bundesdeutschen Linken der ausgehenden sechziger Jahre virulenten »Organisationsdebatte« bedenkt, hat das psychoanalytische Modell offenbar eine ganz besondere Zielrichtung gehabt. Denn Habermas hatte anscheinend folgende Proportion vor Augen: Wie sich der Therapeut im psychoanalytischen Modell zum Patienten verhält, so der soziologische Ideologiekritiker gegenüber der Gesamtgesellschaft. Der These vom epistemischen Monopol des Patienten (hinsichtlich der vom Therapeuten angebotenen Konstruktionen) entspricht dann die Forderung, daß die Gesamtgesellschaft das letzte Wort über die sozialkritischen Deutungen behalten soll, die von sozialwissenschaftlichen Ideologiekritikern vorgetragen werden. Diese Vorstellung beläßt zwar dem Intellektuellen eine gewisse Sonderrolle, ist aber andererseits auf Konsens angelegt. Damit ist sie ersichtlich jenen Avantgardevorstellungen entgegengesetzt, bei denen sich die Sozialkritiker um die Zustimmung durch die Gesellschaft nicht mehr zu kümmern brauchen, wie sie gegen Ende der sechziger Jahre in gewissen Zirkeln wieder in Mode kamen. Um die Abwegigkeit solcher Organisationsvorstellungen plausibel zu machen, hätte es schon in jenen Jahren nicht derartig komplizierter argumentativer Umwege bedurft.

6. Resümee

Die Auseinandersetzungen der Frankfurter Schule mit dem logischen Positivismus des Wiener Kreises, dem Pragmatismus Deweys und seiner Schüler und dem kritischen Rationalismus Poppers und Alberts sind inzwischen unwiderruflich Geschichte geworden, und zwar in dem doppelten Sinne, daß sie einerseits gewiß ein wichtiges Kapitel der deutschen Philosophie- und Soziologiegeschichte dieses Jahrhunderts darstellen, aber andererseits auch in gewissem Sinne ein abgeschlossenes.

Die Frage ist natürlich, was man aus diesem Kapitel lernen kann. Meines Erachtens sind eine Reihe der von den kritischen Theoretikern gegen »den Positivismus« angeführten Gesichtspunkte weiterhin beachtenswert. Dazu gehört das Insistieren auf einer substantiellen, antirelativistischen Konzeption der Moral, die Kritik an der positivistischen Vorstellung, man könne sich mit allerlei Sinnkriterien griffige Zauberformeln zur Bereinigung der meisten im Laufe der Menschheitsgeschichte aufgekommenen philosophischen Probleme zurechtlegen, und schließlich die Kritik an der naiven Technikgläubigkeit und Wissenschaftshörigkeit der Positivisten. Wären diese Forderungen und diese Kritik jeweils von Bemühungen begleitet gewesen, sie jeweils systematisch auszubauen, wären die bleibenden Verdienste der älteren Frankfurter Schule zweifellos noch höher zu veranschlagen.

Diesen Verdiensten der Positivismuskritik stehen verschiedene ernste Mankos gegenüber. Zum einen ist es erstaunlich, wie Horkheimer und Adorno eine große und langandauernde Polemik gegen den Positivismus in Gang halten konnten, ohne die meisten seiner aktuellen Grundideen genauer aufgefaßt zu haben. Insbesondere Adornos Kritik an der Russellschen Typentheorie und an der »Grundantinomie« des Positivismus, jener »eigentlich tötlichen Stelle«, läßt erkennen, daß die Intensität der Polemik häufig in keinem Verhältnis zur Bekanntschaft mit der Sache stand, der sie galt.

Zum zweiten haben die kritischen Theoretiker eine Reihe lediglich postulatorischer Erfolge zu verzeichnen gehabt. Auf der Möglichkeit einer nichtrelativistischen Moral oder auch eines philosophischen Wahrheitsbegriffs zu bestehen, ohne beide oder

wenigstens einen davon näher zu bestimmen, gleicht dem Verhalten eines Bauplatzbesitzers, der trotz großer Wohnungsnot sein Terrain nur behauptet, aber weder etwas darauf gründet und errichtet noch es sonst irgendwie nutzt. Warum das schließlich so hat bleiben müssen, ist übrigens historisch noch längst nicht geklärt. Es bleibt noch genauer zu ergründen, woran der Plan gescheitert ist, der *Dialektik der Aufklärung* den zweiten Band einer positiven Dialektik hinterherzuschicken. Die aus dem Nachlaß Horkheimers abgedruckten und hier kommentierten Dokumente geben darauf noch keine hinreichende Antwort.
Drittens muß betont werden, daß die Positivismuskritik der älteren Frankfurter Schule kaum irgendwelche Entwicklungen durchläuft. Damit könnte man sich vielleicht abfinden, wenn die positivistische Gegenseite sich damit begnügt hätte, auf ihren ursprünglichen Fehlern stur zu verharren. Aber das ist nun nicht der Fall. Vielmehr haben die positivistischen Ideen gelegentlich eine nahezu beängstigende Wandlungsfähigkeit bewiesen, die einen anderen Kritiker des Positivismus – nämlich C. I. Lewis – einmal zu der Bemerkung veranlaßt hat, diese Lehre sei deshalb schlecht zu attackieren, weil sie nur ein »moving target« biete. Das Mißverhältnis von statischer Positivismuskritik der Frankfurter Schule und dynamischer Weiterentwicklung des Positivismus selbst zeigt sich besonders deutlich in der Kritik an den positivistischen Sinntheorien: Während die meisten Positivisten die Suche nach universalen Sinnkriterien längst eingestellt hatten, hatten sich Horkheimer und Adorno noch immer nicht genauer mit dem längst verlassenen Ausgangspunkt all dieser Bemühungen, nämlich dem Verifikationismus, bekanntgemacht.
Schließlich befremdet der Ersatz substantieller Argumente durch politische Attacken, den die ältere Generation kritischer Theoretiker jahrelang betrieben hat. Ich gestehe, daß ich mir trotz verschiedener im Text vorgestellter Erklärungsversuche die Heftigkeit dieser Angriffe noch immer nicht recht erklären kann. Für die Vermutung etwaiger politischer Hintergründe als Grund für die Wendung von der Kooperation zur Polemik habe ich keine Belege finden können. Allerdings ist die Literatur- und Quellenlage hier besonders prekär, da auch über die Haltung der Frankfurter Schule in der zweiten Hälfte der dreißiger Jahre zu den großen geschichtlichen Ereignissen, an denen sich damals die Geister der Linken schieden (wie die Volksfront in Frankreich, der

spanische Bürgerkrieg, die Moskauer Schauprozesse, der Hitler-Stalin-Pakt), bisher so gut wie nichts bekannt ist.

So bleibt das Resümee hinsichtlich der Positivismuskritik der älteren kritischen Theorie durchaus zwiespältig: wichtige Denkanstöße und berechtigte Kritik stehen unvermittelt neben ungenauer Rezeption und puren Mutwilligkeiten.

Adornos Positivismuskritik der sechziger Jahre gibt vor diesem Hintergrund allerdings Rätsel auf. Denn offenbar hat er jedenfalls zunächst das im Laufe der fünfziger Jahre wieder blankgeputzte Arsenal seiner Positivismuskritik nicht gegen Popper verwenden wollen, den man in der Tat wohl kaum für einen Positivisten ausgeben kann, und ist dann erst später wieder auf diese Linie zurückgekommen. Einige erklärende Hypothesen für dies Schwanken sind im Text erwogen worden. Vielleicht wird der Briefwechsel Popper/Adorno hier Klarheit bringen, wenn er denn in einigen Jahrzehnten der Forschung zugänglich gemacht wird.

Habermas' Positivismuskritik unterscheidet sich in vielen Zügen vorteilhaft von derjenigen der älteren Generation kritischer Theoretiker. Denn er hat sich anders als diese mit den Autoren, die er kritisiert, offenbar ausführlich beschäftigt (ohne daß dies allerdings ausgereicht hätte, die erheblichen Unterschiede zwischen logischem Positivismus und kritischem Rationalismus zu erfassen). Auch hat er nicht versucht, mangelnde argumentative Durchschlagskraft durch eine entsprechend größere Heftigkeit politisch eingefärbter Polemik zu kompensieren. Schließlich – und das scheint mir das Wichtigste – hat er die argumentative Hypothek, die er im Laufe des Positivismusstreits der sechziger Jahre im Laufe der Zeit aufgenommen hatte, später nach und nach auch abgetragen. Ich meine insbesondere seine positiven Theorien der Wahrheit und der Moral.

Dabei hat Habermas allerdings in gewisser Hinsicht und zu einem gewissen Grad die Seite des Disputs gewechselt: Seine Konsenstheorien der Wahrheit und Moral stützen sich zu großen Teilen auf die Vorarbeiten jener amerikanischer Pragmatisten (und ihrer Nachfolger), die von den älteren kritischen Theoretikern noch als Verfechter eines positivistisch restringierten Vernunftbegriffs gescholten worden waren. Ob diese Theorien von Wahrheit und Moral auch tragfähig sind, gehört hier nicht mehr zum Thema.

Quellen- und Literaturverzeichnis

A. Unveröffentlichte Quellen

1. Max-Horkheimer-Archiv, Frankfurt am Main

1. Briefwechsel
Max Horkheimer/Theodor W. Adorno (Sign.: VI, 1-VI, 5).
Max Horkheimer/Raymond Aron (Sign.: I 1, 253-315).
Max Horkheimer/Walter Benjamin (Sign.: VI, 5. 152-366 VI 5 A).
Max Horkheimer/Hans-Klaus Brill (Sign.: VI 6, 1-575).
Max Horkheimer/Philipp Frank (Sign.: I, 7).
Max Horkheimer/Henryk Grossmann (Sign.: VI, 9. 220-409).
Max Horkheimer/Marie Jahoda (Sign.: VI, 11. 216-286).
Max Horkheimer/René König (Sign.: V, 103).
Max Horkheimer/Paul Lazarsfeld (Sign.: I, 16).
Max Horkheimer/Adolf Löwe (Sign.: I 17, 46-122).
Max Horkheimer/Otto Neurath (Sign.: I, 19).
Max Horkheimer/Friedrich Pollock (Sign.: VI 30-VI 38 A).
Max Horkheimer/Hans Reichenbach (Sign.: I 21, 186-193).
Max Horkheimer/Andries Sternheim (Sign.: VI, 41, 1-286).
Max Horkheimer/Edgar Zilsel (Sign.: I, 27).

2. Unveröffentlichte Manuskripte Horkheimers
»Notizen« (o.J.) (Sign.: XI 57).
»Memorandum for P.T. on certain questions regarding The Institute of social Research« (1943, 2 Seiten Typoskript plus 10 Seiten Anhang) (Sign.: IX 258b).
»The Revival of Dogmatism: Remarks on Neo-Positivism and Neo-Thomism« (o.J., 1943, 54 Seiten Typoskript) (Sign.: XI 20).

3. Friedrich Pollock
Notizhefte (Sign.: VIII 10, 13, 17).

4. Berichte und Selbstdarstellungen des Instituts
International Institute of Social Research (Hg.) (1938), »A Report on its History, Aims and Activities 1933-1938«, New York (Sign.: IX 51a 4).
Institute of Social Research (Hg.) (1944), »Ten Years on Morningside Heights. A Report on the Institute's History 1934 to 1944« (Sign.: IX, 65 1a).
Institut für Sozialforschung an der Johann Wolfgang Goethe-Universität

Frankfurt am Main (Hg.) (1952), »Ein Bericht über die Feier seiner Wiedereröffnung, seine Geschichte und seine Arbeiten«, Frankfurt am Main.

II. *Herbert-Marcuse-Archiv, Frankfurt am Main*

1. Unveröffentlichte Manuskripte (Sign. 0114.00 – 0114.11)
James, Pragmatismus, Leipzig 1908 (= Exzerpt in Thesenform, 2 Seiten Typoskript).
Schillers Humanismus, Leipzig 1911 (= »Thesen«, 2 Seiten Manuskript).
John Dewey. The Theory of Inquiry. Henry Holt and Co., New York 1938 (VIII und 546 S.) (= Besprechungsartikel, 14 Seiten Manuskript).
dasselbe (11 Seiten Typoskript).
»Einige Bemerkungen zur gegenwärtigen Situation der amerikanischen Philosophie« (3 Seiten Typoskript).
»Is a free society at present possible?« (8 Seiten Manuskript).
(»Strange Controversy between Neopositivism and Neothomism«, ohne Überschrift) (29 Seiten Manuskript).

III. *Wiener-Kreis-Archiv, Amsterdam*

1. Briefwechsel
Otto Neurath/Rudolf Carnap.
Otto Neurath/Philipp Frank.
Otto Neurath/Richard Grelling.

2. Unveröffentlichte Manuskripte Neuraths
»Einheitswissenschaft und Logischer Empirismus. Eine Erwiderung« (1937) (24 Seiten Typoskript).

IV. *Paul-Lazarsfeld-Archiv, Wien*

Unveröffentlichte Manuskripte von Th. W. Adorno
»Memorandum: Music in Radio, Princeton Radio Research Project, June 26, 1938« (161 Seiten Typoskript) (zitiert als: Adorno-Memorandum 1938).

V. *Universitätsbibliothek Bonn, Handschriftenabteilung (Nachlaß Erich Rothacker)*

1. Unveröffentlichtes Manuskript
»Schelers Wissenssoziologie« (1958).

2. Briefwechsel
Erich Rothacker/Karl-Otto Apel.
Erich Rothacker/Jürgen Habermas.

B. Literatur

I. Gesammelte Schriften[1]

Adorno, Theodor W., *Gesammelte Schriften*, 20 Bände, hg. von Rolf Tiedemann unter Mitwirkung von Gretel Adorno, Susan Buck-Morss und Klaus Schultz, Frankfurt am Main 1970ff.

Benjamin, Walter, *Gesammelte Schriften*, 7 Bände, unter Mitwirkung von Theodor W. Adorno und Gershom Scholem hg. von Rolf Tiedemann und Hermann Schweppenhäuser, Frankfurt am Main 1972ff.

Horkheimer, Max, *Gesammelte Schriften*, 18 Bände, hg. von Alfred Schmidt und Gunzelin Schmid Noerr, Frankfurt am Main 1985ff.

Marcuse, Herbert, *Schriften*, 9 Bände, Frankfurt am Main 1979ff.

Neurath, Otto, *Gesammelte philosophische und methodologische Schriften*, 2 Bände, hg. von Rudolf Haller und Heiner Rutte, Wien 1981.

II. Sonstige Literatur[2]

Adorno, Theodor W. (1927), »Der Begriff des Unbewußten«, in: A 1, S. 79-322.

– (1931), »Die Aktualität der Philosophie«, in: A 1, S. 325-344.

– (1932a), »Die Idee der Naturgeschichte«, in: A 1, S. 345-365.

– (1932b), »Zur gesellschaftlichen Lage der Musik«, in: *Zeitschrift für Sozialforschung* 1 (1932), S. 103-124, 356-378.

– (1933a), Rezension von: Hans Driesch, *Philosophische Gegenwartsfragen*, Leipzig 1933, in: *Zeitschrift für Sozialforschung* 2 (1933), S. 106f.

– (1933b), »Abschied vom Jazz«, in: A 18, S. 795-799.

– (unter dem Pseudonym Hektor Rottweiler) (1936), »Über Jazz«, in: *Zeitschrift für Sozialforschung* 5 (1936), S. 235-259.

– (1938a), Rezension von: B. de Törne, *Sibelius: A Close Up*, London 1937, in: *Zeitschrift für Sozialforschung* 7 (1938), S. 460-463.

– (1938b), »Über den Fetischcharakter in der Musik und die Regression des Hörens«, in: *Zeitschrift für Sozialforschung* 7 (1938), S. 321-356.

– (1952), »Zur gegenwärtigen Stellung der empirischen Sozialforschung in Deutschland«, in: A 8, S. 478-499.

1 In den Anmerkungen sowie im Literaturverzeichnis wird möglichst nach den Gesamtausgaben zitiert, und zwar mit dem Anfangsbuchstaben des Autorennamens und der Nummer des Bandes (also: A 1 für: Adorno, *Gesammelte Schriften*, Band 1).

2 Bücher und Aufsätze werden hier möglichst nach ihrem ersten Erscheinungsjahr aufgeführt: Bei der Nennung mehrerer Jahreszahlen richtet sich die Angabe der Seitenzahlen stets nach der späteren Ausgabe bzw. dem späteren Abdruck.

– (1953), »Das Bewußtsein der Wissenssoziologie«, in: A 10.1, S. 31-46.
– (1956), »Bemerkungen über Statik und Dynamik in der Gesellschaft«, in: *Kölner Zeitschrift für Soziologie und Sozialpsychologie* 8 (1956), S. 321-328.
– (1957a), »Replik« (zu Hofstätter 1957), in: *Kölner Zeitschrift für Soziologie und Sozialpsychologie* 9 (1957), S. 105-117.
– (1957b), »Soziologie und empirische Forschung«, in: ders. u. a. (1969), S. 81-101.
– (1959), »Starrheit und Integration«, in: *Psychologische Rundschau* 10 (1959), S. 292-294; in: A 9.2, S. 374-377.
– (1961), »Über Statik und Dynamik als soziologische Kategorien«, in: *Neue deutsche Hefte* 81 (1961), S. 47 ff.; in: A 8, S. 217-237.
– (1962), »Zur Logik der Sozialwissenschaften«, in: ders. u. a. (1969), S. 125-144.
– (1968), »Scientific Experiences of a European Scholar in America«, deutsch in: A 10.2, S. 702-740.
– (1969), »Einleitung«, in: ders. u. a. (1969), S. 7-79.
– (1970), »Gesellschaftstheorie und empirische Forschung«, in: A 8. S. 538-546.
– (1976), »Über die musikalische Verwendung des Radios«, in: A 15, S. 369-401.
– u. a. (1959), »Zum gegenwärtigen Stand der deutschen Soziologie«, in: A 8, S. 500-551.
– u. a. (1969), *Der Positivismusstreit in der deutschen Soziologie*, Neuwied/Berlin.
Albert, Hans (1954), *Ökonomische Ideologie und politische Theorie. Das ökonomische Argument in der ordnungspolitischen Debatte*, Göttingen.
– (1956), »Entmythologisierung der Sozialwissenschaften. Die Bedeutung der analytischen Philosophie für die soziologische Erkenntnis«, in: *Kölner Zeitschrift für Soziologie und Sozialpsychologie* 8 (1956), S. 244-271.
– (1964), »Der Mythos der totalen Vernunft«, in: Adorno u. a. (1969), S. 193-234.
– (1965), »Im Rücken des Positivismus?«, in: Adorno u. a. (1969), S. 267-306.
– (1969), »Kleines, verwundertes Nachwort zu einer großen Einleitung«, in: Adorno u. a. (1969), S. 335-340.
– (1971), »Hermeneutik und Realwissenschaft. Die Sinnproblematik und die Frage der theoretischen Erkenntnis«, in: ders. (Hg.), *Sozialtheorie und soziale Praxis*, Meisenheim, S. 42-77.
– (1975), *Transzendentale Träumereien. Karl-Otto Apels Sprachspiele und sein hermeneutischer Gott*, Hamburg.
– (1977), »Autobiographische Einleitung«, in: ders., *Kritische Vernunft und menschliche Praxis*, Stuttgart, S. 5-33.

Apel, Karl-Otto (1966), »Szientistik, Hermeneutik, Ideologiekritik. Entwurf einer Wissenschaftslehre in erkenntnisanthropologischer Sicht«, in: ders. (1973b), S. 96-127.
– (1973a), *Transformation der Philosophie*, Band 1: *Sprachanalytik, Semiotik, Hermeneutik*, Frankfurt am Main.
– (1973b), *Transformation der Philosophie*, Band 2: *Das Apriori der Kommunikationsgemeinschaft*, Frankfurt am Main.
– (1973c), »Einleitung: Transformation der Philosophie«, in: ders. (1973a), S. 9-77.
– (1988), »Zurück zur Normalität? Oder könnten wir aus der nationalen Katastrophe etwas Besonderes gelernt haben? Das Problem des (welt-) geschichtlichen Übergangs zur postkonventionellen Moral in spezifisch deutscher Sicht«, in: Forum für Philosophie Bad Homburg (Hg.) (1988), S. 91-142.
Aron, Raymond (1986), *Erkenntnis und Verantwortung. Lebenserinnerungen*, München/Zürich.
Arnold, Heinz Ludwig (Hg.) (1983), *Theodor W. Adorno*, München.
Arntz, Gerd (1988), *Zeit unterm Messer*, Köln.
Ash, Mitchell G. (1985), »Ein Institut und eine Zeitschrift. Zur Geschichte des Berliner Psychologischen Instituts und der Zeitschrift *Psychologische Forschung* vor und nach 1933«, in: Carl F. Graumann (Hg.), *Psychologie im Nationalsozialismus*, Berlin/Heidelberg, S. 133-137.
Aster, Ernst von (1930), *Die Psychoanalyse*, Berlin.
– (1932), Rezension von Otto Neurath, *Empirische Soziologie*, Wien 1931, in: *Zeitschrift für Sozialforschung* 1 (1932), S. 159f.
Ayer, Alfred J. (1936), *Language, Truth and Logic*, London, erweiterte Ausgabe 1946.
Beck, Miroslav/Jiri Vesely (Hg.) (1981), *Exil und Asyl. Antifaschistische deutsche Emigranten in der CSR 1933 bis 1938*, Berlin (DDR).
Belke, Ingrid/Irina Renz (Bearb.) (1989), *Siegfried Kracauer 1889-1966*, Marbach.
Bell, David/Wilhelm Vossenkuhl (Hg.) (1992), *Wissenschaft und Subjektivität*, Berlin.
Benjamin, Walter (1935a), »Probleme der Sprachsoziologie«, in: *Zeitschrift für Sozialforschung* 4 (1935), S. 248-268.
– (1935b) Rezension von: Jaques Maritain, *Du regime temporel et de la liberté*, Paris 1934, in: *Zeitschrift für Sozialforschung* 4 (1935), S. 282.
– (1978), *Briefe*, hg. von Gershom Scholem und Theodor W. Adorno, 2 Bände, Frankfurt am Main.
Bierhoff, Burkhard (1993), *Erich Fromm. Analytische Sozialpsychologie und visionäre Gesellschaftskritik*, Opladen.
Blackmore, John und Klaus Hentschel (Hg.) (1985), *Ernst Mach als Außenseiter. Ernst Machs Briefwechsel über Philosophie und Relativitätstheorie mit Persönlichkeiten seiner Zeit*, Wien.

Bolte, Gerhard (Hg.) (1989), *Unkritische Theorie. Gegen Habermas*, Lüneburg.
Bonß, Wolfgang/Axel Honneth (Hg.) (1982), *Sozialforschung als Kritik. Zum sozialwissenschaftlichen Potential der Kritischen Theorie*, Ffm.
Borkenau, Franz (1934), *Vom feudalen zum bürgerlichen Weltbild*, Paris.
Brecht, Bertolt (1973), *Arbeitsjournal*, Band 2, Frankfurt am Main.
Brodersen, Momme (1990), *Spinne im eigenen Netz. Walter Benjamin, Leben und Werk*, Bühl-Moos.
Buckmiller, Michael (1988), »Die ›Marxistische Arbeitswoche‹ und die Gründung des ›Instituts für Sozialforschung‹, in: van Reijen/Schmid Noerr (Hg.) (1988), S. 141-182.
Carnap, Rudolf (1928), *Der logische Aufbau der Welt*, Berlin.
– (1932), »Überwindung der Metaphysik durch logische Analyse der Sprache«, in: *Erkenntnis* 2 (1932), S. 219-241.
– (1934), *Logische Syntax der Sprache*, Wien.
– (1934a), »Theoretische Fragen und praktische Entscheidungen«, in: *Natur und Geist* 2 (1934), S. 257-241.
– (1938), *Foundations of Logic and Mathematics*, Chicago, in: Otto Neurath/Rudolf Carnap/Charles Morris (Hg.), Bd. 1, *Foundations of the Unity Science. Toward an International Encyclopedia of Unified Science*, Chicago/London 1971, S. 139-213.
– (1963), »Intellectual Autobiography«, in: Schilpp (Hg.) (1963), S. 3-84.
Christie, Richard/Peggy Cook (1958), »A Guide to Published Literature relating to the *Authoritarian Personality* Through 1956«, in: *The Journal of Psychology* 45 (1958), S. 171-199.
– und Marie Jahoda (Hg.) (1954), *Studies in the Scope and Method of »The Authoritarian Personality«*, Glencoe (Illinois).
Clark, Ronald W. (1972), *A Biography of the Nuffield Foundation*, London.
Cobet, Christoph (Hg.) (1988), *Einführung in Fragen an die Soziologie in Deutschland nach Hitler 1945-1950*, Frankfurt am Main.
Cornelius, Hans (1894), *Versuch einer Theorie der Existentialurteile*, München.
– (1921), »Hans Cornelius. Leben und Lehre«, in: Raymund Schmidt (Hg.), *Die deutsche Philosophie der Gegenwart in Selbstdarstellungen*, Leipzig, S. 81-99.
Dahms, Hans-Joachim (1981), »Verifikationismus und Mathematik bei Wittgenstein«, in: Edgar Morscher u. a. (Hg.), *Ethik. Grundlagen, Probleme und Anwendungen*, Wien [= Akten des 5. Internationalen Wittgenstein-Symposiums], S. 443-447.
– (1982), »Die ›Gedanken‹ Wittgensteins und anderer«, in: Elisabeth Leinfellner u. a. (Hg.), *Sprache und Ontologie*, Wien [= Akten des 6. Internationalen Wittgenstein-Symposium], S. 433-441.
– (Hg.) (1985), *Philosophie, Wissenschaft, Aufklärung, Beiträge zur Geschichte und Wirkung des Wiener Kreises*, Berlin/New York.

– (1985a), »Versuch einer Charakterisierung des Wiener Kreises«, in: Dahms (Hg.) (1985), S. 1-29.
– (1985b), »Vertreibung und Emigration des Wiener Kreises zwischen 1931 und 1940, in: Dahms (Hg.) (1985), S. 307-365.
– (1985c), »Logischer Positivismus und Austromarxismus. Otto Neurath und Edgar Zilsel als Autoren des *Kampf*«, (unveröffentlichtes Vortragsmanuskript).
– (1986), »Verluste durch Emigration«, in: *Exilforschung* 4 (1986), S. 160-185.
– (1987), Rezension von Neurath (1981), in: *Archiv für Geschichte der Philosophie*, S. 229-235.
– (1987a), »Die Emigration des Wiener Kreises«, in: Stadler (Hg.) (1987), S. 66-122.
– (1988), »Die Bedeutung der Emigration des Wiener Kreises für die Entwicklung der Wissenschaftstheorie«, in: Stadler (Hg.) (1988a), S. 155-168.
– (1992), »Positivismus und Pragmatismus«, in: Bell/Vossenkuhl (Hg.) (1992), S. 240-257.
– (1993), »Edgar Zilsels Projekt ›The Social Roots of Science‹ und seine Beziehungen zur Frankfurter Schule«, in: Stadler (1993), S. 474-500.
– (1994), »Hans Reichenbachs Beziehungen zur Frankfurter Schule. Nebst einigen Bemerkungen zum Wahren, Schönen und Guten«, in: Andreas Kamlah/Lutz Danneberg (Hg.), *Hamburger Reichenbach-Symposium 1991*, Braunschweig.
– und Frank Halfmann (1988), »Die Universität Göttingen in der Revolution 1918/19«, in: Hans-Georg Schmeling (Hg.), *1918. Die Revolution in Südhannover*, Göttingen.
– und Michael Neumann (1994), »Philosophen und Sozialwissenschaftler in der Münchener Räterepublik«, in: *Jahrbuch für Soziologiegeschichte 1992*, Leverkusen, S. 115-146.
Dahrendorf, Ralf (1960), »Die drei Soziologien. Zu Helmut Schelskys *Ortsbestimmung der deutschen Soziologie*«, in: *Kölner Zeitschrift für Soziologie und Sozialpsychologie* 12 (1960), S. 120-133.
– (1962), »Anmerkungen zur Diskussion der Referate von Karl R. Popper und Theodor W. Adorno«, in: Adorno u. a. (1969), S. 145-154.
David, E. M. (1937), Rezension von Sidney Hook, *From Hegel to Marx: Studies in the Intellectual Development of Karl Marx*, London 1936, in: *Zeitschrift für Sozialforschung* 6 (1937), S. 186 f.
Demirović, Alex (1988), »Soziologen auf der Suche nach ihrer Disziplin. Zur Genealogie eines Wissenschaftsbildes (1945-1961)«, in: *Probleme des Klassenkampfs* 70, März 1988, S. 33-56.
– (1989), »Das Glück der Wahrheit. Die Rückkehr der ›Frankfurter Schule‹«, in: *Die Neue Gesellschaft/Frankfurter Hefte* 36 (1989), S. 700-707.

Dewey, John (1920), *Reconstruction in Philosophy*, New York.
– (1922), *Human Nature and Conduct*, New York.
– (1939), *Theory of Valuation*, Chicago [= International Encyclopedia of Unified Science, Bd. II Nr. 4].
– (1939a), »The Philosopher Replies«, in: Schilpp (Hg.) (1939), S. 515-608.
– (1943), »Anti-Naturalism in Extremis«, in: *Partisan Review* 10 (1943), S. 24-39.
– und Horace M. Kallen (1941), *The Bertrand Russell Case*, New York.
– und John H. Tufts (1932), *Ethics*, New York.
Driesch, Hans (1933), *Philosophische Gegenwartsfragen*, Leipzig.
– (1951), *Lebenserinnerungen. Aufzeichnungen eines Forschers und Denkers in entscheidender Zeit*, München/Basel.
Dubiel, Helmut (1975), »Ideologiekritik versus Wissenssoziologie. Die Kritik der Mannheimschen Wissenssoziologie in der Kritischen Theorie«, in: *Archiv für Rechts-und Sozialphilosophie* 61 (1975), S. 223-238.
– (1978), *Wissenschaftsorganisation und politische Erfahrung. Studien zur frühen Kritischen Theorie*, Frankfurt am Main.
Dvořák, Johann (1981), *Edgar Zilsel und die Einheit der Erkenntnis*, Wien.
– (1987), »Die Emigration österreichischer wissenschaftlicher Intelligenz und die Wiener Volksbildung 1918 bis 1938«, in: Stadler (Hg.) (1987), S. 343-358.
– (1988), »Die ›Gelehrtenrepublik der Arbeit‹. Wissenschaft, Schulreform und Volksbildung im ›Roten Wien‹ und ihre Zerstörung durch den Austrofaschismus«, in: Stadler (Hg.) (1988a), S. 886-889.
– (1990), »Zu Leben und Werk Edgar Zilsels und zur Soziologie des Geniekults«, in: Edgar Zilsel, *Die Geniereligion. Ein kritischer Versuch über das moderne Persönlichkeitsideal, mit einer historischen Begründung*, hg. und eingeleitet von Johann Dvořák, Frankfurt am Main, S. 7-40.
Farias, Victor (1987), *Heidegger et le nazisme*, Lagrasse; deutsch: *Heidegger und der Nationalsozialismus.* Mit einem Vorwort von Jürgen Habermas, Frankfurt am Main 1989.
Feuer, Lewis S. (1980), »The Frankfurt Marxists and the Columbia Liberals«, in: *Survey* 25 (1980), S. 156-176.
Feyerabend, Paul K. (1978), *Der wissenschaftstheoretische Realismus und die Autorität der Wissenschaften* [*Ausgewählte Schriften*, Band 1], Braunschweig.
– (1979), *Erkenntnis für freie Menschen*, Frankfurt am Main.
Fleck, Christian (1987), »Rückkehr unerwünscht. Der Weg der österreichischen Sozialforschung ins Exil«, in: Stadler (Hg.) (1987), S. 182-213.
– (1988), »Einleitende Bemerkungen zur Emigration von Soziologen und Sozialforschern aus Österreich«, in: Stadler (Hg.) (1988a), S. 318-323.
– (1988a), »Marie Jahoda«, in: Stadler (1988a), S. 345-369.
– (1989), »Zur Einführung, Politische Emigration und sozialwissenschaft-

licher Wissenstransfer. Am Beispiel Marie Jahodas«, in: Jahoda (1989), S. VII-LXXII.
– (1990), »Vor dem Urlaub. Zur intellektuellen Biographie der Wiener Jahre Paul F. Lazarsfelds«, in: Langenbucher (Hg.) (1990), S. 49-74.
Friedeburg, Ludwig von/Jürgen Habermas (Hg.) (1983), *Adorno-Konferenz 1983*, Frankfurt am Main.
Frank, Philipp (1932), *Das Kausalgesetz und seine Grenzen*, Wien; Neuausgabe: Frankfurt am Main 1988.
– (1963), »The Pragmatic Components in Carnap's ›Elimination of Metaphysics‹«, in: Schilpp (Hg.) (1963), S. 159-164.
Franke, Holger (1991), *Leonard Nelson. Ein biographischer Beitrag unter besonderer Berücksichtigung seiner rechts- und staatsphilosophischen Arbeiten*, Ammersbek bei Hamburg.
Frisby, David (1976), »Introduction to the English Translation«, in: Glyn Adey und David Frisby (Hg.), *The Positivism Dispute in German Sociology*, London, S. IX-XLIV.
Fromm, Erich (1980), *Arbeiter und Angestellte am Vorabend des Dritten Reiches. Eine sozialpsychologische Untersuchung*, Stuttgart.
–, Julian Gumperz, Max Horkheimer, Herbert Marcuse, Franz L. Neumann und Friedrich Pollock (1936), »Die Marxsche Methode und ihre Anwendbarkeit auf die Analyse der gegenwärtigen Krise. Seminardiskussionen«, in: H 12 S. 398-430.
Glaser, Ernst (1981), *Im Umfeld des Austromarxismus*, Wien.
Greven, Michael Th./Gerd van de Moetter (1982), »Vita Constructa. Ein Versuch, die Wahrnehmung von Heinz Maus mit seinem Werk in Einklang zu bringen«, in: Heinz Maus, *Die Traumhölle des Justemilieu. Erinnerung an die Aufgaben der Kritischen Theorie*, hg. von Michael Th. Greven und Gerd van de Moetter, Frankfurt am Main, S. 7-41.
Grossmann, Henryk (1935), »Die gesellschaftlichen Grundlagen der mechanistischen Philosophie und die Manufaktur«, in: *Zeitschrift für Sozialforschung* 4 (1935) S. 161-231.
Grünbaum, Adolf (1987), *Psychoanalyse in wissenschaftstheoretischer Sicht. Zum Werk Sigmund Freuds und seiner Rezeption*, Konstanz.
Grünberg, Carl (1924), *Festrede, gehalten zur Einweihung des Instituts für Sozialforschung an der Universität Frankfurt a. M. am 22. Juni 1924*, Frankfurt am Main [Frankfurter Universitätsreden xx].
Gumbel, Emil Julius (1979), *Verschwörer. Zur Geschichte und Soziologie der deutschen nationalistischen Geheimbünde 1918-1924*. Neuauflage mit einem Vorwort von Karin Buselmeier, Heidelberg.
Gumnior, Helmut/Rudolf Ringguth (1973), *Max Horkheimer*, Reinbek.
Habermas, Jürgen (1954), »Die Dialektik der Rationalisierung. Vom Pauperismus in Produktion und Konsum«, in: ders. (1970), S. 7-30.
– (1958a), Stichwort »Anthropologie«, in: *Das Fischer-Lexikon Philosophie*, Frankfurt am Main, S. 18-35.

– (1958b), »Der befremdliche Mythos: Reduktion oder Evokation?«, in: ders. (1970), S. 149-163.
– (1963a), »Analytische Wissenschaftstheorie und Dialektik«, in: Adorno u. a. (1969), S. 155-192.
– (1963b), »Dogmatismus, Vernunft und Entscheidung. Zu Theorie und Praxis in der verwissenschaftlichen Zivilisation«, in: ders., *Theorie und Praxis. Sozialphilosophische Studien*, Frankfurt am Main 1963, S. 231-257.
– (1963c), »Eine psychoanalytische Konstruktion des Fortschritts«, in: ders. (1970), S. 122-126.
– (1964), »Gegen einen positivistisch halbierten Rationalismus«, in: Adorno u. a. (1969), S. 235-266.
– (1965), »Erkenntnis und Interesse«, in: ders. (1968c), S. 146-168.
– (1968), *Erkenntnis und Interesse*, Frankfurt am Main.
– (Hg.) (1968a), *Antworten auf Herbert Marcuse*, Frankfurt am Main.
– (1968b), »Zum Geleit«, in: ders. (1968a), S. 9-16.
– (1968c), *Technik und Wissenschaft als »Ideologie«*, Frankfurt am Main.
– (1970), *Arbeit, Erkenntnis, Fortschritt. Aufsätze 1954-1970*, Amsterdam.
– (1982), *Zur Logik der Sozialwissenschaften*. Erweiterte Ausgabe, Frankfurt am Main.
– (1982a), »Vorwort zur Neuausgabe«, in: ders. (1982), S. 7-11.
– (1985), *Die Neue Unübersichtlichkeit*, Frankfurt am Main.
– (1985a), »Die Kulturkritik der Neokonservativen in den USA und in der Bundesrepublik«, in: ders. (1985), S. 30-56.
– (1985b), »Untiefen der Rationalitätskritik«, in: ders. (1985), S. 132-140.
– (1985c), »Dialektik der Rationalisierung. Ein Interview«, in: ders. (1985), S. 167-208.
– (1989), »Heidegger – Werk und Weltanschauung«, in: Farias (1989), S. 11-37.
– (1990), *Die nachholende Revolution*, Frankfurt am Main.
– (1990a), »Interview mit Angelo Bolaffi«, in: ders. (1990), S. 21-28.
– (1990b), »Interview mit Robert Maggiori«, in: ders. (1990), S. 29-38.
– (1990c), »Der Erste. Eine Laudatio«, in: ders. (1990), S. 65-70.
– (1990d), »Ein Baumeister mit hermeneutischem Gespür. Der Weg des Philosophen Karl-Otto Apel«, in: Walter Reese-Schäfer, *Karl-Otto Apel zur Einführung*, Hamburg, S. 137-149.
–, Silvia Bovenschen u. a. (1978), *Gespräche mit Herbert Marcuse*, Frankfurt am Main.
Haller, Rudolf (1985), »Das Neurath-Prinzip. Grundlagen und Folgerungen«, in: Dahms (Hg.) (1985), S. 295-320.
– (1988), »Die philosophische Entwicklung in Österreich am Beginn der Zweiten Republik«, in: Stadler (Hg.) (1988b), S. 157-180.
– (1992), »Ansichten und Deutungen des Physikalismus«, in: Bell/Vossenkuhl (Hg.) (1992), S. 225-238.

– und Friedrich Stadler (Hg.) (1988), *Ernst Mach – Werk und Wirkung*.

Hammerstein, Notker (1989), *Die Johann Wolfgang Goethe-Universität Frankfurt am Main. Von der Stiftungsuniversität zur staatlichen Hochschule*. Band 1: *1914 bis 1950*, Neuwied/Frankfurt am Main.

Haselberg, Peter von (1983), »Wiesengrund-Adorno«, in: Arnold (Hg.) (1983), S. 7-21.

Hegselmann, Rainer (1979a), »Otto Neurath – Empiristischer Aufklärer und Sozialreformer«, in: Neurath (1979), S. 7-78.

– (1979b), *Normativität und Rationalität. Zum Problem praktischer Vernunft in der Analytischen Wissenschaftstheorie*, Frankfurt/New York.

– (1983), »Empiristischer Antifaschismus. Das Beispiel Otto Neurath«, in: *Dialektik* 7 (1983), S. 67-74.

– (1984), »Logischer Empirismus und Ethik«, in: Schlick (1984), S. 7-46.

– (1985), »Die Korrespondenz zwischen Otto Neurath und Rudolf Carnap aus den Jahren 1934 bis 1945. Ein vorläufiger Bericht«, in: Dahms (Hg.) (1985), S. 276-290.

– (1988), »Alles nur Mißverständnisse? Zur Vertreibung des Logischen Empirismus aus Österreich und Deutschland«, in: Stadler (Hg.) (1988a), S. 188-203.

Heidegger, Martin (1983), *Die Selbstbehauptung der deutschen Universität* und *Das Rektorat 1933/34. Tatsachen und Gedanken*, hg. von Hermann Heidegger, Frankfurt am Main.

Heintz, Peter (1957), *Soziale Vorurteile. Ein Problem der Persönlichkeit, der Kultur und der Gesellschaft*, Köln.

Helling, Ingeborg (1985), »Logischer Positivismus und Phänomenologie. Felix Kaufmanns Methodologie der Sozialwissenschaften«, in: Dahms (Hg.) (1985), S. 237-256.

– (1988), »Felix Kaufmann«, in: Stadler (Hg.) (1988a), S. 449-457.

Hempel, Carl G. (1942), »The Function of General Laws in History«, in: ders. (1965), S. 231-244.

– (1965), *Aspects of Scientific Explanation*, New York/London.

– (1965a), »Empiricist Criteria of Cognitive Significance: Problems and Changes«, in: ders. (1965), S. 101-119.

Herz, Rudolf und Dirk Halfbrodt (1988), *Revolution und Fotografie. München 1918/19*, Berlin.

Hoffmann, Dieter (1993), »Die ›Berliner Gesellschaft für empirische/wissenschaftliche Philosophie‹«, in: Stadler (Hg.) (1993), S. 386-401.

– und Hubert Laitko (1988), »Ernst Mach (1838-1916)«, in: *Wissenschaftliche Welt* 32 (1988) Heft 4, S. 2-6.

– (Hg.) (1991), *Ernst Mach. Studien und Dokumente zu Leben und Werk*, Berlin.

Hofstätter, Peter R. (1957), »Zum ›Gruppenexperiment‹ von F. Pollock. Eine kritische Würdigung«, in: *Kölner Zeitschrift für Soziologie und Sozialpsychologie* 9 (1957), S. 97-105.

Holl, Karl (1988), *Pazifismus in Deutschland*, Frankfurt am Main.
Hook, Sidney (1933), *Towards the Understanding of Karl Marx. A Revolutionary Interpretation*, New York.
– (1936), *From Hegel to Marx: Studies in the Intellectual Development of Karl Marx*, London.
– (1943), »The New Failure of Nerve«, in: *Partisan Review* 10 (1943), S. 2-23.
– (1980), »The Institute for Social Research – Addendum«, in: *Survey* 25 (1980), S. 176f.
Horkheimer, Max (1923), »Hans Cornelius. Zu seinem 60. Geburtstag«, in: *Frankfurter Zeitung*, 27. 9. 1923; in: H 2, S. 149-153.
– (1926), »Einführung in die Philosophie der Gegenwart«, in: H 10, S. 169-333.
– (1927), »Einführung in die Geschichte der neueren Philosophie«, in: H 9.
– (1928), »Zur Emanzipation der Philosophie von der Wissenschaft«, in: H 10, S. 334-419.
– (1928/29), »Über Lenins *Materialismus und Empiriokritizismus*«, in: H 11, S. 171-188.
– (1930), »Anfänge der bürgerlichen Geschichtsphilosophie«, in: H 2, S. 179-268.
– (1931a), *Die gegenwärtige Lage der Sozialphilosophie und die Aufgaben eines Instituts für Sozialforschung* [Frankfurter Universitätsreden, Heft 37, S. 3-16]; in: H 3, S. 20-35.
– (1931b), »Bemerkungen über Wissenschaft und Krise«, in: H 3, S. 40-47.
– (unter dem Pseudonym Heinrich Regius) (1931/34), *Dämmerung, Notizen in Deutschland*, Zürich 1934; in: H 2, S. 313-452.
– (1932a), »Hegel und das Problem der Metaphysik«, in: H 2, S. 295-308.
– (1932b), »Bemerkungen über Wissenschaft und Krise«, in: *Zeitschrift für Sozialforschung* 1 (1932), S. 1-7; in: H 3, S. 40-47.
– (1933a), »Materialismus und Metaphysik«, in: *Zeitschrift für Sozialforschung* 2 (1933), S. 1-33; in: H 3, S. 70-105.
– (1933b), »Materialismus und Moral«, in: *Zeitschrift für Sozialforschung* 2 (1933), S. 162-195; in: H 3, S. 111-149.
– (1933c), »Zum Problem der Voraussage in den Sozialwissenschaften«, in: *Zeitschrift für Sozialforschung* 2 (1933), S. 407-412; in: H 3, S. 150-157.
– (1934), »Zum Rationalismusstreit in der gegenwärtigen Philosophie«, in: *Zeitschrift für Sozialforschung* 3 (1934), S. 1-51; in: H 3, S. 163-220.
– (1935), »Zum Problem der Wahrheit«, in: *Zeitschrift für Sozialforschung* 4 (1935), S. 321-363; in: H 3, S. 227-325.
– (Hg.) (1936), *Studien über Autorität und Familie. Forschungsberichte aus dem Institut für Sozialforschung*, Paris.
– (1936/37), »Aus Vorlesungen über Autorität und Gesellschaft«, in: H 12, S. 39-74.

– (1937a), »Der neueste Angriff auf die Metaphysik«, in: *Zeitschrift für Sozialforschung* 6 (1937), S. 4-51, in: H 4, S. 108-161.
– (1937b), »Traditionelle und kritische Theorie«, in: *Zeitschrift für Sozialforschung* 6 (1937), S. 245-294, in: H 4, S. 162-216.
– (1939a), »Die Juden und Europa«, in: *Zeitschrift für Sozialforschung* 8 (1939), S. 115-137; in: H 4, S. 308-332.
– (1939b), »Kopula und Subsumtion«, in: H 12, S. 69-74.
– (1941), »Zur Tätigkeit des Instituts. Forschungsprojekt über den Antisemitismus«, in: *Zeitschrift für Sozialforschung* 9 (1940), S. 121-143; in: H 4, S. 373-411.
– (1947), *Eclipse of Reason*, New York; deutsch: Horkheimer (1967).
– (1949-1969), »Nachgelassene Notizen«, in: H 14, S. 33-144.
– (1950-1970), »Späne. Notizen über Gespräche mit Marx Horkheimer, in unverbindlicher Formulierung aufgeschrieben von Friedrich Pollock«, in: H 14, S. 172-541.
– (1952), *Survey of the Social Sciences in Western Germany. A Report on Recent Developments*, Washington.
– (1954a), »Kritik des Positivismus«, Vorlesungsnachschrift von Alfred Schmidt, in: H 13, S. 347-396.
– (1954b), »Ansprache an das Hohe Haus«, in: ders. (1967), S. 321-325.
– (1967), *Zur Kritik der instrumentellen Vernunft*, hg. von Alfred Schmidt, Frankfurt am Main.
– (1968), »Vorwort zur Neupublikation«, in: ders., *Kritische Theorie. Eine Dokumentation*, hg. von A. Schmidt, S. IX-XIV; in: H 3, S. 14-19.
– (1972/1976), »Das Schlimme erwarten und doch das Gute versuchen. Gespräch mit Gerhard Rein«, in: H 7, S. 442-479.
– und Theodor W. Adorno (1938), »Ein Methodenproblem des ›Radio Research Project‹. Aus einem Gespräch«, in: H 12, S. 431-435.
– und Theodor W. Adorno (1939), »Diskussionen über die Differenz zwischen Positivismus und materialistischer Dialektik«, in: H 12, S. 436-492.
– und Theodor W. Adorno (1946), »Rettung der Aufklärung. Diskussionen über eine geplante Schrift zur Dialektik«, in: H 12, S. 593-605.
– und Theodor W. Adorno (1947), *Dialektik der Aufklärung*, Amsterdam.
– und Theodor W. Adorno (1952), »Vorurteil und Charakter«, in: *Frankfurter Hefte* 7 (1952), S. 284-291; in: A 9.2, S. 360-373.
Husserl, Edmund (1913), *Logische Untersuchungen*, 2 Bände, 2. Auflage, Tübingen.
Institut zur Förderung öffentlicher Angelegenheiten e.V. Frankfurt am Main (Hg.) (1952), *Empirische Sozialforschung, Meinungs- und Marktforschung. Methoden und Probleme*, Frankfurt am Main.
Jahoda, Marie (1936), »Autorität und Erziehung in der Familie, Schule und Jugendbewegung Österreichs«, in: Horkheimer (Hg.) (1936) S. 706-725.

– (1939), Rezension von: Willard Waller, *The Family*, New York, in: *Zeitschrift für Sozialforschung* 8 (1939/1940), S. 288-290.
– (1954), »Introduction«, in: Christie/Jahoda (Hg.) (1954), S. 11-23.
– (1979), »Ich habe die Welt nicht verändert«, in: Mathias Greffrath (Hg.), *Die Zerstörung einer Zukunft. Gespräche mit emigrierten Sozialwissenschaftlern.* Hamburg 1979, S. 103-144.
– (1982), »Im Gesellschafts- und Wirtschaftsmuseum«, in: Stadler (Hg.) (1982a), S. 43 f.
– (1989), *Arbeitslose bei der Arbeit. Die Nachfolgestudie zu »Marienthal« aus dem Jahre 1938*, Frankfurt am Main [Studien zur Historischen Sozialwissenschaft, Band 11].
– (1992), »Reflections on Marienthal and after«, in: *Journal of Occupational and Organizational Psychology* 65 (1992), S. 335-358.
– und Nathan W. Ackerman (1950), *Antisemitism and Emotional Disorder. A Psychoanalytic Interpretation*, New York [Studies in Prejudice, hg. von Max Horkheimer und Samuel H. Flowerman, Nr. 5].
– und Hans Zeisel (1933) *siehe*: Lazarsfeld-Jahoda/Zeisel (1933).
James, William (1975), *Pragmatism*, Cambridge, Mass. [*The Works of William James*, Bd. 1].
Jander, Martin (1988), *Theo Pirker über Pirker. Ein Gespräch*, Marburg.
Jaspers, Karl (1932), *Max Weber. Deutsches Wesen im politischen Denken, im Forschen und Philosophieren*, Oldenburg.
Jay, Martin (1976), *Dialektische Phantasie. Die Geschichte der Frankfurter Schule und des Instituts für Sozialforschung 1923-1950*, Ffm.
– (1985), *Permanent Exiles. Essays on the Intellectual Migration from Germany to America*, New York.
– (1985a), »The Frankfurt School's Critique of Karl Mannheim and the Sociology of Knowledge«, in: ders. (1985), S. 62-78.
Joas, Hans (1992), *Pragmatismus und Gesellschaftstheorie*, Frankfurt am Main.
– (1992a), »Die unterschätzte Alternative. Amerika und die Grenzen der Kritischen Theorie«, in: ders. (1992), S. 96-113.
– (1992b), »Amerikanischer Pragmatismus und deutsches Denken. Zur Geschichte eines Mißverständnisses«, in: ders. (1992), S. 114-145.
Juhos, Bela (1967), »Schlick, Moritz«, in: Paul Edwards (Hg.) *Encyclopedia of Philosophy*, 8 Bände, New York/London, Bd. 7, S. 319-324.
Kamlah, Andreas (1983), »Die philosophiegeschichtliche Bedeutung des Exils (nicht-marxistischer) Philosophen zur Zeit des Dritten Reiches«, in: *Dialektik* 7 (1983), S. 29-43.
– (1985), »Hans Reichenbachs Beziehung zum Wiener Kreis«, in: Dahms (Hg.) (1985), S. 221-236.
Kellner, Douglas (1982), »Kulturindustrie und Massenkommunikation. Die Kritische Theorie und ihre Folgen«, in: Bonß/Honneth (Hg.) (1982), S. 482-515.

Kern, Horst (1982), *Empirische Sozialforschung. Ursprünge, Ansätze, Entwicklungslinien*, München.

Klär, Karl Heinz (1982), »Zwei Nelson-Bünde: Internationaler Jugend-Bund (IJB) und Internationaler Sozialistischer Kampf-Bund (ISK) im Licht neuer Quellen«, in: *Internationale wissenschaftliche Korrespondenz zur Geschichte der deutschen Arbeiterbewegung* 18 (1982), S. 310-360.

Klingemann, Carsten (1990), »Entnazifizierung und Soziologiegeschichte. Das Ende der Deutschen Gesellschaft für Soziologie und das Jenaer Soziologentreffen (1934) im Spruchkammerverfahren (1949)«, in: Heinz-Jürgen Dahme u.a. (Hg.) (1990), *Jahrbuch für Soziologiegeschichte 1990*, Opladen, S. 239-256.

Köhler, Wolfgang (1933), »Gespräche in Deutschland«, in: *Deutsche Allgemeine Zeitung*, 28.4.1933.

Köhler, Wolfgang R. (1985), »Nonkognitivismus«, in: Dahms (Hg.) (1985), S. 579-402.

Komarovsky, Mirra (1940), *The Unemployed Man and his Family. The Effect of Unemployment upon the Status of the Man in Fifty-Nine Families*, New York.

König, René (1956), »Die deutsche Soziologie im Jahre 1955«, in: *Kölner Zeitschrift für Soziologie und Sozialpsychologie* 8 (1956), S. 1-11.

– (1958), »Zwei Grundlagenbesinnungen als Einleitung in die Soziologie« (u.a. über Theodor W. Adorno/Walter Dirks (Hg.), *Soziologische Exkurse. Nach Vorträgen und Diskussionen*, Frankfurt am Main (1956), in: *Kölner Zeitschrift für Soziologie und Sozialpsychologie* 10 (1958), S. 134-137.

– (1959), »Germany«, in: Joseph S. Roucek, *Contemporary Sociology*, London, S. 779-806.

– (1961), Rezension von: Marie Jahoda, Paul F. Lazarsfeld, Hans Zeisel, *Die Arbeitslosen von Marienthal*, Neuausgabe: Allensbach und Bonn 1960, in: *Kölner Zeitschrift für Soziologie und Sozialpsychologie* 13 (1961), S. 518 f.

– (1980), *Leben im Widerspruch. Versuch einer intellektuellen Autobiographie*, München/Wien; 2. Auflage Berlin 1984.

– (1987), *Soziologie in Deutschland. Begründer, Verächter, Verfechter*, München/Wien.

– (1987a), »Vom vermeintlichen Ende der deutschen Soziologie vor der Machtergreifung des Nationalsozialismus«, in: ders. (1987), S. 343-387.

– (1987b), »Kontinuität und Unterbrechung. Ein neuer Blick auf ein altes Problem«, in: ders. (1987), S. 388-440.

Korsch, Karl (1932), Rezension von: Philipp Frank, *Das Kausalgesetz und seine Grenzen*, Wien 1932, in: *Zeitschrift für Sozialforschung* 1 (1932), S. 404 f.

Korthals, Michiel (1985), »Die kritische Gesellschaftstheorie des frühen

Horkheimer. Mißverständnisse über das Verhältnis von Horkheimer, Lukács und dem Positivismus«, in: *Zeitschrift für Soziologie* 14 (1985), S. 315-328.

Kraft, Viktor (1938), *Grundlagen einer wissenschaftlichen Wertlehre*, Wien.

– (1974), »Popper and the Vienna Circle«, in: Schilpp (Hg.) (1974), S. 185-204.

Krenek, Ernst (1938), »Bemerkungen zur Rundfunkmusik«, in: *Zeitschrift für Sozialforschung* 7 (1938), S. 148-165.

Krohn, Claus-Dieter (1987), *Wissenschaft im Exil. Deutsche Sozial- und Wirtschaftswissenschaftler in den USA und die New School for Social Research*, Frankfurt/New York.

Krohn, Wolfgang (1985), »Edgar Zilsel zur Methodologie einer exakten Geisteswissenschaft«, in: Dahms (Hg.) (1985), S. 257-275.

Langenbucher, Wolfgang R. (Hg.) (1990), *Paul F. Lazarsfeld. Die Wiener Tradition in der empirischen Sozial- und Kommunikationsforschung*, München.

Langewiesche, Dieter (1988), *Liberalismus in Deutschland*, Frankfurt am Main.

Laugstien, Thomas (1990), *Philosophieverhältnisse im deutschen Faschismus*, Hamburg.

Lazarsfeld, Paul F. (1937), »Some Remarks on the Typological Procedures in Social Research«, in: *Zeitschrift für Sozialforschung* 6 (1937), S. 119-139.

– (1940), »Introduction«, in: Komarovsky (1940), S. IX-XII.

– (1941), »Remarks on Administrative and Critical Communications Research«, in: *SPSS* 9 (1941), S. 2-16.

– (1960), »Vorspruch zur neuen Auflage 1960«, in: Marie Jahoda, Paul F. Lazarsfeld, Hans Zeisel, *Die Arbeitslosen von Marienthal*, Neuauflage: Allensbach/Bonn; Frankfurt am Main 1975.

– (1973), *Soziologie. Hauptströmungen der sozialwissenschaftlichen Forschung*, Frankfurt am Main/Berlin/Wien.

– (1975), »Eine Episode in der Geschichte der empirischen Sozialforschung«, in: Talcott Parsons, Edwards Shils, Paul F. Lazarsfeld, *Soziologie – autobiographisch. Drei kritische Berichte zur Entwicklung einer Wissenschaft*, Stuttgart, S. 147-225.

– und Käthe Leichter (1936), »Die Jugendlichenerhebung in der Schweiz«, in: Horkheimer (Hg.) (1936), S. 353-415.

Lazarsfeld-Jahoda, Marie und Hans Zeisel (1933), *Die Arbeitslosen von Marienthal. Ein soziographischer Versuch über die Wirkungen langdauernder Arbeitslosigkeit, mit einem Anhang zur Geschichte der Soziographie*, Leipzig; Neuauflage: Allensbach/Bonn 1960 und Frankfurt am Main 1975.

Leaman, George (1993), *Heidegger im Kontext. Gesamtüberblick zum NS-Engagement der Universitätsphilosophen*, Hamburg.

Lenin, Vladimir I. (1949), *Materialismus und Empiriokritizismus. Kritische Bemerkungen über eine reaktionäre Philosophie*, Berlin.
Lepsius, M. Rainer (1979), »Die Entwicklung der Soziologie nach dem Zweiten Weltkrieg 1945 bis 1967«, in: Lüschen (1979), S. 25-70.
– (1981), »Die sozialwissenschaftliche Emigration und ihre Folgen«, in: ders., *Soziologie in Deutschland und Österreich 1918-1945*, Opladen, S. 461-500.
Lieber, Hans-Joachim (1957), »Der Erfahrungsbegriff in der empirischen Sozialforschung«, in: *Archiv für Rechts- und Sozialphilosophie* 43 (1957), S. 487-503.
Lindner, Burkhardt (1984), »Habilitationsakte Benjamin. Über ein ›akademisches Trauerspiel‹ und über ein Vorkapitel der ›Frankfurter Schule‹ (Horkheimer, Adorno)«, in: *Zeitschrift für Literaturwissenschaft und Linguistik* 53/54 (1984).
Link, Werner (1962), *Die Geschichte des Internationalen Jugend-Bundes (IJB) und des Internationalen Sozialistischen Kampf-Bundes (ISK). Ein Beitrag zur Geschichte der Arbeiterbewegung in der Weimarer Republik und im Dritten Reich*, Meisenheim am Glan.
Linse, Ulrich (1974), »Hochschulrevolution. Zur Ideologie und Praxis sozialistischer Studentengruppen während der deutschen Revolutionszeit 1918/19«, in: *Archiv für Sozialgeschichte* 14 (1974), S. 1-114.
Löwenthal, Leo (1980), *Mitmachen wollte ich nie. Ein autobiographisches Gespräch mit Helmut Dubiel, Frankfurt am Main.*
– (1983), »Erinnerungen an Theodor W. Adorno«, in: von Friedeburg/Habermas (Hg.) (1983), S. 388-401.
– (1984), *Schriften 4. Judaica, Vorträge, Briefe*, Ffm.
Lüschen, Günther (Hg.) (1979), *Deutsche Soziologie seit 1945*. Opladen.
Lukasiewicz, Jan (1957), *Aristotle's Syllogistic from the Standpoint of Modern Formal Logic*, London.
Maier, Joseph (1980), »Dewey, John«, in: Wilhelm Bernsdorf/Horst Knospe (Hg.), *Internationales Soziologenlexikon*, 2., neubearbeitete Auflage, Band 1, S. 97 f.
Majer, Ulrich (1985), »Hertz, Wittgenstein und der Wiener Kreis«, in: Dahms (Hg.) (1985), S. 40-66.
Mangold, Werner (1960), *Gegenstand und Methode des Gruppendiskussionsverfahrens*, Frankfurt am Main [Frankfurter Beiträge zur Soziologie, Band 9].
Marcuse, Herbert (1934), »Der Kampf gegen den Liberalismus in der totalitären Staatsauffassung«, in: *Zeitschrift für Sozialforschung* 3 (1934), in: M 3, S. 7-44.
– (1936a), »Zum Begriff des Wesens«, in: *Zeitschrift für Sozialforschung* 5 (1936); in: M 3, S. 45-84.
– (1936b), Rezension von: Jaques Maritain, *Humanisme Integral*, Paris 1936, in: *Zeitschrift für Sozialforschung* 5 (1936), S. 421 f.

– (1939a), Rezension von: John Dewey, *Logic. The Theory of Inquiry*, New York 1938, in: *Zeitschrift für Sozialforschung* 8 (1939), S. 221-228.
– (1939b), Rezension von: *International Encyclopedia of Unified Science*, Bde. 1, 2, 3, 5, Chicago 1939, in: *Zeitschrift für Sozialforschung* 8 (1939/40), S. 228-232.
– (1941a), Rezension von: John Dewey, *Theory of Valuation*, Chicago 1939, in: *SPSS* 9 (1941), S. 144-148.
– (1941b), Rezension von: Étienne Gilson, *Dante et la philosophie*, Paris 1939, in: *SPSS* 9 (1941), S. 512 f.
–, Heinz Lubasz, Alfred Schmidt, Karl Popper, Ralf Dahrendorf, Rudi Dutschke (1978), »Radikale Philosophie: die Frankfurter Schule«, in: Habermas/Bovenschen (Hg.) (1978), S. 121-142.
Marshak, Robert (1936), Rezension von: Horace M. Kallen/Sidney Hook (Hg.), *American Philosophy Today and Tomorrow*, New York 1935, in: *Zeitschrift für Sozialforschung* 5 (1936), S. 269 f.
Mattick, Paul (1934), Rezension von Sidney Hook, *Towards the Understanding of Karl Marx. A Revolutionary Interpretation*, New York, 1933, in: *Zeitschrift für Sozialforschung* 3 (1934), S. 101 f.
Marx, Hugo (1934), Rezension von (u. a.) Martin Heidegger, *Die Selbstbehauptung der Universität*, in: *Zeitschrift für Sozialforschung* 3 (1934), S. 137-142.
Meja, Volker und Nico Stehr (Hg.) (1982a), *Der Streit um die Wissenssoziologie*. Erster Band: *Die Entwicklung der deutschen Wissenssoziologie*, Frankfurt am Main.
– (1982b), »Zum Streit um die Wissenssoziologie«, in: dies. (1982a), S. 11 ff.
– (1982c), *Der Streit um die Wissenssoziologie*. Zweiter Band: *Rezeption und Kritik der Wissenssoziologie*, Frankfurt am Main.
Meyer, Gerhard (1932), »Neuere Literatur über Planwirtschaft«, in: *Zeitschrift für Sozialforschung* 1 (1932), S. 379-400.
Migdal, Ulrike (1981), *Die Frühgeschichte des Frankfurter Instituts für Sozialforschung*, Frankfurt am Main.
Mises, Ludwig (1927), *Liberalismus*, Jena.
Möller, Horst (1984), *Exodus der Kultur. Schriftsteller, Wissenschaftler und Künstler in der Emigration nach 1933*, München.
Mohn, Erich (1978), *Der logische Positivismus. Theorien und politische Praxis seiner Vertreter*, Frankfurt am Main.
– (1985), »Die politische Praxis Otto Neuraths während der Räterepublik in Bayern«, in: Dahms (Hg.) (1985), S. 30-39.
Moore, George E. (1922), »Professor James' ›Pragmatism‹, in: ders., *Philosophical Studies*, London, S. 97-146.
– (1959), »Is Goodness a Quality?«, in: ders., *Philosophical Papers*, London, S. 89-101.
Morrison, David E. (1976), *Paul Lazarsfeld: The Biography of an Institutional Innovator*, unveröffentlichte phil. Dissertation.

– (1978), »Kultur und Culture: The Case of Th. W. Adorno and P. F. Lazarsfeld«, in: *Social Research* 45 (1978), S. 331-355.

Müller, Karl (1985), »Die verspätete Aufklärung. Wiener Kreis und kritische Theorie in der Epoche des Faschismus«, in: Dahms (Hg.) (1985), S. 291-306.

Nagel, Ernest (1943), »Malicious Philosophies of Science«, in: *Partisan Review* 10 (1943), S. 40-57.

Nelson, Leonard (1908), »Ist metaphysikfreie Naturwissenschaft möglich?«, in: ders., *Die Reformation der Philosophie*, Leipzig 1918, S. 119-178.

– (1909), Diskussionsbeiträge zu: »Fortsetzung der Diskussion über den Pragmatismus«, in: Theodor Elsenhans (Hg.), *Bericht über den III. Internationalen Kongreß für Philosophie zu Heidelberg 1908*, Heidelberg, S. 729 f., 733 f., 736 f.

– (1921), *Spuk. Einweihung in das Geheimnis der Wahrsagerkunst Oswald Spenglers und sonnenklarer Beweis der Unwiderleglichkeit seiner Weissagungen nebst Beiträgen zur Physiognomik des Zeitgeistes. Eine Pfingstgabe für alle Adepten des metaphysischen Schauens*, Leipzig.

Nemeth, Elisabeth (1981), *Otto Neurath und der Wiener Kreis. Revolutionäre Wissenschaftlichkeit als Anspruch*, Frankfurt am Main.

Neumann, Michael (1984), »Lektionen ohne Widerhall. Bemerkungen zum Einfluß von Remigranten auf die Entwicklung der westdeutschen Nachkriegssoziologie«, in: *Jahrbuch für Exilforschung* 2, München, S. 339-357.

– (1988), »Leopold von Wiese über Th. W. Adornos u. a. *Authoritarian Personality*«, in: Cobet (Hg.) (1988), S. 115-122.

Neurath, Marie (1973), »Memories of Otto Neurath 1940-1945«, in: O. Neurath (1973), S. 7, 56-64 und 68-75.

Neurath, Otto (1928), *Lebensgestaltung und Klassenkampf*, Berlin; in: N 1, S. 227-294.

– (1931a), »Physikalismus«, in: *Scientia* 1931, S. 297-303; in: N 1, S. 417 ff.

– (1931b), *Empirische Soziologie. Der wissenschaftliche Gehalt der Geschichte und Nationalökonomie*, Wien; in: N 1, S. 423-527.

– (1931c), »Soziologie im Physikalismus«, in: *Erkenntnis* 2 (1931), S. 393-431; in: N 2, S. 533-562.

– (1931d), »Physicalism: The Philosophy of the Viennese Circle«, in: *The Monist* 41 (1931), S. 618-623; deutsche Übersetzung in: N 1, S. 413-421.

– (1935), »Pseudorationalismus der Falsifikation«, in: *Erkenntnis* 5 (1935), S. 353-365; in: N 2, S. 635-644.

– (1936), »Ansprache in der Eröffnungssitzung« des Zweiten Internationalen Kongresses für Einheit der Wissenschaft, Kopenhagen, 21.-26. Juni 1936, in: *Erkenntnis* 6 (1936), S. 289; in: N 2, S. 769 f.

– (1937), »Inventory of the Standard of Living«, in: *Zeitschrift für Sozialforschung* 6 (1937), S. 140-151.

Neurath, Otto (1944), *Foundations of the Social Sciences*, Chicago (deutsch in: N 2, 925-978).
– (1973), *Empiricism and Sociology*, hg. von Marie Neurath und Robert S. Cohen, Dordrecht.
– (1979), *Wissenschaftliche Weltauffassung, Sozialismus und Logischer Empirismus*, hg. von Rainer Hegselmann, Frankfurt am Main.
Neurath, Paul (1979), »The Writings of Paul F. Lazarsfeld. A Topical Bibliography«, in: Robert K. Merton, James S. Coleman, Peter H. Rosse (Hg.), *Qualitative and Quantitative Social Research. Papers in Honor of Paul F. Lazarsfeld*, New York, S. 365-387.
– (1987a), »Das Paul-F.-Lazarsfeld-Archiv an der Universität Wien. Vorgeschichte, Gründung, Bestände und Pläne«, in: *Österreichisches Jahrbuch für Kommunikationswissenschaft* 4 (1986/87), S. 131-158.
– (1987b), »Die nicht veröffentlichten Schriften Paul F. Lazarsfelds (1901-1976)«, in: *Österreichisches Jahrbuch für Kommunikationswissenschaft* 4 (1986/87), S. 159-177.
– (1988), »Paul Lazarsfeld und die Institutionalisierung empirischer Sozialforschung: Ausfuhr und Wiedereinfuhr einer Wiener Institution«, in: Ilja Srubar (Hg.), *Exil, Wissenschaft, Identität*, Ffm., S. 67-105.
– (1990), »Erinnerungen an Paul Lazarsfeld«, in: Langenbucher (Hg.) (1990), S. 21-30.
Ott, Hugo (1983), »Martin Heidegger als Rektor der Universität Freiburg i. Br. 1933/34. I. Die Übernahme des Rektorats der Universität Freiburg i. Br. durch Martin Heidegger im April 1933«, in: *Zeitschrift des Breisgau-Geschichtsvereins* 102 (1983), S. 121-136.
– (1984), »Martin Heidegger als Rektor der Universität Freiburg i. Br. 1933/34. II. Die Zeit des Rektorats von Martin Heidegger (23. April 1933 bis 23. April 1934)«, in: *Zeitschrift des Breisgau-Geschichtsvereins* 103 (1984), S. 107-130.
– (1988), *Martin Heidegger. Unterwegs zu seiner Biographie*, Frankfurt am Main/New York.
Osmer, Diedrich (1952), »Das Gruppenexperiment des Instituts für Sozialforschung«, in: *Institut zur Förderung öffentlicher Angelegenheiten* (Hg.) (1952), S. 162-171.
Peckhaus, Volker (1993), »Kurt Grelling und der Logische Empirismus«, in: Stadler (Hg.) (1993), S. 362-385.
Patzig, Günther (1959), *Die Aristotelische Syllogistik*, Göttingen.
Peirce, Charles S. (1958), Rezension von: Karl Pearson, *The Grammar of Science*, in: ders., *Collected Papers*, Bd. 8, hg. von Arthur W. Burk, Cambridge, Mass., S. 103-120.
Petazzi, Carlo (1983), »Studien zu Leben und Werk Adornos bis 1938«, in: Arnold (Hg.) (1983), S. 22-43.
Pöggeler, Otto (1985), »Den Führer führen. Heidegger und keine Ende«, in: *Philosophische Rundschau* 32 (1985), S. 26-67.

Poliakov, Léon und Josef Wulf (1959), *Das Dritte Reich und seine Denker*, Berlin (Nachdruck: München 1978).
Pollock, Friedrich (1926), *Sombarts »Widerlegung« des Marxismus*, Leipzig (= Beiheft 3 zum *Archiv für die Geschichte des Marxismus und der Arbeiterbewegung*).
– (1932), »Die gegenwärtige Lage des Kapitalismus und die Aussichten einer planwirtschaftlichen Neuordnung«, in: *Zeitschrift für Sozialforschung* 1 (1932), S. 8-27.
– (1933), »Bemerkungen zur Wirtschaftskrise«, in: *Zeitschrift für Sozialforschung* 2 (1933) S. 321-354.
– (1955), *Das Gruppenexperiment*, Frankfurt am Main [Frankfurter Beiträge zur Soziologie, Band 8].
Popper, Karl R. (1925), »Über die Stellung des Lehrers zu Schule und Schüler. Gesellschaftliche oder individualistische Erziehung?«, in: *Schulreform* 4 (1925), S. 204-208.
– (1934), *Logik der Forschung*, Wien; 6. Auflage Tübingen 1976.
– (1945), *The Open Society and its Enemies*, 2 Bände, London, 5. Auflage 1966; deutsch: *Die offene Gesellschaft und ihre Feinde*, 2 Bände, Bern 1957; 7. verbesserte Auflage, Tübingen 1992.
– (1962a), »Die Logik der Sozialwissenschaften«, in: Adorno u. a. (1969), S. 103-124.
– (1962b), »Julius Kraft«, in: *Ratio* 4 (1962), S. 2-10.
– (1963), *Conjectures and Refutations*, London.
– (1963a), »Science: Conjectures and Refutations«, in: ders. (1963), S. 33-58.
– (1963b), »Three Views Concerning Human Knowledge«, in: ders. (1963), S. 97-119.
– (1965), *Das Elend des Historizismus*, Tübingen.
– (1970), »Reason or Revolution?«, in: *Archives Européennes de Sociologie* 11 (1970), S. 252-262.
– (1972), »Normal Science and its Dangers«, in: Imre Lakatos/Alan Musgrave (Hg.), *Criticism and the Growth of Knowledge*, London, S. 51-58; deutsch: »Die Normalwissenschaft und ihre Gefahren«, in: Imre Lakatos/Alan Musgrave (Hg.), *Kritik und Erkenntnisfortschritt*, Braunschweig 1974, S. 51-57.
– (1973), »Memories of Otto Neurath«, in: O. Neurath (1973), S. 51-56.
– (1974a), »Intellectual Autobiography«, in: Schilpp (Hg.) (1974), S. 3-181.
– (1974b), »Replies to my Critics«, in: Schilpp (Hg.) (1974), S. 962-1197.
– (1979), *Die beiden Grundprobleme der Erkenntnistheorie*, Tübingen.
– (1990), »Gegen die großen Worte (Ein Brief, der ursprünglich nicht zur Veröffentlichung bestimmt war), in: ders., *Auf der Suche nach einer besseren Welt. Vorträge und Aufsätze aus dreißig Jahren*, München, S. 99-113.

Radkau, Joachim (1991), »Nachwort«, in: Wittfogel (1991), S. 279-290.
Ramsey, Frank P. (1925), »The Foundations of Mathematics«, in: ders. (1978), S. 152-212.
– (1929), »Law and Causality«, in: ders. (1978), S. 133-151.
– (1978), *Foundations*, hg. von D.H. Mellor, London.
Reichenbach, Bernd (1928), »Zur Geschichte der K(ommunistischen) A(rbeiter)-P(artei) D(eutschlands)«, in: *Archiv für die Geschichte des Sozialismus und der Arbeiterbewegung* 13 (1928), S. 117-140.
Reichenbach, Hans (1931), *Ziele und Wege der heutigen Naturphilosophie*, Leipzig.
– (1939), »Dewey's Theory of Science«, in: Schilpp (Hg.) (1939), S. 157-192.
– (1951), *The Rise of Scientific Philosophy*, Berkeley/Los Angeles; deutsch: *Der Aufstieg der wissenschaftlichen Philosophie*, Braunschweig 1953.
Reijen, Willem van und Gunzelin Schmid Noerr (Hg.) (1988), *Grand Hotel Abgrund. Eine Photobiographie der Frankfurter Schule*, Hamburg.
Rothacker, Erich (1932a), »Überbau und Unterbau, Theorie und Praxis«, in: *Schmollers Jahrbuch* 56 (1932), S. 843-860.
– (1932b), »Theorie und Geschichte«, in: *Schmollers Jahrbuch* 56 (1932), S. 161-176.
– (1934), *Geschichtsphilosophie*, München/Berlin; 2. Auflage 1952.
– (1954), *Die dogmatische Denkform in den Geisteswissenschaften und das Problem des Historismus*, Wiesbaden.
– (1964), *Philosophische Anthropologie*, Bonn.
Russell, Bertrand (1910), *Philosophical Essays*, London 1966.
– (1910a), »Pragmatism«, in: ders. (1966), S. 79-111.
– (1910b), »William James's Conception of Truth«, in: ders. (1966), S. 112-130.
– (1939), »Dewey's New *Logic*«, in: Schilpp (Hg.) (1939), S. 135-156.
– (1967/68), *Autobiography*, 3 Bde., London; deutsch: *Autobiographie I-III*, 3 Bde., Frankfurt am Main 1972-74.
Ryle, Gilbert (1949), *The Concept of Mind*, London; deutsch: *Der Begriff des Geistes*, Stuttgart 1969.
– (1971), *Collected Papers*, 2 Bde., London.
Sahner, Heinz (1982), *Theorie und Forschung. Zur paradigmatischen Struktur der westdeutschen Soziologie und zu ihrem Einfluß auf die Forschung*, Opladen.
Scheler, Max (1922), »Deutsche Philosophie der Gegenwart«, in: Philipp Witkop (Hg.), *Deutsches Leben der Gegenwart*, Berlin, S. 128-224.
Schelsky, Helmut (1957), *Die skeptische Generation. Eine Soziologie der deutschen Jugend*, 2. Auflage, Düsseldorf/Köln 1963.
– (1959), *Ortsbestimmung der deutschen Soziologie*, Düsseldorf/Köln.

– (1981), *Rückblick eines »Anti-Soziologen«*, Opladen.
– (1981a), »Zur Entstehungsgeschichte der bundesdeutschen Soziologie. Ein Brief an Rainer Lepsius«, in: ders. (1981), S. 11-69.
– (1981b), »Soziologie – wie ich sie verstand und verstehe«, in: ders. (1981), S. 70-108.
Schilpp, Paul A. (Hg.) (1939), *The Philosophy of John Dewey*, New York.
– (Hg.) (1963), *The Philosophy of Rudolf Carnap*, La Salle, Illinois.
– (Hg.) (1974), *The Philosophy of Karl Popper*, 2 Bde., La Salle, Illinois.
Schlick, Moritz (1910), »Das Wesen der Wahrheit nach der modernen Logik«, in: *Vierteljahresschrift für wissenschaftliche Philosophie und Soziologie*, Neue Folge 9 (1910), S. 386-477.
– (1925), *Allgemeine Erkenntnislehre*, Wien; Neuausgabe Frankfurt am Main 1979.
– (1931a) *Fragen der Ethik*, Wien, Neuausgabe, hg. von Rainer Hegselmann, Frankfurt am Main 1984.
– (1931b), »Die Kausalität in der gegenwärtigen Physik«, in: ders. (1938), S. 41-82.
– (1934a), »Über den Begriff der Ganzheit«, in: ders. (1938), S. 251-266.
– (1934b), »Über das Fundament der Erkenntnis«, in: ders. (1938), S. 290-310.
– (1936), »Meaning and Verification«, in: ders. (1938), S. 338-367.
– (1938), *Gesammelte Aufsätze 1926-1936*, Wien.
Scholz, Heinrich (1941), *Metaphysik als strenge Wissenschaft*, Köln.
Schmid Noerr, Gunzelin, (1987a), »Die philosophischen Frühschriften. Grundzüge der Entwicklung des Horkheimerschen Denkens von der Dissertation bis zur *Dämmerung*«, in: H 2, S. 455-468.
– (1987b), »Editorische Vorbemerkung« zu: Max Horkheimer, »Über Lenins *Materialismus und Empiriokritizismus*«, in: H 11, S. 171-174.
– (1988), »Flaschenpost. Die Emigration Max Horkheimers und seines Kreises im Spiegel seines Briefwechsels«, in: Ilja Srubar (Hg.) (1988), *Exil, Wissenschaft, Identität*, Frankfurt am Main, S. 252-280.
Schmidt, Alfred (1968), »Existential-Ontologie und historischer Materialismus bei Herbert Marcuse«, in: Habermas (Hg.) (1968a), S. 17-49.
– (1987), »Unter welchen Aspekten Horkheimer Lenins Streitschrift gegen den ›machistischen‹ Revisionismus beurteilt«, in: H 11, S. 418-425.
– (1990), »Heidegger und die Frankfurter Schule. Herbert Marcuses Heidegger-Marxismus«, in: Peter Kemper (Hg.), *Martin Heidegger – Faszination und Erschrecken. Die politische Dimension einer Philosophie*, Frankfurt am Main, S. 153-177.
– (1991), »Nachwort des Herausgebers. Dokumente des Horkheimerschen Spätwerks«, in: H 6, S. 434-443.
– und Norbert Altwicker (Hg.) (1986), *Max Horkheimer heute: Werk und Wirkung*, Frankfurt am Main.
Schnädelbach, Herbert (1986), Max Horkheimer und die Moralphiloso-

phie des deutschen Idealismus«, in: Schmidt/Altwicker (Hg.) (1986), S. 51-78.
Schütte-Lihotzky, Margarete (1982), »Mein Freund Otto Neurath«, in: Stadler (Hg.) (1982b), S. 40-42.
Schurz, Gerhard (1988), »Einleitung: 40 Jahre nach Hempel-Oppenheim«, in: ders. (Hg.), *Erklären und Verstehen in der Wissenschaft*, München, S. 11-30.
Schwarz, Michel (1936), Rezension von: Raymond Aron, *La sociologie allemande contemporaine*, Paris 1935, in: *Zeitschrift für Sozialforschung* 5 (1936), S. 426 f.
Shils, Edward (1954), »Authoritarianism ›Right‹ and ›Left‹«, in: Christie/Jahoda (Hg.) (1954), S. 24-49.
– (1975), »Geschichte der Soziologie. Tradition, Ökologie und Institutionalisierung«, in: Talcott Parsons, Edward Shils und Paul F. Lazarsfeld, *Soziologie autobiograpisch. Drei kritische Berichte zur Entwicklung einer Wissenschaft*, Stuttgart, S. 69-146.
Simons, Peter (1985), »Wittgenstein, Schlick und das Apiori«, in: Dahms (Hg.) (1985), S. 67-80.
Simeon, Thomas (1990), »Kritische und administrative Sozialforschung. Zur Geschichte eines leidvollen Mißverständnisses«, in: Langenbucher (Hg.) (1990), S. 258-270.
Sneed, Joseph D. (1971), *The Logical Structure of Mathematical Physics*, Dordrecht.
Stadler, Friedrich (1979), »Aspekte des gesellschaftlichen Hintergrunds und Standorts des Wiener Kreises am Beispiel der Universität Wien«, in: Hal Berghel, Adolf Hübner und Eckehart Köhler (Hg.), *Wittgenstein, der Wiener Kreis und der kritische Rationalismus*, Wien [Akten des 3. Internationalen Wittgenstein Symposiums 1978], S. 41-59.
– (1982a), *Vom Positivismus zur »Wissenschaftlichen Weltauffassung«*.
– (Hg.) (1982b), *Arbeiterbildung in der Zwischenkriegszeit. Otto Neurath – Gerd Arntz*, Wien/München.
– (1984), »›Wiener Methode der Bildstatistik‹ und politische Graphik des Konstruktivismus (Wien – Moskau 1931-1934)«, in: Historikersektion der Österreichisch-Sowjetischen Gesellschaft (Hg.), *Österreich und die Sowjetunion 1918-1955, Beiträge zur Geschichte der österreichisch-sowjetischen Beziehungen*, Wien, S. 220-249.
– (1985), »Popularisierungsbestrebungen im Wiener Kreis und ›Verein Ernst Mach‹«, in: Dahms (Hg.) (1985), S. 101-128.
– (1990), »Richard von Mises (1883-1953). Wissenschaft im Exil«, in: Richard von Mises, *Kleines Lehrbuch des Positivismus*, hg. und eingeleitet von Friedrich Stadler, Frankfurt am Main, S. 7-51.
– (Hg.) (1987), *Vertriebene Vernunft*, Bd. 1, Wien/München.
– (Hg.) (1988a), *Vertriebene Vernunft*, Bd. 2: *Emigration und Exil österreichischer Wissenschaft*, Wien/München.

– (Hg.) (1988b), *Kontinuität und Bruch 1938-1945-1955. Beiträge zur österreichischen Kultur- und Wissenschaftsgeschichte*, Wien/München.
– (Hg.) (1993), *Wien – Berlin – Prag. Der Aufstieg der wissenschaftlichen Philosophie. Zentenarien Rudolf Carnap – Hans Reichenbach – Edgar Zilsel*, Wien.
Stegmüller, Wolfgang (1952), *Hauptströmungen der Gegenwartsphilosophie*, [Bd. 1], Wien/Stuttgart.
– (1973), *Theorie und Erfahrung*. Zweiter Halbband: *Theorienstruktur und Theoriendynamik*, Berlin/Heidelberg/New York.
Steinert, Heinz (1992), *Die Entdeckung der Kulturindustrie. Oder: Warum Professor Adorno Jazz-Musik nicht ausstehen konnte*, Wien.
Sternheim, Andries (1933), »Neue Literatur über Arbeitslosigkeit und Familie« [u. a. über Jahoda/Zeisel 1933], in: *Zeitschrift für Sozialforschung* 2 (1933), S. 413-420.
Stevenson, Charles (1944), *Ethics and Language*, New Haven/London.
Strzelewicz, Willy (1986), »Diskurse im Institut für Sozialforschung um 1930. Persönliche Erinnerungen«, in: Sven Papcke (Hg.), *Ordnung und Theorie. Beiträge zur Geschichte der Soziologie in Deutschland*, Darmstadt, S. 147-167.
Tiedemann, Rolf/Hermann Schweppenhäuser (1985), »Anmerkungen der Herausgeber«, in: B VI, S. 623-828.
Thalheimer, August (1926/27), »Die Auflösung des Austromarxismus«, in: *Unter dem Banner des Marxismus* 1 (1926), S. 474-557 und 2 (1927), S. 76-83.
Thayer, Horace S. (1975), »Introduction«, in: James (1975), S. XI-XXXVIII.
Thiel, Christian (1972), *Grundlagenkrise und Grundlagenstreit*, Meisenheim am Glan.
Toulmin, Stephen E. (1968), *Voraussicht und Verstehen. Ein Versuch über die Ziele der Wissenschaft*, Frankfurt am Main.
Türcke, Christoph (1989), »Habermas oder Wie die kritische Theorie gesellschaftsfähig wurde«, in: Bolte (Hg.) (1989), S. 21-38.
Uebel, Thomas E. (1992), *Overcoming Logical Positivism from Within. The Emergence of Neurath's Naturalism in the Vienna Circle's Protocol Sentence Debate*, Amsterdam.
Vesela-Duchackova, Gabriela (1981), »Antifaschistische deutsche Emigration in der CSR 1933 bis 1938«, in: Beck/Vesely (Hg.) (1981), S. 11-136.
Waismann, Friedrich (1930), »Logische Analyse des Wahrscheinlichkeitsbegriffs«, in: *Erkenntnis* 1 (1930/31), S. 228-248; in: ders., *Was ist logische Analyse?*, hg. von Gerd-H. Reitzig, Frankfurt am Main, S. 4-24.
Weber, Thomas (1989), »Arbeit am Imaginären des Deutschen. Erich Rothackers Ideen für eine NS-Kulturpolitik«, in: Wolfgang F. Haug (Hg.), *Deutsche Philosophen 1933*, Hamburg, S. 125-158.
Weil, Felix (1921), *Sozialisierung. Versuch einer begrifflichen Grundlegung nebst einer Kritik der Sozialisierungspläne*, Berlin.

– (1926), Rezension von: Otto Neurath, *Wirtschaftsplan und Naturalrechnung*, Berlin 1925 (und Leo Trotzki, *Kapitalismus oder Sozialismus?*, Berlin 1925), in: *Archiv für die Geschichte des Sozialismus und der Arbeiterbewegung* 12 (1926), S. 456-462.

Wellmer, Albrecht (1969), »Empirisch-analytische und kritische Sozialwissenschaft«, in: ders., *Kritische Gesellschaftstheorie und Positivismus*, Frankfurt am Main.

Weyer, Johannes (1984), *Westdeutsche Soziologie 1945-1960. Deutsche Kontinuitäten und nordamerikanischer Einfluß*, Berlin.

Whitehead, Alfred und Bertrand Russell (1910), *Principia Mathematica*, London; deutsch (Vorwort und Einleitungen): *Principia Mathematica*, Frankfurt am Main 1990.

Wiese, Leopold v. (1950a), »Studien über das Vorurteil«, in: *Kölner Zeitschrift für Soziologie* (Neue Folge) 3 (1950/51), S. 214-221.

– (1950b), »Soziologie und Psychoanalyse«, in: *Kölner Zeitschrift für Soziologie* (Neue Folge) 3 (1950/51), S. 459-469.

– (1950c), Rezension von: Max Horkheimer/Samuel Flowerman (Hg.) (1950), *Studies in Prejudice*, Bde. 2-5, New York, in: *Kölner Zeitschrift für Soziologie* (Neue Folge) 3 (1950/51), S. 470-478.

Wiggershaus, Rolf (1986), *Die Frankfurter Schule. Geschichte, Theoretische Entwicklung, Politische Bedeutung*, München/Wien.

– (1987), *Theodor W. Adorno*, München.

Wissenschaftliche Weltauffassung. Der Wiener Kreis (1929), Wien, in: N 1, S. 299-336.

Wittgenstein, Ludwig (1952), *Philosophical Investigations*, Oxford.

Wittfogel, Karl August (1991), *Staatliches Konzentrationslager* VII. *Eine Erziehungsanstalt im Dritten Reich*, hg. von Fietje Ausländer, Bremen.

Zilsel, Edgar (1926), *Die Entstehung des Geniebegriffs*, Tübingen.

– (1929), »Philosophische Bemerkungen«, in: *Der Kampf* 22 (1929), S. 178-186.

– (1930), »Soziologische Bemerkungen zur Philosophie der Gegenwart«, in: *Der Kampf* 23 (1930), S. 410-424.

– (1932), Rezension von Otto Neurath, *Empirische Soziologie*, in: *Der Kampf* 25 (1932), S. 91-94.

– (Pseudonym Rudolf Richter) (1933), »Das Dritte Reich und die Wissenschaft«, in: *Der Kampf* 26 (1933), S. 487-493.

– (1942), »The Sociological Roots of Science«, in: *American Journal of Sociology* 47 (1941), S. 245-279; deutsch in: Zilsel (1976), S. 49-65.

– (1976), *Die sozialen Ursprünge der neuzeitlichen Wissenschaft*, hg. von Wolfgang Krohn, Frankfurt am Main.

Zilsel, Paul R. (1988), »Über Edgar Zilsel«, in: Stadler (Hg.) (1988a), S. 929-932.

Zudeik, Peter (1987), *Der Hintern des Teufels. Ernst Bloch – Leben und Werk*, Moos/Baden-Baden.

Namenregister

* Weil der Name »Horkheimer« im ersten Teil fast auf jeder Seite auftaucht, wurde er nur für den zweiten Teil aufgelistet.

Sachregister

Suhrkamp Verlag GmbH
Torstraße 44, 10119 Berlin
info@suhrkamp.de
www.suhrkamp.de